魏連科等 注譯

新譯後漢書(三)
傳(二)

三民書局 印行

國家圖書館出版品預行編目資料

新譯後漢書(三)傳㊁ / 魏連科等注譯. －－初版一刷. －－臺北市: 三民, 2013
面；　公分. －－(古籍今注新譯叢書)

ISBN 978-957-14-5783-3　(平裝)

1. 後漢書 2. 注釋

622.201　　　102005834

© 新譯後漢書(三)傳㊁

注譯者　魏連科等
責任編輯　張加旺
美術設計　陳宛琳

發行人　劉振強
著作財產權人　三民書局股份有限公司
發行所　三民書局股份有限公司
地址　臺北市復興北路386號
電話　(02)25006600
郵撥帳號　0009998-5
門市部　(復北店) 臺北市復興北路386號
(重南店) 臺北市重慶南路一段61號

出版日期　初版一刷　2013年6月
編號　S 033750
行政院新聞局登記證局版臺業字第〇二〇〇號

ISBN 978-957-14-5783-3　(平裝)

http://www.sanmin.com.tw　三民網路書店
※本書如有缺頁、破損或裝訂錯誤，請寄回本公司更換。

新譯後漢書　目次

第三冊

卷二十二

朱景王杜馬劉傅堅馬列傳第十二

【題解】本卷包含雲臺二十八將中的朱祐、景丹、王梁、杜茂、馬成、劉隆、傅俊、堅鐔、馬武等九位將領的傳記，這些將領對光武開國都立有不世之功。文中除敘述這些將領的戰功外，還用了一些簡練的筆墨，介紹了光武帝對這些功臣的賞賜和任用情況。作者將這些將領放在一起敘述，主要用意在於闡明光武帝不以功臣任職的歷史原因，對光武帝這一政策作出正確的評價，以總結皇帝用人的經驗與教訓。作者的這一用意在傳論中已有比較明確的說明。

1 朱祐，字仲先，南陽宛人也❶。少孤，歸外家復陽❷劉氏，往來舂陵❸，世祖與伯升❹皆親愛之。伯升拜大司徒❺，以祐為護軍❻。及世祖為大司馬❼，討河北，復以祐為護軍，常見親幸，舍止於中。祐侍讌❽，從容曰：「長安政亂，公有日角之相❾，此天命也。」世祖曰：「召刺姦❿收護軍！」祐乃不敢復言。從征河北，常力戰陷陣，以為偏將軍，封安陽⑪侯。世祖即位，拜為建義大將軍⑫。建武二年，更封堵陽⑬侯。冬，與諸將擊鄧奉於淯陽⑭，祐軍敗，為奉所獲。明年，奉破，乃肉袒因祐降⑮。帝復祐位而厚加慰賜。遣擊新野、隨⑯，皆平之。

2 延岑自敗於穰⑰，遂與秦豐⑱將張成合，祐率征虜將軍祭遵與戰於東陽⑲，大破之，臨陣斬成，延岑敗走歸豐。祐收得印綬九十七。進擊黃郵⑳，降之，賜祐黃金三十斤。四年，率破姦將軍侯進、輔威將軍耿植代征南大將軍岑彭圍秦豐於黎丘㉑，破其將張康於蔡陽㉒，斬之。帝自至黎丘，使御史中丞李由持璽書招豐，豐出惡言，不肯降。車駕引還，敕祐方略㉓，祐盡力攻之。明年夏，城中窮困，豐乃將其母妻子九人肉袒降。祐檻車㉔傳豐送洛陽，斬之。大司馬吳漢劾奏祐廢詔受降，違將帥之任，帝不加罪。祐還，與騎都尉㉕臧宮會擊延岑餘黨陰、酇、筑陽㉖三縣賊，悉平之。

3 祐為人質直㉗，尚儒學。將兵率眾，多受降，以克定城邑為本，不存首級之功。又禁制士卒不得虜掠百姓，軍人樂放縱，多以此怨之。九年，屯南行唐拒匈奴㉘。十三年，增邑，定封鬲㉙侯，食邑七千三百戶。

4 十五年，朝京師，上大將軍印綬，因留奉朝請㉚。祐奏古者人臣受封，不加王爵㉛，可改諸王為公。帝即施行。又奏宜令三公並去「大」名，以法經典㉜。後遂從其議。

5 祐初學長安，帝往候之，祐不時相勞苦，而先升講舍。後車駕幸其第㉝，帝因笑曰：「主人得無捨我講乎？」以有舊恩，數蒙賞賚。二十四年，卒。

6 子商嗣。商卒，子演嗣，永元十四年，坐從兄伯為外孫陰皇后巫蠱事㉞，免為庶人。永初七年，鄧太后㉟紹封演子沖為鬲侯。

【章　旨】以上是〈朱祐傳〉。敘述朱祐的身世和他在戰場上所立赫赫戰功和其行事中的儒者之風。

【注　釋】❶朱祐二句　南陽，郡名。治所在宛（今河南南陽）。朱祐，《東觀漢記》祐作福，避安帝諱。朱祐與光武帝同為南陽同鄉。❷復陽　縣名。屬南陽郡。治所在桐柏山下復水之陽。❸舂陵　在今湖北襄樊棗陽南白水鄉，光武帝出生在今湖北襄樊棗陽東一帶。❹伯升　世祖劉秀長兄劉縯之字。王莽時舉兵起事，屢立戰功，後被更始所害。事見卷十四。❺大司徒　王莽時建三公，大司徒為其一，掌民事教化等。聖公即位後，任伯升為大司徒。事見卷十四。❻護軍　《漢書》為護軍都尉，平帝元始元年更名護軍，大司馬屬官，執掌督責。❼大司馬　掌四方兵事。更始帝至洛陽，派遣光武帝以破虜將軍行大司馬事，事見卷一上。❽侍讌　宴享時侍候在一旁。❾日角之相　〈光武帝紀第一上〉記載：光武帝「身長七尺三寸，美鬚眉，大口，隆準日角」，「日角」意為庭中骨隆起，形狀似日。此處「日角」用以描述光武長相奇異。❿刺姦　王莽時置左右刺姦，執法官員。⓫安陽　東漢侯國名。在汝南郡。今河南正陽西南。⓬建義大將軍　《易象大意存解》：「比：彖取人比於我，爻取我比於人，以孚誠為第一義，建國親侯，具封建義。」建義大將軍職位即源於此。⓭堵陽　縣名。屬南陽郡。治今河南方城東。⓮擊鄧奉於淯陽　鄧奉，本是劉秀帳下大將，曾被封為破虜將軍，後反叛，軍敗被殺。淯陽，古縣名。今河南南陽南。⓯乃肉袒因祐降　鄧奉通過被俘虜的朱祐來投降。肉袒，裸露身體，以示服罪。⓰新野隨　新野，縣名。治今河南新野。

隨，縣名。今湖北隨州。⑰延岑自敗於穰　延岑，王莽攝政時，曾在漢中起兵，不久率軍攻破赤眉軍。其軍後被漢軍攻破。穰，縣名。治今河南鄧州。⑱秦豐　王莽攝政時起兵黎丘，自號「楚黎王」，軍敗降漢後被殺。⑲祭遵句　祭遵，世祖帳下大將，事見本書卷二十。東陽，聚落名。屬南陽郡。今鄧州南。⑳黃郵　今河南南陽新野境內。㉑率破姦將軍侯進句　耿植、侯進、岑彭均為世祖帳下將軍，耿植曾任偏將軍、輔威將軍等職。侯進為濟陽人，岑彭為南陽棘陽（今河南新野）人，事見本書卷十七。破姦將軍、輔威將軍、征南大將軍均為將軍雜號。黎丘，在今湖北宜城西北。㉒蔡陽　古縣名。治今湖北棗陽西南。㉓勑祐方略　將進攻方略授予朱祐。㉔檻車　囚車。㉕騎都尉　光祿勳屬官，監御林騎兵。㉖陰酇筑陽　陰縣治今河南南部、湖北北部一帶。酇縣，治今河南永城西酇鄉。筑陽縣，治今湖北襄樊西北。㉗質直　質樸梗直。㉘屯南行唐拒匈奴　南行唐，縣名。今河北行唐。匈奴，古族名，也稱胡。戰國時期活動在燕、趙、秦以北地區。秦漢之際，冒頓單于統一各部，統轄大漠南北廣大地區。漢武帝時出兵攻匈奴，匈奴勢力受到削弱。東漢光武二十四年分為兩部，南下的為南匈奴，留在漠北的為北匈奴。㉙鬲　縣名。屬平原郡。治今山東平原縣西北。㉚奉朝請　定期參加朝會。㉛祐奏二句　先秦時期，分封諸侯為侯，不稱王。西漢分封，受封國之君才有稱王者。㉜又奏二句　在王莽之前，典籍中的三公稱號前不加「大」字，自王莽時開始加「大」，因此朱祐有「宜令三公並去『大』名，以法經典」之說。㉝車駕幸其第　皇帝臨幸他的府第。車駕，原指皇帝乘坐的車馬，代指皇帝。幸，古時皇帝到達某地稱幸某地。㉞坐從兄伯句　陰皇后巫蠱事，陰皇后為和帝陰后，吳房侯陰綱之女，因妒忌鄧后，行巫蠱之事欲害和帝，事發被廢，朱演的堂兄為陰后的外祖父，朱演家族因此受到牽連，被廢為庶人，事見卷十上。坐，古時一人犯法，與其有關的親戚族人等受連帶之罪，稱為坐。從兄伯，堂兄。巫蠱，古時人們認為用巫術詛咒或用木偶人埋地下，可以危害人，稱為「巫蠱」。㉟鄧太后　和帝皇后。

【語　譯】朱祐，字仲先，南陽宛人。少年時成為孤兒，回到外祖父復陽劉氏家中，往來於復陽、春陵間。世祖與劉伯升都喜愛他，劉伯升拜任大司徒時，任命朱祐為護軍。等世祖為大司馬，征討河北，又讓朱祐擔任護軍，經常受到世祖的親幸，讓他在世祖的住處過夜。朱祐侍候宴享，鄭重地說：「長安政局混亂，您有日角之相，這是天命所應。」世祖說：「讓刺姦來，將護軍朱祐收監！」朱祐便不敢再說什麼。他跟從世祖征討黃河以北，經常奮力作戰，攻陷敵陣，升任為偏將軍，封為安陽侯。世祖即位，封為建義大將軍。建武二年，改封堵陽侯。同年冬，和將領們在淯陽攻擊鄧奉，朱祐軍被打敗，朱祐被鄧奉俘獲。第二年，鄧奉被攻破，便裸露身體以服罪，通過朱祐投降漢軍。世祖恢復朱祐官位，多加賞賜進行安慰。派他攻擊新野、隨，二地都被平定。

2 延岑在穰被打敗後，便與秦豐屬將張成聯合兵一處，朱祐率領征虜將軍祭遵和他們在東陽交戰，將延岑、張成聯軍打得大敗，在陣前斬殺張成，延岑軍敗後逃歸秦豐。朱祐繳獲印綬九十七副。朱祐進兵攻擊黃郵，使黃郵守軍投降，光武帝賜給朱祐黃金三十斤。建武四年，朱祐率領破姦將軍侯進、輔威將軍耿植替代征南大將軍岑彭，在黎丘包圍秦豐，在蔡陽打敗秦豐屬將張康，斬殺了他。光武帝親自到黎丘，派御史中丞李由帶著皇上詔書招降秦豐，秦豐口出汙穢言語，不肯投降。光武帝率隨從車騎返回，將進攻方略授予朱祐，朱祐全力進攻秦豐。第二年夏天，黎丘城中窮困，秦豐於是帶著他的母親妻兒共九人裸露上身投降漢軍。朱祐用轞車將秦豐傳送到洛陽，斬殺了他。大司馬吳漢上奏章彈劾朱祐未按詔書進攻敵軍，接受了敵軍投降，違背了將帥的職責，光武帝沒有加罪朱祐。朱祐回到軍中，與騎都尉臧宮一起攻擊延岑餘黨在陰、酇、筑陽三縣的賊兵，三縣全部平定。

3 朱祐為人質樸梗直，尊崇儒學。帶領軍隊，多次接受敵軍投降，將攻克平定城邑作為根本目的，沒有多取首級以邀戰功的念頭。朱祐還制定軍令，嚴禁士兵擄掠百姓，軍人喜歡放縱，很多人因此怨恨他。建武九年，屯兵南行唐抵禦匈奴。十三年，增封城邑，定封為鬲侯，食邑七千三百戶。

4 建武十五年，朱祐到京師朝見皇上，將大將軍印綬呈交朝廷，於是留在京師定期參加朝會。朱祐奏稱古代人臣受封，沒有加王爵的，可以改諸王為公。光武帝隨即施行朱祐所奏。朱祐又上奏：應當下令三公都去「大」字，以經典為法度。光武帝後來也聽從了他的建議。

5 朱祐起初到長安求學，光武帝前去問候他，朱祐沒有即時道問辛苦，而是先到講舍講學。後來光武帝臨幸他的府第，光武帝於是笑著說：「主人不會將我放在一旁講學去吧？」因為有舊恩，朱祐多次蒙受皇上的賞賚。建武二十四年去世。

6 朱祐的兒子朱商繼嗣。朱商去世，朱商的兒子朱演繼嗣，永元十四年，受堂兄為外孫女陰皇后行巫蠱事件牽連，被免為平民。永初七年，鄧太后續封朱演的兒子朱沖為鬲侯。

1 景丹，字孫卿，馮翊櫟陽❶人也。少學長安。王莽時舉四科❷，丹以言語為固德侯相❸，有幹事稱❹，遷朔調連率副貳❺。

2 更始立，遣使者徇上谷❻，丹與連率耿況❼降，復為上谷長史❽。王郎❾起，丹與況共謀拒之。況使丹與子弇及寇恂❿等將兵南歸世祖，世祖引見丹等，笑曰：「邯鄲將帥數言我發漁陽、上谷兵，吾聊應言然⓫，何意二郡良為吾來！方與士大夫共此功名耳。」拜丹為偏將軍，號奉義侯。從擊王郎將兒宏等於南䜌⓬，郎兵迎戰，漢軍退卻，丹等縱突騎擊，大破之，追奔十餘里，死傷者從橫。丹還，世祖謂曰：「吾聞突騎天下精兵，今乃見其戰，樂可言邪？」遂從征河北。

3 世祖即位，以讖文用平狄將軍孫咸行大司馬⓭，眾咸不悅。詔舉可為大司馬者，群臣所推唯吳漢⓮及丹。帝曰：「景將軍北州大將，是其人也。然吳將軍有建大策之勳⓯，又誅苗幽州、謝尚書⓰，其功大。舊制驃騎將軍官與大司馬相兼⓱也。」乃以吳漢為大司馬，而拜丹為驃騎大將軍⓲。

4 建武二年，定封丹櫟陽侯。帝謂丹曰：「今關東故王國，雖數縣，不過櫟陽萬戶邑。夫『富貴不歸故鄉，如衣繡夜行⑲』，故以封卿耳。」丹頓首謝。秋，與吳漢、建威大將軍耿弇⑳、建義大將軍朱祐、執金吾賈復㉑、偏將軍馮異㉒、強弩將軍陳俊㉓、左曹王常㉔、騎都尉臧宮㉕等從擊破五校於羛陽㉖，降其眾五萬人。會陝賊蘇況攻破弘農㉗，生獲郡守。丹時病，帝以其舊將，欲令強起領郡事，乃夜召入，謂曰：「賊迫近京師，但得將軍威重，臥以鎮之足矣。」丹不敢辭，乃力疾拜命㉘，將營到郡㉙，十餘日薨㉚。

子尚嗣，徙封余吾㉛侯。尚卒，子苞嗣。苞卒，子臨嗣，無子，國絕。永初七年，鄧太后紹封苞弟遽為監亭侯。

【章旨】以上是〈景丹傳〉。介紹景丹率軍助世祖滅王郎的簡要過程，以及所任官職、所受榮寵等。世祖強要他帶病出征，可見景丹威名之重。

【注釋】❶櫟陽　縣名。治今陝西高陵東。❷王莽時舉四科　王莽時推舉有德行、能言語、通政事、明文學之士，稱舉四科。❸固德侯相　固德侯之相。東漢皇帝封侯時，同時委任一名輔佐侯的官員，稱為侯相。❹有幹事稱　有辦事幹練的美稱。❺遷朔調連率副貳　升遷朔調郡連率屬令。朔調，即上谷，今屬北京。連率，王莽時改郡守稱連率。副貳，副職。❻徇上谷　徇，招撫。上谷，郡名。治所在沮陽（今河北懷來）。❼耿況　光武帝開國大將，光武帝起兵後，耿況率上谷郡投光武帝。❽長史　西漢時期丞相、太尉、御史大夫屬官均有長史，東漢的太尉、司徒、司空三公府也設長史，任職頗重，號為三公輔佐。❾王郎　邯鄲人，本為占者，後王子林詐稱其為成帝之子子輿，在邯鄲起兵，立其為帝。被光武帝擊敗後，被殺。❿寇恂（？—西元三六年），字子翼，上谷昌平（今屬北京）人。在劉秀軍中任偏將軍，負責轉輸軍需。曾率軍在溫大敗蘇茂軍。征隗囂，降其將高軍。事見本書卷十六。⑪邯鄲將帥二句　邯鄲將帥多次說我要發漁陽、上谷二郡兵，我總是聊且應答。漁陽，治今北京密雲西南。吾聊應言然，我不過是隨便地應答罷了。⑫南䜌　縣名。治今河北柏鄉。⑬以讖文句　據《東觀漢記》載，當時曾有讖文說「孫咸征狄」，世祖據此讖文用孫咸行大司馬事。行大司馬，代理大司馬的職掌。⑭吳漢　（？—西元四四年），字子顏，南陽宛縣（今河南南陽）人。曾幫助劉秀消滅王郎軍隊，擊潰銅馬、重連等農民軍。劉秀即位後，任大司馬，封舞陽侯。後率軍平定劉永等割據勢力，屢立戰功。事見本書卷十八。⑮吳將軍有建大策之勳　吳漢曾勸說漁陽太守彭寵率漁陽軍幫助光武帝消滅王郎軍，因此光武說其有建大策之功。⑯苗幽州謝尚書　苗幽州指苗曾，更始時任幽州牧。謝尚書指謝躬，更始時任尚書僕射。⑰驃騎將軍官句　驃騎將軍官位與大司馬相同。驃騎將軍，漢武帝時置大司馬，號大將軍、驃騎將軍。相兼，相同。⑱而拜丹為驃騎大將軍　《集解》惠棟曰：「《續志》驃騎大將軍位在公下。」⑲富貴二句　語出《史記·項羽本紀》，意思是富貴後不回歸故鄉，好像穿著華麗的衣服在夜晚出行，無人賞識。前漢劉邦對朱買臣也曾有此語，見《漢書·嚴朱吾丘主父徐嚴終王賈傳上》。⑳建威大將軍耿弇　建威大將軍，將軍名號。耿弇（西元三—五八年），字伯昭，扶風茂陵（今陝西興平）人。更始年間，率上谷軍歸劉秀，從定王郎，任大將軍。曾攻破銅馬、赤眉。劉秀即位後，任大將軍。擊平齊地割據勢力張步，攻占城陽等十二郡，事見本書卷十九。㉑執金吾賈復　執金吾，金吾為兩頭塗金的銅棒，執之以示權威。西漢武帝時改中尉為執金吾，督巡三輔治安，東漢職掌與西漢同。賈復，字君文，南陽冠軍（今河南鄧州）人，王莽末年起兵羽山，後歸光武帝，屢立戰功。光武帝即位後任執金吾，封冠軍侯，事見本書。㉒馮異　潁川父城（今河南寶豐）人，因擅長用兵，被任為先鋒，為光武帝建立東漢立下汗馬功勞。事跡見本書卷十七。㉓強弩將軍陳俊　強弩將軍，將軍名號。陳俊，字子昭，南陽西鄂（今河南鄧州）人。光武帝大將，屢立戰功，封祝阿侯，事見本書卷十八。㉔左曹王常　左曹，左曹平尚書事之簡稱。王常，潁川舞陽（今河南舞陽）人，光武帝開國大將，事見本書卷十五。㉕騎都尉臧宮　騎都尉，光祿勳屬官，監管御林軍。臧宮，光武帝開國大將，事見本書卷十八。㉖擊破五校於羛陽　五校，王莽末年起兵的農民軍一部，首領為高扈，後被漢軍擊破。羛陽，聚落名。在今河南內黃。㉗蘇況攻破弘農　蘇況，陝人。王莽末年攻破弘農，生擒太守，投靠赤眉軍，後被祭遵攻破。弘農，郡名。治今河南靈寶。㉘力疾拜命　力疾，勉強支撐病體。拜命，受命。㉙將營到郡　《續漢書》：「將營兵西到弘農也。」㉚薨　周代諸侯死稱薨，東漢侯爵以上爵位者死也稱薨，唐代後二品以上大臣死也稱薨。㉛余吾　縣名。屬上黨郡。治今山西屯留。

【語　譯】景丹，字孫卿，馮翊櫟陽人。少年時代在長安求學，王莽時舉四科，景丹因言語科被任命為固德侯之相，有辦事幹練的美稱，升遷朔調郡連率副職。

2 更始帝即位，派遣使者巡行上谷，景丹與連率耿況投降，重新擔任上谷長史。王郎起兵，景丹與耿況一起謀劃抵禦王郎。耿況派景丹與兒子耿弇以及寇恂等人率兵向南投靠世祖，世祖引見景丹等人，笑著說：「邯鄲將帥多次說我要發漁陽、上谷之兵，我就隨便應答，沒想到二郡果真為我而來！正好與士大夫共同享此功名。」任命景丹為偏將軍，號奉義侯。景丹隨從世祖在南䜌進攻王郎屬將兒宏等，王郎軍隊迎戰，漢軍退卻，景丹等縱突騎軍猛攻，大破王郎軍，追奔十餘里，死傷的敵軍橫七豎八。景丹回來後，世祖對他說：「我聽說突騎軍是天下精兵，今天才見其作戰，其樂怎可用言語表達？」於是隨從世祖征討黃河以北。

3 世祖即位，根據讖文任用平狄將軍孫咸代理大司馬職掌，眾人全都心中不快。世祖下詔推舉可以任命為大司馬的人選，群臣推舉的只有吳漢和景丹。光武帝說：「景將軍是北州大將，是大司馬合適的人選。可是吳將軍有建大策之大功，又誅殺苗幽州、謝尚書，他的功勞很大。舊制驃騎將軍官位與大司馬相同。」於是任命吳漢為大司馬，景丹為驃騎大將軍。

4 建武二年，確定景丹封地爵位為櫟陽侯。光武帝對景丹說：「現在關東舊王國，雖然有數縣，也比不過櫟陽這一個萬戶的大縣。『富貴後不回歸故鄉，猶如穿著華麗的衣服在夜間行路』，因此將櫟陽封給你。」景丹叩首謝恩。同年秋天，景丹與吳漢、建威大將軍耿弇、建義大將軍朱祐、執金吾賈復、偏將軍馮異、強弩將軍陳俊、左曹王常、騎都尉臧宮等人跟隨光武帝在羛陽擊破五校，使其兵眾五萬人投降。恰好遇到陝西賊人蘇況攻破弘農，生擒郡守。景丹當時抱病，光武帝因為他是舊將，想下令讓他勉強起身執掌平定弘農郡之事，於是夜裡將他召入，對他說：「賊人逼近京師，只要能利用將軍的威重之名，臥在床上指揮，就足以鎮服賊人了。」景丹不敢推辭，於是勉強支撐病體受命，率兵營西到弘農郡，十幾天後去世。

5 景丹的兒子景尚嗣位，改封余吾侯。景尚去世，景尚的兒子景苞嗣位。景苞去世，景苞的兒子景臨嗣位，景臨沒有兒子，封國斷絕。永初七年，鄧太后續封景苞之弟景遽為監亭侯。

1 王梁，字君嚴，漁陽要陽❶人也。為郡吏，太守彭寵以梁守狐奴❷令，與蓋延❸、吳漢俱將兵南及世祖於廣阿❹，拜偏將軍。既拔邯鄲，賜爵關內侯。從平河北，拜野王❺令，與河內太守寇恂南拒洛陽，北守天井關❻，朱鮪❼等不敢出兵，世祖以為梁功。及即位，議選大司空❽，而赤伏符曰「王梁主衛作玄武」❾，帝以野王衛之所徙❿，玄武水神之名，司空水土之官也，於是擢拜梁為大司空，封武強⓫侯。

2 建武二年，與大司馬吳漢等俱擊檀鄉⓬，有詔軍事一屬大司馬，而梁輒發野王兵，帝以其不奉詔勑，令止在所縣，而梁復以便宜進軍⓭。帝以梁前後違命，大怒，遣尚書宗廣持節⓮軍中斬梁。廣不忍，乃檻車送京師。既至，赦之。月餘，以為中郎將，行執金吾事。北守箕關⓯，擊赤眉⓰別校，降之。三年春，轉擊五校，追至信都、趙國⓱，破之，悉平諸屯聚。冬，遣使者持節拜梁前將軍。四年春，擊肥城、文陽⓲，拔之。進與驃騎大將軍杜茂擊佼彊、蘇茂⓳於楚、沛間，拔大梁、齧桑⓴，而捕虜將軍馬武㉑、偏將軍王霸㉒亦分道並進，歲餘悉平之。五年，從救桃城㉓，破龐萌㉔等，梁戰尤力，拜山陽㉕太守，鎮撫新附，將兵如故。

3 數月徵入，代歐陽歙為河南尹㉖。梁穿渠引穀水㉗注洛陽城下，東寫鞏川㉘，及渠成而水不流。七年，有司㉙劾奏之，梁慙懼，上書乞骸骨㉚。乃下詔曰：「梁前將兵征伐，眾人稱賢，故擢典京師。建議開渠，為人興利㉛，旅力既愆，迄無成功㉜，百姓怨讟㉝，談者讙譁㉞。雖蒙寬宥㉟，猶執謙退，『君子成人之美㊱』，
4 其以梁為濟南太守。」十三年，增邑，定封阜成㊲侯。十四年，卒官。子禹嗣。禹卒，子堅石嗣。堅石追坐父禹及弟平與楚王英謀反㊳，棄市㊴，國除。

【章　旨】以上是〈王梁傳〉。敘述王梁身世和他登上東漢歷史舞臺的簡要過程，王梁的軍事生涯和他修水渠引水之事。赫赫軍功，成為王梁屢居要職的根本資質。

【注　釋】❶要陽　漁陽郡屬縣。治今北京附近。❷太守彭寵以梁守狐奴　彭寵，光武帝開國大將，事見本書卷十二。守，暫時署理職務。狐奴，漁陽郡屬縣。治今北京附近。❸蓋延　光武帝開國大將，事見本書卷十八。❹廣阿　治今河北隆堯東。❺野王　在今河南沁陽。❻天井關　又名太行關。今山西晉城南太行山頂，因關南有天井泉三而得名，扼太行山要衝，形勢險峻，為兵家必爭之地。❼朱鮪　淮陽人，曾任更始帝大司馬，與漢軍作戰，後降漢，拜平狄將軍，封扶溝侯。❽大司空　執掌土木建築等。❾而赤伏符曰句　《赤伏符》為東漢初年讖緯之書，其基本內容為：劉秀發兵誅不道，四夷雲集龍鬬野，四七之際火為主。其上還有「王梁主衛作玄武」。李賢注：「玄武，北方之神，龜蛇合體。」❿野王衛之所徙　《史記・刺客列傳》：「衛元君自濮陽徙於野王。」⓫武強　聚落名。地在今河北武強境內。⓬檀鄉　王莽末年起兵的農民軍之一，首領為董次仲，後被吳漢率軍攻破。⓭以便宜進軍　選擇對自己有利的機會進軍。⓮宗廣持節　宗廣，南陽人，曾任尚書、信都太守等職。持節，使臣執行皇帝命令，持符節以為憑證。⓯箕關　太行山險關之一，今河南濟源與山西垣曲之間。⓰赤眉　王莽末年農民軍之一，首領樊崇，因人人皆塗赤眉而得名，後被漢軍攻破。⓱信都趙國　信都，今河北冀州。趙國，治今河

北邯鄲。⑱肥城文陽　肥城，縣名。屬太山郡。治今山東平陰東北。文陽，縣名。屬魯郡。治今山東泗水縣境。⑲進與驃騎大將軍句　杜茂，光武帝大將，事見本書卷二十二。佼彊，山陽人，曾在西防（今山東單縣）起兵，後被劉永任命為橫行將軍，被馬武軍擊敗後投降。蘇茂，陳留人，曾為更始帝討難將軍，後歸順劉秀，因與諸將不合，率軍反叛，歸附劉永，任大司馬、淮陽王。後張步殺蘇茂以降漢軍。⑳翟桑　縣名，一說為城名。《史記》記載張儀與齊、楚戰於此地，其地在今江蘇沛縣西南。㉑馬武　南陽湖陽人，光武帝大將。因擅長用兵，被任為先鋒，為光武帝建立東漢立下汗馬功勞。事跡見本書卷二十二。㉒王霸　光武帝大將，屢立戰功。事見本書卷二十。㉓桃城　《集解》惠棟曰：「即桃鄉也，在任城。」其地在今山東鄒縣西南、泗河下游南陽湖東。㉔龐萌　曾任光武平敵將軍，後反叛，軍被攻破。㉕山陽　東漢郡名。治今山東金鄉西北。㉖代歐陽歙句　代替歐陽歙做河南尹。歐陽歙，西漢歐陽生後代，傳《尚書》，曾任河南尹、大司徒等職，後下獄死，事見本書卷七十九上。尹，古代官名。主管之官。㉗穀水　即今河南澠池南澠水及其下游澗水，東流至洛陽西注入洛河。㉘東寫鞏川　寫，「瀉」的假借字。鞏川，洛河支流，流經今河南洛陽東北。㉙有司　官吏，古代設官分職，各有專司，故稱有司。㉚乞骸骨　自請退職，意思是讓骨骸回葬故鄉。㉛為人興利　《集解》清王先謙曰：「人當作民，此避唐諱未回改者。」㉜旅力二句　意謂眾力已用過而功不成。旅，眾。愆，過。㉝怨讟　誹謗。㉞讙譁　譁然。㉟寬宥　得到寬恕與原諒。㊱君子成人之美　君子成全別人的美事。語出《論語・顏淵》，子曰：「君子成人之美，不成人之惡，小人反是。」㊲阜成　屬渤海，其地在今河北武邑境內。㊳堅石追坐句　永平十三年十一月，楚王英謀反，國被廢除，王禹與其子王平曾參與楚王謀反事，王禹之子王堅石受連坐被處死。㊴棄市　中國古代死刑之一種，此刑將犯人處死後屍體丟棄在街市，因此稱棄市。

【語　譯】王梁，字君嚴，漁陽要陽人。王梁擔任郡吏，太守彭寵任命王梁暫時署理狐奴縣令，和蓋延、吳漢一起率兵向南進發，在廣阿投靠漢世祖，拜任偏將軍。攻下邯鄲後，世祖賜他關內侯之爵。跟從世祖平定黃河以北，被任命為野王縣令，和河內太守寇恂一起南面駐守洛陽拒敵，北面駐守天井關，朱鮪等人不敢出兵，漢世祖認為是王梁之功。等世祖即位，商議選任大司空，而《赤伏符》上說「王梁主衛作玄武」，光武帝認為野王是衛元君遷都之處，玄武是水神之名，司空是執掌水土的官員，於是破格提拔王梁擔任大司空，封為武強侯。

2　建武二年，王梁和大司馬吳漢等一起攻擊檀鄉，光武帝下詔一切軍事全部屬大司馬統管，而王梁總是擅自調發野王軍隊，光武帝因他不奉詔行事，下令讓王梁在所在之縣停軍待命，而王梁又選擇有利戰機進軍。光武帝因王梁前後兩次違背詔命，非常震怒，派遣尚書宗廣持皇上符節到軍中處斬王梁。宗廣心中不忍，便用檻車將王梁送回京師。到了京師，光武帝赦免了他。一個多月後，被任命為中郎將，代理執行執金吾的職權。北進駐守箕關，進擊赤眉別校，使赤眉別校降漢。建武三年春天，轉而進擊五校，追到信都、趙國，攻破五校軍，各屯聚全部平定。冬天，光武帝派遣使者持符節任命王梁為前將軍。建武四年春天，進擊肥城、文陽，攻克二地。繼續和驃騎大將軍杜茂在楚、沛之間攻擊佼彊、蘇茂，攻克大梁、齧桑，同時捕虜將軍馬武、偏將軍王霸也分路齊進，一年後各地全部平定。五年，跟從光武帝救桃城，攻破龐萌等，王梁作戰尤其賣力，被任命為山陽太守，鎮撫新附之地，像過去一樣統率軍隊。

3 數月後徵詔入京師，替代歐陽歙擔任河南尹。王梁鑿渠引穀水到洛陽城下，向東瀉入鞏川，等渠鑿成後水卻不流。七年，有關官吏上奏章彈劾他，王梁既慚愧又害怕，上書請求退職。光武帝於是下詔說：「王梁從前率兵征伐，眾人稱讚他賢能，因此破格提拔掌管京師。他建議開渠，是為民興利，眾力已用過而功不成，百姓誹謗，談論者人情譁然。雖然得到原諒與寬恕，仍然執意自謙請退，『君子成人之美』，任命王梁為濟南太守吧！」十三年，增封城邑，確定王梁封爵為阜成侯。十四年，在任上去世。

4 王梁的兒子王禹嗣位。王禹去世，兒子王堅石嗣位。王堅石受父親王禹和弟弟王平參與楚王英謀反之事連坐，被處死，封國被廢除。

1 杜茂，字諸公，南陽冠軍人也。初歸光武於河北，為中堅將軍❶，常從征伐。世祖即位，拜大將軍，封樂鄉❷侯。北擊五校於真定❸，進降廣平❹。建武二年，更封苦陘❺侯。與中郎將王梁擊五校賊於魏郡、清河、東郡❻，悉平諸營保，降其持節大將三十餘人⑦，三郡清靜，道路流通。明年，遣使持節拜茂為驃騎大將軍，擊沛郡，拔芒⑧。時西防⑨復反，迎佼彊。五年春，茂率捕虜將軍馬武進攻西防，數月拔之，彊奔董憲⑩。

2 東方既平，七年，詔茂引兵北屯田晉陽、廣武⑪，以備胡寇。九年，與鴈門太守郭涼擊盧芳將尹由於繁畤⑫，芳將賈覽率胡騎萬餘救之，茂戰，軍敗，引入樓煩城⑬，時盧芳據高柳⑭，與匈奴連兵，數寇邊民，帝患之。十二年，遣謁者段忠將眾郡弛刑配茂⑮，鎮守北邊，因發邊卒築亭候⑯，修烽火，又發委輸⑰金帛繒絮供給軍士，并賜邊民，冠蓋相望⑱。茂亦建屯田，驢車轉運。先是，鴈門人賈丹、霍匡、解勝等為尹由所略，由以為將帥，與共守平城⑲。丹等聞芳敗，遂共殺由詣郭涼；涼上狀，皆封為列侯，詔送委輸金帛賜茂、涼軍吏及平城降民。自是盧芳城邑稍稍⑳來降，涼誅其豪右㉑郇氏之屬，鎮撫羸弱，旬月間鴈門且平，芳遂亡入匈奴。帝擢涼子為中郎，宿衛左右。

3 涼字公文，右北平㉒人也。身長八尺㉓，氣力壯猛，雖武將，然通經書，多智略，尤曉邊事，有名北方。初，幽州牧朱浮辟為兵曹掾㉔，擊彭寵有功，封廣武侯。

4 十三年，增茂邑，更封脩㉕侯。十五年，坐斷兵馬稟縑㉖，使軍吏殺人，免官，削戶邑，定封參蘧鄉侯。十九年，卒。

5 子元嗣，永平十四年，坐與東平王等謀反㉗，減死一等㉘，國除。永初七年，鄧太后紹封茂孫奉為安樂亭侯。

【章旨】以上是〈杜茂傳〉。記述杜茂一生軍功，以及駐守邊疆和屯田等事。他晚年因犯過失而被免官，至死蒙羞。

【注釋】❶中堅將軍　《集解》：「惠棟曰：漢有中堅士，故置將軍以率之，見華嶠《書》及袁宏《紀》。」❷樂鄉　東漢屬信都國，今河北深州東北。❸真定　今河北正定。❹廣平　治今河北雞澤東北。❺苦陘　今河北井陘境。❻魏郡清河東郡　魏郡，治今河南安陽。清河，郡名。治今河北清河縣東。東郡，治東郡（今河南濮陽西南）。❼降其持節大將三十餘人　《續漢書》：「降其渠率大將軍杜猛、持節光祿大夫董敦等。」❽芒　縣名。本書〈郡國志〉：「後名臨睢。」治今河南商丘東南部。❾西防　縣名。治今山東單縣。王莽末年，佼彊曾在此縣起兵。❿董憲　王莽末年起兵反莽將領之一，東海人，被劉永封為海西王，後被劉秀軍隊抓獲。⓫晉陽廣武　晉陽，太原郡治所，其地在今山西太原。廣武，縣名。治今山西代縣西南。⓬與鴈門太守句　和鴈門太守郭涼在繁時進擊盧芳將尹由。郭涼事跡見本傳下文。鴈門，郡名。治陰館（今山西代縣西北）。盧芳，字君期，安定三水（今寧夏同心）人。王莽末年，自稱漢武帝曾孫劉文伯，聯合三水地區胡、羌貴族起兵，後稱上將軍、西平王，被匈奴單于立為帝，建武五年，在匈奴的扶持下割據五原、朔方等五郡，建都九原（今內蒙古包頭西）。建武十六年降漢，被光武帝封為代王，二年後再次反叛，留在匈奴十餘年，病死。繁時，縣名。治今山西渾源西南。⓭樓煩城　今山西寧武附近。⓮高柳　東漢縣名。治今山西陽高。⓯遣謁者句　派遣謁者段忠率領各郡的弛刑徒發配茂處。謁者，掌賓贊受事。弛刑，指弛刑徒，即解除枷鎖的刑徒。⓰亭候　古代邊境用來偵察、瞭望敵情的崗亭。⓱委輸　運輸貨物。⓲冠蓋相望　來往車馬連續不斷。冠蓋，原指仕宦的官服和車蓋，這裡指運輸的車馬。⓳平城　《集解》：「惠棟曰：縣名，屬雁門。」其地今山西大同東北。⑳稍稍　紛紛。㉑豪右　豪強大戶。㉒右北平　郡名。治今河北豐寧東南。㉓八尺　約當今一八七點二公分。㉔幽州牧朱浮句　幽州牧朱浮徵召郭涼任兵曹屬吏。朱浮，字叔元，初為光武帝大司馬，後被任命為幽州牧，事見本書卷三十三。辟，徵召。兵曹，古代掌管軍事作戰部署的機構，兵曹掾為這一機構中的屬吏。㉕脩　縣名。屬信都國。治今河北景縣南。㉖坐斷兵馬稟縑　犯截留軍隊給養之罪。斷，割截。稟縑，糧食和布帛，泛指給養。㉗坐與東平王等謀反　劉攽曰：「案：王平顏忠是楚王同時謀反者，多連士大夫，故杜元坐之，傳寫之誤，遂作東平王，東平何嘗反也？」㉘減死一等　免去死罪，減刑一等。

【語　譯】杜茂，字諸公，南陽冠軍人。起初在河北歸順光武帝，任中堅將軍，經常跟隨世祖出兵征伐。世祖即位，拜為大將軍，封樂鄉侯。北向出兵，在真定攻擊五校，進軍降服廣平。建武二年，改封苦陘侯。和中郎將王梁在魏郡、清河、東郡進擊五校軍，將各營全部平定，使其持節大將三十餘人投降，三郡清靜，道路暢通。第二年，光武帝派遣使者持符節拜杜茂為驃騎大將軍，進攻沛郡，攻克芒。當時西防又反叛，迎接佼彊。五年春，杜茂率領捕虜將軍馬武進攻西防，幾個月後攻克西防，佼彊投奔董憲。

2 東方平定後，建武七年，光武帝下詔讓杜茂率兵在北方邊境晉陽、廣武屯田，用來防備胡寇。九年，杜茂與鴈門太守郭涼在繁時進擊盧芳屬將尹由，盧芳屬將賈覽率領匈奴騎兵一萬餘騎救援尹由，杜茂與敵軍作戰，被打敗，杜茂率軍退入樓煩城。當時盧芳占據高柳，和匈奴連兵一處，多次寇略邊地居民，光武帝深感憂患。十二年，派遣謁者段忠率各郡弛刑徒發配到杜茂處，鎮守北部邊疆，杜茂於是徵發邊疆士卒建造亭候，修築烽火臺，又調發積蓄的金帛繒絮等物資供給軍士，同時賞賜給邊地居民，運輸物資的車輛冠蓋相望。杜茂也建起屯田，用驢車轉運收穫的糧食。在此之前，鴈門人賈丹、霍匡、解勝等人被尹由擄掠，尹由任用他們做將帥，與他共同守衛平城。賈丹等人聽說盧芳兵敗，於是一起殺死尹由，到郭涼處投降。郭涼上書說明情況，賈丹等人都被封為列侯，光武帝下詔送來物資金帛賞賜杜茂、郭涼的軍吏和平城投降的民眾。從此盧芳城邑中人紛紛來投降，郭涼誅殺了其中的豪右郇氏之類，鎮守撫慰老弱之人，旬月之間鴈門便被平定，盧芳於是逃入匈奴。光武帝提拔郭涼的兒子為中郎，宿衛在光武帝左右。

3 郭涼字公文，右北平人。身長八尺，有氣力，雄壯威猛，雖然是武將，對經書也很精通，胸懷偉略，對邊疆之事尤為精通，在北方很有名氣。起初，幽州牧朱浮徵召他為兵曹屬吏，因攻擊彭寵有功，封為廣武侯。

4 建武十三年，增加杜茂的封邑，改封為脩侯。十五年，犯截留軍隊給養和指使軍吏殺人罪，免去官職，削減所封戶邑，確定封爵為參蘧鄉侯。十九年，去世。

5 杜茂的兒子杜元繼承侯位，永平十四年，因與東平王等謀反而犯罪，免去死罪，減刑一等，封國被除去。永初七年，鄧太后續封杜茂之孫杜奉為安樂亭侯。

1 馬成，字君遷，南陽棘陽人也。少為縣吏。世祖徇潁川❶，以成為安集掾❷，調守郟❸令。及世祖討河北，成即棄官步負❹，追及於蒲陽❺，以成為期門❻，從征伐。世祖即位，再遷護軍都尉。

2 建武四年，拜揚武將軍，督誅虜將軍劉隆❼、振威將軍宋登、射聲校尉❽王賞，發會稽、丹陽、九江、六安四郡❾兵擊李憲❿，時帝幸壽春⓫，設壇場⓬，祖禮遣之⓭。進圍憲於舒⓮，令諸軍各深溝高壘。憲數挑戰，成堅壁不出，守之歲餘，至六年春，城中食盡，乃攻之，遂屠舒，斬李憲，追擊其黨與，盡平江淮地。

3 七年夏，封平舒⓯侯。八年，從征破隗囂⓰，以成為天水⓱太守，將軍如故。冬，徵還京師。九年，代來歙守中郎將⓲，率武威將軍劉尚等破河池⓳，遂平武都⑳。明年，大司空李通㉑罷，以成行大司空事㉒，居府如真，數月復拜揚武將軍。

4 十四年，屯常山、中山㉓以備北邊，并領建義大將軍朱祐營。又代驃騎大將軍杜茂繕治障塞，自西河至渭橋㉔，河上至安邑㉕，太原至井陘㉖，中山至鄴㉗，皆築保壁，起烽燧，十里一候。在事五六年，帝以成勤勞，徵還京師。邊人多上書求請者，復遣成還屯。及南單于保塞㉘，北方無事，拜為中山太守，上將軍印綬，領屯兵如故。二十四年，南擊武谿蠻㉙賊，無功，上太守印綬。

5 二十七年，定封全椒㉚侯，就國。三十二年卒。

6 子衛嗣。衛卒，子香嗣，徙封棘陵侯。香卒，子豐嗣。豐卒，子玄嗣。玄卒，子邑嗣。邑卒，子醜嗣，桓帝時以罪失國。延熹二年，帝復封成玄孫昌為益陽亭㉛侯。

【章旨】以上是〈馬成傳〉。記述馬成身世和一生的戰爭經歷和其職官變動情況。馬成的戰功，使其列名雲臺二十八將之一。

【注釋】❶潁川　東漢郡名。治今河南禹州。❷以成為安集掾　世祖想讓他安集軍眾，因此權且以其職掌為官名。❸郟　縣名。治今河南郟縣。❹步負　徒步擔荷。《集解》：「惠棟曰：《東觀記》云：『成贏衣步擔渡河謁上。』」❺蒲陽　山名。今河北順平西北。❻期門　掌執兵扈從護衛。❼劉隆　光武帝大將，事見本傳下文。❽射聲校尉　射聲，意謂善射者聞聲則射，射聲校尉為執掌善射者之校尉。❾會稽丹陽九江六安四郡　會稽，治今浙江紹興。丹陽，治宛陵（今安徽宣城）。九江，治陰陵（今安徽壽縣）。六安，治今安徽六安北。⑩李憲　潁川許昌人，王莽時為廬江屬令，王莽敗亡後自立為淮南王，兵敗被其部下所殺，事見本書卷十二。⑪壽春　今安徽壽縣。⑫設壇場　在廣場中心設立高臺，用於舉行祭祀等重大儀式。⑬祖禮遣之　舉行祖禮派他出征。祖禮，李賢注引應劭《風俗通》：「謹按禮傳，共工氏之子曰脩，好遠遊，舟車所至，足跡所逮，靡不窮覽，故祀以為祖神。祖，徂也。」祖禮的含義是祈求神靈保佑出行者安全之意。⑭舒　東漢縣名。治今安徽廬江縣西南。⑮平舒　縣名。屬代郡。治今山西靈丘境。⑯隗囂　字季孟，天水成紀（今甘肅秦安）人。新莽末，被當地豪強擁立，據有天水、武都、金城（均在甘肅境內）等郡，自稱西州上將軍。建武九年，屢被劉秀派軍擊敗，憂憤而死。事見本書卷十三。⑰天水　郡名。治今甘肅通渭西北。⑱代來歙守中郎將　代替來歙暫時署理中郎將。來歙，字君叔，南陽新野人。光武帝祖姑之子，曾助世祖平定隗囂，事見本書卷十五。守，暫時署理職務。⑲武威將軍劉尚等破河池　武威將軍，將軍名號。劉尚，光武帝大將，建武十八年，率軍討平越巂太守任貴。二十一年攻破益州，二十三年平定南郡蠻。河池，李賢注：「河池縣一名仇池，屬武都郡，今鳳州縣也。」治今甘肅西和南洛峪鄉。⑳武都　郡名。治今甘肅西和西南。㉑李通　光武帝開國大將，曾助光武帝起兵，事見本書卷十五。㉒以成行大司空事　《集解》錢大昕曰：「〈光武紀〉馬成平武都在建武十一年，其行大司空事在十二年，與傳異。」㉓常山中山　常山，郡名。治今河北元氏西北。中山，封國名。今河北定州。㉔自西河至渭橋　西河，李賢注：「在今勝州富昌縣也。」揆之文意，此西河當指今山西、陝西之間黃河北段。渭橋，本名橫橋。今陝西西安北渭河之上。㉕河上至安邑　河上，東漢郡名。治今陝西高陵西南。安邑，屬河東郡。治今山西夏縣東南。㉖太原至井陘　太原，郡名。治晉陽（今山西太原西南）。井陘，今河北井陘西北。㉗鄴　縣名。治今河北臨漳西。㉘及南單于保塞　等到南單于保衛北塞。南單于，建武二十四年，匈奴分為南北匈奴，南匈奴首領薁鞬日為南單于，南單于奉行與漢和好政策，替漢保衛北方邊疆。㉙武谿蠻　生活在沅江上游武谿地區的少數民族，因生活在武谿水流域而得名。㉚全椒　李賢注：「縣名，今滁州縣也。」治今安徽全椒。㉛益陽亭　《集解》：「惠棟曰：益陽縣之亭也，屬長沙郡。」在今湖南益陽境。

【語　譯】馬成，字君遷，南陽棘陽人。少年時為縣中小吏，漢世祖征戰到潁川，任命馬成為安集掾，調任臨時郟縣縣令。等世祖征討黃河以北，馬成便棄官輕裝徒步擔荷而行，在蒲陽追及世祖，世祖讓馬成擔任期門，跟從世祖征伐。世祖即位後，再次升遷為護軍都尉。

2　建武四年，馬成拜任揚武將軍，督誅虜將軍劉隆、振威將軍宋登、射聲校尉王賞等，徵發會稽、丹陽、九江、六安四郡兵士攻擊李憲，當時光武帝行幸到壽春，設立壇場，舉行送行禮派遣馬成出征。馬成進兵，在舒包圍李憲，下令所有軍隊各自築起深溝高壘。李憲多次挑戰，馬成堅守營壁不出戰，堅守一年多之後，到建武六年春天，舒城中糧食用盡，馬成便出兵進攻李憲，於是屠戮舒城，斬殺李憲，追擊李憲的從黨，江淮之地全部平定。

3 建武七年夏天，馬成封為平舒侯。八年，跟從光武帝征破隗囂，任命馬成為天水太守，像往常一樣統率軍隊。這年冬天，馬成被徵詔回到京師。九年，替代來歙暫時署理中郎將，率領武威將軍劉尚等人攻破河池，隨後平定武都郡。第二年，大司空李通免官，任命馬成代行大司空職掌，他住的大司空府和正式任職的大司空一樣，幾個月後再次被任命為揚武將軍。

4 建武十四年，馬成駐紮在常山、中山以防禦北方邊疆匈奴之患，並統領建義大將軍朱祐的軍營。又替代驃騎大將軍杜茂修治障塞，自西河至渭橋，河上至安邑，太原至井陘，中山至鄴，都築起堡壘營壁，建起烽火臺與燧亭，每隔十里建一候望所。馬成任事五六年，光武帝認為馬成勤勞，徵詔回到京師。邊境上有很多人上書請求將馬成派回，光武帝再次派遣馬成回邊疆屯守。等到南單于保衛邊塞，北方沒有戰事，馬成被任命為中山太守，並將將軍印綬交還朝廷，仍像過去一樣統領屯田兵。二十四年，向南攻擊武谿蠻人，沒有立功，將太守印綬交還朝廷。

5 建武二十七年，確定馬成封爵為全椒侯，馬成到封國就職。三十二年去世。

6 馬成的兒子馬衛承嗣侯位。馬衛去世，兒子馬香承嗣侯位，遷封棘陵侯。馬香去世，兒子馬豐承嗣侯位。馬豐去世，兒子馬玄承嗣侯位。馬玄去世，兒子馬邑承嗣侯位。馬邑去世，兒子馬醜承嗣侯位，桓帝時馬醜因罪失去封國。延熹二年，桓帝重封馬成玄孫馬昌為益陽亭侯。

1 劉隆，字元伯，南陽安眾侯❶宗室也。王莽居攝❷中，隆父禮與安眾侯崇起兵誅莽❸，事泄，隆以年未七歲，故得免。及壯，學於長安，更始拜為騎都尉。謁歸❹，迎妻子置洛陽。聞世祖在河內，即追及於射犬❺，以為騎都尉，與馮異共拒朱鮪、李軼❻等，軼遂殺隆妻子。建武二年，封亢父❼侯。四年，拜誅虜將軍，討李憲。憲平，遣隆屯田武當❽。

2 十一年，守南郡❾太守，歲餘，上將軍印綬。十三年，增邑，更封竟陵❿侯。是時，天下墾田多不以實，又戶口年紀互有增減。十五年，詔下州郡檢覈其事，而刺史太守多不平均，或優饒⓫豪右，侵刻羸弱⓬，百姓嗟怨⓭，遮道號呼⓮。時諸郡各遣使奏事，帝見陳留⓯吏牘上有書，視之，云「潁川、弘農可問，河南、南陽不可問⓰」。帝詰吏由趣⓱，吏不肯服，抵言於長壽街上得之⓲。帝怒。時顯宗為東海公⓳，年十二，在幄後言曰：「吏受郡敕，當欲以墾田相方⓴耳。」帝曰：「即如此，何故言河南、南陽不可問？」對曰：「河南帝城，多近臣，南陽帝鄉，多近親，田宅踰制，不可為準。」帝令虎賁將㉑詰問吏，吏乃實首服㉒，如顯宗對。於是遣謁者考實㉓，具知姦狀。明年，隆坐徵㉔下獄，其疇輩十餘人皆死。帝以隆功臣，特免為庶人。

3 明年，復封為扶樂鄉侯㉕，以中郎將副伏波將軍馬援擊交阯蠻夷徵側等㉖，隆別於禁谿口㉗破之，獲其帥徵貳㉘，斬首千餘級，降者二萬餘人。還，更封大國，為長平㉙侯。及大司馬吳漢薨，隆為驃騎將軍，行大司馬事。

4 隆奉法自守，視事㉚八歲，上將軍印綬，罷，賜養牛，上樽㉛酒十斛，以列侯奉朝請。三十年，定封慎㉜侯。中元二年，卒，謚曰靖侯。子安嗣。

【章　旨】以上是〈劉隆傳〉。介紹劉隆的身世和其在光武帝時期為官的簡要過程。光武帝核查屯田不實之事，劉隆和其同輩成為東漢王朝優厚功臣與親戚政策的犧牲品。

【注　釋】❶安眾侯　西漢安眾康侯劉丹玄孫之子劉崇，王莽末年起兵反莽，兵敗被殺。❷居攝　因皇帝年幼不能親政，由大臣代居其位。❸隆父禮句　安眾侯起兵反叛王莽之事見《漢書·王莽傳》。❹謁歸　請假回家。❺射犬　其地在今河南沁陽境內。❻李軼　曾與世祖一起起兵反叛王莽，後更始封其為舞陰侯，勸更始殺害劉伯升，後李軼被朱鮪所殺。❼亢父　縣名。屬東平國。故城在今山東濟寧南。❽武當　今湖北北部均縣附近。❾南郡　東漢郡名。治今湖北荊州。❿竟陵　今湖北潛江市西北。⓫優饒　寬容優待。⓬侵刻羸弱　侵害剝奪老弱之人。侵刻，侵害剝奪。⓭嗟怨　嗟歎怨恨。⓮遮道號呼　攔路號呼。⓯陳留　郡名。治今河南開封東南。⓰潁川弘農二句　潁川、弘農墾田不實之事可問，河南、南陽不能問。此二句是檢核墾田混亂現象最深刻的描述。潁川、弘農為普通郡，虛假之事可以受到追查，河南、南陽一為帝城，一為帝鄉，墾田之事不能問。⓱帝詰吏由趣　問這封信是從哪裡來的，其意之所向為何。由，從。趣，向也。⓲抵言於長壽街上得之　謊稱在長壽街上得到的。抵，欺騙。《集解》：「惠棟曰：《風俗通》云：『京師有長壽街、萬歲街』，街者，攜也，離也，四出之路攜離而別。」⓳時顯宗為東海公　顯宗即孝明帝劉莊，光武帝四子，建武十五年封東海公，後即皇帝位，事見本書卷二。⓴當欲以墾田相方　求問其墾田之數以相比擬。相方，相比擬。㉑虎賁將　皇宮中守衛部隊的將領。㉒實首服　老實招供。㉓考實　拷問實際情況。㉔坐徵　因獲罪而被召回。㉕扶樂鄉侯　扶樂鄉，《集解》：「惠棟曰：淮南國之鄉也，後為縣，屬陳國」，地當在今河南太康境。㉖以中郎將句　以中郎將身分輔助伏波將軍馬援進攻交阯蠻夷徵側等人。馬援，字文元，扶風茂陵（今陝西興平）人。新莽末年，曾隨劉秀征戰天下，建武年間，任隴西太守，安定西羌。事見本書卷二十四。交阯，郡名。治龍編（今越南河內西北）。徵側，據卷八十六〈南蠻西南夷列傳〉：「徵側者，麊泠縣雒將之女也，嫁為朱䳒人詩索妻，甚雄勇。交阯太守蘇定以法繩之，側怨，故反。」後被馬援率軍鎮壓。㉗禁谿口　李賢注：「交阯郡麊泠縣有金溪穴，相傳音訛謂之禁溪……其地今岑州新昌縣也。」其地在今越南河內西北。㉘徵貳　徵側之妹。㉙長平　東漢縣名。屬汝南郡。治今河南西華東北。㉚視事　就職治事。㉛上樽　精釀之酒。李賢注引《漢書音義》：「稻米一斗得酒一斗為上樽，稷米一斗為中樽，粟米一斗為下樽也。」㉜慎　縣名。屬汝南郡。治今安徽阜陽。

【語　譯】劉隆，字亢伯，是南陽安眾侯的宗室。王莽攝政年間，劉隆父親劉禮與安眾侯劉崇一同起兵誅討王莽，事情敗露，劉隆因為年紀未滿七歲，因此能免於一死。等到壯年，到長安學習，更始帝任命他為騎都尉。劉隆請假回家，接來妻子安置在洛陽。他聽說世祖在河內，立即起程在射犬追上了世祖，世祖任命他為騎都尉。和馮異一起抵禦朱鮪、李軼等人，李軼於是殺死劉隆妻子兒女。建武二年，劉隆被封為亢父侯。四年，升任誅虜將軍，征討李憲。李憲被平定後，光武帝派遣劉隆在武當屯田。

2 建武十一年，暫時署理南郡太守，一年以後，將將軍印綬交給皇上。十三年，增封城邑，改封為竟陵侯。這時，天下墾田有很多不以實上報現象，又有戶口年紀互有增減之事。十五年，光武帝下詔令各州郡檢覈屯田不實之事，可是刺史、太守許多人不公平辦理此事，有的甚至寬容優待豪強之家，侵害剝奪老弱之人，百姓嗟歎怨恨，攔路號呼。當時各郡各自派遣使者向朝廷奏事，光武帝看見陳留郡署吏文書上有一張寫字的紙，仔細觀看，上面寫著「潁川、弘農可問，河南、南陽不可問」。光武帝盤問署吏此言來源和意圖，署吏不肯招供，謊稱從長壽街上撿到的。光武帝大怒。當時顯宗為東海公，十二歲，在帳後說道：「署吏接受郡守的命令，應當是想以此與墾田之事相比擬吧！」光武帝說：「既然如此，為什麼說河南、南陽不能問？」顯宗回答說：「河南是帝城，有很多近臣，南陽是帝鄉，有很多近親，田宅超過規定的制度，不能以此為標準。」光武帝下令虎賁將追查署吏，署吏便老實招供，和顯宗回答的一樣。光武帝於是派遣謁者考察實際情況，所有作奸之事全部追查清楚。第二年，劉隆因此獲罪而被召回，投入監獄，他的同輩中十多人都被處死。光武帝因劉隆是功臣，特意免去他的死罪貶為平民。

3 第二年，劉隆被重新封為扶樂鄉侯，以中郎將的身分輔佐伏波將軍馬援進攻交阯蠻夷首領徵側等，劉隆另外在禁谿口攻破敵軍，擒獲首領徵貳，斬首一千多人，被迫投降者有兩萬多人。班師後，改封較大的封國，為長平侯。等到大司馬吳漢去世，劉隆擔任驃騎將軍，並代理大司馬的職掌。

4 劉隆奉法守身，在任八年，將將軍印綬交還皇上，罷職，光武帝賜給他宮廷所養之牛，精釀上樽酒十斛，以列侯身分定期參加朝會。建武三十年，確定封地封號為慎侯。中元二年，去世，諡號為靖侯。他的兒子劉安承嗣侯位。

1 傅俊，字子衛，潁川襄城❶人也。世祖徇❷襄城，俊以縣亭長❸迎軍，拜為校尉，襄城收其母弟宗族，皆滅之。從破王尋❹等，以為偏將軍。別擊京、密❺，破之，遣歸潁川，收葬家屬。

2 及世祖討河北，俊與賓客十餘人北追，及於邯鄲，上謁❻，世祖使將潁川兵，常從征伐。世祖即位，以俊為侍中❼。建武二年，封昆陽侯。三年，拜俊積弩將軍❽，與征南大將軍岑彭擊破秦豐❾，因將兵徇江東❿，揚州悉定。七年，卒，諡曰威侯。

3 子昌嗣，徙封蕪湖⓫侯。建初中，遭母憂⓬，因上書，以國貧不願之封，乞錢五十萬，為關內侯⓭。肅宗怒，貶為關內侯，竟不賜錢。永初七年，鄧太后復封昌子鐵為高置亭⓮侯。

【章　旨】以上是〈傅俊傳〉。記述傅俊追隨光武帝的緣起、所立戰功及其任職簡況，對其一生經歷進行簡要描述。

【注　釋】❶襄城　縣名。治今河南襄城。❷徇　出巡。❸亭長　西漢時在鄉村每十里設一亭，亭有亭長，掌治安警衛，兼管停留旅客，治理民事。多以服役期滿的人充任，東漢亭長職掌情況與西漢同。❹從破王尋　跟隨光武帝攻破王尋。破王尋事在更始元年，即歷史上有名的昆陽之戰。當時王莽派大司徒王尋與大司空王邑率兵百萬進攻更始軍隊，世祖率軍在昆陽（今河南葉縣）大敗王莽軍，事見本書卷一上。❺京密　京，縣名。治今河南滎陽東南。密，縣名。治今河南新密東南。❻上謁　通名進見長者。❼侍中　列侯以下至郎中的加官，無定員。侍從皇帝左右，出入宮廷。因接近皇帝，地位較顯貴。❽積弩將軍　東漢雜號將軍之一。❾與征南大將軍句　破秦豐事見本書卷十七。❿江東　長江蕪湖、南京以下的南岸地區稱為江東。⓫蕪湖　縣名。屬丹陽郡。治今安徽蕪湖。⓬遭母憂　母親去世的諱稱。⓭關內侯　爵位名。秦漢時設置，為二十等爵的第九級，位在徹侯之次。一般封有食邑若干戶，有按規定戶數徵收租稅之權。⓮高置亭　故址當在今安徽蕪湖境。

【語　譯】傅俊，字子衛，潁川襄城人。世祖出巡到襄城，傅俊以縣亭長身分迎接世祖軍隊，被任命為校尉，襄城縣衙將他的母親、弟弟和同宗族之人，全部殺害。傅俊跟從世祖攻破王尋等人，被任命為偏將軍。率偏軍進擊京、密等地，攻破二地，世祖派遣他回歸潁川，安葬家屬。

2 等世祖征討黃河以北，傅俊和賓客十餘人向北追趕世祖，在邯鄲追上世祖，通上姓名進見世祖，世祖派他率領潁川兵，經常跟從世祖征伐。世祖即位，任命傅俊為侍中。建武二年，封為昆陽侯。三年，任命傅俊為積弩將軍，傅俊和征南大將軍岑彭一起擊破秦豐，於是率軍兵招撫江東，揚州一帶全部平定。七年，去世，諡號為威侯。

3 傅俊的兒子傅昌承嗣侯位，遷封為蕪湖侯。建初年間，遭遇母親去世，於是上書，以國中貧窮不願意到封地為由，乞請賜錢五十萬，改為關內侯。肅宗大怒，貶其為關內侯，最後也沒有賜錢。永初七年，鄧太后重封傅昌兒子傅鐵為高置亭侯。

1 堅鐔，字子伋❶，潁川襄城人也。為郡縣吏。世祖討河北，或薦鐔者，因得召見。以其吏能❷，署主簿❸。又拜偏將軍，從平河北，別擊破大槍於盧奴❹。世祖即位，拜鐔揚化將軍，封㶏強❺侯。

2 與諸將攻洛陽，而朱鮪別將守東城者為反間❻，私約鐔晨開上東門❼。鐔與建義大將軍朱祐乘朝而入，與鮪大戰武庫❽下，殺傷甚眾，至旦食乃罷，朱鮪由是遂降。又別擊內黃❾，平之。建武二年，與右將軍萬脩❿徇南陽諸縣，而堵鄉人董訢反宛城⓫，獲南陽太守劉驎。鐔乃引軍赴宛，選敢死士夜自登城，斬關而入，訢遂棄城走還堵鄉。鄧奉復反新野⓬，攻破吳漢。時萬脩病卒，鐔獨孤絕⓭，南拒鄧奉，北當董訢，一年間道路隔塞，糧饋不至，鐔食蔬菜，與士卒共勞苦。每急，輒先當矢石⓮，身被三創，以此能全其眾。及帝征南陽，擊破訢、奉，以鐔為左曹，常從征伐。六年，定封合肥⓯侯。二十六年，卒。

3 子鴻嗣。鴻卒，子浮嗣。浮卒，子雅嗣。

【章旨】以上為〈堅鐔傳〉。介紹堅鐔的身世，記述其在武庫下與朱鮪至旦乃罷的大戰。堅鐔一生經歷，顯示了其卓越的軍事才能。

【注　釋】❶伋　《東觀漢記》作「皮」。❷以其吏能　因他有處理吏事的才能。❸署主簿　署，委任。主簿，漢代中央和地方都設立此官，以典領文書，辦理事物。❹破大槍於盧奴　大槍，王莽末年起兵諸部之一，首領為重異，大槍被張步打敗後，歸順張步，後被漢軍擊敗。盧奴，縣名。屬中山國。治今河北定州，傳說城內有池，水黑色而不流，水黑為「盧」，不流為「奴」，因此得名。❺濦強　縣名。東漢屬汝南郡。治今河南登封一帶。❻反間　背叛原先所屬而為敵方的內應，被敵方稱為反間。此反間含義與後代所稱反間計之反間全然有別。❼上東門　洛陽故城東面北頭第一門。❽武庫　李賢注引《洛陽記》：「建始殿東有大倉，倉東有武庫，藏兵之所。」❾內黃　今河南內黃。❿右將軍萬脩　右將軍，將軍名號。萬脩，光武帝開國大將之一，列名雲臺，事見本書卷二十一。⓫堵鄉人董訢反宛城　堵鄉，今河南南陽東北唐河上游。董訢，王莽末年起兵反叛的首領之一，被漢軍打敗後降漢，後再反，被漢軍擊敗。⓬鄧奉復反新野　建武二年，鄧奉因惱怒吳漢軍隊擄掠了自己的鄉里，請假回到新野後起兵反叛，兵敗降漢後被殺。事見本書卷十七。⓭孤絕　獨立無助。⓮矢石　箭與石。李賢注：「石謂發石以投人也。墨子曰：『備城者積石百枚，重十鈞以上者。』」⓯合肥　今安徽合肥北。

【語　譯】堅鐔，字子伋，潁川襄城人。擔任郡縣吏。世祖征討黃河以北，有人舉薦堅鐔，堅鐔因此被召見。因為其有處理吏事的才能，委任為主簿。又任命為偏將軍，跟從世祖平定黃河以北，率分支部隊在盧奴擊破大槍。世祖即位，任命堅鐔為揚化將軍，封為濦強侯。

2 與諸將進攻洛陽，朱鮪守東城的別將做漢軍內應，私下與堅鐔約定，清晨打開上東門。堅鐔和建義大將軍朱祐趁著早晨入城，與朱鮪在武庫下大戰，殺傷大量敵軍，到吃早飯時間才停戰，朱鮪因此投降。堅鐔又分兵進擊內黃，平定此城。建武二年，與右將軍萬脩招撫南陽諸縣，而堵鄉人董訢在宛城反叛，擒獲南陽太守劉驎。堅鐔便率軍趕赴宛城，選拔敢死士兵，晚上親自登上城牆，斬斷門閂進入城內，董訢於是棄城逃回堵鄉。鄧奉又在新野反叛，攻破吳漢軍。當時萬脩病故，堅鐔獨軍無援，南邊抵禦鄧奉，北邊抵擋董訢，一年內道路堵塞，軍糧運不到，堅鐔吃蔬菜，和士卒同甘共苦。每次情勢危急，堅鐔總是率先抵擋矢石，身上受三處創傷，憑著這種精神保全了他的軍隊。等到光武帝征伐南陽，攻破董訢、鄧奉，任命堅鐔為左曹，經常跟隨光武帝出兵征伐。建武六年，確定封地封號為合肥侯。二十六年去世。

3 堅鐔的兒子堅鴻嗣位。堅鴻去世，兒子堅浮嗣位。堅浮去世，兒子堅雅嗣位。

1 馬武，字子張，南陽湖陽❶人也。少時避讎，客居江夏❷。王莽末，竟陵、西陽三老❸起兵於郡界，武往從之，後入綠林❹中，遂與漢軍合❺。更始立，以武為侍郎，與世祖破王尋等，拜為振威將軍，與尚書令❻謝躬共攻王郎。

2 及世祖拔邯鄲❼，請躬及武等置酒高會❽，因欲以圖躬，不剋。既罷，獨與武登叢臺❾，從容謂❿武曰：「吾得漁陽、上谷突騎⓫，欲令將軍將之，何如？」武曰：「駑怯⓬無方略。」世祖曰：「將軍久將，習兵，豈與我掾史同哉⓭！」武由是歸心⓮。

3 及謝躬誅死⓯，武馳至射犬⓰降，世祖見之甚悅，引置左右⓱，每勞饗諸將，武輒起斟酌於前，世祖以為歡。復使將其部曲⓲至鄴，武叩頭辭以不願，世祖愈美其意，因從擊⓳群賊。世祖擊尤來、五幡⓴等，敗於慎水㉑，武獨殿㉒，還陷陣，故賊不得迫及。進至安次、小廣陽㉓，武常為軍鋒㉔，力戰無前㉕，諸將皆引而隨之，故遂破賊，窮追至平谷、浚靡㉖而還。

4 世祖即位，以武為侍中、騎都尉，封山都㉗侯。建武四年，與虎牙將軍蓋延等討劉永㉘，武別擊濟陰㉙，下成武、楚丘㉚，拜捕虜將軍。明年，龐萌反，攻桃城，武先與戰，破之；會車駕至，萌遂敗走。六年夏，與建威大將軍耿弇西擊隗囂，漢軍不利，引下隴㉛。囂追急，武選精騎還為後拒，身被甲持戟奔擊，殺數千人，囂兵乃退，諸軍得還長安。

5 十三年，增邑，更封鄃㉜侯。將兵北屯下曲陽㉝，備匈奴。坐殺軍吏，受詔將妻子就國。武徑詣洛陽，上將軍印綬，削戶五百，定封為楊虛㉞侯，因留奉朝請。

6 帝後與功臣諸侯讌語，從容言曰：「諸卿不遭際會㉟，自度爵祿何所至乎？」高密侯鄧禹㊱先對曰：「臣少嘗學問，可郡文學博士㊲。」帝曰：「何言之謙乎？卿鄧氏子㊳，志行脩整㊴，何為不掾功曹㊵？」餘各以次對，至武，曰：「臣以武勇，可守尉㊶督盜賊。」帝笑曰：「且勿為盜賊㊷，自致亭長，斯可矣。」武為人嗜酒，闊達敢言㊸，時醉在御前面折同列㊹，言其短長，無所避忌。帝故縱之，以為笑樂。帝雖制御功臣㊺，而每能回容㊻，宥㊼其小失。遠方貢珍甘，必先徧賜列侯，而太官㊽無餘。有功，輒增邑賞，不任以吏職，故皆保其福祿，終無誅譴。

者。

7 二十五年，武以中郎將將兵擊武陵蠻夷㊾，還，上印綬。顯宗初，西羌寇隴右㊿，覆軍殺將，朝廷患之，復拜武捕虜將軍，以中郎將王豐(51)副，與監軍使者竇固(52)、右輔都尉陳訢(53)，將烏桓(54)、黎陽營(55)、三輔募士(56)、涼州(57)諸郡羌胡兵及弛刑(58)，合四萬人擊之。到金城浩亹(59)，與羌戰，斬首六百級。又戰於洛都谷(60)，為羌所敗，死者千餘人。羌乃率眾引出塞(61)，武復追擊到東、西邯(62)，大破之，斬首四千六百級，獲生口(63)千六百人，餘皆降散。武振旅(64)還京師，增邑七百戶，并前千八百戶。永平四年，卒。

8 子檀嗣，坐兄伯濟與楚王英黨顏忠謀反(65)，國除。永初七年，鄧太后紹封武孫震為漻亭侯。震卒，子側嗣。

【章　旨】以上是〈馬武傳〉。介紹馬武的身世與背景，記述馬武所立戰功，描寫馬武耿直的性格，說明了光武帝的御臣之術。

【注　釋】❶湖陽　縣名。治今河南新野東。❷客居江夏　客居，寄住在他鄉。江夏，郡名。治西陵（今湖北新洲西）。❸西陽三老　西陽，縣名。屬江夏郡。治今河南光山西。三老，掌教化的鄉官。❹綠林　新莽末年，王匡、王鳳等聚眾起義，占據綠林山（今湖北大洪山），號稱「綠林軍」。❺遂與漢軍合　王莽末年，綠林軍與劉縯等一起起兵，他們被王莽軍隊擊敗後，劉縯與綠林軍首領王常商談，二軍合為一軍，馬武也因此歸屬漢軍。事見本書卷十五。❻尚書令　又稱尚書僕射。東漢時，一切政務皆歸尚書，尚書令成為直接對皇帝負責總攬一切政令的首腦。❼及世祖拔邯鄲　更始二年，世祖在上谷、漁陽軍的幫助下，攻破邯鄲，殺王郎，事見本書卷一上。❽高會　舉行盛大宴會。❾叢臺　戰國時期趙武靈王所建，在今河北邯鄲市內。❿從容謂　不特意地提起。⓫吾得漁陽上谷突騎　更始二年，漁陽太守彭寵、上谷太守耿況派其將吳漢、寇恂等率突騎軍歸屬世祖，幫助世祖攻王郎，事見本書卷一上。突騎，能衝突軍陣的騎兵。⓬駑怯　愚鈍膽怯。⓭豈與我掾史同哉　怎麼會與我的掾史相同呢。掾史，官名。漢以後中央及各州縣都置掾史，分曹治事，多由長官自行辟舉。⓮歸心　歸附的念頭。⓯及謝躬誅死　更始二年，光武帝派吳漢、岑彭襲殺謝躬，事見卷一上。⓰馳至射犬　乘快馬到射犬。射犬，李賢注引《續漢志》：「野王縣有射犬聚，故城在今懷州武德縣北也。」射犬地在今河南修武西南。⓱引置左右　招來讓他跟在身旁。⓲部曲　私家兵。⓳從擊　讓他跟隨左右進攻群賊。⓴尤來五幡　王莽末年起兵反叛的兩支農民軍名稱。尤來的首領為樊崇，五幡首領本書無說。㉑慎水　《元和郡縣志》卷十：慎水出真陽縣西南二十里，真陽即漢之慎縣，治今正陽北。《集解》：「錢大昕曰：〈光武紀〉作順水，注本或作慎水者誤。」㉒殿　李賢注：「殿，鎮後也……言兵敗而鎮其後也。」㉓安次小廣陽　安次，縣名。治今河北廊坊。小廣陽，李賢注：「即廣平亭也，在今幽州范陽縣西南，以有廣陽國，故謂此亭為小廣陽也。」此地在今北京市房山區東北。㉔軍鋒　前鋒。㉕力戰無前　奮力作戰，勇往直前。㉖平谷浚靡　平谷，縣名。屬漁陽郡。治今北京平谷東北。浚靡，縣名。屬右北平郡。治今河北遵化西北。㉗山都　侯國名。屬南陽郡。今河南谷城東南。㉘劉永　睢陽人，梁孝王八世孫。更始帝失敗，劉永自稱天子。後被部將所殺，事見本書卷十二。㉙濟陰　郡名。治定陶（今山東定陶西北）。㉚成武楚丘　成武，縣名。治今山東成武。楚丘，今山東曹縣東。㉛引下隴　率軍退回隴地。㉜鄃　李賢注：「縣名，屬平原郡，故城在今德州平原縣西南。」其地在今山東平原縣境內。㉝下曲陽　縣名。治今河北晉州西。㉞楊虛　其地在今山東禹城境內。㉟不遭際會　沒有遇到時機。際會，時機；機會。㊱高密侯鄧禹　高密，縣名。屬高密國。治今山東高密西。鄧禹，字仲華，南陽新野人。曾以詩書授業，後為光武帝將軍，為光武帝出謀劃策，屢立戰功，曾被任命為大司徒，事見本書卷十六。㊲可郡文學博士　可擔任郡中文學博士。文學博士為博士名號。㊳卿鄧氏子　先生是鄧氏的後代。㊴志行脩整　志趣操行嚴謹。脩整，嚴謹。㊵掾功曹　郡府的署官。㊶守尉　《漢書．百官公卿表》：「秦郡守掌治其郡，有丞、尉，掌佐守，典武職甲卒。」㊷且勿為盜賊　馬武早年曾加入綠林，因此光武帝才如此說。㊸闊達敢言　李賢注：「闊達，大度也，敢言謂言果敢而無所隱也。」㊹面折同列　當面批評指責和自己地位相同的人。㊺制御功臣　控制駕御功臣。㊻回容　李賢注：「回，曲也，曲法以容也。」㊼宥　寬恕。㊽太官　《續漢志》：「太官令一人，秩六百石，掌御膳飲食。」

㊾武陵蠻夷　生活在武陵一帶的少數民族。武陵，郡名。治臨沅（今湖南常德）。㊿西羌寇隴右　西羌，羌人內徙的一支，定居在金城、隴西、漢陽等郡，因地偏西，故稱西羌。隴右，古代泛指隴山以西地區，古代以西為右，大約相當於今甘肅六盤山以西、黃河以東地帶。(51)王豐　本為光武帝突騎，後為中郎將。(52)監軍使者竇固　監軍使者，皇帝所派監察軍隊的使者。竇固，扶風平陵（今陝西咸陽）人，光武帝涅陽公主之婿，明帝時任奉車都尉，曾與騎都尉耿忠一起率兵擊敗匈奴，事見本書卷二十三。(53)右輔都尉陳訢　右輔，西漢元鼎三年，為擴大關西，將函谷關遷到新安東界，關內置左右輔，事見《史記·平準書》及《集解》。陳訢，曾任將兵長史、漁陽太守、右輔都尉。(54)烏桓　古族名，也作烏丸，東胡的一支。秦末漢初東胡被匈奴擊敗後，部分遷到烏桓山，因此為名。西漢武帝以後歸屬漢朝，遷至上谷、漁陽、右北平、遼西、遼東等五郡。(55)黎陽營　〈鄧訓傳〉注：「《漢官儀》曰：中興以幽冀并州兵克定天下，故於黎陽立營，以謁者監之。」黎陽，在今河南浚縣東。(56)三輔募士　從三輔招募的士兵。三輔，京兆尹、左馮翊、右扶風合稱三輔，轄境相當今陝西中部地區。(57)涼州　涼州刺史部之簡稱。轄境在今甘肅、寧夏湟水流域、內蒙古納林河、穆林河流域。(58)弛刑　指弛刑徒。解除枷鎖的刑徒。(59)浩亹　李賢注：「浩亹，縣名。屬金城郡。故城在今蘭州廣武縣西南。」治今甘肅樂都東。(60)洛都谷　李賢注：「湟水一名洛都水，西自吐谷渾界入，在今鄯州湟水縣。」湟水縣，在今甘肅樂都。(61)出塞　退出關外。(62)東西邯　李賢注：「酈元《水經注》曰：邯川城左右有水，自北出，南經邯亭，注於河。蓋以此水分流，謂之東、西邯也。在今廓州化隆縣東。」其地在今青海化隆回族自治縣境內。(63)生口　俘虜。(64)振旅　整頓軍隊。(65)坐兄伯濟句　永平十三年，有人告發楚王與其黨羽顏忠造圖讖，企圖謀反，後經查實，楚王與黨羽顏忠被殺，馬檀因參與其事也被處死。楚王英與黨羽顏忠謀反事見本書卷四十二。

【語　譯】馬武，字子張，南陽湖陽人。少年時躲避仇敵，客居在江夏。王莽末年，竟陵、西陽的三老在二郡交界處起兵，馬武前去歸服他們，後來加入綠林軍中，綠林歸降漢軍，馬武與漢軍合為一處。更始即位，任命馬武為侍郎，與世祖一起攻破王尋等軍，任命為振威將軍，和尚書令謝躬共同進攻王郎。

2　等世祖攻下邯鄲，宴請謝躬和馬武等人，擺下酒席舉行盛大宴會，想藉此機會除掉謝躬，沒有能成功。酒會結束，世祖單獨與馬武登上叢臺，不特意地對馬武提起：「我得到了漁陽、上谷的突騎軍，想讓將軍統率此軍，怎麼樣呢？」馬武說：「我愚鈍膽怯沒有方略。」世祖說：「將軍長期統兵，熟悉戰事，怎麼會與我的掾史相同呢！」馬武從此產生了歸順世祖的念頭。

3 等到謝躬被殺死後，馬武乘快馬到射犬投降世祖，世祖見到他後非常高興，招來讓他跟在身旁，每次慰勞犒賞諸位將領，馬武總是起身到大家面前斟酒，世祖因此非常高興。世祖又派他率領他的私家兵到鄴，馬武叩頭，以不願領命作推辭，世祖對他的心意更加讚賞，於是讓他跟隨自己進攻群賊。世祖進攻尤來、五幡等，在慎水被打敗，馬武獨自一人殿後，回頭奪取被攻陷的陣地，因此賊人沒能追上世祖軍隊。進軍到安次、小廣陽，馬武經常為前鋒，奮力作戰，勇往直前，各位將領都率兵跟隨他，因此攻破賊軍，窮追到平谷、浚靡才率軍返回。

4 世祖即位，任命馬武為侍中、騎都尉，封為山都侯。建武四年，與虎牙將軍蓋延等人討伐劉永，馬武分兵進攻濟陰，攻下成武、楚丘，授任捕虜將軍。第二年，龐萌反叛，進攻桃城，馬武先與龐萌交戰，攻破龐萌。恰遇皇上趕到，龐萌兵敗逃走。建武六年夏天，和建威大將軍耿弇西進攻擊隗囂，漢軍作戰不利，率軍退回隴地。隗囂率兵急追，馬武挑選精銳騎兵回軍殿後抵抗，親身披戰甲，手持戟急奔進擊，殺死數千人，隗囂軍隊才退走，諸軍才得以返回長安。

5 十三年，增封馬武城邑，改封為鄃侯。馬武率兵向北駐屯下曲陽，防備匈奴。犯殺軍吏之罪，接到詔書，讓其帶著妻子兒女回到封國。馬武徑直到洛陽，將將軍印綬交還皇上，封邑削去戶五百，確定封號為楊虛侯，於是留在朝中定期參加朝會。

6 光武帝後來與功臣諸侯在宴會上聊天，光武帝一本正經地說：「各位先生沒遇到機會，自己估計能得到什麼樣的爵祿呢？」高密侯鄧禹首先回答說：「我少年時曾經做學問，可以擔任郡文學博士。」光武帝說：「怎麼說話這樣謙虛呢？先生是鄧氏的後代，志趣操行嚴謹，怎麼還不得個掾功曹？」其餘人各自依次答對，到馬武，他說：「我因勇武，可擔任守尉，督捕盜賊。」光武帝笑著說：「先不要做盜賊，自己能得個亭長，這也就可以了。」馬武為人嗜酒，大度敢直言，時常在皇帝面前喝醉酒後，當面指責批評和自己地位相同的人，說他長短如何，沒有任何避諱顧忌。光武帝故意縱容他，以此取笑。光武帝雖然駕御控制功臣，而往往又能曲法相容，寬恕他們小的過失。遠方進貢珍美食物，必要先賞賜給所有列侯，而掌管御膳的太官令處幾乎沒有剩餘。大臣有功，總是增封賞賜城邑，不任他們為吏職，因此功臣們都能保有自己的福分祿位，始終沒有被誅殺和貶謫的。

7 二十五年，馬武以中郎將身分率兵進攻武陵蠻夷，回軍後，將印綬交還皇上。顯宗初即位，西羌寇掠隴右，覆滅漢軍，殺死漢將，朝廷非常擔心，又任命馬武為捕虜將軍，以中郎將王豐為副手，與監軍使者竇固、右輔都尉陳訢，率烏桓、黎陽營、三輔募士、涼州各郡羌胡兵和弛刑徒，總共四萬人進攻西羌。軍到金城郡浩亹縣，與羌人交戰，斬首六百級。又在洛都谷交戰，被羌人打敗，死亡一千餘人。西羌人於是率軍退出塞外，馬武又追擊到東、西邯，大破羌人，斬首四千六百級，俘虜一千六百人，其餘人全都或投降或逃散。馬武整頓軍隊班師回京師，增封城邑七百戶，加上從前的共一千八百戶。永平四年，去世。

8 馬武的兒子馬檀承嗣侯位，受兄長伯濟與楚王英的黨羽顏忠謀反之事牽連，封國被廢除。永初七年，鄧太后續封馬武的孫子馬震為滲亭侯。馬震去世，兒子馬側承襲爵位。

論曰：中興二十八將，前世以為上應二十八宿❶，未之詳也。然咸能感會風雲❷，奮其智勇❸，稱為佐命❹，亦各志能❺之士也。議者多非光武不以功臣任職，至使英姿茂績❻，委而勿用。然原夫深圖遠筭❼，固將有以焉爾。若乃王道既衰，降及霸德❽，猶能授受惟庸❾，勳賢皆序，如管、隰之迭升桓世，先、趙之同列文朝❿，可謂兼通矣⓫。降自秦、漢，世資戰力，至於翼扶⓬王運，皆武人屈起⓭。亦有鬻繒屠狗輕猾之徒⓮，或崇以連城之賞，或任以阿衡之地⓯，故埶疑則隙生，力侔則亂起⓰。蕭、樊且猶縲紲⓱，信、越終見葅戮⓲，不其然乎！自茲以降，迄于孝武，宰輔五世，莫非公侯⑲。遂使縉紳道塞⑳，賢能蔽壅㉑，朝有世及之私㉒，下多抱關之怨㉓。其懷道無聞，委身草莽者，亦何可勝言。故光武鑒前事之違，存矯枉之志㉔，雖寇、鄧之高勳，耿、賈之鴻烈㉕，分土不過大縣數四，所加特進、朝請而已㉖。觀其治平臨政㉗，課職責咎㉘，將所謂「導之以政，齊之以刑㉙」者乎！若格之功臣㉚，其傷已甚。何者？直繩則虧喪恩舊㉛，橈情則違廢禁典㉜，選德則功不必厚，舉勞則人或未賢，參任則群心難塞，並列則其敝未遠㉝。不得不校其勝否，即以事相權㉞。故高秩厚禮，允荅元功，峻文深憲㉟，責成吏職。建武之世，侯者百餘，若夫數公者，則與參國議，分均休咎㊱，其餘並優以寬科㊲，完其封祿，莫不終以功名延慶㊳于後。昔留侯以為高祖悉用蕭、曹故人㊴，而郭伋亦譏南陽多顯㊵，鄭興又戒功臣專任㊶。夫崇恩偏授，易啟私溺㊷之失，至公均被㊸，必廣招賢之路，意者不其然乎！

【章　旨】以上評論闡述作者對光武帝不以功臣任職的深刻理解，是對帝王統治經驗的總結，可資借鑑。

【注　釋】❶上應二十八宿　與上天二十八宿相應。二十八宿，也稱「二十八舍」、「二十八星」，分布在黃道、赤道帶附近一周天的二十八個星官。中國古代選作觀測日、月、五星在星空的運行及其他天象的相對標誌。分為四組，每組七宿，與四方和四種動物形象相配，稱為四象。二十八宿以北斗斗柄所指的角宿為起點，由西向東排列，它們的名稱和四象的關係是：東方蒼龍——角、亢、氐、房、心、尾、箕；北方玄武——斗、牛、女、虛、危、室、壁；西方白虎——奎、婁、胃、昴、畢、觜、參；南方朱雀——井、鬼、柳、星、張、翼、軫。❷感會風雲　與時代風雲相契合。感會，感應契合。❸奮其智勇　發揮他們的智謀勇略。❹佐命　古代帝王得天下，自稱是應天命，故稱輔佐帝王創業的為佐命。❺志能　有志向，有能力。❻茂績　有傑出功績之人。茂，為避劉秀之諱，改秀字為茂字。❼然原夫深圖遠筭　然而探究世祖的深謀遠略。❽若乃王道既衰二句　如果此時王道已衰落，降為霸世。李賢注：「王謂周也，霸謂齊桓、晉文公。」❾授受惟庸　授受官爵只根據功勳。庸，即功。❿如管隰二句　比如管仲、隰朋在桓公之世先後升任執政大臣，先軫、趙衰同在晉文公之世執政。據《管子・戒》記載，管仲病重，桓公問他由誰來接替他執政，管仲推薦了隰朋。管仲、隰朋事跡見《史記・管晏列傳》。據《左傳・僖公二十七年》，文公使趙衰為卿，「讓於欒枝、先軫，乃使先軫佐下軍。」⓫可謂兼通矣　可以說是賢能之臣與功臣兼用了。⓬翼扶　輔佐。⓭屈起　勃興。⓮鬻繒屠狗輕猾之徒　據《史記・樊酈滕灌列傳》記載，西漢開國大將灌嬰本是睢陽販繒者，沛人樊噲本以屠狗為生，鬻繒屠狗輕猾之徒即指此二人。⓯或崇以二句　據《史記・樊酈滕灌列傳》記載，樊噲封為舞陽侯，灌嬰為丞相，封為潁陰侯。《集解》：「惠棟曰：《前書》贊云：『蕃國大者跨州兼郡，連城數十。』」李賢注：「阿，倚也。衡，平也。言天下依倚而取平也。」阿衡之地用以形容封地之重要。⓰故埶疑則隙生二句　因此大臣權勢過大、地位過重，君臣之間便產生猜疑與隔閡，大臣勢力與皇上相等，就會發生變亂。侔，即相等。⓱蕭樊且猶縲紲　蕭、樊指蕭何與樊噲。縲紲，用刑具拘禁。據《史記・蕭相國世家》記載，蕭何為丞相，為人請上林中空地，皇上大怒，便將蕭何交給廷尉戴上枷鎖囚禁起來。據《史記・樊酈滕灌列傳》記載，燕王盧綰反叛，樊噲以相國身分進攻燕，有人惡告樊噲與呂氏結黨，皇上大怒，派陳平到軍中處斬樊噲，陳平害怕呂氏，將樊噲抓起來送回長安。⓲信越終見葅戮　信、越指韓信和彭越。葅戮，〈刑法志〉：「夷三族者梟其首，葅其骨肉。」據《史記・淮陰侯列傳》，韓信封為淮陰侯，有人上書告韓信謀反，呂后使武士將韓信捆綁起來斬了他。又據《史記・魏豹彭越列傳》，彭越為梁王，呂后令其舍人發告彭越謀反，於是族滅彭越。⓳迄于孝武三句　到孝武帝，五代丞相，沒有不是公侯勳貴的。五世指自高祖到孝武五代，五代丞相有蕭何、曹參、陳平、周勃、周亞夫、灌嬰等。⓴遂使縉紳道塞　於是使縉紳顯貴充斥道路。縉紳，用以代表達官顯貴。李賢注：「縉，赤色也。紳，帶也，或作搢，搢，插也。謂插笏於帶也。」㉑賢能蔽壅　賢能之人的仕進之路被堵塞。蔽壅，阻塞；障隔。㉒朝有世及之私　朝廷大臣有世代為官之私弊。世及語出《禮記・禮運》：「大人世及以為禮。」意即父子相繼。㉓抱關之怨　指不受重用的抱怨。抱關指守門者，據《前漢紀・孝宣》記載，蕭望之任小苑東門候，王仲翁謂望之曰：「不肯碌碌，反抱關為。」㉔存矯枉之志　心中存有矯正偏差的志向。矯，即正。枉，即曲。㉕寇鄧之高勳二句　寇、鄧指寇恂和鄧禹，其功績見本書卷十六。耿、賈指耿弇與賈復，他們的功績見本書卷十九與卷十七。㉖分土不過二句　鄧禹為大司徒，封高密侯，食邑四縣。耿弇封好時侯，食邑二縣，奉朝請。賈復封膠東侯，凡食六縣，以列侯加特進。特進，官名。西漢末年開始設置，授給列侯中有特殊地位者，可以自辟僚屬。㉗治平臨政　處理治國平天下之政務。治平語本《禮記・大學》：「身修而後家齊，家齊而後國治，國治而後天下平。」意為治國平天下。㉘課職責咎　考課職責，追究責任。㉙導之以政二句　用政策引導，用刑法約束，百姓便可免被刑罰而無所畏懼。《論語・為政》：「導之以政，齊之以刑，民免而無恥。」㉚若格之功臣　若施刑罰以正功臣，對功臣的危害是非常大的。格，正也。㉛直繩則虧喪恩舊　直法就會喪失恩情舊義。㉜橈情則違廢禁典　曲情寬容就會違背廢棄禁令典刑。橈，彎曲。㉝參任則群心難塞二句　功臣與賢臣兼任則群臣之心各有所屬，像高祖那樣並用功臣，弊病不久就會發生。參任指兼用功臣與賢臣。並列則指像高祖那樣並用功臣。㉞不得不校其勝否二句　不得不衡量其可否，用事來平其輕重。勝否，可否。即，就也。權，謂平其輕重。㉟峻文深憲　指苛細的法令條文。㊱建武之世五句　本書〈賈復傳〉：「帝方以吏事責三公，故功臣遂不用。是時列侯唯高密、固始、膠東三侯與公卿參議國家大事，恩遇甚厚。」分均休咎，意同休戚與同。分均，語出《荀子・王制》「分均則不偏」。休咎，吉凶；善惡。㊲優以寬科　用舒寬的科條優待。㊳延慶　延續吉祥。㊴昔留侯句　《漢書・高帝紀》載：上望見諸將往往偶語，張良曰：「此謀反耳。陛下起布衣為天子，而所封皆蕭、曹故人耳，故相聚謀反也。」㊵而郭伋句　本書〈郭伋傳〉載：光武以伋為并州牧，帝引見，伋因言：「選補眾職，當簡天下賢俊，不宜專用南陽人。」帝納之。㊶鄭興又戒句　本書〈鄭范陳賈張列傳〉載：鄭興徵為太中大夫，上疏曰：「道路流言咸曰：『朝廷若用功臣，功臣用則人位謬矣。』」㊷私溺　偏愛。㊸至公均被　公正無偏。

【語　譯】史家評論說：中興二十八將，前世人認為他們與上天的二十八宿相應，詳細情況說不清楚。可是這些大將都能契合時代風雲，發揮他們的智謀勇略，可稱為佐命之臣，也各自都是有志趣有才能之士。評論者許多人非議光武帝不用功臣任職，導致他們的英姿和功績被委棄而不用。可是探究光武帝的深謀遠慮，本來如此作法是有特殊用意的。如果此時是王道衰落之後，下降到霸德時代，還能只根據功勳授受官職，功臣賢臣皆得其位，好像管仲、隰朋先後在齊桓公時代升至高位，先軫、趙衰共同列位晉文公之朝，可以說是賢能之臣與功臣兼用了。下降自秦、漢開始，世代以軍功力戰為根本，甚至到了輔佐王運，都是勃起的武夫。也有鬻繒屠狗輕薄奸猾之輩，有的給以連城之賞的尊崇，有的任以宰輔之職，因此大臣權勢過大、地位過重，君臣之間便產生猜疑與隔閡，大臣勢力與皇上相等就會發生變亂。蕭何、樊噲尚且被戴上刑具投入監獄，韓信、彭越最終受屠戮，不正是這樣的例子嗎！自此以後，到孝武，五世宰輔大臣沒有不是公侯的。於是使縉紳無進升之路，賢能之人的仕進之路被堵塞，朝廷有世代為官的私弊，下層許多人抱怨不被重用。那些懷抱治世之道而默默無聞，寄身於草莽之中者，不可勝數啊。因此光武帝鑑於前事之失，心中存有矯正偏差的志向，既使有寇恂、鄧禹這樣的高功，耿弇、賈復這樣的偉烈，分封土地不過幾個大縣，增加的官位也只是特進、奉朝請罷了。考察其處理治國平天下之政務，考課職責，追究責任，可以說是「導之以政，齊之以刑」吧！若施刑罰以正功臣，功臣們受到的傷害就太厲害了。為什麼呢？徑直用法就會喪失恩情舊義，曲情寬容就會違背廢棄禁令典刑，選用有德行之人則他的功勳不必很大，選舉有功勞之人則此人或許並不賢能，功臣與賢臣兼任則群臣之心各有所屬，像高祖那樣並用功臣，弊病不久就會發生。光武帝不得不衡量其可否，用事來平其輕重。因此用很高的爵秩和豐厚的禮遇，以答謝元老功臣，用苛細的法令條文，考核官吏的職責。建武之世，封侯者一百餘，只有幾個封公者參與國家大事的商議，功過共擔，其餘的人全都用舒寬的法律條文優待他們，完整地保存他們的封邑俸祿，沒有一個不是最終因為戰功美名而延福後代的。從前留侯認為高祖全部任用蕭、曹故人而使士兵有謀反之意，而郭伋也曾譏諷光武帝多用南陽顯貴，鄭興又勸誡光武帝專用功臣。崇尚恩德偏授功臣，容易引起偏愛私情的弊病，公正無偏，必定能拓廣招賢之路，所思考的不正是這樣嗎！

1 永平中，顯宗追感❶前世功臣，乃圖畫二十八將於南宮雲臺❷，其外又有王常、李通、竇融❸、卓茂❹，合三十二人。故依其本弟❺係之篇末，以志功臣之次云爾。

太傅高密侯鄧禹

大司馬廣平侯吳漢

左將軍膠東侯賈復

建威大將軍好畤侯耿弇

執金吾雍奴侯寇恂

征南大將軍舞陽侯岑彭

征西大將軍陽夏侯馮異

建義大將軍鬲侯朱祐

征虜將軍潁陽侯祭遵

驃騎大將軍櫟陽侯景丹

虎牙大將軍安平侯蓋延

衛尉安成侯銚期

東郡太守東光侯耿純

城門校尉朗陵侯臧宮

捕虜將軍揚虛侯馬武

中山太守全椒侯馬成

河南尹阜成侯王梁

琅邪太守祝阿侯陳俊

驃騎大將軍參蘧侯杜茂

積弩將軍昆陽侯傅俊

左曹合肥侯堅鐔

上谷太守淮陵侯王霸

信都太守阿陵侯任光

豫章太守中水侯李忠

右將軍槐里侯萬脩

太常靈壽侯邳彤

驍騎將軍昌成侯劉植

橫野大將軍山桑侯王常

大司空固始侯李通

大司空安豐侯竇融

驃騎將軍慎侯劉隆　　太傅宣德侯卓茂

3 贊曰：帝績思乂❻，庸功❼是存。有來群后，捷我戎軒❽。婉孌龍姿❾，儷景同飜❿。

【章　旨】以上記述雲臺二十八將分封情況，列舉二十八將的名稱及封號。幾句贊語，對本列傳傳主們的功績進行了恰到好處的評價。

【注　釋】❶追感　追念。❷南宮雲臺　洛陽南宮中的雲臺。❸竇融　扶風平陵人，曾從王莽太師王邑征討各地農民軍，在昆陽戰敗後降漢，後反漢，率軍入西域，世祖即位後歸附漢，助漢征隗囂，其事見本書卷二十三。❹卓茂　南陽宛人，曾學於長安，熟悉《詩》、《禮》，後歸順光武帝，事見本書卷二十五。❺本弟　本傳的次第。❻帝績思乂　帝王之業的興隆。績，指功業。思，虛詞，無義。乂，本指治理，這裡引申為興隆。❼庸功　功勳。❽有來群后二句　意思是說寇恂、鄧禹等人幫助光武帝建立功烈，戰車所至，無不告捷。捷，勝。❾婉孌龍姿　可親可愛的光武帝。婉孌，猶親愛。龍姿，謂光武帝。❿儷景同飜　諸將一齊奮起追隨光武帝而舉大功。儷，齊；並排。景，通「影」。飜，同「飛」。

【語　譯】永平年間，顯宗回憶往事，感念前世功臣，於是在南宮雲臺畫二十八將的畫像，二十八將之外又增加了王常、李通、竇融、卓茂，總共三十二人。因此根據他們本傳的次第繫在篇末，以標明功臣的位次。

2 太傅高密侯鄧禹　　中山太守全椒侯馬成

大司馬廣平侯吳漢　　河南尹阜成侯王梁

左將軍膠東侯賈復　　琅邪太守祝阿侯陳俊

建威大將軍好時侯耿弇　　驃騎大將軍參蘧侯杜茂

執金吾雍奴侯寇恂　　積弩將軍昆陽侯傅俊

征南大將軍舞陽侯岑彭　　左曹合肥侯堅鐔

征西大將軍陽夏侯馮異　上谷太守淮陵侯王霸
建義大將軍鬲侯朱祐　信都太守阿陵侯任光
征虜將軍潁陽侯祭遵　豫章太守中水侯李忠
驃騎大將軍櫟陽侯景丹　右將軍槐里侯萬脩
虎牙大將軍安平侯蓋延　太常靈壽侯邳彤
衛尉安成侯銚期　驍騎將軍昌成侯劉植
東郡太守東光侯耿純　橫野大將軍山桑侯王常
城門校尉朗陵侯臧宮　大司空固始侯李通
捕虜將軍揚虛侯馬武　大司空安豐侯竇融
驃騎將軍慎侯劉隆　太傅宣德侯卓茂

3 史官評議說：帝王之業的興隆，應當牢記功臣們所立功勳。寇恂、鄧禹等大將，幫助光武帝建立功烈，戰車所至，無不告捷。可親可愛的光武帝，諸將追隨而舉大功。

【研　析】 本卷是一篇反映東漢初年開國歷史的重要文獻。其所涉及的東漢初年的重要史實主要有以下幾個方面：

第一，光武帝劉秀得天下的成功經驗。劉秀得天下，推心置腹任用綠林軍是其最為關鍵的策略。馬武原本為綠林軍之將，在其投降光武後，深得重用，明帝時列名雲臺二十八將之一，光武帝將本只可能為一個亭長的人塑造成了威風八面的將軍。

第二，光武帝治理天下的用人政策及其在中國歷史上的影響。光武帝的用人之策，史學家多有爭議。從東漢初年的歷史看，其賢人與功臣並用，不失為一個比較好的選擇。只是光武帝的目的在於緩解皇上與功臣之間可能出現的矛盾，沒有考慮到功臣在經濟、軍事上發達後對東漢政權的威脅。中國歷史上的豪強地主的形成，與光武帝的用人政策不無關係。等到東漢後期，豪強地主的背叛，最終成為東漢政權瓦解的重要原因，這是光武帝在採用其精心安排的用人政策時所始料不及的。「潁川、弘農可問，河南、南陽不可問」，已經說明東漢初年的皇親國戚已擁有了很強的經濟與政治勢力。

第三，讖緯迷信在東漢初年的政治舞臺上所發揮的作用。讖緯思想的產生，其最早的根源可以追溯到西漢時期。而其開始對中國政治產生重大影響，則是從東漢初年開始的。光武帝得天下，很好地借助了讖緯的力量。流行於西漢末年東漢初年的《赤伏符》所記載的「劉秀發兵誅不道，四夷雲集龍鬬野，四七之際火為主」，成為劉秀得天下的輿論工具，而同書所載「王梁主衛作玄武」，則成為劉秀任用王梁的依據。劉秀任用其他官員，也常常根據讖緯之說。儘管如此，當讖緯之說不利於劉秀任命官吏時，劉秀並沒有完全按照讖緯之說行事。這也充分說明讖緯只不過是個招牌，鼓吹它的帝王也並非對它深信不疑。皇帝對讖緯的利用，擴大了讖緯思想對東漢政壇的影響。（魏建震注譯）

卷二十三

竇融列傳第十三　弟子固　曾孫憲　玄孫章

【題解】〈竇融列傳〉附其弟之子〈竇固傳〉、曾孫〈竇憲傳〉和玄孫〈竇章傳〉，敘述了東漢世族竇氏的興衰過程。竇融以率河西之地歸漢，幫助光武帝消滅隗囂而顯名後世，范曄用了許多細緻的筆墨，描寫了竇融附勢趨利的心態與行為。竇憲出兵伐匈奴，使匈奴西奔，中原的匈奴之患基本消除，而這樣一個重大的歷史事件，卻是由飛揚跋扈的外戚竇憲贖罪而引發的。本傳中充滿人情化的事態描寫，使整個竇氏的歷史活生生地展現在東漢興亡的歷史框架內。光武帝統一天下、明帝出兵征匈奴、外戚專權、太后聽政、宦官干政，東漢歷史上的重大事件，幾乎都可以找到竇氏的身影。這篇竇氏家族的興衰史，是東漢歷史的真實寫照。

竇融，字周公，扶風平陵❶人也。七世祖廣國，孝文皇后之弟，封章武侯❷。

融高祖父，宣帝時以吏二千石自常山徙焉❸。融早孤。王莽居攝❹中，為強弩將軍司馬❺，東擊翟義❻，還攻槐里❼，以軍功封建武男❽。女弟為大司空王邑❾小妻。家長安中，出入貴戚，連結閭里豪傑，以任俠為名；然事母兄，養弱弟，內修行義。王莽末，青、徐賊起⑩，太師王匡⑪請融為助軍，與共東征。

【章　旨】以上是〈竇融傳〉的第一部分，介紹竇融的身世。高貴的祖先、尊貴的姻親，為竇融早年活動提供了很好的歷史背景。

【注　釋】❶平陵　縣名。治今陝西咸陽西北。❷七世祖廣國三句　竇廣國，字少君，少年時家貧，被人掠賣。後因其姐為孝文帝后，被封為章武侯。竇太后，竇姬，趙之清河觀津人，呂太后時以良家子入宮侍奉太后，後被孝文帝立為后。竇廣國、竇太后事均見《史記・外戚世家》。章武縣，屬渤海郡。治今河北黃驊。❸以吏二千石自常山徙焉　以二千石官吏的身分從常山遷徙到扶風。二千石，《史記索隱》：二千石，是郡守之秩；《漢官儀》：其俸月百二十斛，又有真二千石者；如淳云：諸侯王相在郡守上秩真二千石，漢律真二千石俸月二萬。常山，郡名。治今河北元氏西北。❹居攝　因皇帝年幼不能親政，由大臣代居其位。❺強弩將軍司馬　強弩將軍本為將軍名號，此處指王莽時的明義侯王俊。司馬，分掌兵事。❻翟義　字文仲，翟方進之少子，為東郡太守。王莽居攝，翟義心中不滿，於是立東平王劉雲之子劉信為天子，翟義自號柱天大將軍，以誅討莽，莽派孫建、王邑等率兵進攻翟義，翟義兵敗自殺，事見《漢書・王莽傳》。❼還攻槐里　槐里，縣名。屬右扶風。治今陝西興平。翟義起兵反莽時，槐里人趙明、霍鴻等起兵回應，王邑等攻破翟義後，回軍進攻趙明、霍鴻等人，消滅了這些軍隊，事見《漢書・王莽傳》。❽建武男　爵位名。《東觀漢記》、《續漢書》均作「寧武男」。❾大司空王邑　大司空執掌土木建築等。王邑，王莽時任大司空，曾率兵攻破翟義，後在昆陽（今河南葉縣）被世祖軍打敗。❿青徐賊起　王莽末年，青州、徐州軍民紛紛起兵反叛王莽，這些起事軍隊被稱為青、徐賊。⓫王匡　王舜之子，王莽時任太師，其軍隊曾被赤眉軍打敗，事見本書卷十一。

【語　譯】竇融，字周公，扶風平陵人。其七世祖為竇廣國，是孝文皇后的弟弟，封為章武侯。竇融的高祖父，宣帝時以吏二千石身分從常山遷徙到扶風平陵。竇融早年成為孤兒。王莽攝政年間，擔任強弩將軍王俊的司馬，向東進攻翟義，回軍攻擊槐里，因軍功被封為建武男爵位。他的妹妹為大司空王邑的小妻。他在長安城中安家，出入在貴戚之中，聯絡鄉里的豪強，以俠義自任出名。但是，他事奉母親兄長，撫養弱小的弟弟，潛心修養自己的德行。王莽末年，青州、徐州賊兵蜂起，太師王匡請竇融為助軍，與他共同出兵東征。

1 及漢兵起，融復從王邑敗於昆陽下，歸長安。漢兵長驅入關，王邑薦融，拜為波水將軍❶，賜黃金千斤，引兵至新豐❷。莽敗，融以軍降更始大司馬趙萌❸，萌以為校尉，甚重之，薦融為鉅鹿太守❹。

2 融見更始新立，東方尚擾，不欲出關，而高祖父嘗為張掖❺太守，從祖父為護羌校尉❻，從弟亦為武威❼太守，累世在河西❽，知其土俗，獨謂兄弟曰：「天下安危未可知，河西殷富，帶河為固❾，張掖屬國❿精兵萬騎，一旦緩急，杜絕河津，足以自守，此遺種處⓫也。」兄弟皆然之。融於是日往守⓬萌，辭讓鉅鹿，圖出河西。萌為言更始，乃得為張掖屬國都尉。融大喜，即將家屬而西。既到，撫結⓭雄傑，懷輯⓮羌虜，甚得其歡心，河西翕然⓯歸之。

3 是時酒泉太守梁統⓰、金城太守庫鈞⓱、張掖都尉史苞⓲、酒泉都尉⓳竺曾、敦煌⓴都尉辛肜，並州郡英俊，融皆與為厚善。及更始敗，融與梁統等計議曰：「今天下擾亂，未知所歸。河西斗絕㉑在羌胡中，不同心勠力㉒則不能自守；權鈞力齊，復無以相率㉓。當推一人為大將軍，共全五郡，觀時變動。」議既定，而各謙讓，咸以融世任河西為吏，人所敬向㉔，乃推融行河西五郡㉕大將軍事。是時武威太守馬期、張掖太守任仲並孤立無黨，乃共移書㉖告示之，二人即解印綬去。於是以梁統為武威太守，史苞為張掖太守，竺曾為酒泉太守，辛肜為敦煌太守，厙鈞為金城太守。融居屬國，領都尉職如故，置從事監察五郡。河西民俗質樸，而融等政亦寬和，上下相親，晏然富殖㉗。修兵馬，習戰射，明烽燧之警，羌胡犯塞，融輒自將與諸郡相救，皆如符要㉘，每輒破之。其後匈奴懲乂㉙，稀復侵寇，而保塞羌胡皆震服親附，安定、北地、上郡㉚流人避凶飢者，歸之不絕。

【章旨】以上是〈竇融傳〉的第二部分，記述竇融對河西的經營情況。占據並經營河西，成為竇融建立其一生功業的根柢。

【注釋】❶波水將軍　將軍名號。《漢書音義》：「波水在長安南。」❷新豐　縣名。治今陝西西安東北。❸趙萌　棘陽人，更始時為右大司馬，與丞相李松共掌內政。❹鉅鹿太守　鉅鹿，郡名。治鉅鹿（今河北平鄉西南）。太守，一郡的最高行政長官。❺張掖　郡名。治張掖（今甘肅張掖西北）。❻護羌校尉　官名。西漢武帝時平河西，始置於涼州部。東漢初年復置。負責管理羌族，「理其怨結」，「問所疾苦」，也領兵出征。治所先後設在狄道（今甘肅臨洮）、安夷（今青海樂都西）、臨羌（今青海湟源東南）、張掖。《集解》：「沈欽韓曰：〈王莽傳〉有護羌校尉竇況。」❼武威　郡名。治今甘肅民勤東北。❽河西　指今甘肅青海黃河以西，也就是河西走廊和湟水流域。❾帶河為固　黃河圍繞，以此為固。❿張掖屬國　漢邊郡皆置屬國。⓫遺種處　讓後代可以生存之處。遺，留也。⓬守　唐李賢注：「猶求也。」⓭撫結　撫慰交結。⓮懷輯　懷集；招來。輯，和也。⓯翕然　紛紛的樣子。⓰酒泉太守梁統　酒泉，郡名。治酒泉（今甘肅酒泉市）。梁統，安定烏氏人，更始年間曾任酒泉太守、武威太守，與竇融一起幫助世祖滅隗囂，晚年定封陵鄉侯，事見本書卷三十四。⓱金城太守厙鈞　金城，郡名。治允吾（今蘭州西）。厙鈞，更始時為金城太守，與竇融一起歸漢後，封為成義侯，厙為其姓，李賢注引《漢書音義》：「厙姓，即倉庫吏後也。今羌中有姓厙，音舍，云承鈞之後也。」⑱史苞　李賢注引《三輔決錄注》：「苞字叔文，茂陵人也。」⑲都尉　西漢景帝時改郡尉為都尉，掌管一郡的軍事。漢武帝時開始設置屬國都尉，東漢光武時廢都尉，但有事或臨時設置，與少數民族接界的郡也時有設置。⑳敦煌　郡名。治敦煌（今甘肅敦煌西）。㉑斗絕　峻絕。㉒勠力　並力；合力。㉓權鈞力齊二句　權能力量相等，又沒有人統一領導。㉔敬向　敬仰。㉕河西五郡　張掖、酒泉、敦煌、武威、河西五郡合稱河西五郡。㉖移書　致書。㉗晏然富殖　安定富庶。㉘皆如符要　總是遵守命令、約定攻擊敵人。符要，符命、要約。意謂遵守命令、約定。㉙匈奴懲乂　匈奴，古族名，也稱胡。戰國時期在燕、趙、秦以北地區活動。秦漢之際，冒頓單于統一各部，統轄大漠南北廣大地區。漢武帝時出兵攻匈奴，匈奴勢力受到削弱。東漢光武二十四年分為兩部，南下的為南匈奴，留在漠北的為北匈奴。懲乂，受到懲治。李賢注：「懲，創也。《說文》云：乂亦懲也。」㉚安定北地上郡　均為郡名。安定郡治林涇（今寧夏鎮遠東南）。北地郡治富平（今寧夏吳忠西南）。上郡治膚施（今陝西榆林南）。

【語譯】等到漢兵崛起，竇融又跟從王邑在昆陽城下被打敗，回到長安。漢兵長驅入關，王邑舉薦竇融，被任命為波水將軍，賜給黃金一千斤，率兵到新豐。王莽失敗，竇融率軍隊投降了更始大司馬趙萌，趙萌任命他為校尉，非常器重他，舉薦竇融為鉅鹿太守。

2 竇融見更始剛剛即位，東方還擾動不安，不想出關東往，而且自己的高祖父曾擔任張掖太守，從祖父為護羌校尉，堂弟也擔任武威太守，世世代代在河西，了解河西的風土習俗，於是單獨對他的兄弟們說：「天下安危前途未可預料，河西殷實富足，黃河圍繞，地勢險固，張掖屬國有萬騎精兵，一旦有輕重緩急，斷絕河上橋津，足可以自守，那裡是讓後代可以長期生存之處。」兄弟都認為他說的對。竇融於是天天去請求趙萌，推辭鉅鹿太守這一職務，希望率兵出河西。趙萌替他向更始帝做了匯報，於是被委任為張掖屬國都尉。竇融非常高興，立刻帶著家屬西行。到河西後，撫慰交結當地的豪傑，招來羌人，得到當地人的歡心，河西之人紛紛歸順他。

3 此時酒泉太守梁統、金城太守厙鈞、張掖都尉史苞、酒泉都尉竺曾、敦煌都尉辛肜等人，都是州郡的傑出人物，竇融全都與他們結下了深厚的友誼。等到更始帝失敗，竇融與梁統等人計議說：「如今天下混亂，不知將來天下歸誰。河西孤懸於羌胡之中，大家不同心並力就不能自守；而現在我們權勢鈞衡，又沒有人統率。應當推舉一人為大將軍，一起保全五郡，觀看時局變化而採取相應的措施。」商議決定以後，而大家各自謙讓，都認為竇融家族世代在河西為官吏，被人們所敬仰，於是推舉竇融行使河西五郡大將軍權力。此時武威太守馬期、張掖太守任仲全都處境孤立，沒有黨援，於是他們共同致書告諭二人，二人便解下為官印綬，離開二郡。於是委任梁統為武威太守，史苞為張掖太守，竺曾為酒泉太守，辛肜為敦煌太守，厙鈞為金城太守。竇融居守屬國，仍舊擔任都尉之職，設置從事官監察五郡政務。河西民俗質樸，而竇融等人施政也比較寬和，上下相互親愛，一派安定富庶景象。他們訓練兵馬，練習作戰射箭，申明烽燧的報警方法，羌胡之人侵犯邊塞，竇融總是親自率軍與各郡相救應，總是遵守命令按約定的時間趕赴戰場，每次總能攻破敵軍。後來匈奴受到懲治，很少再入侵寇略，而保塞羌胡都被震服，親附竇融等人，安定、北地、上郡的流亡百姓逃避凶災饑荒的，不斷來投靠他們。

1 融等遙聞光武即位，而心欲東向，以河西隔遠，未能自通。時隗囂先稱建武年號❶，融等從受正朔❷，囂皆假❸其將軍印綬。囂外順人望，內懷異心，使辯士張玄❹游說河西曰：「更始事業已成，尋復亡滅，此一姓不再興之效。今即有所主，便相係屬❺，一旦拘制，自令失柄，後有危殆，雖悔無及。今豪傑競逐❻，雌雄未決❼，當各據其土宇，與隴、蜀合從❽，高可為六國，下不失尉佗❾。」融等於是召豪傑及諸太守計議，其中智者皆曰：「漢承堯運❿，歷數延長。今皇帝姓號見於圖書⑪，自前世博物道術之士谷子雲⑫、夏賀良⑬等，建明漢有再受命之符⑭，言之久矣，故劉子駿改易名字，冀應其占⑮。及莽末，道士西門君惠言劉秀當為天子⑯，遂謀立子駿。事覺被殺，出謂百姓觀者曰：『劉秀真汝主也。』皆近事暴著⑰，智者所共見也。除言天命，且以人事論之：今稱帝者數人，而洛陽土地最廣，甲兵最彊，號令最明。觀符命⑱而察人事，它姓殆未能當也。」諸郡太守各有賓客，或同或異。融小心精詳⑲，遂決策東向。五年夏，遣長史劉鈞奉書獻馬⑳。

2 先是，帝聞河西完富，地接隴、蜀，常欲招之以逼囂、述㉑，亦發使遺融書，遇鈞於道，即與俱還。帝見鈞歡甚，禮饗畢，乃遣令還，賜融璽書曰：「制詔㉒行河西五郡大將軍事、屬國都尉：勞鎮守邊五郡，兵馬精彊，倉庫有蓄，民庶殷富，外則折挫羌胡，內則百姓蒙福。威德流聞㉓，虛心相望，道路隔塞，邑邑何已㉔！長史所奉書獻馬悉至，深知厚意。今益州有公孫子陽，天水有隗將軍，方蜀漢相攻，權在將軍㉕，舉足左右，便有輕重。以此言之，欲相厚豈有量哉！諸事具長史所見，將軍所知。王者迭興，千載一會㉖。欲遂立桓、文，輔微國㉗，當勉卒功業；欲三分鼎足，連衡合從㉘，亦宜以時定。天下未并，吾與爾絕域，非相吞之國。今之議者，必有任囂效尉佗制七郡之計㉙。王者有分土，無分民，自適己事而已㉚。今以黃金二百斤賜將軍，便宜輒言。」因授融為涼州牧。

3 璽書既至，河西咸驚，以為天子明見萬里之外，網羅張立之情㉛。融即復遣鈞上書曰：「臣融竊伏自惟㉜，幸得託先后末屬㉝，蒙恩為外戚，累世二千石。至臣之身，復備列位㉞，假歷㉟將帥，守持一隅。以委質則易為辭㊱，以納忠則易為力㊲。書不足以深達至誠，故遣劉鈞口陳肝膽。自以底裡上露，長無纖介㊳。而璽書盛稱蜀、漢二主，三分鼎足之權，任囂、尉佗之謀，竊自痛傷。臣融雖無識，猶知利害之際，順逆之分。豈可背真舊之主，事姦偽之人；廢忠貞之節，為傾覆之事；棄已成之基，求無冀之利。此三者雖問狂夫，猶知去就，而臣獨何以用心！謹遣同產弟友詣闕㊴，口陳區區㊵。」友至高平㊶，會囂反叛，道絕，馳還，遣司馬席封間行通書㊷。帝復遣席封賜融、友書，所以尉藉㊸之甚備。

4 融既深知帝意，乃與隗囂書責讓之曰：「伏惟將軍國富政修，士兵懷附，親遇尼會之際，國家不利之時㊹，守節不回㊺，承事㊻本朝，後遣伯春委身於國㊼，無疑之誠，於斯有效。融等所以欣服高義，願從役於將軍者，良為此也。而忿悁之間㊽，改節易圖，君臣分爭，上下接兵。委㊾成功，造難就，去從義，為橫謀㊿，百年累之，一朝毀之，豈不惜乎！殆執事者貪功建謀[51]，以至於此，融竊痛之！當今西州地埶局迫，人兵離散，易以輔人，難以自建。計若失路不反，聞道猶迷[52]，不南合子陽，則北入文伯[53]耳。夫負虛交而易強禦，恃遠救而輕近敵[54]，未見其利也。融聞智者不危眾以舉事，仁者不違義以要功[55]。今以小敵大，於眾何如？棄子徼功，於義何如？且初事本朝，稽首[56]北面，忠臣節也。及遣伯春，垂涕相送，慈父恩也。俄而[57]背之，謂吏士何？忍而棄之，謂留子[58]何？自兵起以來，轉相攻擊，城郭皆為丘墟，生人轉於溝壑。今其存者，非鋒刃之餘，則流亡之孤。迄今傷痍[59]之體未愈，哭泣之聲尚聞。幸賴天運少還，而將軍復重於難，是使積痾不得遂瘳[60]，幼孤將復流離，其為悲痛，尤足愍傷，言之可為酸鼻[61]，庸人且猶不忍，況仁者乎？融聞為忠甚易，得宜實難[62]。憂人大過，以德取怨[63]，知且以言獲罪也。區區所獻，唯將軍省焉。」囂不納。融乃與五郡[64]太守共砥厲兵馬，上疏請師期[65]。

5 帝深嘉美之，乃賜融以外屬圖及太史公五宗[66]、外戚世家[67]、魏其侯列傳[68]。詔報曰：「每追念外屬，孝景皇帝出自竇氏[69]，定王[70]，景帝之子，朕之所祖。昔魏其一言，繼統以正[71]，長君、少君尊奉師傅[72]，修成淑德，施及子孫[73]，此皇太后神靈，上天祐漢也。從天水來者寫[74]將軍所讓隗囂書，痛入骨髓。畔臣見之，當股慄[75]慙愧，忠臣則酸鼻流涕，義士則曠若發矇[76]，非忠孝慤誠[77]，孰能如此？豈其德薄者所能剋堪[78]！囂自知失河西之助，族禍將及，欲設間離之說，亂惑真心，轉相解搆[79]，以成其姦。又京師百僚，不曉國家及將軍本意，多能採取虛偽，誇誕妄談，令忠孝失望，傳言乖實[80]。毀譽之來，皆不徒然，不可不思。今關東[81]盜賊已定，大兵今當悉西，將軍其抗厲威武[82]，以應期會。」融被詔，即與諸郡守將兵入金城。

6 初，更始時，先零羌封何諸種[83]殺金城太守，居其郡，隗囂使使賂遺[84]封何，與共結盟，欲發其眾。融等因軍出，進擊封何，大破之，斬首千餘級，得牛馬羊萬頭，穀數萬斛，因並[85]河揚威武，伺候車駕[86]。時大兵未進，融乃引還。

7 帝以融信效[87]著明，益嘉之。詔右扶風修理融父墳塋，祠以太牢[88]。數馳輕使[89]，致遺四方珍羞[90]。梁統乃使人刺殺張玄，遂與囂絕，皆解所假將軍印綬。七年夏，酒泉太守竺曾以弟報怨殺人而去郡[91]，融承制拜曾為武鋒將軍[92]，更以辛肜代之。

8 秋，隗囂發兵寇安定，帝將自西征之，先戒融期[93]。會遇雨，道斷，且囂兵已退，乃止。融至姑臧[94]，被詔罷歸。融恐大兵遂久不出，乃上書曰：「隗囂聞車駕當西，臣融東下，士眾騷動，計且不戰。囂將高峻[95]之屬皆欲逢迎大軍，後聞兵罷，峻等復疑。囂揚言東方有變，西州豪桀遂復附從。囂又引公孫述將，令守突門[96]。臣融孤弱，介在其間[97]，雖承威靈，宜速救助。國家當其前，臣融促其後，緩急迭用，首尾相資，囂埶排迮[98]，不得進退，此必破也。若兵不早進，久生持疑，則外長寇讎，內示困弱，復令讒邪得有因緣，臣竊憂之。惟陛下哀憐！」帝深美之。

9 八年夏，車駕西征隗囂，融率五郡太守及羌虜小月氏[99]等步騎數萬，輜重五千餘兩[100]，與大軍會高平第一。融先遣從事問會見儀適[101]，是時軍旅代興，諸將與三公[102]交錯道中，或背使者交私語。帝聞融先問禮儀，甚善之，以宣告百僚。乃置酒高會[103]，引見融等，待以殊禮。拜弟友為奉車都尉[104]，從弟士太中大夫[105]。遂共進軍，囂眾大潰，城邑皆降。帝高融功，下詔以安豐、陽泉、蓼、安風四縣[106]封融為安豐侯，弟友為顯親[107]侯。遂以次封諸將帥：武鋒將軍竺曾為助義侯，武威太守梁統為成義侯，張掖太守史苞為褒義侯，金城太守厙鈞為輔義侯，酒泉太守辛肜為扶義侯。封爵既畢，乘輿東歸，悉遣融等西還所鎮。

【章　旨】以上是〈竇融傳〉的第三部分，記述竇融投靠光武帝，並與光武帝聯合出兵消滅隗囂的經過。光武帝滅隗囂，竇融功居第一，這是其歷史上最為輝煌的一筆。

【注　釋】❶時隗囂先稱句　本書〈隗囂公孫述列傳〉載公孫述稱建武年號，未見隗囂先用建武年號事。隗囂，字季孟，天水成紀（今甘肅秦安）人。新莽末，被當地豪強擁立，據有天水（今甘肅通渭西北）、武都（今甘肅西和西南）、金城等郡，自稱西州上將軍。建武九年，屢被世祖派軍擊敗，憂憤而死。❷受正朔　正朔為一年第一天的開始。古時開國皇帝即位，為表示自己是受天命而即位，頒行正朔，所屬封國受正朔，表示接受皇帝的統治。❸假　授給。❹辯士張玄　本書僅此一見，他事不詳。《集解》惠棟曰：「傅幹《王命》序云：張玄慕蘇秦、蒯通之業，周旋囂、述，西說竇融，言未及終而梁統已誅之矣。」❺今即有所主二句　如今即有人為天下之主，便歸屬此人。❻豪傑競逐　豪傑之士競相追逐此位。❼雌雄未決　《史記・項羽本紀》載，項羽謂漢王曰：「願與漢王挑戰，決雌雄。」雌雄，意即勝負。❽與隴蜀合從　與隴、蜀聯合起來。合從，《史記・陳涉世家》褚先生曰：「秦不愛珍器重寶肥饒之地，以致天下之士，合縱締交，相與為一。」《漢書音義》：「以利合為從，以威埶相脅曰橫。」❾高可為六國二句　向上可為戰國六國之一，向下也可做一個尉佗，成一獨立邊疆王國。尉佗，姓趙，真定（今河北正定）人。陳勝起兵後，趙佗為南海都尉，於是在南越稱王，稱「尉佗」，事見《史記・南越列傳》。❿漢承堯運　李賢注：「《左傳》曰：陶唐氏既衰，其後有劉累，學擾龍，事孔甲，為御龍氏，春秋時晉卿士會即其後也。士會奔秦，後歸晉，其處者為劉氏。戰國時，劉氏自秦遷於魏，魏遷大梁都於豐，號豐公，即太上皇父也。故曰『漢承堯運』。」⓫今皇帝姓號見於圖書　李賢注：「謂《河圖赤伏符》曰劉秀發兵捕不道。」此書詳文見本書〈祭祀志第七〉。⓬谷子雲　即谷永，字子雲，長安人。博學群書，事見《漢書・谷永杜鄴傳》。⓭夏賀良　哀帝時為待詔，曾言赤精子的讖言，勸哀帝改元，事見《漢書・哀帝紀》。⓮建明漢有再受命之符　上書說明漢有再受命的符讖。建明，上書說明。據《漢書・谷永杜鄴傳》記載，成帝時，谷永上書曰：「陛下當陽數之標季，涉三七之節紀。」另據《漢書・哀帝紀》：「待詔夏賀良等言赤精子之讖，漢家歷運中衰，當再受命宜，改元易號。」⓯故劉子駿二句　因此劉子駿改變自己的姓名，希望能應此讖言。劉子駿即劉歆，哀帝建平元年改名秀，字穎叔，希望能應此符命，事見《漢書・楚元王傳》。⓰道士西門君惠句　道士西門君惠，王莽時衛將軍王涉門客，喜歡天文讖記，曾對王涉說「星孛掃宮室，劉氏當復興國」。王涉等欲擁立劉歆起兵，事敗被殺，見《漢書・王莽傳》。⓱暴著　非常明顯。⓲符命　古人認為上天賜降祥瑞給人君，作為人君受命的憑證。⓳小心精詳　小心翼翼地反覆考慮。⑳遣長史劉鈞奉書獻馬　派遣長史劉鈞拿著書信向世祖獻馬。竇融此舉是為了表示向世祖的臣服。長史，西漢時期丞相、太尉、御史大夫屬官均有長史，東漢的太尉、司徒、司空三公府也設長史，職權頗重，號為三公輔佐。㉑述　即公孫述，字子陽，扶風茂陵（今陝西興平）人。新莽時，為導江卒正（蜀郡太守），後自立稱帝，號成家，改元龍興。建武十二年（西元三六年）被漢軍攻破，重傷而死。㉒制詔　皇帝的命令。㉓威德流聞　威德流傳很廣。㉔邑邑何已　憂鬱何時能停止呢。邑邑，憂鬱不樂貌。㉕權在將軍　雙方勝負的籌碼在將軍，與蜀則蜀勝，與隗囂則隗囂勝。權，秤砣。這裡比喻為籌碼。㉖千載一會　千載難逢的機會。㉗欲遂立桓文二句　想要建立齊桓公、晉文公那樣的霸業，匡扶微弱的國家。桓、文指齊桓公和晉文公，春秋五霸最早稱霸的兩位國君，其事見《史記・齊太公世家》和〈晉世家〉。㉘三分鼎足二句　與蜀、天水三分鼎足而立，或合縱，或連衡。蒯通遊說韓信時曾說：「三分天下，鼎足而立。」合縱連衡，原本是後人描述戰國時期山東六國與秦的外交政策的術語，秦聯合六國中的某國以進攻其他國家，稱連衡；山東六國聯合抗秦，為合縱。此處指或聯合公孫述和隗囂，或歸順漢朝。㉙任囂效尉佗制七郡之計　李賢注：「秦胡亥時，南海尉任囂病且死，召龍川令趙佗語曰：『番禺負山險阻，南北東西數千里，頗有中國人相輔，此亦一州之主，可為國，故召公即令行南海尉事。』〈地理志〉曰蒼梧、鬱林、合浦、交阯、九真、南海、日南，皆越之分也，此為七郡也。效，致也。」《集解》：「《通鑑》胡注：尉佗之時未有七郡，光武帝據後來置郡言之。」㉚自適己事而已　自己做適合自己的事吧。㉛網羅張立之情　將張立在河西遊說的事情了解得清清楚楚。立，一作「玄」。《集解》周壽昌曰：「時隗囂遣辯士張玄遊說，光武察玄所說而以璽書詔融。」㉜竊伏自惟　我自己竊自認為。竊伏，偷偷地；私下地。惟，思考。㉝幸得託先后末屬　有幸得以附先后族屬之末。竇融的先祖為竇太后最小的弟弟，因此竇融如此說。㉞復備列位　又充任官職。備，充當；充任。㉟假歷　濫充。假猶濫也。㊱委質則易為辭　委質為臣則容易找到藉口。㊲以納忠則易為力　用來效忠皇上則容易出力。㊳自以底裡上露二句　我自以為底裡皆露，言語沒有任何藏隱。《集解》：「王幼學云，『底裡』猶底蘊也。露，披露也。先謙曰：『長讀如長物之長，猶言餘也。』」㊴詣闕　到朝廷。㊵區區　方寸之心。㊶高平　縣名。治今寧夏固原。㊷遣司馬席封間行通書　派遣司馬席封從小路偷偷地前去通信。李賢注：「《東觀記》及《續漢書》『席』皆作『虞』字。」席封事本書僅此一見。㊸尉藉　慰勞；安慰。㊹親遇戹會之際二句　親身遇到漢遭王莽篡奪，國家形勢不利之時。戹會，困頓。㊺守節不回　堅守操行而不屈。回，邪也。㊻承事　治事；受事。㊼後遣伯春委身於國　後來派遣兒子伯春到朝廷做人質。伯春，隗囂之子隗恂之字。隗囂送兒子為人質之事見本書卷十三。㊽忿悁之間　憤怒之下。悁，憤怒。《戰國策》魯仲連曰：「棄忿悁之節。」㊾委　丟棄。㊿去從義二句　李賢注：「去從背山東也，為橫通西蜀也。」意即丟去與光武合縱之義，為連衡西蜀的謀劃。(51)殆執事句　李賢注：「言隗囂執政事者，貪有其功而立此逆謀也。」竇融為了勸說隗囂投降，才將隗囂反叛的責任推到隗囂屬下身上。(52)計若失路不反二句　此計好像迷失了道路不能返回，告訴了大道所在還是迷惑。李賢注引《淮南子》：「通於道者如車軸，不運於己，而與轂致數千里。不通於道者若迷惑，告以東西南北然猶復迷惑矣。」(53)文伯　即盧芳，字君期，安定三水（今寧夏同心）人。王莽時，曾詐稱武帝曾孫劉文伯，起兵反王莽，事見本書卷十二。(54)夫負虛交二句　仰仗虛幻的交情而輕慢強勁的敵手，仰仗遙遠的救兵而輕視近在眼前的強敵。此兩句話意思是依仗公孫述而輕視光武帝。負，依仗。易，輕視。(55)要功　即邀功。(56)稽首　古時一種跪拜禮，叩頭至地，是九拜中最恭敬者。(57)俄而　不久；很快。(58)留子　現存之子，對伯春而言，故曰留。(59)傷痍　創傷。(60)瘳　病癒為瘳。(61)言之可為酸鼻　說起來可讓人鼻子發酸。李賢注引宋玉曰：「孤子寡婦，寒心酸鼻。」(62)融聞為忠甚易二句　竇融聽說為忠很容易，得到合適效忠的對象很難。此句語出《左傳·成公十年》，君子曰：「忠為令德，非其人猶不可，況不令乎？」宜，合適的效忠之人。(63)以德取怨　以德來換取怨恨。(64)五郡　指隴西、金城、天水、酒泉、張掖，又稱河西五郡。(65)請師期　請示出征的日期。(66)五宗　即《史記·五宗世家》。《史記索隱》：「景帝子十四人，一武帝，餘十三人為王，《漢書》謂之景十三王，此名五宗者，十三人為王，其母五人，同母者為宗也。」景帝為竇后所生，而有如此眾多的後代，光武帝賜竇融此篇，有讚美竇后之意。(67)外戚世家　即《史記·外戚世家》，記載了各位皇后的歷史，其中有〈竇太后傳〉。(68)魏其侯列傳　即《史記·魏其武安侯列傳》。竇嬰，竇太后的堂兄之子，封為魏其侯。魏其，縣名。屬琅邪郡。治今山東即墨西南。(69)孝景皇帝出自竇氏　孝景皇帝為竇氏所生。出，生也。《爾雅》：「男子謂姊妹之子曰出。」(70)定王　長沙王劉發，其母為唐姬，事見《史記·五宗世家》。(71)昔魏其一言二句　據《史記·魏其武安侯列傳》：「梁孝王者，孝景弟也，其母竇太后愛之。梁孝王朝，因昆弟燕飲。是時，上未立太子，酒酣，從容言曰：『千秋之後，傳梁王。』太后驩，竇嬰引卮酒進上曰：『天下者，高祖天下。父子相傳，此漢之約也，上何以得擅傳梁王。』帝遂止矣。」(72)長君少君句　長君為竇太后兄長，少君為竇太后之弟竇廣國之字。絳侯、灌嬰等因兩人出身低微，給二人選擇長者為老師，還有節行的人和他們一起生活，二人尊奉師傅，從此成為退讓有禮的君子，不以富貴驕人。二人事見《史記·外戚世家》。(73)修成淑德二句　修成美好的品德，延及後世。施，延及。(74)寫　抄寫。王鳴盛《十七史商榷》：「〈曲禮〉：『器之溉者不寫，其餘皆寫。』注謂傳之器中，漢人因借為傳抄書寫之字。」(75)股慄　兩腿戰慄。(76)曠若發矇　猶如盲人見天日。《說文》：「曠，明也。」有眸子而無見曰矇。《漢書·揚雄傳》：「乃今日發矇，廓然已照矣。」《集解》：「惠棟曰：《家語》云三子者既得聞此論于夫子也，煥若發矇焉。」77慤誠　忠厚誠實。慤，誠實。或作「愨」。78所能剋堪　能夠承此任。剋亦能也。79轉相解搆　相互離間。解搆，離間。80傳言乖實　傳言違背事實。乖，違背。81關東　函谷關以東之地。82抗厲威武　振奮威武。抗厲，振奮。83先零羌封何諸種　先零羌，漢代羌族的一支，最初居於今甘肅、青海的湟水流域，後逐漸與西北各族融合。封何為先零羌的一部，封何諸種即封何諸部。84賂遺　送來賄賂。85並　沿著。86伺候車駕　等候皇帝車馬。伺候，等候。87信效　守信用並見諸行動而收到的實效。88太牢　古代帝王舉行祭祀時，牛、羊、豕三牲全備為太牢。89輕使　行動迅速的使者。90遺四方珍羞　《集解》：「《通鑑》胡注：遺以四方珍羞，既以厚融，且示四方來服，能致遠物也。」91酒泉太守竺曾句　據《東觀漢記》記載，竺曾的弟弟竺嬰為報仇怨，殺死屬國侯王胤等人，竺曾因慚愧而離開酒泉郡。92融承制句　竇融按皇上的命令封竺曾為武鋒將軍。武鋒將軍為將軍名號。93先戒融期　先告誡竇融會兵日期。94姑臧　縣名。屬武威郡。治今甘肅武威。《西河舊事》：「涼州城昔匈奴故蓋臧城，後人音訛名姑臧也。」95高峻　初為隗囂手下大將，隗囂死後占據高平（今寧夏固原）自立，後降漢軍。96突門　守城之門。97介在其間　夾在他們中間。介，杜預注《左傳》：「介猶閒也。」98排迮　窘迫。99小月氏　西域胡國名。月支是古族名，秦漢時期游牧於敦煌、祁連山一帶。漢文帝前元三至四年間（西元前一七七—前一七六年），遭匈奴攻擊，大部分西遷塞種地區（今新疆伊犁河流域及其迤西地區），西遷的月氏稱大月氏，一小部分沒有西遷的進入南山（今祁連山），與羌人雜居，稱小月氏。100兩　「輛」的假借字。101融先遣從事句　竇融先派僚屬詢問會見應用什麼樣的儀式。從事，東漢時，三公及州郡長官皆自辟僚屬，多以從事為稱。儀適，儀式；禮節。102三公　東漢時，太尉、司徒、司空合稱三公，為聯合掌管軍政的最高長官。103高會　舉行盛大宴會。104奉車都尉　掌御乘輿車，比二千石。105太中大夫　光祿勳屬官，俸祿千石。106安豐陽泉蓼安風四縣　四縣並屬廬江郡，安豐治今河南固始東南；陽泉治今固始東北；蓼治今固始北偏東；安風治今安徽霍丘西南。107顯親　縣名。治今陝西通渭東北。

【語　譯】竇融等人遠遠聽說光武帝即位，而內心想投奔東方，因河西被黃河所隔，路途遙遠，沒有能夠主動與光武帝接上聯繫。當時隗囂已經先改用建武年號，竇融等人跟從隗囂，接受其正朔，隗囂全部給予他們將軍的印綬。隗囂表面順應人心，內裡卻懷有異志，他派能言善辯之士張玄遊說河西眾將說：「更始帝事業已成功，很快又被滅亡，此是同一劉姓不再復興的效驗。如今即使有人為天下之主，你們便同他聯繫在一起定了上下的名分，假如有一日因此而受到拘束制約，自己讓自己失去了權柄，然後有什麼危險，雖然後悔也來不及了。如今天下豪傑競相追逐皇帝之位，勝負還沒有決定，應當各自占據自己的疆土，同隴、蜀聯合，上可以成為戰國時六國中之一國，下不致失去尉佗割據一方的結果。」竇融等人於是召來豪傑和各位太守計議，其中聰明的人都說：「漢稟承堯的天運，歷數綿延長久。如今皇帝的姓氏名號出現在圖讖之書上，自從前朝博聞通識精通道術之士谷子雲、夏賀良等人，上書說明漢朝有再受命的符驗，此事已經傳了很久了，因此劉子駿將自己的名字改為『秀』，希望能應此預言。等到王莽末年，道士西門君惠說劉秀應當為天子，於是謀劃擁立劉子駿。事情被發覺，自身被殺，臨刑路上對觀看的百姓說：『劉秀是你們的真命天子。』這些都是不久以前顯現的，是智者所有目共睹的。除了說天命外，暫且從人事上來討論這件事：如今稱帝者有好幾個人，而洛陽的土地最寬廣，軍隊最強盛，號令最嚴明。觀看上天符命，考察人事，其他姓氏的人恐怕不能相比。」各郡太守都有自己的幕僚，有的贊同有的反對。竇融小心翼翼地仔細考慮，於是決定東向投靠劉秀。建武五年夏天，他派長史劉鈞拿著書信向世祖獻馬。

2 在此之前，光武帝聽說河西完好富足，地理位置接鄰隴、蜀，總想招撫河西來逼迫隗囂、公孫述，也派使者給竇融送書信，正好在路上遇到劉鈞，隨即和他一起返回。光武帝見到劉鈞非常高興，接見和宴饗完畢後，便派他回河西，賜給竇融璽書說：「下詔行河西五郡大將軍事、屬國都尉：有勞鎮守邊地五郡，兵馬精強，倉庫有儲蓄，百姓殷富，對外則挫敗羌胡，對內使百姓蒙受福祉。將軍威德流傳很廣，早已聽聞，真誠地期待著和將軍相見，只因道路遠隔阻塞，憂鬱的心情何時才能除去！長史所奉上的書信和馬匹全都收到，深知將軍厚意。如今益州有公孫子陽，天水有隗將軍，蜀漢正在相互攻擊，決定勝負的籌碼在將軍手中，舉足向左或向右，都會關乎勝敗。就此而言，想厚待將軍，哪有限量呢！各種情勢都如長史所見，將軍所知。稱王的人交互迭起，都是千載一遇的機會。將軍想成就齊桓公、晉文公的霸業，匡輔微弱的國運，應當勉力完成這一功業；想要三分天下，鼎足而立，或者連衡或者合縱，也應當及時下定決心。天下還未統一，我與您疆域隔絕，不是相互吞併的敵國。現今的謀士，肯定會有像任囂想效法尉佗控制七郡那樣的計策。為王者可以有分封的土地，卻無分封之民，只是自己做適合自己的事情罷了。現以黃金二百斤賜給將軍，有什麼要辦的事，隨時上書。」於是授竇融涼州牧官職。

3 璽書到後，河西人都感到驚奇，認為天子能夠明察萬里之外發生的事，將張立在河西遊說的事情了解得清清楚楚。竇融立即再次派遣劉鈞上書說：「臣竇融私下以為，有幸得以託身先后族屬之末，蒙受皇恩成為外戚，世世代代享二千石俸祿。到臣下之身，又充當官吏，濫充將帥，守護西方一隅之地。用它作為憑信委身為臣則容易找到藉口，用它來表示對皇上的忠心則容易為力。書信不足以深深表達我的至誠之心，因此派遣劉鈞口述肝膽忠心。我自己認為實情全部表露給皇上，沒有任何遺漏。而璽書盛稱蜀、漢二主相爭，三分鼎足而立的籌碼在臣，談到任囂、尉佗的謀劃，我私下深感痛傷。臣竇融雖然沒有見識，還知道利害的關係，順逆的分界。怎麼可能背叛以前真正的主人，侍奉奸邪偽詐之人；廢棄忠貞的節操，做傾覆朝廷之事；放棄已經奠成的基業，追求沒有希望的利益。這三條即使問狂人，也知道何去何從，而臣下豈能不知道如何用心！謹派同母弟竇友前往朝廷，口述方寸之心。」竇友到高平，恰好遇到隗囂反叛，通往洛陽的道路斷絕，竇友奔還，竇融派遣司馬席封從小路偷偷送信給光武帝。光武帝又派遣席封賜給竇融、竇友書信，安慰備至。

4 竇融深刻了解到光武帝的心意，便給隗囂寫信責備他說：「我以為將軍封國富庶，政治清明，士兵誠心歸附，您親身遇到漢世遭王莽篡奪，國家形勢不利之時，守節不屈，侍奉本朝，後來派遣兒子伯春到朝廷為人質，無可懷疑的忠誠，在此可以得到效驗。竇融等人所以欣然佩服您的高尚義節，願意跟隨將軍隨您役使，就是因為這個原因呀。而您憤怒之下，改變品節另謀他圖，以致君臣相爭，上下以兵刃交戰。丟棄已成之功，從事難以成就的事業，背棄聯合光武帝的合縱之策，從事聯合西蜀的連橫謀略，百年積累下的功業，一早晨便毀掉了，難道不可惜嗎！大概是您左右執事之人貪圖建功立業，出此策略，才到了這種地步，竇融私下感到痛心！現今西州地勢局狹，百姓、士兵離散，輔佐他人容易，很難自建功業。此計好像失路後不能回返，告訴了大道所在還是迷糊，不向南聯合子陽，就向北加入文伯之軍。依仗不真誠的朋友而輕視強大的對手，仰仗遙遠的救兵而輕視近在眼前的敵人，看不到其中有什麼利益。竇融聽說聰明的人不讓眾人處在危險的境地以舉事，仁厚的人不違背道義以邀功取利。如今以小敵大，將置眾人於何地？丟棄兒子以邀功，把道義放在什麼位置?況且開始侍奉本朝時,叩頭伏拜,北面稱臣,這是忠臣的品節。派遣伯春到朝廷時,垂涕相送,這是慈父的恩義。很快就背棄了朝廷,怎麼對吏民百姓交代?忍心丟棄兒子,怎樣對得起留在京城的兒子?自從起兵以來,轉相攻擊,城郭都成了丘墟,百姓轉於流離,死入溝壑。如今那些活下來的人,不是從鋒刃之下倖免一死的人,就是流亡的孤兒。到如今受傷的軀體還沒有痊癒,哭泣之聲還可以聽到。有幸依賴天運稍微有些好轉,而將軍又加重災難,這是使舊有的痼疾不能得到治療,幼小孤兒又將流離失所,這種悲痛之事,實在讓人憐憫傷感,說起它可以讓人鼻子發酸,平庸之人尚且不忍心,何況仁者呢?竇融聽說為忠很容易,得到合適的效忠對象實在很難。憂慮別人犯下大錯,以仁德招致怨恨,我知道我將因這些話獲罪於您。區區在下所獻之言,希望將軍能夠考慮。」隗囂沒有採納竇融的建議。竇融便與河西五郡太守一起厲兵秣馬,上疏請示出兵的日期。

5 光武帝心中深深讚美竇融,於是便賜給竇融外屬圖和太史公所作〈五宗〉、〈外戚世家〉、〈魏其侯列傳〉。光武帝還下詔書回報說:「每次回想起外戚,孝景皇帝為竇氏所生,定王是景帝的兒子,是朕的祖先。從前魏其一句話,皇位的繼統才以正法而行,長君、少君尊奉他們的師傅,修成美德,延及子孫後代,這都是皇太后的神靈保祐,上天祐護漢朝。從天水來的人抄寫將軍責讓隗囂的書信,痛入骨髓。反叛之臣見到此信,定當會兩股戰慄,慚愧不已,忠臣見到則會酸鼻流淚,義士見到就像盲人見天日,如非忠孝誠實之人,誰能寫出如此書信?豈是那些品德微薄的人能夠勝任的!隗囂自己明白失去河西的幫助,滅族之禍將會到來,想用離間之辭,擾亂真誠之心,相互離間,以實現他的奸謀。而且京師百官,不懂得國家和將軍的本意,許多人採信虛偽的說法,誇大其辭妄加談論,使忠孝之人失望,傳言違背事實。詆毀讚譽之詞傳來,都不是空穴來風,不可不深思。如今關東盜賊已經平定,大軍目前便當全部西征,將軍振奮威武,以便按期赴會。」竇融接到詔書,立即和各郡太守率兵進入金城。

6 起初,更始帝時,先零羌封何諸部殺死金城太守,占據了金城郡,隗囂派使者給封何送去賄賂,與封何一起結盟,想調發封何軍隊。竇融等人於是派出軍隊,進攻封何,大敗封何軍,斬首一千餘級,得到牛馬羊一萬頭，穀物幾萬斛，於是沿著黃河耀武揚威，等候皇帝車馬到來。當時光武帝大兵還未進入河西，竇融便率軍返回。

7 光武帝因竇融守信用並見諸行動而收到顯著的實效，更加嘉許他。下詔右扶風修理竇融父親的墳塋，用太牢進行祭祀。多次派出行動迅速的使者，送去四方進貢的珍貴精美食物。梁統便派人刺殺了張玄，於是與隗囂斷絕關係，河西諸將都解去隗囂所給予的將軍印章。建武七年夏天，酒泉太守竺曾因弟弟報仇怨殺人，離開酒泉郡，竇融按皇帝的命令任命竺曾為武鋒將軍，用辛肜代替他為酒泉太守。

8 秋天，隗囂發兵寇略安定，光武帝率軍西征，先告誡竇融會兵的日期。恰巧遇到大雨，道路斷絕，而且隗囂的軍隊已經退走，光武帝於是停止進軍。竇融到了姑臧，接到詔書讓他罷軍回歸。竇融恐怕皇上大軍從此長久不出，便上書說：「隗囂聽說皇上西征，微臣竇融率兵東下，眾將士情緒騷動，商量著不戰而降。隗囂將士高峻等屬將都想逢迎皇上大軍，後聽說軍隊罷兵回還，高峻等人又產生疑慮。隗囂揚言說東方發生了變故，西州的豪傑於是又依從於他。隗囂又引來公孫述的將士，讓他們守衛城門。微臣竇融勢單力弱，夾在他們中間，雖然承受皇帝威靈，也應速來救助。國家在前面進軍，微臣竇融在他們的後面逼迫他們，時緩時急，交互施用，首尾相呼應，隗囂形勢必然窘迫，進不能，退不得，必被攻破。假如軍隊不趁早進攻，時間長了便造成疑惑，那麼就會外長寇仇氣焰，內顯困弱之態，又會讓讒邪之言有機可乘，我私下非常擔憂此事。請陛下哀憐！」光武帝從心中深深讚美他。

9 建武八年夏天，皇上率軍西征隗囂，竇融率五郡太守和羌人、小月氏等步騎數萬人，輜重車輛五千餘輛，與大軍在高平第一之地會合。竇融先派遣僚屬問會見禮儀，當時軍隊接連行動，諸將和三公交錯行進在路上，有的人背著使者私下互相交談。光武帝聽說竇融先問會見禮儀，特別讚賞，將這件事在百官中宣布。於是置辦盛大的宴會，將竇融等人引見給百官，用特殊的禮儀招待他們。光武帝任命竇融的弟弟竇友為奉車都尉，堂弟竇士為太中大夫。於是光武帝和竇融一起進軍，隗囂軍隊崩潰，城邑全都投降。光武帝認為竇融功勞很高，下詔將安豐、陽泉、蓼、安風四縣封給竇融，並封為安豐侯，弟弟竇友封為顯親侯。於是按次第分封各位將帥：武鋒將軍竺曾為助義侯，武威太守梁統為成義侯，張掖太守史苞為褒義侯，金城太守庫鈞為輔義侯，酒泉太守辛彤為扶義侯。封爵完畢，皇上乘車返回東方，派遣竇融等人全都西行返回所鎮郡縣。

1 融以兄弟並受爵位，久專方面❶，懼不自安，數上書求代。詔報曰：「吾與將軍如左右手耳❷，數執謙退，何不曉人意？勉循❸士民，無擅離部曲❹。」

2 及隴、蜀平，詔融與五郡太守奏事京師，官屬賓客相隨，駕乘千餘兩❺，馬牛羊被野。融到，詣洛陽城門，上涼州❻牧、張掖屬國都尉、安豐侯印綬，詔遣使者還侯印綬。引見，就諸侯位，賞賜恩寵，傾動京師。數月，拜為冀州❼牧，十餘日，又遷大司空。融自以非舊臣，一旦入朝，在功臣之右，每召會進見，容貌辭氣卑恭已甚，帝以此愈親厚之。融小心，久不自安，數辭讓爵位，因侍中金遷口達至誠❽。又上疏曰：「臣融年五十三。有子年十五，質性頑鈍❾。臣融朝夕教導以經埶❿，不得令觀天文，見讖記。誠欲令恭肅畏事，恂恂循道⓫，不願其有才能，何況乃當傳以連城廣土，享故諸侯王國哉？」因復請間求見⓬，帝不許。後朝罷，逡巡⓭席後，帝知欲有讓，遂使左右傳出。它日會見，迎詔融曰：「日者⓮知公欲讓職還土，故命公暑熱且自便。今相見，宜論它事，勿得復言。」

融不敢重陳請。

3 二十年，大司徒戴涉坐所舉人盜金下獄⑮，帝以三公參職⑯，不得已乃策免⑰融。明年，加位特進⑱。二十三年，代陰興行衛尉事⑲，特進如故，又兼領將作大匠⑳。弟友為城門校尉㉑，兄弟並典禁兵㉒。融復乞骸骨㉓，輒賜錢帛，太官致珍奇。及友卒，帝愍融年衰，遣中常侍㉔、中謁者㉕即其臥內強進酒食㉖。

4 融長子穆，尚內黃公主㉗，代友為城門校尉。穆子勳，尚東海恭王彊女沘陽公主㉘，友子固，亦尚光武女湼陽公主㉙。顯宗㉚即位，以融從兄子林為護羌校尉㉛。竇氏一公，兩侯，三公主，四二千石㉜，相與並時。自祖及孫，官府邸第相望京邑，奴婢以千數，於親戚、功臣中莫與為比。

5 永平二年，林以罪誅，事在西羌傳㉝。帝由是數下詔切責㉞融，戒以竇嬰、田蚡禍敗之事㉟。融惶恐乞骸骨，詔令歸第養病。歲餘，聽上衛尉印綬，賜養牛，上樽酒㊱。融在宿衛十餘年，年老，子孫縱誕㊲，多不法。穆等遂交通輕薄㊳，屬託㊴郡縣，干亂政事。以封在安豐，欲令姻戚悉據故六安國㊵，遂矯稱陰太后詔㊶，令六安侯劉盱去婦㊷，因以女妻之。五年，盱婦家上書言狀，帝大怒，乃盡免穆等官，諸竇為郎吏者皆將家屬歸故郡，獨留融京師。穆等西至函谷關，有詔悉復追還。會融卒，時年七十八，謚曰戴侯，賻㊸送甚厚。

6 帝以穆不能修尚㊹，而擁富貲，居大第，常令謁者一人監護其家。居數年，謁者奏穆父子自失埶，數出怨望語，帝令將家屬歸本郡，唯勳以沘陽主壻留京師。穆坐賂遺小吏，郡捕繫，與子宣俱死平陵獄，勳亦死洛陽獄㊺。久之，詔還融夫人與小孫一人居洛陽家舍。

7 十四年，封勳弟嘉為安豐侯，食邑二千戶，奉融後。和帝初，為少府㊻。及勳子大將軍憲被誅㊼，免就國。嘉卒，子萬全嗣。萬全卒，子會宗嗣。萬全弟子武，別有傳㊽。

【章　旨】以上是〈竇融傳〉的第四部分，記述竇融在東漢朝廷任職的概況。由於竇融的功績，竇氏家族成為影響東漢政壇的重要力量。

【注　釋】❶久專方面　長久專任地方。❷吾與將軍如左右手耳　據《漢書》記載，韓信亡，蕭何自追之。人曰：「丞相何亡。」高祖聞之，如失左右手耳。❸勉循　勉勵。❹部曲　軍隊。❺駕乘千餘兩　車乘一千多輛。駕乘，車乘。❻涼州　涼州刺史部之簡稱。轄境在今甘肅、寧夏湟水流域和內蒙古納林河、穆林河流域。❼冀州　冀州刺史部之簡稱。轄境在今河北中南部一帶，包括山西陽泉，河南內黃、繁陽、浚縣，山東夏津等地。❽因侍中金遷口達至誠　通過侍中金遷口述表達自己的至誠之心。侍中，列侯以下至郎中的加官，無定員。侍從皇帝左右，出入宮廷。因接近皇帝，地位較顯貴。金遷為金安上的曾孫，金安上為西漢金日磾弟弟金倫之子，金遷在哀帝時擔任尚書令。❾質性頑鈍　天性愚鈍。❿經蓺　儒家經書的總稱，古時《六經》稱「六藝」。⓫恂恂循道　溫順恭謹循規蹈矩。恂恂，溫順恭謹的樣子。⓬請間求見　請求在方便的時候接見。

⑬逡巡　拖延。⑭日者　往日。⑮大司徒戴涉句　戴涉，字叔平，冀州清河人。受所舉太倉令奚涉盜金之罪連坐下獄。大司徒，王莽時建三公，大司徒為其一，東漢沿其制，掌民事教化等。⑯帝以三公參職　光武帝詔為三公職掌相聯。參職，職掌相參。⑰策免　下詔免去。策，古代皇帝的詔書，也稱策書。⑱特進　官名。西漢末年開始設置，授給列侯中有特殊地位者，可以自辟僚屬。⑲代陰興行衛尉事　陰興為光烈皇后母弟。衛尉，有卿一人，俸祿為中二千石，執掌宮門衛士，宮中巡查事。⑳將作大匠　秦時將作少府，景帝改為將作大匠，俸祿二千石，掌修作宗廟、路寢、宮室、陵園的木土工程，並掌在路邊種植桐、梓之類樹木。㉑城門校尉　俸祿比二千石，執掌洛陽十二城門的守衛。㉒禁兵　指皇帝的親兵，即侍衛宮中和扈從的軍隊。㉓乞骸骨　自請退職。意思是讓骨骸回葬故鄉。㉔中常侍　內宮職官，由宦者充任。㉕中謁者　內宮中由宦官充任的謁者，謁者掌賓贊受事。㉖強進酒食　勸進酒食。㉗尚內黃公主　尚，古時娶皇家或封侯的女兒為尚。內黃公主為光武帝之女，封邑在內黃，內黃在今河南內黃西。㉘東海恭王彊女沘陽公主　東海恭王彊，光武帝之子，郭皇后所生，曾被立為太子，郭皇后被廢後，他被封為魯王，事見本書卷四十二。沘陽公主，封沘陽縣（今河南泌陽）。沘陽公主之女後為皇太后。㉙涅陽公主　名中禮，十五歲封，涅陽屬於南陽郡，治今河南鄧州東北。㉚顯宗　即孝明帝劉莊，光武帝四子，建武十五年封東海公，後即皇帝位，事見本書卷二。㉛以融從兄子句　任命竇融堂兄之子竇林為護羌校尉。竇林，曾任謁者、護羌校尉，孝明帝永平三年因罪下獄死。㉜竇氏一公四句　一公為大司空，兩侯為安豐侯和顯親侯，四二千石為衛尉、城門校尉、護羌校尉和中郎將。㉝林以罪誅二句　據〈西羌傳〉記載，竇林領護羌校尉，「居狄道，林為諸羌所信，而滇岸遂詣林降，林為下吏所欺謬，奏上滇岸以為大豪，承制封為歸義侯，加號漢大都尉。明年，滇吾復降，林復奏其第一豪，與俱詣闕獻見。帝怪一種兩豪，疑其非實，以事詰林，林辭窘，乃偽對曰：『滇岸即滇吾，吾隴西語不正耳。』帝窮驗，知之，怒而免林官，會涼州刺史又奏林臧罪，遂下獄死。」㉞切責　痛切斥責。㉟戒以竇嬰田蚡句　用竇嬰、田蚡遭禍敗亡之事警告他。魏其侯竇嬰為孝文后從兄之子，田蚡為武帝王皇后同母異父的弟弟。田蚡曾為丞相，設計策網羅竇嬰的罪狀，致使竇嬰被殺，事見《漢書·魏其武安侯傳》。㊱上樽酒　精釀之酒。李賢注引《漢書音義》：「稻米一斗得酒一斗為上樽，稷米一斗為中樽，粟米一斗為下樽也。」《集解》：「惠棟曰：衛宏《漢書儀》云，丞相有疾，皇帝法駕親至問疾，從西門入，及瘳視事，則賜以養牛上樽酒，融以列侯嘗為大司空，亦得從丞相之例也。」㊲縱誕　驕橫荒誕。㊳交通輕薄　與輕薄之徒相勾結。㊴屬託　請託；託付。㊵故六安國　治今安徽六安東北。㊶遂矯稱陰太后詔　於是假稱陰太后之詔。矯稱，假稱。㊷令六安侯劉盱去婦　讓六安侯劉盱休了他妻子。劉盱事僅此一見。㊸賻　贈送給死者助葬之物。㊹修尚　通過修身而使自己的行為高尚。㊺洛陽獄

《集解》：「惠棟曰：洛陽詔獄也。建初三年竇后立，追諡勳為安成思侯，周壽昌曰：〈固傳〉云父勳被誅，〈馬嚴傳〉奏言竇勳受誅，其家不宜親近京師，而此云死洛陽獄，蓋議罪應誅，未及服罪而先死獄中也。」㊻少府　卿一人，俸祿中二千石，掌中服御諸物，衣服寶貨珍膳之屬。見本書〈百官志三〉。㊼大將軍憲被誅　事見本傳下文。㊽萬全弟子武二句　見本書卷六十九。

【語　譯】竇融因他們兄弟都受有爵位，長久專任地方，心中恐懼不安，多次上書請求派官員代替他。詔書回報說：「將軍對我來說如同左右手，卻多次執意謙退，怎麼這樣不懂得人的心意呢？應該勉勵士民百姓，不要擅自離開您的軍隊。」

2　等到隴、蜀平定，光武帝下詔讓竇融和五郡太守到京師述職，官屬賓客一同隨行，車乘一千餘輛，馬牛羊遍野都是。竇融到了京師，徑直到洛陽城門，將涼州牧、張掖屬國都尉、安豐侯的印綬交還皇上，光武帝下詔派使者將安豐侯印綬還給竇融。竇融被引見，入諸侯席位，光武帝給他的賞賜和恩寵，傾動了整個京師。數月之後，委任為冀州牧，十餘日後，又升遷為大司空。竇融自己認為不是光武帝舊臣，一旦入了朝，地位就在功臣們之上，每遇到進見皇上，竇融容貌語氣謙恭已極，光武帝因此更加親信厚待他。竇融小心翼翼，久了之後心中不能自安，多次辭讓爵位，通過侍中金遷口述表達自己的至誠之心。又上疏說：「臣竇融年已五十三。有個兒子年十五，天性愚鈍。微臣竇融早晚以六經教導他，不讓他觀天文，讀讖記。實在想讓他恭敬嚴肅小心處事，溫順恭謹循規蹈矩，不希望他有多少才能，何況如此傳給他連城的廣土，享受原來諸侯王國的待遇呢？」於是他又請求在方便的時候進見皇上，光武帝沒有答應。後來早朝完畢，竇融拖延在席後，光武帝知道他想辭讓封國官職，於是派身邊的人傳他出宮。後來君臣會見，光武帝迎過去對竇融說：「那天知道您想辭掉官職退還封土，因此以暑熱為由讓您回家自便。今日相見，應該議論其他的事，不要再說辭職之事。」竇融不敢再請求。

3　建武二十年，大司徒戴涉受所推薦之人偷盜庫金的案件被下獄，光武帝認為三公職掌相聯，不得已便下詔免去竇融大司空之職。第二年，加位特進。二十三年，替代陰興行使衛尉職掌，特進之位仍舊，又兼領將作大匠。弟弟竇友為城門校尉，兄弟共同典領禁兵。竇融又請求告老還鄉，光武帝總是賜給他錢帛，命太官送來珍奇食物。等到弟弟竇友去世，光武帝憐憫竇融年老體衰，派遣中常侍、中謁者到他的臥室內勸進酒食。

4 竇融長子竇穆，娶內黃公主，接替竇友為城門校尉。竇穆的兒子竇勳，娶東海恭王劉彊的女兒沘陽公主，竇友的兒子竇固，也娶光武帝之女涅陽公主。顯宗即位，任命竇融堂兄之子竇林為護羌校尉。竇氏家族一公，兩侯，三公主，四二千石，都在同一時期內。從祖父到孫子，官府和邸第在京城到處可見，奴婢以千為單位計算，在皇帝的親戚、功臣中沒有人能與竇氏相比。

5 永平二年，竇林因罪被誅殺，事在〈西羌傳〉中。皇帝因此開始多次下詔深切痛責竇融，用竇嬰、田蚡遭禍敗之事告誡他。竇融惶恐不安，請求告老還鄉，皇上下詔讓他回家中養病。一年以後，接受了他所交還的衛尉印綬，賜給養牛，上樽美酒。竇融在宮中宿衛十餘年，年紀老了，子孫們驕橫荒誕，有很多不守法令。竇穆等人於是與輕薄之徒相勾結，請託郡縣，干涉擾亂政事。因自己的封地在安豐，想讓親戚全部占據原六安國之地，於是假稱陰太后的詔命，讓六安侯劉盱休了他的妻子，隨後將自己的女兒嫁給他。永平五年，劉盱的妻子家上書告狀這件事，皇帝大怒，於是將竇穆等人的官職全部免去，所有竇氏家族為郎吏的都帶著家屬回歸故郡，只留竇融在京師。竇穆等人向西到了函谷關，有詔書追送他們，讓他們全部再回京師。恰好遇到竇融去世，享年七十八歲，謚為戴侯，皇上贈送助葬的物品非常豐厚。

6 明帝認為竇穆不能通過修身而使自己的行為高尚，而擁有鉅額財富，居住大宅院，經常派一個謁者監護他的家。過了幾年，謁者上奏說竇穆父子自從失勢，多次口出怨言，明帝命令竇穆帶著家屬回歸本郡，只有竇勳因為是沘陽公主的丈夫而被留在京師。竇穆犯賄賂小吏之罪，被郡守逮捕，同兒子竇宣一起死在平陵監獄中，竇勳也死在洛陽監獄。過了很長時間，皇上下詔招回竇融的夫人和一個小孫子居住在洛陽的家中。

7 十四年，封竇勳的弟弟竇嘉為安豐侯，食邑二千戶，讓他奉嗣竇融。和帝初年，被任命為少府。等到竇勳的兒子大將軍竇憲被誅殺，竇嘉免官回到封國。竇嘉去世，兒子竇萬全嗣位。竇萬全去世，兒子竇會宗嗣位。竇萬全弟弟之子竇武，本書另外有傳。

論曰：竇融始以豪俠為名，拔起風塵之中❶，以投天隙❷。遂蟬蛻王侯之尊❸，終膺卿相之位，此則徼功趣埶之士也。及其爵位崇滿，至乃放遠權寵，恂恂似若不能已者，又何智也！嘗獨詳味此子之風度，雖經國之術無足多談，而進退之禮良可言矣。

【章旨】以上點明作者對竇融此人的評價，並說明為竇融立傳，是為了評說他的進退禮儀。

【注釋】❶拔起風塵之中　在戰陣之中崛起。拔起，崛起。❷以投天隙　鑽了上天留下的時機。❸遂蟬蛻王侯之尊　於是脫去低微的出身，得到王侯之尊。蟬蛻，《說文》：「蟬蛻所解皮也。」李賢注：「言融之心實欲去權貴，以帝不納，故常恂恂恭順，似若不得已然者也。」

【語譯】史家評論說：竇融開始以豪俠立名，在風塵戰陣之中崛然而起，鑽了上天留下的空隙。於是脫身變為王侯尊者，最終得到了卿相的官位，可見他是一個邀求功名追逐權勢之人。等到他爵位崇高盛滿，他便開始放棄權勢遠離寵愛，戰戰兢兢好像不得已而為之，他又是多麼的聰明啊！我曾特別仔細揣摩這個人的風度，雖然治理國家的辦法沒有值得多談的，而他的進退禮儀確實值得評說。

1 固字孟孫，少以尚公主為黃門侍郎❶。好覽書傳，喜兵法，貴顯用事❷。中元元年，襲父友封顯親侯。顯宗即位，遷中郎將❸，監羽林士❹。後坐從兄穆有罪，廢于家十餘年。時天下乂安❺，帝欲遵武帝故事，擊匈奴，通西域，以固明習邊事❻，十五年冬，拜為奉車都尉，以騎都尉耿忠❼為副，謁者僕射耿秉為駙馬都尉❽，秦彭❾為副，皆置從事、司馬，並出屯涼州。明年，固與忠率酒泉、敦煌、張掖甲卒及盧水❿羌胡萬二千騎出酒泉塞，耿秉、秦彭率武威、隴西、天水募士及羌胡萬騎出居延塞⓫，又太僕祭肜⓬、度遼將軍吳棠⓭將河東、北地、西河羌胡及南單于⓮兵萬一千騎出高闕塞⓯，騎都尉來苗⓰、護烏桓校尉文穆⓱將太原、鴈門、代郡、上谷、漁陽、右北平、定襄⓲郡兵及烏桓、鮮卑⓳萬一千騎出平城塞⓴。固、忠至天山㉑，擊呼衍王㉒，斬首千餘級。呼衍王走，追至蒲類海㉓。留吏士屯伊吾盧城㉔。耿秉、秦彭絕漠六百餘里，至三木樓山㉕。來苗、文穆至匈奴河水㉖上，虜皆奔走，無所獲。祭肜、吳棠坐不至涿邪山㉗，免為庶人。時諸將唯固有功，加位特進。明年，復出玉門㉘擊西域，詔耿秉及騎都尉劉張皆去符傳以屬固㉙。固遂破白山㉚，降車師，事已具耿秉傳。固在邊數年，羌胡服其恩信㉛。

2 肅宗即位，以公主修勑㉜慈愛，累世崇重，加號長公主，增邑三千戶。徵固代魏應為大鴻臚㉝。帝以其曉習邊事，每被訪及。建初三年，追錄前功，增邑一千三百戶。七年，代馬防為光祿勳㉞。明年，復代馬防為衛尉。

3 固久歷大位㉟，甚見尊貴，賞賜租祿，貲累巨億，而性謙儉，愛人好施，士以此稱之。章和二年卒，謚曰文侯。子彪，至射聲校尉㊱，先固卒，無子，國除。

【章　旨】以上是〈竇固傳〉，簡述了竇固的身世和一生經歷，並詳細記述竇固率軍進攻匈奴之事。竇氏在竇穆被殺後重新崛起，竇固功不可沒。

【注　釋】❶黃門侍郎　秦及西漢郎官給事於黃闥（宮門）之內者，稱黃門郎或黃門侍郎。東漢時設為專官，或稱給黃門侍郎，侍從皇帝，傳達詔命。俸祿為六百石。❷貴顯用事　尊貴顯耀受到重用。❸中郎將　秦置中郎，西漢分五官、左、右三署，各置中郎將以統領皇帝的侍衛，隸屬光祿勳。漢平帝時又置虎賁中郎將，東漢以後，統兵將領也多用此名，如虎賁中郎將等。秩比二千石。❹羽林士　即羽林軍。西漢武帝時選隴西、天水、安定、北地、上郡、西河等六郡良家子宿衛建章宮，稱建章營騎，後改為羽林騎，取其「如羽之疾，如林之多」的意思，屬光祿勳，為皇帝護衛，東漢以後禁衛軍常稱羽林軍。《續漢志》：「宣帝命中郎將、騎都尉監羽林。」❺乂安　太平。乂，治也。❻帝欲遵武帝故事四句　漢武帝時，曾派衛青、霍去病出兵征匈奴，開通通往西域之路，明帝想效仿武帝，出兵攻打匈奴，竇固曾隨竇融居西河，因此說他熟悉邊事，派他出兵。❼騎都尉耿忠　騎都尉，光祿勳屬官，監管御林軍。耿忠，耿弇之子，本書僅載其出兵匈奴一事，他事不詳。❽謁者僕射耿秉句　謁者僕射為謁者首領。僕射起於秦代，凡侍中、尚書、博士、謁者、郎等官，都有僕射，根據所領職務作稱號，意即其中的首領。耿秉，字泊初，扶風茂陵（今陝西興平）人。明帝時任駙馬都尉，永平十七年（西元七四年），與竇固一起出兵，擊敗北匈奴在車師一帶的勢力，後任征西將軍，永元元年，又與竇憲一起出兵大敗北匈奴，其事詳見本書卷十九。❾秦彭　字伯平，扶風茂陵人。曾任騎都尉、駙馬都尉、山陽太守，以禮示人，不加刑罰，其事詳見本書卷七十六。❿盧水　地名。張掖屬國都尉所轄。李賢注：「按湟水東經臨羌縣故城北，又東，盧溪水注之，水出西南盧川，即其地也。」在今甘肅東南部。⓫居延塞　在東漢居延縣境（今內蒙古額濟納旗東南），居延澤在其東北，武帝時派伏波將軍路博德在居延城築遮虜障，成居延塞。⓬太僕祭肜　太僕，掌皇帝的御馬和馬政。祭肜，字次孫，祭遵之堂弟，曾為黃門侍郎、偃師長令、遼東太守，率軍大破鮮卑軍，並用歸附的烏桓削弱匈奴，頗見成效，其事詳見本書卷二十。⓭度遼將軍吳棠　度遼將軍，《漢書·昭帝紀》：「冬，遼東烏桓反，以中郎將范明友為度遼將軍。」注：「應劭曰：當度遼水往擊之，故以度遼為官號。」西漢昭帝初置，東漢明帝復置，屯五原（今內蒙古包頭西）。吳棠，袁宏《紀》作吳常，《後漢書》僅見本傳所載之事，他事不詳。⑭南單于　建武二十四年，匈奴分為南北匈奴，南匈奴首領薁鞬日為南單于，南單于奉行與漢和好政策，替漢保衛北方邊疆。⑮高闕塞　在今內蒙古杭錦後旗東北，陰山山脈至此中斷，形成一缺口，望若門闕，故稱。⑯來苗　明帝臣，曾任騎都尉、度遼將軍、濟陰太守，事見本書卷八十九。⑰護烏桓校尉文穆　護烏桓校尉，西漢武帝時霍去病打敗役使烏桓的匈奴，遷烏桓入於上谷、漁陽、右北平、遼東等郡塞外，置護烏桓校尉，東漢沿置。文穆，本書僅此一見。⑱太原鴈門句　太原，治晉陽（今山西太原西南）。鴈門，治陰館（今山西代縣西北）。代郡，治高柳（今山西陽高）。上谷，治沮陽（今河北懷來東南）。漁陽，治漁陽（今北京密雲西）。右北平，治土垠（今河北豐潤）。定襄，治善無（今山西左雲西）。⑲烏桓鮮卑　烏桓，古族名。也作「烏丸」，東胡的一支。秦末漢初東胡被匈奴擊敗後，部分遷到烏桓山，因此為名。西漢武帝以後歸屬漢朝，遷至上谷、漁陽、右北平、遼西、遼東等五郡。鮮卑，東胡之一支，漢初各部受匈奴控制，漢武帝時派兵攻破匈奴東地，部分鮮卑南下至西拉木倫河流域，永平元年，北匈奴西遷，鮮卑各部進入匈奴故地，吸收北匈奴餘眾十餘萬落。桓帝時，鮮卑在大漠南北建立起強大的聯盟，分為東中西三部。⑳平城塞　今山西大同東北。㉑天山　即祁連山，一名雪山。《集解》：「沈欽韓曰：天山有二，名祁連山者在今甘肅府張掖縣西南，名白山者在唐之伊州，今哈密縣城北百二十里，固所至乃哈密白山也。」㉒呼衍王　呼衍，匈奴王號。㉓蒲類海　即今巴里坤湖。地在今新疆巴里坤哈薩克自治縣。㉔伊吾盧城　宜禾都尉治，地在今新疆哈密西。㉕三木樓山　匈奴中山名。王先謙《集解》：「惠棟曰：袁宏《紀》作沐樓山，沈欽韓曰：《紀要》山在甘肅鎮東北塞外。」㉖匈奴河水　劉敞、劉攽均認為奴為衍字，當為匈河水，距離令居（今蘭州東北）數千里。㉗涿邪山　在今蒙古國境內滿達勒戈壁以南一帶。㉘玉門　今甘肅玉門西北。㉙詔耿秉句　下詔讓耿秉及騎都尉劉張等人去掉符傳，受竇固節度。符傳，東漢時率軍之將有符與傳，用來擬合取信。㉚白山　即天山。㉛羌胡服其恩信　李賢注：「《東觀記》曰：『羌胡見客，炙肉未熟，人人長跪前割之，血流指閒，進之於固，固輒為啗，不穢賤之，是以愛之如父母也。』」㉜修勑　端莊；整齊。㉝徵固代魏應句　魏應，字君伯，任城人。少年好學，曾為博士，升遷侍中，後拜大鴻臚、騎兵都尉等，其事詳見卷七十九下。大鴻臚，〈百官志二〉：「卿一人，中二千石。本注曰：掌諸侯及四方歸義蠻夷。」㉞代馬防為光祿勳　馬防，漢章帝之舅，曾任車騎將軍，率軍進攻反叛羌人、匈奴等。光祿勳，〈百官志二〉：「卿一人，中二千石。本注曰：掌宿衛宮殿門戶，典謁署郎更直執戟，宿衛門戶，考其德行而進退之。」㉟大位　高位。㊱射聲校尉　執掌善射者之校尉。射聲，意謂善射者，聞聲則射。

【語　譯】竇固，字孟孫，年輕時因娶公主為妻擔任黃門侍郎。喜歡博覽群書典籍，愛好兵法，尊貴顯耀受到重用。光武帝建武中元元年，承襲父親竇友的爵位封為顯親侯。顯宗即位，升遷中郎將，監理羽林軍。後受堂兄竇穆有罪的連坐，被廢居家十餘年。當時天下太平，明帝想遵著漢武帝舊事，進攻匈奴，開通往西域之路，因竇固對邊疆情況非常熟悉，十五年冬天，任命為奉車都尉，以騎都尉耿忠為副手，謁者僕射耿秉為駙馬都尉，秦彭為副手，都設置從事、司馬，一起出兵屯駐涼州。第二年，竇固與耿忠率領酒泉、敦煌、張掖軍隊和盧水羌胡一萬二千騎兵出酒泉塞，耿秉、秦彭率領武威、隴西、天水招募的士卒和羌胡一萬騎兵出居延塞，另外，太僕祭彤、度遼將軍吳棠率領河東、北地、西河羌胡和南單于兵一萬一千騎出高闕塞，騎都尉來苗、護烏桓校尉文穆率領太原、鴈門、代郡、上谷、漁陽、右北平、定襄郡的軍隊和烏桓、鮮卑一萬一千騎兵出平城塞。竇固、耿忠到天山，進攻呼衍王，斬首一千餘級。呼衍王逃走，追到蒲類海。留下吏士駐屯伊吾盧城。耿秉、秦彭橫穿沙漠六百餘里，到三木樓山。來苗、文穆到匈奴河水上，匈奴全都逃走，沒有俘獲。祭彤、吳棠因未到達涿邪山，被免為平民。當時諸將只有竇固立有戰功，加位特進。第二年，又出玉門進攻西域，皇上下詔讓耿秉和騎都尉劉張都去掉符傳，歸竇固節制。竇固於是攻破白山，使車師投降，此事已在〈耿秉傳〉中詳細記述。竇固在邊疆數年，羌胡人對其恩惠和信譽非常折服。

2　肅宗即位，因公主端莊慈愛，幾代以來受到尊崇，加號長公主，增封城邑三千戶。徵召竇固替代魏應為大鴻臚。章帝因竇固熟悉邊疆之事，多次訪問他。建初三年，朝廷追記以前的功勞，增封城邑一千三百戶。七年，替代馬防為光祿勳。第二年，又替代馬防為衛尉。

3　竇固長期歷任高位，很受尊寵，賞賜租賦俸祿，資產累計達巨億，而竇固性格謙虛儉樸，有愛心，喜歡施捨，士人因此多稱讚他。章和二年去世，諡號為文侯。兒子竇彪，官至射聲校尉，在竇固之前去世，竇固沒有其他的兒子，封國因此除去。

憲字伯度。父勳被誅，憲少孤。建初二年，女弟立為皇后，拜憲為郎，稍遷侍中、虎賁中郎將❶；弟篤，為黃門侍郎。兄弟親幸，並侍宮省❷，賞賜累積，寵貴日盛，自王、主及陰、馬諸家❸，莫不畏憚。憲恃宮掖❹聲埶，遂以賤直請奪沁水公主園田，主逼畏，不敢計❺。後肅宗駕出過園，指以問憲，憲陰喝不得對❻。後發覺，帝大怒，召憲切責曰：「深思前過，奪主田園時，何用愈趙高指鹿為馬❼？久念使人驚怖。昔永平中，常令陰黨、陰博、鄧疊三人更相糾察，故諸豪戚莫敢犯法者❽，而詔書切切❾，猶以舅氏田宅❿為言。今貴主尚見枉奪，何況小人哉！國家棄憲如孤雛⓫腐鼠耳。」憲大震懼，皇后為毀服深謝⓬，良久乃得解，使以田還主。雖不繩⓭其罪，然亦不授以重任。

【章旨】以上是〈竇憲傳〉的第一部分，記述竇憲強奪公主園田之事，以此事切入〈竇憲傳〉，一個飛揚跋扈、膽大妄為的傳主形象給讀者留下深刻的印象。從此一段，便可料到竇憲必不得善終。

【注釋】❶虎賁中郎將　漢平帝時置，為中郎將名號之一。❷宮省　指皇宮。❸王主及陰馬諸家　各地封王和公主、陰氏、馬氏諸家。陰氏、馬氏均為外戚之家，陰皇后（麗華）為光武帝后、馬皇后為明帝后，和帝時也有一位陰后。❹宮掖　指皇宮。掖，掖庭。宮中的旁舍，嬪妃居住的地方。❺遂以賤直三句　於是用低於實際價值的價格侵奪了沁水公主的園田，公主因逼脅而害怕。賤直，低於實際價值的價格。沁水公主，明帝女，食邑沁水（今河南濟源）。逼畏，因逼脅而畏之。❻陰喝不得對　暗中制止屬下不可以實情回答。《集解》：「《通鑑》胡注：喝，呵也，……陰，密也。潛也。當帝問之時，密訶左右不得對也。觀帝以趙高指鹿為馬責憲，則陰喝之義可知矣。」❼何用愈趙高指鹿為馬　其手法怎麼比趙高的指鹿為馬更陰險呢。趙高指鹿為馬事見《史記・秦始皇本紀》：「趙高欲為亂，恐群臣不聽，乃先設驗，持鹿獻於二世曰：『馬也。』世笑曰：『丞相誤邪！謂鹿為馬。』問左右，左右或默，或言馬以阿順趙高，或言鹿者，高因陰中諸言鹿者以法。後群臣皆畏高。」❽常令陰黨二句　李賢注：「以陰、鄧皆外戚，恐其踰侈，故使更相糾察也。博，陰興之子。」鄧疊，曾任衛尉、步兵校尉，行征西大將軍事等，與竇憲一起出兵征匈奴，封穰侯。❾切切　切責之意。❿舅氏田宅　舅舅的田宅。竇憲妹妹為皇后，因此肅宗稱其舅氏。⓫雛　幼鳥。⓬為毀服深謝　為此穿著低於皇后等級的服飾，表示深深的謝罪。毀服，降低官服等級表示自責。⓭繩　糾正。引申為制裁。

【語譯】 竇憲，字伯度。父親竇勳被誅，竇憲少年時成為孤兒。建初二年，妹妹立為皇后，肅宗任命竇憲為郎，不久升遷為侍中、虎賁中郎將；弟弟竇篤，擔任黃門侍郎。兄弟受寵幸，一起在宮中任職，賞賜不斷增加，尊寵顯貴日盛一日，從封王、公主到陰氏、馬氏各家，沒有不害怕竇氏的。竇憲仗恃在宮廷中的聲勢，於是用低於實際價值的價格強買了沁水公主家的園田，公主迫於壓力，畏懼，不敢計較。後來肅宗乘車駕出行經過此園，指著此園問竇憲，竇憲暗中制止左右不可以實情回答。後來事情被皇帝發覺，皇帝大怒，召來竇憲嚴厲斥責說：「好好地反思過去犯下的過錯，強奪公主的田園時，如果沒做錯，怎麼需要像趙高指鹿為馬一樣禁制屬下呢？長久考慮此事令人驚恐。從前永平年間，常常讓陰黨、陰博、鄧疊三人相互糾察，因此各位豪強親戚沒有人敢犯法，而詔書切責，還曾提到過舅舅多占田宅之事。如今貴為公主還被枉加掠奪，更何況小民百姓呢！國家丟棄你竇憲如同一個孤雛腐鼠罷了！」竇憲非常害怕，皇后為此穿著降級的服裝表示深深的謝罪，過了很長時間此事才得以化解，讓竇憲將田園還給了公主。雖然沒有按法律治其罪，但也不委以重任。

1 和帝即位，太后臨朝❶，憲以侍中，內幹機密❷，出宣誥命。肅宗遺詔以篤為虎賁中郎將，篤弟景、瓌並中常侍❸，於是兄弟皆在親要之地❹。憲以前太尉鄧彪有義讓❺，先帝所敬，而仁厚委隨❻，故尊崇之，以為太傅❼，令百官總己以聽❽。其所施為，輒外令彪奏，內白太后，事無不從。又屯騎校尉桓郁❾，累世帝師，而性和退自守，故上書薦之，令授經禁中❿。所以內外協附，莫生疑異。

2 憲性果急，睚眦之怨⓫莫不報復。初，永平時，謁者韓紆嘗考劾父勳獄，憲遂令客斬紆子，以首祭勳冢。齊殤王子都鄉侯暢來弔國憂⓬，暢素行邪僻，與步兵校尉⓭鄧疊親屬數往來京師，因疊母元自通長樂宮⓮，得幸太后，被詔召詣上東門⓯。憲懼見幸，分宮省之權，遣客刺殺暢於屯衛⓰之中，而歸罪於暢弟利侯剛⓱，乃使侍御史與青州刺史雜考剛等⓲。後事發覺，太后怒，閉憲於內宮。

3 憲懼誅，自求擊匈奴以贖死。會南單于請兵北伐，乃拜憲車騎將軍，金印紫綬，官屬依司空⓳，以執金吾耿秉為副，發北軍五校、黎陽⓴、雍營㉑、緣邊十二郡騎士，及羌胡兵出塞。明年，憲與秉各將四千騎及南匈奴左谷蠡王師子㉒萬騎出朔方雞鹿塞㉓，南單于屯屠河㉔將萬餘騎出滿夷谷㉕，度遼將軍鄧鴻㉖及緣邊義從㉗羌胡八千騎，與左賢王安國㉘萬騎出稒陽塞㉙，皆會涿邪山。憲分遣副校尉閻盤、司馬耿夔、耿譚㉚將左谷蠡王師子、右呼衍王須訾等，精騎萬餘，與北單于戰於稽落山[31]，大破之，虜眾崩潰，單于遁走，追擊諸部，遂臨私渠比鞮海[32]。斬名王[33]已下萬三千級，獲生口馬牛羊橐駝百餘萬頭。於是溫犢須、日逐、溫吾、夫渠王柳鞮[34]等八十一部率眾降者，前後二十餘萬人。憲、秉遂登燕然山[35]，去塞三千餘里，刻石勒功[36]，紀漢威德，令班固[37]作銘曰：

4 「惟永元元年秋七月，有漢元舅[38]曰車騎將軍竇憲，寅亮聖明[39]，登翼王室[40]，納于大麓[41]，惟清緝熙[42]。乃與執金吾耿秉，述職巡御[43]，理兵於朔方[44]。鷹揚之校[45]，螭虎之士[46]，爰該六師[47]，暨南單于、東烏桓、西戎氐羌侯王君長之群，驍騎三萬。元戎輕武[48]，長轂四分[49]，雲輜[50]蔽路，萬有三千餘乘。勒以八陣[51]，莅以威神，玄甲[52]燿日，朱旗絳天[53]。遂陵高闕，下雞鹿，經磧鹵[54]，絕大漠，斬溫禺以釁鼓[55]，血尸逐以染鍔[56]。然後四校橫徂[57]，星流彗埽[58]，蕭條萬里，野無遺寇。於是域滅區單[59]，反旆而旋，考傳驗圖，窮覽其山川。遂踰涿邪，跨安侯[60]，乘燕然，躡冒頓之區落[61]，焚老上之龍庭[62]。上以攄高、文之宿憤[63]，光祖宗之玄靈；下以安固後嗣，恢拓境宇，振大漢之天聲[64]。茲所謂一勞而久逸，暫費而永寧[65]者也。乃遂封山[66]刊石，昭銘上德[67]。其辭曰：

5 「鑠王師[68]兮征荒裔，勦凶虐兮截海外[69]，夐其邈兮亙地界[70]，封神丘[71]兮建隆竭72，熙帝載73兮振萬世。」

6 憲乃班師而還。遣軍司馬吳汜、梁諷，奉金帛遺北單于，宣明國威，而兵隨其後。時虜中乖亂，汜、諷所到，輒招降之，前後萬餘人。遂及單于於西海74上，宣國威信，致以詔賜，單于稽首拜受。諷因說宜修呼韓邪故事75，保國安人之福。單于喜悅，即將其眾與諷俱還，到私渠海，聞漢軍已入塞，乃遣弟右溫禺鞮王奉貢入侍，隨諷詣闕。憲以單于不自身到，奏還其侍弟。南單于於漠北遺憲古鼎，容五斗，其傍銘曰「仲山甫76鼎，其萬年子子孫孫永保用」，憲乃上之。詔使中郎將持節即五原拜憲大將軍，封武陽77侯，食邑二萬戶。憲固辭封，賜策許焉。

【章　旨】以上是〈竇憲傳〉的第二部分，記述竇憲因跋扈而獲罪，為免罪而出兵征匈奴。征討匈奴大獲全勝，班固撰賦頌功，此賦文辭優美，為漢賦名篇。

【注　釋】❶太后臨朝　此太后即竇憲的妹妹竇太后，其為和帝之母，曾臨朝聽政，事見本書卷十上。❷內幹機密　在內參與機密商定。幹，參與；干涉。或曰古「管」字也。❸中常侍　《集解》：「錢大昕曰：中常侍宦者之職，非外戚所宜居，恐有誤。」❹親要之地　親近顯要之地。❺太尉鄧彪有義讓　據〈鄧彪傳〉：「彪少勵志，脩孝行，父卒，讓國於異母弟荊鳳。」太尉，三公之一，掌四方兵事，功課歲盡，即奏其殿最而行賞罰，世祖即位時為大司馬，建武二十七年改太尉。鄧彪，字智伯，南陽新野人。仕至渤海太守，其事詳見本書卷四十四。❻委隨　順從。❼太傅　本書〈百官志〉：「本注曰：掌以善導，無常職。世祖以卓茂為太傅，薨，因省。其後每帝初即位，輒置太傅，錄尚書事，薨，輒省。」❽令百官總己以聽　令百官各司其職聽命於太傅。總己，統攝自己的職務。❾屯騎校尉桓郁　屯騎校尉，俸祿比二千石，掌宿衛兵。桓郁，曾任屯騎校尉、太常，與賈逵等人奉詔在白虎觀論定《五經》異同。❿禁中　宮中。⓫睚眦之怨　形容非常小的怨恨。《廣雅》：「睚，裂也。」《史記》：「范雎睚眥之怨必報。」⓬齊殤王子都鄉侯句　齊殤王，名石，劉伯升之孫，劉章之子。劉攽曰：「按：殤當作煬，說在〈齊王傳〉。彼既有子，不得謚殤明矣。」都鄉侯，封侯名號。來弔國憂，來弔章帝。⓭步兵校尉　本書〈后紀第十〉注引《漢官儀》：「比二千石，掌宿衛兵，屬北軍中候也。」⓮長樂宮　東漢洛陽城內主要宮殿之一。⓯上東門　洛陽故城東面北頭第一門。⓰屯衛　兵衛之所。⓱利侯剛　利為縣名。治今山東廣饒西北。⓲乃使侍御史句　於是讓侍御史和青州刺史一起審問劉剛等人。侍御史，少府屬官，俸祿百石，本書〈百官志三〉：「本注曰：掌察舉非法，受公卿羣吏奏事，有違失舉劾之。」青州，轄今山東濟南、淄博、濰坊一帶。刺史，掌管一州軍政大權。雜考，會審。⓳依司空　按照司空級別設置屬官。司空屬官為：長史一人，千石；掾屬二十九人，令史及御屬三十二人，見《續漢志》。依，准也。⓴黎陽　李賢注引《漢官儀》：「光武中興，以幽、冀、并州兵騎克定天下，故於黎陽立營，以謁者監之。」㉑雍營　李賢注引《漢官儀》：「扶風都尉部在雍縣，以涼州近羌，數犯三輔，將兵衛護園陵，故俗稱雍營。」㉒左谷蠡王師子　左谷蠡王為南匈奴王號。師子，王之私名。㉓雞鹿塞　軍事要塞名，古代貫通陰山南北交通要塞。舊址在今內蒙古磴口縣（巴勒彥高勒）西北哈隆格乃峽谷南口。㉔屯屠河　南匈奴單于名。㉕滿夷谷　今內蒙古固陽南。㉖鄧鴻　鄧禹之子，曾任張掖太守、度遼將軍、光祿勳、行車騎將軍、大鴻臚等職。一生曾率兵擊匈奴，征烏桓，屢立戰功。㉗義從　東漢時期稱胡、羌等少數民族歸順朝廷為義從，取歸義從命之意。㉘左賢王安國　左賢王，南匈奴王名號，安國為其私名。㉙稒陽塞　今內蒙古包頭東。㉚耿夔耿譚　耿夔，曾任左校尉、右校尉、遼東太守、度遼將軍等職；曾率軍擊破烏桓、北匈奴等。耿譚，曾任謁者，章和元年，領代營屯白石，乃設購賞，諸種頗來內附，西羌首領迷唐恐，乃請降，王信、耿譚於是受降罷兵。事見本書卷八十七。㉛稽落山　在今蒙古烏蘭巴托西南。㉜私渠比鞮海　湖泊名。在今蒙古西部杭愛山東南麓。㉝名王　指古代少數民族聲名顯赫的王。㉞溫犢須日逐句　以上均為北匈奴部落之名。㉟燕然山　《集解》：「《通鑑》胡注：《北史》燕然山在菟園水北。沈欽韓曰：杭愛山在鄂爾渾河之北，直陝西、寧夏北二千里許，抵俄羅斯國界千餘里，當即古燕然山。」㊱刻石勒功　把記功文字刻在石頭上。㊲班固　字孟堅，扶風安陵（今陝西咸陽）人。東漢史學家、文學家，曾著《漢書》、《白虎通義》等。永元年間隨大將軍竇憲征匈奴。竇憲擅權被殺後，他受牽連死在獄中。其事詳見本書卷四十。㊳有漢元舅　有漢即漢朝。或以為「有」字無實意。元舅，長舅。元即首。㊴寅亮聖明　恭敬誠信聖明。寅，敬也。亮，信也。《古文尚書・周官》：「二公弘化，寅亮天地。」㊵登翼王室　入輔王室。登，升也；入也。翼，輔助。㊶納于大麓　語出《尚書・堯典》：「納于大麓，不迷。」孔安國注《尚書》：「麓，錄也，入之使大錄萬機也。」㊷惟清緝熙　政治清明和樂。緝熙，和樂。語出《詩・維天之命》：「維清緝熙，文王之典。」㊸述職巡御　《左傳・昭公三年》：「小有述職，大有巡功。」諸侯見天子曰述職，述所治國之功職。天子巡狩為巡功，巡所狩之功績。㊹理兵於朔方　治兵於北方。㊺鷹揚之校　如鷹飛揚般的軍校。鷹揚，語出《詩・大明》：「維師尚父，時維鷹揚。」㊻螭虎之士　如猛獸般的勇士。螭，山神，為獸形。《史記》：「如虎如羆，如豺如離。」徐廣曰：離與螭同。㊼爰該六師　整備六師。出自《詩・常武》：「整我六師，以脩我戎。」該，備也。㊽元戎輕武　兵車迅疾。元戎，兵車。語出《詩・六月》：「元戎十乘，以先啟行。」輕武，迅疾。㊾長轂四分　戰車四出。長轂，兵車。㊿雲輜　如雲一般的輜重車。(51)八陣　古代兵法有八陣圖，八陣按八卦布陣。(52)玄甲　鐵甲。(53)朱旗絳天　朱色旗幟把天空映成了紅色。絳，深紅色。此處作使動詞用。(54)磧鹵　含鹽質的沙地。磧，石地。鹵，鹹地。(55)斬溫禺以釁鼓　斬殺溫禺來釁鼓。溫禺，北匈奴王號。周禮殺人以血塗鼓謂之釁。(56)血尸逐以染鍔　用尸逐的血來染劍。尸逐，北匈奴王號。鍔，劍。古代有用血染器物以為祭祀的習俗。(57)四校橫徂　四校，四面之校。橫徂，橫行也。(58)星流彗埽　言疾也。(59)域滅區單　地域之隔被剷除，整個區域純化惟一。(60)安侯　河名。即今蒙古國境內鄂爾渾河。(61)躡冒頓之區落　踏平了冒頓單于的疆域。冒頓，匈奴單于，姓攣鞮，秦二世元年（西元前二〇九年）殺父頭曼自立。他建立軍政制度，東滅東胡，西逐月氏，並奪取樓蘭、烏孫、呼揭及其旁二十六國，北服丁零，南服樓煩、白羊，並進占秦的河南（今河套一帶）地，勢力強大，西漢初年，常南下侵擾，對西漢王朝形成很大的威脅。區落，指匈奴東滅東胡，西走月氏，南取樓煩，悉收秦所奪的匈奴土地。(62)焚老上之龍庭　焚毀了老上單于舉行祭祀的龍庭。老上，冒頓子稽粥號老上單于。龍庭，每年五月，匈奴會於龍庭，祭祀其祖先、天地、鬼神。(63)上以攄高文之宿憤　上以洩高祖、文帝的舊恨。西漢初年，高祖率兵征匈奴，被冒頓單于在平城圍困了七天。孝文帝時匈奴寇邊，殺太守，孝文帝想親自征匈奴，太后不許。攄，抒發；發洩。(64)恢拓境宇二句　大規模開拓疆土，振大漢的雷霆之勢。恢，宏大也。拓，開闢。天聲，雷霆之聲。(65)茲所謂一勞而久逸二句　李賢注引揚雄曰：「以為不一勞者不久逸，不暫費者不永寧。」(66)封山　在山上舉行祭祀。(67)上德　上猶至也。語出《老子》：「上德不德，是以有德。」(68)鑠王師　讚美王師。語出《詩・酌》：「於鑠王師，遵養時晦。」鑠，美也。(69)勦凶虐兮截海外　剿滅凶虐啊四海之外都被治服。勦，絕。截，「截」的本字。整齊。引申為治服。海外，出自《詩・長發》：「相土烈烈，海外有截。」(70)敻其邈兮亙地界　地方遙遠啊窮極地界。敻、邈均為遠意。亙，竟也。(71)封神丘　在燕然山上舉行封山祭祀。神丘，燕然山。(72)建隆嵑　碑方者謂之碑，圓者謂之碣。嵑，碣。(73)熙帝載　廣布帝業。語出《古文尚書・舜典》：「奮庸，熙帝之載。」

熙，廣也。載，事也。74西海　今蒙古國柯爾多東南之杜爾格湖。75宣修呼韓邪故事　應當學習呼韓邪單于的舊事，依附漢家自保其國。西漢宣帝時，呼韓邪單于叩塞入關，到甘泉宮朝見皇上，請求留居光祿塞下，有急事便保有漢之受降城。76仲山甫　西周宣王時大臣，曾諫宣王料民於太原，《詩·烝民》歌頌了其輔佐宣王的功績。77武陽　犍為郡治所，今四川彭山縣。

【語　譯】和帝即位，竇太后臨朝，竇憲因為是侍中，在朝內參與機密，出朝宣布誥命。肅宗遺詔讓竇篤擔任虎賁中郎將，竇篤的弟弟竇景、竇瓌都為中常侍，於是兄弟都在親近顯要之地。竇憲因為從前太尉鄧彪曾有讓位於同母弟的義舉，是先帝非常敬重之人，而且為人仁厚順從，特意尊崇他，任命他為太傅，讓百官各司其職聽命於太傅。竇憲的有所作為，總是外朝讓鄧彪上奏，內朝稟告太后，事情沒有不被批准的。還有屯騎校尉桓郁，世代為皇帝老師，而且性情隨和退讓自守其身，竇固因此上書舉薦他，讓他在宮中傳授經學。因此內外協附，沒有不同意見。

2 竇憲性情果敢急躁，一點點怨恨沒有不進行報復的。起初，永平年間，謁者韓紆曾經審訊核定竇憲父親竇勳案件，竇憲於是讓門客斬殺韓紆的兒子，用他的頭祭祀竇勳的墳冢。齊殤王的兒子都鄉侯劉暢來弔祭章帝，劉暢平素行為邪惡怪僻，與步兵校尉鄧疊有親屬關係，多次往來於京師，通過鄧疊母親元自行進入長樂宮，得到太后的寵幸，接到詔書召他徑直到上東門。竇憲害怕他被寵幸，瓜分宮內的權力，派遣門客在兵衛之所刺殺了劉暢，而把此罪歸於劉暢的弟弟利侯劉剛，於是朝廷派侍御史和青州刺史會審劉剛等人。後來事情敗露，太后大怒，將竇憲關在內宮。

3 竇憲害怕被誅殺，自己請求用攻擊匈奴來贖死罪。恰好遇到南單于請求派兵北伐，於是任命竇憲為車騎將軍，授予金印紫綬，官屬的設置按司空級別，以執金吾耿秉為副手，徵發北軍五校、黎陽、雍營、沿邊疆十二郡的騎士和羌胡兵出塞。第二年，竇憲與耿秉各自率四千騎兵和南匈奴左谷蠡王師子一萬騎兵出朔方雞鹿塞，南單于屯屠河率領一萬多騎兵出滿夷谷，度遼將軍鄧鴻和沿邊歸順朝廷的羌胡人八千騎兵，與左賢王安國一萬騎兵出稒陽塞，各路軍隊在涿邪山會兵。竇憲分別派遣副校尉閻盤、司馬耿夔、耿譚率領左谷蠡王師子、右呼衍王須訾等精騎一萬餘人，與北單于在稽落山大戰，大破北匈奴，北匈奴軍隊崩潰，單于逃走，追擊匈奴各部，於是兵臨私渠比鞮海。斬殺名王以下有一萬三千人，擒獲牲口馬牛羊橐駝一百多萬頭。於是溫犢須、日逐、溫吾、夫渠王柳鞮等八十一部率眾投降的，前後達二十餘萬人。竇憲、耿秉於是登上燕然山，此山距離邊塞三千餘里，刻碑記下功勞，宣揚漢朝的威德，讓班固作銘文說：

4 「永元元年秋七月，漢朝長舅車騎將軍竇憲，恭敬誠信聖明，升上宮廷，輔佐王室，入朝廷總理萬機，天下清明和樂。於是與執金吾耿秉，向皇帝述職出巡，出兵北方。軍校如鷹飛揚一般，戰士如猛獸一樣，整備六軍，和南單于、東烏桓、西戎氐羌侯王君長等人，驍勇騎兵三萬。兵車迅疾，戰車四出，如雲一般的輜重車遮蔽道路，總共有一萬三千多輛。按八陣布署軍隊，臨之以威神，鐵甲在陽光下閃閃發光，朱色旗幟把天空也映成了紅色。於是登上高闕，攻下雞鹿塞，經過鹽質的沙地，橫度大沙漠，斬殺溫禺，塗血於鼓，用尸逐之血染刀劍。然後四面之校橫行無阻，如同星流彗掃般急速，蕩清萬里，使田野中沒有殘餘的賊寇。於是地域之隔被剷除，整個區域純化惟一，掉轉軍旗凱旋而歸，稽考傳注，勘驗圖冊，將其山川形勢一覽無遺。於是越過涿邪山，跨安侯河，登上燕然山，踏平冒頓單于的廣闊疆土，焚毀老上單于祭祀的龍庭。向上發洩高祖、文帝的宿憤，光大祖宗的在天之靈；向下安定鞏固後代，大肆開拓境土，振發大漢的雷霆之聲。這就是所謂的一勞而永逸，暫時費力而永遠安寧。於是在山上舉行祭祀，刻銘於石，明記至德。辭文為：

5 「讚美王師啊征伐荒裔，勦滅凶虐啊治服海外，地方遙遠啊窮極地界，封祭燕然山啊建起高高的石碑，廣布帝業啊名揚萬世。」

6 竇憲於是班師還朝。他派遣軍司馬吳汜、梁諷，帶著金帛贈送給北單于，宣揚國威，而軍隊跟隨在他們後面。當時匈奴人心混亂，吳汜、梁諷所到之處，總是招降他們，先後招降一萬多人。於是在西海之上追及單于，宣明國家的威力與誠信，送上皇上的賞賜，單于叩首接受。梁諷趁勢勸說單于，應學習呼韓邪單于歸附漢朝的舊事，保護國家安定百姓幸福。單于非常高興，便帶領他的部眾和梁諷一起返回，到了私渠海，聽說漢軍已經進入塞內，便派遣自己的弟弟右溫禺鞮王帶著貢品入侍漢朝，跟隨梁諷到宮殿中朝見皇上。竇憲因單于沒有親身到來，上奏讓單于的侍弟回到匈奴。南單于從漠北贈送竇憲一枚古鼎，容積五斗，鼎旁銘文為「仲山甫鼎，其萬年子子孫孫永保用」，竇憲將此鼎上奏給朝廷。皇上下詔派中郎將帶著符節到五原拜竇憲為大將軍，封武陽侯，食邑二萬戶。竇憲堅持辭去封邑，和帝賜書答應了他。

1 舊大將軍位在三公下，置官屬依太尉❶。憲威權震朝庭，公卿希旨❷，奏憲位次太傅下，三公上；長史、司馬秩中二千石，從事中郎二人六百石，自下各有增。振旅❸還京師。於是大開倉府，勞賜士吏，其所將諸郡二千石子弟從征者，悉除太子舍人❹。

2 是時篤為衛尉，景、瓌皆侍中、奉車、駙馬都尉，四家競修第宅，窮極工匠。明年，詔曰：「大將軍憲，前歲出征，克滅北狄，朝加封賞，固讓不受。舅氏舊典，並蒙爵土❺。其封憲冠軍❻侯，邑二萬戶；篤郾❼侯，景汝陽❽侯，瓌夏陽❾侯，各六千戶。」憲獨不受封，遂將兵出鎮涼州，以侍中鄧疊行征西將軍事為副。

3 北單于以漢還侍弟，復遣車諧儲王等款居延塞，欲入朝見，願請大使❿。憲上遣大將軍中護軍⓫班固行中郎將，與司馬梁諷迎之。會北單于為南匈奴所破，被創遁走，固至私渠海而還。憲以北虜微弱，遂欲滅之。明年，復遣右校尉耿夔、司馬任尚、趙博⓬等將兵擊北虜於金微山⓭，大破之，克獲甚眾。北單于逃走，不知所在。

4 憲既平匈奴，威名大盛，以耿夔、任尚等為爪牙[14]，鄧疊、郭璜[15]為心腹。班固、傅毅[16]之徒，皆置幕府，以典文章。刺史、守令多出其門[17]。尚書僕射郅壽、樂恢並以忤意[18]，相繼自殺。由是朝臣震懾，望風承旨[19]。而篤進位特進，得舉吏[20]，見禮依三公。景為執金吾，瓌光祿勳，權貴顯赫，傾動京都。雖俱驕縱，而景為尤甚，奴客緹騎[21]依倚形埶，侵陵小人，強奪財貨，篡取[22]罪人，妻略婦女。商賈閉塞，如避寇讎。有司畏懦，莫敢舉奏。太后聞之，使謁者策免景官，以特進就朝位。瓌少好經書，節約自修[23]，出為魏郡[24]，遷潁川[25]太守。竇氏父子兄弟並居列位[26]，充滿朝廷。叔父霸為城門校尉，霸弟褒將作大匠，褒弟嘉少府，其為侍中、將、大夫、郎吏十餘人。

5 憲既負重勞，陵肆[27]滋甚。四年，封鄧疊為穰[28]侯。疊與其弟步兵校尉磊及母元，又憲女壻射聲校尉郭舉，舉父長樂少府[29]璜，皆相交結[30]。元、舉並出入禁中，舉得幸太后，遂共圖為殺害。帝陰知其謀，乃與近幸中常侍鄭眾[31]定議誅之。以憲在外，慮其懼禍為亂，忍而未發。會憲及鄧疊班師還京師，詔使大鴻臚持節郊迎，賜軍吏各有差。憲等既至，帝乃幸北宮，詔執金吾、五校尉[32]勒兵屯衛南、北宮，閉城門，收捕疊、磊、璜、舉，皆下獄誅，家屬徙合浦㉝。遣謁者僕射收憲大將軍印綬，更封為冠軍侯。憲及篤、景、瓌皆遣就國。帝以太后故，不欲名誅憲㉞，為選嚴能㉟相督察之。憲、篤、景到國，皆迫令自殺，宗族、賓客以憲為官者皆免歸本郡。瓌以素自修，不被逼迫，明年坐稟假貧人㊱，徙封羅㊲侯，不得臣吏人。初，竇后之譖梁氏㊳，憲等豫㊴有謀焉，永元十年，梁棠㊵兄弟徙九真㊶還，路由長沙，逼瓌令自殺。後和熹鄧后臨朝，永初三年，詔諸竇前歸本郡者與安豐侯萬全俱還京師。萬全少子章。

【章　旨】以上是〈竇憲傳〉的第三部分，描述竇憲及其親信黨羽跋扈的情狀，敘述和帝誅殺竇憲等人的前因後果。和帝與竇氏前有殺母之仇，後有被誅殺之患，其剷除竇氏，勢所必然！而此時的東漢政局已千瘡百孔，誅殺竇氏而依重宦者，宦者干政之禍從此而起，正所謂「前門驅狼，後門入虎」。

【注　釋】❶置官屬依太尉　設置屬官依照太尉的標準。《續漢志》記載太尉屬官標準為：長史千石，掾屬二十四人，令史及御屬二十二人。❷希旨　迎合在上者的心意。❸振旅　整頓軍隊。❹太子舍人　李賢注引《續漢志》：「太子舍人，秩二百石，無員，更直宿衛也。」❺舅氏舊典二句　西漢故事，帝舅皆封侯。❻冠軍　縣名。治今河南鄧州西北。❼郾　縣名。治今河南郾城南。❽汝陽　縣名。治今河南周口西南。❾夏陽　今陝西韓城南。❿大使　奉帝王之命行事的臨時使節，後多指特派出巡的大臣。⓫中護軍　大將軍屬官。⓬任尚趙博　任尚，歷任中郎將、護烏桓校尉。安帝時，以西域戊己校尉代班超為都護，為政嚴刻，激起西域各族的反抗，被召還。繼任征西校尉，率軍鎮壓羌人叛亂，被打敗。後又任中郎將，與鄧遵等人聯合出兵鎮壓反叛羌人，先後派人刺殺了羌人首領杜季貢和零昌，後被鄧太后所殺。趙博，曾任漢陽太守、騎都尉等職。

曾派遣刺客杜習刺殺反叛羌人首領。⑬金微山　今阿爾泰山。⑭爪牙　部下；黨羽。⑮郭璜　郭況之子，曾任射聲校尉、少府，因與竇憲一起謀反而被殺。⑯傅毅　字武仲，扶風茂陵人。少年博學，建初中，肅宗博召文學之士，以傅毅為蘭臺令史，拜郎中，與班固、賈逵共典校書，其事詳見本書卷八十上。⑰刺史守令多出其門　《集解》：「汪文臺曰：〈袁安傳〉注袁山松《書》云：憲日益驕橫，盡樹其私人於名都大郡，河南尹王調、漢陽太守朱敞、南陽太守滿殷、高丹等皆其賓客。」⑱尚書僕射郅壽句　尚書僕射，尚書臺次官，秩二千石，執掌拆閱封緘文書，參議政事，諫諍駁議，檢察百官。郅壽，郅惲之子，以有才見稱。樂恢，字伯奇，京兆長陵人。少年立志為鴻儒，性情梗直不阿，曾上書諫伐匈奴事，任尚書僕射，多次上書彈劾竇憲黨羽，被迫自殺，其事詳見本書卷四十三。⑲望風承旨　隨勢迎合他人的心意。⑳而篤進位特進二句　東漢法律規定，三公可以舉吏，竇篤為特進而得舉吏，也是特例。㉑緹騎　穿紅色衣服的騎士，泛指高官的衛隊，漢代執金吾以下有緹騎二百人。《說文》：「緹，帛丹黃色也。」㉒篡取　奪取。㉓節約自修　節儉而注重個人修養。㉔出為魏郡　出任魏郡太守。魏郡治鄴（今河北臨漳）。㉕潁川　郡名。治陽翟（今河南禹州）。㉖列位　爵位。㉗陵肆　自高自大，任意妄為。㉘穰　縣名。治今河南鄧州。㉙長樂少府　太后居長樂宮，因此有少府，官秩二千石。㉚交結　勾結。㉛鄭眾　（？—西元一一四年），字季產，南陽犨縣（今河南魯山縣）人。宦官，章帝時為中常侍，與和帝一起滅竇氏，任大長秋，封鄛鄉侯。和帝常與他議論政事，成為東漢宦官干政的開端。㉜五校尉　指屯騎、步騎、越騎、長水、射聲五校尉，掌管宮廷守衛。㉝合浦　郡名。治合浦（今廣西合浦東北）。㉞不欲名誅憲　不想公開誅殺竇憲。㉟嚴能　嚴厲而幹練之人。㊱坐稟假貧人　犯借貸給貧民之罪。東漢侯家沒有借貸給貧民的權能，因此借貸者為非法。稟，給也。㊲羅　縣名。屬長沙郡。治今湖南汨羅城東北。㊳竇后之譖梁氏　竇后無子，章帝梁貴人生和帝，竇太后養為己子，為專名外家，設計寫匿名信陷害梁貴人之父梁竦，梁竦被殺，梁貴人憂憤而死，其事詳見本書卷十上。㊴豫　通「與」。參與。㊵梁棠　梁竦之子。㊶九真　郡名。治胥浦（今越南清化西北）。

【語　譯】舊制大將軍位在三公之下，設置官屬依照太尉的標準。竇憲威勢權力震動朝廷，公卿迎合在上者的心意，上奏時竇憲的官位僅次於太傅之下，在三公之上。長史、司馬的官秩為中二千石，從事中郎二人六百石，自此以下各位屬官都有所增加。竇憲整頓軍隊回到京師。於是大開倉府，慰勞賞賜士兵官吏，竇憲所率各郡二千石官吏的子弟，跟從出征的全部任命為太子舍人。

2 此時竇篤為衛尉，竇景、竇瓌都為侍中、奉車、駙馬都尉，四家競相修治府宅，把所有的工匠的技術都用盡了。第二年，皇上下詔說：「大將軍竇憲，去年出征，能夠滅掉北狄，朝廷加以封賞，堅持辭讓沒有接受。舅氏依照舊典，都要封爵賜土。現在，封竇憲為冠軍侯，封邑二萬戶；竇篤封為郾侯，竇景封為汝陽侯，竇瓌封為夏陽侯，各封六千戶。」只有竇憲沒有接受所封爵邑，於是率兵出鎮涼州，任用侍中鄧疊代理征西將軍事，為副手。

3 北單于因漢遣還了他入侍漢朝的弟弟，又派車諧儲王等人來到居延塞，想入關朝見皇上，希望能請到奉帝王之命行事的臨時使節。竇憲上書請示，派遣大將軍中護軍班固代行中郎將職掌，與司馬梁諷迎接他們。恰好遇到北單于被南匈奴攻破，受傷逃走，班固到私渠海便返回。竇憲因北匈奴勢力微弱，於是想滅掉它。第二年，又派遣右校尉耿夔、司馬任尚、趙博等人率兵在金微山進攻北匈奴，大破北匈奴，繳獲的戰利品非常多。北單于逃走，不知他逃往哪裡。

4 竇憲平定匈奴之後，威名大震，任用耿夔、任尚等人為爪牙，鄧疊、郭璜為心腹。班固、傅毅等人，都設置幕府，主管文案。刺史、守令有很多都出自他的門下。尚書僕射郅壽、樂恢都因為違背了竇憲的心意，相繼自殺。從此朝廷大臣膽戰心驚，見風使舵迎合其心意。而竇篤升為特進，可以舉薦官吏，朝見依三公朝見之禮。竇景為執金吾，竇瓌為光祿勳，權貴顯赫，傾動京都。雖然他們都很傲慢放縱，而以竇景最為厲害，他的奴客和穿著紅衣的侍衛仰仗權勢，欺淩百姓，強奪財貨，劫救罪犯，搶掠婦女為妻。商賈關門閉戶，如同躲避強盜和仇人一樣。官吏畏懼懦弱，沒有人敢檢舉上奏。太后聽說此事，派謁者傳旨免去竇景官位，只以特進身分上朝。竇瓌年輕時喜歡經書，節儉而注重個人修養，出任魏郡太守，升遷為潁川太守。竇氏父子兄弟同時擁有爵位，充滿朝廷。竇憲的叔父竇霸為城門校尉，竇霸的弟弟竇褒為將作大匠，竇褒的弟弟竇嘉為少府，其他的為侍中、將、大夫、郎吏的有十多人。

5 竇憲擔負重要職位以後，更加任意妄為。永元四年，封鄧疊為穰侯。鄧疊和他的弟弟步兵校尉鄧磊以及他的母親元，還有竇憲的女婿射聲校尉郭舉，郭舉的父親長樂宮少府郭璜，都相互勾結。元、郭舉一起出入宮中，郭舉受到太后寵幸，於是他們共同圖謀殺害和帝。和帝暗中知道他們的陰謀，於是和親信中常侍鄭眾商議誅殺竇憲等人。因竇憲率軍在外，考慮到竇憲會害怕遭禍而作亂，強忍著而沒有發動此事。恰好遇到竇憲和鄧疊班師回京師，和帝下詔派大鴻臚帶著皇上的符節在郊外迎接，按等級對官吏進行賞賜。竇憲等人到京師後，和帝便巡幸北宮，下詔執金吾、五校尉率領軍隊駐紮在南宮和北宮，關閉城門，逮捕鄧疊、鄧磊、郭璜、郭舉，全都下獄處死，家屬流放到合浦。派謁者僕射收回竇憲的大將軍印綬，改封為冠軍侯。竇憲和竇篤、竇景、竇瓌都遣回封國。和帝因竇太后的緣故，不想公開誅殺竇憲，為此選擇了嚴厲幹練的侯相進行監督。竇憲、竇篤、竇景回到封國，都逼迫他們，讓他們自殺，宗族、賓客通過竇憲而任官的都免歸本郡。竇瓌因平素注重自身修養，沒有被逼迫自殺，第二年，犯借貸給貧人之罪，貶封為羅侯，不能臣使吏人。起初，竇后誣陷梁氏，竇憲等人參與了這一陰謀，永元十年，梁棠兄弟從流放地九真回京，路過長沙，逼迫竇瓌令其自殺。後來和熹鄧后臨朝，永初三年，下詔諸位竇氏家族之人從前回歸本郡的，和安豐侯竇萬全全部一起回到京師。竇萬全的小兒子為竇章。

論曰：衛青、霍去病資強漢之眾，連年以事匈奴❶，國秏太半矣，而猾虜未之勝，後世猶傳其良將，豈非以身名自終邪！竇憲率羌胡邊雜之師，一舉而空朔庭❷，至乃追奔稽落❸之表，飲馬比鞮之曲❹，銘石負鼎，薦告清廟❺。列其功庸，兼茂於前多矣，而後世莫稱者，章末釁以降其實也❻。是以下流，君子所甚惡焉❼。夫二三子得之不過房幄之間❽，非復搜揚仄陋❾，選舉而登也。當青病奴僕之時❿，竇將軍念咎之日，乃庸力之不暇⓫，思鳴之無晨⓬，何意裂膏腴⓭，享崇號乎？東方朔⑭稱「用之則為虎，不用則為鼠⑮」，信矣。以此言之，士有懷琬琰以就煨塵者⑯，亦何可支哉⑰！

【章旨】此評論對竇憲征匈奴的功績做了客觀的評價，指出後人對他未能客觀評價的原因，並探討歷史環境對人之才能發揮的重要性。

【注釋】❶衛青霍去病二句　衛青、霍去病借助強盛漢朝的物資和軍隊，連年進攻匈奴。衛青，平陽人。漢武帝衛夫人之兄。曾為太中大夫，元光十五年，衛青為車騎將軍，率兵進攻匈奴，至高闕，因功被封為長平侯。第二年，衛青再次出兵大敗匈奴右賢王軍，因功封大將軍。霍去病，衛青之甥，因隨衛青征匈奴有功，封冠軍侯、上谷太守，元狩二年封為驃騎將軍，率兵出征匈奴，獲休屠王祭天金人，後多次擊破匈奴，使匈奴發生分裂，渾邪王等人率眾降漢。衛青、霍去病事詳見《史記・衛將軍驃騎列傳》。❷朔庭　北庭。指北方異族政權。❸稽落　山名。在今蒙古國烏蘭巴托西南。❹比鞮之曲　比鞮海之曲，比鞮海即私渠比鞮海，已見上注。❺清廟　古代帝王的宗廟。此指漢朝皇帝的祖廟。❻章末釁以降其實也　彰顯了其最後的過失而降低了實際的功業。章，通「彰」。釁，罪過；過失。降，損。❼是以下流二句　因此下流，是君子最為討厭的。此句源於《論語・子張》：「子貢曰：『紂之不善，不如是之甚也，是以君子惡居下流。』」❽夫二三子得之不過句　上述兩三個人憑藉外戚的身分而得到顯要的地位。二三子，指衛青、霍去病、竇憲等人。房幄，寢室的幃帳，這裡借指姻親關係。❾搜揚仄陋　經搜求而使隱匿的賢人地位顯要。「揚仄陋」語出《尚書・堯典》：「明明揚側陋。」仄，同「側」。❿當青病奴僕之時　衛青本平陽公主家童所生，相者見之曰：「貴人，官至封侯。」衛青笑著說：「人奴之生，無笞足矣，安得封侯哉！」事見《史記・衛將軍驃騎列傳》。⓫庸力之不暇　忙於庸力而沒有空暇。⓬思鳴之無晨　想像雄雞一樣鳴叫而沒有清晨，這裡指沒有時機發揮自己的才幹。⓭裂膏腴　分封膏腴之地。⓮東方朔　（西元前一五四—前九三年），字曼倩，平原厭次（今山東陵縣，一說今山東惠民）人。西漢武帝時文學家，曾任太中大夫，性格詼諧幽默，曾以辭賦諷諫武帝奢侈。《漢書・藝文志》有《東方朔》二十篇，其事詳見《史記・滑稽列傳》。⓯用之則為虎二句　任用他可成為一隻猛虎，拋棄他則變成一隻老鼠。見《漢書・東方朔傳》。⓰士有懷琬琰句　士有懷揣美玉而被埋沒在風塵之中的。琬琰，美玉。懷琬琰語出《楚辭》：「懷琬琰以為心。」⓱亦何可支哉　怎麼可以數得清楚呢。支，計也。

【語譯】史家評論說：衛青、霍去病借助強盛漢朝的民眾，連年出兵攻打匈奴，國力消耗了大半，而匈奴並未被徹底戰勝，後世還按良將之名為他們立傳，豈非是因身與名得到善終的緣故！竇憲率領羌胡邊疆雜牌的軍隊，一舉而使北庭清空，甚至追擊逃跑的匈奴到稽落山，放馬比鞮海邊，刻石獻鼎，祭告宗廟。總列他的功績，比以前的人合起來的還要顯著得多，而後世沒有人稱讚他，是因為彰顯了其最後的過失而降低了其實際的功業。因此君子最討厭的是居於下流。上述二三個人憑藉外戚的身分而得到顯要的地位，不是再三經過搜求而使隱匿者彰顯，經過選舉而登上高位的。當衛青苦於自己為奴僕的時候，當竇將軍被關在宮中悔過的時候，他們忙於力役而沒有空暇，就像雄雞想鳴叫而沒有清晨，怎麼會想到分封膏腴之地，享有尊崇的封號呢？東方朔說「用之則為虎，不用則為鼠」，可信啊。用這句話來分析，士人有懷揣著琬琰美玉而被埋沒風塵的，怎麼能夠數得盡呢！

1 章字伯向。少好學，有文章，與馬融❶、崔瑗❷同好，更相推薦❸。

2 永初中，三輔遭羌寇，章避難東國，家於外黃❹。居貧，蓬戶蔬食❺，躬勤孝養，然講讀不輟。太僕鄧康❻聞其名，請欲與交，章不肯往，康以此益重焉。是時學者稱東觀❼為老氏臧室❽，道家蓬萊山❾，康遂薦章入東觀為校書郎❿。

3 順帝初，章女年十二，能屬文⓫，以才貌選入掖庭，有寵，與梁皇后⓬並為貴人。擢章為羽林郎將⓭，遷屯騎校尉。章謙虛下士，收進時輩⓮，甚得名譽。

是時梁、竇並貴，各有賓客，多交搆其間⑮，章推心待之，故得免於患。

4 貴人早卒，帝追思之無已，詔史官樹碑頌德，章自為之辭⑯。貴人歿後，帝禮待之無衰。永和五年，遷少府。漢安二年，轉大鴻臚。建康元年，梁后稱制⑰，章自免，卒于家。中子唐，有俊才，官至虎賁中郎將。

【章　旨】以上是〈竇章傳〉，記述竇章一生以儒學為業，是跋扈的竇氏家族中的另類人物，其任顯職而無憂，與竇融形成鮮明對照。

【注　釋】❶馬融　（西元七九—一六二年），字季長，右扶風茂陵（今陝西興平）人。經學家、文學家。曾任議郎、校書郎、南陽太守等職，遍注《周易》、《尚書》、《毛詩》、《三禮》、《論語》、《孝經》等，事見本書卷六十上。❷崔瑗　（西元七七—一四二年），字子玉，涿州安平（今屬河北）人。書法家，官至濟北相，擅長章草，與杜操並稱「崔杜」。❸更相推薦　李賢注引〈與竇伯向書〉：「孟陵奴來，賜書，見手跡，歡喜何量，見於面也。書雖兩紙，紙八行，行七字。」❹外黃　縣名。屬陳留郡。治今河南蘭考東南。❺蓬戶蔬食　以蓬為戶，以菜為食。《莊子・外物》：「原憲居魯，環堵之室，茨以生草，蓬戶不完。」《論語・述而》記載顏回「飯蔬食」。❻鄧康　鄧珍之子，鄧禹之孫。❼東觀　漢代宮中藏書的地方。❽老氏臧室　老子為守臧史，復為柱下史，四方所記文書皆歸柱下，事見《史記・老子韓非列傳》。❾道家蓬萊山　蓬萊為海中神山，為仙府，幽經祕錄都藏在此處。❿校書郎　執掌校書的郎官。⓫屬文　撰寫文章。⓬梁皇后　大將軍梁商之女，名妠，順帝去世後被立為皇太后，臨朝聽政，其事詳見本書卷十下。⓭羽林郎將　《續漢志》：「羽林郎，秩二百石，無員，常宿衛侍從也。」⓮收進時輩　招攬當時的同輩賢人。⓯交搆其間　相互陷害。⓰章自為之辭　《集解》：「沈欽韓曰：《藝文類聚》崔瑗〈竇貴人誄〉曰：『貴人雖沒，遺德尊著，施金石，垂後昆。』蓋碑即瑗所撰。」⓱稱制　臨朝聽政。

【語　譯】竇章字伯向。年輕時喜歡學習，有文才，和馬融、崔瑗愛好相同，互相提攜推薦。

2 永初年間，三輔遭到羌寇侵掠，竇章到東方避難，將家安在外黃。他生活貧苦，蓬草為門，青菜為食，親自侍奉老人，可是講學讀書從不停止。太僕鄧康聽說了他的名聲，邀請他想和他來往，竇章不肯前往，鄧康因此更加尊重他。此時學者們盛稱東觀為老子的臧室，道家的蓬萊山，鄧康於是舉薦竇章進入東觀為校書郎。

3 順帝初年，竇章之女年十二歲，能撰寫文章，以文才和容貌被選入宮廷，受到寵幸，與梁皇后一同為貴人。破格提拔竇章為羽林郎將，升遷為屯騎校尉。竇章謙虛下士，招攬當時的同輩賢人，得到很好的名譽。這時梁、竇兩家同時顯貴，都有自己的賓客，很多都相互陷害，竇章推心置腹對待別人，因此能夠免於禍患。

4 貴人去世得早，順帝思念不已，下詔讓史官樹立石碑稱頌她的美德，竇章親自給她撰寫頌辭。貴人去世後，順帝禮待竇章沒有衰減。永和五年，竇章升遷為少府。漢安二年，轉任大鴻臚。建康元年，梁太后臨朝聽政，竇章主動辭去官職，在家中去世。中子竇唐，才華出眾，官位升至虎賁中郎將。

贊曰：悃悃❶安豐，亦❷稱才雄。提挈❸河右，奉圖歸忠❹。孟孫明邊，伐北開西。憲實空漠，遠兵金山❺。聽笳❻龍庭，鏤石燕然。雖則折鼎❼，王靈以宣。

【章　旨】以上贊語表達作者對竇氏歷史功績的讚美。

【注　釋】❶悃悃　忠誠的樣子。《楚辭・卜居》：「吾寧悃悃款款樸以忠乎，將送往勞來斯無窮乎？」王逸注：「志純一也。」❷亦　實在是。❸提挈　統領；帶領。挈，同「挈」。❹奉圖歸忠　捧持地圖歸順漢朝。奉，同「捧」。❺金山　即阿爾泰山。❻笳　胡人音樂，相傳為老子所作。❼雖則折鼎　李賢注：「鼎三足，三公象。折足者言其不勝任也。《易》：『鼎折足，覆公餗。』」

【語　譯】史官評議說：忠誠的安豐侯，實可稱為雄才。統領河右，捧持地圖歸順漢朝。孟孫明習邊事，出兵北伐，西征拓土。竇憲實空大漠，遠兵直抵金山。在龍庭之上聽胡笳音樂，刻石燕然山上。雖然不堪三公之任而折鼎足，漢王威靈因他而遠播。

【研　析】與〈竇融列傳〉有關的重要歷史史實，主要有以下兩點：

第一，東漢外戚成為政壇上的重要力量。東漢時期，由於劉秀採取優待功臣、外戚的策略，使外戚成為影響東漢政壇的重要力量。特別是東漢中期以後，由於統治階級內部矛盾鬥爭的加劇和皇宮生活的荒淫，出現了東漢皇帝短命而亡的奇特歷史現象，明帝年四十八歲，章帝年三十三歲，和帝年二十七歲，殤帝二歲，安帝年三十二歲，順帝年三十歲，沖帝三歲，質帝九歲，桓帝三十六歲，靈帝三十四歲，皇子辯即位年十七，即被董卓所殺，只有獻帝在禪位後，活到了五十四歲。皇帝年幼即位，皇權的實現便出現困難，為解決這一困難，皇太后便執掌政權。為了更好地執掌權力，皇太后便將部分權力移交給自己信任的外戚掌管。通過非正常渠道掌握權力的外戚們，飛揚跋扈，其最為張揚者，便是竇憲侵奪公主田之事。年幼的皇帝為實現自己對權力的支配，便與東漢政權非常倚重的外戚權力發生衝突。在東漢肅宗時期，皇帝在這種權力鬥爭中尚處於優勢地位，因此肅宗罵竇憲「國家棄憲如孤雛腐鼠耳」。肅宗以後，外戚權力迅速膨脹，竇氏兄弟並居列位，充斥朝廷。等和帝想要除掉竇憲，就不得不動用軍隊，演出了一場充滿血腥的武力鬥爭。

第二，東漢時期由竇憲發動的對匈奴的戰爭，原本是因竇憲為贖罪而發動的。此次戰爭大敗匈奴，迫使匈奴西遷。在漢軍鐵蹄下打了敗仗的匈奴，軍鋒所指，西歐軍隊望風披靡，稱其為「上帝之鞭」。西遷的匈奴直接導致了西羅馬的滅亡，使歐洲歷史翻開了新的一頁。（魏建震注譯）

卷二十四

馬援列傳第十四　子廖　子防　兄子嚴　族孫棱

【題解】本卷包含有馬援及其子馬廖、馬防、姪子馬嚴、族孫馬棱的列傳。馬援戎馬一生，素懷大將軍戰死沙場、馬革裹屍而還的壯志，為光武帝平定天下立下赫赫戰功。馬援之女立為皇后，而馬氏並不以此而立族，本傳贊語所說「明德既升，家祚以興」，對馬援家族興盛原因的判斷並不恰當。馬援家族的衰落，皇宮之內的鬥爭固然是一個重要原因，而東漢政壇的政治鬥爭、皇權與世家大族之間的權力鬥爭，以及東漢世族的腐朽等，也都是其原因。馬援轟轟烈烈的一生，其教姪子的名言名句，無不給後人諸多的借鑑與啟示。而其疏於教子，致使其後代子孫多所驕橫，馬氏家族很快衰敗下去，也給後人留下許多警戒！

馬援，字文淵，扶風茂陵❶人也。其先趙奢❷為趙將，號曰馬服君，子孫因為氏。武帝時，以吏二千石自邯鄲徙焉。曾祖父通，以功封重合侯❸，坐兄何羅反❹，被誅，故援再世不顯❺。援三兄況、余、員，並有才能，王莽時皆為二千石❻。

援年十二而孤，少有大志，諸兄奇之。嘗受齊詩❼，意不能守章句❽，乃辭況，欲就邊郡田牧❾。況曰：「汝大才，當晚成。良工不示人以朴❿，且從所好⓫。」會況卒，援行服朞年⓬，不離墓所；敬事寡嫂，不冠不入廬⓭。後為郡督郵⓮，送囚至司命府⓯，囚有重罪，援哀而縱之，遂亡命北地⓰。遇赦，因留牧畜，賓客多歸附者⓱，遂役屬數百家。轉游隴漢間，常謂賓客曰：「丈夫為志，窮當益堅，老當益壯。」因處田牧，至有牛馬羊數千頭，穀數萬斛。既而歎曰：「凡殖貨財產，貴其能施賑也，否則守錢虜耳。」乃盡散以班⓲昆弟故舊，身衣羊裘皮絝。

【章　旨】以上敘述馬援的身世和其少年時代奇異的經歷。

【注　釋】❶茂陵　縣名。治今陝西興平東北。❷趙奢　戰國時趙國名將，曾率軍在閼與大破秦軍，因功封馬服君，事見《史記・廉頗藺相如列傳附趙奢傳》。❸曾祖父通二句　馬通為西漢武帝時人，曾率兵征匈奴，立有戰功，後因反叛被霍光等人率兵誅殺。重合，縣名。屬渤海郡。治今山東樂陵西。❹兄何羅反　馬何羅與江充相善，江充既誅後，馬何羅於是害怕罪及自己，西漢武帝後元元年，謀殺太子，被殺。事見《漢書・霍光金日磾傳》。❺援再世不顯　馬援的祖父和父親都不得為顯任。據《東觀漢記》記載，馬通生馬賓，宣帝時以郎的身分持符節，號使君。使君生馬仲，馬仲官至玄武司馬，馬仲生馬援。❻援三兄況余員三句　據《東觀漢記》記載，馬況字君平，曾任河南太守；馬余字聖卿，曾任中壘校尉；馬員字季主，曾任增山連率。❼嘗受齊詩　據《東觀漢記》，馬援受《齊詩》，師事潁川蒲昌。《齊詩》，漢初齊人轅固生所傳，景帝時立為博士。此詩喜歡引用讖緯，以陰陽災異推論時政。❽意不能守章句　想到自己不能墨守經典章句。章句，剖章析句，凡指書籍注釋。❾欲就邊郡田牧　唐李賢注引《東觀漢記》：「援以況出為河南太守，次兩兄為吏京師，見家用不足，乃辭況欲就邊郡畜牧也。」❿良工不示人以朴　優秀的工匠不會把未加工的材料拿來讓人看。朴，古「璞」字，木皮為朴，故玉之皮亦曰朴。⓫且

從所好　暫且隨你的喜好而辦吧。⑫行服朞年　行服，穿戴孝服居喪。朞年，滿一年。⑬敬事寡嫂二句　《集解》：「先謙曰：《東觀漢記》云，援外類倜儻簡易，而內重禮，事寡嫂，雖在閫內，必幘然後見。」嫂，或作「嫂」。哥哥的妻子。廬，舍。⑭郡督郵　督郵書掾、督郵曹掾等的簡稱。漢代各郡的重要官吏，代表太守督察縣鄉，宣達教令，兼司獄訟等事。每郡有分兩部、三部和五部的，每部設一督郵。⑮司命府　王莽時期置司命官，糾察上公以下的百官。⑯北地　郡名。東漢移治富平（今寧夏吳忠西南）。⑰賓客多歸附者　李賢注引《續漢書》：「援過北地任氏畜牧。自援祖賓，本客天水，父仲又嘗為牧師令。是時員為護苑使者，故人賓客皆依援。」⑱班　分給。

【語　譯】 馬援，字文淵，扶風茂陵人。他的先祖趙奢為戰國趙將，號為馬服君，趙奢子孫因此以「馬」為姓。西漢武帝時，以吏二千石的身分自邯鄲遷到扶風茂陵。曾祖父馬通，因功封為重合侯，受他的兄長馬何羅謀反的連坐，被誅殺，因此馬援祖輩、父輩都不得任顯職。馬援的三個兄長馬況、馬余、馬員，都有才能，王莽時期都擔任二千石俸祿的官職。

馬援十二歲時成為孤兒，少年有遠大志向，各位兄長都認為他是奇人。馬援曾經學習《齊詩》，想到自己不能墨守章句，便向兄長馬況告辭，想到邊郡田獵放牧。馬況說：「你是大才，應當很晚才能成器。優秀的工匠不會把未加工的材料拿來讓人看，暫且隨你所好吧。」不久馬況去世，馬援穿戴孝服居喪一年整，從不離開墓地。恭敬地事奉寡嫂，不戴冠不入嫂嫂的廬舍。後來擔任郡中督郵，送囚犯到司命府，因犯犯有重罪，馬援可憐他，放他逃跑，於是馬援也逃亡到北地。遇上大赦，於是留在北地郡放牧，有很多賓客歸附他，於是歸他役使的有數百家。輾轉遊歷於隴漢之間，他經常對賓客說：「丈夫立志，窮困應當更加堅定，年老應當更壯烈。」他因地制宜地經營田牧，以致擁有牛馬羊數千頭，穀數萬斛。不久以後又歎息說：「凡是經營財產，貴在能夠施捨賑濟，否則不過是個守錢奴罷了。」於是他把財產全部散發給兄弟和故舊，自己只穿了一身羊皮袍褲。

1 王莽末，四方兵起，莽從弟衛將軍林❶廣招雄俊，乃辟❷援及同縣原涉❸為掾，薦之於莽。莽以涉為鎮戎大尹❹，援為新成❺大尹。及莽敗，援兄員時為增山連率❻，與援俱去郡，復避地涼州❼。世祖即位，員先詣洛陽，帝遣員復郡❽，卒於官。援因留西州❾，隗囂❿甚敬重之，以援為綏德將軍⓫，與決籌策。

2 是時公孫述⓬稱帝於蜀，囂使援往觀之。援素與述同里閈⓭，相善，以為既至當握手歡如平生，而述盛陳陛衛⓮，以延援入，交拜禮畢，使出就館，更為援制都布單衣⓯、交讓冠⓰，會百官於宗廟中，立舊交之位⓱。述鸞旗旄騎⓲，警蹕⓳就車，磬折⓴而入，禮饗官屬甚盛，欲授援以封侯大將軍位。賓客皆樂留，援曉之曰：「天下雄雌未定，公孫不吐哺走迎㉑國士，與圖成敗，反修飾邊幅㉒，如偶人形。此子何足久稽㉓天下士乎？」因辭歸，謂囂曰：「子陽井底蛙耳㉔，而妄自尊大，不如專意㉕東方。」

3 建武四年冬，囂使援奉書洛陽。援至，引見於宣德殿。世祖迎笑謂援曰：「卿遨遊二帝間㉖，今見卿，使人大慚。」援頓首辭謝，因曰：「當今之世，非獨君擇臣也，臣亦擇君矣㉗。臣與公孫述同縣，少相善。臣前至蜀，述陛戟而後進臣。臣今遠來，陛下何知非刺客姦人，而簡易若是㉘？」帝復笑曰：「卿非刺客，顧說客耳。」援曰：「天下反覆，盜名字者不可勝數。今見陛下，恢廓㉙大度，同符㉚高祖，乃知帝王自有真也。」帝甚壯之。援從南幸黎丘㉛，轉至東海。及還，以為待詔㉜，使太中大夫來歙㉝持節送援西歸隴右。

4 隗囂與援共臥起，問以東方流言㉞及京師得失。援說囂曰：「前到朝廷，上引見數十，每接讌語㉟，自夕至旦。才明勇略，非人敵也㊱。且開心見誠，無所隱伏㊲，闊達㊳多大節，略與高帝同。經學博覽，政事文辯，前世無比。」囂曰：「卿謂何如高帝？」援曰：「不如也。高帝無可無不可㊴；今上好吏事，動如節度㊵，又不喜飲酒。」囂意不懌㊶，曰：「如卿言，反復勝邪？」然雅信㊷援，故遂遣長子恂入質。援因將家屬隨恂歸洛陽。居數月而無它職任。援以三輔㊸地曠土沃，而所將賓客猥多㊹，乃上書求屯田上林苑㊺中，帝許之。

5 會隗囂用王元㊻計，意更狐疑㊼，援數以書記責譬㊽於囂。囂怨援背己，得書增怒，其後遂發兵拒漢。援乃上疏曰：「臣援自念歸身聖朝，奉事陛下，本無公輔一言之薦㊾，左右為容之助㊿。臣不自陳，陛下何因聞之？夫居前不能令人輊，居後不能令人軒(51)，與人怨不能為人患，臣所恥也。故敢觸冒罪忌，昧死陳誠。臣與隗囂，本實交友。初，囂遣臣東，謂臣曰：『本欲為漢，願足下往觀之。於汝意可，即專心矣。』及臣還反，報以赤心，實欲導之於善，非敢譎[52]以非義。而囂自挾姦心，盜憎主人[53]，怨毒之情遂歸於臣。臣欲不言，則無以上聞。願聽詣行在所[54]，極陳滅囂之術，得空匈[55]腹，申愚策，退就隴畝[56]，死無所恨。」帝乃召援計事，援具言謀畫。因使援將突騎[57]五千，往來游說囂將高峻[58]、任禹之屬，下及羌豪，為陳禍福，以離囂支黨。

6 援又為書與囂將楊廣[59]，使曉勸[60]於囂，曰：「春卿無恙。前別冀南[61]，寂無音驛[62]。援間[63]還長安，因留上林。竊見四海已定，兆民同情，而季孟閉拒背畔，為天下表的[64]。常懼海內切齒，思相屠裂，故遺書戀戀[65]，以致惻隱[66]之計。乃聞季孟歸罪於援，而納王游翁諂邪之說，自謂函谷以西，舉足可定，以今而觀，竟何如邪？援間至河內[67]，過存[68]伯春，見其奴吉從西方還，說伯春小弟仲舒望見吉，欲問伯春無它否，竟不能言，曉夕號泣，婉轉塵中[69]。又說其家悲愁之狀，不可言也。夫怨讎可刺不可毀[70]，援聞之，不自知泣下也。援素知季孟孝愛，曾、閔[71]不過。夫孝於其親，豈不慈於其子？可有子抱三木[72]，而跳梁妄作[73]，自同分羹之事乎[74]？季孟平生自言所以擁兵眾者，欲以保全父母之國而完墳墓也，又言苟厚士大夫而已。而今所欲全者將破亡之，所欲完者將毀傷之，所欲厚者將反薄之。季孟嘗折愧[75]子陽而不受其爵，今更共陸陸[76]，欲往附之，將難為顏乎？若復責以重質，當安從得子主給是哉！往時子陽獨欲以王相待[77]，而春卿拒之；今者歸老，更欲低頭與小兒曹共槽櫪[78]而食，併肩[79]側身於怨家之朝乎？男兒溺死何傷而拘游哉[80]？今國家待春卿意深，宜使牛孺卿[81]與諸耆老大人[82]共說季孟，若計畫不從，真可引領去矣。前披輿地圖，見天下郡國百有六所[83]，柰何欲以區區二邦以當諸夏百有四乎？春卿事季孟，外有君臣之義，內有朋友之道。言君臣邪，固當諫爭；語朋友邪，應有切磋[84]。豈有知其無成，而但萎腇[85]咋舌，叉手[86]從族乎？及今成計，殊尚善也；過是，欲少味矣[87]。且來君叔[88]天下信士，朝廷重之，其意依依[89]，常獨為西州言。援商[90]朝廷，尤欲立信於此，必不負約。援不得久留，願急賜報。」廣竟不荅。

7 八年，帝自西征囂，至漆[91]，諸將多以王師之重，不宜遠入險阻，計冘豫[92]未決。會召援，夜至，帝大喜，引入，具以群議質之[93]。援因說隗囂將帥有土崩之埶，兵進有必破之狀。又於帝前聚米為山谷，指畫形埶，開示[94]眾軍所從道徑往來，分析曲折[95]，昭然可曉。帝曰：「虜在吾目中矣。」明旦，遂進軍至第一[96]，囂眾大潰。

【章　旨】以上敘述馬援歸順光武帝，並幫助光武帝消滅隗囂的過程。

【注　釋】❶衛將軍林　衛將軍，將軍名號。林，即王林，王莽堂弟，王莽失敗後降漢軍，被殺。❷辟　徵召。❸原涉　字巨先，王莽時期的遊俠，其事詳見《漢書・游俠傳》。❹鎮戎大尹　鎮戎，王莽改天水為鎮戎，治冀縣（今甘肅天水市西）。大尹，王莽改太守為大尹。❺新成　王莽改漢中為新成，治南鄭（今漢中）。❻增山連率　增山，王莽改上郡為增山，治膚施（今陝西榆林魚河堡附近）。連率，王莽改太守為連率。❼涼州　涼州刺史部之簡稱。轄境在今甘肅、寧夏湟水流域和內蒙古納林河、穆林河流域。❽帝遣員復郡　《集解》：「惠棟曰：《水經注》世祖以員為上郡太守。」❾西州　涼州別稱。❿隗囂　字季孟，天水成紀（今甘肅秦安）人。新莽末，被當地豪強擁立，據有天水、武都、金城（均在甘肅境內）等郡，自稱西州上將軍。建武九年（西元三三年），屢被劉秀派軍擊敗，憂憤而死。⓫綏德將軍　將軍名號。⓬公孫述　（？—西元三六年），字子陽，扶風茂陵（今陝西興平）人。新莽時，為導江卒正（蜀郡太守），後自立稱帝，號成家，改元龍興。建武十二年（西元三六年）被漢軍攻破，重傷而死。⓭閈　《說文》：「閈，閭也。」杜預注《左傳》：「閈，閭門也。」⓮陛衛　殿前護衛。⓯都布單衣　李賢注：「《東觀記》『都』作『荅』。《史記》：『荅布千匹。』《前書音義》：『荅布，白疊布也。』何承天《纂文》：『都致、錯履、無極，皆布名。』《方言》：『襌衣，江、淮、南楚之閒謂之襟，關之東西謂之襌衣。』」⓰交讓冠　古冠名。⓱立舊交之位　舊交，老朋友。位，席位。⓲鸞旗旄騎　鸞旗，本書〈輿服志上〉：「編羽旄列繫幢旁。」旄騎，《資治通鑑》胡注：「旄騎，旄頭騎也。秦穆公伐南山大梓，有一青牛出，走入豐水中。其後牛出豐水中，使騎擊之，不勝。有騎墮地復上，髮解。牛畏之，入不出，故置旄頭騎以前驅。」⓳警蹕　古代帝王出入時，在所經路途侍衛警戒，清道止行，謂之警蹕。⓴磬折　屈身如磬之曲折，表示恭敬。㉑吐哺走迎　吐出正在吃的食物上前迎接。哺，食也。《史記・魯周公世家》周公誡伯禽曰：「我一沐三握髮，一飯三吐哺，起以待士，猶恐失天下之賢人。」㉒修飾邊幅　好像布帛修整其邊幅。㉓稽　留住。㉔井底蛙耳　形容公孫述目光狹小。井底之蛙的寓言見《莊子》。㉕專意　專心。㉖遨遊二帝間　在公孫述與隗囂之間任意來往。㉗非獨君擇臣也二句　《孔子家語》：「君擇臣而任之，臣亦擇君而事之。」㉘而簡易若是　李賢注引《東觀漢記》：「援初到，勑令中黃門引入，時上在宣德殿南廡下，但幘坐。」故云簡易也。㉙恢廓　寬宏；寬闊。㉚同符　與……相合。㉛黎丘　今湖北宜城西北。㉜待詔　官名。漢代徵士未有正官者，均待詔公車，特異的待詔金馬門，以備顧問，後遂以待詔為官名。㉝太中大夫來歙　太中大夫，光祿勳屬官，俸祿千石。來歙，字君叔，南陽新野人。光武帝祖姑之子，曾助世祖平定隗囂，事見本書卷十五。(34)流言　傳言。(35)每接讌語　每次接見侍讌談論。(36)非人敵也　不是一般人可與之相匹敵的。(37)隱伏　隱瞞。(38)闊達　心胸開闊通達。(39)無可無不可　沒有什麼可以的，也沒有什麼不可以的。《論語・微子》：「我則異於是，無可無不可。」(40)動如節度　行動完全按照禮數。(41)意不懌　心中不快。(42)雅信　素來信任。(43)三輔　京兆尹、左馮翊、右扶風合稱三輔，轄境相當今陝西中部地區。(44)猥多　眾多；繁雜。(45)上林苑　皇家園林。秦朝開始設置。故地在今陝西西安西及周至、戶縣界。(46)王元　字游翁，長陵人。曾為隗囂帳下大將軍，勸說隗囂不要歸漢，獨立為王，隗囂死後，立隗囂之子為王，兵敗後投奔公孫述，公孫述被滅後降漢。(47)意更狐疑　心中更加疑惑不定。狐疑，狐性多疑，故曰狐疑。(48)以書記責譬　用書信責備開導。(49)本無公輔一言之薦　位居上公的輔弼大臣沒有一言推薦。(50)左右為容之助　左右為容的輔助。李賢注引鄒陽書曰：「蟠木成萬乘之器者，左右為之容。」(51)夫居前不能令人輊二句　意思是為人無所輕重。《詩・六月》：「如輊如軒。」輊，車子前重而低俯。軒，車子前輕後重而高仰。(52)譎　欺騙。(53)盜憎主人　盜賊憎恨主人不讓其偷盜。語出《左傳・成公十五年》晉伯宗妻曰：「盜憎主人，民惡其上。」(54)詣行在所　到皇帝的住處。行在所，皇帝的行止處。(55)匈　「胸」的假借字。(56)隴畝　田野。(57)突騎　能衝突軍陣的騎兵。(58)高峻　初為隗囂手下大將，隗囂死後占據高平（今寧夏固原）自立，後降漢軍。(59)楊廣　字春卿，上邽人。隗囂屬下大將，任右將軍、大將軍，曾率軍攻破赤眉軍，後在與漢軍作戰中死亡。(60)曉勸　開導勸說。(61)冀南　天水冀縣南。(62)寂無音驛　杳無音信傳來。音驛，書信傳遞。(63)間　機會。(64)為天下表的　成為天下人共射的靶的。表猶標也，言背叛之罪為天下所指射也。(65)戀戀　依依不捨之情。(66)惻隱　同情。(67)河內　河南黃河以北地區。(68)存　慰問。(69)婉轉塵中　輾轉在風塵之中。(70)怨讎可刺不可毀　對怨仇之人可以譏刺他，但不能毀謗他。(71)曾閔　曾子與閔子騫，二人均為孔子弟子，以有孝行而聞名。(72)三木　指桎、梏和械三種刑具。(73)跳梁妄作　上竄下跳，胡亂行事。(74)自同分羹之事乎　自己把它比作和樂羊分羹一樣的事。(75)折愧　羞辱。(76)陸陸　通「碌碌」。無所作為。(77)往時子陽獨欲句　以前公孫述曾想單獨封您為王。從前公孫述想封楊廣為朔寧王。(78)槽櫪　餵馬之槽。(79)併肩　並列。(80)男兒溺死何傷句　男兒溺死有什麼關係，怎能因害怕而不戲水呢。(81)牛孺卿　隗囂屬下官員，本書僅此一見。(82)大人　長者之稱。(83)天下郡國百有六所　據《漢書・地理志》，天下郡國一百零三，其所根據的是平帝元年的圖籍。此處說一百零六，《集解》：「洪亮吉曰：《前書》諸侯王表孝平時繼絕有廣德、廣世、廣宗之國，皆王莽篡後始絕而〈地理志〉不載，援所言百有六所內蓋有此三國，此可以補前志之闕。」(84)切磋　切，以刀切斷。磋，以銼剉平。治骨角者，既切以刀斧，而復磋以錯刀也。後比喻做學問時與朋友互相觀摩攻錯。(85)萎腇　軟弱不振的樣子。(86)叉手　雙手合抱。即拱手。(87)欲少味矣　想如此做也沒有意思了。(88)來君叔　即來歙，君叔為其字。(89)依依　留戀不捨。(90)商　估計；認為。(91)漆縣名。屬右扶風。治今陝西彬縣。(92)尤豫　同「猶豫」。(93)質之　質問。(94)開示　即啟示。為避漢景帝名啟，改啟為開。(95)曲折　詳細情況。(96)第一　地名。即高平第一，今寧夏固原。

【語　譯】王莽末年，四方起兵，王莽堂弟衛將軍王林廣招英雄豪傑，於是徵召馬援和同縣人原涉為掾吏，將他們推薦給王莽。王莽任命原涉為鎮戎大尹，馬援為新成大尹。等到王莽失敗，馬援兄長馬員當時為增山連率，和馬援一起離開增山郡，又重到涼州避難。世祖即位，馬員先到洛陽，光武帝派遣馬員又回到郡中，在官任去世。馬援於是留在西州，隗囂特別敬重他，任命馬援為綏德將軍，和他一起籌劃大計。

2 這時公孫述在蜀稱帝，隗囂派馬援前往觀察動靜。馬援平素與公孫述同為一個里閭，關係非常好，他認為自己到蜀以後，兩人應當像平常一樣握手歡笑，而公孫述卻在殿外布置了盛大的殿前侍衛，將馬援引入宮殿，行完交拜之禮，公孫述讓他到館舍，重新為馬援縫製了都布襌衣和交讓冠，在宗廟之中大會百官，設立老朋友的席位。公孫述前有鸞旗旄騎儀仗，清道之後就車前來，身體彎曲得像磬一般進入宗廟，依禮設宴款待百官，場面非常盛大，想要授馬援以封侯大將軍之位。賓客都樂意留下，馬援開導他們說：「天下勝負還未決定，公孫述不像周公吐出口中食物那樣急切地跑出來迎接國士，和他們一起圖劃成敗大計，反而像修飾布邊一樣修飾禮儀，打扮得如同一個偶人之形。這樣的人怎麼能夠久留天下士人呢？」於是辭別公孫述回到西州，對隗囂說：「子陽只是個井底之蛙，而妄自尊大，不如專心於東方。」

3 建武四年冬天，隗囂派馬援帶著書信到洛陽。馬援到洛陽後，被引見到宣德殿。世祖迎接他，笑著對他說：「先生在兩位皇帝之間任意來回，今天見到先生，使人感到非常慚愧。」馬援叩頭謝罪，說：「當今之世，並非僅是君選擇臣，臣也選擇君。我與公孫述是同縣老鄉，少年時關係很好。我前到蜀地，公孫述在殿前交戟戒備而後才讓我進去。我今天遠道而來，陛下怎麼知道我不是刺客奸人，而戒備如此簡單呢？」光武帝又笑著說：「先生不是刺客，只不過是說客罷了。」馬援說：「天下動盪反覆，竊居帝王名號的人不可勝數。今天見到陛下，寬宏大度，和高祖一樣，才知道帝王自是有真的。」光武帝非常欣賞他的勇壯。馬援跟從光武帝向南巡幸黎丘，轉到東海。回來以後，任命他為待詔，使太中大夫來歙拿著符節護送馬援向西回歸隴右。

4 隗囂與馬援共臥同起，問他東方傳言和京師政治的得失。馬援勸導隗囂說：「前番到朝廷，皇上引見我十數次，每次接見侍讌談論，從傍晚到清晨。光武帝才幹明睿而韜略勇武，不是一般人可與之相匹敵的。而且皇上開心見誠，沒有什麼隱瞞的，開闊通達，多有大節，大略與高帝相同。博覽經書，處理政事和文章才辯的能力，前世沒有人能和他相比。」隗囂說：「先生認為他和高帝相比怎麼樣？」馬援曰：「不如高帝。高帝沒有什麼可以的，也沒有什麼不可以的；現在的皇上喜歡吏事，行動完全按照禮數，又不喜歡飲酒。」隗囂心中不快，說：「像先生所說的，反而又比高帝強了？」可是隗囂平素對馬援非常信任，因此便派遣長子隗恂入洛陽為人質。馬援於是帶著家屬跟隨隗恂回到洛陽。過了數月而沒有其他職位。馬援認為三輔地區地曠土沃，而自己所帶的賓客眾多，於是上書請求到上林苑中屯田，光武帝答應了他。

5 其後不久隗囂用王元的計策，心中更加猶豫不決，馬援多次寫信責備開導隗囂。隗囂怨恨馬援背叛了自己，得到書信後更加憤怒，此後便發兵抵抗漢軍。馬援於是上疏說：「臣下馬援自己考慮歸身聖朝，侍奉陛下，本來沒有公輔大臣一言的推薦，也沒有左右為容的幫助。我不自己陳說，陛下靠什麼知道呢？居在車前而不能令人前俯，居在車後而不能令人後仰，只能給人帶來怨恨而不能為人解除憂患，我認為是羞恥之事。因此斗膽冒犯罪之風險，冒死陳述忠誠之心。我與隗囂，本是至交好友。起初，隗囂派遣我東來，對我說：『本想為漢臣，希望足下前往觀察形勢。您認為可以，即可專心事漢了。』等我從朝廷返回西河，以赤誠之心給隗囂彙報，實在是想引導他到善路之上，不敢用非義欺詐他。而隗囂自己挾有奸惡之心，盜賊憎恨主人，將怨毒之情發洩到我的身上。臣想不說，那麼皇上就不會聽到。希望皇上讓我到您的住所，詳細陳述消滅隗囂的辦法，使我能夠盡我心中所有，申明愚鈍之策，然後引退田間，至死無所恨。」光武帝於是召見馬援商量計策，馬援詳細說明了他的謀劃。於是派馬援率五千突騎軍，來回遊說隗囂的大將高峻、任禹等人，向下還遊說羌人首領，給他們陳說利害得失，以離間隗囂的黨羽。

6 馬援又寫信給隗囂將軍楊廣，讓他開導勸說隗囂，信中說：「春卿別來無恙。從前冀南一別，杳無音信傳來。馬援有機會回到長安，於是留在上林苑。我私下認為四海大局已定，萬民同心，而季孟閉關抵抗漢軍，背叛漢朝，成為天下人共射的標的。我常常害怕天下人對其切齒痛恨，想把他屠殺裂屍，因此懷著戀戀之情送上書信，以獻上同情之策。後來聽說季孟歸罪於我，而採納王游翁諂媚的邪惡主張，自以為函谷以西，舉足之間即可平定，現在看起來，景況怎麼樣呢？我偶爾到河內，路過問候伯春，見到他的奴僕吉從西方回來，訴說伯春的小弟弟仲舒看見吉，想問伯春是否平安，竟然不能言語，從早到晚只是號泣，哭聲淒哀輾轉於風塵之中。又訴說了他家中的悲愁情形，慘不可言。怨仇之人可以譏刺他而不可以毀謗他，我聽到此處，情不自禁地落下了眼淚。我平素知道季孟孝順慈愛，曾子、閔子騫不過如此。孝順他的父母，怎會不慈愛他的兒子？哪裡有兒子帶著三種刑具，而父親上竄下跳任意妄為，自己將此事看作和樂羊分食自己兒子之肉羹是同一類事情吧？季孟平時自己說擁有兵眾的目的，是想保全父母的家鄉而使祖墳完好，又說只要能厚待士大夫就夠了。而今天他所希望保全者將要被他破壞毀滅，他所希望完好的將要被他毀傷，他所希望厚待的將要對他更刻薄。季孟曾經羞辱子陽而不接受他的封爵，現今卻改而隨聲附和，想前往依附他，臉面將放在何處？假如子陽再要求有很重要的人質，應當從哪裡弄一個兒子給他呢！從前子陽單獨想封你為王，而你拒絕了他；今天到了歸老還鄉的時候，反而想低頭與這些小兒一起苟且偷生，並肩側身於怨家的朝廷嗎？男兒溺死有什麼關係，能因害怕而拘於游水嗎？如今國家對你寄以厚望，應當讓牛孺卿和諸位者老豪傑一起遊說季孟，如果他不從你們的謀劃，真可以離他而去了。從前我打開地圖，看見天下郡國有一百零六個，怎麼會想用小小的兩個封邦抵擋中原一百零四個郡國呢？春卿事奉季孟，在外有君臣之義，在內有朋友之道。對君臣而言，本來應當上諫力諍；對朋友來說，應當有所觀摩攻錯。哪裡有知道他不能成功，而只是軟弱地咋舌，拱著手跟隨他一起被族滅誅殺呢？如今的計策能成功，那就太好了；過了這個時候，想這樣做也就沒有意思了。況且來君叔是天下有信用之士，朝廷非常器重他，他心中懷有依依之情，常常單獨替西州在皇上面前美言。我認為，朝廷特別想以此事樹立信譽，肯定不會負約。我不能久留，希望趕緊給我回信。」楊廣最終沒有回信。

7 建武八年，光武帝親自西征隗囂，到了漆縣，諸將大多認為王師貴重，不應該深入險要之地，計策還沒有決定。恰好被徵召的馬援晚上趕到，皇上非常高興，請他進見，將大家商量的所有意見質詢他。馬援於是說明隗囂將帥有土崩瓦解之勢，進軍必能攻破敵軍的情形。他又在光武帝面前堆米做成山谷，用手指比畫形勢，指明眾軍往來經過的道路，分析詳細，明白易懂。光武帝說：「敵人的情形我已看明白了。」第二天清晨，於是進軍到高平第一，隗囂軍眾完全崩潰。

1 九年，拜援為太中大夫，副來歙監諸將平涼州。自王莽末，西羌寇邊，遂入居塞內，金城❶屬縣多為虜有。來歙奏言隴西❷侵殘，非馬援莫能定。十一年夏，璽書拜援隴西太守。援迺發步騎三千人，擊破先零羌於臨洮❸，斬首數百級，獲馬牛羊萬餘頭。守塞諸羌八千餘人詣援降。諸種有數萬，屯聚寇鈔，拒浩亹隘❹。援與揚武將軍馬成❺擊之。羌因將其妻子輜重移阻於允吾谷❻，援乃潛行間道❼，掩赴其營。羌大驚壞，復遠徙唐翼谷❽中，援復追討之。羌引精兵聚北山上，援陳軍向山，而分遣數百騎繞襲其後，乘夜放火，擊鼓叫譟，虜遂大潰，凡斬首千餘級。援以兵少，不得窮追，收其穀糧畜產而還。援中矢貫脛，帝以璽書勞之，賜牛羊數千頭，援盡班諸賓客。

2 是時，朝臣以金城破羌❾之西，塗遠多寇，議欲棄之。援上言，破羌以西城多完牢，易可依固。其田土肥壤，灌溉流通。如令羌在湟中⑩，則為害不休，不可棄也。帝然之，於是詔武威太守⑪，令悉還金城客民⑫。歸者三千餘口，使各反舊邑。援奏為置長吏，繕城郭，起塢候⑬，開導水田⑭，勸以耕牧，郡中樂業。又遣羌豪楊封譬說塞外羌，皆來和親。又武都氐人⑮背公孫述來降者，援皆上復其侯王君長⑯，賜印綬，帝悉從之。乃罷馬成軍。

3 十三年，武都參狼羌⑰與塞外諸種為寇，殺長吏。援將四千餘人擊之，至氐道縣⑱，羌在山上，援軍據便地，奪其水草，不與戰，羌遂窮困，豪帥數十萬戶亡出塞，諸種萬餘人悉降，於是隴右清靜。

4 援務開恩信，寬以待下，任吏以職，但總大體而已。賓客故人，日滿其門。諸曹時白外事，援輒曰：「此丞、掾之任⑲，何足相煩。頗哀老子，使得遨游⑳。若大姓侵小民，黠羌欲旅距㉑，此乃太守事耳。」傍縣嘗有報仇者，吏民驚言羌反，百姓奔入城郭。狄道長詣門，請閉城發兵。援時與賓客飲，大笑曰：「燒虜㉒何敢復犯我。曉狄道長歸守寺舍㉓，良㉔怖急者，可牀下伏。」後稍定，郡中服之。視事㉕六年，徵入為虎賁中郎將㉖。

5 初，援在隴西上書，言宜如舊鑄五銖錢㉗。事下三府㉘，三府奏以為未可許，事遂寢㉙。及援還，從公府㉚求得前奏，難十餘條，乃隨牒解釋㉛，更具表言㉜。帝從之，天下賴其便。援自還京師，數被進見。為人明須髮，眉目如畫。閑㉝於進對，尤善述前世行事。每言及三輔長者，下至閭里少年，皆可觀聽。自皇太子、諸王侍聞者，莫不屬耳忘倦。又善兵策，帝常言「伏波㉞論兵，與我意合」，每有所謀，未嘗不用。

6 初，卷㉟人維汜，訞言㊱稱神，有弟子數百人，坐伏誅。後其弟子李廣㊲等宣言汜神化不死㊳，以誑惑百姓。十七年，遂共聚會徒黨，攻沒皖城㊴，殺皖侯劉閔，自稱「南岳大師」。遣謁者張宗㊵將兵數千人討之，復為廣所敗。於是使援發諸郡兵，合萬餘人，擊破廣等，斬之。

7 又交阯女子徵側及女弟徵貳反㊶，攻沒其郡，九真、日南、合浦㊷蠻夷皆應之，寇略嶺外六十餘城，側自立為王。於是璽書拜援伏波將軍，以扶樂侯劉隆㊸為副，督樓船將軍段志㊹等南擊交阯。軍至合浦而志病卒，詔援并將其兵。遂緣海而進，隨山刊道千餘里。十八年春，軍至浪泊㊺上，與賊戰，破之，斬首數千級，降者萬餘人。援追徵側等至禁谿㊻，數敗之，賊遂散走。明年正月，斬徵側、徵貳，傳首洛陽。封援為新息㊼侯，食邑三千戶。援乃擊牛釃酒㊽，勞饗軍士。

從容謂官屬曰：「吾從弟少游[49]常哀吾慷慨多大志，曰：『士生一世，但取衣食裁足，乘下澤車[50]，御款段馬[51]，為郡掾史，守墳墓，鄉里稱善人，斯可矣。致求盈餘，但自苦耳。』當吾在浪泊、西里[52]間，虜未滅之時，下潦上霧，毒氣重蒸，仰視飛鳶跕跕[53]墮水中，臥念少游平生[54]時語，何可得也！今賴士大夫之力，被蒙大恩，猥先諸君紆佩金紫[55]，且喜且慚。」吏士皆伏稱萬歲。

8 援將樓船大小二千餘艘，戰士二萬餘人，進擊九真賊徵側餘黨都羊等，自無功至居風[56]，斬獲五千餘人，嶠南[57]悉平。援奏言西于縣[58]戶有三萬二千，遠界去庭[59]千餘里，請分為封溪、望海[60]二縣，許之。援所過輒為郡縣治城郭，穿渠灌溉，以利其民。條奏越律與漢律駁[61]者十餘事，與越人申明舊制以約束之，自後駱[62]越奉行馬將軍故事。

9 二十年秋，振旅[63]還京師，軍吏經瘴疫[64]死者十四五。賜援兵車一乘，朝見位次九卿[65]。

10 援好騎，善別名馬，於交阯得駱越銅鼓[66]，乃鑄為馬式[67]，還上之。因表曰：「夫行天莫如龍，行地莫如馬。馬者甲兵之本，國之大用。安寧則以別尊卑之序，有變則以濟遠近之難。昔有騏驥[68]，一日千里，伯樂[69]見之，昭然不惑。近世有西河[70]子輿，亦明相法。子輿傳西河儀長孺，長孺傳茂陵丁君都，君都傳成紀[71]楊子阿，臣援嘗師事子阿，受相馬骨法[72]。考之於行事，輒有驗效[73]。臣愚以為傳聞不如親見，視景不如察形。今欲形之於生馬，則骨法難備具，又不可傳之於後。孝武皇帝時，善相馬者東門京[74]鑄作銅馬法獻之，有詔立馬於魯班門[75]外，則更名魯班門曰金馬門。臣謹依儀氏䩭[76]，中帛氏口齒[77]，謝氏脣鬐[78]，丁氏身中[79]，備此數家骨相以為法[80]。」馬高三尺五寸，圍四尺五寸。有詔置於宣德殿下，以為名馬式焉。

11 初，援軍還，將至，故人多迎勞之，平陵[81]人孟冀，名有計謀，於坐賀援。援謂之曰：「吾望子有善言，反同眾人邪？昔伏波將軍路博德開置七郡[82]，裁封數百戶；今我微勞，猥饗大縣，功薄賞厚，何以能長久乎？先生奚用相濟[83]？」冀曰：「愚不及。」援曰：「方今匈奴、烏桓[84]尚擾北邊，欲自請擊之。男兒要當[85]死於邊野，以馬革裹屍[86]還葬耳，何能臥牀上在兒女子手中邪？」冀曰：「諒[87]為烈士，當如此矣。」

12 還月餘，會匈奴、烏桓寇扶風，援以三輔侵擾，園陵危逼，因請行，許之。自九月至京師，十二月復出屯襄國[88]。詔百官祖道[89]。援謂黃門郎梁松[90]、竇固[91]

曰：「凡人為貴，當使可賤，如卿等欲不可復賤，居高堅自持，勉思鄙言。」松後果以貴滿致災，固亦幾不免。

13 明年秋，援乃將三千騎出高柳[92]，行鴈門、代郡、上谷[93]障塞。烏桓候者[94]見漢軍至，虜遂散去，援無所得而還。

14 援嘗有疾，梁松來候之，獨拜牀下，援不荅。松去後，諸子問曰：「梁伯孫帝壻[95]，貴重朝廷，公卿已下莫不憚之，大人柰何獨不為禮？」援曰：「我乃松父友也。雖貴，何得失其序乎[96]？」松由是恨之。

15 二十四年，武威將軍劉尚[97]擊武陵五溪蠻[98]夷，深入，軍沒，援因復請行。時年六十二，帝愍[99]其老，未許之。援自請曰：「臣尚能被甲上馬[100]。」帝令試之。援據鞍顧眄[101]，以示可用。帝笑曰：「矍鑠[102]哉是翁也！」遂遣援率中郎將馬武、耿舒、劉匡[103]、孫永等，將十二郡募士及弛刑[104]四萬餘人征五溪。援夜與送者訣，謂友人謁者杜愔[105]曰：「吾受厚恩，年迫餘日索[106]，常恐不得死國事。今獲所願，甘心瞑目，但畏長者家兒[107]或在左右，或與從事，殊難得調，介介[108]獨惡是耳。」明年春，軍至臨鄉[109]，遇賊攻縣，援迎擊，破之，斬獲二千餘人，皆散走入竹林中。

初，軍次下雋[110]，有兩道可入，從壺頭[111]則路近而水嶮[112]，從充[113]則塗夷而運遠，帝初以為疑。及軍至，耿舒欲從充道，援以為棄日費糧，不如進壺頭，搤[114]其喉咽，充賊自破。以事上之，帝從援策。三月，進營壺頭。賊乘高守隘，水疾，船不得上。會暑甚，士卒多疫死，援亦中病，遂困，乃穿岸為室[115]，以避炎氣。賊每升險鼓譟，援輒曳足以觀之，左右哀其壯意，莫不為之流涕。耿舒與兄好畤侯弇[116]書曰：「前舒上書當先擊充，糧雖難運而兵馬得用，軍人數萬爭欲先奮。今壺頭竟不得進，大眾怫鬱[117]行死，誠可痛惜。前到臨鄉，賊無故自致，若夜擊之，即可殄滅[118]。伏波類西域賈胡，到一處輒止，以是失利。今果疾疫，皆如舒言。」弇得書，奏之。帝乃使虎賁中郎將梁松乘驛責問援，因代監軍。會援病卒，松宿懷不平[119]，遂因事陷之。帝大怒，追收援新息侯印綬。

【章　旨】以上主要介紹了馬援南征北討所立的戰功。充滿智慧的戰爭指揮藝術和笑臥沙場的英雄氣概，是馬援留給後人的寶貴財富。

【注　釋】❶金城　郡名。治允吾（今甘肅蘭州西）。❷隴西　郡名。治狄道（今甘肅臨洮）。❸擊破先零羌於臨洮　先零羌，漢代羌族的一支，最初居於今甘肅、青海的湟水流域，後逐漸與西北各族融合。臨洮，縣名。治今甘肅岷縣。❹拒浩亹隘　盤踞浩亹隘。浩亹，縣名。屬金城郡。治今甘肅樂都東偏北。浩為水名。亹，水流夾山間兩岸，深得像門一般。《詩・鳧鷖》「鳧鷖在亹」即用此義。❺馬成　字君遷，南陽棘陽人。雲臺二十八將之一，隨世祖征李憲、隗囂等人，歷任揚威將軍、天水太守、中山太守等，定封全椒侯，事詳見本書卷二十二。❻允吾谷　今甘肅蘭州西。❼潛行閒道　從小道偷偷進軍。❽唐翼谷　在允吾谷西。❾破羌　縣名。屬金城郡。故城在今甘肅樂都東。❿湟中　湟水流域。湟為水名。據《漢書》，湟水源出金城臨羌縣東，至允吾匯入黃河，湟水縣即因其水而得名，此水又名樂都水。⓫武威太守　武威，郡名。治姑臧（今甘肅武威）。據《東觀漢記》，此時的武威太守為梁統。⓬金城客民　在武威金城客居之人。⓭塢候　城堡亭候。《字林》：「塢，小障也，一曰小城。字或作隖。」⓮開導水田　《集解》：「惠棟曰：《水經注》援為狄道，開渠，引濫水種秔稻。」⓯武都氐人　武都，郡名。治武都道（今甘肅西和西南）。氐，古族名。殷至南北朝分布在今陝西、甘肅、四川等省，從事牧業和農業。⓰援皆上復其侯王君長　《集解》：「周壽昌曰：案，塞外各族侯王君長新莽時皆貶其位號，故援皆奏復之。」⓱參狼羌　羌人之一部，活動在隴西地區，安帝年間歸漢。⓲氐道縣　縣名。屬隴西郡，縣有蠻夷曰道。治今甘肅武山縣東南。⓳此丞掾之任　這是郡丞和各位曹掾史的事。《續漢志》：「郡當邊戍，丞為長史。」又：「置諸曹掾史。」⓴頗哀老子二句　可憐可憐我這老頭子，使我能夠隨意遨遊。㉑旅距　不從之貌。㉒燒虜　即燒羌，羌人一支。㉓寺舍　官舍。㉔良　確實。㉕視事　就職治事。㉖虎賁中郎將　漢平帝時置，為中郎將名號之一。㉗五銖錢　古銅幣名。西漢時開始鑄造，上有「五銖」二字，錢重五銖。㉘三府　三公之府。㉙事遂寢　事情於是擱置下來。寢，安寢。這裡借意為擱置，停辦。㉚公府　即前文所說三府。㉛隨牒解釋　隨文解釋。《東觀漢記》：「凡十三難，援一一解釋，條奏其狀也。」㉜更具表言　清王先謙《集解》補曰：「援上書請復鑄五銖錢，曰『富國本在於食貨，宜如舊鑄五銖錢』，見《晉書・食貨志》。」㉝閑　嫻熟；熟悉。閑，「嫻」之假借字。㉞伏波　即伏波將軍，馬援封伏波將軍，故這裡用伏波代指馬援。㉟卷　縣名。屬河南郡。治今河南原陽西。㊱訞言　妖言惑眾。㊲李廣　維汜弟子，本書僅記其反皖城一事。㊳汜神化不死　維汜之神已經轉化，沒有死亡。㊴皖城　皖為縣名。屬廬江郡。治所在安徽潛山縣。㊵謁者張宗　謁者，掌賓贊受事。張宗，字諸君，南陽魯陽人。曾為鄧禹屬將，任偏將軍，在與赤眉軍的作戰中立有戰功，後多次平定各地兵亂，其事見本書卷三十八。㊶交阯女子徵側句　事在建武十六年。據本書〈南蠻西南夷傳〉：「徵側者，麊泠縣雒將之女也，嫁為朱鳶人詩索妻，甚雄勇。交阯太守蘇定以法繩之，側怨怒，故反。」徵貳為徵側之妹。交阯，郡名。治龍編（今越南河內西北）。㊷九真日南合浦　均為郡名。九真治胥浦（今越南清化西），日南治西卷（今越南廣治西北），合浦治合浦（今廣西石康附近）。㊸扶樂侯劉隆　扶樂，縣名。故治在今河南太康西北。劉隆，字元伯，南陽安眾人。曾隨光武帝平李憲，封南陽郡守、扶樂侯，定封慎侯，其事詳見本書卷二十二。㊹段志　《集解》：「惠棟曰：袁宏《紀》段志作殷志也。」㊺浪泊　在今越南河內西北。㊻禁谿　今越南河內西北。㊼新息屬汝南郡。治今河南息縣。㊽釃酒　即濾酒。《詩・伐木》：「釃酒有藇」，毛萇注：「以筐曰釃」。㊾少游　馬援堂弟之字。㊿澤車　短轂小車。《周禮・匠人》：「車行澤者欲短轂，行山者欲長轂，短轂則利，長轂則安。」51款段馬　行動遲緩的馬。52西里　故址當在今越南河內西北一帶。53跕跕　墜落貌。54平生　《集解》：「惠棟曰：孔安國《論語注》云：平生猶少時也。」55猥先諸君紆佩金紫　僥倖地在各位先生之前佩帶金印紫綬。猥，自謙之辭，和「辱」、「承」等同義。紆佩，身披紆佩，指身居高位。56自無功至居風　無功、居風為二縣名。兩縣均屬九真郡。無功，在今越南南定南。居風，在今越南清化西北。57嶠南　即嶺南。嶠，嶺嶠也，《爾雅》：「山銳而高曰嶠。」58西于縣　屬交阯郡。治今越南河內北。59庭衙。60封溪望海　二縣均屬於交阯郡。封溪，在今越南河內西北。望海，在河內東北。61駮　乖舛也。62駱　越別名。63振旅　整頓軍隊。64瘴疫　瘴，瘴氣。指中國南部、西南部地區山林間溼熱蒸發能致病之氣。65九卿　秦漢通常以奉常（太常）、郎中令（光祿勳）、衛尉、太僕、廷尉、典客（大鴻臚）、宗正、治粟內史（大司農）、少府為九卿。66駱越銅鼓　銅鼓為駱越地區頗具民族特色的樂器，裴氏《廣州記》：「狸獠鑄銅為鼓，鼓唯高大為貴，面闊丈餘，初成，懸於庭，剋晨置酒，招致同類，來者盈門，豪富子女以金銀為大釵，執以叩鼓，叩竟，留遺主人也。」駱越銅鼓在當今考古中屢有發現。67馬式　馬的模型。式，法式。68騏驥　千里馬之名。桓寬《鹽鐵論・文學》：「騏驥之挽鹽車，垂頭於太行。」69伯樂　秦穆公時善相馬者。70西河　郡名。治離石（今山西離石）。71成紀　治今甘肅通渭東。72相馬骨法　根據馬骨判斷千里馬的方法。73考之於行事二句　用此法來相馬，總是能得到很好的驗證。74東門京　東門為複姓，京是其名。75魯班門　即金馬門。76儀氏䩭　儀氏根據馬絡頭來相馬。䩭，同「羈」。馬絡頭。77中帛氏口齒　中帛氏根據口齒相馬。78謝氏脣鬐　謝氏根據脣與鬐相馬。79丁氏身中　丁氏以身體中段來相馬。80備此數家句　將這數家骨骼相馬的方法都體現出來。81平陵　縣名。治今陝西咸陽西北。82昔伏波將軍句　伏波將軍路博德平定南越在西漢武帝年間。《漢書・武帝紀》：「定越地，以為南海、蒼梧、鬱林、合浦、交阯、九真、日南、朱崖、儋耳九郡。」此處說七郡，與《漢書》記載不同。伏波將軍路博德，平州人，以右北平太守身分跟從驃騎將軍，立有戰功，封為符離侯，驃騎將軍死後，路博德以衛尉身分任伏波將軍，伐破南越，益封其後，犯法失去侯位，任彊弩都尉，屯居居延，去世。83奚用相濟　用什麼來幫助我度過難關。84匈奴烏桓　匈奴，古族名，也稱胡。戰國時期活動在燕、趙、秦以北地區。秦漢之際，冒頓單于統一各部，統轄大漠南北廣大地區。漢武帝時出兵攻匈奴，匈奴勢力受到削弱。東漢光武二十四年分為兩部，南下的為南匈奴，留在漢北的為北匈奴。烏桓，古族名，也作烏丸，東胡的一支。秦末漢初東胡被匈奴擊敗後，部分遷到烏桓山，因此為名。西漢武帝以後歸屬漢朝，遷至上谷、漁陽、右北平、遼西、遼東等五郡。(85)要當　自當；應當。(86)以馬革裹屍　《集解》：「惠棟曰：《史記・鄒陽傳》云『子胥鴟夷』，服虔云『用馬革作囊以裹屍。』」(87)諒　確實。(88)襄國　縣名。屬趙國。治今河北邢臺北。(89)祖道　為人送行而舉行的祭祀路神的儀式。(90)黃門郎梁松　黃門郎，即黃門侍郎。秦及西漢郎官給事於黃闥（宮門）之內者，稱黃門郎或黃門侍郎。東漢時設為專官，或稱給黃門侍郎，侍從皇帝，傳達詔命。郎官之名。梁松，梁統之子，舞陰長公主之夫，封延陵鄉侯，曾任太僕等職，永平四年十二月，梁松受縣飛書誹謗的連坐，下獄而死。(91)竇固　字孟孫，竇融弟弟之子，年輕時因娶公主而為黃門侍郎，曾率軍征伐匈奴，立有戰功，其事詳見本書卷二十三。(92)高柳　東漢縣名。治今山西陽高。(98)鴈門代郡上谷　三郡名。鴈門，治陰館（今山西代縣西北）；代郡，治高柳（今山西陽高）；上谷，治沮陽（今河北懷來東南）。(94)候者　負責偵察的士兵。(95)梁伯孫帝壻　梁松娶舞陰公主。《爾雅》：「女子之夫曰婿。」(96)我乃松父友也三句　《禮記・曲禮》記載對待父親朋友之禮：「見父之執，不謂之進不敢進，不謂之退不敢退，不問不敢對。」鄭玄注：「敬父同志如事父也。」梁松之父為梁統。(97)劉尚　光武帝大將，建武十八年，率軍討平越巂太守任貴。二十一年攻破益州，二十三年平定南郡蠻。(98)武陵五溪蠻　武陵，郡名。治臨沅（今湖南常德）。五溪蠻，李賢注：「酈元注《水經》云：『武陵有五溪，謂雄溪、樠溪、西溪、潕溪、辰溪，悉是蠻夷所居，故謂五溪蠻』。皆槃瓠之子孫也。土俗『雄』作『熊』、『樠』作『朗』、『潕』作『武』，在今辰州界。」(99)愍　憐憫。(100)臣尚能被甲上馬　馬援此言與趙國廉頗「尚能飯」旨趣相同，表現了老將雄風。(101)顧眄　左顧右盼，表示其洋洋自得。(102)矍鑠　勇猛的樣子。(103)中郎將馬武耿舒劉匡　中郎將，秦置中郎，西漢分五官、左、右三署，各置中郎將以統領皇帝的侍衛，隸屬光祿勳。西漢平帝時又置虎賁中郎將，東漢以後，統兵將領也多用此名，如虎賁中郎將等。馬武，南陽湖陽人，光武帝大將。因擅長用兵，被任為先鋒，為光武帝建立東漢立下汗馬功勞。事跡見本書卷二十二。耿舒，曾隨馬援出征武陵五溪蠻，封牟平侯。劉匡，光武帝時曾任宗正。(104)弛刑　指弛刑徒，即解除枷鎖的刑徒。(105)杜愔　《集解》：「惠棟曰：袁宏《紀》作杜憶。」(106)年迫餘日索　年老餘日不多。索，盡也。(107)長者家兒　指權要子弟等。(108)介介　耿耿於懷。(109)臨鄉　縣名。治今湖南常德。(110)下雋　縣名。屬長沙國。治今湖北通城西北。(111)壺頭　山名。今湖北通城東。李賢注引《武陵記》：「此山頭與東海方壺山相似，神仙多所遊集，因名壺頭山也。」(112)嶮　同「險」。(113)充　縣名。屬武陵郡。治今湖南桑植。(114)搤　掐住。(115)乃穿岸為室　《武陵記》：「壺頭山邊有石窟，即援所穿室也。」(116)弇　即耿弇（西元三一—五八年），字伯昭，扶風茂陵（今陝西興平）人。更始年間，率上谷軍歸劉秀，從定王郎，任大將軍。曾鎮壓銅馬、赤眉。劉秀即位後，任大將軍。擊平齊地割據勢力張步，攻占城陽等十二郡，事見本書卷十九。(117)怫鬱　憂鬱；心情不舒暢。(118)殄滅　全部消滅。(119)松宿懷

不平　見前文梁松床下拜馬援事。

【語　譯】九年，任命馬援為太中大夫，為來歙副手監理諸將平定涼州。自從王莽末年，西方羌人寇掠邊地，於是入塞內居住，金城郡所屬之縣有很多都被羌人占有。來歙上奏書說隴西受到侵害，局面殘破，除非馬援沒有人能平定此郡。十一年夏天，皇上下詔書委任馬援為隴西太守。馬援於是發步兵騎兵三千人，在臨洮擊破先零羌，斬首數百人，俘獲馬牛羊一萬餘頭。駐守邊塞的羌人部落八千餘人到馬援處投降。羌人各部落有數萬人，聚集起來進行搶掠，盤踞浩亹關隘，馬援與揚武將軍馬成進攻他們。羌人於是帶著他們的妻子輜重移居險阻之地允吾谷，馬援便從小路偷偷進軍，出其不意到羌人營中。羌人大為驚恐，軍隊崩潰，又遷徙到更遠的唐翼谷中，馬援又進兵追討。羌人率精兵屯聚在北山上，馬援面對北山擺開戰陣，而另派數百騎兵繞道襲擊他們的背後，趁黑夜放火，擊鼓吶喊，羌人於是崩潰，總共斬首一千餘人。馬援認為自己軍隊太少，不能窮追，收取了他們的糧食牲畜而後撤軍。馬援中箭，小腿骨被穿透，光武帝下詔書慰勞，賜給他牛羊幾千頭，馬援全部分給賓客們。

2　這時，朝廷大臣認為金城郡破羌縣以西領土，路途遙遠，有很多盜賊，商議準備放棄該地。馬援上書說，破羌縣以西很多城池都完好牢固，很容易憑藉它們來堅守。那裡田土肥沃，灌溉便利。如果讓羌人居住在湟水流域，就會不停地為害邊疆，不能放棄該地。光武帝認為他說的對，於是下詔武威太守，讓他將客居在武威的金城郡的居民全部歸還。歸還金城的有三千餘口，讓他們各自返回原來的城邑。馬援上奏給他們設置長吏，修繕城郭，建起城池亭候，開渠導水以溉農田，鼓勵他們耕種放牧，郡中百姓樂業。又派羌人豪傑楊封開導遊說塞外羌人，都來與漢民和親。另外武都氐人背著公孫述前來投降的，馬援上書，全部恢復他們侯王君長的名號與地位，賜給他們印綬，光武帝全都聽從了馬援的建議。於是撤回馬成所率軍隊。

3　十三年，武都參狼羌和塞外各部羌人部落寇掠邊境，殺死長吏。馬援率領四千餘人進攻他們，到氐道縣，羌人在山上，馬援軍隊占據有利地形，搶奪了羌人的水和草，不和羌人交戰，羌人於是陷入困境，羌人首領率領數十萬戶逃出塞外，各部落有一萬餘人全部投降，隴右從此清靜安定。

4 馬援致力於廣布恩信，寬厚地對待屬下，任用官吏給以實職，自己只是把握大方向而已。賓客舊人，每天充滿他的門庭。各位曹官有時稟告外界事物，馬援總是說：「這是郡丞、各曹掾史的職責，怎麼值得麻煩我。可憐可憐我這老頭子，讓我能隨意遨遊吧。假如是大姓豪強侵略小民百姓，狡猾的羌人準備抵抗，這才是太守該處理的事。」鄰縣曾經發生羌人之間報仇血鬥事件，官吏百民驚恐地說羌人反叛了，百姓逃入城郭內。狄道長徑直來到馬援門外，請求關閉城門發兵平叛。馬援當時正與賓客飲酒，大笑著說：「燒虜怎麼敢再侵犯我郡。告訴狄道長回去守著官舍，實在害怕著急，可以躲到床下。」後來稍稍安定，郡中之人都很佩服他。任職治事六年，徵詔入京，任命為虎賁中郎將。

5 起初，馬援在隴西上書，說應該像過去一樣鑄造五銖錢。事情交給三府處理，三府上奏說鑄造五銖錢之議不可行，事情於是擱置下來。等到馬援回到京師，從公府找到以前的奏摺，駁難此奏摺有十餘條理由，馬援便隨文解釋，更改寫出了更加具體的奏摺。光武帝聽從了他的意見，結果天下因此大感方便。馬援自從回到京師，多次被召見。馬援長得鬚髮光亮，眉目如畫。擅長應對，尤其善於講述前代的事情。每次談論，上到三輔的長者，下到閭里的少年，都很動聽。自皇太子、諸王以至於侍奉聽講人員，沒有不聚精會神聽講而忘記疲勞的。馬援還擅長兵書，光武帝經常說「伏波將軍論兵，與我的心意正合」，每次有所謀劃，沒有不被採用的。

6 起初，卷縣人維汜妖言惑眾，自稱神仙，名下有弟子數百人，犯罪被誅殺。後來他的弟子李廣等人，宣稱說維汜之神已經轉化，沒有死亡，以此欺騙惑亂百姓之心。建武十七年，李廣等人於是一起聚會黨徒，攻下皖城，殺死皖侯劉閔，自稱「南岳大師」。朝廷派謁者張宗率幾千軍隊征討他，又被李廣打敗。於是派馬援徵發各郡士兵，總共有一萬餘人，擊破李廣等人，殺死李廣。

7 又有交阯女子徵側和她的妹妹徵貳反叛，攻下交阯郡，九真、日南、合浦等地蠻夷紛紛回應，侵犯掠奪嶺外六十多座城池，徵側自立為王。於是皇上下詔書任命馬援為伏波將軍，以扶樂侯劉隆為副手，率領樓船將軍段志等人向南進攻交阯。軍隊到達合浦，段志因病去世，皇上下詔讓馬援連段志的兵一起統領。於是沿著海邊前進，逢山開道一千多里。建武十八年春天，漢軍到達浪泊上，與賊人交戰，攻破敵軍，斬首數千人，投降的有一萬餘人。馬援追擊徵側等人到禁谿，多次打敗徵側等人，賊兵於是四處逃散。第二年正月，斬殺了徵側、徵貳，將她們的頭用傳車送到洛陽。封馬援為新息侯，食邑三千戶。馬援於是殺牛濾酒，犒勞將士。他不特意地對官屬們提起：「我的堂弟少游常常為我的慷慨有遠大志向而感到悲哀，他說：『士人生活一生，只要求得衣食夠用，乘著下等短轂小車，駕著行走緩慢的小馬，做個中等的郡掾史，守著先人墳墓，被鄉里人稱為善人，這就可以了。努力地追求多餘的東西，只是自討苦吃罷了。』當我在浪泊、西里之間，敵人還沒有消滅的時候，下面是積潦上邊是瘴霧，毒氣熏蒸，仰看天空中的飛鳶墜入水中，躺著想起少游平時所說的話，哪裡能夠得到那種生活呢！今天仰仗士大夫之努力，蒙受大恩，僥倖地在各位先生之前佩帶上金印紫綬，既高興又慚愧。」官吏士兵都伏在地上高呼萬歲。

8 馬援率領大小樓船二千餘艘，戰士二萬餘人，進攻九真賊人徵側餘黨都羊等人，自無功縣至居風縣，斬首俘虜五千餘人，嶺南全部平定。馬援上奏說，西于縣有三萬二千戶，最遠的縣界距離縣衙一千多里，請將此縣分為封溪、望海二縣，皇上批准了他的請求。馬援經過的地方，總是為郡縣修治城郭，鑿渠灌溉，為當地百姓謀利。他將越地法律與漢朝法律有衝突的十餘處逐條上奏，向越人申明舊有制度以約束他們，自此以後駱越之人奉行馬將軍的制度。

9 建武二十年秋天，整頓軍隊返回京師，軍吏因瘴氣病疫而死的有十分之四五。皇上賜給馬援兵車一乘，朝見的次位居九卿之後。

10 馬援喜好騎馬，善於辨別名馬，他在交阯得到駱越的銅鼓，於是用銅鼓鑄成馬的模型，回到京師後交給皇上。於是上表說：「在天空飛行的沒有什麼能與龍比，在地上行走的沒有什麼能與馬比。馬是騎兵的根本，對國家有很大的用處。天下安寧就可以用牠來分別尊卑的次序，天下有變故則可以用牠來救遠近之災難。從前有馬名叫騏驥，一日行千里，伯樂見到牠後，一眼就看出牠是千里馬，毫不迷惑。近世西河有人名叫子輿，也精通相馬法。子輿傳此法於西河儀長孺，儀長孺傳給茂陵人丁君都，丁君都傳給成紀人楊子阿，我曾經拜子阿為老師，學習相馬骨法。用此法來相馬，總能得到驗證。臣下愚昧地認為，傳聞不如親見，看影子不如觀察實際情形。如今想用生馬來描繪這種方法，那麼骨法是很難都具備，又不能將此法傳給後人。孝武皇帝時，善於相馬者東門京，鑄做了銅馬法式獻給皇上，皇上下詔將這些銅馬立在魯班門外，因此改魯班門名叫金馬門。臣下謹按照儀氏相絡頭之法，中帛氏相口齒法，謝氏相脣與鬐之法，丁氏相身中法，將這數家骨骼相馬的方法都體現出來，做成這匹馬的模型。」這匹馬高三尺五寸，身圍四尺五寸。皇上下詔把此馬放在宣德殿下，把它作為名馬的標準。

11 起初，馬援率軍回到京師，快要到的時候，故交友人有很多都去迎接慰勞他，平陵人孟冀，以有計謀而知名，在座位中向馬援祝賀。馬援對他說：「我希望先生能有良言相告，怎麼反而同眾人一樣呢？從前伏波將軍路博德開邊設置七個郡，才封了幾百戶；如今我只有微小的功勞，辱受大縣之享，功勞薄，賞賜厚，憑什麼能夠長久享有呢？先生用什麼來幫助我呢？」孟冀說：「我愚鈍想不出。」馬援說：「如今匈奴、烏桓尚且騷擾北部邊疆，我想請兵進攻他們。男兒本當死於邊野，用馬革裹屍回葬，怎麼能夠躺在床上死在子女手中呢？」孟冀說：「確實為壯烈之士，應當如此。」

12 回到京師一個多月後，恰好遇到匈奴、烏桓寇掠扶風，馬援以三輔受到侵害騷擾，皇家園陵形勢危險為由，請求出征，皇上答應了他。自九月到達京師，十二月又出兵駐屯襄國。皇上下詔讓百官為他舉行祖道之祭祀，為他送行。馬援對黃門郎梁松、竇固說：「凡是人顯貴的時候，應當想到可以卑下，像卿等不想使自己卑下，占居高位頑固自守，好好想想我的鄙陋之言吧。」梁松後來果然因顯貴過滿而招來殺身之災禍，竇固也幾乎不免於禍。

13 第二年秋天，馬援便率領三千騎兵從高柳出發，經過鴈門、代郡、上谷等郡的障塞。烏桓負責偵察的士兵見漢軍已到，敵寇全都散去，馬援沒有什麼收穫而撤軍。

14 馬援曾經得病，梁松來問候他，梁松獨自在床下行拜見禮，馬援並不回答。梁松離開之後，兒子們問道：

「梁伯孫是皇帝的女婿，在朝廷中地位顯貴，從公卿以下沒有不害怕他的，父親怎麼惟獨不以禮相待？」馬援說：「我是梁松父親的朋友。他雖然顯貴，怎麼能夠失去長幼之序呢？」梁松從這件事開始嫉恨他。

15 二十四年，武威將軍劉尚進攻武陵五溪蠻夷，深入蠻夷境內，全軍覆沒，馬援於是又請求出兵。當時他年已六十二，光武帝憐憫他已年老，沒有答應他。馬援親自請求說：「臣下還能被甲上馬。」光武帝讓他試試看。馬援坐在馬鞍之上，左顧右盼，以示自己還可任用。光武帝笑著說：「這個老翁多精神啊！」於是派遣馬援領率中郎將馬武、耿舒、劉匡、孫永等人，帶領十二郡招募的兵士和弛刑徒四萬餘人出征五溪。馬援深夜和給自己送別的人訣別，他對朋友謁者杜愔說：「我深受厚恩，年紀已老沒有多少時日了，經常擔心不能死在國事之上。今天得到了我所希望的，死也甘心了，只是害怕權貴家的子弟有的留在我的左右，與他們共事，實在難以協調，我所耿耿於懷的只是討厭這件事罷了。」第二年春天，大軍到臨鄉，遇到賊兵攻掠縣城，馬援迎軍奮擊，大破敵軍，斬首俘虜二千餘人，其餘的都逃散進入竹林之中。

16 起初，軍隊駐紮在下雋，有兩條道路可以進入敵境，從壺頭山進入路近但水險，從充縣進入道路平坦而運軍需卻較遠，光武帝開始時比較猶豫。等到大軍到後，耿舒想從充縣道進入，馬援認為從充縣走需要時間長，耗費軍糧，不如從壺頭山進入，扼住敵人的喉咽，充縣賊軍不攻自破。將這件事稟告皇上，光武帝聽從馬援的計策。三月，將軍隊開進壺頭山。賊軍登上高處守住關隘，水流湍急，戰船上不去。恰遇天氣暴熱，很多士兵都得瘟疫死去，馬援也染上了病，軍隊遂陷入困境，馬援於是鑿河岸為一洞室，以此來躲避炎熱之氣。賊人每次登上險要之地擊鼓吶喊，馬援總是拖著病體出來觀察動靜，隨從左右的屬下對他的豪壯之氣都很同情，沒有不為他流淚哭泣的。耿舒給自己的兄長好時侯耿弇的信中說：「之前我上書說應當先進攻充縣，糧草雖然難運但兵馬可以很好的運用，幾萬軍人爭先恐後想先進軍。如今陷於壺頭不能前進，大家心情憂鬱在此等死，實在令人痛惜。從前軍隊到臨鄉時，賊人無緣無故自己聚來，如果趁黑夜進攻敵軍，即可以全部消滅。伏波將軍好像經商的西域胡人，每到一處，總是停下來，因此失利。如今果然遇到疾疫，都如我所預料的。」耿弇得到書信，上奏給皇上。光武帝便派虎賁中郎將梁松乘著驛車責問馬援，進而代他監管軍隊。

恰遇馬援因病去世，梁松平素對馬援懷有怨恨，於是藉這件事誣陷他。光武帝大怒，將馬援的新息侯印綬追回。

1 初，兄子嚴、敦並喜譏議❶，而通輕俠客❷。援前在交阯，還書誡之曰：「吾欲汝曹聞人過失，如聞父母之名，耳可得聞，口不可得言也。好論議人長短，妄是非正法❸，此吾所大惡也，寧死不願聞子孫有此行也。汝曹知吾惡之甚矣，所以復言者，施衿結褵❹，申父母之戒❺，欲使汝曹不忘之耳。龍伯高敦厚周慎❻，口無擇言❼，謙約節儉，廉公有威，吾愛之重之，願汝曹效之。杜季良❽豪俠好義，憂人之憂，樂人之樂，清濁無所失❾，父喪致客，數郡畢至，吾愛之重之，不願汝曹效也。效伯高不得，猶為謹敕❿之士，所謂刻鵠不成尚類鶩⓫者也。效季良不得，陷為天下輕薄子，所謂畫虎不成反類狗者也。訖今季良尚未可知，郡將下車輒切齒⓬，州郡以為言，吾常為寒心，是以不願子孫效也。」季良名保，京兆⓭人，時為越騎司馬⓮。保仇人上書，訟保「為行浮薄，亂群惑眾，伏波將軍萬里還書以誡兄子，而梁松、竇固以之交結，將扇其輕偽，敗亂諸夏⓯」。書奏，帝召責松、固，以訟書及援誡書示之，松、固叩頭流血，而得不罪。詔免保官。伯高名述，亦京兆人，為山都⑯長，由此擢拜零陵⑰太守。

2 初，援在交阯，常餌薏苡實⑱，用能輕身省慾，以勝瘴氣。南方薏苡實大，援欲以為種，軍還，載之一車。時人以為南土珍怪，權貴皆望之。援時方有寵，故莫以聞。及卒後，有上書譖⑲之者，以為前所載還，皆明珠文犀⑳。馬武與於陵侯侯昱㉑等皆以章言其狀㉒，帝益怒。援妻孥惶懼，不敢以喪還舊塋㉓，裁買城西數畝地槀葬而已㉔。賓客故人莫敢弔會。嚴與援妻子草索相連，詣闕請罪㉕。帝乃出松書以示之，方知所坐，上書訴冤，前後六上，辭甚哀切，然後得葬。

3 又前雲陽㉖令同郡朱勃㉗詣闕上書曰：

4 「臣聞王德聖政，不忘人之功㉘，採其一美，不求備於眾。故高祖赦蒯通而以王禮葬田橫㉙，大臣曠然㉚，咸不自疑。夫大將在外，讒言在內，微過輒記，大功不計，誠為國之所慎也。故章邯畏口而奔楚㉛，燕將據聊而不下㉜。豈其甘心末規㉝哉，悼巧言之傷類也㉞。

5 「竊見故伏波將軍新息侯馬援，拔㉟自西州，欽慕聖義，間關險難㊱，觸冒萬死，孤立群貴之間，傍無一言之佐，馳深淵，入虎口，豈顧計哉㊲！寧自知當要七郡之使，徼㊳封侯之福邪？八年，車駕西討隗囂，國計狐疑，眾營未集，援建[39]宜進之策，卒破西州。及吳漢[40]下隴，冀路斷隔，唯獨狄道[41]為國堅守，士民飢困，寄命漏刻[42]。援奉詔西使，鎮慰邊眾，乃招集豪傑，曉誘羌戎，謀如涌泉，埶如轉規[43]。遂救倒縣之急[44]，存幾[45]亡之城，兵全師進，因糧敵人，隴、冀略平，而獨守空郡，兵動有功，師進輒克。銖鋤先零，緣入山谷，猛怒力戰，飛矢貫脛[46]。又出征交阯，土多瘴氣，援與妻子生訣，無悔吝之心[47]，遂斬滅徵側，克平一州。間復南討，立陷臨鄉，師已有業，未竟而死，吏士雖疫，援不獨存。夫戰或以久而立功，或以速而致敗，深入未必為得，不進未必為非。人情豈樂久屯絕地，不生歸哉！惟援得事朝廷二十二年，北出塞漠，南度江海，觸冒害氣，僵[48]死軍事，名滅爵絕，國土不傳。海內不知其過，眾庶未聞其毀，卒遇三夫之言[49]，橫被誣罔之讒，家屬杜門，葬不歸墓，怨隙並興，宗親怖慄。死者不能自列[50]，生者莫為之訟，臣竊傷之。

6 「夫明主醲[51]於用賞，約於用刑。高祖嘗與陳平金四萬斤以間楚軍，不問出入所為[52]，豈復疑以錢穀間哉？夫操孔父之忠而不能自免於讒，此鄒陽之所悲也[53]。詩云：『取彼讒人，投畀豺虎。豺虎不食，投畀有北。有北不受，投畀有昊[54]。』此言欲令上天而平其惡。惟陛下留思豎儒[55]之言，無使功臣懷恨黃泉。

臣聞春秋之義，罪以功除[56]；聖王之祀，臣有五義[57]。若援，所謂以死勤事者也。願下公卿平援功罪，宜絕宜續，以厭[58]海內之望。

7 「臣年已六十，常伏田里，竊感欒布哭彭越[59]之義，冒陳悲憤，戰慄闕庭。」

8 書奏，報，歸田里[60]。

9 勃字叔陽，年十二能誦詩、書[61]。常候援兄況。勃衣方領[62]，能矩步[63]，辭言嫻雅[64]，援裁知書，見之自失[65]。況知其意，乃自酌酒慰援曰：「朱勃小器速成，智盡此耳，卒當從汝稟學[66]，勿畏也。」朱勃未二十，右扶風請試守渭城宰[67]，及援為將軍，封侯，而勃位不過縣令。援後雖貴，常待以舊恩而卑侮[68]之，勃愈身自親，及援遇讒，唯勃能終焉。肅宗即位，追賜勃子穀二千斛[69]。

10 初，援兄子壻王磐子石[70]，王莽從兄平阿侯仁之子[71]也。莽敗，磐擁富貲居故國，為人尚氣節而愛士好施，有名江淮間。後游京師，與衛尉陰興[72]、大司空朱浮[73]、齊王章共相友善。援謂姊子曹訓曰：「王氏，廢姓也[74]。子石當屏居自守，而反游京師長者，用氣自行，多所陵折[75]，其敗必也。」後歲餘，磐果與司隸校尉蘇鄴、丁鴻事相連[76]，坐死洛陽獄。而磐子肅復出入北宮及王侯邸第。援謂司馬呂种[77]曰：「建武之元，名為天下重開。自今以往，海內日當安耳。但憂國家諸子並壯，而舊防未立[78]，若多通賓客，則大獄起矣。卿曹戒慎之！」及郭后[79]薨，有上書者，以為肅等受誅之家，客因事生亂，慮致貫高、任章之變[80]。帝怒，乃下郡縣收捕諸王賓客，更相牽引[81]，死者以千數。呂种亦豫[82]其禍，臨命嘆曰：「馬將軍誠神人也[83]！」

11 永平初，援女立為皇后[84]。顯宗圖畫建武中名臣、列將於雲臺[85]，以椒房故[86]，獨不及援。東平王蒼[87]觀圖，言於帝曰：「何故不畫伏波將軍像？」帝笑而不言。至十七年，援夫人卒，乃更脩封樹[88]，起祠堂。

【章　旨】以上通過對馬援生前和去世後一些有關事情的記述，進一步刻劃了馬援的性格，展現了其聰明才智和美好品德。

【注　釋】❶兄子嚴敦句　兄長的兒子馬嚴、馬敦都喜歡譏刺時政。嚴、敦均為馬援兄長馬余之子，他們的事跡詳本傳所附二人小傳。譏議，譏刺時政。❷通輕俠客　交結輕薄的俠客。❸妄是非正法　狂妄地批評國家政治法令。正，通「政」。❹施衿結褵　古代婚禮時，母親為所嫁女兒整理佩帶，結佩巾，並申誡之。衿，帶子。褵，佩巾。❺申父母之戒　《儀禮・士昏禮》載父母戒女：「戒之敬之，夙夜無違命，……母戒之曰：戒之敬之，夙夜無違宮事。」❻龍伯高敦厚周慎　龍伯高事跡見本傳下文。敦厚周慎，敦厚周密謹慎。❼口無擇言　口中所言無可挑剔。❽杜季良　事跡見本傳下文。❾清濁無所失　輕重適當，沒有過失。❿謹勅　謹慎自飭。⓫鶩　野鴨。⓬郡將下車輒切齒　剛剛到任的郡守對他都咬牙切齒。郡將，郡守。因郡守兼領武職，故稱。下車，謂官吏初到任。⓭京兆　即京兆尹。治所在長安（今陝西西安），轄境相當今陝西秦嶺以北、西安以東、渭河以南地區。⓮越騎司馬　《續漢書》：「越騎司馬秩千石。」⓯諸夏　語出《左傳・閔公元年》：「諸夏親暱，不可棄也。」原意本為生活在中原地區的華夏之族，這裡代指天下百姓。⓰山都　縣名。屬南陽郡。治今湖北穀城太平店附近。⑰零陵　郡名。治泉陵（今湖南零陵）。⑱餌薏苡實　吃薏苡的果實。薏苡，植物名。李賢注引《神農本草經》：「薏苡味甘，微寒，主風溼痹下氣，除筋骨邪氣，久服輕身益氣。」⑲譖　暗中中傷。⑳文犀　有花紋的犀牛皮。文，「紋」的通假字。㉑於陵侯侯昱　於陵，縣名。屬濟南郡。治今山東鄒平東北。侯昱為司徒侯霸之子。㉒以章言其狀　上奏章說明情狀。㉓不敢以喪還舊塋　古俗罪人不入族塋，因此馬援家人不敢將馬援葬入舊有墳塋之內。㉔裁買城西數畝地句　裁，僅僅。與才同用。槀葬，用草裹起來埋葬，形容埋葬之簡陋。槀，草也。㉕嚴與援妻子二句　馬嚴與馬援的妻子以草索相連，到宮殿前請罪。以草索相連是表示請罪的一種方式。㉖雲陽　縣名。治今陝西淳化西北。㉗朱勃　其事見本傳下文。㉘王德聖政二句　王者之德聖人之政，不忘人的舊功。《周書》：「記人之功，忘人之過，宜為君也。」㉙高祖赦蒯通句　據《漢書・蒯伍江息夫傳》記載，蒯通說韓信背漢，高祖徵通至，釋不誅；又據《漢書・魏豹田儋韓王信傳》載，田橫初自稱齊王，漢定天下，橫猶以五百人保於海島。高祖追橫，橫自殺，高祖以王禮葬之。㉚曠然　心胸開闊的樣子。㉛章邯畏口而奔楚　據《史記・項羽本紀》：章邯為秦將，派人到咸陽請事，趙高不見，有不信任之心，使者還報章邯，章邯害怕趙高說自己壞話，於是降項羽。㉜燕將據聊而不下　據《史記・魯仲連鄒陽列傳》：燕將攻下聊城，人或讒之於燕，燕將懼誅，因保守聊城，不敢歸燕。聊城，縣名。治今山東聊城北偏西。㉝末規　下計。㉞悼巧言之傷類也　痛心巧言傷害善人。巧言語出《詩・巧言》「巧言如簧」。類，善也。㉟拔　崛起。㊱間關險難　經歷崎嶇艱險。間關，崎嶇。㊲馳深淵三句　三句描述的是馬援出使隗囂之事。豈顧計哉，難道有過回頭為自己考慮的時候嗎。顧計語出《史記・張耳陳餘列傳》：「將軍瞋目張膽，出萬死不顧一生之計，為天下除殘也。」㊳徼　求。㊴建　陳述。㊵吳漢　（?—西元四四年）字子顏，南陽宛縣（今河南南陽）人。曾幫助劉秀消滅王郎軍隊，鎮壓銅馬、重連等農民軍。劉秀即位後，任大司馬，封舞陽侯。後率軍平定劉永等割據勢力，屢立戰功。事見本書卷十八。㊶狄道　縣名。為隴西郡治所。治今甘肅臨洮。㊷寄命漏刻　將生命寄託在一分一秒的時間上。㊸埶如轉規　戰勢如轉圓規不可阻擋。規，圓也。轉規，李賢注引《孫子》：「戰如轉員石於萬仞之山者，埶也。」㊹救倒縣之急　解救迫在眉睫的危急。「倒縣之急」語出《孟子・公孫丑》：「當今之時，萬乘之國行仁政，民悅之，猶解倒懸也。」㊺幾　近。㊻貫脛　穿透小腿。脛，小腿。㊼無悔吝之心　沒有悔恨之心。吝，恨。㊽僵　仆。㊾卒遇三夫之言　語出《韓子》：龐共與太子質於邯鄲，共謂魏王曰：「今一人言市有虎，王信乎?」王曰：「否。」「二人言，王信乎?」王曰：「否。」「三人言，王信乎?」曰：「寡人信。」龐共曰：「夫市無虎明矣，然而三人言，誠市有虎。今邯鄲去魏遠於市，譖臣者過三人，願王熟察之。」龐共從邯鄲還，境不得入。（《太平御覽》卷八九一引）㊿自列　自陳；自白。(51)釀　酒味厚。(52)高祖

嘗與陳平二句　高祖曾給陳平金四萬斤，讓他離間楚軍，不過問金的施用情況，事見《史記．陳丞相世家》。53夫操孔父之忠二句　身操孔父之忠而不能使自身免於諂諛，這是鄒陽感到悲哀的事。《史記．魯仲連鄒陽列傳》載鄒陽書曰：「昔者，魯聽季孫之說而逐孔子，宋信子罕之計而囚墨翟。夫以孔、墨之辯，不能自免於讒諛。」54取彼讒人六句　出自《詩．巷伯》。畀，與也。昊，昊天也，投與昊天制其罰也。55豎儒　像小孩一樣無知的儒生。語出《史記．留侯世家》：「漢王輟食吐哺罵曰：『豎儒幾敗而公事』」。56臣聞春秋之義二句　我聽說《春秋》大義，以功抵罪。《公羊傳．僖公十六年》：「夏滅項。孰滅之？齊滅之。曷為不言齊滅？為桓公諱也，以桓公常有繼絕存亡之功，故君子為之諱也。」57聖王之祀二句　聖王的祭祀禮儀，為臣的有五義之一就可以受到祭祀。《禮記．祭法》：「夫聖王之制祀也，法施於人則祀之，以死勤事則祀之，以勞定國則祀之，能禦大災則祀之，能捍大患則祀之。」58厭　滿足。59欒布哭彭越　據《史記．季布欒布列傳》記載，彭越為梁王，欒布為梁大夫，出使於齊，彭越因謀反梟首洛陽，皇上下詔：有收視者輒捕之。欒布出使回還，奏事彭越頭下，祠而哭之。60書奏三句　王先謙《集解》補曰：「袁宏《紀》，『書奏，不報。歸田里。時梁松、竇固等在中，上問：「知朱勃乎？」對曰：「故雲陽令。」因以所上章使讀之，松固驚，相謂曰：「如是，陛下不甚罪伏波也！」』」補案：本傳『報』上奪『不』字。」61年十二能誦詩書　據《續漢書》載，朱勃能說《韓詩》。62衣方領　《漢書音義》：「頸下施衿領正方，學者之服也。」63矩步　有一定規矩的步法。64辭言嫺雅　言詞沉靜文雅。嫺雅猶沉靜也，司馬相如曰：「雍容嫺雅」。嫺，同「嫻」。文雅。65援裁知書二句　馬援剛開始讀書，見到朱勃，因自己的無知而感到悵然若失。自失，因空虛、不足而內心若有所失。66稟學受學。67守渭城宰　代理渭城宰令。守，代理。渭城，縣名。治今陝西西安北。68卑侮　自己認為自己水平較差。69追賜勃子穀二千斛　《東觀漢記》記載朱勃子受賞之事：「章帝下詔曰：『告平陵令、丞。縣人故雲陽令朱勃，建武中以伏波將軍爵土不傳，上書陳狀，不顧罪戾，懷旌善之志，有烈士之風。《詩》：「無言不讎，無德不報。」其以縣見穀二千斛賜勃子若孫，勿令遠詣闕謝。』」70王磐子石　子石為王磐之字，王磐本書僅此一見。71平阿侯仁之子　平阿，縣名。治今安徽懷遠西南。平阿侯仁，本書僅此一見。《集解》：「惠棟曰：《東觀記》馬嚴姊婿父平阿侯王述，案〈恩澤表〉刺侯仁生述，則磐當為仁孫也。」72衛尉陰興　衛尉，有卿一人，俸祿為中二千石，執掌宮門衛士，宮中巡查事。陰興，光烈皇后母弟。73大司空朱浮　大司空，執掌土木建築等。朱浮，字叔元，沛國蕭縣人。起初跟隨光武帝為大司馬主簿，後歷任偏將軍、大將軍、幽州牧等，建武二十二年犯賣弄國恩罪被免職，二十五年徙封新息侯，永平年間被賜死，其事詳見本書卷三十三。74王氏二句　新莽政權被推翻後，王氏在歷史舞臺上失去最顯赫的位置，被稱為廢姓。75陵折　欺凌折辱。76磐果與司隸校尉句　蘇鄴、丁鴻事所指不詳。司隸校尉，據本書〈百官志〉：「一人，比二千石。本注曰：孝武帝初置，持節，掌察舉百官以下及京師近郡犯法者。元帝去節，成帝省。建武中復置，並領一州。」蘇鄴，本書所記不詳。丁鴻事見本書卷三十七。(77)司馬呂种　此司馬指馬援行軍之司馬也。呂种，據〈王均傳〉，王均曾矯制調呂种守沅陵長，命种奉詔書入虜營，告以恩信，因勒兵隨其後，蠻夷震怖，即共斬其大帥而降。(78)舊防未立　舊有的禁例，這裡指舊有的諸侯王子不許交通賓客的禁例。(79)郭后　光武帝后，名通，真定藁城人，真定恭王之女所生，中山王為其所生。其事詳見本書卷十上。(80)貫高任章之變　據《史記・張耳陳餘列傳》，張敖為趙王，貫高任其相，高祖不禮趙王，貫高深以為恥，欲刺殺高祖，未能成功，事情敗露後被殺。任章事見《漢書・儒林傳》，任章父親任宣為霍氏的女婿，受霍氏謀反案連坐被殺，宣帝在昭帝廟祭祀，在渭城界任公車丞的任章乃玄服夜入廟，待帝至，欲為逆，事發後被誅殺。(81)更相牽引　相互牽連告發。(82)豫　關涉；涉及；受到牽連。(83)馬將軍誠神人也　王先謙《集解》補曰：「袁宏《紀》种歎曰：『馬生之言其神乎！』」(84)援女立為皇后　明帝永平三年，馬援的小女兒被立為皇后。馬皇后事見本書卷十上。(85)顯宗圖畫建武中名臣句　顯宗圖畫建武名將事見本書卷二十二。雲臺在南宮。(86)以椒房故　因為皇后的緣故。椒房原意為椒房殿，皇后所居，後代指皇后。(87)東平王蒼　明帝之弟劉蒼，少好經術，雅有智慧，永平初年任驃騎將軍，輔政，開東閣，延英雄，名稱一時，其事詳見本書卷四十二。東平，封國名。今山東東平東。(88)封樹　墓上封樹。

【語譯】起初，馬援兄長之子馬嚴、馬敦都喜歡諷刺議論，交結輕薄的俠客。馬援從前在交阯郡的時候，寫回信告誡他們說：「我想要你們聽到別人的過失，如同聽到父母的名號，耳朵可以聽見，口中不可以說出來。喜歡議論人的長短，狂妄地批評國家政治法令，這是我所最討厭的，我寧可死也不願聽說子孫們有此類行為。你們已經知道我非常討厭這樣的行為，我所以又提起此事的原因，好像父母嫁女兒，替她掛上佩帶，繫上佩巾，反覆叮嚀訓誡一樣，希望你們一輩子不忘記罷了。龍伯高敦厚周密謹慎，口中所言無可挑剔，謙虛節儉，廉潔公正有威儀，我喜歡他，敬重他，希望你們能夠效仿他。杜季良豪俠好義，以人之憂為憂，以人之樂為樂，輕重適當，沒有過失，父親去世來送喪的賓客，幾個郡全都來了，我喜歡他，敬重他，不希望你們效仿他。效仿龍伯高而沒有能夠成功，還可以成為謹慎自飭之士，即人們所說刻鵠不成還像鶩。效仿季良沒有成功，淪為天下輕薄子的境地，即人們所說的畫虎不成反而像狗了。到如今季良的結果還不可知曉，郡守剛到任時總是對他咬牙切齒，州郡也上書言及此事，我經常為他感到寒心，這是我不願意子孫們效仿他的原因。」季良名保，京兆人，當時擔任越騎司馬。季保的仇人上書，狀告他「行為輕薄，擾亂百姓迷惑眾人，伏波將軍從萬里之外寫回書信告誡兄長之子，而梁松、竇固等人與他結交，準備扇動他的輕薄虛偽之行，禍亂天下」。狀子奏上，皇帝召來梁松、竇固責備二人，將狀子和馬援告誡姪子的書信拿給他們看，梁松、竇固叩頭流血，才得以免去罪責。皇上下詔免去杜保的官職。龍伯高名述，也是京兆人，擔任山都縣長，因此事提升為零陵太守。

2 起初，馬援在交阯的時候，經常吃薏苡的果實，其效用能夠使身體輕爽減少欲望，以此來克服瘴氣。南方的薏苡果實碩大，馬援想用它們作種子，軍隊撤回時，馬援裝了一車。當時人都認為是南方的珍奇寶物，權貴們都希望得到它。馬援當時正受皇上寵信，因此沒有人將此事告訴皇上。等馬援去世以後，有人上書說這件事情的壞話，認為馬援從前所運回來的，都是明珠和有紋飾的犀皮。馬武和於陵侯侯昱等人都上奏章證明這件事，光武帝更加震怒。馬援的妻子兒女十分恐懼，不敢把馬援的靈柩安葬在舊有的墳塋，僅僅在城西買了幾畝田地用草裹著暫且埋葬了。賓客朋友沒有人敢前去弔唁。馬嚴和馬援的妻子用草繩連在一起，到宮門前請罪。光武帝於是拿出梁松的書信給他們看，他們才知道被處罰的原由，上書訴說冤情，前後上了六次書，言詞非常悲哀可憐，然後馬援才得以在舊塋安葬。

3 還有前任雲陽縣令朱勃到朝廷上書說：

4 「臣下聽說王者之德聖人之政，不忘人的舊功。採用一個方面的美德，而不要求他具備所有的優點。因此高祖赦免了蒯通而用王禮安葬田橫，大臣們心胸開朗，全都不再自疑不安。大將在外征戰，朝廷之內產生讒言，細小的過失總是記錄在案，立下大功卻不計，實在是治理國家所應謹慎處理的。從前章邯害怕趙高說自己的壞話而投奔楚軍，燕大將占據聊城而不敢回國。豈是他們甘心採取這下策嗎，是痛心巧言對善人的傷害呀。

5 「我私下所見故伏波將軍新息侯馬援，崛起於西州，欽佩羨慕聖朝大義，經過崎嶇險阻，冒著萬死之險，獨自立足於群貴之間，旁邊沒有人說一句話支援他，馳騁深淵，勇入虎口，難道有過為自己考慮的時候嗎！難道他自己知道肯定會被委任為七郡之使，求得封侯之福嗎？八年，皇上率軍西討隗囂，國家之計猶豫未定，軍隊也沒有集結起來，馬援陳述應該進軍的計策，最終攻破了西州。等到吳漢從隴地撤回，冀縣之路被隔斷，只有狄道為國家堅守著，士兵百姓飢餓困乏，將生命寄託在一分一秒的時間上。馬援奉詔書出使西方，鎮服安慰邊疆民眾，於是招集豪傑，開導勸誘羌戎，他的計謀如湧泉，汩汩而出，戰勢如高山轉圓石，勢不可擋。於是解救了倒縣之急，保存了近於滅亡的城池，軍隊保全而揮師進擊，取敵人的糧食而食，隴、冀基本平定，而自己獨守空郡，軍隊出動便立有戰功，揮師前進總能攻克敵軍。銖鋤先零，追入山谷，奮力猛戰，被飛來的流箭射穿他的小腿。他又出征交阯，南方水土多有瘴氣，馬援與妻子作生死訣別，沒有悔恨之心，於是斬滅徵側，得以平定整個交州。不久再次出兵南討，很快攻陷臨鄉，出師已有業績，事業未成而身先死，官吏士兵雖然多染瘟疫，馬援也沒有獨自存活。作戰有時因持久而建立功業，有時因速決而招致失敗，深入敵營未必為對，不進軍未必是錯。人情哪裡有樂意在絕地長久駐紮，不想生還的呢！馬援事奉朝廷二十二年，向北出兵塞外大漠，向南渡過江海，觸冒害人的瘴氣，在戰場上倒下，名聲毀滅爵位斷絕，封國之土不能傳給子孫。海內之人不知道他的過錯，黎民百姓沒有聽說有關他的誹謗，突然遇到三個人眾口一詞的攻擊，橫遭誣罔的讒言，家屬閉門不敢交往，屍體不能歸葬祖墳，所有怨恨一起出現，宗親恐怖戰慄。死去的人不能自白冤屈，活著的人沒有人給他爭訟，我私下為他感到悲傷。

6 「聖明的君主多用賞賜，少用刑罰。高祖曾經給陳平金四萬斤，用來離間楚軍，不問他如何使用，豈會再懷疑他將這些錢糧私吞了呢？具有孔夫子的忠誠而自身不能免於讒言，這是鄒陽之所以感到悲哀的原因。《詩》云：『取來那個獻讒之人，將他用來餵豺虎。豺虎不吃，將他投放到遙遠的北方。北方不接受他，將他獻給昊天。』這是說想讓上天來評定他的罪惡。陛下應該留心思考無知儒生的言論，不要使功臣懷恨黃泉之下。臣下聽說《春秋》大義，犯了罪可以用功勞來免除；聖王的祭祀，臣子有五義之一即可享受祭祀。像馬援，就是所說的以死勤事之人了。希望將馬援的功勞與罪過交給公卿們評議，應該絕封還是應該續封，以此來滿足天下人的願望。

7 「臣下年已六十，經常隱伏在田間，私下常為欒布哭彭越的大義而感動，冒死陳述悲憤之情，在宮廷之上戰慄不已。」

8 他的上書奏給皇上，得到回報，他便回歸田里。

9 朱勃字叔陽，十二歲能誦《詩》、《書》。曾經探望馬援的哥哥馬況。朱勃穿著方領上衣，走路有一定的規矩，言詞沉靜文雅，馬援剛開始讀書，見到朱勃便感到悵然若失。馬況了解馬援的心意，於是親自斟酒安慰馬援說：「朱勃是小器速成，他的智慧盡在於此了，最終將要跟著你學習的，不要害怕。」朱勃未滿二十歲，右扶風就請他試任渭城縣宰，等馬援做了將軍，封為侯，而朱勃官位不過是一個縣令。馬援後來雖然顯貴，經常以舊有恩情對待他，自己感到在他面前很自卑，朱勃更加與馬援親近，等到馬援遇到讒言，只有朱勃的友誼能保持至終。肅宗即位，追記朱勃功勞，賜給他的兒子穀二千斛。

10 起初，馬援兄長的女婿王磐，字子石，是王莽堂兄平阿侯王仁的兒子。王莽失敗後，王磐擁有鉅額財產，仍舊居住在原有的封國，為人崇尚氣節，喜歡士人，愛好施捨，在江淮之間頗有名氣。後來到京師遊歷，與衛尉陰興、大司空朱浮、齊王劉章等人關係很好。馬援對姐姐的兒子曹訓說：「王氏，是一個被廢棄之姓。王子石應當隱居起來自守其身，他反而交遊京師的權貴，靠義氣自行其事，欺凌折辱了許多人，他肯定會失敗。」一年多以後，王磐果然和司隸校尉蘇鄴、丁鴻等事相牽連，受連坐而死在洛陽監獄。而王磐的兒子王肅又出入北宮和王侯的府第。馬援對他的行軍司馬呂种說：「建武改元，被稱為天下重開。從今以後，海內會一天一天地安定下來。只是擔心皇帝的兒子們都已長大，而舊有的諸侯王子不准交遊賓客的禁例還未建立，如果他們交通的賓客過多，大獄很快就會興起了。你們這些人一定要警戒這件事！」等到郭皇后去世，有人上書，認為王肅等人是受到誅殺的家族，他的賓客會藉事生亂，顧慮會招致貫高、任章之類的變故。皇上大怒，於是下詔讓郡縣將諸王的賓客全部逮捕，輾轉牽連，死了幾千人。呂种也遭到此禍的牽連，臨受刑感歎說：「馬將軍真是神人啊！」

11 永平初年，馬援小女兒立為明帝皇后。明帝將建武年間名臣、列將的圖像畫在雲臺之上，因為皇后的緣故，名臣列將之名沒有馬援。東平王劉蒼看了圖後，對明帝說：「為什麼不畫伏波將軍馬援的像呢？」明帝笑而不答。到永平十七年，馬援的夫人去世，才重新修墓上封樹，建起祠堂。

1 建初三年，肅宗使五官中郎將❶持節追策❷，謚援曰忠成侯。

2 四子：廖，防，光，客卿。

3 客卿幼而歧嶷❸，年六歲，能應接諸公，專對賓客。嘗有死罪亡命者來過，客卿逃匿不令人知。外若訥而內沈敏❹。援甚奇之，以為將相器，故以客卿❺字焉。援卒後，客卿亦夭沒。

4 論曰：馬援騰聲❻三輔，遨游二帝，及定節立謀❼，以干時主❽，將懷負鼎之願❾，蓋為千載之遇❿焉。然其戒人之禍⓫，智矣，而不能自免於讒隙。豈功名之際，理固然乎⓬？夫利不在身，以之謀事則智；慮不私己，以之斷義必厲⓭。誠能回觀物之智而為反身之察⓮，若施之於人則能恕⓯，自鑑其情亦明矣。

【章旨】以上評論，是對馬援一生經歷的思考。明於戒人之禍而自身不免於讒，這是歷史偉人中的一種普遍現象。戒人之禍是靠智慧、靠經驗，而小人讒言總是無中生有，從來都是不可預料的，即使用察物之智反身自察，也是無濟於事。

【注釋】❶五官中郎將　據本書〈百官志〉，五官中郎將為光祿勳屬官，將一人，俸祿比二千石，職掌為主理五官郎。東漢郎官的職責是在宮中執戟宿衛諸殿門，外出充任車騎，只有議郎不執宿宮廷。❷追策　追封。❸岐嶷　語出《詩・生民》：「克岐克嶷，以就口食。」《毛傳》：岐，知意也。嶷，識也。後指幼年聰慧。❹外若訥而內沈敏　外表好像很木訥，內心沉著機敏。訥，木訥；不善言詞，反應遲鈍。沈敏，亦作「沉敏」。沉著聰慧。❺客卿　戰國時期，士人離開本國到別國任官，被稱為客卿，其意思取客於帝王之家為卿之意，張儀、虞卿等人均為客卿。❻騰聲　威名遠揚。❼定節立謀　確定節操出謀劃策。❽以干時主　以此在皇上面前謀求職位。干，謀求職位。❾將懷負鼎之願　心中懷有伊尹負鼎以干湯的志願。負鼎之典出自《戰國策・趙策》：「伊尹負鼎俎而干湯，姓名未著而授三公。」❿千載之遇　本書卷二十三光武帝給竇融書中有「千載之遇也」一語。⓫其戒人之禍　指馬援告誡竇固、梁松、王磐、呂种等人，情況發展完全如其所言。⓬豈功名之際二句　難道是身在功名之中，本來就很難免於受讒嗎。⓭慮不私己二句　思考問題不為私利，以此判斷大義必然能夠準確無誤。⓮回觀物之智句　將觀察事物所得智慧反用於自察自身。⓯若施之於人則能恕　用此來待人處世必能採用寬恕的心態。

【語譯】建初三年，肅宗派五官中郎將拿著符節追封，贈馬援諡號為忠成侯。

2 馬援有四個兒子：馬廖，馬防，馬光，馬客卿。

3 馬客卿幼年聰慧，六歲的時候，能夠應接公侯，答對賓客。有一次，有位死罪犯人逃命經過他家，馬客卿將他藏了起來，不讓人知道。他外表好像木訥而內心沉著聰慧。馬援對他的才能深感奇異，認為他是將相之器，因此用客卿作為他的字。馬援去世後，馬客卿也幼年夭亡。

4 史家評論說：馬援在三輔之地聲名遠揚，遨遊於隗囂、公孫述二帝之間，等到他確立事奉光武的志向，便投奔光武帝，心中懷著伊尹負鼎以干成湯那樣的心願，可稱為千載之遇。然而他勸說別人戒禍，是非常明智的，自身卻不能免於受讒。難道身處功名之地，道理本來就應該是這樣的嗎？利害不關乎自身，以此來謀劃事情就會非常明智。不是為自身考慮，以此來判斷大義必然正確無誤。果真能將觀察事物所獲智慧反用於自察自身，如果用此辦法來待人，就能心中寬恕，用來鑑別自身的事情也會明白無誤的。

1 廖字敬平，少以父任為郎。明德皇后❶既立，拜廖為羽林左監❷、虎賁中郎將。顯宗崩，受遺詔典掌門禁❸，遂代趙熹❹為衛尉，肅宗甚尊重之。

2 時皇太后躬履節儉❺，事從簡約，廖慮美業難終，上疏長樂宮❻以勸成德政，曰：「臣案❼前世詔令，以百姓不足，起於世尚奢靡，故元帝罷服官❽，成帝御浣衣❾，哀帝去樂府❿。然而侈費不息，至於衰亂者，百姓從行不從言也。夫改政移風，必有其本。傳曰：『吳王好劍客，百姓多創瘢；楚王好細腰，宮中多餓死⓫。』長安語曰：『城中好高髻，四方高一尺；城中好廣眉，四方且半額；城中好大袖，四方全匹帛⓬。』斯言如戲，有切事實。前下制度未幾，後稍不行。雖或吏不奉法，良由慢起京師。今陛下躬服厚繒，斥去華飾，素簡所安，發自聖性。此誠上合天心，下順民望，浩大之福，莫尚於此。陛下既已得之自然，猶宜加以勉勗⓭，法太宗之隆德，戒成、哀之不終⓮。易曰：『不恆其德，或承之羞⓯。』誠令斯事一竟⓰，則四海誦德，聲薰天地⓱，神明可通，金石可勒，而況於行仁心乎，況於行令乎！願置章坐側，以當瞽人夜誦⓲之音。」太后深納之。朝廷大議，輒以詢訪。

3 廖性質誠畏慎，不愛權埶聲名，盡心納忠，不屑毀譽。有司連據舊典，奏封廖等，累讓不得已，建初四年，遂受封為順陽⑲侯，以特進⑳就第。每有賞賜，輒辭讓不敢當，京師以是稱之。

4 子豫，為步兵校尉㉑。太后崩後，馬氏失埶，廖性寬緩，不能教勒㉒子孫，豫遂投書怨誹㉓。又防、光奢侈，好樹黨與。八年，有司奏免豫，遣廖、防、光就封。豫隨廖歸國，考擊物故㉔。後詔還廖京師。永元四年，卒。和帝以廖先帝之舅，厚加賵賻㉕，使者弔祭，王主會喪，謚曰安侯。

5 子遵嗣，徙封程鄉侯。遵卒，無子，國除。元初三年，鄧太后㉖紹封廖孫度為潁陽侯。

6 防字江平㉗，永平十二年，與弟光俱為黃門侍郎。肅宗即位，拜防中郎將，稍遷城門校尉㉘。

7 建初二年，金城、隴西保塞羌㉙皆反，拜防行車騎將軍事，以長水校尉㉚耿恭副，將北軍五校㉛兵及諸郡積射士㉜三萬人擊之。軍到冀，而羌豪布橋㉝等圍南部都尉㉞於臨洮。防欲救之，臨洮道險，車騎不得方駕㉟，防乃別使兩司馬將數百騎，分為前後軍，去臨洮十餘里為大營，多樹幡幟，揚言大兵旦當進。羌候見之，馳還言漢兵盛不可當。明旦遂鼓譟而前，羌虜驚走，因追擊破之，斬首虜四千餘人，遂解臨洮圍。防開以恩信[36]，燒當[37]種皆降，唯布橋等二萬餘人在臨洮西南望曲谷[38]。十二月，羌又敗耿恭司馬及隴西長史[39]於和羅谷[40]，死者數百人。明年春，防遣司馬[41]夏駿將五千人從大道向其前，潛遣司馬馬彭將五千人從間道衝其心腹，又令將兵長史李調等將四千人繞其西，三道俱擊，復破之，斬獲千餘人，得牛羊十餘萬頭。羌退走，夏駿追之，反為所敗。防乃引兵與戰於索西[42]，又破之。布橋迫急，將種人萬餘降。詔徵防還，拜車騎將軍，城門校尉如故。

8 防貴寵最盛，與九卿絕席[43]。光自越騎校尉遷執金吾[44]。四年，封防潁陽侯[45]，光為許侯[46]，兄弟二人各六千戶。防以顯宗寑疾，入參醫藥，又平定西羌，增邑千三百五十戶。屢上表讓位，俱以特進就第。皇太后崩，明年，拜防光祿勳[47]，光為衛尉。防數言政事，多見採用。是冬始施行十二月迎氣樂[48]，防所上也。子鉅，為常從小侯[49]。六年正月，以鉅當冠[50]，特拜為黃門侍郎。肅宗親御章臺下殿，陳鼎俎，自臨冠之。明年，防復以病乞骸骨，詔賜故中山王田廬[51]，以特進就第。

9 防兄弟貴盛，奴婢各千人已上，資產巨億，皆買京師膏腴美田，又大起第觀，連閣臨道，彌亘[52]街路，多聚聲樂，曲度[53]比諸郊廟。賓客奔湊[54]，四方畢至，京兆杜篤[55]之徒數百人，常為食客，居門下。刺史、守、令多出其家。歲時賑給鄉閭，故人莫不周洽[56]。防又多牧馬畜，賦斂羌胡。帝不喜之，數加譴勑，所以禁遏[57]甚備，由是權埶稍損，賓客亦衰。八年，因兄子豫怨謗事，有司奏防、光兄弟奢侈踰僭[58]，濁亂聖化，悉免就國。臨上路，詔曰：「舅氏一門，俱就國封，四時陵廟無助祭先后[59]者，朕甚傷之。其令許侯思愆田廬[60]，有司勿復請，以慰朕渭陽之情[61]。」

10 光為人小心周密，喪母過哀[62]，帝以是特親愛之，乃復位特進。子康，黃門侍郎。永元二年，光為太僕[63]，康為侍中[64]。及竇憲誅[65]，光坐與厚善，復免就封。後憲奴誣光與憲逆[66]，自殺，家屬歸本郡。本郡復殺康，而防及廖子遵皆坐徙封丹陽[67]。防為翟鄉侯，租歲限三百萬，不得臣吏民。防後以江南下溼，上書乞歸本郡，和帝聽之。十三年，卒。

11 子鉅嗣，後為長水校尉。永初七年，鄧太后詔諸馬子孫還京師，隨四時見會如故事，復紹封光子朗為合鄉[68]侯。

12 嚴字威卿。父余，王莽時為揚州[69]牧。嚴少孤[70]，而好擊劍，習騎射[71]，後乃白援，從平原[72]楊太伯講學，專心墳典[73]，能通春秋左氏[74]，因覽百家群言，遂交結英賢，京師大人咸器異之。仕郡督郵[75]，援常與計議，委以家事。弟敦，字孺卿，亦知名。援卒後，嚴乃與敦俱歸安陵[76]，居鉅下[77]，三輔[78]稱其義行，號曰「鉅下二卿」。

13 明德皇后既立，嚴乃閉門自守，猶復慮致譏嫌，遂更徙北地，斷絕賓客。永平十五年，皇后敕使移居洛陽。顯宗召見，嚴進對閑雅，意甚異之，有詔留仁壽闥，與校書郎杜撫、班固等雜定建武注記[79]。常與宗室近親臨邑侯劉復[80]等論議政事，甚見寵幸。後拜將軍長史[81]，將北軍五校士、羽林禁兵[82]三千人，屯西河美稷[83]，衛護南單于[84]，聽置司馬、從事。牧守謁敬[85]，同之將軍。敕嚴過武庫[86]，祭蚩尤[87]，帝親御阿閣[88]，觀其士眾，時人榮之。

14 肅宗即位，徵拜侍御史[89]中丞，除[90]子鱄為郎，令勸學省中[91]。其冬，有日食之災，嚴上封事[92]曰：「臣聞日者眾陽之長，食者陰侵之徵。書曰：『無曠庶官，天工人其代之。』言王者代天官人也[93]。故考績黜陟[94]，以明褒貶。無功不黜，則陰盛陵陽。臣伏[95]見方今刺史太守專州典郡，不務奉事[96]盡心為國，而司察偏阿，取與自己，同則舉為尤異，異則中以刑法，不即[97]垂頭塞耳，採求財賂。今益州刺史朱酺[98]、揚州刺史倪說、涼州刺史尹業等，每行考事，輒有物故[99]，又選舉不實，曾無貶坐，是使臣下得作威福也。故事，州郡所舉上奏，司直[100]察能否以懲虛實。今宜加防檢，式遵前制[101]。舊丞相、御史親治職事，唯丙吉[102]以年老優游[103]，不案吏罪，於是宰府習為常俗，更共罔養[104]，以崇虛名，或未曉其職，便復遷徙，誠非建官賦祿之意。宜勅正百司，各責以事，州郡所舉，必得其人。若不如言，裁以法令。傳曰：『上德以寬服民，其次莫如猛。故火烈則人望而畏之，水懦則人狎而翫之。為政者寬以濟猛，猛以濟寬[105]。』如此，綏御有體[106]，災眚[107]消矣。」書奏，帝納其言而免酺等官。

15 建初元年，遷五官中郎將[108]，除三子為郎。嚴數薦達賢能，申解冤結，多見納用。復以五官中郎將行長樂衛尉事[109]。二年，拜陳留[110]太守。嚴當之職，乃言於帝曰：「昔顯親侯竇固誤先帝出兵西域[111]，置伊吾盧[112]屯，煩費無益。又竇勳受誅[113]，其家不宜親近京師。」是時勳女為皇后，竇氏方寵，時有側聽嚴言者，以告竇憲兄弟，由是失權貴心。嚴下車[114]，明賞罰，發姦慝[115]，郡界清靜。時京師訛言賊從東方來，百姓奔走，轉相驚動，諸郡遑急，各以狀聞。嚴察其虛妄，獨不為備。詔書勅問，使驛係道[116]，嚴固執無賊，後卒如言。典郡四年，坐與宗正[117]劉軼、少府丁鴻[118]等更相屬託[119]，徵拜太中大夫[120]；十餘日，還將作大匠[121]。

七年，復坐事免。後既為竇氏所忌，遂不復在位。及帝崩，竇太后[122]臨朝，嚴乃退居自守，訓教子孫。永元十年，卒於家，時年八十二。

16 弟敦，官至虎賁中郎將。嚴七子[123]，唯續、融知名。續字季則，七歲能通論語，十三明尚書，十六治詩，博觀群籍，善九章筭術[124]。順帝時，為護羌校尉[125]，遷度遼將軍[126]，所在有威恩稱。融自有傳。

17 棱字伯威，援之族孫也。少孤，依從兄毅[127]共居業，恩猶同產。毅卒無子，棱心喪[128]三年。

18 建初中，仕郡功曹[129]，舉孝廉[130]。及馬氏廢，肅宗以棱行義，徵拜謁者。章和元年，遷廣陵[131]太守。時穀貴民飢，奏罷鹽官，以利百姓，賑貧羸，薄賦稅，興復陂湖[132]，溉田二萬餘頃，吏民刻石頌之。永元二年，轉漢陽[133]太守，有威嚴稱。大將軍竇憲西屯武威[134]，棱多奉軍費，侵賦百姓，憲誅，坐抵罪。後數年，江湖多劇賊，以棱為丹陽太守。棱發兵掩擊，皆禽滅之。轉會稽[135]太守，治亦有聲。轉河內[136]太守。永初中，坐事抵罪，卒于家。

【章旨】以上為馬援姪子兒孫們的傳記，馬援整個家族的歷史，由此可見一斑。

【注釋】❶明德皇后　即馬皇后，馬援之女。❷羽林左監　《續漢志》：「羽林左監一人，秩六百石，主羽林左騎。」❸典掌門禁　執掌宮廷宮門的守衛。❹趙憙　字伯陽，曾任平原太守，擢舉義行，誅鋤奸惡，後任太尉、太傅，因勤於職守，深受顯宗寵信。❺躬履節儉　親行節儉。履，鞋子。這裡借意為實行。❻長樂宮　東漢洛陽城內主要宮殿之一，馬太后所居，此處代指馬太后。❼案　考察。❽元帝罷服官　漢元帝初元五年，罷角抵、上林宮館、希御幸者、齊三服官，其事詳見《漢書・元帝紀》。《漢書音義》：「齊國舊有三服之官，春獻冠幘縰為首服，紈素為冬服，輕綃為夏服。元帝約省，故罷之。」❾成帝御浣衣　成帝穿多次用水洗過的衣服。❿哀帝去樂府　據《漢書・哀帝紀》，哀帝即位，六月，詔曰：「鄭聲淫而亂樂，聖王所放，其罷樂府。」哀帝還曾下詔減郊祭及武樂人數。⓫吳王好劍客四句　吳王好劍客之事未知所據。楚王好細腰語出《墨子・兼愛上》：「楚靈王好士細腰，故靈王之臣皆以一飯為節，據肱然後興，扶牆然後起，比期年，朝有黧黑之色。」⓬城中好高髻六句　此六句為當時諺語，意思是「城中之人喜好高髻，四方之人高出一尺；城中之人喜歡寬眉，四方之人的眉毛將占到額頭的一半；城中之人喜歡大袖，四方之人將用一匹帛為袖。」⓭勉勗　勉勵。⓮法太宗之隆德二句　效法太宗的盛德，以成帝、哀帝沒有最終結果為戒。太宗，指孝文帝。成哀之不終，成帝下詔務崇儉約，禁斷綺縠、女樂，嫁娶葬埋過制，只有青綠人所穿常服不在禁列，成帝因寵信趙飛燕，節儉措施未能堅持始終。哀帝初即位，易帷帳，去錦繡，乘輿席緣綈繒而已，後因董賢的緣故，節儉措施也是半途而廢。⓯不恆其德二句　此二句為〈恆卦〉九三的爻辭。巽下震上，鄭玄注：「巽為進退，不恆其德之象，又互體兌，兌為毀折，後將有羞辱也。」⓰竟　結束；成功。⓱聲薰天地　美名薰於天地。薰，蒸也。⓲瞽人夜誦　瞽人，無目的盲人。古代由瞽師教國子誦六詩。《漢書・禮樂志》：「乃立樂府，采詩夜誦。」顏師古注：「夜誦者，其辭或祕不可宣露，故於夜中歌誦也。」⓳順陽　侯國名。今河南內鄉西南。⓴特進　官名。西漢末年開始設置，授給列侯中有特殊地位者，可以自辟僚屬。㉑步兵校尉　本書卷十下注引《漢官儀》：比二千石，掌宿衛兵，屬北軍中候也。㉒教勒　教導約束。㉓投書怨誹　投下帶有誹謗怨恨之詞的書信。㉔考擊物故　被拷打致死。物，無也，謂死也。故，事也，這裡指死去。㉕賵賻　送給死者家屬用於助葬的物品。㉖鄧太后　名綏，和帝皇后。鄧禹的孫女，曾臨朝聽政，其事詳見本書卷十上。㉗江平　《集解》清王先謙曰：「《東觀記》作公平。」㉘城門校尉　俸祿比二千石，執掌洛陽十二城門的守衛。㉙保塞羌　羌人的一支，東吾燒當的後代，因東吾的父親滇吾投降漢朝，入保塞內，因此他所率羌人被稱為保塞羌。㉚長水校尉　據本書〈百官志〉，俸祿為比二千石，執掌宿衛兵。如淳注：「長水，胡名也。」韋昭曰：「長水校尉，典胡騎廄，近長水，故以為名。長水蓋中小水名。」㉛北軍五校　東漢有南北軍，北軍中候一人，六百石，掌監五營，稱北軍五校，見《續漢志》。㉜積射士　弓箭手的一種，意思是尋積而射之士。積，通「迹」。㉝布橋　羌人部落首領之名。㉞南部都尉　西漢武帝元朔四年在隴西郡設置南部都尉，治臨洮（今甘肅岷縣），東漢元嘉二年復置。㉟方駕　兩車並行。㊱開以恩信　用恩信來引導他們。開，本當為啟，避劉啟之諱改為開。㊲燒當　漢代西羌人的一支，因其首領燒當而得名，無弋爰劍的後裔。原本居住在黃河北大允谷，以畜牧為生，東漢時期擴大到大小榆谷，逐漸成為羌人中的強大部落，光武末年到章帝時期屢次進攻隴西，被漢打敗，和帝時附漢，遷徙到隴西、漢陽、安定等地。㊳望曲谷　據酈道元注《水經》所說，望曲在臨洮西南，去龍桑城二百里，其地在今甘肅岷縣西南。㊴長史　官名。秦置。漢制，丞相、太尉、公及將軍府屬吏均有長史。又邊陲郡守亦置長史，掌兵馬，秩六百石。㊵和羅谷　今甘肅、四川交界一帶。㊶司馬　此為馬防的行軍司馬。㊷索西　縣名。也稱臨洮東城、赤城。治今甘肅岷縣北。㊸絕席　與他人不同席，獨坐一席，以示尊貴。㊹自越騎校尉遷執金吾　越騎校尉，五校尉之一，掌宮廷守衛。執金吾，金吾為兩頭塗金的銅棒，執之以示權威。西漢武帝時改中尉為執金吾，都巡三輔治安，東漢職掌與西漢同。㊺潁陽侯　侯名。潁陽，縣名。治今河南許昌西偏南。㊻許侯　侯名。許，縣名。治今河南許昌東。㊼光祿勳　〈百官志二〉：卿一人，中二千石。本注曰：掌宿衛宮殿門戶，典謁署郎更直執戟，宿衛門戶，考其德行而進退之。㊽十二月迎氣樂　《東觀漢記》：「馬防上言：『聖人作樂，所以宣氣致和順陰陽也。臣愚以為可因歲首發太簇之律，奏雅頌之音，以迎和氣時。』以作樂器費多，遂獨行十二月迎氣樂也。」㊾常從小侯　小侯之名。因是小侯，得以常從左右。㊿當冠　《禮記．曲禮上》：「二十弱冠。」《儀禮．士冠禮》：士冠，筮於廟門，主人玄冠朝服，有司如主人服。卒筮旅占告吉，若不吉即筮遠日如初。前期三日，筮賓如求日之儀。陳服于房中西墉下，東領北上。始加緇布冠，次加皮弁，次加爵弁。嫡子冠於阼，以著代也。三加而彌尊，冠而字之，敬其名也。祝曰：「令月吉辰，加爾元服，弃爾幼志，順爾成德。」(51)詔賜故中山王田廬　李賢注：「中山王焉以郭太后少子故，獨留京師。建武三十年徙封中山，永平二年就國，故以其田廬賜防也。」(52)彌亙　猶綿延。(53)曲度　曲調的節度。(54)奔湊　爭相投奔。(55)杜篤　字季雅，京兆杜陵人。杜延年之後。少年博學，建初三年，曾任車騎將軍馬防從事中郎，戰沒於射姑山。著有賦、誄、弔書、讚、七言女誡及雜文共十八篇，又著有《明世論》十五篇。傳見本書卷八十上。(56)周洽　遍及；普遍。(57)禁遏　防範；控制。(58)奢侈踰僭　奢侈超過限度，到了僭越的程度。(59)先后　馬援之女曾為明帝皇后，故章帝稱其為先后。(60)其令許侯思愆田廬　留在京師，守田廬而思考所犯過錯。思愆，思過；反省罪愆。(61)渭陽之情　懷念母、舅的情感。渭陽，指《詩．渭陽》，秦康公送其舅晉文公到渭水之陽，回想起自己的母親，為詩曰：「我見舅氏，如母存焉。」(62)光為人小心二句　據《東觀漢記》：「光遭母喪，哀慟感傷，形骸骨立。」(63)太僕　掌皇帝的御馬和馬政。(64)侍中　列侯以下至郎中的加官，無定員。侍從皇帝左右，出入宮廷。因接近皇帝，地位較顯貴。(65)及竇憲誅　永元四年，竇憲因驕橫過甚，且女婿結交太后，圖謀弒君，被誅殺，事見本書卷二十三。(66)後憲奴誣光與憲逆　據《東觀漢記》：「奴名玉當。初，竇氏有事，玉當亡，私從光乞，不與。恨去，懷挾欲中光。官捕得玉當，因告言光與憲有惡謀，光以被誣不能自明，乃自殺。」(67)丹陽　郡名。治今安徽宣城。(68)合鄉　縣名。治今山東滕州西北。(69)揚州　揚州刺史部的簡稱。揚州刺史部下轄九江郡、會稽郡、丹陽郡、廬江郡、豫章郡、吳郡等。(70)嚴少孤　據《東觀漢記》：「余卒時，嚴七歲，依姊壻父九江連率平河侯王述。明年，母復終，會述失郡，居沛郡。建武三年，余外孫右扶風曹貢為梧安侯相，迎嚴歸，養視之。至四年，叔父援從車駕東征，過梧安，乃將兄弟西。」(71)而好擊劒二句　據《東觀漢記》：「嚴從其故門生肆都學擊劍，習騎射。」劉攽曰：注其故門生，案門生無故者，當是叔字，其叔門生也。(72)平原　郡名。治平原（今山東平原縣南）。(73)墳典　《三墳》、《五典》的省稱。《左傳・昭公十二年》載：楚靈王謂左史倚相能讀《三墳》、《五典》、《八索》、《九丘》。後世注家多認為《三墳》為三皇時書，《五典》為五帝之常典。《三墳》、《五典》後常用來指遠古時期的典籍。(74)能通春秋左氏　《東觀漢記》：「從司徒祭酒陳元受之。」《春秋左氏》又稱《左傳》，春秋末期人左丘明所著。(75)郡督郵　督郵書掾、督郵曹掾等的簡稱。漢代各郡的重要官吏，代表太守督察縣鄉，宣達教令，兼司獄訟等事。每郡有分兩部、三部和五部的，每部設一督郵。(76)安陵　縣名。治今陝西咸陽東北。(77)鉅下　地名。在今陝西咸陽東北。(78)三輔　京兆尹、左馮翊、右扶風合稱三輔，轄境相當今陝西中部地區。(79)與校書郎杜撫句　校書郎，執掌校書的郎官。杜撫，字叔和，犍為武陽人。少年時有高才，受業於薛漢，定《韓詩章句》，後歸鄉里教授，學生千人。建初年間曾任公車令，事見本書卷七十九下。班固，字孟堅，扶風安陵（今陝西咸陽）人。東漢史學家、文學家，曾著《漢書》、《白虎通義》等。永元年間隨大將軍竇憲征匈奴。竇憲擅權被殺後，他受牽連死在獄中。其事詳見本書卷四十。雜定，共同審定。(80)臨邑侯劉復　臨邑，縣名。屬東郡。治今山東東阿。劉復，齊武王劉伯升之孫北海王劉興之子。(81)長史　西漢時期丞相、太尉、御史大夫屬官均有長史，東漢的太尉、司徒、司空三公府也設長史，任職頗重，號為三公輔佐。(82)羽林禁兵　即羽林軍，西漢武帝時選隴西、天水、安定、北地、上郡、西河等六郡良家子宿衛建章宮，稱建章營騎，後改為羽林騎，取其「如羽之疾，如林之多」的意思，屬光祿勳，為皇帝護衛，東漢以後禁衛軍常稱羽林軍。(83)美稷　縣名。治今內蒙古準噶爾旗西北。(84)南單于　建武二十四年，匈奴分為南北匈奴，南匈奴首領薁鞬日為南單于，南單于奉行與漢和好政策，替漢保衛北方邊疆。(85)謁敬　晉謁致敬。(86)武庫　《洛陽記》：「建始殿東有大倉，倉東有武庫，藏兵之所。」(87)蚩尤　《前書音義》：「蚩尤，古天子，好五兵，故今祭之。」見〈高祖紀〉。(88)阿閣　四面有簷的樓閣。阿，曲。(89)侍御史　少府屬官，俸祿百石，本書〈百官志三〉：「本注曰：掌察舉非法，受公卿郡吏奏事，有違失舉劾。」(90)除　授職；任命。(91)勸學省中　在宮中努力學習。勸學，努力學習。省中，宮禁之中。(92)封事　密封的奏章。古代臣下上書奏事，為防止洩露，用皁囊密封，稱為封事。(93)書曰四句　語出《尚書・咎繇》。無曠庶官，意為眾官沒有所任非人或位空無人的。天工人其代之，意思是在職位者無非是代天理物。(94)故考績黜陟二句　語出《尚書》：「三載考績，三考黜陟幽明」。(95)伏　敬辭。古代臣下對皇上言多用之。(96)奉事　恭謹地處理事情。(97)不即　否則便……。(98)朱酺　本書僅此一見，《集解》：「洪頤煊曰：〈西南夷傳〉：『永平中，益州刺史梁國朱輔好立功名，慷慨有大略。』李注《東觀漢記》『輔』作『酺』。」(99)每行考事二句　考事，每次遇到考核官吏之事，總是有一些事故。物故，事故。(100)司直　《漢書》載，武帝元狩五年初置司直，比二千石，職掌為佐助丞相察舉不法之人。《續漢書》：「光武帝以武帝故事，置司直，居丞相府，助督錄諸州。建武十八年省之。」(101)式遵前制　將前朝作為遵行的法式。(102)丙吉　據《漢書》載，丙吉，字少卿，魯人。宣帝時為丞相。掾史有罪，終無所驗。公府不按官吏自丙吉開始。(103)優游　寬和；寬容。(104)罔養　依違；模棱兩可。(105)上德以寬服民六句　《左傳》鄭子產誡子太叔為政之詞：「鄭子產有疾，謂子大叔曰：『我死，子必為政。唯有德者能以寬服民，其次莫如猛。夫火烈，民望而畏之，故鮮死焉；水懦弱，民狎而翫之，則多死焉。故寬難。』」(106)綏御有體　綏御，安撫統治。體，依據；取法。(107)災眚　禍患災難。(108)遷五官中郎將　升遷任五官中郎將。五官中郎將，本書〈百官志〉：「五官中郎將，一人，比二千石。本注曰：主五官郎。」(109)行長樂衛尉事　執掌長樂宮守衛之事。(110)陳留　郡名。治今河南開封東南。(111)昔顯親侯竇固句　事見本書卷二十三。(112)伊吾盧　宜禾都尉治，地在今新疆哈密西。(113)竇勳受誅　事見本書卷二十三。(114)下車　到任。古代官吏上任常乘朝廷派的專用車輛前往，因此常將官吏到任稱為下車。(115)姦慝　奸邪。(116)係道　不絕於路。(117)宗正　據本書〈百官志三〉，宗正「卿一人，中二千石。本注曰：掌序錄王國嫡庶之次，及諸宗室親屬遠近，郡國歲因計上宗室名籍，若有犯法當髡以上，先上諸宗正，宗正以聞，乃報決。丞一人，比千石。」(118)少府丁鴻　少府，卿一人，俸祿中二千石，掌中服御諸物及衣服寶貨珍膳之屬。見本書〈百官志三〉。丁鴻，字孝公，潁川定陵人。丁綝之子。年十三，從桓榮受《歐陽尚書》，三年而明章句。其事跡見本書卷三十七。(119)更相屬託　相互轉託辦私事。(120)太中大夫　光祿勳屬官，俸祿千石。(121)將作大匠　俸祿二千石，掌修作宗廟、路寢、宮室、陵園的木土工程，並掌在路邊種植桐、梓之類樹木。(122)竇太后　扶風平陵人，大司徒融之曾孫，竇勳與東海恭王彊女沘陽公主所生。肅宗之後，和帝時尊為太后，執掌政權，其事見本書卷十上。(123)嚴七子　馬嚴七子為馬固、馬伉、馬歆、馬鱄、馬融、馬留、馬續。(124)九

章算術　三國時人劉徽《九章算術》曰，〈方田〉第一，〈粟米〉第二，〈差分〉第三，〈少廣〉第四，〈商功〉第五，〈均輸〉第六，〈盈不足〉第七，〈方程〉第八，〈句股〉第九。125為護羌校尉　《集解》：「惠棟曰：續先為張掖太守，永康五年代韓皓為校尉也。」護羌校尉，官名。漢武帝時平河西，始置於涼州部。東漢初年復置。負責管理和監護羌族，「理其怨結」，「問所疾苦」，也領兵出征，治所先後設在狄道（今甘肅臨洮）、安夷（今青海樂都西）、臨羌（今青海湟泉東南）、張掖（今甘肅張掖西北）。126遷度遼將軍　《集解》：「惠棟曰：永和元年遷也。」度遼將軍，將軍名號。127從兄毅　《東觀漢記》：「毅，張掖屬國都尉。」128心喪　舊時弟子為師守喪，不穿喪服，只在心中悼念。129功曹　官屬名。漢代開始設置，為地方官府執事機構，執掌選舉，兼參諸曹事。130孝廉　漢代選拔官吏的科目之一。131廣陵　郡名。故治在今江蘇揚州北。132陂湖　池塘湖泊。陂，水池。133漢陽　故治在今貴州威寧彝族回族苗族自治縣東。134武威　郡名。故治在今甘肅武威。135會稽　故治在今江蘇蘇州。136河內　郡名。故治在今河南武陟西南。

【語　譯】馬廖字敬平，少年時代因父親的關係被任命為郎官。明德皇后被立為皇后，馬廖被任命為羽林左監、虎賁中郎將。顯宗去世後，馬廖接受遺詔執掌宮廷宮門的守衛，於是代替趙憙任衛尉之職，肅宗非常尊重他。

2 當時皇太后親行節儉，辦事務從簡省節約，馬廖考慮到美好的事業最終很難成就，上書給長樂宮以力成德政，說：「臣下考察前代的詔令，認為百姓日用不足，緣起於世人崇尚奢侈靡爛的結果，因此元帝停罷服官，成帝穿多次洗過的衣服，哀帝廢去樂府。然而奢侈糜費並沒有停止，最終引起衰敗混亂的原因，是因為百姓效仿的是皇上的行為而不是他們的言論。改革政治，移風易俗，必須有所根據。典籍上說：『吳王喜好劍客，百姓有很多創傷之瘢；楚王喜好細腰，宮中有許多餓死之人。』長安城中諺語說：『城中人喜歡頭頂高髻，四方的人會再高出一尺；城中的人喜好廣眉，四方的人將會寬到半個額頭；城中的人喜好大袖，四方的人會用整匹帛為袖。』這種話好似戲言，是有切實事實為根據的。以前下令實行的制度沒有多長時間，以後就慢慢行不通了。雖然或許是由於官吏不奉行法令，實在多因京師輕視法令。如今陛下親身穿著厚厚的繒衣，極力去掉華麗的服飾，安於樸素簡約，出自太后的天性。這實在是上合天心，下順民望，浩大的洪福，沒有比這更高尚的了。陛下既然已經從天性中獲得這種自然美德，還應該加以勉勵，效法太宗孝文帝的盛德，以成帝、哀帝節儉措施沒有最終結果為戒。《易》說：『不持之以恆地堅持自己的德性，或許將要招致羞辱。』果能讓這件事貫徹到底，那麼四海之內就會頌揚您的美德，美好的名聲升於天地之間，神明可以相通，金石可以勒刻，而何況是行仁心呢，何況推行法令呢！希望陛下能將此奏章放在坐位旁，把它當做瞽人夜誦的聲音。」太后深以為然接受了他的建議。朝廷每次商議重大決策，總是詢問馬廖。

3 馬廖性格質樸坦誠，膽小謹慎，不喜歡權勢聲名，全心全意盡忠朝廷，對詆毀讚譽不屑一顧。有關部門根據舊有典制，上奏封賜馬廖等人，馬廖多次推讓而不得已，建初四年，於是受封為順陽侯，以特進的身分入住侯府。朝廷每次有了賞賜，總是辭讓不敢承當，京師之人因而稱讚他。

4 馬廖兒子馬豫，擔任步兵校尉。太后駕崩後，馬氏失勢，馬廖性情寬緩，不能很好地教育約束子孫，馬豫於是投下帶有怨恨和誹謗的書信。而且馬防、馬光生活奢侈，喜歡樹立黨羽。建初八年，有關官員上奏免去馬豫職務，派遣馬廖、馬防、馬光回到封國。馬豫跟隨馬廖回到封國，被拷打致死。後來皇上下詔讓馬廖回到京師。永元四年，去世。和帝因為馬廖是先帝的舅父，送給了很多助葬的物品，派使者進行弔唁祭拜，派封王主持喪禮，謚號為安侯。

5 兒子馬遵承嗣爵位，遷封為程鄉侯。馬遵去世，沒有兒子，封國被除去。元初三年，鄧太后續封馬廖的孫子馬度為潁陽侯。

6 馬防字江平，永平十二年，和弟弟馬光都擔任黃門侍郎。肅宗即位後，任命馬防為中郎將，不久升遷為城門校尉。

7 建初二年，金城、隴西地區的保塞羌全部造反，任命馬防代理車騎將軍職事，以長水校尉耿恭為副手，率領北軍五校軍隊和各郡的積射士三萬人進攻羌人。軍隊進發到冀縣，羌首領布橋等人在臨洮將南部都尉包圍。馬防準備援救南部都尉，臨洮道路險惡，車騎不能並行，馬防於是另外派兩個行軍司馬率領數百騎兵，分為前後兩軍，距離臨洮十餘里建起大營，樹立起許多戰旗，聲稱大兵天亮後就進攻。羌人偵察人員見到這種情況，跑回去報告，說漢兵強盛不可抵擋。第二天天亮後，隨即擊鼓吶喊，大軍前進，羌人大驚，紛紛逃走，漢軍趁勢追擊羌兵，大破敵軍，斬首俘虜羌人四千多人，於是解救了臨洮之圍。馬防用恩信引導羌人，燒當部落羌人全投降，只有布橋等二萬餘人在臨洮西南望曲谷。十二月，羌人又在和羅谷打敗耿恭的司馬和隴西長史，數百士兵陣亡。第二年春天，馬防派遣司馬夏駿率領五千人從大道來到羌人的前面，暗中派遣司馬馬彭率領五千人從小道衝擊羌人的心腹大營，又派將兵長史李調等人率領四千人繞到羌人西側，三道一起進攻，再次大破羌人，斬殺生獲一千餘人，俘獲牛羊十餘萬頭。羌人退走，夏駿追擊羌人，反被羌人打敗。馬防於是率領軍隊與羌人在索西交戰，再次攻破羌人。布橋形勢急迫，率領本部落一萬餘人投降。皇上下詔徵調馬防回到京師，授任車騎將軍，城門校尉之職一如其故。

8 馬防地位最尊貴，最受寵信，與九卿不再同席而坐。馬光從越騎校尉升遷為執金吾。建初四年，封馬防為潁陽侯，馬光為許侯，兄弟二人各有六千戶食邑。馬防因顯宗臥病在床，入宮參與醫治事宜有功，又曾平定西羌的叛亂，所以增封食邑一千三百五十戶。馬防屢次上表請求辭去官職，總是以特進身分進入府第。皇太后駕崩，第二年，任命馬防為光祿勳，馬光為衛尉。馬防多次提出有關政事的意見，有很多被採用。這年冬天，開始施行在十二月奏迎接和氣的舞樂，就是馬防上書建議的。馬防的兒子馬鉅，為常從小侯。建初六年正月，因馬鉅到了舉行冠禮的年齡，朝廷特意任命他為黃門侍郎。肅宗親自來到章臺下殿，陳列鼎俎，親自給他舉行加冠禮。第二年，馬防又因病乞請回家休養，皇上下詔將原本屬於中山王的田廬賜給他，以特進身分前往居住。

9 馬防兄弟尊貴顯赫，奴婢各在一千人以上，資產多達數億，全都買有京師腴美田地，還大規模建造住宅，連綿的閣道臨近大道，布滿在街道兩側，聚集了許多聲樂之徒，曲調的節度與國家的郊廟之禮相匹敵。賓客爭相投奔，從四面八方全都趕來，京兆人杜篤之類的才人有數百人，常為食客，居於馬氏門下。刺史、郡守、縣令有很多出自馬家。每年按時賑濟鄉閭百姓，故人沒有照顧不到的。馬防又放牧許多馬匹牲畜，向羌胡之人徵斂賦稅。章帝不喜歡他，多次下詔加以譴責，對他的監督控制十分嚴密，從此權勢逐漸折損，賓客也衰減下去。八年，因為兄長的兒子馬豫怨恨誹謗朝廷之事，有關官吏上奏馬防、馬光兄弟奢侈超過軌度，到了僭越的地步，玷汙擾亂了聖上的教化，於是都被免去官職回到封國。臨上路，皇上下詔說：「舅氏一門全都回到封國，四時陵廟祭祀時就沒有助祭先后的人，我對此事感到很傷感。還是讓許侯馬光留在京師田廬中思過，有關官吏不要再請求追查，以寬慰我誦讀〈渭陽〉詩所產生的思念母親、思念舅舅的心情。」

10 馬光為人小心周密，母親去世，哀痛超過一般人，章帝因此特別喜歡他，於是恢復特進之位。兒子馬康，任黃門侍郎。永元二年，馬光為太僕，馬康為侍中。等到竇憲被誅殺，馬光受與竇憲交情深厚的影響，再次免去職位回到封國。後來竇憲的奴僕誣陷馬光與竇憲謀逆，馬光自殺，家屬回到扶風老家。本郡人又殺死馬康，而馬防和馬廖的兒子馬遵都受連坐改封丹陽。馬防為翟鄉侯，田租每年不超過三百萬，不能臣使吏民。馬防後來因江南地低潮溼，上書請求回歸本郡，和帝答應了他。十三年，去世。

11 兒子馬鉅承繼侯位，馬鉅後任長水校尉。永初七年，鄧太后下詔命所有馬氏子孫回到京師，按照原規定隨四時祭祀禮儀定期參見朝會，又續封馬光之子馬朗為合鄉侯。

12 馬嚴字威卿。父親馬余，王莽時擔任揚州牧。馬嚴少年時成為孤兒，喜歡擊劍，學習騎馬射箭，後來才稟請馬援，跟從平原人楊太伯講學，專心學習遠古時期的典籍，能通解《春秋左氏》，進一步通覽了百家之書，於是交結英才賢士，京師長者都很器重他。出任扶風郡督郵，馬援經常和他商量事情，將家中之事委託給他管理。馬嚴弟弟馬敦，字孺卿，也有名聲。馬援去世後，馬嚴便與馬敦一起回到安陵，居住在鉅下，三輔之人稱讚他們的道義品行，號稱「鉅下二卿」。

13 明德皇后被立為皇后之後，馬嚴便閉門不出，還是害怕擔心招致嫌疑與譏諷，於是改遷到北地郡，斷絕與賓客的交往。永平十五年，皇后下詔讓他移居洛陽。顯宗召見馬嚴，馬嚴進言答對從容大方，顯宗心中感到非常驚奇，下詔讓他留在仁壽闥，與校書郎杜撫、班固等人共同審定《建武注記》。他經常與宗室近親臨邑侯劉復等人議論政事，很受寵幸。後來拜任將軍長史，率領北軍五校士、羽林禁兵三千人，駐紮在西河美稷縣，監護南單于，聽任他自己設置司馬、從事等屬官。州牧太守晉謁致敬，禮儀和晉見將軍相同。皇上下詔讓馬嚴到武庫，祭祀蚩尤，皇帝親自來到四面有簷的樓閣之上，視察他的部隊，當時人都認為此事為馬嚴莫大的榮幸。

14 肅宗即位，徵召任命馬嚴為侍御史中丞，任命兒子馬鱄為郎官，讓他在王宮之中努力學習。這年冬天，有日蝕之災，馬嚴上密書說：「臣下聽說日是眾陽之長，日蝕是陰侵陽的徵兆。《尚書》說：『不要空設職官，職官是代行天職。』意思是王是代天任命百官治理人民。因此考核官吏的成績決定職務升降，以此來表明褒揚與貶抑。沒有成績而不免職，就會陰強盛侵凌陽。臣下看到現今刺史太守專斷州郡，不全心全意勤勉政事，盡心為國，而是考察時偏袒不公，根據與自己的關係作標準，與自己同黨就舉為政績優異，與自己不同黨就用刑法來處置，否則便垂頭塞耳，一心收取財賂。如今益州刺史朱酺、揚州刺史倪說、涼州刺史尹業等人，每次進行考核之事，總是做一些手腳，還有選舉不根據實際情況，竟沒有實行貶職與連坐，這是縱恿臣下可以作威作福呀。舊時制度，州郡舉薦官吏上奏給朝廷，司直考察是否勝任來懲戒虛假的舉薦。如今也應該嚴加檢查防範，按照從前的制度行事。從前丞相、御史親自管理官職之事，只有丙吉因年老寬容，不追究官吏的罪責，從此丞相府習以為常，相互模棱兩可，以此來博取虛名，有的還沒有知曉自己的職責，便又升遷，這實在不是設置官職授予俸祿的本意。應當下詔明正百官，督促他們按照自己的職責行事，州郡舉薦的官吏，必須是合適人選。假如不像所舉薦的那樣，便用法令進行制裁。《左傳》說：『最好的德政是以寬和使百姓信服，其次沒有比剛猛更合適的了。因此火性剛烈人們看到後就產生畏懼之情，水性懦弱人便輕慢喜戲。為政之人用寬和來彌補剛猛的不足，用剛猛來彌補寬和的不足。』這樣，安撫統治得體，禍患災難就會消失。」書奏上，皇帝採納了他的意見，免去了朱酺等人的官職。

15 建初元年，升遷五官中郎將，任命三個兒子為郎。馬嚴多次舉薦通達賢能之士，申明冤案，意見多次被採納。又以五官中郎將身分執掌長樂宮衛尉之事。建初二年，被任命為陳留太守。馬嚴上任之時，便對章帝說：「從前顯親侯竇固誤導先帝出兵西域，設置伊吾盧軍屯，耗費很多而沒有什麼益處。還有竇勳被誅殺，他的家人不適合留在京師。」這時竇勳之女為皇后，竇氏正有榮寵，當時旁邊有人偷聽到馬嚴說的話，將這些話告訴竇憲兄弟，因此失去權貴的歡心。馬嚴到任後，嚴明賞罰，揭發奸邪之人，郡內清靜。當時京師諸言傳說賊人將從東方來攻，百姓奔逃，相互驚擾，各郡驚慌失措，各自上報情況。馬嚴考察後認為此本虛無之事，惟獨他不設防備。皇上下詔書責問，派來訊問的驛者不絕於路，馬嚴堅持認為沒有賊人，後果真如其所言。治郡四年，犯有與宗正劉軼、少府丁鴻等人相互轉託辦理私事之錯，徵召任命為太中大夫；十幾天後，升遷將作大匠。建初七年，又犯事免官。以後既被竇氏所忌恨，便不再為官。等到皇帝去世，竇太后臨朝執政，馬嚴便隱居自保，訓導教育子孫。永元十年，在家中去世，時年八十二。

16 弟弟馬敦，官至虎賁中郎將。馬嚴有七個兒子，只有馬續、馬融知名。馬續字季則，七歲時能通《論語》，十三歲時讀懂《尚書》，十六歲研究《詩》，博觀群書，精於《九章算術》。順帝時，任護羌校尉，升遷為度遼將軍，所在之處以恩威並用著稱。馬融自己有傳。

17 馬棱字伯威，馬援的族孫。少年時成為孤兒，依靠堂兄馬毅共同生活，恩情好像親兄弟。馬毅去世後沒有兒子，馬棱為其心中悼念三年。

18 建初年間，擔任郡中功曹，被舉為孝廉。等到馬氏被廢黜以後，肅宗因馬棱行合大義，徵召拜為謁者。章和元年，升遷為廣陵太守。當時穀物昂貴，百姓飢餓，馬棱上奏請求停廢鹽官，以利百姓，賑濟貧苦羸弱之人，減輕賦稅，興修池塘湖泊，灌溉田地兩萬多頃，官吏百姓刻碑頌揚他。永元二年，轉任漢陽太守，以威嚴著稱。大將軍竇憲西進駐屯在武威，馬棱給他提供了很多軍費，為此對百姓徵斂侵奪，竇憲被誅殺，受連坐被判罪。數年以後，江湖中有很多強悍的賊兵，任命馬棱為丹陽太守。馬棱發兵偷襲，將賊兵全部擒滅。轉任會稽太守，治理也有聲望。轉任河內太守。永初中，因事犯罪，在家中去世。

贊曰：伏波好功，爰❶自冀、隴。南靜駱越，西屠燒種❷。徂年❸已流，壯情方勇。明德既升，家祚以興。廖乏三趣❹，防遂❺驕陵。

【章　旨】此贊語寥寥數筆，將馬援一家的榮辱與衰均囊其中。

【注　釋】❶爰　始。❷燒種　羌人中的燒當部落。❸徂年　流年；光陰。❹三趣　此指官居高位，其處世愈是恭敬。趣，同「趨」。小步快走。古代一種示敬的禮節。《左傳・昭公七年》載，正考父佐戴、武、宣，三命茲益共，故其鼎銘云：「一命而僂，再命而傴，三命而俯，循牆而走，亦莫余敢侮？」三命茲益共，指位高而愈恭敬。三命，上卿也。一命、二命、三命指爵位的升遷。僂，低頭。傴，躬身。俯，深度鞠躬，表示爵位愈高愈恭敬。循牆而走，貼近牆根急趨，避開大道之中央，以示恭敬。❺遂　通「墜」。

【語　譯】史官評議說：伏波喜好立功，起家冀縣、隴西。南方平定駱越，西方蕩平燒羌種。年華已經流逝，豪情壯志依舊勇武。明德皇后既立，家運因此興盛。馬廖缺乏恭謹，馬防墜於驕縱。

【研　析】本傳是《後漢書》中充滿文采的一篇著名傳記。此傳記記述了東漢著名世族馬氏的興衰榮辱史，對研究東漢世族與社會具有很高的史料價值。

東漢世族的產生，最主要有三個途徑：一是軍功。這批世族主要產生於東漢初年的開國戰爭中，東漢中後期，在對邊疆少數民族的戰爭中也產生了一批軍功世族。二是皇帝的皇親國戚。東漢一代，皇后多次干政，外戚因此而獲得巨大的利益，一批士人靠姻親關係上升為世族。三是舉薦與考試。官吏的舉薦和官方組織的考試，是東漢官吏任用的兩個重要途徑。通過縱橫政壇，一批士人的家族上升為世族。東漢時期的馬援家族，在光武帝時期屢立戰功，為馬氏世族的繁榮發展打下了堅實的基礎。馬援後人在邊疆所立戰功，為馬氏家族在東漢政壇能夠長時間保持良好發展態勢創造了條件。馬援之女入宮為后，馬氏成為外戚中的重要成員，雖然馬援家族的成員像馬援、馬嚴、馬廖等人均不以身為外戚為尊崇，馬嚴還曾為馬皇后即位之事移居北地，但馬氏因外戚身分在東漢政壇上所取得有利地位是不容否認的。等馬防等人因馬豫怨謗被處分，馬氏便因是外戚而減輕了罪責，沒有像其他世族那樣受到致命的打擊，給馬氏後來的復興留下了機會。

馬氏世族能夠在東漢政壇上活躍多年，還有一個重要原因，便是馬援有良好的家教。馬援一生戎馬，立下赫赫戰功。在對子孫的教育上，馬援也是比較成功的。他告誡姪子的書信，集中代表了他的教子思想。這篇家教名篇，將對子女的教育與東漢的政治風尚緊緊地聯繫在一起，把馬援自己對事物的理解，充滿激情地教導給姪子。馬援姪子馬嚴等，後為馬氏家族的發展做出了不可磨滅的貢獻，這不能說與馬援的教姪書無關。在馬援教導姪子的書信中，沒有提到力戒東漢盛行的奢靡之風一事，馬嚴的兒子們便在這一方面犯下錯誤，馬氏家族也因此一度受到嚴重削弱。馬援教育姪子，有感而發，沒有提到力戒奢侈一事，也是可以理解的。

（魏建震注譯）

卷二十五

卓魯魏劉列傳第十五

【題解】本卷包括卓茂、魯恭、魏霸、劉寬和魯恭的弟弟魯丕的列傳。本列傳所包含的傳主有以下兩個共同特點，其一是傳主本身在東漢政壇上都算不上十分顯赫的人物，他們的事跡對東漢政壇也沒有太大的影響；其二是這些傳主多精通儒術，其行政、奏章與日常處世均以儒家經典作為是非標準，他們道德高尚，為政寬緩，深得百姓愛戴。以儒家經義行政處世，在世家豪強、外戚、宦官有很強勢力的東漢政壇，這無疑是一股清新的氣息，也給世人以無限的慰藉。本列傳特別注重對傳主性格的描寫，而突出傳主性格的往往是生活上和行政上的一些小事，對這些小事的記述，非常生動有趣，讀之使人親臨其境，妙不可言。

1 卓茂，字子康❶，南陽宛❷人也。父祖皆至郡守。茂，元帝時學於長安，事博士江生❸，習詩、禮及曆筭，究極❹師法，稱為通儒。性寬仁恭愛。鄉黨故舊，雖行能與茂不同，而皆愛慕欣欣❺焉。

2 初辟丞相府史，事孔光❻，光稱為長者。時嘗出行，有人認其馬。茂問曰：

「子亡馬幾何時？」對曰：「月餘日矣。」茂有馬數年，心知其謬，嘿❼解與之，挽車而去，顧曰：「若非公馬，幸至丞相府歸我。」他日，馬主別得亡者，乃詣府送馬，叩頭謝之。茂性不好爭如此。

3 後以儒術舉為侍郎❽，給事黃門❾，遷密❿令。勞心諄諄⓫，視人如子，舉善而教，口無惡言，吏人親愛而不忍欺之⓬。人嘗有言部亭長受其米肉遺者，茂辟左右問之曰：「亭長為從汝求乎？為汝有事囑之而受乎？將⓭平居自以恩意⓮遺之乎？」人曰：「往遺之耳。」茂曰：「遺之而受，何故言邪？」人曰：「竊聞賢明之君，使人不畏吏，吏不取人。今我畏吏，是以遺之，吏既卒受，故來言耳。」茂曰：「汝為敝人⓯矣。凡人所以貴於禽獸者，以有仁愛，知相敬事也。今鄰里長老尚致饋遺，此乃人道所以相親，況吏與民乎？吏顧不當乘威力強請求耳。凡人之生，群居雜處，故有經紀禮義以相交接。汝獨不欲修之，寧能高飛遠走，不在人間邪？亭長素善吏，歲時遺之，禮也。」人曰：「苟如此，律何故禁之？」茂笑曰：「律設大法，禮順人情。今我以禮教汝，汝必無怨惡；以律治汝，何所措其手足乎？一門之內，小者可論，大者可殺也。且歸念之！」於是人納其訓，吏懷其恩。初，茂到縣，有所廢置⓰，吏人笑之，鄰城聞者皆蚩其不能。河南郡為置守令[17]，茂不為嫌，理事自若。數年，教化大行，道不拾遺。平帝時，天下大蝗，河南二十餘縣皆被其災，獨不入密縣界。督郵[18]言之，太守不信，自出案行[19]，見乃服焉。

4 是時王莽秉政，置大司農六部丞[20]，勸課農桑，遷茂為京部丞[21]，密人老少皆涕泣隨送。及莽居攝[22]，以病免歸郡，常為門下掾祭酒[23]，不肯作職吏。

5 更始立，以茂為侍中祭酒[24]，從至長安，知更始政亂，以年老乞骸骨[25]歸。

6 時光武初即位，先訪求[26]茂，茂詣河陽[27]謁見。乃下詔曰：「前密令卓茂，束身自修，執節淳固，誠能為人所不能為。夫名冠天下，當受天下重賞，故武王誅紂，封比干之墓，表商容之閭[28]。今以茂為太傅[29]，封褒德侯[30]，食邑二千戶，賜几杖車馬，衣一襲[31]，絮五百斤。」復以茂長子戎為太中大夫[32]，次子崇為中郎[33]，給事黃門。建武四年，薨，賜棺槨冢地，車駕素服親臨送葬。

7 子崇嗣，徙封汎鄉[34]侯，官至大司農。崇卒，子棽嗣。棽卒，子訢嗣。訢卒，子隆嗣。永元十五年，隆卒，無子，國除。

8 初，茂與同縣孔休、陳留[35]蔡勳、安眾[36]劉宣、楚國龔勝、上黨[37]鮑宣六人同志，不仕王莽時，並名重當時。休字子泉，哀帝初，守新都令[38]。後王莽秉權，休去官歸家。及莽篡位，遣使齎玄纁㊴、束帛，請為國師，遂歐血託病，杜門自絕。光武即位，求休、勳子孫，賜穀以旌顯之。劉宣字子高，安眾侯崇㊵之從弟，知王莽當篡，乃變名姓，抱經書隱避林藪。建武初乃出，光武以宣襲封安眾侯。擢龔勝子賜為上谷㊶太守。勝、鮑宣事在前書。勳事在玄孫邕傳。

【章旨】以上為〈卓茂傳〉，介紹卓茂身世，敘述卓茂一生經歷，說明了其受光武帝榮寵的原因。

【注釋】❶字子康 清王先謙《集解》：「李善《文選注》作字子容。」❷宛 縣名。治今河南南陽。❸江生 魯人江翁，昭帝時為博士，號《魯詩》宗，事跡見《漢書・儒林傳》。❹究極 窮盡。❺欣欣 喜歡。❻孔光 字子夏，孔子四十世孫，成帝時為博士，不久為丞相，哀帝時免職，後以日食徵詣公車，復為丞相。事見《漢書・孔光傳》。❼嘿 同「默」。默不作聲。❽侍郎 西漢武帝時置，為光祿勳屬官，執掌宿衛宮室，侍奉皇帝，供尚書、黃門等官署差遣。❾黃門 官署名。其主要職能是供奉天子日用。❿密 縣名。治今河南新密東南。⓫諄諄 忠誠謹慎。語出《詩・抑》：「誨爾諄諄。」⓬吏人親愛而不忍欺之 語出《孔子家語》：「宓子賤，為單父宰，人不忍欺。」⓭將 還是；或者是。⓮恩意 情意；恩情。⓯敝人 德行不高之人。後世以此作為謙稱。⓰廢置 興革。⓱守令 代理縣令。⓲督郵 《續漢志》：「郡監縣有五部，部有督郵掾，以察諸縣也。」⓳案行 巡視。⓴大司農六部丞 王莽攝政，置大司農部丞十三人，人部一州，勸課農桑。《後漢書》和《東觀漢記》都說設置六部。大司農，西漢武帝時開始設置，位列九卿，執掌全國租賦收入和國家財政開支，兼理各地倉儲、水力、官府農業、手工業等。㉑京部丞 六部丞之一，主要職掌為勸課農桑。㉒居攝 攝政。㉓門下掾祭酒 門下掾，泛指州郡府屬吏員中較親近者。祭酒，古代貴族大夫饗宴，以長者酹酒祭神，稱祭酒，後來演化為職官，常指某官署首位官員。㉔侍中祭酒 侍中，列侯以下至郎中的加官，無定員。侍從皇帝左右，出入宮廷。因接近皇帝，地位較顯貴。侍中祭酒即西漢之侍中僕射。㉕乞骸骨 自請退職，意思是讓骨骸回葬故鄉。㉖訪求 探訪尋求。㉗河陽 縣名。治今河南孟津東北黃河北岸。㉘封比干之墓二句 語出《史記・殷本紀》。王子比干，因勸諫紂王被殺；商容為殷商賢臣，武王克殷，命閎天封比干之墓，命畢公表商容之閭。表，旌顯。閭，里門。㉙太傅　本書〈百官志〉：「本注曰：掌以善導，無常職，世祖以卓茂為太傅，薨，因省。其後每帝初即位，輒置太傅，錄尚書事，薨，輒省。」㉚褒德侯　《東觀漢記》、《續漢書》皆作宣德侯。《集解》：「洪頤煊曰：二十八將論亦作太傅宣德侯卓茂。」㉛襲　衣服單複成套稱為襲。㉜太中大夫　光祿勳屬官，俸祿千石。㉝中郎　郎官之一，位在侍郎、郎中之上，東漢中郎名義上職宿衛，實際上為後備官員，無固定職掌，常給事於朝廷各機構。㉞汎鄉　在琅邪郡不其縣（今山東即墨西南）。㉟陳留　縣名。治今河南開封東南。㊱安眾　縣名。治今河南鄧州東。㊲上黨　郡名。治長子（今山西長子）。㊳守新都令　擔任新都縣代理縣令。新都，縣名。屬南陽郡。治今河南新野境。㊴玄纁　黑色和淺紅色的布帛，後世帝王用作延聘賢士的禮品。㊵安眾侯崇　《集解》：「顧炎武曰：《漢書》表云安眾侯崇居攝元年舉兵，為王莽所滅。」㊶上谷　郡名。治沮陽（今河北懷來東南）。

【語　譯】卓茂，字子康，南陽宛人。父親祖父都官至郡中太守。卓茂，元帝時在長安學習，師事博士江生，學習《詩》、《禮》和曆法算術，究盡先生之法，被稱為博通儒士。性格寬厚仁義，恭敬慈愛。鄉親舊交，雖然品性和能力與卓茂不同，都非常愛慕喜歡他。

2 起初被徵召任命為丞相府史，事奉孔光，孔光稱讚其為長者。當時有一次外出，有人指認他的馬是自己的馬。卓茂問道：「先生的馬亡失多久了？」那人回答說：「一個多月了。」卓茂擁有此馬已經很多年，心中知道那人指認錯了，默默地解下馬送給了他，手挽著車回去了，回頭對那人說：「如果不是先生的馬，希望您到丞相府還給我。」過了幾天，馬的主人找到了自己丟失的馬，於是到丞相府送馬給卓茂，叩頭謝罪。卓茂不喜與人爭的性格就是如此。

3 後來因精於儒術被舉薦擔任侍郎，在黃門供事，升遷為密縣縣令。他費盡心思，忠誠謹慎，將百姓看作子女一般，舉薦善人進行教化，口中從不出邪惡之語，官吏百姓親近愛戴而不忍心欺侮他。曾經有一個人說管轄自己的亭長接受了他的米肉饋贈，卓茂讓左右的人迴避問這個人說：「亭長是從你那裡索取的呢？還是因為你有事委託他送給他的呢？或者是平時閒居自以為有情意贈送給他的呢？」那人說：「是平時交往送給他的。」卓茂說：「贈送給他而接受，為什麼還要提起此事呢？」那人說：「我私下聽說賢明的君主，讓百姓不害怕官吏，官吏不從百姓處索取。如今我害怕官吏，因此贈送給他，既然官吏最終接受了餽贈，因此我才來告發。」卓茂說：「你是一個德行不高的人。人比禽獸高貴的原因，是因為人有仁愛之心，知道相互尊敬對方。如今鄰里的長老還要接受餽贈，這本是人相親之道，況且是官吏與百姓呢？官吏當然不應當憑威力向百姓強行索取。人生在世，一起生活，交錯雜居，因此有法度禮義用於相互交往。惟獨你不想遵守法度禮儀嗎？難道你能遠走高飛，不生活在人世間嗎？亭長平素是個和善的官吏，過年時送他禮物，是合乎禮儀的。」那人說：「假如是這樣，法律為什麼要禁止這種事？」卓茂笑著說：「法律之設是大法，禮義順應人情。現在我用禮義教你，你必然沒有什麼怨恨的；用法律制裁你，你有什麼辦法呢？就是這同一件事，輕的處置可以是論罪，重的處理可以殺頭。你先回去考慮考慮吧！」於是那個人接受了他的教訓，官吏感激他的恩德。起初，卓茂剛到密縣，有所興革，官吏們譏笑他，鄰近城邑聽說這件事的人都嗤笑他沒有才能。河南郡給密縣設置了代理縣令，與卓茂一起處理政事，卓茂並不以此為意，仍像往常一樣處理政事。幾年過去了，教化大行，道不拾遺。平帝在位時，天下蝗蟲橫行，河南二十多縣都遭受蝗災，蝗蟲惟獨沒有進入密縣界。督郵將這件事告訴太守，太守不信，親自到密縣進行巡視，親眼見到後才佩服卓茂的品行。

4 這時王莽執政，設置大司農六部丞，勸課農桑，升遷卓茂為京部丞，密縣老少百姓都涕泣相隨送行。等到王莽攝政，因病免職回歸本郡，經常擔任門下掾的祭酒，不肯出任辦理具體事物的吏職。

5 更始帝即位，任命卓茂為侍中祭酒，跟隨更始帝到了長安，卓茂知道更始政事混亂，以年老為藉口，請求告老回鄉。

6 此時光武帝剛剛即位，首先探訪尋求卓茂，卓茂到河陽謁見光武帝。光武帝於是下詔說：「前任密縣縣令卓茂，約束自身，修練品行，所操氣節淳厚堅定，實在是能做常人所不能做的事情。名冠天下之人，應當受天下重賞，所以從前武王誅伐紂王後，增封比干之墳墓，旌表商容所在的閭里。現在任命卓茂為太傅，封為褒德侯，食邑二千戶，賜給几杖車馬，衣服一套，絮五百斤。」又任命卓茂的長子卓戎為太中大夫，次子卓崇為中郎，在黃門供職。建武四年，卓茂去世，皇上賜給他棺槨和墳冢之地，皇上親自穿著素服給他送葬。

7 兒子卓崇承嗣侯位，遷徙封為汎鄉侯，官至大司農。卓崇去世，兒子卓棽承嗣侯位。卓棽去世，兒子卓訢承嗣侯位。卓訢去世，兒子卓隆承嗣侯位。永元十五年，卓隆去世，沒有兒子，封國被除去。

8 起初，卓茂與同縣孔休、陳留蔡勳、安眾劉宣、楚國龔勝、上黨鮑宣等六人志同道合，在王莽時期不出仕做官，他們全都名重當時。孔休字子泉，哀帝初年，擔任新都縣代縣令。後王莽掌權，孔休辭官回家。等到王莽篡位，派遣使者帶著黑色和淺紅色的布帛、及成捆的絹帛，請他擔任國師，孔休於是吐血託病，閉門自絕於世。光武帝即位後，尋求孔休、蔡勳的子孫，賜給他們穀物進行表彰以使他們顯名當世。劉宣字子高，安眾侯劉崇之堂弟，他知道王莽將會篡位，於是改變名姓，帶著經書隱避在林藪之中。建武初年才走出山林，光武帝任命劉宣承襲安眾侯的封爵。提拔龔勝的兒子龔賜為上谷太守。龔勝、鮑宣事跡在《漢書》。蔡勳事跡在他的玄孫蔡邕的傳中。

論曰：建武之初，雄豪方擾，虓呼者連響❶，嬰城❷者相望，斯固倥傯不暇給之日❸。卓茂斷斷❹小宰，無它庸能❺，時已七十餘矣，而首加聘命，優辭重禮，其與周、燕之君表閭立館❻何異哉？於是蘊憤歸道之賓❼，越關阻，捐宗族，以排金門❽者眾矣。夫厚性寬中近於仁，犯而不校鄰於恕❾，率斯道也，怨悔曷其至乎！

【章旨】史家此段評論，揭示了為卓茂立傳的真正意義，在於凸顯光武的優禮卓茂，能旌示當世，為士人立表率，激勵士人歸順。

【注釋】❶虓呼者連響　像虎一樣的怒吼聲此伏彼起。虓，虎怒的樣子。語出《詩・常武》：「王奮厥武，如震如怒。進厥虎臣，闞如虓虎。」❷嬰城　環城而守。❸斯固倥傯不暇給之日　這個時候確實是事物紛雜，沒有一點空閒的時候。倥傯，事情紛繁迫促。❹斷斷　專誠守一。❺庸能　有用的才能。庸，用也。❻周燕之君表閭立館　周武王表商容之閭已見前注；燕君立館之典出自《史記・燕召公世家》：燕昭王即位，欲雪齊恥，以招賢者，得郭隗，為築宮而師事之。❼蘊憤歸道之賓　滿懷悲憤欲歸順道義的賓客。❽金門　即金馬門。漢代宮門名，學士待詔之處。❾犯而不校鄰於恕　受到侵犯而不進行報復近於寬恕。校，報復。鄰，近也。曾子曰：「犯而不校。」

【語譯】史家評論說：建武初年，英雄豪傑紛紛崛起，像虎一樣的怒吼聲此伏彼起，響聲連成一片，環城而守的到處可見，這個時候確實是事物紛雜，沒有一點空閒的時候。卓茂是個專誠守一的小官吏，沒有其他有用的才幹，當時已經七十多歲了，而首先得到皇帝的聘任，以及美好的讚揚之辭與貴重的禮物，這與周、燕的君主表商容之閭、為郭隗立館有什麼不同呢？於是滿懷悲憤之情想回歸道義的賓客，衝破重重障礙，捐棄自己的宗族，排在金門之外等待召見的人多了。性情寬厚溫和接近於仁，受到侵犯而不進行報復近於寬恕，遵守這樣的原則，怎麼會招來別人的怨恨呢！

1 魯恭，字仲康，扶風平陵❶人也。其先出於魯頃公❷，為楚所滅，遷於下邑❸，因氏焉。世吏二千石，哀平間，自魯而徙。祖父匡，王莽時，為羲和❹，有權數❺，號曰「智囊」。父某，建武初，為武陵❻太守，卒官。時恭年十二，弟丕七歲，晝夜號踴❼不絕聲，郡中賻贈❽無所受，乃歸服喪，禮過成人，鄉里奇之。十五，與母及丕俱居太學，習魯詩❾，閉戶講誦，絕人間事，兄弟俱為諸儒所稱，學士爭歸之。

2 太尉趙憙[10]慕其志，每歲時遣子問[11]以酒糧，皆辭不受。恭憐丕小，欲先就其名，託疾不仕。郡數以禮請，謝不肯應，母強遣之，恭不得已而西，因留新豐[12]教授。建初初，丕舉方正[13]，恭始為郡吏。太傅趙憙[14]聞而辟之。肅宗[15]集諸儒於白虎觀，恭特以經明得召，與其議。

3 憙復舉恭直言[16]，待詔公車[17]，拜中牟[18]令。恭專以德化為理，不任刑罰。訟人許伯等爭田，累守令不能決，恭為平理曲直，皆退而自責，輟耕相讓。亭長從人借牛而不肯還之，牛主訟於恭。恭召亭長，敕令歸牛者再三，猶不從。恭歎曰：「是教化不行也。」欲解印綬去。掾史[19]泣涕共留之，亭長乃慙悔，還牛，詣獄受罪，恭貰[20]不問。於是吏人信服。建初七年，郡國螟傷稼，犬牙緣界，不入中牟。河南尹袁安[21]聞之，疑其不實，使仁恕掾肥親[22]往廉[23]之。恭隨行阡陌[24]，俱坐桑下，有雉過，止其傍。傍有童兒，親曰：「兒何不捕之？」兒言「雉方將雛」。親瞿然[25]而起，與恭訣曰：「所以來者，欲察君之政迹耳。今蟲不犯境，此一異也；化及鳥獸，此二異也；豎子有仁心，此三異也。久留，徒擾賢者耳。」還府，具以狀白安。是歲，嘉禾生恭便坐廷中[26]，安因上書言狀，帝異之。會詔百官舉賢良方正，恭薦中牟名士王方，帝即徵方詣公車，禮之與公卿所舉同，方致位侍中。恭在事三年，州舉尤異，會遭母喪去官，吏人思之。

4 後拜侍御史㉗。和帝初立，議遣車騎將軍竇憲與征西將軍耿秉擊匈奴㉘，恭上疏諫曰：

5 「陛下親勞聖思，日昃不食㉙，憂在軍役，誠欲以安定北垂，為人除患，定萬世之計也。臣伏獨思之，未見其便。社稷之計，萬人之命，在於一舉。數年以來，秋稼不熟，人食不足，倉庫空虛，國無畜積㉚。會新遭大憂㉛，人懷恐懼。陛下躬大聖之德，履至孝之行，盡諒陰三年㉜，聽於冢宰㉝。百姓闕然㉞，三時不聞警蹕之音㉟，莫不懷思皇皇，若有求而不得㊱。今乃以盛春之月，興發軍役，擾動天下，以事戎夷，誠非所以垂恩中國，改元正時㊲，由內及外也。

6 「萬民者，天之所生。天愛其所生，猶父母愛其子。一物有不得其所者，則天氣為之舛錯㊳，況於人乎？故愛人者必有天報。昔太王重人命而去邠㊴，故獲上天之祐。夫戎狄者，四方之異氣也。蹲夷踞肆㊵，與鳥獸無別。若雜居中國，則錯亂天氣，汙辱善人，是以聖王之制，羈縻㊶不絕而已。

7 「今邊境無事，宜當脩仁行義，尚於無為，令家給人足，安業樂產。夫人道乂於下，則陰陽和於上，祥風時雨，覆被遠方，夷狄重譯㊷而至矣。易曰：『有孚盈缶，終來有它吉㊸。』言甘雨滿我之缶，誠來有我而吉已㊹。夫以德勝人者昌，以力勝人者亡。今匈奴為鮮卑所殺㊺，遠臧於史侯河西㊻，去塞數千里，而欲乘其虛耗，利其微弱，是非義之所出也。前太僕祭肜遠出塞外㊼，卒不見一胡而兵已困矣。白山之難㊽，不絕如綖㊾，都護陷沒，士卒死者如積㊿，迄今被其辜毒。孤寡哀思之心未弭，仁者念之，以為累息(51)，柰何復欲襲其迹，不顧患難乎？今始徵發，而大司農調度不足，使者在道，分部督趣(52)，上下相迫，民間之急亦已甚矣。三輔(53)、并、涼少雨，麥根枯焦，牛死日甚，此其不合天心之效也。群僚百姓，咸曰不可，陛下獨柰何以一人之計，棄萬人之命，不卹其言乎？上觀天心，下察人志，足以知事之得失。臣恐中國不為中國，豈徒匈奴而已哉！惟陛下留聖恩，休罷士卒，以順天心。」

8 書奏，不從。每政事有益於人，恭輒言其便，無所隱諱。

9 其後拜為魯詩博士，由是家法(54)學者日盛。遷侍中，數召讌見(55)，問以得失，賞賜恩禮寵異焉。遷樂安相(56)。是時東州(57)多盜賊，群輩攻劫，諸郡患之。恭到，重購賞，開恩信，其渠帥(58)張漢等率支黨降，恭上以漢補博昌(59)尉，其餘遂自相捕擊，盡破平之，州郡以安。

10 永元九年，徵拜議郎[60]。八月，飲酎[61]，齋會章臺[62]，詔使小黃門[63]特引恭前。其夜拜侍中，敕使陪乘[64]，勞問甚渥[65]。冬，遷光祿勳[66]，選舉清平，京師貴戚莫能枉其正。十三年，代呂蓋為司徒[67]。十五年，從巡狩南陽[68]，除子撫為郎中，賜駙馬從駕[69]。時弟丕亦為侍中。兄弟父子並列朝廷。後坐事策免[70]。殤帝即位，以恭為長樂衛尉。永初元年，復代梁鮪[71]為司徒。

11 初，和帝末，下令麥秋得案驗薄刑[72]，而州郡好以苛察為政，因此遂盛夏斷獄。恭上疏諫曰：

12 「臣伏見詔書，敬若天時[73]，憂念萬民，為崇和氣，罪非殊死，且勿案驗。進柔良，退貪殘，奉時令[74]。所以助仁德，順昊天，致和氣，利黎民者也。

13 「舊制至立秋乃行薄刑，自永元十五年以來，改用孟夏[75]，而刺史、太守不深惟憂民息事之原，進良退殘之化，因以盛夏徵召農人，拘對考驗，連滯[76]無已。司隸[77]典司京師，四方是則，而近於春月分行諸部，託言勞來貧人，而無隱惻之實，煩擾郡縣，廉考[78]非急，逮捕一人，罪延十數[79]，上逆時氣，下傷農業。案易五月姤用事[80]。經曰：『后以施令誥四方[81]。』言君以夏至之日，施命令止四方行者，所以助微陰也[82]。行者尚止之，況於逮召考掠，奪其時哉！

14 「比年水旱傷稼，人飢流宂[83]。今始夏，百穀權輿[84]，陽氣胎養之時。自三月以來，陰寒不暖，物當化變而不被和氣。月令[85]：『孟夏斷[86]薄刑，出輕繫。行秋令則苦雨數來，五穀不熟。』又曰：『仲夏挻[87]重囚，益其食。行秋令則草木零落，人傷於疫。』夫斷薄刑者，謂其輕罪已正，不欲令久繫，故時斷之也。臣愚以為今孟夏之制，可從此令，其決獄案考，皆以立秋為斷，以順時節，育成萬物，則天地以和，刑罰以清矣。」

15 初，肅宗時，斷獄皆以冬至之前，自後論者互多駮異[88]。鄧太后[89]詔公卿以下會議[90]，恭議奏曰：

16 「夫陰陽之氣，相扶而行，發動用事，各有時節。若不當其時，則物隨而傷。王者雖質文不同，而茲道無變，四時之政，行之若一。月令，周世所造，而所據皆夏之時[91]也，其變者唯正朔、服色、犧牲、徽號、器械而已[92]。故曰：『殷因於夏禮，周因於殷禮，所損益可知也[93]。』易曰：『潛龍勿用[94]。』言十一月、十二月陽氣潛臧，未得用事。雖煦嘘[95]萬物，養其根荄[96]，而猶盛陰在上，地凍水冰，陽氣否隔[97]，閉而成冬。故曰：『履霜堅冰，陰始凝也。馴致其道，至堅冰也[98]。』言五月微陰始起，至十一月堅冰至也。

17 「夫王者之作，因時為法。孝章皇帝[99]深惟[100]古人之道，助三正之微[101]，定律著令，冀[102]承天心，順物性命，以致時雍[103]。然從變改以來，年歲不熟，穀價常貴，人不寧安。小吏不與國同心者，率[104]入十一月得死罪賊，不問曲直，便即格殺，雖有疑罪，不復讞正[105]。一夫吁嗟，王道為虧[106]，況於眾乎？易十一月『君子以議獄緩死[107]』。可令疑罪使詳其法，大辟之科，盡冬月乃斷。其立春在十二月中者，勿以報囚[108]如故事。」

18 後卒施行。

【章　旨】以上是〈魯恭傳〉的第一部分，通過生動的事例記述魯恭的品德和政績。他一篇有關盛夏斷獄的諫言疏，闡述了順天時而用刑，追求天人和諧的刑法思想。

【注　釋】❶平陵　縣名。治今陝西咸陽西北。❷魯頃公　名讎，魯文公之子，戰國時魯國國君，西元前二七三—前二五六年在位。頃公十七年魯被楚所滅，他本人被遷於莒（今山東莒縣），後在柯（今山東陽穀）去世。❸下邑　《史記·魯周公世家》《集解》徐廣：下一作「卞」。《索隱》：下邑謂國外之小邑，本或作「卞邑」。❹羲和　王莽時改大司農為羲和。❺權數　權術謀略。唐李賢注，魯匡設六筦之法以窮工商，因此稱為權數。❻武陵　郡名。治臨沅（今湖南常德）。❼號踴　號哭頓足。❽賻贈　為助葬贈送的財物。《公羊傳》：「貨財曰賻。」❾魯詩　《詩》今文學派之一。西漢高祖時魯人申公傳授，文帝時《魯詩》立博士，列於官府。《魯詩》傳授注重讀經本文，口說其意而不作傳注，遇有難點，多存疑而不為之說。❿太尉趙憙　太尉，三公之一，掌四方兵事，功課歲盡，即上奏朝廷而行賞罰，世祖即位時為大司馬，建武二十七年改太尉。趙憙，字伯陽，曾任平原太守，擢舉義行，誅鋤奸惡，後任太尉、太傅，因勤於職守，深受顯宗寵信。⑪問　饋贈。⑫新豐　縣名。治今陝西西安東北。⑬方正　漢代察舉科目之一，西漢文帝二年（西元前一七八年）開始設立，多與賢良並稱賢良方正。東漢沿置。⑭太傅趙憙　即前文太尉趙憙，時改任太傅。⑮肅宗　章帝劉炟諡號，西元七五－八八年在位，其事詳見本書卷三。⑯直言　選舉科目之一，直言敢諫者被推薦為此科。⑰待詔公車　漢代徵召士人，未有正官者均待詔公車，特異的待詔金馬門，以備顧問。⑱中牟　縣名。治今河南中牟東。⑲掾史　屬官的統稱。漢代三公府及其他重要官府皆置掾、史、屬，分曹治事，掾為曹長，史、屬為副貳。《續漢志》：「縣置掾史如郡。」⑳貰　寬恕。㉑河南尹袁安　河南，郡名。治洛陽（今河南洛陽東北）。袁安，字邵公，汝南汝陽人，曾任陰平長、任城令、河南尹、太僕等職，所任之處均有美名。其事詳見本書卷四十五。㉒仁恕掾肥親　仁恕掾，主獄，屬河南尹，見《漢官儀》。肥親，本書僅載此一事，他事不詳。㉓廉　察。㉔阡陌　田野；壟畝。㉕瞿然　驚異的樣子。㉖嘉禾生恭便坐廷中　有象徵祥瑞的嘉禾生長在魯恭所居廂房庭院中。嘉禾，生長奇異的禾，古人以為吉祥的象徵。典出《尚書・微子之命》：「唐叔得禾，異畝同穎，獻諸天子，王命唐叔歸周公於東，作〈歸禾〉。周公既得命禾，旅天子之命，作〈嘉禾〉。」便坐，別室；廂房。㉗侍御史　少府屬官，俸祿六百石，本書〈百官志三〉：「本注曰：掌察舉非法，受公卿郡吏奏事，有違失舉劾之。」㉘竇憲與征西將軍句　竇憲，事見本書卷二十三。耿秉，字伯初，扶風茂陵（今陝西興平）人。明帝時任駙馬都尉，永平十七年（西元七四年），與竇固一起出兵，擊敗北匈奴在車師一帶的勢力，後任征西將軍，永元元年，又與竇憲一起出兵大敗北匈奴，其事詳見本書卷十九。㉙日昃不食　太陽已偏西還不吃飯。表示為政者勤於政事。昃，同「昃」。日過午，太陽偏西。㉚畜積　積聚。㉛大憂　皇帝死喪。這裡指章帝去世。㉜諒陰三年　居喪三年。語出《論語・憲問》，子張曰：「《書》云：『高宗諒陰，三年不言』，何謂也?」諒陰，天子居喪之名。㉝聽於冢宰　《論語・憲問》：「君薨，百官總己以聽於冢宰，三年。」冢宰，太宰。㉞闕然　心中若有所失。㉟三時不聞警蹕之音　和帝章和二年二月即位，明年春議擊匈奴，帝在諒陰不出，故百姓三時不聞警蹕。三時，指夏、秋、冬。警蹕，天子出警入蹕。㊱莫不懷思皇皇二句　《禮記・檀弓》：「魯人顏丁善居喪，始死，皇皇然如有求而不得。」魯恭引用此典，意思是百姓思念已去世的皇帝，好像有所求而不得。皇皇，惶恐；彷徨不安。㊲改元正時　改用新年號，校正曆法時日。㊳舛錯　錯亂。㊴昔太王重人命而去邠　《史記・周本紀》：「古公曰：『有民立君，將以利之，今戎狄所為攻戰，以吾地與民。民之在我與其在彼何異，民欲以我故戰，殺人父子而君之，予不忍為。』乃與私屬遂去豳，止於岐下，邠人舉國扶老攜弱盡復歸於岐下。」古公後被周人尊為太王。㊵蹲夷踞肆　蹲夷，似坐而臀不著地。踞肆，傲慢無禮。㊶羈縻　約束。《字書》：

「羈，馬絡頭也。」《蒼頡篇》：「縻，牛繮也。」㊷重譯　經過幾次翻譯，指偏遠地區。㊸有孚盈缶二句　《易・比卦》辭。孚，誠信。缶，土器。王弼注：「親乎天下，著信盈缶，應者豈一道而來，故必有他吉也。」㊹言甘雨滿我之缶二句　〈比卦〉坤下坎上，坤為土缶之象，坎為水雨之象，坎在坤上，因此說甘雨滿我之缶。有誠信，則他人來附而吉也。㊺今匈奴為鮮卑所殺　章和元年十月，北匈奴為鮮卑所殺，降者十餘萬。事見《後漢紀》。㊻遠臧於史侯河西　遠遠藏在史侯河西邊。臧，通「藏」。藏匿。史侯河，疑即安侯河，即今蒙古國境內之鄂爾渾河。㊼前太僕祭彤遠出塞外　永平十六年，竇固、祭彤、耿秉、來苗等四道出擊匈奴。竇固至天山，擊走呼衍王，彤坐不至涿邪山，無所見而還，下獄免為庶人。事見本書卷八十九。祭彤，字次孫，祭遵之堂弟，曾為黃門侍郎、偃師長令、遼東太守，率軍大破鮮卑軍，並用歸附的烏桓削弱匈奴，頗見成效，其事詳見本書卷二十。㊽白山之難　白山，即天山。祭彤、竇固等人一起出擊匈奴，竇固到達天山，祭彤回到京師，因罪下獄，稱為白山之難。㊾不絕如綖　綖，同「線」。《公羊傳》：「中國不絕若綖。」㊿都護陷沒二句　永平末年，龜茲、焉耆共同攻沒都護陳睦，殺吏士二千餘人，事見本書〈西域傳〉。(51)累息　長歎。(52)督趣　督促。(53)三輔　京兆尹、左馮翊、右扶風合稱三輔，轄境相當今陝西中部地區。(54)家法　漢初儒家傳授經學，都由口授，數傳之後，句讀義訓互有歧異，乃分為各家。師所傳授，弟子一字不能改變，界限甚嚴，稱為家法。(55)讌見　皇帝在內廷召見臣下。(56)樂安相　章帝之孫千乘王劉寵之相。和帝改千乘國為樂安國，故城在今山東博興西北。(57)東州　古代泛稱東方為東州。(58)渠帥　指盜寇的首領。(59)博昌　縣名。治今山東博興東。(60)議郎　光祿勳屬官，執掌顧問應對，參與議政，指陳得失，為皇帝近臣，秩比六百石，除議政外，有時也給事宮中近署。(61)飲酎　喝反覆多次釀成的醇酒，此為一種正尊卑的古禮。(62)齋會章臺　齋會，漢代天子祭祀宗廟時的集會。章臺，咸陽城內宮殿名，在渭水南岸。(63)小黃門　小太監。(64)拜侍中二句　《集解》：「惠棟曰：《續漢志》侍中顧問應對，法駕出則多識者一人參乘，餘皆騎在乘輿後。」(65)渥　濃厚；優厚。(66)光祿勳　本書〈百官志二〉：卿一人，中二千石。本注曰：掌宿衛宮殿門戶，典謁署郎更直執戟，宿衛門戶，考其德行而進退之。(67)代呂蓋為司徒　呂蓋，字君上，河南苑陵人。永元九年，以光祿勳身分替代呂蓋為司徒，後被魯恭代替；《集解》王先謙：「菀陵官本作苑陵，案，和紀九年『呂蓋為司徒』，注云『蓋字君玉』，宛陵人，官本同續志，河南尹正作苑陵，宛、苑本通，菀則誤字，君上亦君玉之殘形。」(68)南陽　郡名。治宛（今河南南陽）。(69)駙馬從駕　皇帝出行時副車的從駕。駙，副也，非正所乘皆為副。《說文》：「駙馬，副馬也。」(70)坐事策免　《續漢書》：「坐族弟弘農都尉炳事免官也。」策免，帝王以策書免官。(71)梁鮪　《漢官儀》：「鮪，字伯元，河東平陽人也。」(72)案驗薄刑　案驗，查詢驗證。薄刑，輕刑。

(73)敬若天時　恭敬地順應天時。若，順。語出《尚書．堯典》：「乃命羲和，欽若昊天，敬授人時。」(74)奉時令　順月令以行事。(75)孟夏　夏季的第一個月，即四月。(76)連滯　牽扯；延緩。《集解》：「《通鑑》胡注：『連謂獄辭相連也，滯謂留滯決也。』」(77)司隸　司隸校尉的省稱。據本書〈百官志〉：「一人，比二千石。本注曰：孝武帝初置，持節，掌察舉百官以下及京師近郡犯法者。元帝去節，成帝省。建武中復置，並領一州。」《漢官儀》曰：「司隸校尉董領京師及三輔、三河、弘農。」(78)廉考　查辦；審理。(79)逮捕一人二句　逮，涉及。二句意為言詞涉及到的，即進行追捕。《集解》清王先謙補曰：「袁《紀》作『有疑罪延及良人數十人。』」(80)案易五月姤用事　李賢注引《東觀漢記》：「五月，〈姤卦〉用事」，〈姤卦〉〈巽〉下〈乾〉上，初六，一陰爻生，為五月之卦也。姤本多作「后」，古字通。(81)后以施令誥四方　《易．姤卦》〈象〉曰：「天下有風，姤，后以施令誥四方。」乾為天，人君之象，巽為風，號令之象，后，君也，用此辭比喻人君施號令。誥，治理。《集解》：「錢大昕曰：鄭康成《易》誥作詰，注云，詰，止也。此傳云『君以夏至之日施命，令止四方行者』，則恭所引《易》亦作詰矣。後人據王輔嗣本改為誥爾。惠棟曰：陸氏《經典釋文》『誥四方』，鄭玄、王肅『詰四方』，詰，止也，與魯恭合，《東觀》書自作詰，後人習于王弼之學改詰為誥，非《後漢》本文也。」(82)言君以夏至之日三句　《易．復卦》曰：「先王以至日閉關，商旅不行。」故夏至宜止行也。五月陰氣始生，故曰微陰。(83)宂　散。(84)權輿　開始生長。(85)月令　《禮記》篇名。又見於《呂氏春秋》十二紀中。記述每年夏曆十二個月的時令及其相關事物，並把各類事物歸納在五行相生的系統中，比最早的行事月曆《夏小正》內容豐富而系統。(86)斷　《集解》惠棟曰：「高誘注云：斷者，定其輕重而施行也。」(87)挻　寬恕。(88)駮異　差異；不同。(89)鄧太后　和帝皇后，名綏，鄧禹的孫女，曾臨朝聽政，其事詳見本書卷十上。(90)會議　一起商議討論。(91)夏之時　夏時以建寅為正，服色、犧牲、徽號、器械都崇尚黑。(92)其變者唯正朔句　周以夜半為朔，殷以雞鳴為朔，夏以平旦為朔。祭天地宗廟曰犧，卜得吉曰牲。徽號，旌旗之名。器械，禮樂之器及甲兵。(93)殷因於夏禮三句　語出《論語．為政》：「殷因於夏禮，所損益可知也；周因於殷禮，所損益可知也。」(94)潛龍勿用　《易．乾卦》初九爻辭。龍比喻陽氣。(95)煦嘘　嘘氣使暖和。(96)荄　根。(97)否隔　隔絕不通。(98)履霜堅冰四句　《易．坤卦》〈象〉辭。意思是陰以卑順為道，逐漸達到顯著，猶自履霜而至堅冰。馴，順。(99)孝章皇帝　即肅宗。(100)惟　思考。(101)三正之微　三正，即三微。《漢書音義》：「言陽氣始施，萬物微而未著，故曰微。」李賢注：「一曰天統，謂周十一月建子為正，天始施之端也。二曰地統，謂殷十二月建丑為正，地始化之端也。三曰人統，謂夏十三月建寅為正，人始成之端也。」(102)冀　希望。(103)時雍　和熙。(104)率　全部。(105)讞正　審正並駁議。(106)一夫吁嗟二句　《集解》：「惠棟曰：〈鮑昱傳〉云『一人吁嗟，王政為虧』，蓋古有是語，未詳所出。」吁嗟，慨歎。107君子以議獄緩死　《易・中孚》〈象〉辭。108報囚　奏請報決。

【語譯】魯恭，字仲康，扶風平陵人。他的祖先出自魯頃公，魯國被楚滅亡，魯頃公遷到國都外的小邑，因此以魯為氏。世代為二千石官吏，哀帝、平帝年間，從魯國遷徙到扶風。祖父魯匡，王莽時擔任羲和，有權術謀略，號稱「智囊」。父親魯某，建武初年，擔任武陵太守，在官任去世。當時魯恭十二歲，弟弟魯丕七歲，二人晝夜號哭頓足，哭聲不斷，同郡中人有送助葬財物的，他們全都不接受，於是回歸本郡服喪，執行喪禮超過成年人，鄉里人都感到很奇特。十五歲時，魯恭與母、魯丕一起住在太學，學習《魯詩》，關閉門戶講誦《魯詩》，不參與人間俗事，兄弟二人都受到儒生們的稱讚，學士們紛紛投奔到他們門下。

2 太尉趙憙愛慕他的志趣，每次過年時派遣兒子贈送給他酒和糧，魯恭全部辭掉從不接受。魯恭憐惜魯丕年小，想先成就他的名聲，託病不出仕。扶風郡多次以禮相請，魯恭推辭不肯答應，母親強行要他前去，魯恭不得已才西行，於是留在新豐教授生徒。建初初年，魯丕被舉薦為方正，魯恭才開始擔任郡吏。太傅趙憙聽說後徵召他。肅宗在白虎觀召集儒生們，魯恭因為通曉經術而被特意召見，參與他們的討論。

3 趙憙又舉薦魯恭為直言，待詔公車，被任命為中牟縣令。魯恭專門以德化為治理手段，不施用刑罰。訴訟之人許伯等爭奪田產，歷任郡守縣令都沒能解決，魯恭為他們評說是非曲直，他們全都回到家中自我責備，停下耕種的田地相互推讓。有個亭長從別人處借了牛而不肯歸還，牛的主人告到魯恭處。魯恭召來亭長，再三下令讓他歸還牛，亭長還是不聽從。魯恭感歎地說：「這是教化沒有實行啊。」準備解下印綬辭官而去。縣中屬吏哭泣著一起挽留他，亭長於是非常慚愧後悔，歸還了牛，自己到獄中接受治罪，魯恭寬恕了他，沒有責問其罪責。於是官吏們對他非常信任佩服。建初七年，蝗蟲傷害郡國的莊稼，所傷害之處沿邊界呈犬牙狀，沒有進入中牟境內。河南尹袁安聽說這件事，懷疑其不真實，派仁恕掾肥親前往查看。魯恭隨著肥親行走在田野之中，他們一起坐在桑樹下，有野雞飛過，落在他們旁邊。旁邊有個小孩，肥親說：「你為什麼不抓捕那野雞？」小孩說「野雞正要哺乳牠的幼雞」。肥親驚異地站起身來，與魯恭告別說：「我來的目的，是想考察先生的政績。如今蝗蟲不侵犯邊境，這是第一個奇異事；德化施及鳥獸，這是第二個奇異事；小孩子也有仁愛之心，這是第三件奇異事。在這裡長久停留，只會驚擾賢能的人。」回到府中，將看到的情景全部告訴袁安。這一年，象徵祥瑞的嘉禾生長在魯恭廂房庭院中，袁安於是上書說明情況，皇帝感到非常奇異。恰好遇到皇上下詔讓百官舉薦賢良方正，魯恭舉薦中牟名士王方，皇帝即徵召王方到公車，給他的禮遇與公卿所舉薦的人相同，王方官位做到了侍中。魯恭任職三年，州中舉薦其政績優異，後因遭遇母親去世，辭去官職，官吏百姓都很思念他。

4 後來被任命為侍御史。和帝初即位，商議派遣車騎將軍竇憲和征西將軍耿秉出擊匈奴，魯恭上疏勸諫說：

5 「皇上親自勞聖心思考，太陽已偏西還不吃飯，為軍役之事憂心忡忡，實在是想制定出安定北部邊疆，為百姓除去禍患，安定萬世的計策。為臣私下獨自思考這件事，沒有看到其中的便利。國家大計，數萬人的性命，在此一舉。數年以來，秋天的莊稼沒有收成，百姓糧食不足，倉庫空虛，國家沒有積蓄。現在又遭遇先帝駕崩，人心恐懼。陛下躬行大聖之品德，行至孝之事，居喪三年，政令聽命於太宰。百姓心中若有所失，夏、秋、冬三時聽不到皇帝警蹕之音，百姓們人心惶惶，好像有所求而得不到。如今便在盛春之月，大興軍役，擾動天下，進攻戎夷，實在不是垂恩中國，改元正時，由內到外的良策。

6 「萬民，是上天所生。上天珍愛其所生，就好像父母珍愛他們的孩子。有一樣東西不得其所，天氣就會因它而發生錯亂，況且是人呢？因此愛人的必會受到上天的報答。從前太王重視人之生命離開邠地，因此受到上天的保祐。戎狄，是四方異氣。平坐踞傲，肆放無禮，與鳥獸沒有分別。假如雜居在中原，就會使天氣發生錯亂，汙辱善人，因此聖王治理四夷，只是約束而不與斷絕而已。

7 「如今邊境沒有戰事，應當修行仁義，崇尚無為，讓百姓家給人足，安居樂業。人道在人間平和，陰陽就會在上天和諧，吉祥風及時雨，遍及遠方，夷狄就會不遠千里前來朝見了。《易》說：『誠信裝滿土缶，最終會招來其他的吉祥。』是說甘雨裝滿我的土缶，有誠信，就會有他人來歸附，這是吉祥之兆。以德征服他人者昌盛，以力戰勝他人者滅亡。如今匈奴被鮮卑人所殺，遠遠藏在史侯河西邊，距離邊塞數千里，而想趁其虛耗，在他微弱之時獲利，這不是符合道義的行為。前任太僕祭彤率兵遠出塞外，最終沒有見到一個胡人而軍隊已經困乏了。白山那樣的災難，不絕如線，都護被攻陷，士卒被殺死的如同積丘，直到今天還受其毒害。孤兒寡母的哀思心情還沒有弭平，仁義之人從心中可憐他們，長為歎息，怎麼還想步其舊轍，不顧及禍患危難呢？現在開始徵發軍隊，而大司農可供調度的物資不足，來往使者不絕於路，按部督促，上下逼迫，民間的急難也太厲害了。三輔、并州、涼州雨水很少，麥根枯焦，死亡的牛一天比一天多，這是不合天心的效驗啊。群官百姓，都說不可行，為什麼陛下獨自按照一人的計策，丟棄萬人的性命，不體諒他們的言論呢？向上觀看天心，向下考察人志，足可以知道事情的得失。我害怕中國不成為中國，豈只是匈奴為禍啊！希望陛下留下聖恩，讓疲勞的士卒得到休息，以此來順應天心。」

8 書上奏，皇上沒有聽從。每件有益於百姓的政事，魯恭總是極力說明其方便之處，沒有任何隱諱。

9 後來被任命為《魯詩》博士，從此家法學者日益興盛。升遷為侍中，多次被皇帝在內廷召見，詢問得失，受到的賞賜恩寵異於常人。升遷樂安王相。這時東方州郡有很多盜賊，群聚搶劫，各郡都以此為患。魯恭到任，加重討賊懸賞，開示恩信，盜賊首領張漢等人率領分支賊寇投降，魯恭上書讓張漢補博昌縣尉，其餘的盜賊於是相互捕擊，將盜賊全部攻破平定，州郡因此得以安定。

10 永元九年，徵召擔任議郎。八月，參加飲酎之禮，聚會章臺，皇上下詔派小太監特意將魯恭引領到皇帝面前。當天夜裡任命為侍中，下令讓他陪乘，慰勞存問非常優厚。冬天，升遷為光祿勳，選舉透明公平，京城裡的權貴國戚沒有人能改變他的公正。十三年，替代呂蓋擔任司徒。十五年，跟隨皇上到南陽巡視，兒子魯撫被任命為郎中，賞賜給他駙馬從駕職銜。當時弟弟魯丕也擔任侍中。兄弟父子一起列位朝廷。後來受族弟牽連，皇上下詔免去其職務。殤帝即位，任命魯恭為長樂衛尉。永初元年，又代替梁鮪擔任司徒。

11 起初，和帝末年，下令在麥秋審理案件，判處輕刑，而州郡官吏喜歡嚴苛為政，因此便在盛夏斷獄。魯恭上疏勸諫說：

12 「臣私下見到詔書，恭敬地順應天時，憂心忡忡掛念萬民百姓，為了崇尚和氣，不是必死之罪，暫且不要追查案驗。進升柔弱善良之人，斥退貪婪殘酷之人，順月令以行事。這是幫助仁德，順應上天，招致和氣，造福百姓的方法。

13 「舊制到立秋才行輕刑，自永元十五年以來，改在孟夏進行，而刺史、太守不深深思考體恤百姓寧息事端的原則，升進賢良斥退殘暴的教化，於是在盛夏徵召農人，拘禁起來拷問追查，牽連、留滯沒有停止的時候。司隸校尉掌典京城，是四方效仿的典範，而最近在春天分行到各部，藉口來慰勞窮人，而實際上沒有惻隱同情之實心，煩擾郡縣，查辦一些非急案件，只要捕獲一人，罪責延及十數人，上而背逆天時氣節，下而傷害農業生產。《易》有五月〈姤卦〉用事之說。經文說：『君主發號施令治理四方。』是說君主在夏至日，發號施令禁止四方出行的人，是為了助升五月微陰之氣。出行的人尚且讓他們停止，更何況對於那些被逮招來拷問的人，怎能奪去他們的農時呢！

14 「連年水旱災害傷害莊稼，百姓飢餓流散。現在夏天剛剛開始，百穀開始生長，正是陽氣在胎中養成的時候。自三月以來，天氣陰冷不暖，萬物應當生長而沒有接到和氣。〈月令〉說：『四月決斷輕刑，釋放輕罪犯人。如果執行秋天的刑法法令就會像深秋時一樣陰雨連綿不斷，五穀不能成熟。』又說：『仲夏寬恕罪重囚犯，增加他們的食物。如果執行秋天的刑法法令就會草木零落，被瘟疫所傷。』判決輕刑的，意思是他的輕微罪刑已經得到懲罰，不想讓犯人長期羈押，因此及時判決。臣下愚鈍地認為如今應實行孟夏的法制，按照此令行事，判決案件決定刑罰，都以立秋為斷限，以此來順應時節，養育生成萬物，那樣就會天地和諧，刑罰清明。」

15 起初，肅宗時，決斷獄訟都在冬至之前，後來討論此事的意見互有差異。鄧太后下詔讓公卿以下官員一起商議討論，魯恭議奏說：

16 「陰陽之氣，相互扶助而行，從陰陽之氣發動至據以用事，各有自己的時節。如果不按其時行事，萬物就會隨之受到傷害。稱王天下的人雖然採用質實和文采的策略各有不同，而這一原則沒有變化，四時的政事，執行起來都是一致的。〈月令〉，是周代制定的，而它所根據的都是夏代的時令，其變化了的只是正朔、服色、犧牲、徽號、器械罷了。因此說：『殷代因襲夏代之禮，周代因襲殷代之禮，其中的損減增益是可以知道的。』《易》說：『潛龍勿用。』意思是說十一月、十二月陽氣潛藏，未能據此用事。即使噓氣使萬物暖和，培養它們的根部，卻還是盛陰在上，地結凍水結冰，陽氣隔絕，幽閉而成冬天。因此說：『踏霜與堅冰，陰氣開始凝結。順其自然漸至顯著，就會到堅冰。』意思是說五月微小的陰氣開始升起，到十一月堅冰的時期就會到來。

17 「王者興起，順時為法。孝章皇帝深思古人之道，助三正陽氣未著之時，制定律曆法令，希望順承上天之心，順應萬物的本性，以使天下和樂。可是從改變律曆以來，每年莊稼不熟，穀價很高，百姓不寧安。小官吏不與國家同心的，相率在十一月所捕得的死罪犯中，不審問是非曲直，就進行殺戮，雖然對其所犯之罪有疑問，也不再審正駁議。一人慨歎，表明王道有虧，況且眾人都慨歎呢？《易》說十一月『君子因案件有待討論而減緩死刑』。可以讓有疑問的罪犯弄明白其所犯法律，大辟死刑一科，全部到冬天才決斷。立春在十二月之中的，像往常一樣不要奏請報決。」

18 魯恭的奏議最後被採納施行。

1 恭再在公位，選辟高第❶，至列卿郡守者數十人。而其耆舊❷大姓，或不蒙薦舉，至有怨望者。恭聞之，曰：「學之不講，是吾憂也❸。諸生不有鄉舉❹者乎？」終無所言。恭性謙退，奏議依經，潛有補益，然終不自顯，故不以剛直為稱。三年，以老病策罷。六年，年八十一，卒於家。

2 以兩子為郎。長子謙，為隴西❺太守，有名績。謙子旭，官至太僕，從獻帝❻

西入關，與司徒王允同謀共誅董卓⑦。及李傕入長安⑧，旭與允俱遇害。

3 丕字叔陵⑨，性沈深好學，孶孶⑩不倦，遂杜絕交游，不荅侯問之禮。士友常以此短之，而丕欣然自得。遂兼通五經，以魯詩、尚書教授，為當世名儒。後歸郡，為督郵、功曹，所事之將，無不師友待之。

4 建初元年，肅宗詔舉賢良方正，大司農劉寬⑪舉丕。時對策⑫者百有餘人，唯丕在高第，除為議郎，遷新野⑬令。視事朞年，州課第一，擢拜青州刺史。務在表賢明，慎刑罰。七年，坐事下獄司寇論⑭。

5 元和元年徵，再遷，拜趙相。門生就學者常百餘人，關東⑮號之曰「五經復興魯叔陵」。趙王商⑯嘗欲避疾，便時移住學官⑰，丕止不聽。王乃上疏自言，詔書下丕。丕奏曰：「臣聞禮，諸侯薨於路寢⑱，大夫卒於嫡室⑲，死生有命，未有逃避之典也。學官傳五帝之道，修先王禮樂教化之處，王欲廢塞以廣游讌，事不可聽。」詔從丕言，王以此憚之。其後帝巡狩之趙，特被引見，難問經傳，厚加賞賜。在職六年，嘉瑞屢降，吏人重之。

6 永元二年，遷東郡⑳太守。丕在二郡，為人修通溉灌，百姓殷富。數薦達幽隱名士。明年，拜陳留㉑太守。視事三朞，後坐稟㉒貧人不實，徵司寇論。

7 十一年復徵，再遷中散大夫㉓。時侍中賈逵薦丕道蓺深明㉔，宜見任用。和帝因朝會，召見諸儒，丕與侍中賈逵、尚書令黃香㉕等相難數事，帝善丕說，罷朝，特賜冠幘履韈㉖衣一襲。丕因上疏曰：「臣以愚頑，顯備㉗大位，犬馬氣衰，猥㉘得進見，論難於前，無所甄㉙明，衣服之賜，誠為優過。臣聞說經者，傳先師之言，非從己出，不得相讓；相讓則道不明，若規矩權衡㉚之不可枉也。難者必明其據，說者務立其義㉛，浮華無用之言不陳於前，故精思不勞而道術愈章。法異者，各令自說師法，博觀其義。覽詩人之旨意，察雅頌之終始㉜，明舜、禹、皋陶之相戒㉝，顯周公、箕子之所陳㉞，觀乎人文，化成天下㉟。陛下既廣納謇謇以開四聰㊱，無令芻蕘㊲以言得罪；既顯巖穴㊳以求仁賢，無使幽遠獨有遺失。」

8 十三年，遷為侍中，免。

9 永初二年，詔公卿舉儒術篤學者，大將軍鄧騭㊴舉丕，再遷，復為侍中、左中郎將，再為三老㊵。五年，年七十五，卒於官。

【章旨】以上是〈魯恭傳〉的第二部分，為魯恭子孫之傳，特別詳述魯恭次子魯丕之事跡。魯恭後人，多有魯恭儒者之風。

【注釋】❶選辟高第 選辟，選拔徵召。高第，成績優異者。❷耆舊 年高望重者。❸學之不講二句 《論語・述而》：

「子曰：『德之不修，學之不講，聞義不能徙，不善不能改，是吾憂也。』」講，習。❹鄉舉　由鄉里選拔人才。❺隴西　郡名。治狄道（今甘肅臨洮）。❻獻帝　名協，東漢靈帝中子，九歲即位，西元一八九－二二〇年在位。延康元年（西元二二〇年）曹丕代漢稱帝，被廢為山陽公，東漢滅亡。其事詳見本書卷九。❼與司徒王允同謀句　事在初平三年，見本書卷六十六。王允，字子師，太原祁人。獻帝即位，拜太僕，再遷守尚書令，初平元年代楊彪為司徒，曾設計殺死董卓，董卓部將李傕等攻入長安後被殺，其事詳見本書卷六十六。董卓，字仲穎，隴西臨洮人。曾任并州刺史、河東太守，中平元年拜東中郎將，率軍進攻黃角軍隊，獻帝時專權，後被王允、呂布所殺，其事詳見本書卷七十二。❽及李傕入長安　事在初平三年，詳見本書卷九。李傕，董卓部將，董卓被殺後曾率軍入長安，殺死王允等人，建安三年，被謁者裴茂率中郎將段煨攻滅，其事詳見本書卷九。❾丕字叔陵　《集解》：「惠棟曰：《東觀記》作平，隸法丕、平字相類，未詳孰是。〈李充傳〉亦作平。」❿孶孶　同「孜孜」。不知疲倦的樣子。⓫劉寬　事見本書本卷〈劉寬傳〉。⓬對策　古代就政事、經義的設問，由應試者對答，稱為對策。自漢代起成為取士考試的一種形式。⓭新野　縣名。治今河南新野。⓮司寇論　司寇，刑名。刑徒的一種。《漢書》：「司寇，二歲刑也。」論，決罪曰論，上奏經過議論而後定罪。⓯關東　函谷關以東。⓰趙王商　趙王劉良之孫。⓱學官　學舍。⓲路寢　古代天子、諸侯的正廳。⓳嫡室　正寢之室。⓴東郡　郡名。治今河南濮陽西南。㉑陳留　郡名。治陳留（今河南開封東南）。㉒稟　賜人以穀。㉓中散大夫　光祿勳屬官，與光祿、太中、諫議大夫等皆備顧問應對，無常事，唯詔令所使。《續漢志》：「秩六百石，無員。」㉔賈逵薦丕道蓺深明　賈逵，字景伯，扶風平陵人。著名經學家，以古文經為主，兼通今文經，博物多識，曾與班固掌校祕書，應對皇帝左右，其事詳見本書卷三十六。道蓺深明，道德經藝高深清明。㉕尚書令黃香　尚書令，尚書臺長官，兼具宮官、朝官職能，掌決策出令、綜理政務，秩位雖低，實則總領朝政，無所不統，如以公任其職，增秩至二千石，名義上仍隸少府。朝會時，與司隸校尉、御史中丞皆專席坐，時號「三獨坐」。和帝以後，信用宦官，中常侍出納王命，與其分權。黃香，字文彊，江夏安陸人。博學經典，究精道術，曾任尚書、江東太守等職，其事詳見本書卷八十上。㉖韈　襪子。㉗備　充任；充當。㉘猥　自謙之辭，猶辱、承。㉙甄　別。㉚規矩權衡　規，圓。矩，方。權，秤砣。衡，秤衡。㉛難者必明其據二句　《集解》：「《通鑑》胡注：『漢儒專門名家，各守師說，故發難者必明其師之說以為據，答難者亦必務立大義，以伸其師之說。』」㉜察雅頌之終始　考察〈雅〉、〈頌〉的始末源流。〈雅〉指《詩》中的〈大雅〉與〈小雅〉，〈頌〉指《詩》中的〈商頌〉、〈周頌〉。㉝舜禹皋陶之相戒　《尚書》帝舜謂禹曰：「臣作朕股肱耳目。」禹戒舜曰：「安汝止，慎乃在位。」咎繇戒禹曰：「慎厥身修，思永，惇敘九族，在知人。」禹曰：「吁咸若時，惟帝其難之。」這便是他們的相戒之辭。舜，傳說時代五帝之一，曾受眾人推戴，做堯的繼承人，在位期間任用大禹治水，其事詳見《史記・五帝本紀》。禹，字文命，鯀的後代，曾率眾治理洪水，後被眾人推為部落聯盟首領（一說為酋邦首領），將自己的職位傳位給兒子啟，開啟中國家天下的先河（一說夏禹的兒子啟是因為得到眾人的擁戴而即位），其事詳見《史記・夏本紀》。皋陶，又作「咎繇」。傳說中堯、舜時人，生於曲阜（今屬山東），偃姓，曾擔任管理刑政的士，佐禹平水土有功，後禹封其後裔於英、六。㉞顯周公箕子之所陳　周公作〈無逸〉、〈立政〉二篇以誡成王，箕子為武王陳〈洪範〉九疇之義，並見《尚書》。周公，即周公旦，文王之子，武王之弟，曾幫助武王滅紂，武王去世後攝政當國，平定三監之亂，實行分封制，後歸位成王，制禮作樂，在中國歷史上產生重大影響，其長子被封於魯。箕子，又稱箕伯、箕仁，商紂王諸父，一說為庶兄（《史記・宋微子世家》司馬貞索隱），名胥餘，官太師，曾諫紂王戒淫亂，紂王不聽，後佯狂為奴，西周武王滅紂後曾訪問他，他說以「天地之大法」，見《尚書・洪範》。㉟觀乎人文二句　《易・賁卦》：「觀乎天文，以察時變；觀乎人文，以化成天下。」注：「解天之文，則時變可知；解人之文，則化成可為也。」㊱廣納謇謇以開四聰　廣泛聽取直言善諫，以廣開四方言路。謇謇，正直的言論。四聰，能遠聞四方的聽覺。㊲芻蕘　採薪人。《詩・板》：「詢於芻蕘。」㊳巖穴　指隱居在岩穴中的隱士。㊴大將軍鄧騭　大將軍，官號。秩萬石，多授予貴戚，常兼錄尚書事，且開府設置僚屬，與太傅、太尉等共同主持政務。鄧騭，鄧太后之兄，安帝之舅。曾任虎賁中郎將、車騎將軍、大將軍等職位，在與宦官鄭眾等人的鬥爭中失敗，被迫自殺。㊵三老　鄉官，西漢高祖時設置，為眾人之師，勸導鄉里，助成風化，根據戶口多少設置屬員。

【語譯】魯恭兩次位至三公，他選拔徵召成績優異的，官至列卿郡守者有數十人。而那些年高望重者和大姓之人，有的人因沒有受到薦舉，致有怨望之情。魯恭聽說後，說：「學問不精勤講習，是我擔憂的事。各位不是有鄉里選拔人才之路嗎？」那些人最終無話可說。魯恭性格謙虛忍退，奏議按經義而奏，對政事有潛移默化的補益，可是最終也不自我顯現，因此沒有剛直之名聲。三年，因年老抱病，皇上下詔免去其職務。六年，年八十一歲，在家中去世。

2 任用魯恭的兩個兒子為郎官。長子魯謙，為隴西太守，有顯耀政績。魯謙的兒子魯旭，為官至太僕，跟隨漢獻帝向西進入函谷關，和司徒王允等人共同謀劃誅殺董卓。等到李傕進入長安，魯旭和王允一起遇害。

3 魯丕字叔陵，性情深沉喜好學習，孜孜不倦，於是杜絕和他人交往，對問候的禮節從不進行答謝。士人朋友常常因此批評他，而魯丕欣然自得。於是兼通《五經》，以《魯詩》、《尚書》教授學生，成為當世名儒。後來回歸本郡，任督郵、功曹，他所事奉的將領，沒有不把他當作師友一樣看待的。

4 建初元年，肅宗下詔舉薦賢良方正，大司農劉寬舉薦魯丕。當時進行對策的有一百多人，只有魯丕成績優異，被任命為議郎，升遷為新野縣令。任事滿一年，州中考課名列第一，破格提升為青州刺史。為政表彰賢明，慎行刑罰。七年，因犯罪被關進監獄，經上奏議論判定為司寇之刑。

5 元和元年被徵召，再次升遷，拜任趙相。門生隨從其學習的經常一百餘人，函谷關以東稱其為「《五經》復興魯叔陵」。趙王劉商曾經想避開疾病，便不時移住學舍，魯丕勸阻他，他不聽。趙王於是上疏，自己給皇上說明此事，詔書下到魯丕處。魯丕上奏說：「臣下聽說按照《禮》，諸侯在路寢去世，大夫在嫡室去世，死生有命，沒有逃避的條例。學官是傳播五帝的大道，發揚先王禮樂教化之處，趙王想廢棄條例以擴大遊讌的場所，事情不能聽從他的。」皇上下詔按照魯丕的話辦理，趙王因此事很畏忌他。後來皇帝巡狩到趙國，魯丕特意被引見，討論經籍，厚加賞賜。魯丕在職六年，嘉瑞多次降臨趙國，官吏和百姓很尊重他。

6 永元二年，升遷東郡太守。魯丕在二郡，給百姓修治疏通灌溉渠道，百姓富足。多次舉薦顯揚隱居的名士。第二年，被任命為陳留太守。任職滿三年，後來因犯賜給貧人穀物不實之罪，徵召至朝廷定為司寇之刑。

7 十一年，第二次被徵召，再次升遷任中散大夫。當時侍中賈逵舉薦魯丕道德經藝深厚清明，應該被任用。和帝藉朝會的時候召見各位儒生，魯丕和侍中賈逵、尚書令黃香等人就許多疑難問題進行相互辯難，和帝認為魯丕的說法最好，朝會散後，特別賜給他帽子、包頭巾、鞋和襪子、衣服一套。魯丕於是上疏說：「臣下愚鈍頑劣，顯耀地辱承高位，犬馬之體氣息衰弱，承蒙能夠進見皇上，在皇帝面前論說辯難，沒有什麼發明。皇上所賜衣服，實在是恩寵超過實際情況。臣下聽說解經之人，傳授先師的學說，不是出於自己的發明，不得相互責備；相互責備就會道理不明，就像規矩權衡不能失去標準一樣。辯難者必須說明自己的根據，述說經義者務必要建立自己的義旨，浮華無用之言不在人前陳述，這樣才能不用勞精竭慮而道術越來越彰顯。說法不同的，各自讓他們自己闡說自己的師法，廣泛地觀察他們的義旨。博覽詩人的旨意，考察〈雅〉、〈頌〉

的終始源流，闡明舜、禹、皋陶相互勸戒之辭，彰顯周公、箕子所陳說的，觀察人文，化成天下。陛下既然已經廣泛採納直言善諫，以此來廣開四方聽覺，不要讓採薪之人因言論而獲罪；既然彰顯巖穴隱居之士來求取仁賢之人，不要使幽居偏遠的士人有所遺漏。」

8 十三年，升遷為侍中，後免職。

9 永初二年，皇上下詔讓公卿舉薦儒術精湛的學者，大將軍鄧騭舉薦魯丕，再次升遷，又為侍中、左中郎將，還擔任鄉官三老。五年，七十五歲，在官任上去世。

1 魏霸，字喬卿❶，濟陰句陽❷人也。世有禮義。霸少喪親，兄弟同居，州里慕其雍和❸。

2 建初中，舉孝廉❹，八遷，和帝時為鉅鹿❺太守。以簡朴寬恕為政。掾史有過，霸先誨其失，不改者乃罷之。吏或相毀訴，霸輒稱它吏之長，終不及人短，言者懷慚，譖訟遂息。

3 永元十六年，徵拜將作大匠❻。明年，和帝崩，典作順陵❼。時盛冬地凍，中使❽督促，數罰縣吏以厲霸。霸撫循❾而已，初不切責，而反勞之曰：「今諸卿被辱，大匠過也。」吏皆懷恩，力作倍功。

4 延平元年，代尹勤為太常❿。明年，以病致仕⓫，為光祿大夫⓬。永初五年，拜長樂衛尉，以病乞身⓭，復為光祿大夫，卒於官。

【章　旨】以上為〈魏霸傳〉，文中對魏霸寬恕為政之風格進行了重點介紹。

【注　釋】❶字喬卿　《集解》：「汪文台曰：《御覽》五百十二《初學記》十七引《續漢書》云字嶠卿。先謙曰：《東觀記》與傳同，一本作字延年。」❷濟陰句陽　濟陰，郡名。治定陶（今山東定陶西北）。句陽，縣名。治今山東菏澤北。❸雍和　和睦。❹孝廉　漢代選拔官吏的科目之一，始於董仲舒的奏請，與賢良同由各郡國從所屬吏民中選舉。❺鉅鹿　郡名。治鉅鹿（今河北平鄉西南）。❻將作大匠　俸祿二千石，掌修建宗廟、路寢、宮室、陵園的木土工程，並掌在路邊種植桐、梓之類樹木。❼順陵　和帝陵墓。❽中使　由宦官充任的使者。❾撫循　安撫；巡視慰問。❿代尹勤為太常　尹勤，字叔梁，南陽人。篤性好學，屏居人外，荊棘生門，時人重其節，後以定策立安帝，封為福亭侯，五百戶，曾任太常、司空等職。太常，西漢時開始設置，掌禮樂、祭祀宗廟、社稷，負責朝會和喪葬禮儀，管理皇帝陵墓、寢廟所在的縣邑，每月巡視諸陵，兼掌教育，主持博士及博士弟子的考核與薦舉。秩中兩千石，位居九卿之首，多由列侯充任，轄太史、太祝、太宰等。⓫致仕　辭去官職。⓬光祿大夫　原為中大夫，屬郎中令，西漢武帝太初元年（西元前一〇四年）郎中令更名光祿勳，不久改為光祿大夫。秩比二千石，執掌議論，在大夫中地位最尊。東漢時，因權臣不復冠此職銜，此職位成為閒散職位。⓭乞身　請求辭職。

【語　譯】魏霸，字喬卿，濟陰句陽人。世代有禮義之風。魏霸少年時父母去世，兄弟共同居住在一起，州里人對他們的和睦相處很是羨慕。

2　建初年間，被舉薦為孝廉，八次升遷，和帝時擔任鉅鹿太守。施政以簡樸寬恕為原則。所屬掾史犯有過錯，魏霸首先教誨他們所犯的過錯，不改正的才免去職務。官吏有人相互詆毀投訴，魏霸總是稱讚其他官吏的優點長處，最終也不說人的短處，投訴的人心懷慚愧，訴訟於是平息。

3　永元十六年，徵召任命為將作大匠。第二年，和帝駕崩，主持建造順陵。當時正值嚴寒地凍，由宦官充任的使者督促工程，多次處罰縣吏，以此來督促魏霸。魏霸對縣吏們只是巡撫安慰，非但不加責備，反而慰勞他們說：「讓各位先生遭受羞辱，是將作大匠的過失啊。」官吏們都感激他的恩德，更加努力地進行工作。

4 延平元年，代替尹勤擔任太常。第二年，因病辭去職務，擔任光祿大夫。永初五年，被任命為長樂衛尉，因病辭職，重新擔任光祿大夫，在官任上去世。

1 劉寬，字文饒，弘農華陰❶人也。父崎，順帝時為司徒。寬嘗行，有人失牛者，乃就寬車中認之。寬無所言，下駕步歸。有頃，認者得牛而送還，叩頭謝曰：「慚負長者，隨所刑罪。」寬曰：「物有相類，事容脫誤，幸勞見歸，何為謝之？」州里服其不校❷。

2 桓帝時，大將軍❸辟，五遷司徒長史❹。時京師地震，特見詢問。再遷，出為東海相❺。延熹八年，徵拜尚書令，遷南陽太守。典歷三郡，溫仁多恕，雖在倉卒，未嘗疾言遽色。常以為「齊之以刑，民免而無恥❻」。吏人有過，但用蒲鞭罰之，示辱而已，終不加苦。事有功善，推之自下。災異或見，引躬克責。每行縣止息亭傳，輒引學官祭酒及處士❼諸生執經對講。見父老慰以農里之言，少年勉以孝悌之訓。人感德興行❽，日有所化。

3 靈帝初，徵拜太中大夫，侍講華光殿❾。遷侍中，賜衣一襲。轉屯騎校尉❿，遷宗正⓫，轉光祿勳。熹平五年，代許訓⓬為太尉。靈帝頗好學藝，每引見寬，常令講經。寬嘗於坐被酒⑬睡伏。帝問：「太尉醉邪？」寬仰對曰：「臣不敢醉，但任重責大，憂心如醉。」帝重其言。

4 寬簡略⑭嗜酒，不好盥⑮浴，京師以為諺。嘗坐客，遣蒼頭⑯市酒，迂久⑰，大醉而還。客不堪之，罵曰：「畜產。」寬須臾遣人視奴，疑必自殺。顧左右曰：「此人也，罵言畜產，辱孰甚焉！故吾懼其死也。」夫人欲試寬令恚，伺當朝會，裝嚴⑱已訖，使侍婢奉肉羹，翻⑲汙朝衣。婢遽收之，寬神色不異，乃徐言曰：「羹爛汝手？」其性度如此。海內稱為長者。

5 後以日食策免。拜衛尉⑳。光和二年，復代段熲㉑為太尉。在職三年，以日變免。又拜永樂少府㉒，遷光祿勳。以先策黃巾逆謀㉓，以事上聞，封逯鄉侯六百戶。中平二年卒，時年六十六。贈車騎將軍印綬，位特進㉔，諡曰昭烈侯。子松嗣，官至宗正。

【章　旨】以上為〈劉寬傳〉，文中對劉寬品德修養、為政之道和仕途經歷進行了記述。

【注　釋】❶弘農華陰　弘農，郡名。治弘農（今河南靈寶北）。華陰，縣名。治今陝西華陰東。❷校　報也。《論語．述而》：「曾子曰：『犯而不校。』」❸大將軍　指梁冀。❹司徒長史　員一人，秩千石，為司徒府僚屬之長，佐司徒總管府內諸曹，也參與政務。❺東海相　東海王劉彊曾孫劉臻之相。❻齊之以刑二句　語出《論語．為政》。其意為用刑罰治理，百姓就會苟且免罪而沒有羞恥之心。❼處士　有道藝而隱居在家之士。❽興行　因受感發而實行。❾華光殿　《洛陽宮殿簿》：「華光殿在華林園內。」⑩屯騎校尉　俸祿比二千石，掌宿衛兵。⑪宗正　據本書〈百官志三〉，宗正「卿一人，中二千石。本注曰：掌序錄王國嫡庶之次，及諸宗室親屬遠近，郡國歲因計上宗室名籍。若有犯法當髡以上，先上諸宗正，宗正以聞，乃報決。丞一人，比千石。」⑫許訓　《漢官儀》：「許訓，字季師，平輿人。」⑬被酒　為酒所醉。⑭簡略　疏闊。⑮盥　《說文》：「澡手曰盥。」⑯蒼頭　指奴僕。⑰迂久　良久。⑱裝嚴　裝束整齊。⑲飜　同「翻」。⑳衛尉　戰國秦國開始設置，執掌宮廷警衛，東漢衛尉總領南、北宮衛士令丞，又轄左右都侯、諸宮掖門司馬。㉑段熲　字紀明，東漢名將，曾出兵擊羌，立有戰功，歷任幷州刺史、護羌校尉、太中大夫、太尉等職。㉒永樂少府　永樂為太后宮名。少府，太后三卿之一，掌皇太后宮中財務的庫藏出納，冠以太后宮名，位在同號九卿之上。㉓先策黃巾逆謀　預知黃巾謀逆。先策，預知。黃巾逆謀，指東漢末年張角領導的黃巾之亂。㉔特進　官名。西漢末年開始設置，授給列侯中有特殊地位者，可以自辟僚屬。

【語譯】劉寬，字文饒，弘農華陰人。父親劉崎，順帝時擔任司徒。劉寬有一次出行，有一個人丟失了牛，於是到劉寬的車中指認劉寬所駕為他丟失的牛。劉寬什麼話也沒有說，下車步行回家。過了一會兒，指認牛的人找到了自己的牛，將劉寬的牛送了回來，叩頭謝罪說：「慚愧地辜負品德高尚的人，隨您任意治罪。」劉寬說：「東西有很多相似的，事情允許有所脫漏錯誤，有幸煩勞您送了回來，為什麼還要謝罪？」州里之人對他受侵犯而不計較深感佩服。

2 桓帝時，大將軍徵召他，五次升遷後任司徒長史。當時京師地震，特意被皇上詢問。再次升遷，出任東海王之相。延熹八年，徵召任命為尚書令，升遷為南陽太守。治理三郡，溫和仁義多行寬恕之政，即使有緊急之事，也沒有疾言變色的時候。常常認為「用刑罰治理，百姓就會苟且免罪而沒有羞恥之心」。官吏犯有過錯，只是用蒲草製作的鞭子懲罰他，表示羞辱罷了，最終也不使用酷刑。有立功的美事，推給屬下。有時出現災異，總是自責。每次出行到縣中，在涼亭或驛所休息，總是叫來學官祭酒和處士等人，拿著經書讓他們回答問題，講述經義。見到父老百姓便以農里之事相慰問，見到少年就用孝悌之訓勉勵他們。百姓被他的品德感化，德義盛行，每日百姓都有所教化。

3 靈帝初年，徵召任命為太中大夫，在華光殿為皇帝講授經書。升遷為侍中，接受皇帝所賜衣服一套。轉任屯騎校尉，升遷任宗正，轉任光祿勳。熹平五年，替代許訓任太尉。靈帝非常喜歡學習經術道藝，每次接見劉寬，經常讓他講經。劉寬曾經在座位上因醉酒伏案而睡。皇帝問他：「太尉醉了吧？」劉寬仰起頭回答說：「臣不敢醉，只是責任重大，我的擔憂之心如同醉了一樣。」皇帝非常重視他說的話。

4 劉寬豁達開朗嗜好飲酒，不喜歡洗浴，京城裡的人常以此為諺語。曾經宴請客人，派遣奴僕前去買酒，過了很久，奴僕酩酊大醉地回到府中。客人不堪忍受，罵道：「畜生養的。」過了一會兒，劉寬派人前去看望那個奴僕，懷疑他一定會自殺。他回頭對身邊的人說：「他是人，被罵為畜生所產，侮辱能有什麼比這更厲害呢！因此我害怕他自殺。」他的夫人想試探他，故意讓他憤怒，等到正當朝會之前，劉寬裝束完畢，她讓侍婢奉上肉羹，打翻後弄髒了朝服。奴婢趕緊收拾，劉寬神色一點也沒有變化，於是慢慢說道：「肉羹燙傷了你的手沒有？」他的性情氣度就是如此。天下的人都稱讚他是長者。

5 後來因日蝕被免職。任命為衛尉。光和二年，又替代段熲擔任太尉。在職三年，因發生日蝕被免職。又被任命為永樂少府，升遷光祿勳。因預知黃巾逆謀之事，將此事上奏皇上，封為逯鄉侯六百戶。中平二年去世，享年六十六歲。朝廷贈以車騎將軍印綬，和特進之位，謚號為昭烈侯。兒子劉松承嗣侯位，官至宗正。

贊曰：卓、魯款款❶，情愨❷德滿。仁感昆蟲❸，愛及胎卵❹。寬、霸臨政，亦稱優緩❺。

【章　旨】以上對本傳人物進行了綜合評價。

【注　釋】❶款款　忠誠。❷情愨　性格誠實。❸仁感昆蟲　指〈卓茂傳〉中蝗蟲不入密縣和〈魯恭傳〉中蝗蟲為害，犬牙不入中牟事。❹愛及胎卵　指〈魯恭傳〉所述兒童不捕雉之事。❺優緩　寬和。

【語　譯】史官評議說：卓茂、魯恭心懷忠誠，性格誠實道德圓滿。仁義之心感動昆蟲，慈愛之情惠及胎卵。

劉寬、魏霸處理政務，也可稱為寬和。

【研析】本卷在《後漢書》的列傳中是一篇以類相從、特點鮮明的列傳。卷中傳主們都是以儒術行政，其行政思想基本一致，而其政績也都大同小異，研讀此傳，對東漢政壇上以儒術行政的官員可以有個大致的了解。

利用經術高明的儒生行政，以使在血與火的戰爭中誕生的東漢王朝具有一些「文明」色彩，在人心混亂的東漢初年聚集人氣，這大概是光武帝首先重禮聘任具有治學高名而無行政大才的卓茂的最根本原因。東漢政壇，世族充斥，而世族之中大多具有一個鮮明的特點，就是這些世族首領有許多人都精通經術。即使不以經行政，對經義也有著較深的了解。不懂經術的世族首領，也往往聘請一些儒生為其門客，一方面為他們教導子孫，一方面為他們馳騁東漢政壇出謀劃策，這樣的社會背景，使經學在東漢時期得到了一定程度的發展。王莽以古典經義為標準進行社會改革，劉歆等人憑藉經術在東漢末年寵極一時，實在是有其深刻的社會背景的。魏晉南北朝時期學術自由的空氣，其最早的發端也是在東漢時期。

東漢的經學，有一個鮮明的特點，就是解經時常常發揮天人感應思想。原本源自董仲舒的天人感應思想，成為東漢時期經學思想中的一個重要組成部分。本列傳所列傳主，均為經術高深的儒生，對他們行政功績的記述，也充滿了天人感應思想。東漢時期，天人感應思想不僅僅流行在學術領域，在整個東漢社會，已經成為一種社會思潮。這種思潮並不只是為了愚弄百姓，更重要的是，它將儒家行政思想理想化，為經術行政提供了一個最完美的追求目標。（魏建震注譯）

卷二十六

伏侯宋蔡馮趙牟韋列傳第十六

【題解】本卷包括了伏湛、侯霸、宋弘、蔡茂、馮勤、趙憙、牟融、韋彪等八人和他們後世有成就之子孫的傳記。本卷傳主們多位居三公之位，他們的行政多強調儒家道德規範，主張上合天時，下順民心，任人強調道德標準而不太重視才幹本身。這些傳主的政績大多平平，但他們行事不畏懼權貴，身上往往充滿浩然之氣。本卷傳主們的具體事例不是特別豐富，文字顯得比較平淡。但從總結政治統治經驗的角度，此列傳還是有一定的參考價值的。

1 伏湛，字惠公，琅邪東武❶人也。九世祖勝，字子賤，所謂濟南伏生❷者也。湛高祖父孺，武帝時，客授東武，因家焉。父理，為當世名儒，以詩授成帝，為高密太傅❸，別自名學❹。

2 湛性孝友❺，少傳父業，教授數百人。成帝時，以父任為博士弟子。五遷，至王莽時為繡衣執法⑥，使督大姦，遷後隊屬正⑦。

3 更始立，以為平原⑧太守。時倉卒⑨兵起，天下驚擾，而湛獨晏然⑩，教授不廢。謂妻子曰：「夫一穀不登，國君徹膳⑪；今民皆飢，柰何獨飽？」乃共食麤糲⑫，悉分奉祿以賑鄉里，來客者百餘家。時門下督⑬素有氣力，謀欲為湛起兵，湛惡其惑眾，即收斬之，徇首城郭，以示百姓，於是吏人信向⑭，郡內以安。平原一境，湛所全也。

4 光武即位，知湛名儒舊臣，欲令幹任內職⑮，徵拜尚書，使典定舊制。時大司徒鄧禹⑯西征關中，帝以湛才任宰相，拜為司直⑰，行大司徒事。車駕⑱每出征伐，常留鎮守，總攝群司。建武三年，遂代鄧禹為大司徒，封陽都⑲侯。

5 時彭寵反於漁陽⑳，帝欲自征之，湛上疏諫曰：「臣聞文王受命而征伐五國㉑，必先詢之同姓，然後謀於群臣，加占著龜，以定行事㉒，故謀則成，卜則吉，戰則勝。其詩曰：『帝謂文王，詢爾仇方，同爾弟兄，以爾鉤援，與爾臨衝，以伐崇庸㉓。』崇國城守，先退後伐㉔，所以重人命，俟時而動，故參分天下而有其二。陛下承大亂之極，受命而帝，興明祖宗，出入四年，而滅檀鄉㉕，制五校㉖，降銅馬㉗，破赤眉㉘，誅鄧奉之屬㉙，不為無功。今京師空匱，資用不足，未能服近而先事邊外；且漁陽之地，逼接[30]北狄，黠虜困迫，必求其助。又今所過縣邑，尤為困乏。種麥之家，多在城郭，聞官兵將至，當已收之矣。大軍遠涉二千餘里，士馬罷勞，轉糧艱阻。今兗、豫、青、冀，中國之都，而寇賊從橫，未及從化。漁陽以東，本備邊塞，地接外虜，貢稅微薄。安平之時，尚資內郡，況今荒耗，豈足先圖？而陛下捨近務遠，棄易求難，四方疑怪，百姓恐懼，誠臣之所惑也。復願遠覽文王重兵博謀，近思征伐前後之宜，顧問有司[31]，使極愚誠，采其所長，擇之聖慮，以中土為憂念。」帝覽其奏，竟不親征。

6 時賊徐異卿[32]等萬餘人據富平[33]，連攻之不下，唯云「願降司徒伏公」。帝知湛為青、徐所信向，遣到平原，異卿等即日歸降，護送洛陽。

7 湛雖在倉卒，造次[34]必於文德，以為禮樂政化之首，顛沛[35]猶不可違。是歲奏行鄉飲酒禮[36]，遂施行之。

8 其冬，車駕征張步[37]，留湛居守。時蒸祭[38]高廟，而河南尹[39]、司隸校尉[40]於廟中爭論，湛不舉奏，坐[41]策免。六年，徙封不其[42]侯，邑三千六百戶，遣就國。後南陽太守杜詩[43]上疏薦湛曰：「臣聞唐、虞以股肱康，文王以多士寧，是故詩稱『濟濟』，書曰『良哉』[44]。臣詩竊見故大司徒陽都侯伏湛，自行束脩[45]，訖無毀玷㊻，篤信好學，守死善道，經為人師，行為儀表。前在河內朝歌㊼及居平原，吏人畏愛，則而象之。遭時反覆，不離㊽兵凶，秉節持重，有不可奪之志。陛下深知其能，顯以宰相之重，眾賢百姓，仰望德義。微過斥退，久不復用，有識所惜，儒士痛心，臣竊傷之。湛容貌堂堂，國之光暉。智略謀慮，朝之淵藪。髫髮厲志㊾，白首不衰。實足以先後㊿王室，名足以光示遠人。古者選擢諸侯以為公卿，是故四方回首，仰望京師(51)。柱石(52)之臣，宜居輔弼(53)，出入禁門，補缺拾遺。臣詩愚戇，不足以知宰相之才，竊懷區區(54)，敢不自竭。臣前為侍御史(55)，上封事(56)，言湛公廉愛下，好惡分明，累世儒學，素持名信，經明行修，通達國政，尤宜近侍，納言左右，舊制九州五尚書，令一郡二人，可以湛代(57)。頗為執事所非。但臣詩蒙恩深渥(58)，所言誠有益於國，雖死無恨，故復越職觸冒以聞。」

9 十三年夏，徵，勑(59)尚書擇拜吏日，未及就位，因讌見(60)中暑，病卒。賜祕器(61)，帝親弔祠，遣使者送喪脩冢。

【章旨】以上是〈伏湛傳〉，介紹了伏湛一生經歷。傳中杜詩推薦伏湛的上疏，對伏湛給予了高度評價。

【注釋】❶琅邪東武　琅邪國治開陽（今山東臨沂）。東武縣治今山東諸城。❷濟南伏生　濟南，西漢郡名。治東平陵（今山東章丘西北）。伏生，名勝，秦漢之際著名學者。曾為秦博士，西漢孝文帝派鼂錯等人到伏生處學《尚書》，秦末焚書，伏生壁藏《尚書》，保留了其中的二十九篇，以此教授學生，其事詳見《漢書・儒林傳》。❸高密太傅　高密王劉寬之太傅。高密國治今山東高密東。太傅，西漢時開始在封國設置，執掌輔導封侯，封侯有不守法者便向皇上上奏。❹別自名學　《漢書・儒林傳》：伏理字斿君，受《詩》於匡衡，由是《齊詩》有匡伏之學，故言「別自名學」。❺孝友　事父母孝順，對兄弟友愛。語出《詩・六月》：「侯誰在矣，張仲孝友。」《毛傳》：「善父母為孝，善兄弟為友。」❻繡衣執法　西漢武帝置繡衣御史，王莽改御史為執法，稱繡衣執法，執掌督察。❼後隊屬正　後隊，王莽改河內為後隊。屬正，官名。新莽天鳳元年（西元一四年）分三輔為六尉部，河東、河內、弘農、河南、潁川、南陽為六隊部，置大夫，職如太守。屬正職如都尉，東漢廢除此職。❽平原　郡名。治平原（今山東平原縣南）。❾倉卒　非常事變。❿晏然　安定；安寧。⓫夫一穀不登二句　語出《禮記・曲禮下》：「年穀不登，君膳不祭肺。」登，豐收；成熟。⓬糲　粗米。《九章算術》：「粟五十，糲率三十。一斛粟得六斗米為糲也。」⓭門下督　漢代郡縣所屬職官，主盜賊事，亦稱門下督盜賊。東漢末年丞相府、將軍府設此職。⓮信向　信賴。⓯幹任內職　幹，主也。內職，指供職禁中，內參機要的朝廷重臣。⓰大司徒鄧禹　大司徒，王莽時建三公，大司徒為其一，東漢沿其制，掌民事教化等。鄧禹，字仲華，南陽新野人。曾以詩書授業，後為光武帝將軍，為光武帝出謀劃策，屢立戰功，曾被任命為大司徒，事見本書卷十六。⓱司直　《漢書》載，武帝元狩五年初置司直，比二千石，職掌為佐助丞相察舉不法之人。《續漢書》：「光武帝以武帝故事，置司直，居丞相府，助督錄諸州。建武十八年省之。」⓲車駕　原指皇帝乘坐的車馬，代指皇帝。⓳陽都　縣名。屬城陽國。故城在今山東沂南南。⓴彭寵反於漁陽　彭寵，字伯通，南陽宛人。光武帝開國大將，曾幫助光武帝消滅王郎，後起兵反叛，被奴所殺，事見本書卷十二。漁陽，郡名。治漁陽（今北京密雲西）。㉑文王受命而征伐五國　文王受命伐犬夷、密須、耆、邘、崇等五國，見《史記・周本紀》。文王，即姬昌，又稱西伯，季歷之子，文王為其謚號。曾率天下三分之二的諸侯侍奉商紂王，傳說在其被商紂王囚禁時演成《周易》。在受命後出兵征伐商的與國，為武王滅商做了充分的準備。㉒然後謀於群臣三句　源出《尚書・洪範》：「謀及卿士，謀及卜筮。」和〈大誥〉：「文王唯簿用，克綏受茲命。」關於文王用占卜決策之事，《詩・文王》還記載有「爰始爰謀，爰契我龜」的詩句。㉓帝謂文王六句　《詩・皇矣》之文。仇方，匹敵之方，指聯盟之國。鉤援，古代一種攻城用的梯子。臨，臨車。衝，衝車。崇，崇侯國，崇侯指崇侯虎，曾助紂為虐，因此文王出兵討伐他。庸，城。㉔崇國城守二句　語出《左傳・僖公十九年》：「文王聞崇德亂而伐之，軍三旬而不降，退修政而復伐之，因壘而降。」㉕滅檀鄉　建武二年，光武帝大將吳漢率軍攻滅檀鄉。檀鄉，王莽末年起兵的農民軍之一，首領為董次仲。㉖制五校　建武二年八月，光武帝親征五校軍，大破五校於羛陽，降之，事見本書卷一上。五校，王莽末年起兵的農民軍一部，首領為高扈。㉗降銅馬　建武二年，光武帝率軍先後在館陶、蒲陽大敗銅馬軍，銅馬軍大部投降光武帝。銅馬，王莽時農民軍之一支。㉘破赤眉　建武二年，光武帝大將延岑大破赤眉於杜陵，建武三年，馮異與赤眉戰於崤底，大破之。不久，光武帝親征赤眉，赤眉軍隊紛紛投降。赤眉，王莽末年農民軍之一，首領樊崇，因人人皆塗赤眉而得名。㉙誅鄧奉之屬　建武三年，光武帝親自率軍征鄧奉，大破鄧奉於小長安，斬之。鄧奉本是劉秀帳下大將，曾被封為破虜將軍，後反叛，軍敗被殺。㉚逼接　迫近。㉛顧問有司　詢問有關官吏。㉜徐異卿　唐李賢注：「異卿即獲索賊帥許少也。」《集解》：「惠棟曰：按《東觀記》，獲索賊帥古師郎，富平賊帥許少，下云據富平，作獲索者誤也。」㉝富平　縣名。治今山東惠民東桑落墅，一說在今陵縣東北神頭。㉞造次　匆忙。㉟顛沛　困頓挫折。㊱鄉飲酒禮　古代嘉禮之一。集合鄉眾，在鄉學飲酒。《禮記・鄉飲酒》詳細記載其禮儀。每三年正月，考察鄉學中人德行道藝，選取賢能，進薦於君，行鄉飲酒禮，以賢能者為賓，有選拔人才的意義。㊲張步　字文公，琅邪不其人。王莽時起兵反叛，聚眾數千，自為五威將軍，占據本郡。更始帝時被任命為輔漢大將軍，建武三年被耿弇攻破，投降漢軍。後欲重新反叛，被殺。其事詳見本書卷十二。㊳蒸祭　古時，冬天的祭祀稱蒸祭。㊴河南尹　河南尹的府尹。河南尹治洛陽（今河南洛陽東北）。㊵司隸校尉　據本書〈百官志〉：「一人，比二千石。本注曰：孝武帝初置，持節，掌察舉百官以下及京師近郡犯法者。元帝去節，成帝省。建武中復置，並領一州。」㊶坐　因罪。㊷不其　縣名。屬琅邪郡。治今山東即墨西南。㊸南陽太守杜詩　南陽郡治宛（今河南南陽）。杜詩，字公君，河內汲人。曾率軍鎮壓徐異卿，先後任成皐令、沛郡都尉、河南尹等，其事詳見本書卷三十一。㊹是故詩稱濟濟二句　《詩・文王》：「濟濟多士，文王以寧。」《尚書・虞書》：「股肱良哉。」㊺束脩　束帶修飾。古人年十五開始束帶修飾，因此束修指十五歲以上。㊻訖無毀玷　竟然沒有一點缺點。訖，竟然。玷，缺點。㊼朝歌　縣名。西漢置縣，屬河內郡。治今河南淇縣。㊽離　被；遭受。㊾髫髮厲志　從垂髮童子時開始磨練意志。髫髮，童子垂髮。厲志，磨練意志。㊿先後　語出《詩・緜》：「予曰有先後。」意思為相導。(51)古者選擢諸侯三句　《左傳》：「鄭武公、莊公為平王卿士。」《東觀漢記》：「詩上書：『武公、莊公所以砥礪蕃屏，勸進忠信，令四方諸侯咸樂回首，仰望京師。』」(52)柱石　承棟梁。語出《漢書・霍光金日磾傳》田延年曰：「將軍為國柱石」。(53)輔弼　《尚書大傳》：「古者天子必有四鄰，前曰疑，後曰承，左曰輔，右曰弼。天子有問無以對，責之疑。可志而不志，責之承。可正而不正，責之輔。可揚而不揚，責之弼。」(54)區區　方寸之心。(55)侍御史　少府屬官，俸祿百石，本書〈百官志〉：「本注曰：掌察舉非法，受公卿郡吏奏事，有違失舉劾之。」(56)封事　祕密上述奏事。(57)舊制九州五尚書三句　李賢注：「蓋舊制九州共選五人以任尚書，今則一郡乃有二人，故欲以湛代一人之處。」清王先謙《集解》曰：「官本注令改今，引劉攽曰：『按：正文令合作今，尚書令不可有五人，若言令一郡二人又無義，改作今乃與注合。』」58渥　深厚。59勑　同「敕」。皇上下詔書。60讌見　皇帝於內廷召見臣下。61祕器　棺材。

【語譯】伏湛，字惠公，琅邪東武縣人。九世祖伏勝，字子賤，即人們所稱的濟南伏生。伏湛高祖父伏孺，西漢武帝時，被邀請在東武講學，於是在東武安家。父親伏理，是當世名儒，給成帝講授《詩》，擔任高密國太傅，因所授《齊詩》別成一家而知名。

2 伏湛性情孝順父母，對兄弟友愛，少年時傳授父親學業，教授學生數百人。成帝時，因父親的緣故被任命為博士弟子。五次升遷，到王莽時擔任繡衣執法，派他督察罪大奸人，升遷任後隊屬正。

3 更始帝初即位，伏湛被任命為平原太守。當時兵事猝然四起，天下驚恐紛擾，而伏湛獨自安然不為所動，繼續教書授業。他對妻子說：「有一穀物不熟，國君都要撤掉與此穀物有關的膳食；如今百姓都飢餓，怎麼能自己獨自飽餐？」於是共同吃粗米淡飯，將自己的俸祿全部分給鄉里百姓以賑災荒，前來做其門客的有一百多家。當時他的門下督平素很有氣力，謀劃準備為伏湛起兵，伏湛對他鼓惑眾人的行為非常厭惡，便將他收入獄中斬殺，在城中懸首示眾，於是官吏們信賴他，郡內因此安定。平原境內，依靠伏湛得以保全。

4 光武帝即位，知道伏湛是名儒舊臣，想讓他在禁中主政任職，徵召任命他為尚書，讓他主持編定舊的規章制度。當時大司徒鄧禹向西出兵征討關中，光武帝認為伏湛的才能足可以擔任宰相，任命他為司直，代行大司徒的職掌。皇帝每次外出征伐，經常將他留在京師鎮守，總領各司事務。建武三年，最終替代鄧禹擔任大司徒，封為陽都侯。

5 當時彭寵在漁陽起兵反叛，光武帝想親自率兵征討，伏湛上疏勸諫說：「臣聽說文王受命而征伐五國，一定要先向同姓國詢問，然後和群臣謀劃商議，再加上蓍占與龜占，以此來決定是否進行此事，因此謀劃就成功，占卜就得吉兆，攻戰就獲勝。描寫此事的《詩》說：『上帝對文王說，詢問你的盟友方國，和你的兄弟，取得一致，用你們的攻城戰梯，和你們的臨車衝車，來進攻崇的城牆。』崇國城牆守備堅固，文王先退軍修政，然後再次討伐崇國，這是他重視人命的緣故，等待時機行動，因此三分天下文王有其二。陛下在天下大亂達到頂峰的時候，受天命而稱帝，復興祖宗之業，出入四年，滅掉檀鄉，制服五校，迫使銅馬投降，攻破赤眉軍，誅殺鄧奉等人，不能算是無功。如今京師空乏，物資費用不足，沒有能使臨近的歸服而先用兵邊境之外；而且漁陽這個地方，迫近北狄，狡猾的敵軍被困迫急，必定向北狄請求援助。而且如今所經過的縣邑，尤為困苦貧乏。種麥的農家，大多數在城郭之中，聽說官兵將要到達，應當已將麥子收藏起來了。大軍遠途跋涉二千多里，士兵馬匹疲憊勞頓，轉運糧食又有許多艱難險阻。如今兗州、豫州、青州、冀州，是中原核心之地，而賊寇縱橫出沒，還沒有來得及從王教化。漁陽以東，本來是防備邊塞兵事之地，地域與境外的胡虜相接，貢稅微薄。平安的時候，還需要內地郡縣的資助，何況如今兵荒財耗，怎麼值得先行進取？而陛下丟下近處之事從事邊遠兵事，放棄容易的事追求難得之功，四方感到驚疑奇怪，百姓怨恨恐懼，實在使我疑惑不解。再次希望陛下遠的看看文王重視兵事廣泛謀劃，近的考慮出兵征伐前後是否合適，徵詢有關官吏的意見，讓他們竭盡對皇上的忠誠，採信他們的優長之處，供皇上思考抉擇，以中原的安危為念。」光武帝看了他的奏議，最後沒有親征。

6 當時賊人徐異卿等一萬多人占據富平，多次進攻未能攻下，他們只說「願意向司徒伏公投降」。光武帝知道伏湛深得青州、徐州人信任，派遣他到平原郡，徐異卿等人當天投降，伏湛將他們護送到洛陽。

7 伏湛即使遇到突發事變，匆忙之中也必會以文德行事，認為禮樂是行政教化之首，即使在困頓挫折中也不能違背。這一年，上奏實行鄉飲酒禮，於是開始實行此古禮。

8 這年冬天，皇上親征張步，留伏湛居守京師。當時蒸祭高祖廟，河南尹、司隸校尉在廟中發生爭論，伏湛沒有檢舉上奏，以至於皇上下詔免去其職務。六年，改封為不其侯，食邑三千六百戶，派遣回到封國。後來南陽太守杜詩上疏舉薦伏湛說：「臣聽說唐、虞因股肱之臣而興旺，文王因有多士而安寧，因此《詩》稱『濟濟』，《尚書》說『良哉』。微臣杜詩私下見到原大司徒陽都侯伏湛，自從束帶修飾以來，就沒有任何缺點，誠實好學，死守為善之道，經學可以為人老師，行為可作人的表率。從前在河內朝歌和官居平原郡時，官民敬畏愛戴，將他作為榜樣而模仿。遭遇時代動亂，沒有遭受兵災，守節持重，有不可逼奪的志向。陛下深深了解他的才能，用宰相重位使他顯耀，諸位賢人百姓，仰望他的品德大義。因微小的過錯被斥退，很久不再被任用，有識之士深所惋惜，儒士深感痛心，微臣私下對此事也很傷感。伏湛容貌堂堂，是國家的榮耀。他的才智謀慮，是朝廷智慧的淵藪。自從小兒垂髮開始磨練意志，到白頭也沒有衰減。他的品行足以相導王室，威名足以光照偏遠百姓。古代選拔諸侯任命為王室公卿，因此四方人回首，仰望京師。棟梁之臣，應當居於輔弼之位，出入宮中，對王政進行補缺拾遺。臣下杜詩愚鈍忠戇，沒有能力了解宰相的才幹，私下懷有方寸之心，怎敢不自己竭其所知。臣下從前擔任侍御史，祕密上書奏事，說伏湛公正廉明愛護屬下，好惡分明，世代從事儒學，平素以名信自持，明瞭經義，品行高尚，通曉治國之政，特別合適擔任皇上近侍之臣，在皇上左右進言，舊制九州設五個尚書，一郡設二人，可以讓伏湛代一人之處。當時遭到執政者很多非難。但是微臣杜詩深蒙皇上恩德，所說之事果真對國家有益，雖死無恨，因此再次越職冒著觸怒執政的危險將此事上奏皇上。」

9　十三年夏天，伏湛受到徵召，皇上下詔讓尚書選擇任命官吏之日，未來得及就位，因在內廷中接受皇上召見時中暑，得病去世。賞賜棺材，光武帝親自弔唁祭奠，派遣使者送喪，修治他的墳冢。

1　二子：隆，翕。

2　翕嗣爵，卒，子光嗣。光卒，子晨嗣。晨謙敬博愛，好學尤篤，以女孫❶為順帝貴人，奉朝請❷，位特進❸。卒，子無忌嗣，亦傳家學，博物多識，順帝時，為侍中屯騎校尉❹。永和元年，詔無忌與議郎❺黃景校定中書❻五經、諸子百家、蓺術❼。元嘉中，桓帝復詔無忌與黃景、崔寔❽等共撰漢記。又自采集古今，刪著事要，號曰伏侯注❾。無忌卒，子質嗣，官至大司農❿。質卒，子完嗣，尚桓帝女陽安長公主⓫。女為孝獻皇后。曹操殺后，誅伏氏，國除⓬。

3 初，自伏生已後，世傳經學，清靜無競，故東州號為「伏不鬭」云。

4 隆字伯文⓭，少以節操立名，仕郡督郵⓮。建武二年，詣懷宮⓯，光武甚親接之。

5 時張步兄弟各擁彊兵，據有齊地，拜隆為太中大夫⓰，持節使青徐二州，招降郡國。隆移檄⓱告曰：「乃者，猾臣王莽，殺帝盜位。宗室興兵，除亂誅莽，故群下推立聖公⓲，以主宗廟。而任用賊臣，殺戮賢良，三王作亂⓳，盜賊從橫，忤逆天心，卒為赤眉所害。皇天祐漢，聖哲應期⓴，陛下神武奮發，以少制眾。故尋、邑以百萬之軍，潰散於昆陽㉑，王郎以全趙之師，土崩於邯鄲㉒，大彤、高胡望旗消靡㉓，鐵脛㉔、五校莫不摧破。梁王劉永㉕，幸以宗室屬籍㉖，爵為侯王，不知厭足，自求禍棄，遂封爵牧守，造為詐逆。今虎牙大將軍屯營十萬，已拔睢陽㉗，劉永奔迸㉘，家已族矣。此諸君所聞也。不先自圖，後悔何及？」青、徐群盜得此惶怖，獲索賊右師郎等六校即時皆降。張步遣使隨隆，詣闕上書，獻鰒魚㉙。

6 其冬，拜隆光祿大夫㉚，復使於步，并與新除青州牧守及都尉㉛俱東，詔隆輒拜令長以下。隆招懷綏緝㉜，多來降附。帝嘉其功，比之酈生㉝。即拜步為東萊㉞太守，而劉永亦復遣使立步為齊王。步貪受王爵，尤豫㉟未決。隆曉譬㊱曰：「高祖與天下約，非劉氏不王㊲，今可得為十萬戶侯耳。」步欲留隆與共守二州，隆不聽，求得反命㊳，步遂執隆而受永封。隆遣閒使㊴上書曰：「臣隆奉使無狀㊵，受執凶逆，雖在困厄㊶，授命不顧。又吏人知步反畔，心不附之，願以時進兵，無以臣隆為念。臣隆得生到闕廷，受誅有司，此其大願；若令沒身寇手，以父母昆弟長累㊷陛下。陛下與皇后、太子永享萬國，與天無極。」帝得隆奏，召父湛流涕以示之曰：「隆可謂有蘇武之節㊸。恨不且許而遽求還也！」其後步遂殺之，時人莫不憐哀焉。

7 五年，張步平，車駕幸北海㊹，詔隆中弟咸收隆喪，賜給棺斂，太中大夫護送喪事，詔告琅邪作冢，以子瑗為郎中㊺。

【章 旨】以上為〈伏湛傳〉的附傳部分，記述伏湛子孫之事跡。傳文記載伏隆被困時所上奏章，讀之使人淚下。

【注釋】❶女孫　孫女。❷奉朝請　定期參加朝會。❸特進　官名。西漢末年開始設置，授給列侯中有特殊地位者，可以自辟僚屬。❹屯騎校尉　俸祿比二千石，掌宿衛兵。❺議郎　光祿勳屬官，執掌顧問應對，參與議政，指陳得失，為皇帝近臣，秩比六百石，除議政外，有時也給事宮中禁署。❻中書　皇宮中的藏書。❼諸子百家蓺術　諸子百家，《漢書・藝文志》：「諸子凡一百八十九家，言百家舉其成數也。」蓺謂書、數、射、御。術謂醫、方、卜、筮。❽崔寔　字子真，一名台，字元始，涿郡安平人。曾任議郎、大將軍司馬，著作於東觀。任五原太守期間教民紡織，因病免官後復任議郎，與諸儒共定《五經》。著有《政論》、《四民月令》等。❾伏侯注　此書敘事上自黃帝，下至漢質帝，共八卷。❿大司農　西漢武帝時開始設置，位列九卿，執掌全國租賦收入和國家財政開支，兼理各地倉儲、水力、官府農業、手工業等。⓫尚桓帝女陽安長公主　尚，古代娶公主為妻稱尚。陽安長公主，名華，桓帝之女，延熹元年封陽安長公主。⓬曹操殺后三句　事在建安十九年（西元二一四年），伏皇后命其父伏完謀除曹操，事洩，曹操殺皇后，滅其族。⓭隆字伯文　《東觀漢記》隆作盛，字伯明。⓮郡督郵　督郵書掾、督郵曹掾等的簡稱。漢代各郡的重要官吏，代表太守督察縣鄉，宣達教令，兼司獄訟等事。每郡有分兩部、三部和五部的，每部設一督郵。⓯懷宮　懷，河內縣名。縣境內有離宮，稱懷宮。懷縣，治今河南武陟西南。⓰太中大夫　光祿勳屬官，俸祿千石。⓱移檄　發布文告、告示。⓲聖公　即劉玄，聖公為其字，光武帝族兄，王莽末年加入平林兵，後被諸將推立為天子，即更始帝。後因殘暴誅殺大將，引起內亂，赤眉軍乘機攻入長安，聖公投降赤眉軍，不久被其部下殺死，其事詳見本書卷十一。⓳三王作亂　三王指更始帝所封淮陽王張卬、隨王胡殷、穰王廖湛。更始三年，隗囂與張卬等人欲劫持更始帝，事洩，更始帝召張卬等人入宮，想除掉他們，行事過程中引起張卬等人懷疑，張卬、胡殷、廖湛等人突出宮門，率軍叛亂，與更始大戰長安城中，其事詳見本書卷十一。⓴應期　順應期運。㉑故尋邑以百萬之軍二句　更始元年，王莽派大司徒王尋與大司空王邑率兵百萬進攻更始軍隊，世祖率軍在昆陽（今河南葉縣）大敗王莽軍，事見本書卷一上。㉒王郎以全趙之師二句　王郎，邯鄲人，本為占者，後王子林詐稱其為成帝之子子輿，在邯鄲起兵，立其為帝。更始二年，世祖在上谷、漁陽軍的幫助下，攻破邯鄲，殺王郎。全趙，謂舉趙之地。㉓大彤高胡望旗消靡　大彤、高胡軍隊看到光武帝軍隊的旗幟就開始潰敗。大彤，王莽末年起事的農民軍之一部，首領為樊崇。高胡，王莽末年起事的農民軍之一部。消靡，潰敗。㉔鐵脛　王莽末年起事的農民軍之一部。㉕劉永　睢陽人，梁孝王八世孫。更始帝失敗，劉永自稱天子。後被部將所殺，事見本書卷十二。㉖屬籍　宗室譜籍。㉗睢陽　縣名。今河南商丘南。㉘奔迸　逃散。㉙張步遣使隨隆三句　《東觀漢記》：「步遣其掾孫昱隨之。」鰒魚，石決明，即鮑魚。㉚光祿大夫　原為中大夫，屬郎中令，漢武帝太初元年（西元前一〇四年）郎中令更名光祿勳，不久改為光祿大夫。秩比二千石，執掌議論，在大夫中地位最尊。東漢時，因權臣不復冠此職銜，此職位成為閒散職位。㉛都尉　州郡軍事長官，秩比二千石，協助牧守典掌軍事，維護治安，統帥訓練本部軍隊。㉜招懷　招撫懷柔，安頓凝聚。㉝酈生　即酈食其。他曾遊說齊王田廣，下齊七十餘城，其事詳見《漢書．酈陸朱劉叔孫傳》。㉞東萊　郡名。治黃縣（今山東龍口市東）。㉟尤豫　猶豫；遲疑不決。㊱曉譬　開導。㊲高祖與天下約二句　此約文見《漢書．王莽傳》。㊳反命　覆命。㊴間使　祕密使者。㊵無狀　不肖；無善狀。㊶困戹　困苦危難。㊷累　託付。㊸蘇武之節　西漢武帝時，蘇武出使匈奴，恰好遇到衛律部下有打算投降漢朝的人，暗中與他們一起謀劃劫持單于的母親閼氏回歸漢朝，事情洩露，單于派衛律追查此事，召來蘇武對證，蘇武持節不屈，拿著佩刀想自殺。單于打算讓蘇武投降，蘇武不降，拿著漢朝給他的杖節，在海上放牧牛羊，睡覺起行始終拿著節，節毛全部脫落了。在匈奴十九年才回到漢朝，其事詳見《漢書．李廣蘇建傳》。㊹北海　封國名。治劇縣（今山東昌樂西）。㊺以子瑗為郎中　《集解》：「惠棟曰：漢法，死事之子除郎中。」郎中，由功臣弟子充任的郎官，名義上備宿衛，實際上為官吏的後備人才。

【語譯】伏湛有兩個兒子：伏隆，伏翕。

2 伏翕承嗣侯爵，去世，兒子伏光承嗣侯位。伏光去世，兒子伏晨承嗣侯位。伏晨謙虛恭敬有仁愛之心，尤其喜歡學習，因為孫女為順帝貴人，定期參加朝會，授位特進。去世，兒子伏無忌承嗣侯位，也傳授家學，博物多識，順帝時，擔任侍中屯騎校尉。永和元年，下詔讓無忌與議郎黃景校定宮中所藏《五經》、諸子百家、藝術書籍。元嘉年間，桓帝又下詔讓無忌與黃景、崔寔等人共同撰寫《漢記》。伏無忌自己又採集古今書籍，刪定重要事實，稱為《伏侯注》。無忌去世，兒子伏質承嗣侯位，官至大司農。伏質去世，兒子伏完承嗣侯位，娶桓帝女陽安長公主為妻。他的女兒為孝獻帝皇后。曹操弒殺皇后，誅殺伏氏，封國被除去。

3 起初，自伏生以後，世代傳授經學，清靜無為，不與人爭，因此東州人稱伏氏家族為「伏不鬬」。

4 伏隆字伯文，少年時以節操高尚而立名，擔任郡督郵。建武二年，到懷宮朝見，光武帝非常親切地接待了他。

5 當時張步兄弟各自擁有強兵，割據齊地，光武帝任命伏隆為太中大夫，拿著皇上符節出使青、徐二州，招降各郡國。伏隆發布文告說：「不久之前，奸猾之臣王莽，弒殺漢帝盜取帝位。漢宗室紛紛興兵，掃除禍亂誅殺王莽，因此眾部下推立聖公為帝，來主持宗廟祭祀。而聖公任用亂臣賊子，殺戮賢良之臣，三王叛亂，盜賊縱橫，悖逆上天之心，最終被赤眉殺害。皇天保祐漢室，聖賢哲王順應期運，陛下神明勇武奮發圖強，用少量的軍隊克制眾賊。因此王尋、王邑率領百萬軍隊，在昆陽潰散，王郎擁有整個趙國的軍隊，在邯鄲土崩瓦解，大彤、高胡軍看到光武帝軍隊的旗幟就開始潰敗，鐵脛、五校沒有一部不被摧毀的。梁王劉永，幸運地以宗室身分列入宗室譜籍，封爵為侯王，不知滿足，自找災禍，於是分封官爵牧守，進行反叛。如今虎牙大將軍屯兵十萬，已經攻克睢陽，劉永軍隊逃散，他的家已被滅族了。這都是各位已經聽說了的。不預先自行打算，後悔怎麼來得及？」青、徐群盜得到此告示，惶恐驚怖，獲索賊人右師郎等六校當時全都投降。張步派遣使者跟隨伏隆，到朝廷上書，獻上鰒魚。

6 這年冬天，任命伏隆為光祿大夫，再次出使張步，與新任青州州牧、太守和都尉全都一起東行，下詔讓伏隆隨時任命縣令縣長以下官員。伏隆招撫懷柔，安定聚集叛亂之軍，叛軍紛紛前來降附。光武帝嘉獎他的功勞，將他比作酈生。隨即任命張步為東萊太守，而劉永也再次派遣使者封立張步為齊王。張步貪圖接受王的封爵，猶豫不決。伏隆開導他說：「高祖與天下約定，不是劉姓不得封為王，如今你可以成為十萬戶的封侯。」張步想留下伏隆和他共同駐守青、徐二州，伏隆不答應，要求回去覆命，張步於是囚禁伏隆，接受了劉永的封號。伏隆遣密使上書說：「臣下伏隆奉命出使未達任務，被兇惡的叛逆囚禁，即使在困苦危難之中，犧牲性命也義無反顧。而此地官吏明白張步反叛，心中不歸附他，希望陛下及時進兵，不要擔心微臣伏隆。臣下伏隆能夠活著回到朝堂，接受有關官吏的誅罰，這是我最大的心願；假如在賊寇手中身亡，我只能將父母兄弟長期託付陛下。陛下與皇后、太子永享萬國，與天一樣沒有終極。」光武帝得到伏隆的奏章，召來伏隆的父親伏湛，流著眼淚將奏章拿給他看，並說：「伏隆可以說有蘇武之節。遺憾的是他沒有姑且答應張步以求早日回來呀！」後來張步最終殺害了伏隆，當時人沒有不感到悲哀痛心的。

7 五年，張步被平定，皇上巡幸北海國，下詔讓伏隆的中弟伏咸為伏隆收喪，賜給棺槨斂葬，太中大夫護送喪事，下詔讓在琅邪起墳冢，以兒子伏瑗為郎中。

1 侯霸，字君房，河南密❶人也。族父淵，以宦者有才辯，任職元帝時，佐石顯等領中書❷，號曰太常侍。成帝時，任霸為太子舍人❸。霸矜嚴有威容，家累千金，不事產業。篤志好學，師事九江太守房元❹，治穀梁春秋❺，為元都講❻。王莽初，五威司命陳崇❼舉霸德行，遷隨宰❽。縣界曠遠，濱帶江湖，而亡命者多為寇盜。霸到，即案誅豪猾，分捕山賊，縣中清靜。再遷為執法刺姦❾，糾案❿埶位者，無所疑憚。後為淮平大尹⓫，政理有能名。及王莽之敗，霸保固自守，卒全一郡。

2 更始元年，遣使徵霸⓬，百姓老弱相攜號哭，遮使者車，或當道而臥。皆曰：「願乞侯君復留朞年。」民至乃戒乳婦勿得舉子⓭，侯君當去，必不能全。使者慮霸就徵，臨淮必亂，不敢授璽書，具以狀聞。會更始敗，道路不通。

3 建武四年，光武徵霸與車駕會壽春⓮，拜尚書令⓯。時無故典，朝廷又少舊臣，霸明習故事，收錄遺文，條奏前世善政法度有益於時者，皆施行之。每春下寬大之詔，奉四時之令⓰，皆霸所建也。明年，代伏湛為大司徒，封關內侯⓱。

在位明察守正⑱，奉公不回。

4 十三年，霸薨，帝深傷惜之，親自臨弔。下詔曰：「惟霸積善清絜，視事九年。漢家舊制，丞相拜日，封為列侯⑲。朕以軍師暴露，功臣未封，緣⑳忠臣之義，不欲相踰，未及爵命，奄然㉑而終。嗚呼哀哉！」於是追封謚霸則鄉哀侯，食邑二千六百戶。子昱嗣。臨淮吏人共為立祠，四時祭焉。以沛郡㉒太守韓歆代霸為大司徒。

【章旨】以上為〈侯霸傳〉，介紹了侯霸一生經歷。侯霸以德法治世，為東漢朝廷創立制度，受到光武帝的敬重。

【注釋】❶密　縣名。治今河南新密東。❷佐石顯等領中書　輔佐石顯等人領中軍。石顯，字君房，濟南人。少年時受腐刑，為中黃門，宣帝時為中書僕射，元帝時為中書令，執掌朝政，殺害朝臣，成帝即位後失勢，不久病死，其事詳見《漢書・佞幸傳》。中書。即中書宦官。西漢初年，中人有中謁者令，孝武加中謁者令為中書謁者令，置僕射，宣帝時任中書官。❸太子舍人　李賢注引《續漢志》：太子舍人，秩二百石，無員，更直宿衛也。《漢官儀》：「太子舍人選良家子孫，秩二百石。」❹九江太守房元　九江，治陰陵（今安徽壽縣）。房元，《集解》：「惠棟曰：《前書》云琅邪房鳳，字子元，九江太守，《穀梁春秋》有房氏之學，傳曰房元者，蓋舉其字，猶朱普字公文，《東觀記》稱朱文是也。」❺穀梁春秋　又稱《春秋穀梁傳》，《春秋》三傳之一，今文經學重要典籍，相傳為戰國時魯人穀梁赤作，始於魯隱公元年（西元前七二二年），迄於魯哀公十四年（西元前四八一年）。此書以答問形式解經，略於史實，重在闡述《春秋》的「義理」，為研究戰國至漢初儒家思想的重要著作。❻都講　學宮主講之人。❼五威司命陳崇　李賢注：「王莽置五威司命將軍」，《集解》：「惠棟曰：〈王莽傳〉云，莽置五威司命中丞，曰關將軍，策命統睦侯陳崇作司命也。又曰司命司上公以下。」陳崇，南陽人，曾任大司徒司直，五威司命，深得王莽信賴，封統睦侯。❽隨宰　隨縣縣宰，王莽改縣令長曰宰。隨縣，屬南陽郡。治今湖北隨州。❾執法刺姦　《漢書．王莽傳》：「置執法左右刺姦，選能吏侯霸等分督六尉、六隊，如漢刺史。」❿糾案　彈劾審查。⓫淮平大尹　王莽改臨淮郡為淮平，該郡治徐縣（今江蘇泗洪南）。大尹，新莽建國元年（西元九年），改太守為大尹。⓬遣使徵霸　《東觀漢記》：「遣謁者侯盛、荊州刺史費遂齎璽書徵霸。」⓭舉子　生育子女。⓮壽春　縣名。治今安徽壽縣。⓯尚書令　尚書臺長官，兼具宮官、朝官職能，掌決策出令、綜理政務，秩位雖低，實則總領朝政，無所不統，如以公任其職，增秩至二千石，名義上仍隸少府。朝會時，與司隸校尉、御史中丞皆專席坐，時號「三獨坐」。和帝以後，信用宦官，中常侍出納王命，與其分權。⓰每春下寬大之詔二句　〈月令〉春天布德行慶，施惠下人，因此稱寬大。奉四時之令意思是依〈月令〉行政。⓱關內侯　爵名。戰國秦置，為二十等爵第十九級，因秦都咸陽，以關內為王畿，故名。但有侯號，無封土，按封戶多少享受徵收租稅之權。⓲守正　恪守正道。⓳丞相拜日二句　漢自高祖以列侯為丞相，武帝以元勳佐命皆盡，拜公孫弘為丞相，封平津侯，因此後人將漢朝以拜相封為列侯作為慣例。⑳緣　順。㉑奄然　忽然。㉒沛郡　治相（今安徽淮北市西）。

【語譯】侯霸，字君房，河南密縣人。同族父輩侯淵，以有才辯的宦官身分，在西漢元帝時任職，輔佐石顯等人統領中書宦官，號稱大常侍。成帝時，任命侯霸為太子舍人。侯霸矜持嚴肅，容貌威嚴，家產累計千金，不致力於置辦產業。志趣專一，愛好學習，拜九江太守房元為師，研究《穀梁春秋》，擔任房元的都講。王莽初年，五威司命陳崇舉薦侯霸德行高尚，升遷為隨縣縣宰。隨縣縣界空曠遼遠，境內江湖連綿，亡命之徒多為強盜賊寇。侯霸到任，立刻按治誅殺豪強奸猾之人，分部捕殺山賊，縣中清靜。再次升遷為執法刺姦，彈劾按治有權有勢之人，沒有任何疑慮畏懼。後來擔任淮平大尹，行政辦案有才幹之名。等到王莽失敗，侯霸保衛郡地鞏固防守，最終保全一郡。

2　更始元年，派遣使者徵召侯霸，百姓扶老攜幼號啕大哭，攔截使者的車輛，有的人躺在路正中。他們都說：「希望讓侯君再留任一年。」百姓甚至有的告誡產婦不要生育子女，侯君離去，肯定不能保全。使者考慮到侯霸應徵後，臨淮必定會大亂，不敢將璽書交給侯霸，將這種情狀如實報告給更始帝。恰好遇到更始帝失敗，使者上報的道路被截斷。

3 建武四年，光武帝徵召侯霸，讓他與自己在壽春相會，任命他為尚書令。當時沒有舊時的典制，朝廷上又很少舊臣，侯霸明白熟習舊事，他收錄過去的條文，將有益於當時的前代善政法度逐條上奏，全都施行。每年春天，頒布寬和大度的詔書，按〈月令〉四時行政，這些都是侯霸所建議的。第二年，代替伏湛擔任大司徒，封關內侯爵。在位期間明察秋毫，恪守正道，奉公守法，從不曲法行事。

4 十三年，侯霸去世，光武帝深深感到悲哀痛心，親自前去弔唁。下詔書說：「侯霸積累善政，品格清潔，任職九年。漢家的舊制，丞相被任命之日，同時被封為列侯。朕因軍事行動長期在外，還沒有分封功臣，為順忠臣之義，不想超越，故沒來得及封爵任命，突然去世。真是可悲呀！」於是追封侯霸謚號為則鄉哀侯，食邑二千六百戶。兒子侯昱承嗣侯位。臨淮官吏百姓共同給他設立了祠堂，四時進行祭祀。任命沛郡太守韓歆代替侯霸為大司徒。

1 歆字翁君，南陽人，以從攻伐有功，封扶陽❶侯。好直言，無隱諱，帝每不能容。嘗因朝會，聞帝讀隗囂、公孫述❷相與書，歆曰：「亡國之君皆有才，桀紂亦有才❸。」帝大怒，以為激發❹。歆又證歲將飢凶，指天畫地，言甚剛切，坐免歸田里。帝猶不釋，復遣使宣詔責之。司隸校尉鮑永❺固請不能得，歆及子嬰竟自殺。歆素有重名，死非其罪，眾多不厭，帝乃追賜錢穀，以成禮葬之❻。

2 後千乘歐陽歙❼、清河戴涉相代為大司徒，坐事下獄死❽，自是大臣難居相任。其後河內蔡茂❾，京兆❿玉況，魏郡馮勤⓫，皆得薨位。況字文伯，性聰敏，為陳留⑫太守，以德行化人，遷司徒，四年薨。

3 昱後徙封於陵侯⑬，永平中兼太僕⑭。昱卒，子建嗣。建卒，子昌嗣。

【章　旨】以上記述了侯霸之後擔任司徒的幾位大臣的簡歷。

【注　釋】❶扶陽　縣名。屬沛郡。治今安徽蕭縣西南。❷隗囂公孫述　隗囂（?—西元三三年），字季孟，天水成紀（今甘肅秦安）人。新莽末年被當地豪強擁立，據有天水、武都、金城（均在甘肅境內）等郡，自稱西州上將軍。建武九年（西元三三年），屢被劉秀派軍擊敗，憂憤而死。公孫述（?—西元三六年），字子陽，扶風茂陵（今陝西興平）人。新莽時，為導江卒正（蜀郡太守），後自立稱帝，號成家，改元龍興。建武十二年（西元三六年）被漢軍攻破，重傷而死。二人事跡詳見本書卷十三。❸桀紂亦有才　桀為夏亡國之君，紂為商亡國之君。據《墨子》：「桀為天子，生裂虎兕。」《淮南子》：「桀之力，剔觡伸鉤，索鉄歙金，推移大戲。」《史記・殷本紀》：「帝紂資辨捷疾，聞見甚敏，材力過人，手格猛獸，知足以距諫，言足以飾非。」❹激發　諷刺。❺鮑永　字君長，上黨屯留（今山西屯留）人，更始二年，升遷任尚書僕射、行大將軍事，光武帝即位，曾任諫議大夫、魯郡太守、司隸校尉等職，其事詳見本書卷二十九。❻以成禮葬之　用全禮埋葬了他。成禮，全禮。意思是不因他死於非命而降低他的喪禮規格。❼千乘歐陽歙　千乘，縣名。治今山東高青東北。歐陽歙，西漢歐陽生後代，傳《尚書》，曾任河南尹、大司徒等職，後下獄死，事見本書卷七十九上。❽清河戴涉二句　王先謙《集解》補曰：「《通鑑》大司徒戴涉坐入故太倉令奚涉罪，下獄死。胡注：無罪加之以罪曰入。」清河，郡名。治甘陵（今河北清河縣東）。戴涉，字叔平，冀州清河人，受所舉太倉令奚涉盜金之罪連坐下獄。❾河內蔡茂　河內，郡名。治懷縣（今河南武陟西南）。蔡茂，其事跡見本列傳下文。❿京兆　即京兆尹。治今陝西西安西。⓫魏郡馮勤　魏郡，治鄴（今河北臨漳）。馮勤，事跡見本列傳下文。⓬陳留　郡名。治陳留（今河南開封東南）。⓭昱後徙封於陵侯　《集解》：「王補曰：昱毀伏波，與馬武上章言狀，見〈馬援傳〉。」於陵，縣名。屬濟南郡。治今山東鄒平南偏東。⓮太僕　掌皇帝的御馬和馬政。

【語　譯】韓歆字翁君，南陽人，因跟隨光武帝出征有功，封為扶陽侯。喜歡直言，沒有隱諱，光武帝經常不能容忍他。曾經在一次朝會上，聽到光武帝讀隗囂、公孫述交往的書函，韓歆說：「亡國之君都有才，桀、紂也都有才。」光武帝大怒，認為他這是譏諷之語。韓歆還論證年歲將出現饑荒，指天畫地，言語非常剛直痛切，以此獲罪免職回歸田里。光武帝還不釋懷，又派遣使者宣讀詔書斥責他。司隸校尉鮑永痛切地為他求情，沒有得到皇上的允許，韓歆和他的兒子韓嬰最後自殺。韓歆平素名聲很大，死於不該死之罪，有很多人心懷不滿，光武帝於是追賜給他家錢穀，按全禮埋葬了他。

2 後來千乘縣歐陽歙、清河郡戴涉相繼擔任大司徒，他們都因犯罪下獄被處死，自此大臣很難在相位任職。後來河內人蔡茂，京兆人玉況，魏郡人馮勤等，都最終在相位上去世。玉況字文伯，性格聰明機敏，擔任陳留太守，用德行感化人，升任司徒，四年去世。

3 侯昱後來改封為於陵侯，永平年間兼任太僕。侯昱去世，兒子侯建承嗣侯位。侯建去世，兒子侯昌承嗣侯位。

1 宋弘，字仲子，京兆長安❶人也。父尚，成帝時至少府❷；哀帝立，以不附董賢❸，違忤❹抵罪。弘少而溫順，哀平間作侍中❺，王莽時為共工❻。赤眉入長安，遣使徵弘，逼迫不得已，行至渭橋❼，自投於水，家人救得出，因佯死獲免。

2 光武即位，徵拜太中大夫。建武二年，代王梁為大司空❽，封栒邑❾侯。所得租奉分贍九族，家無資產，以清行致稱❿。徙封宣平侯。

3 帝嘗問弘通博之士，弘乃薦沛國桓譚才學洽聞⓫，幾能及揚雄、劉向父子⓬。於是召譚拜議郎、給事中⓭。帝每讌，輒令鼓琴，好其繁聲⓮。弘聞之不悅，悔於薦舉，伺譚內出，正朝服坐府上，遣吏召之。譚至，不與席而讓之曰：「吾所以薦子者，欲令輔國家以道德也，而今數進鄭聲⑮以亂雅頌，非忠正者也。能自改邪？將令相舉以法乎？」譚頓首辭謝，良久乃遣之。後大會群臣，帝使譚鼓琴，譚見弘，失其常度。帝怪而問之。弘乃離席免冠謝曰：「臣所以薦桓譚者，望能以忠正導主，而令朝廷耽悅鄭聲，臣之罪也。」帝改容謝，使反服⑯，其後遂不復令譚給事中。弘推進賢士馮翊⑰、桓梁三十餘人，或相及⑱為公卿者。

4 弘當⑲讌見，御坐新屏風⑳，圖畫列女㉑，帝數顧視之。弘正容言曰：「未見好德如好色者。」帝即為徹之。笑謂弘曰：「聞義則服㉒，可乎？」對曰：「陛下進德㉓，臣不勝其喜。」

5 時帝姊湖陽公主新寡㉔，帝與共論朝臣，微觀其意。主曰：「宋公威容德器㉕，群臣莫及。」帝曰：「方且圖之。」後弘被引見，帝令主坐屏風後，因謂弘曰：「諺言貴易交，富易妻，人情乎？」弘曰：「臣聞貧賤之知㉖不可忘，糟糠之妻不下堂。」帝顧謂主曰：「事不諧矣。」

6 弘在位五年，坐考上黨太守無所據㉗，免歸第。數年卒，無子，國除。

7 弘弟嵩，以剛彊孝列著名，官至河南尹。嵩子由，元和間為太尉㉘，坐阿黨竇憲㉙，策免歸本郡，自殺。由二子：漢，登。登在儒林傳。

8 漢字仲和，以經行㉚著名，舉茂才㉛，四遷西河㉜太守。永建元年，為東平相㉝、度遼將軍，立名節，以威恩著稱。遷太僕，上病自乞，拜太中大夫，卒。策曰：「太中大夫宋漢，清修雪白，正直無邪。前在方外㉞，仍統軍實㉟，懷柔異類，莫匪嘉績，戎車載戢㊱，邊人用寧。予錄乃勳，引登九列㊲。因病退讓，守約彌堅，將授三事㊳，未剋而終。朝廷愍㊴悼，怛㊵其愴然。詩不云乎：『肇敏戎功，用錫爾祉㊶。』其令將相大夫會葬，加賜錢十萬，及其在殯，以全素絲羔羊之絜焉㊷。」

9 子則，字元矩，為鄢陵㊸令，亦有名迹㊹。拔同郡韋著㊺、扶風法真㊻，稱為知人。則子年十歲，與蒼頭㊼共弩射，蒼頭弦斷矢激，誤中之，即死。奴叩頭就誅，則察而恕之。潁川荀爽㊽深以為美，時人亦服焉。

【章旨】以上為〈宋弘傳〉及所附宋弘弟、弟之子、弟之孫傳。宋弘家族以經術知名，有儒者家風。

【注釋】❶長安　城名。在今陝西西安西北六公里處。❷少府　卿一人，俸祿中二千石，掌中服御諸物，衣服寶貨珍膳之屬。見本書〈百官志三〉。❸董賢　漢哀帝時幸臣，封高安侯，妹妹為昭儀，曾任大司馬。❹違忤　違背；抵觸。❺侍中　列侯以下至郎中的加官，無定員。侍從皇帝左右，出入宮廷。因接近皇帝，地位較顯貴。❻王莽時為共工　《集解》：「惠棟曰：按前書，天鳳中宏為并州牧，將兵擊匈奴。」共工，王莽改少府曰共工。❼渭橋　本名橫橋，今陝西西安北渭河之上。

❽代王梁為大司空　王梁，字君嚴，漁陽要陽人。曾幫助世祖拔邯鄲，平定河北，因功被任命為大司空，封武強侯，其事詳見本書卷二十二。大司空，執掌土木建築等。❾栒邑　縣名。治今陝西旬邑東北。❿家無資產二句　《集解》：「惠棟曰：袁山松《書》云：宏為司空，秉政恭約，輕財重義，有公儀子之風。」⓫桓譚才學洽聞　桓譚（約西元前二四－西元五六年），字君山，沛國相人。好音律，博學多識，遍及《五經》。哀帝、平帝年間為郎，新莽時期任掌樂大夫，光武帝時徵為待詔，因反對讖緯神學，幾遭極刑。著有《新論》二十九篇，其事詳見本書卷二十八上。洽聞，多聞博識。⓬幾能及揚雄劉向父子　才能幾乎能比得上揚雄、劉向父子。幾，近。揚雄（西元前五三－西元一八年），字子雲，西漢蜀郡成都人。著名文學家，曾仿司馬相如體作〈甘泉〉、〈河東〉、〈校獵〉、〈長楊〉四賦，又仿《論語》作《法言》，仿《易經》作《太玄》。他還撰有《方言》，記述各地方言，續《蒼頡篇》而為《訓纂篇》，其事跡見《漢書・揚雄傳》。劉向父子指劉向和其子劉歆，沛人，劉向本名更生，字子政，楚元王四世孫，曾任諫議大夫等職，治《穀梁傳》，撰有《別錄》、《五經通義》、《列女傳》、《新序》、《說苑》等，其事跡詳見《漢書・楚元王傳》。劉歆，字子駿，成帝時以通《詩》、《書》，能屬文，召為黃門郎，曾奉命與父領校祕書，撰有《七略》、《三統曆譜》。⓭給事中　加官，位次中常侍，無定員。所加或大夫、博士、議郎，御史大夫、三公、將軍、九卿等亦有加者。加此號得給事宮禁中，常侍皇帝左右，備顧問應對。⓮繁聲　複雜的樂曲。⓯鄭聲　原指春秋戰國時鄭國的音樂，因與孔子等提倡的雅樂不同，受到儒家排斥，從此之後，不合儒家標準的音樂，都被稱為鄭聲。《論語・衛靈公》：「放鄭聲，遠佞人。鄭聲淫，佞人殆。」⓰反服　將脫下的衣帽重新穿上。⓱馮翊　東漢賢士，曾任光祿勳、鉅鹿太守等職。⓲相及　相繼。⓳當　《集解》惠棟曰：「劉攽曰：『按文當合作嘗。』」⓴御坐新屏風　《集解》：「惠棟曰：《東觀記》云：『新施屏風』，疑脫『施』字。」㉑圖畫列女　《集解》：「惠棟曰：劉向《七略別傳》云：『臣向與黃門侍郎歆所校《列女傳》種類相從，為七篇，以著禍福榮辱之效，是非得失之分，畫女于屏風四堵。』是漢時列女皆畫之屏風也。」㉒聞義則服　聽聞有義的事，則當順從而行之。服，從也。《管子・弟子職》：「見善從之，聞義則服。」㉓進德　增進道德。㉔湖陽公主新寡　《集解》：「洪亮吉曰：《水經注》泚水下引漢〈日南太守胡著碑〉：『子珍，騎督尉，尚湖陽長公主。』公主即光武之伯姊，是主適珍而寡也。」㉕德器　道德修養與才識度量。㉖知　《集解》本「知」作「交」。㉗坐考上黨太守無所據　犯有拷問上黨太守之罪而沒有根據的過錯。考，通「拷」。拷問。上黨，郡名。治長子（今山西長子）。㉘太尉　三公之一，掌四方兵事，功課歲盡，即奏其殿最而行賞罰，世祖即位時為大司馬，建武二十七年改太尉。㉙竇憲　事跡見本書卷二十三。㉚經行　經術和品行。㉛茂才　即秀才，避劉秀之諱而稱為茂才。㉜西河　郡名。治離石（今山西離石）。㉝為東平相　為

東平王劉蒼曾孫劉端之相。㉞方外　偏遠地區。㉟仍統軍實　仍，多次。統，統領。軍實，軍隊所需物資。《集解》：「惠棟曰：李善云：鄭氏云，軍所以討獲曰實。」㊱載戢　載，助詞，起加強語氣的作用。戢，修整。㊲九列　九卿的職位。㊳三事　三公之位。㊴慜　同「湣」。㊵怛　悲傷；淒慘。㊶肇敏戎功二句　詩意為尹吉甫讚美宣王能夠興衰撥亂，命召公平定淮夷。語出《詩・江漢》。毛萇注：「肇，謀也。敏，疾也。戎，大也。功，事也。祉謂福慶。」㊷以全素絲羔羊之絜焉　自卿大夫以下，都穿羔羊之白裘，縫以素絲。《詩・羔羊》：「羔羊之皮，素絲五紽。」㊸鄢陵　縣名。治今河南鄢陵北。㊹名迹　聲名與業績。㊺韋著　字休明，少年時代以經術品行知名，不應州郡之召，靈帝時即位中常侍，博通術藝，持《京氏易》、《韓詩》講授，其事跡見本列傳下文韋彪傳。㊻扶風法真　扶風，即右扶風，三輔之一，治槐里（今陝西興平）。法真，字高卿（高一作喬），好學而無常家，博通內外圖典，為關西大儒，弟子自遠方至者有數百人，性格恬靜寡欲，不喜歡交往。其事詳見本書卷八十三。㊼蒼頭　奴僕。㊽潁川荀爽　潁川，郡名。治陽翟（今河南禹州）。荀爽，字慈明，一名諝，荀淑之子，幼而好學，年十二能通《春秋》、《論語》，後為東漢碩儒，以儒行稱處士，多次徵召不應，迫不得已時短暫為官，其事詳見本書卷六十二。

【語譯】宋弘，字仲子，京兆長安人。父親宋尚，成帝時官至少府，哀帝即位，因為不依附董賢，違背董賢之意而獲罪。宋弘少年時代就很溫順，哀、平年間擔任侍中，王莽時擔任共工。赤眉軍進入長安，派遣使者徵召宋弘，被逼迫不得已，走到渭橋上，自己跳入水中，隨從家人從水中救出他，他藉機裝死才免去了赤眉軍的徵召。

2 光武帝即位，徵召任命宋弘為太中大夫。建武二年，代替王梁擔任大司空，封為栒邑侯。所得租奉全部分給族人，贍養九族，家中沒有資產，以品行清廉而聞名。遷封為宣平侯。

3 皇帝曾經向宋弘詢問通達博雅之士，宋弘於是舉薦沛國桓譚才學廣博，幾乎能比得上揚雄、劉向父子。皇上於是徵召桓譚任命為議郎、加官給事中。皇帝每次宴享，總是讓桓譚彈琴，喜歡他奏的複雜的樂曲。宋弘聽說後很不高興，對自己的舉薦很後悔，尋找一個桓譚從宮中走出來的機會，端正朝服坐在府上，派遣屬吏召來桓譚。桓譚到後，不給他坐席而責備他說：「我之所以舉薦你的原因，想讓你用道德輔佐國家，而如今你多次進獻鄭聲以干亂〈雅〉〈頌〉，不是忠正者所為。你是自我改正呢？還是我用法律檢舉呢？」桓譚叩頭謝罪，過了很久才讓他離開。後來皇上大會群臣，皇帝派桓譚彈琴，桓譚看著宋弘，失去了他平日的節度。皇帝感到很奇怪，便詢問他。宋弘於是離開席位摘下帽子謝罪說：「我之所以舉薦桓譚的原因，希望他能用忠正引導主上，而他卻讓朝廷沉迷於淫靡的鄭聲之中，是微臣的罪過。」皇帝改變了臉色向他謝罪，讓他戴上帽子，後來便不再讓桓譚在宮中供職。宋弘推薦的賢士像馮翊、桓梁那樣的有三十多人，有的相繼擔任公卿之位。

4 宋弘在內廷被皇帝接見，皇帝坐在一個新屏風之前，屏風上畫著許多女子，皇帝多次回頭看。宋弘一本正經地說：「沒有見過好德如好色的。」皇帝就為此撤掉了屏風。笑著對宋弘說：「聽到有義的事就順從去做，可以嗎？」宋弘回答說：「陛下增進道德，微臣為此壓抑不住內心的高興。」

5 當時光武帝的姐姐湖陽公主剛剛成為寡婦，光武帝和她一起議論朝廷眾臣，暗中觀察她的心意。公主說：「宋公威儀容貌道德修養與才識度量，群臣沒有人能趕上他。」皇帝說：「我將謀劃此事。」後來宋弘被皇上引見，皇帝讓公主坐在屏風後，於是對宋弘說：「諺語說人尊貴了就改變交友對象，富貴了就改換妻子，人情是這樣的嗎？」宋弘說：「我聽說貧賤之交不可忘，糟糠之妻不下堂。」皇帝回過頭對公主說：「事情辦不成了。」

6 宋弘任職五年，犯有沒有根據地拷問上黨太守的過錯，免職回到家中。幾年以後去世，沒有兒子，封國被除去。

7 宋弘的弟弟宋嵩，以剛強孝烈著名，為官至河南尹。宋嵩的兒子宋由，元和年間擔任太尉，坐阿附竇憲與其結黨之罪，皇上下詔免去職務回歸本郡，自殺。宋由有兩個兒子：宋漢，宋登。宋登事在〈儒林傳〉中。

8 宋漢字仲和，以經術和品行著名，被舉薦為秀才，四次升遷後任西河太守。永建元年，擔任東平王之相、度遼將軍，樹立名節，以有威嚴恩信而著稱。升遷為太僕，上書因病自請辭職，任命為太中大夫，去世。皇上下策書說：「太中大夫宋漢，清心修行品德潔白無瑕，正直無邪。從前在偏遠地區，多次統徵軍用物資，懷柔安撫少數民族，都取得很好的功績，戰車整修，邊疆百姓安寧。記錄他的功勳，提升到九卿之列。因疾病而自行退讓，守身更加堅定，我準備授給他三公之位，沒有實行便去世了。朝廷哀傷追悼，淒慘悲涼。《詩》不是說嗎：『因建立赫赫戰功，故而賜給你福祉。』命令將相大夫都參加葬禮，追加賜給錢十萬，等到殯殮的時候，自卿大夫以下，都穿羔羊之白裘，縫以素絲。」

9 兒子宋則，字元矩，任鄢陵縣令，也有聲名業績。提拔同郡人韋著、扶風人法真，被稱讚為有知人之明。宋則的兒子十歲時，與僕人一起用弩射箭，僕人的弩弦折斷箭急飛而出，誤射中小兒，小兒當場死去。奴僕叩頭請死，宋則察明此事寬恕了他。穎川荀爽高度讚美此事，當時人也很佩服他。

論曰：中興以後，居台相總權衡多矣，其能以任職取名者，豈非先遠業後小數❶哉？故惠公造次，急於鄉射之禮；君房入朝，先奏寬大之令。夫器博者無近用，道長者其功遠，蓋志士仁人所為根心❷者也。君子以之得，固貴矣；以之失，亦得矣❸。宋弘止繁聲，戒淫色，其有關雎之風乎❹！

【章旨】史家評論，以德作為行政標準，先德行而後刑法，伏湛、侯霸等人的行政思想，屬於儒家治國思想的典範。

【注釋】❶先遠業後小數　遠業，指德義。小數，指名法。❷根心　本心。❸君子以之得四句　行道義而得，固然是可貴的；行道義而失，也是一種得。❹其有關雎之風乎　《詩·關雎》，詩旨為讚美男女愛情，《詩·序》：「〈關雎〉樂得淑女，以配君子，憂在進賢，不淫其色。」

【語譯】史家評論說：光武中興以後，位居臺相總攬大權的人多了，他們當中能夠憑任職取得名望的，難道不是先行德義後行名法嗎？因此伏湛在匆忙之間，急於行鄉射之禮；侯霸入朝，首先奏上寬大之令。學問廣博之人沒有短近之用，道德優長的有久遠的大功，這大概是志士仁人以之為根本的原因。君子行道義而得，固然是可貴的；行道義而失，也是一種收獲。宋弘制止繁雜樂曲，戒以淫色，大概有《關雎》的遺風吧！

1 蔡茂，字子禮，河內懷人也。哀平間以儒學顯，徵試博士，對策❶陳災異，以高等擢拜議郎，遷侍中。遇王莽居攝❷，以病自免，不仕莽朝。

2 會天下擾亂，茂素與竇融❸善，因避難歸之。融欲以為張掖❹太守，固辭不就。每所餉給，計口取足而已。後與融俱徵，復拜議郎，再遷廣漢❺太守，有政績稱。時陰氏❻賓客在郡界多犯吏禁，茂輒糾案，無所回避。會洛陽令董宣舉糾湖陽公主❼，帝始怒收宣，既而赦之。茂喜宣剛正，欲令朝廷禁制貴戚，乃上書曰：「臣聞興化致教，必由進善；康國寧人，莫大理惡。陛下聖德係❽興，再隆大命，即位以來，四海晏然。誠宜夙興夜寐，雖休勿休。然頃者貴戚椒房之家❾，數因恩埶，干犯吏禁，殺人不死，傷人不論。臣恐繩墨❿棄而不用，斧斤⓫廢而不舉。近湖陽公主奴殺人西市，而與主共輿，出入宮省，逋罪⓬積日，冤魂不報。洛陽令董宣，直道⓭不顧，干主討姦。陛下不先澄審，召欲加箠。當宣受怒之初，京師側耳；及其蒙宥，天下拭目。今者，外戚憍逸，賓客放濫，宜勑有司案理姦罪，使執平⓮之吏永申其用，以厭遠近不緝之情⓯。」光武納之。

3 建武二十年，代戴涉為司徒⓰，在職清儉匪懈。二十三年薨⓱于位，時年七十二。賜東園⓲梓棺，賻贈⓳甚厚。

4 茂初在廣漢，夢坐大殿，極⓴上有三穗禾，茂跳取之，得其中穗，輒復失之。以問主簿郭賀㉑，賀離席慶曰：「大殿者，宮府之形象也。極而有禾，人臣之上祿也。取中穗，是中台㉒之位也。於字禾失為秩，雖曰失之，乃所以得祿秩也。袞職㉓有闕，君其補之。」旬月而茂徵焉，乃辟賀為掾。

5 賀字喬卿，雒㉔人。祖父堅伯，父游君，並修清節，不仕王莽。賀能明法，累官，建武中為尚書令，在職六年，曉習故事，多所匡益。拜荊州刺史，引見賞賜，恩寵隆異。及到官，有殊政。百姓便之㉕，歌曰：「厥德仁明郭喬卿，忠正朝廷上下平。」顯宗㉖巡狩到南陽，特見嗟歎㉗，賜以三公之服，黼黻冕旒㉘。敕行部去襜帷㉙，使百姓見其容服，以章㉚有德。每所經過，吏人指以相示，莫不榮之。永平四年，徵拜河南尹，以清靜稱。在官三年卒，詔書愍惜，賜車一乘，錢四十萬。

【章　旨】以上為〈蔡茂傳〉及所附〈郭賀傳〉，蔡茂欲令朝廷禁制貴戚的上書，凸顯儒者剛直之風。郭賀曾任蔡茂主簿，其操行與蔡茂相似。

【注　釋】❶對策　古代就政事、經義的設問，由應試者對答，稱為對策。自漢代起成為取士考試的一種形式。❷居攝　攝政。❸竇融　其事見本書卷二十三。❹張掖　郡名。治觻得（今甘肅張掖西北）。❺廣漢　郡名。治雒（今四川廣漢）。❻陰氏　指南陽陰剛家族，陰剛為和帝陰后之父親。❼董宣舉糾湖陽公主　董宣，字少平，陳留圉（今河南杞縣）人。執法嚴酷剛直，其舉糾湖陽公主事在本書卷七十七。❽係　繼。王先謙《集解》：「官本係作重，是。」❾椒房之家　指外戚之家。椒房，原意為椒房殿，皇后所居。❿繩墨　比喻章程。⓫斧斤　刑戮。⓬逋罪　逃罪。⓭直道　正道。⓮執平　執法公平。⓯以厭遠近不緝之情　以消除遠近不和諧的情狀。緝，和諧。⓰代戴涉為司徒　《集解》：「周壽昌曰：『按：建武二十七年始稱司徒，去大字。此句司徒上無大字，脫也。〈馮勤傳〉司徒侯霸脫大字同。」⓱薨　古代國君大臣等地位尊貴的人去世，稱為薨。⓲東園　官署名。主持製作棺材。⓳賻贈　為助葬贈送的財物。⓴極　三角形屋頂最高的房梁。《漢書音義》：「三輔閒謂屋梁為極。」㉑主簿郭賀　主簿，漢代中央和地方都設立此官，以典領文書，辦理政務。郭賀，事跡詳見下文。㉒中台　漢代以來，以三臺當三公之位，中臺比司徒或司空，後來成為司徒或司空的代稱。㉓袞職　三公之職位。三公服袞，畫為龍，龍首袞袞然，因此稱龍袞。《詩．烝民》：「袞職有闕，維仲山甫補之。」㉔雒　縣名。治今四川廣漢。㉕百姓便之　百姓認為非常適宜。㉖顯宗　即孝明帝劉莊，光武帝四子，建武十五年封東海公，後即皇帝位。事見本書卷二。㉗嗟歎　帶有感歎地讚揚。㉘黼黻冕旒　李賢注：「三公服袞冕。黼若斧形，黻若兩『已』相背。冕以木為之，衣以帛，玄上纁下，廣八寸，長尺六寸。旒謂冕前後所垂玉也，天子十二旒，上公九旒。」㉙勑行部去襜帷　皇上下令讓他巡行考核時去掉車帷。行部，巡行所屬州部，考核政績。襜帷，車幃。《集解》：「惠棟曰：劉昭云：舊典傳車驂駕乘，赤帷裳，唯賀為冀州刺史去也。」㉚章　同「彰」。彰顯。

【語　譯】蔡茂，字子禮，河內懷縣人。哀帝、平帝年間因儒學而顯名，徵召考試錄取為博士，在對策中陳述災異，以優異成績提拔任命為議郎，升遷為侍中。遇到王莽攝政，藉口生病免去官職，不在王莽朝任職。

2 恰遇天下紛擾混亂，蔡茂平素與竇融友善，於是避難投靠竇融。竇融想讓他擔任張掖太守，蔡茂堅決推辭不就職。每次發下俸餉，他都計算自己家的人口領取夠用的而已。後來與竇融一起被徵召，再次被任命為議郎，後又升遷任廣漢太守，因有政績而稱名於時。當時陰剛家族賓客在廣漢境內多次觸犯禁令，蔡茂總是嚴加追查，無所迴避。恰好遇到洛陽縣令董宣檢舉糾查湖陽公主家奴犯法案，光武帝開始憤怒地將董宣收監，不久即赦免了他。蔡茂喜歡董宣的剛正不阿，想讓朝廷約束限制貴戚，於是上書說：「我聽說倡導教化，必須從進善開始；富強國家安寧百姓，沒有比加強刑法懲治罪惡更好的了。陛下聖德繼興，再次興起漢室大命，即位以來，四海安寧。實在應該夙興夜寐，應該休息的時候也不要休息。可是最近貴戚皇親之家，多次憑藉皇上的恩德和勢力，觸犯禁律，殺人者不被處死，傷人者不以法論罪。臣下恐怕法律廢棄而不再使用，刑戮廢棄而不再實行。最近湖陽公主的奴僕在西市殺人，卻與公主同乘一車，出入宮中，逃罪多日，冤魂之仇不能報。洛陽縣令董宣，正直不顧及權勢，犯公主顏面而討伐奸賊。陛下不預先澄清審查，召來準備加以箠打。在董宣受到憤怒的拘禁之初，京師百姓側耳以聽；等到他受到寬恕，天下人看得清清楚楚。如今，外戚驕橫放逸，賓客放縱濫行，應該命令有關官吏追查審查奸人罪犯，讓執法公平的官吏永遠發揮他們的作用，以消除遠近百姓心中的不平之情。」光武帝採納了他的奏議。

3 建武二十年，替代戴涉擔任司徒，在職期間清靜節儉，從不鬆懈。二十三年，在官位上去世，當時為七十二歲。皇上賜給他東園製作的梓木棺材，為助葬贈送的財物非常豐厚。

4 蔡茂起初在廣漢的時候，夢見自己坐在大殿上，最高屋梁上有株三穗禾，蔡茂跳起來採摘它，摘到了中間一穗，很快又失去了它。他就此事詢問主簿郭賀，郭賀離開席位慶賀他說：「大殿，是宮府的形象。最高屋梁上有禾，是人臣的最上祿位。獲取中間一穗，是獲得中臺之位。在字形上禾失為秩，雖說失去了它，是因此得到祿秩。三公的職位有缺，先生將補任其職。」不到一月之間蔡茂即被徵召，於是徵召郭賀任掾屬。

5 郭賀字喬卿，雒縣人。祖父郭堅伯，父親郭游君，修為都清靜高節，不在王莽朝任官。郭賀深明法度，不斷升官，建武年間擔任尚書令，在職六年，通曉熟悉舊事，有很多匡正與補益。被任命為荊州刺史，被皇上召見賞賜，所受恩寵隆重而異於他人。等到上任，有特殊政績。百姓認為非常便利，用歌謠盛讚他說：「品德仁義清明的郭喬卿，忠於朝廷，上下都很安寧。」明帝巡視到南陽，對他大加讚賞，賜給三公之官服，黼黻冕旒。下令巡行所部去掉車帷，讓百姓見到他的容貌與服飾，以彰顯有德之人。每次經過一個地方，官吏百姓指著他相互告示，沒有不為他感到榮耀的。永平四年，徵召任命為河南尹，以清靜著稱。在官三年去世，詔書言詞充滿了悲痛與惋惜，賜給他車一乘，錢四十萬。

1 馮勤，字偉伯，魏郡繁陽❶人也。曾祖父揚，宣帝時為弘農❷太守。有八子，皆為二千石，趙魏間榮之，號曰「萬石君」焉。兄弟形皆偉壯，唯勤祖父偃，長不滿七尺❸，常自恥短陋，恐子孫之似也，乃為子伉娶長妻。伉生勤，長八尺三寸。八歲善計。

2 初為太守銚期❹功曹❺，有高能稱。期常從光武征伐，政事一以委勤。勤同縣馮巡等舉兵應光武，謀未成而為豪右焦廉等所反，勤乃率將老母兄弟及宗親歸期，期悉以為腹心，薦於光武。初未被用，後乃除為郎中，給事尚書。以圖議軍糧，在事精勤，遂見親識。每引進，帝輒顧謂左右曰：「佳乎吏也！」由是使典諸侯封事。勤差量功次❻輕重，國土遠近，地埶豐薄，不相踰越，莫不厭服焉。自是封爵之制，非勤不定。帝益以為能，尚書眾事，皆令總錄之。

3 司徒侯霸薦前梁令閻楊❼。楊素有譏議❽，帝常嫌之，既見霸奏，疑其有姦，大怒，賜霸璽書曰：「崇山、幽都何可偶[9]，黃鉞一下無處所。欲以身試法邪？將殺身以成仁[10]邪？」使勤奉策至司徒府。勤還，陳霸本意，申釋事理，帝意稍解，拜勤尚書僕射[11]。職事十五年，以勤勞賜爵關內侯。遷尚書令，拜大司農，三歲遷司徒。

4 先是三公多見罪退，帝賢勤，欲令以善自終，乃因讌見從容戒之曰：「朱浮[12]上不忠於君，下陵轢[13]同列，竟以中傷至今，死生吉凶未可知，豈不惜哉！人臣放逐受誅，雖復追加賞賜賻祭，不足以償不訾之身[14]。忠臣孝子，覽照前世，以為鏡誡。能盡忠於國，事君無二，則爵賞光乎當世，功名列於不朽，可不勉哉！」勤愈恭約盡忠，號稱任職。

5 勤母年八十，每會見，詔敕勿拜，令御者扶上殿，顧謂諸王主曰：「使勤貴寵者，此母也。」其見親重如此。

6 中元元年，薨，帝悼惜之，使者弔祠，賜東園祕器，賵贈[15]有加。

7 勤七子。長子宗嗣，至張掖屬國都尉。中子順，尚平陽長公主[16]，終於大鴻臚[17]。建初八年，以順中子奮襲主爵為平陽侯，薨，無子。永元七年，詔書復封奮兄羽林右監[18]勁為平陽侯，奉公主之祀。奮弟由，黃門侍郎，尚平安公主[19]。

勤薨，子卯嗣。卯延光中為侍中，薨，子留嗣。

【章　旨】以上為〈馮勤傳〉，通過幾個有關故事，介紹了馮勤的任職情況和其受到的榮寵。

【注　釋】❶繁陽　縣名。治今河南內黃北。❷弘農　郡名。治弘農（今河南靈寶北）。❸七尺　東漢每尺相當今二三・四公分，七尺約相當今天一・六三八公尺。❹銚期　字次況，潁川郟人。曾率軍在鉅鹿與王郎軍大戰，大敗王郎軍，封為虎牙大將軍，從光武帝破銅馬、赤眉等，光武帝即位後封為安成侯，屢立戰功，明帝時列名雲臺二十八將之一，其事詳見本書卷二十。❺功曹　官署名。漢代開始設置，為地方官府執事機構，執掌選舉，兼參諸曹事物。❻差量功次　差量，衡量；度量。功次，指功績的大小、官級升遷的先後次序。❼梁令閻楊　梁，縣名。治今河南臨汝東。楊，《集解》：「惠棟曰：〈王霸傳〉作陽。」❽譏議　譏評非議。❾崇山幽都何可偶　崇山、幽都怎麼可能相偶對。崇山，南方邊遠的山脈。幽都，北方邊遠的山脈。偶，比對。意思是將要殺他不可能再將他流放。此句句意來源於《尚書》所載舜流共工於幽州，放驩兜於崇山。❿殺身以成仁　《論語・衛靈公》：「子曰：志士仁人，無求生以害仁，有殺身以成仁。」⓫尚書僕射　尚書臺次官，秩二千石，執掌拆閱封緘文書，參議政事，諫諍駁議，檢察百官。⓬朱浮　字叔元，沛國蕭縣（今江蘇蕭縣）人。起初跟隨光武帝為大司馬主簿，後歷任偏將軍、大將軍、幽州牧等，建武二十二年犯賣弄國恩罪被免職，二十五年徙封新息侯，永平年間被賜死，其事詳見本書卷三十三。⓭陵轢　欺蔑。⓮不訾之身　無量可比的貴重之身。訾，量也。⓯賵贈　送給死者幫助喪葬的財物。⓰平陽長公主　明帝女。⓱大鴻臚　本書〈百官志二〉：「卿一人，中二千石。本注曰：掌諸侯及四方歸義蠻夷。」⓲羽林右監　秩六百石，隸屬羽林中郎將，主羽林右騎，執掌宿衛宮禁，護從皇帝。⓳平安公主　章帝女。李賢案：「《東觀記》亦云安平，〈皇后紀〉云由尚平邑公主，紀傳不同，未知孰是。」

【語　譯】馮勤，字偉伯，魏郡繁陽人。曾祖父馮揚，宣帝時任弘農太守。有八個兒子，都擔任二千石官職，趙、魏之間的人們認為他們很榮耀，稱為「萬石君」。兄弟們身體都高大粗壯，只有馮勤祖父馮偃，身高不滿七尺，經常為自己長得短小粗陋而感到羞恥，害怕子孫長得像自己，於是便給兒子馮伉娶了一個長得很高的妻子。馮伉生下馮勤，高八尺三寸。八歲時便擅長計算。

2 開始時擔任太守銚期的功曹，以有很強的辦事能力而受人稱讚。銚期經常跟從光武帝征伐，將政事全部委託給馮勤。馮勤同縣人馮巡等起兵響應光武帝，計劃未成功而被豪強焦廉等破壞，馮勤於是率領老母兄弟和宗親投奔銚期，銚期將他們全部作為自己的心腹，推薦給光武帝。起初未被任用，後來才任命為郎中，在尚書府供事。因為籌措軍糧，在職辦事精細勤快，於是受到光武帝的喜愛與賞識。每次被召來進見，光武帝總是回頭對身邊的人說：「他是多麼好的官吏啊！」從此讓他主持分封諸侯之事。馮勤衡量功績的大小，官級升遷的先後次序，國土的遠近，地力的厚薄，互相之間等差相宜，受封之人全都滿足，佩服他的公平。從此封爵制度，不由馮勤便不能確定。光武帝更加覺得他有才能，尚書府的所有事物，讓他全部總管。

3 司徒侯霸舉薦前任梁縣縣令閻楊。閻楊平素常有譏評非議，光武帝常常討厭他，見到侯霸的上奏，懷疑其中有奸詐，大怒，賜給侯霸詔書說：「崇山、幽都怎麼可以相比對，黃鉞砍下可別想活命。想以身試法呢？還是將殺身以成仁呢？」派馮勤拿著策書到司徒府。馮勤回來後，陳述了侯霸的本意，解釋了事情的原由，光武帝憤恨的心情稍稍緩解，任命馮勤為尚書僕射。在職供事十五年，因馮勤功勞顯著賜爵關內侯。升遷為尚書令，任命為大司農，三年升遷任司徒。

4 在此之前，三公大多被降罪而免職，光武帝認為馮勤賢能，想讓他善終於三公之位，於是趁一次在內廷接見他的時候，不特意地告誡他說：「朱浮上不忠於君，下欺蔑同列大臣，結果落得至今還有人中傷他，生死吉凶不可預料，難道不可惜嗎！為人臣子被放逐、誅殺，雖然後來又追加賞賜助葬和祭祀用品，不足以補償他的無比高貴之身。忠臣孝子，遍覽比照前世之事，作為借鑑警戒。能夠對國家盡忠，事奉君主沒有二心，就會受封爵賞賜，光耀當世，功名不朽，可以不努力嗎！」馮勤更加恭敬守約，盡忠事上，得到勝任職位的稱讚。

5 馮勤的母親八十歲，每次進見皇上，下詔不讓她跪拜，讓車夫扶著她上殿，皇上回頭對封王和公主們說：「讓馮勤尊貴受寵愛的，是這位母親。」馮勤受到皇上的親信器重達到如此程度。

6 中元元年，馮勤去世，明帝深感痛心和惋惜，派使者弔唁祭奠，賜給東園製造的棺材，贈送給許多助葬用品。

7 馮勤有七個兒子。長子馮宗承嗣宗位，官位至張掖屬國都尉。中子馮順，娶平陽長公主，在大鴻臚任上去世。建初八年，讓馮順中子馮奮承襲公主封爵，為平陽侯，馮奮去世，沒有兒子。永元七年，下詔書又封馮奮兄長羽林右監馮勁為平陽侯，供奉公主的祭祀。馮奮的弟弟馮由，任黃門侍郎，娶平安公主。馮勁去世，兒子馮卯承嗣宗位。馮卯在延光年間任侍中，去世，兒子馮留承嗣宗位。

1 趙熹，字伯陽，南陽宛❶人也。少有節操。從兄為人所殺，無子，熹年十五，常思報之。乃挾❷兵結客，後遂往復仇。而仇家皆疾病，無相距者。熹以因疾報殺，非仁者心，且釋之而去。顧謂仇曰：「爾曹❸若健，遠相避也。」仇皆臥自搏❹。後病愈，悉自縛詣熹，熹不與相見，後竟殺之。

2 更始即位，舞陰❺大姓李氏擁城不下，更始遣柱天將軍李寶❻降之，不肯，云「聞宛之趙氏有孤孫熹，信義著名，願得降之」。更始乃徵熹。熹年未二十，既引見，更始笑曰：「繭栗犢❼，豈能負重致遠❽乎？」即除為郎中，行偏將軍事，使詣舞陰，而李氏遂降。熹因進入潁川，擊諸不下者，歷汝南❾界，還宛。更始大悅，謂熹曰：「卿名家駒，努力勉之❿。」會王莽遣王尋、王邑將兵出關，更始乃拜熹為五威偏將軍，使助諸將拒尋、邑於昆陽。光武破尋、邑，熹被創，有戰勞，還拜中郎將，封勇功侯。

3 更始敗，憙為赤眉兵所圍，迫急，乃踰屋亡走，與所友善韓仲伯等數十人，攜小弱，越山阻，徑出武關⑪。仲伯以婦色美，慮有彊暴者，而己受其害，欲棄之於道。憙責怒不聽，因以泥塗仲伯婦面，載以鹿車⑫，身自推之。每道逢賊，或欲逼略，憙輒言其病狀，以此得免。既入丹水⑬，遇更始親屬，皆裸跣塗炭⑭，飢困不能前。憙見之悲感，所裝縑帛資糧，悉以與之，將護歸鄉里。

4 時鄧奉⑮反於南陽，憙素與奉善，數遺書切責之，而讒者因言憙與奉合謀，帝以為疑。及奉敗，帝得憙書，乃驚曰：「趙憙真長者也。」即徵憙，引見，賜鞌馬，待詔公車⑯。時江南未賓⑰，道路不通，以憙守簡陽⑱侯相。憙不肯受兵，單車馳之簡陽。吏民不欲內憙，憙乃告譬，呼城中大人⑲，示以國家威信，其帥即開門面縛自歸，由是諸營壁悉降。荊州牧奏憙才任理劇⑳，詔以為平林侯相㉑。攻擊群賊，安集已降者，縣邑平定。

5 後拜懷令。大姓李子春先為琅邪相，豪猾并兼，為人所患。憙下車㉒，聞其二孫殺人事未發覺，即窮詰其姦，收考㉓子春，二孫自殺。京師為請者數十，終不聽。時趙王良㉔疾病將終，車駕親臨王，問所欲言。王曰：「素與李子春厚，今犯罪，懷令趙憙欲殺之，願乞其命。」帝曰：「吏奉法，律不可枉也。更道它所欲。」王無復言。既薨，帝追感㉕趙王，乃貰㉖出子春。

6 其年，遷憙平原太守。時平原多盜賊，憙與諸郡討捕，斬其渠帥㉗，餘黨當坐者數千人。憙上言「惡惡止其身㉘，可一切徙京師近郡」。帝從之，乃悉移置潁川、陳留。於是擢舉義行，誅鋤姦惡。後青州大蝗，侵入平原界輒死，歲屢有年，百姓歌之。

7 二十六年，帝延集內戚讌會，歡甚，諸夫人各各前言「趙憙篤義多恩，往遭赤眉出長安，皆為憙所濟活」。帝甚嘉之。後徵憙入為太僕，引見謂曰：「卿非但為英雄所保也，婦人亦懷卿之恩㉙。」厚加賞賜。

8 二十七年，拜太尉，賜爵關內侯。時南單于㉚稱臣，烏桓、鮮卑㉛並來入朝，帝令憙典邊事，思為久長規㉜。憙上復緣邊諸郡㉝，幽并二州由是而定。

9 三十年，憙上言宜封禪㉞，正三雍㉟之禮。中元元年，從封泰山。及帝崩，憙受遺詔，典喪禮。是時藩王皆在京師，自王莽篡亂，舊典不存，皇太子與東海王㊱等雜止同席，憲章無序。憙乃正色，橫劍殿階，扶下諸王，以明尊卑。時藩國官屬出入宮省㊲，與百僚無別，憙乃表奏謁者將護㊳，分止它縣，諸王並令就邸[39]，唯朝晡[40]入臨。整禮儀，嚴門衛，內外肅然。

10 永平元年，封節鄉侯。三年春，坐考中山相薛脩事不實免[41]。其冬，代竇融為衛尉[42]。八年，代虞延行太尉事[43]，居府如真。後遭母憂，上疏乞身[44]行喪禮，顯宗不許，遣使者為釋服[45]，賞賜恩寵甚渥。憙內典宿衛，外幹宰職，正身立朝，未嘗懈惰。及帝崩，復典喪事，再奉大行[46]，禮事脩舉。肅宗即位，進為太傅，錄[47]尚書事。擢諸子為郎吏者七人。長子代[48]，給事黃門。

11 建初五年，憙疾病，帝親幸視。及薨，車駕往臨弔。時年八十四。謚曰正侯。

12 子代嗣，官至越騎校尉[49]。永元中，副行征西將軍劉尚[50]征羌，坐事下獄[51]，疾病物故[52]。和帝憐之，賜祕器錢布，贈越騎校尉、節鄉侯印綬。子直嗣，官至步兵校尉[53]。直卒，子淑嗣，無子，國除。

【章　旨】以上為〈趙憙傳〉。趙憙初為更始將，後歸光武。其處治奸猾之徒威猛剛正，行政公平誠信，處危境不棄婦人，整篇傳文，頗觸人心。

【注　釋】❶宛　縣名。治今河南南陽。❷挾　依仗。❸爾曹　你們這些人。❹自搏　以頭叩地。清王鳴盛《十七史商榷・後漢書七》「自搏」：「以手自搏擊，悔過而痛自責之意也。」❺舞陰　縣名。治今河南社旗東。❻李寶　更始大將，曾任柱功侯、柱天將軍等，後任順陽懷侯劉嘉之相，劉嘉到鄧禹處投降，李寶傲慢無禮，被鄧禹斬殺。❼繭栗犢　角如繭栗的小犢。《禮記》：「天地之牲角繭栗。」❽負重致遠　馱著很重的東西走很遠的路。喻能擔當重大的責任。❾汝南　郡名。治平輿

〈今河南平輿西北〉。❿卿名家駒二句　漢武帝稱劉德為千里之駒，因此將趙憙比劉德，稱名家駒。⓫武關　在今陝西丹鳳東南，一說關址曾有遷移，古址在今關南丹江上，唐後遷今址。⓬鹿車　《風俗通》：「俗說鹿車窄小，載容一鹿。」⓭丹水　縣名。治今河南淅川縣東南。⓮塗炭　好像陷入泥中墜入火中，比喻危困之極。⓯鄧奉　本為光武帝帳下大將，被封為破虜將軍，後在南陽反叛，軍敗被殺。⓰待詔公車　漢代徵士，未有正官者均待詔公車，特異的待詔金馬門，備以顧問。⓱未賓　沒有歸順。⓲簡陽　《集解》：「洪亮吉曰：『前續志荊州屬皆無簡陽縣侯，俟考。』」⓳大人　長者之稱。⓴理劇　處理繁雜事物。㉑平林侯相　《集解》：「錢大昕曰：按：平林縣兩漢志亦無之，蓋建武初置不久即省，亦未知何人所封也。〈光武紀〉注平林在今隋州隋縣東北。」㉒下車　剛到任。㉓收考　拘捕拷問。㉔趙王良　光武帝之叔。㉕追慼　回憶往事而感觸。㉖貰　赦免。㉗渠帥　首領。㉘惡惡止其身　《公羊傳》：「善善及子孫，惡惡止其身。」意思是為善事惠及子孫，為惡事只讓毒害止於自身。㉙卿非但為英雄所保二句　《集解》：「惠棟曰：『魚豢《典略》：憙為平原太守，光武問憙在郡何如，咸稱憙政有迹。時親家諸夫人皆會，會罷，諸夫人言憙義多恩，從長安還，護妾等衣食生活，使得蒙今日之富貴，非獨能臨人也。』」㉚南單于　建武二十四年，匈奴分為南北匈奴，南匈奴首領薁鞬日逐為南單于，南單于奉行與漢和好政策，替漢保衛北方邊疆。㉛烏桓鮮卑　烏桓，也作「烏丸」，東胡的一支。秦末漢初東胡被匈奴擊敗後，部分遷到烏桓山，因此為名。西漢武帝以後歸屬漢朝，遷至上谷、漁陽、右北平、遼西、遼東等五郡。鮮卑，東胡之一支，漢初各部受匈奴控制，漢武帝時派兵攻破匈奴東地，部分鮮卑南下至西拉木倫河流域，永平元年，北匈奴西遷，鮮卑各部進入匈奴故地，吸收北匈奴餘眾十餘萬落。桓帝時，鮮卑在大漠南北建立起強大的聯盟，分為東中西三部。㉜規　謀劃。㉝復緣邊諸郡　建武六年，遷徙雲中、五原人於常山、居庸間，至二十六年，復令還雲中、五原。《東觀漢記》：「草創苟合，未有還人，蓋憙至此，請徙之令盡也。」㉞封禪　古代帝王為表明自己受命於天而舉行的祭祀天地的典禮。在泰山頂築壇祭天稱禪，在泰山下梁父山辟場祭地稱禪。光武帝即位後，追尋漢武帝時的封禪故事，舉行封禪典禮。㉟三雍　指天子所建辟廱、靈臺、明堂。雍本為和意，意思是天、地、人、君、臣皆和。㊱皇太子與東海王　皇太子指明帝劉莊，光武帝四子，建武十五年封東海公，後即皇帝位，見本書卷二。東海王指光武帝之子劉彊，據〈光武帝紀第一下〉：「東海王陽，皇后之子，宜承大統，皇太子彊，崇執謙退，願備藩國。父子之情，重久違之。其以彊為東海王，立陽為皇太子，改名莊。」㊲宮省　指皇宮。㊳將護　衛護。㊴諸王並令就邸　《集解》：「《通鑑》胡注：諸王國各置邸洛陽。」㊵朝晡　朝時（辰時）至晡時（申時），也指朝時與晡時。㊶坐考中山相句　犯考核中山相薛脩不實罪被免職。考，舊時考核官吏的成績。中山，封國名。治今河北定州。薛脩，本書僅此一見，他事不詳。㊷衛尉　戰國秦開始設置，執掌宮廷警衛，東漢衛尉總領南、北宮衛士令丞，又轄左右都侯、諸宮掖門司馬。㊸代虞延行太尉事　《集解》：「惠棟曰：『按紀當在七年，應劭《漢官儀》：明帝欲更太尉府，時憙以新造北宮表陳之。其冬，臨辟雍，見太尉府獨卑陋。皆在七年也。』」虞延，字子大，陳留東昏人。曾任細陽縣令、陳留督郵、洛陽令、南陽太守、太尉、太傅等職，不畏權貴，以法處事，後因楚王英謀反案被殺。事詳本書卷三十三。㊹乞身　請求辭職。㊺釋服　除去喪服。㊻大行　古代稱剛剛去世還沒有謚號的皇帝。㊼錄　管領。㊽代　《集解》：「惠棟曰：『《漢官儀》及《帝紀》皆作世。』」此處當為唐朝避李世民之諱而改。㊾越騎校尉　五校尉之一，掌宮廷守衛。㊿劉尚　光武帝大將，建武十八年，率軍討平越嶲太守任貴。二十一年攻破益州，二十三年平定南郡蠻。(51)坐事下獄　《集解》：「惠棟曰：『〈西羌傳〉坐畏懦，征下獄，免。』」(52)物故　死亡。(53)步兵校尉　官名。西漢武帝時置。為京師屯兵八校尉之一。掌上林苑門屯兵。東漢掌宿衛兵，秩比二千石。

【語譯】趙憙，字伯陽，南陽宛人。少年時有節操。他的堂兄被人殺害，堂兄沒有兒子，趙憙十五歲，常常想著替堂兄報仇。於是攜帶兵器交結豪客，後來便去復仇。而仇家全都得了疾病，沒有抵抗之人。趙憙認為乘仇家得病報殺堂兄之仇，不是仁者應懷之心，準備放過他們而離去。他回過頭對仇家說：「你們若是恢復了健康，躲到遠處去吧。」仇人們全都躺在床上以手自搏擊以示悔過自責。後來病好了，全都自己把自己綁起來到趙憙處請罪，趙憙不和他們見面，最後還是殺死了他們。

2 更始帝即位，舞陰大姓李氏擁城自守，更始帝派遣柱天將軍李寶招降他，李氏不肯投降，說「聽說宛縣的趙氏有位孤孫叫趙憙，以信義而著名，希望能夠向他投降」。更始帝於是徵召趙憙。趙憙年齡還不到二十歲，引見之後，更始帝笑著說：「角如繭栗的小犢，怎麼能夠身負重擔行很遠的路呢？」便任命他為郎中，行使偏將軍的職權，派他到舞陰，李氏於是投降。趙憙趁機進入潁川，進攻那些不肯投降的地方，經過汝南郡界，回到宛縣。更始帝非常高興，對趙憙說：「先生是名家之駒，努力吧。」恰遇王莽派遣王尋、王邑率兵出關，更始於是任命趙憙為五威偏將軍，派他幫助諸將在昆陽抵禦王尋、王邑。光武帝打敗王尋、王邑，趙憙受傷，立有戰功，回軍中任命為中郎將，封為勇功侯。

3 更始帝失敗後，趙憙被赤眉軍圍困，情急之下，他便翻過屋牆逃走，和他的好朋友韓仲伯等幾十人，攜帶婦幼家屬，越過山險阻隔，徑直出了武關。仲伯因為自己的婦人容貌姣好，擔心有人會強暴她，而自己也會因此受到危害，想把她丟棄在路上。趙憙憤怒地責怪他，不讓仲伯這麼做，於是用泥塗在仲伯婦人的臉上，用小鹿車拉著她，親自給她推車。每次路上遇到賊兵，有的賊兵想逼迫搶掠她，趙憙總是說她病得多厲害，因此得免於被強暴。進入丹水縣後，遇到更始帝的親屬，全都光著腳，窮困潦倒，因飢餓而不能前行。趙憙見到他們非常悲傷感慨，將所裝載的絲綢錢糧，全部送給他們，派將士把他們護送回歸鄉里。

4 當時鄧奉在南陽反叛，趙憙平素與鄧奉友善，多次派人送書信，痛切地譴責他，而進讒言的人藉此事說趙憙與鄧奉合謀，光武帝認為可疑。等到鄧奉兵敗，光武帝得到趙憙送給鄧奉的書信，於是驚歎說：「趙憙真是長者。」隨即徵召趙憙，召來之後，賜給他鞍馬，待詔公車。當時江南還沒有賓服，道路不通，任命趙憙代理簡陽侯相。趙憙不肯帶兵，單車飛馳到簡陽。官吏百姓不想接納趙憙，趙憙於是告訴城中人，找來城中長者，給他們示明國家的威信，城中統帥隨即打開城門，自己將自己捆綁起來前來歸順，從此各營堡全部投降。荊州牧上奏說趙憙的才能可以處理複雜的事物，下詔任命他為平林侯相。率兵攻擊群賊，安撫已經投降之人，縣邑平定。

5 後來任命為懷縣縣令。大姓李子春先前擔任琅邪相，集豪強奸猾於一身，成為人們的禍患。趙憙剛到任，聽說李子春的兩個孫子殺了人，事情還沒有暴露，隨即深入調查其中的奸情，拘捕拷問李子春，兩個孫子自殺。京城中替李子春說情的人不下數十個，趙憙最終也沒有聽從他們的話。當時趙王劉良得病，將要去世，皇上親臨王府，問他有什麼要說的。趙王說：「平素與李子春感情深厚，如今他犯了罪，懷縣縣令趙憙想殺死他，希望能給他求得一命。」光武帝說：「官吏奉法，法律不能曲枉。說說你其他的願望。」趙王沒有再說話。趙王去世後，光武帝懷念趙王，於是赦免放出了李子春。

6 這一年，升遷趙憙任平原太守。當時平原郡有很多盜賊，趙憙和各郡征討捕捉，殺死了賊人首領，其餘應受連坐治罪的黨徒有幾千人。趙憙上書說「為惡者讓流毒止於其身，可以把他們全都遷徙到京師附近的郡內」。皇帝聽從了他的意見，於是將他們全部遷徙安置在潁川、陳留。於是提拔舉薦有義行之人，誅殺剷除奸賊惡盜。後來青州發生大蝗災，蝗蟲侵入平原郡境便會自動死亡，平原郡連年豐收，百姓用歌稱頌他。

7 二十六年，光武帝請來內戚舉行歡宴，大家非常高興，各位夫人紛紛上前說「趙憙篤行仁義，多施恩惠，過去遭遇赤眉，逃出長安，全都是被趙憙救活的」。光武帝特別讚許此事。後來徵召趙憙為太僕，召見時對他說：「先生不但被英雄們所保奏，婦人們也感懷先生的恩德。」對他厚加賞賜。

8 二十七年，任命為太尉，賜爵關內侯。當時南單于稱臣，烏桓、鮮卑都來入朝，光武帝下令讓趙憙主持邊境事務，考慮做長久的打算。趙憙上書將遷往內地的邊境之民全重新遷回邊郡，邊郡幽、并二州從此開始安定。

9 三十年，趙憙上書說應舉行封禪大典，確立三雍宮的禮儀。中元元年，跟從光武帝封泰山。等到皇帝駕崩，趙憙接受遺詔，主持喪禮。這時藩王們都在京師，自王莽篡位亂政以來，舊的典制不復存在，皇太子與東海王等人混雜地坐在同一坐席上，國家大法全無次序。趙憙於是臉色嚴厲，將劍橫在大殿臺階，將諸王扶下太子所坐之席，以此來表明尊卑等級。當時封國的官屬出入皇宮，和朝廷百官沒有分別，趙憙於是上表奏章，讓謁者保護，分別住在其他縣內，諸王全部令他們回到府邸，只有在早朝之時才能進入皇宮。整肅禮儀，嚴肅門衛，宮庭內外肅然。

10 永平元年，封節鄉侯。三年春天，犯考核中山相薛脩之事不符合實情而被免職。這年冬天，代替竇融任衛尉。八年，代替虞延行使太尉的職權，居住在太尉府中如真太尉一般。後來遭遇母親去世，上疏請求辭職行喪禮，明帝不答應，派遣使者為他除去喪服，賞賜恩寵非常厚重。趙憙在宮內執掌宿衛，在宮外行宰相職權，正身立於朝堂之上，從來沒有懈怠過。等到明帝去世，又主持喪事，再次奉行皇帝剛去世的禮儀，禮事完備。章帝即位，進升為太傅，管領尚書府事務。兒子們被提升為郎吏的有七人。長子趙代，在黃門供事。

11 建初五年，趙憙患病，皇帝親自探視。等到他去世，皇上親自前去弔唁。當時八十四歲。諡號為正侯。

12 兒子趙代承嗣侯位，為官至越騎校尉。永元中，輔助代理征西將軍劉尚征伐羌人，犯罪被拘禁下獄，得病去世。和帝憐惜他，賜給棺材錢布，贈送越騎校尉、節鄉侯的印綬。兒子趙直承嗣侯位，官至步兵校尉。趙直去世，兒子趙淑承嗣侯位，趙淑沒有兒子，封國被除去。

1 牟融，字子優，北海安丘❶人也。少博學，以大夏侯尚書❷教授，門徒數百人，名稱州里。以司徒茂才為豐令❸，視事三年，縣無獄訟，為州郡最。

2 司徒范遷❹薦融忠正公方❺，經行純備，宜在本朝，并上其理狀❻。永平五年，入代鮑昱❼為司隸校尉，多所舉正❽，百僚敬憚之。八年，代包咸❾為大鴻臚。十一年，代鮭陽鴻❿為大司農。

3 是時顯宗方勤萬機，公卿數朝會，每輒延謀⓫政事，判折⓬獄訟。融經明才高，善論議，朝廷皆服其能。帝數嗟歎，以為才堪宰相。明年，代伏恭⓭為司空，舉動方重，甚得大臣節。肅宗即位，以融先朝名臣，代趙憙為太尉，與憙參錄尚書事。

4 建初四年薨，車駕親臨其喪。時融長子麟歸鄉里，帝以其餘子幼弱，敕太尉掾史教其威儀進止⓮，贈賵恩寵篤密焉。又賜冢塋地於顯節陵⓯下，除麟為郎。

【章旨】以上為〈牟融傳〉，介紹了牟融一生簡歷，勾劃出一儒者官吏形象。

【注釋】❶安丘　縣名。治今山東安丘西南。❷大夏侯尚書　大夏侯所傳授的《尚書》稱《大夏侯尚書》。大夏侯，名勝，西漢宣帝時人。❸以司徒茂才為豐令　以司徒所舉秀才身分擔任豐縣縣令。豐，治今江蘇豐縣。❹范遷　字子廬，沛縣人。初為漁陽太守，以智略安邊，匈奴不敢入界。曾任河南尹，因有清行代為司徒。及在公輔，有宅數畝，田不過一頃。其事見本書卷二十七。❺公方　公正方直。❻理狀　政績。❼鮑昱　泚陽長邑人，曾任汝南太守、司徒、太尉等職。❽舉正　列舉其罪而正之以法。❾包咸　字子良，會稽曲阿人。少年時隨博士右師細君學習《魯詩》、《論語》，建武年間授皇太子《論語》，拜諫議大夫、侍中右中郎將。永平五年升遷任大鴻臚，事詳本書卷七十九下。❿魼陽鴻　字孟孫，姓魼陽，名鴻。魼，或作「魼」。中山人。⓫延謀　長時間地謀劃。⓬判折　裁決。⓭伏恭　字叔齊，琅邪東武人，司徒伏湛兄長之子，曾任劇縣令、常山太守、太僕、司空，以所傳《齊詩》而知名，事詳本書卷七十九下。⓮進止　行動；舉止。⓯顯節陵　在洛陽東南三十七里，方三百步，高八丈，其地故富壽亭。

【語　譯】牟融，字子優，北海安丘人。少年博學，以《大夏侯尚書》教授門徒數百人，受到州里百姓的稱讚。以司徒所舉秀才身分擔任豐縣縣令，任職三年，縣中沒有獄訟案件，是州郡中治理最好的。

2　司徒范遷以忠誠公正方直、經術品行精純完備舉薦牟融，認為牟融應該在本朝任職，並將他的政績上奏朝廷。永平五年，入朝代替鮑昱擔任司隸校尉，檢舉許多人的罪狀而正之以法，百官對他既尊敬又害怕。八年，代替包咸擔任大鴻臚。十一年，代替魼陽鴻擔任大司農。

3　當時明帝正日理萬機，勤於政事，公卿大臣們多次進行朝會，每次總是長時間地謀劃政事，裁決獄訟。牟融經術明瞭，才學高深，善長議論，朝廷官員都佩服他的才能。皇帝多次為之感歎，認為他的才能可以勝任宰相。第二年，替代伏恭擔任司空，舉動大方穩重，非常符合大臣氣節。章帝即位，因為牟融是先朝名臣，替代趙憙擔任太尉，與趙憙一同參管尚書府事。

4　建初四年去世，皇帝親臨他的葬禮。當時牟融的長子牟麟回歸鄉里，皇帝因為牟融其他兒子幼弱，下令太尉掾史教他們威儀舉止，贈送助葬財物以示恩寵，更加親密。又在顯節陵下賜給他墓地，任命牟麟為郎官。

1 韋彪，字孟達，扶風平陵人也。高祖賢，宣帝時為丞相。祖賞，哀帝時為大司馬。

2 彪孝行純至❶，父母卒，哀毀❷三年，不出廬寢。服竟，羸瘠骨立異形，醫療數年乃起。好學洽聞，雅稱❸儒宗。建武末，舉孝廉，除郎中，以病免，復歸教授。安貧樂道，恬於進趣❹，三輔❺諸儒莫不慕仰之。

3 顯宗聞彪名，永平六年，召拜謁者❻，賜以車馬衣服，三遷魏郡太守。肅宗即位，以病免。徵為左中郎將❼、長樂衛尉❽，數陳政術，每歸寬厚。比上疏乞骸骨，拜為奉車都尉❾，秩中二千石，賞賜恩寵，侔❿於親戚。

4 建初七年，車駕西巡狩，以彪行太常⓫從，數召入，問以三輔舊事，禮儀風俗。彪因建言：「今西巡舊都，宜追錄高祖、中宗⓬功臣，褒顯先勳，紀⓭其子孫。」帝納之。行至長安，乃制詔京兆尹、右扶風求蕭何、霍光⓮後。時光無苗裔，唯封何末孫熊為酇侯。建初二年已封曹參⓯後曹湛為平陽⓰侯，故不復及焉。乃厚賜彪錢珍羞⓱食物，使歸平陵上冢。還，拜大鴻臚。

5 是時陳事者，多言郡國貢舉率非功次，故守職益懈而吏事寖⓲疏，咎在州郡。有詔下公卿朝臣議。彪上議曰：「伏惟明詔，憂勞百姓，垂恩選舉，務得其人。

夫國以簡賢[19]為務，賢以孝行為首。孔子曰：『事親孝故忠可移於君，是以求忠臣必於孝子之門[20]。』夫人才行少能相兼，是以孟公綽優於趙、魏老，不可以為滕、薛大夫[21]。忠孝之人，持心近厚；鍛鍊之吏[22]，持心近薄。三代之所以直道而行者，在其所以磨之故也[23]。士宜以才行為先，不可純以閥閱[24]。然其要歸，在於選二千石。二千石賢，則貢舉皆得其人矣。」帝深納之。

6 彪以世承二帝吏化[25]之後，多以苛刻為能，又置官選職，不必以才，因盛夏多寒，上疏諫曰：「臣聞政化之本，必順陰陽。伏見立夏以來，當暑而寒，殆以刑罰刻急，郡國不奉時令之所致也。農人急於務而苛吏奪其時，賦發充常調[26]而貪吏割其財，此其巨患也。夫欲急人所務，當先除其所患。天下樞要，在於尚書[27]，尚書之選，豈可不重？而間者多從郎官超升此位，雖曉習文法，長於應對，然察察[28]小慧，類無大能。宜簡嘗歷州宰素有名者，雖進退舒遲[29]，時有不逮，然端心向公，奉職周密。宜鑒嗇夫捷急之對，深思絳侯木訥之功也[30]。往時楚獄[31]大起，故置令史以助郎職，而類多小人，好為姦利。今者務簡，可皆停省。又諫議之職[32]，應用公直之士，通才謇正[33]，有補益於朝者。今或從徵試輩[34]為大夫。又御史[35]外遷，動據州郡。並宜清選其任，責以言績[36]。其二千石視事雖久，而為吏民所便安者，宜增秩重賞，勿妄遷徙。惟留聖心。」書奏，帝納之。

7 元和二年春，東巡狩，以彪行司徒事從行。還，以病乞身，帝遣小黃門、太醫問病，賜以食物。彪遂稱困篤。章和二年夏，使謁者策詔曰：「彪以將相之裔，勤身飭行㊲，出自州里，在位歷載。中被篤疾，連上求退。君年在耆艾㊳，不可復以加增，恐職事煩碎，重有損焉。其上大鴻臚印綬。其遣太子舍人詣中臧府㊴，受賜錢二十萬。」永元元年，卒，詔尚書：「故大鴻臚韋彪，在位無愆，方欲錄用，奄忽㊵而卒。其賜錢二十萬，布百匹，穀三千斛。」

8 彪清儉好施，祿賜分與宗族，家無餘財。著書十二篇，號曰韋卿子。

【章旨】以上為〈韋彪傳〉，介紹了韋彪的孝德品行、任職經歷等。傳中詳細記載了韋彪兩篇奏疏，奏疏中闡述了其任官和治國思想。

【注釋】❶純至　純正之至。❷哀毀　居喪盡禮。❸雅稱　素稱。❹進趣　追求；求取。❺三輔　京兆尹、左馮翊、右扶風合稱三輔，轄境相當今陝西中部地區。❻謁者　掌賓贊受事。❼左中郎將　本書〈百官志〉：「比二千石，本注曰：主左署郎，中郎比六百石，侍郎比四百石，郎中比三百石。」❽長樂衛尉　掌長樂宮衛士。《漢書・百官公卿表》：「長樂、建章、甘泉皆掌其宮，職略同，不常置。」東漢沿置。❾奉車都尉　掌御乘輿車，比二千石。❿侔　相當。⓫太常　西漢時開始設置，掌禮樂、祭祀宗廟、社稷，負責朝會和喪葬禮儀，管理皇帝陵墓、寢廟所在的縣邑，每月巡視諸陵，兼掌教育，主持博士及博士弟子的考核與薦舉。秩中兩千石，位居九卿之首，多由列侯充任，轄太史、太祝、太宰等。⓬追錄高祖中宗　追錄，表彰死者生前的功績。中宗，宣帝。⓭紀　通「記」。記載。⓮蕭何霍光　蕭何（？—西元前一九三年），秦末泗水沛（今屬江蘇）人。曾隨劉邦起兵反秦，幫助劉邦滅項羽，任相國，封為酇侯，其事詳見《漢書・蕭何曹參傳》。霍光（？—西元前六八年），字子孟，西漢河東平陽人。霍去病異母弟。少年為郎，遷諸曹侍中，後為奉車都尉光祿勳大夫，為漢武帝所親信，曾奉遺詔輔佐少主，秉權昭帝、宣帝時，其事詳見《漢書・霍光金日磾傳》。⑮曹參　（？—西元前一九〇年），秦末泗水沛人。曾隨劉邦起兵反秦，屢立戰功，任左丞相。劉邦稱帝後任齊相國，後封平陽侯，惠帝時為相國，其事詳見《漢書・蕭何曹參傳》。⑯平陽　縣名。治今山西臨汾西南。⑰珍羞　也作「珍饈」。珍奇貴重的食物。⑱濅　逐漸。⑲簡賢　選拔賢才。⑳事親孝二句　語出《孝經緯》。㉑孟公綽優於趙魏老二句　《論語・憲問》：「子曰：『孟公綽為趙魏老則優，不可以為滕薛大夫也。』」公綽，魯大夫。趙、魏，春秋時晉卿之邑。老，家臣之稱。公綽性情寡欲，趙、魏家臣優閒無事，滕、薛是小國，大夫職事煩雜，因此有如是說法。㉒鍛鍊之吏　即深文周內之吏。鍛鍊，捏造羅織罪名。㉓三代之所以直道二句　《論語・衛靈公》孔子曰：「吾之於人，誰毀誰譽，如有所譽者，其有所試矣，斯三代之所以直道而行也。」韋彪引用此語，是說古代用賢都是經過磨礪選練然後任用。㉔閥閱　《史記・高祖功臣侯者年表》：「明其等曰閥，積功曰閱。」泛指閱歷、功績。㉕二帝吏化　二帝，光武帝、明帝。吏化，謂以吏治政、以苛察為能。㉖常調　定額賦稅。㉗天下樞要二句　本書〈百官志〉：「尚書，主知公卿二千石吏官上書，外國夷狄事，因此稱其為樞要。」㉘察察　細小；苛細。㉙舒遲　遲慢。㉚宜鑒嗇夫捷急二句　應以嗇夫回答文帝無窮問題為鑑，深深思考絳侯言語木訥所建的功勞。嗇夫捷急之對，典出《史記・張釋之馮唐列傳》：「文帝出上林，登虎圈，因問上林尉禽獸簿，不能對。虎圈嗇夫從旁代對，響應無窮。文帝拜嗇夫為上林令，張釋之曰：『夫絳侯、東陽侯言事曾不能出口，豈效此嗇夫喋喋利口捷急哉？』文帝曰：『善』，遂不拜嗇夫為上林令。」嗇夫，官名。漢時小吏的一種。捷急，機敏。絳侯（？—西元前一六九年），即周勃，沛人。早年以織薄曲為生，後隨劉邦起兵反秦，屢立戰功，封絳侯。高祖去世後，以列侯事惠帝，曾與陳平一起滅諸呂，迎立文帝，任丞相，其事詳見《史記・絳侯周勃世家》。木訥，反應遲鈍，不善言詞。㉛楚獄　〈光武十王傳〉：「有司奏英招聚姦猾，造作圖讖，擅相官秩，置諸侯王公將軍二千石，大逆不道，請誅之，……楚獄遂至累年，其辭語相連，自京師親戚諸侯州郡豪傑及考案吏，阿附相陷，坐死徙者以千數。」㉜諫議之職　即諫議大夫，武帝元狩五年置諫大夫為光祿大夫，世祖中興以為諫議大夫。本書〈百官志二〉：「六百石，本注曰：無員。」㉝謇正　正直。㉞輩　類。㉟御史　侍御史之簡稱。少府屬官，俸祿百石，本書〈百官志三〉：「本注曰：掌察舉非法，受公卿郡吏奏事，有違失舉劾之。」㊱言績　勸諫的政績。㊲飭行　使行為謹嚴合禮。㊳耆艾　《禮記》：「七十曰耆，五十曰艾。」㊴中臧府　《續漢志》：「中臧府，令一人，秩六百石，掌幣帛金錢貨物也。」㊵奄忽　忽然。

【語 譯】韋彪，字孟達，扶風平陵人。高祖韋賢，宣帝時擔任丞相。祖父韋賞，哀帝時擔任大司馬。

2 韋彪孝順品行純正之至，父母去世，居喪盡禮三年，沒有走出過草廬寢室。喪服完畢，身體羸弱，站著像一堆骨頭，身體全變了形，治療了數年才痊癒。喜好學習，見聞廣博，素被稱為儒學宗師。建武末年，被舉薦為孝廉，任命為郎中，因病免去職務，又回到鄉里教授學生。韋彪安貧樂道，恬然進取，三輔各位儒生沒有不仰慕他的。

3 明帝聽說韋彪的名聲，永平六年，徵召拜為謁者，賜給車馬衣服，三次升遷任魏郡太守。章帝即位，因病免職。後徵召任命為左中郎將、長樂衛尉，多次陳說政術，往往以寬厚為指歸。連續上疏請求辭職，徵拜為奉車都尉，俸祿為中二千石，所受的賞賜與恩寵，與皇室親戚相當。

4 建初七年，皇帝向西出巡，任命韋彪行太常職事跟隨出巡，多次徵召韋彪進入住所，詢問三輔舊事，禮儀風俗。韋彪於是建議：「如今向西巡視舊都，應當表彰高祖、中宗功臣的功績，褒揚彰顯先臣功勳，記述他們的後代。」皇帝接納了他的建議，行至長安，於是下詔書給京兆尹、右扶風，求取蕭何、霍光的後代。當時霍光沒有後代，只封蕭何後代子孫蕭熊為酇侯。建初二年已封曹參後代曹湛為平陽侯，因此不再封賞。於是厚賞韋彪錢財和珍寶美食，讓他回到平陵祭掃墳墓。還朝後，任命為大鴻臚。

5 當時上書陳事的官員，許多人說郡國的貢舉都不是根據功勞等次，因此職事越來越懈怠，公務越來越疏鬆，錯咎全在州郡。皇上下詔書讓公卿朝臣商議。韋彪上奏議說：「皇上下聖明的詔書，為百姓擔憂操勞，關注選舉，務必求得其人。國家以挑選賢能為要務，賢能之人以孝行為首。孔子說：『事奉雙親孝順，因此忠心可以移向君主，因此求取忠臣必須在孝子之門。』人的才能品行很少能同時俱備，因此孟公綽可以成為趙、魏家臣的優秀人選，不能勝任滕、薛大夫。忠孝之人，心地寬厚；深文周納的官吏，心地近於刻薄。三代能夠直道而行的原因，在於那時用賢都是經過磨礪選練而後任用的。士人應當以才能品行為先，不可以僅僅根據閱歷功績。而其最重要的旨歸，在於選舉二千石。二千石官吏賢能，那麼貢舉就都得其人了。」皇帝深表贊同，接受了他的建議。

6 韋彪認為現在承襲光武、明帝二帝以吏治政之後，許多人將苛刻作為才能，又設置官吏，挑選執掌之人，不一定以才幹為標準，因為盛夏時出現許多寒冷天氣，上疏勸諫說：「我聽說政化的根本，必須順應陰陽。我私下見到立夏以來，應當暑熱而寒冷，大概是因為刑罰苛刻迫急，郡國不奉行時令所導致的。農民著急從事農業生產，而苛薄的官吏侵奪了農時，賦稅徵發是為了充當定額賦稅，而貪婪的官吏侵吞了這些財物，這實在是巨大的禍患呀。想把百姓的急事作為急切辦理之事，應當首先除去他們所禍患之事。天下的樞要根本，在於尚書，尚書的選任，怎麼可以不慎重？而近來擔任此位的許多是從郎官破格升到此職位的，雖然知曉熟習法律，擅長應對，可是這全是一些小聰明，好像沒有多大能力。應當挑選曾經擔任州中宰職平素有名望的人，雖然行動遲慢，經常有來不及辦理之事，可是他們心地端正一心向公，奉行職事周到嚴密。應當以嗇夫回答文帝無窮問題為鑑，深深思考絳侯言語木訥而建有大功之例。過去楚獄大作，因此設置令史來輔助郎官的職掌，而此類多小人，喜歡為奸利。如今務行清簡，可以全部停止省去。還有諫議大夫的職位，應當使用公正正直之士，有通才而又正直、對朝廷政事有補益的人。如今或許可以從徵召的人中試用這類人擔任大夫。還有御史外遷，動不動據有州郡。也應當慎選其人，並責成其政績。那些擔任二千石職任很久，官吏百姓都因其而方便安定的，應當增加俸祿，實行重賞，不要隨便調離。希望皇上留心。」書奏上，皇帝採納了他的建議。

7 元和二年春天，皇上東出巡狩，命韋彪代行司徒職事跟隨一起出行。回到朝中，因病請求辭職，皇帝派遣小黃門、太醫探問病情，賜給食物。韋彪後來病得很厲害。章和二年夏天，章帝派謁者宣讀詔書說：「韋彪身為將相的後裔，勤勉於身，約束行為合乎禮儀，從州里脫穎而出，在位數年。其間身染重病，接連上書請求退職。先生已在耆艾之年，不可再增加負擔，恐怕職事煩雜瑣碎，加重對身體的損害。先生可將大鴻臚的印綬上交朝廷。如今派遣太子舍人到中臧府，賜給他錢二十萬。」永元元年，韋彪去世，和帝下詔尚書府：「原任大鴻臚韋彪，在位期間沒有過錯，正準備升用，忽然去世。賜給他錢二十萬，布一百匹，穀三千斛。」

8 韋彪清正廉潔喜歡施捨，俸祿賞賜分給宗族，家中沒有多餘的財產。著書十二篇，名為《韋卿子》。

1 族子義。義字季節。高祖父玄成，元帝❶時為丞相。初，彪獨徙扶風，故義猶為京兆杜陵❷人焉。

2 兄順，字叔文，平輿❸令。有高名。次兄豹，字季明。數辟公府，輒以事去。司徒劉愷❹復辟之，謂曰：「卿以輕好去就，爵位不躋❺。今歲垂盡，當選御史，意在相薦，子其宿留❻乎？」豹曰：「犬馬齒衰，旅力❼已劣，仰慕崇恩，故未能自割。且眩瞀❽滯疾，不堪久待，選薦之私，非所敢當。」遂跣而起。愷追之，徑去不顧。安帝西巡，徵拜議郎。

3 義少與二兄齊名，初仕州郡。太傅桓焉辟舉❾理劇，為廣都❿長，甘陵、陳⓫二縣令，政甚有績，官曹⓬無事，牢獄空虛。數上書順帝⓭，陳宜依古典，考功黜陟⓮，徵集名儒，大定其制。又譏切⓯左右，貶刺竇氏。言既無感，而久抑不遷，以兄順喪去官。比⓰辟公府，不就。廣都為生立廟。及卒，三縣吏民為義舉哀，若喪考妣⓱。

4 豹子著，字休明。少以經行知名⓲，不應州郡之命。大將軍梁冀⓳辟，不就。延熹二年，桓帝公車備禮徵，至霸陵⓴，稱病歸，乃入雲陽山㉑，采藥不反。有司舉奏加罪，帝特原之。復詔京兆尹重以禮敦勸㉒，著遂不就徵。靈帝㉓即位，中常侍曹節以陳蕃、竇氏既誅㉔，海內多怨，欲借寵時賢以為名，白帝就家拜著東海相㉕。詔書逼切㉖，不得已，解巾㉗之郡。政任威刑，為受罰者所奏，坐論輸左校㉘。又後妻憍恣亂政，以之失名，竟歸，為姦人所害，隱者恥之。

【章　旨】以上為〈韋彪傳〉的附傳部分，記述了韋彪族人的事跡。

【注　釋】❶元帝　西漢孝元皇帝，宣帝太子，其事詳見《漢書・元帝紀》。❷杜陵　縣名。治今陝西西安東。❸平輿　縣名。治今河南平輿北。❹劉愷　彭城人，曾任司空、司徒、太尉等職。❺躋　升遷。❻宿留　等待。❼旅力　力量。旅與膂為一聲之轉，見《集解》何若瑤語。❽眩瞀　頭暈眼睛昏花。❾太傅桓焉辟舉　太傅，本書〈百官志〉：「本注曰：掌以善導，無常職，世祖以卓茂為太傅，薨，因省。其後每帝初即位，輒置太傅，錄尚書事，薨，輒省。」桓焉，曾任太常、太傅、太尉等職，永建三年免太尉職，他事不詳。❿廣都　縣名。治今四川成都南。⓫甘陵陳　甘陵，治今山東臨清東北。陳，治今河南淮陽。⓬官曹　官吏辦事機關。⓭順帝　安帝之子，名劉保，永寧元年立為皇太子，年十一即皇帝位，在位二十一年，其事詳見本書卷六。⓮考功黜陟　考核政績以決定升降。⓯譏切　譏諷切責。⓰比　接連。⓱考妣　稱已去世的父母。⓲少以經行知名　《集解》：「汪文臺曰：『〈徐穉傳〉注引謝承《書》云：著少修節操，持《京氏易》、《韓詩》，博通術藝。』」⓳梁冀　（？—西元一五九年），字伯卓，安定烏氏（今寧夏固原）人。兩妹為順帝、桓帝皇后。初為黃門侍郎，拜河南尹。後為大將軍，專權朝中，後被桓帝、單超誅殺。⓴霸陵　西漢文帝陵，因地處霸上，稱霸陵。地在今陝西西安東十二公里灞河西岸。㉑雲陽山　今陝西淳化西北。㉒敦勸　極力勸勉。㉓靈帝　名劉宏，肅宗之孫，其事詳見本書卷八。㉔中常侍曹節　中常侍，內宮職官，由宦者充任。曹節（？—西元一八一年），字漢豐，東漢末年沛國譙縣（今安徽亳州）人。順帝時為小黃門。桓帝時遷中常侍、奉車都尉。靈帝即位，以定策功封長安鄉侯，後專權朝中，其事詳見本書卷七十八。陳蕃（？—西元一六八年），字仲舉，汝南平輿（今河南平輿）人。歷任樂安、豫章太守，尚書令，大鴻臚，光祿勳，太尉等職。桓帝時力主改革時弊，反對宦官專權，後以宦官誣陷而罷官，靈帝時欲誅殺宦官，事敗被殺，其事詳見本書卷六十六。㉕東海相　東海王劉懿相，即東海王劉彊四代孫。㉖逼切　迫急。㉗解巾　既服冠冕，故解幅巾。指出任官職。㉘輸左校　輸，罰。左校，官署名。隸屬將作大匠，領本署工徒修造宮室、宗廟、陵園、道路等，秩六百石。官吏犯法，常輸左校為工徒。

【語　譯】韋彪同族兄弟之子韋義。韋義字季節。高祖父韋玄成，元帝時為丞相。起初，韋彪單獨遷徙扶風，因此韋義還是京兆杜陵人。

2 韋義兄長韋順，字叔文，平輿縣縣令。有很高的名聲。次兄韋豹，字季明。多次被公府徵召，總是因事去職。司徒劉愷再次徵召他，對他說：「先生因為不在意職務的去留，爵位沒有升遷。今年即將過盡，應當選任御史，本意準備推薦，先生能等待嗎？」韋豹說：「我齒長年衰，體力已經衰劣，因為仰慕厚恩，所以未能自相割捨。而且我頭暈眼花染有痼疾，不能長久等待，選舉推薦的私情，不是我所敢擔當的。」於是光著腳站起來。劉愷追趕他，韋豹徑直離去沒有回頭。安帝西出巡行，徵召任命他為議郎。

3 韋義少年時與兩個兄長齊名，起初在州郡任職。太傅桓焉徵召他處理紛雜任務，擔任廣都縣縣長，甘陵、陳二縣縣令，行政非常有成績，官府無事，牢獄空虛。多次上書順帝，陳說應當依據古代典制，考核功績升降職務，徵集著名儒士，大規模制定制度。還譏諷切責皇上的左右近臣，貶刺竇氏。他的上書沒有感動皇帝，又長久被抑制沒有升遷，因兄長韋順的喪事辭去官職。接連受到公府徵召，沒有就職。廣都縣給他立生祠。等到去世，三縣的官吏百姓給韋義舉哀，好像喪亡了父母。

4 韋豹的兒子韋著，字休明。少年時以經術品行知名，沒有應州郡的徵命。大將軍梁冀徵召，沒有應徵。延熹二年，桓帝用公車準備厚禮徵召他，到霸陵，聲稱得病，回歸本郡，於是進入雲陽山，採藥不回。有關官吏檢舉上奏加以罪責，皇帝特意原諒了他。再次下詔讓京兆尹以重禮極力勸勉，韋著最終沒有應徵。靈帝即位，中常侍曹節因陳蕃、竇氏已被誅殺，海內有許多怨恨，想藉榮寵時賢來揚美名，稟告皇帝，到韋著家中拜他為東海王相。詔書迫急，不得已，解下幅巾到郡中上任。執政用威刑，被受到處罰的人所舉報，因罪被發往左校服役。還有後妻驕橫亂政，因此敗壞了名聲，最後回到家中，被奸人所害，隱居者以他為恥。

贊曰：湛、霸奮庸❶，維寧兩邦❷。淮人孺慕❸，徐寇要降❹。弘實體遠❺，仁不忘本❻。憙政多迹，彪明理損。牟公簡帝❼，身終上衮❽。

【章旨】此贊語對本傳傳主們的一生作了簡要的概括，體現本傳傳主們以儒術治世的共同特徵。

【注釋】❶奮庸　努力建立功業。《尚書》：「有能奮庸熙帝之載。」孔安國注：「奮，起也。庸，功也。」❷維寧兩邦　安寧兩郡。兩邦，湛為平原太守，霸為淮平大尹。❸孺慕　愛戴；懷念。❹徐寇要降　徐寇，指徐異卿，希望投降司徒伏公。❺體遠　見識深遠。❻仁不忘本　仁義不忘糟糠妻。❼簡帝　符合皇帝心意。❽衮　古代三公八命，出封時加一命，可服衮，後因借指三公。

【語譯】史官評議說：伏湛、侯霸努力建立功業，安寧兩郡。淮人愛戴，徐異卿等賊寇要向司徒伏公投降。宋弘見識實在深遠，懷有仁人之心，不忘糟糠之妻。趙憙行政有很多政績，韋彪深明政事的損益。牟公行事深合帝心，身終三公之位。

【研析】本卷是《後漢書》中比較典型的以類相從的列傳，傳主們大多有經術家學傳統，任職多以儒術行政。閱讀此傳，有以下兩點可以引起我們的注意：

第一，此列傳與〈馬援列傳〉、〈竇融列傳〉等敘事風格有一些差異，這主要是由傳主們的身分與地位決定的。一些外戚和權臣，他們處於皇權爭鬥的核心位置，他們在得勢時權極人臣，失勢時便受到打擊，常常性命不保，殃及子孫，他們的後代也常常多有磨難。本傳傳主為以經術行政者，他們服務的對象是上為皇權，下為百姓，處事行政有一定之規，因此他們身居三公之位，多以善終。在「大臣難居相位」的東漢政治舞臺，他們憑藉自己的才能和公心而獲得了較多的認同。他們的子孫多能繼承他們的經術，雖然在政治舞臺上不能呼風喚雨，在社會上卻贏得了普遍的尊敬，影響了一世之風氣。

第二，本列傳傳主的治世行政經驗，有兩點是值得後人汲取的。一是亂世之中，以民為本。伏湛在混亂之世與百姓同甘苦，不爭權勢斬門下督，保全平原一郡。侯霸在王莽敗亂時，保固自守，卒全一郡。亂世之中以民為本，這是儒者經世的重要原則。二是先遠業而後小數。行政以寬大為務，以教化為先，清淨行政，以為世範。不畏強暴，執法剛直。他們的治世原則，得到皇帝和百姓的認可，上得君心，下得民意，對東漢的政治風氣有著重要的影響。（魏建震注譯）

卷二十七

宣張二王杜郭吳承鄭趙列傳第十七

【題解】本卷是一篇合傳，卷題標姓的十人，內有三人附傳，共計十三人。十三人大體可分為二組，宣秉、張湛、王丹、王良、杜林、郭丹、范遷等七人為一組，他們基本上跨歷四朝，即前漢的哀、平時期，王莽新朝，劉玄所建立的更始時代，最後歸身於光武帝。他們以大漢的臣民自居，王莽專權和代漢之後，對他們屢行徵召，多被他們婉拒。不得已而就徵者，也是身在曹營心在漢，尋找機會逃離。然而在就仕於更始和光武帝之後，率皆立身方正，據經典以輔國家，立功於當時。自己卻過著儉約的生活，受到時人的稱讚。吳良、承宮、鄭均、趙典、趙謙、趙溫六人，年輩較晚，自建武至於建安，綿歷東漢整個朝代，他們都學有根柢，正身立朝，克己奉公，不畏強禦。他們的嘉言貞行，為時人所仰慕，乃至播於域外，雖千秋之後，讀之者無不心神鼓舞。效前賢而自勵，這是我們提倡讀史的目的所在。

宣秉，字巨公❶，馮翊雲陽❷人也。少修高節，顯名三輔❸。哀、平際，見王氏❹據權專政，侵削宗室，有逆亂萌❺，遂隱遁深山，州郡連召，常稱疾不仕❻。

王莽為宰衡❼，辟命❽不應。及莽篡位❾，又遣使者徵之，秉固稱疾病。更始❿即位，徵為侍中⓫。建武元年⓬，拜御史中丞⓭。光武⓮特詔御史中丞與司隸校尉⓯、尚書令⓰會同⓱並專席⓲而坐，故京師號曰「三獨坐」。明年，遷⓳司隸校尉。務舉大綱，簡略苛細⓴，百僚敬之。

秉性節約，常服布被，蔬食㉑瓦器。帝嘗幸㉒其府舍，見而歎曰：「楚國二龔㉓，不如雲陽宣巨公。」即賜布帛帳帷什物㉔。四年，拜大司徒司直㉕。所得祿奉㉖，輒㉗以收養親族。其孤弱者，分與田地，自無擔石㉘之儲。六年，卒於官，帝敏惜㉙之，除子彪為郎㉚。

【章　旨】以上為〈宣秉傳〉，可分三部分來讀，王莽篡位之前和以後屢徵不仕；光武中興後徵拜為朝廷重臣，「務舉大綱，簡略苛細，百僚敬之」，可見其幹國之才；第三部分敘述其居家為人的高貴品質。

【注　釋】❶宣秉字巨公　秉是名。古人名與字意義相關，或相成，或相反，或相連成義。宣秉的名字即以秉公為義。❷馮翊雲陽　馮翊即左馮翊，為前漢三輔之一。詳下三輔注。雲陽，左馮翊屬縣。在今陝西淳化西北。❸三輔　前漢京師在長安（今陝西西安西北），以其周圍的三個行政區京兆尹、右扶風、左馮翊稱為三輔，地位相當郡，因其為京畿之地不稱郡。治所同在長安城中。在那裡有漢家宗廟陵墓，中興後因而不改。左馮翊地當今陝西渭河以北、涇河以東洛河中、下游地區。東漢移治高陵縣（今陝西屬縣）。右扶風在今陝西秦嶺以北，鄠縣、咸陽、栒邑以西地。東漢移治槐里（今興平東南）。京兆尹在今陝西秦嶺以北、西安以東、渭河以南地區。❹王氏　指以王莽為首的王氏外戚家族。平帝年幼，委政王莽，封莽為安漢公，王氏一族掌握朝中權力。❺萌　苗頭；端倪。❻稱疾不仕　稱疾，不一定是真有病，而是作為辭官不仕的藉口。當時不肯做官的人大都以稱疾、臥疾為辭徵的理由。❼宰衡　周公旦為周成王太宰，伊尹為商湯時阿衡，王莽欲一身兼二人在朝中地位，所以稱為宰衡。❽辟命　徵召的旨意。❾及莽篡位　篡，奪取。王莽篡位在西元九年，改國號曰新。❿更始　在反對王莽的農民軍中，劉玄稱更始將軍，後被擁立為帝，建元更始，其元年為西元二三年。更始政權存在了三年，更始帝後被赤眉軍殺害。⓫侍中　官名。秩比二千石，為丞相屬官，因侍從皇帝左右，出入禁中，顧問應對而得名。⓬建武元年　西元二五年。建武，光武帝劉秀的年號。⓭拜御史中丞　《漢書》謂御史中丞，秦代始設此官，秩俸二千石，掌管圖書祕籍，對外督察部刺史，對內管領侍御史，糾察百僚。拜，授予官職。⓮光武　東漢開國皇帝劉秀的謚號，〈謚法〉：「能昭前業曰光，克定禍亂曰武。」史書常稱劉秀為光武帝或光武。⓯司隸校尉　據司馬彪《續漢書．百官志》，司隸校尉，秩比二千石，掌察舉百官以下及京師近郡犯法者。所謂近郡，即司隸校尉所轄之河南、河內、河東、弘農及三輔等七郡，因此又稱這七郡為司隸。⓰尚書令　據應劭《漢官儀》，尚書令，秩千石，掌管處理奏章，總領國家大政，國家要務無所不統。⓱會同　朝會。⓲專席　一官獨坐一席位，示地位尊崇。⓳遷　平調和晉陞均謂遷，此謂晉陞，由秩千石增為比二千石。⓴苛細　《說文》苛為細草，以苛細喻煩雜細瑣。㉑蔬食　以粗糧為食，不貴珍細。蔬，同「疏」。粗糙。下文「論曰」：「秉甘疏薄」正作「疏」。㉒幸　帝王親臨其地。㉓楚國二龔　龔勝，字君賓，彭城（今江蘇徐州）人。龔舍，字君倩，武原（今江蘇邳縣）人，地屬古楚國。二人皆以清苦立節著名。《太平御覽》卷八一八引《續漢書》說宣秉「居不粟馬，出無從車」。㉔帳帷什物　張在床上的帳子，僅圍四周的叫帷，又有頂的叫帳。什物，日常用的器物。㉕大司徒司直　大司徒，三公之一，掌人民事，凡教民孝悌、謙儉、養生送死之事，則議其制度。國有大事，則參與三公之議。司直，秩比二千石，掌佐助丞相檢舉不法官吏。㉖祿奉　祿奉同義，為官府做事所給的養家費用。奉，今作「俸」。㉗輒　即刻；就。㉘擔石　一擔一石的量。比喻非常少。擔，一百斤為一擔。石，十斗為一石。㉙敏惜　憐惜。敏，通「憫」。㉚除子彪為郎　除授公卿子弟為郎均為三署郎。三署謂五官署、左署、右署。除，授予官職。凡言除，謂除去舊官授與新官。《東觀漢記》謂宣彪官至玄菟郡（在今朝鮮半島）太守。

【語譯】宣秉，字巨公，左馮翊雲陽人。自幼培養高尚名節，名揚三輔之地。當漢哀帝、平帝之時，他看到王莽家族獨攬朝權，削弱劉氏宗室的勢力，有叛逆作亂的跡象，便逃到深山隱藏起來，州郡接連徵聘，常藉口有病不出來做官。王莽為宰衡後，向宣秉發出徵聘之旨，他還是不從命。到王莽奪取王位，又派使者召聘他，他堅持說病重。更始帝劉玄即位，召他為侍中。光武帝建武元年，授他為御史中丞之職。光武帝特地下詔，讓御史中丞與司隸校尉、尚書令，在朝會時各專設一席而坐，所以首都稱他們為「三獨坐」。第二年，升任為司隸校尉。宣秉為官，著重抓住要領，不被瑣細事務纏繞，受到僚屬的敬重。

宣秉生性儉樸，穿平常的衣服，鋪蓋麻布的被褥，吃粗糧，用瓦製器皿。皇帝曾到他的府第，見到這種情況，感歎地說：「楚國的龔勝、龔舍，也趕不上雲陽的宣秉。」立刻賞賜給他布帛、帷帳及日用雜物。建武四年，任命他為大司徒司直。宣秉把所得俸祿，就用來收養親族。其中有孤幼貧弱的，就分給他們田地使其謀生，自己卻沒有一點糧食的儲存。建武六年，宣秉死在任上。光武帝憐憫他，授給他的兒子宣彪為郎官。

1 張湛，字子孝，扶風平陵①人也。矜嚴②好禮，動止③有則，居處幽室④，必自修整，雖遇妻子，若嚴君⑤焉。及在鄉黨⑥，詳言正色⑦，三輔以為儀表⑧。人或謂湛偽詐⑨，湛聞而笑曰：「我誠詐也。人皆詐惡，我獨詐善⑩，不亦可乎？」

2 成哀⑪間，為二千石⑫。王莽時，歷太守、都尉⑬。

3 建武初，為左馮翊⑭。在郡修典禮⑮，設條教⑯，政化⑰大行。後告歸⑱平陵，望寺門⑲而步。主簿⑳進曰：「明府㉑位尊德重，不宜自輕。」湛曰：「禮，下公門，軾輅馬㉒。孔子於鄉黨，恂恂如也㉓。父母之國㉔，所宜盡禮，何謂輕哉？」

4 五年，拜光祿勳㉕。光武臨朝，或有惰容，湛輒㉖陳諫其失。常乘白馬，帝每見湛，輒言「白馬生且㉗復諫矣」。

七年，以病乞身㉘，拜光祿大夫㉙，代王丹為太子太傅㉚。及郭后㉛廢，因稱疾不朝，拜太中大夫㉜，居中東門候舍㉝，故時人號曰中東門君。帝數存問賞賜。後大司徒戴涉㉞被誅，帝彊起㉟湛以代之。湛至朝堂㊱，遺失溲便㊲，因自陳疾篤㊳，不能復任朝事，遂罷之。後數年，卒於家。

【章　旨】以上為〈張湛傳〉。張湛以禮為行為準則，有人批評他是「偽詐」，他調侃道：「行詐為善總比行詐做惡要好。」為官之後，仍然以禮持身，回到故鄉不誇官弄勢，忠誠極諫遠勝於稱英明呼萬歲，「白馬生且復諫矣」，一語道出了張湛的磊落與盡職。

【注　釋】❶平陵　縣名。今陝西咸陽西北。縣名上冠以扶風，表示此縣所屬之郡。下同。❷矜嚴　莊嚴。❸動止　猶舉止，行為與居家生活。❹幽室　深靜之室，謂無人見處。❺嚴君　《周易・家人・彖辭》：「家人有嚴君焉，父母之謂也。」此謂威嚴如父母。❻鄉黨　周制，一萬二千五百家為鄉，五百家為黨。此泛指家鄉鄰里。❼詳言正色　言語審慎，態度嚴肅。詳，審。❽儀表　猶言楷模、表率。儀，法。表，正。❾偽詐　偽裝行善進行詐騙。❿人皆詐惡二句　謂別人行詐去做壞事，我卻行詐去做善事。這是針對別人說他偽詐，並非自認為行善是為了欺詐。王充《論衡・答佞》：「觀其陽以考其陰，察其內以揆（測度）其外，是故詐善設節者可知。」提出了識別詐善的方法。⓫成哀　成，西漢成帝劉驁，西元前三三－前七年在位。哀，西漢哀帝劉欣，西元前七－前一年在位。⓬二千石　俸祿名。謂做官一年之俸祿為二千石粟。實際發俸時言斛不言石，石與斛相等，都是十斗。實俸每月得粟一百二十斛，全年共為一千四百四十斛。二千石為俸名，因而呼俸二千石之官為二千石，如太守。石，作為容量單位，現在字書多注為「旦」音，據本書〈王符傳〉，時人為之語曰：「徒見二千石，不如一逢掖。」凡「時人為之語」，上下句皆押韻，如賈逵，時人謂之「問事不休，賈長頭」，休與頭為韻。甄豐，字長伯，時人謂之「夜半客，甄長伯」，客與伯為韻。此石與掖為韻，可證石讀「十」音而不讀「旦」音。⓭歷太守都尉　歷，先後擔任各種官職。太守，秩二千石，為一郡的最高行政長官，掌治民，勸導農功，判決辭訟。都尉，秩比二千石，輔助太守治事，主稽查盜賊。⑭為左馮翊　即做左馮翊之官。被稱作「三輔」的三個行政區，既是地區名又是官職名，作為地區名，地位相當郡，也可以籠統地稱為郡，但不得在其名下加「郡」字。作為官名，相當於郡太守，也不逕稱太守。⑮修典禮　修，治理；完善。典禮，制度禮儀。⑯條教　法規；教令。⑰政化　政治與教化。⑱告歸　請假回家。今仍謂請假為告假。告，請。⑲寺門　此指平陵縣署之門。據應劭《風俗通》，寺是嗣續之義，辦事的官員接續在其中。今俗語「鐵打的衙門流水的官」，正說明嗣續之義。⑳主簿　漢代中央及郡縣均設主簿之官，其職為掌管文書和辦理公事。㉑明府　郡守的官署稱府，明府是下屬對太守的尊崇稱呼。《漢書》韓延壽為東郡太守，門卒稱他為「明府」，此與之同義。㉒禮三句　《禮記・曲禮》：「大夫士下公門，式路馬。」鄭玄注：「所以廣敬。」至公門下車，見輅馬撫軾。式，同「軾」。軾，車前橫木。輅，大。國君所居稱路寢，車稱輅車，馬稱輅馬。乘車必正立，有所敬便撫軾，身體略向前俯以示敬。㉓恂恂如也　恭敬的樣子。語見《論語・鄉黨》。㉔父母之國　生我養我的地方。《史記・仲尼弟子列傳》孔子對門弟子說：「魯，墳墓所處，父母之國也。」《詩・小弁》：「惟桑與梓，必恭敬之。」桑梓亦指家鄉。㉕光祿勳　秩中二千石。掌宮中晝夜值班，警衛門戶。《漢官儀》：「光祿主管郎、謁者、虎賁、羽林，舉不失德，賞不失勞，故曰光祿勳。」㉖輒　每每；總是。下「輒言」同。㉗且　將要。㉘乞身　請求辭職。古人把為官看作委身事君，也叫委質，把自己稱作官身，故辭職叫乞身。㉙光祿大夫　光祿勳下屬官吏，秩比二千石，《續漢書・百官志》謂執掌議論，弘揚德化，參謀事情之可行與否。㉚代王丹為太子太傅　王丹，事跡見後。太子太傅，秩中二千石，主管輔導太子，按禮法如同老師。《漢官儀》謂太子有白玉之質，通過老師對他的長期薰陶琢磨，培養出良好的品德。㉛郭后　光武郭皇后，真定槀（今河北藁城）人，生子劉彊，建武二年立為皇后，彊為皇太子。後因寵衰，建武十七年被廢，詔書云「皇后懷執怨懟，數違教令，不能撫循它子，訓長異室。宮闈之內，若見鷹鸇。既無〈關雎〉之德，而有呂、霍之風，豈可託以幼孤，恭承明祀。」㉜太中大夫　秩千石，掌顧問應對，無常事，唯詔命所使。太中大夫在宮中是最高官吏。㉝中東門候舍　洛陽城共十二門，東面三門，最北為上東門，最南曰望京門，中間一門名中東門。每門有校尉一人，秩二千石；司馬一人，秩千石；候一人，秩六百石。候，伺察，為守門人之責任，故以為名。候舍，候所居之處。㉞戴涉　字叔平，冀州清河郡人。因他所舉薦的人盜金而下獄被誅。㉟彊起　彊，勉強；強制。通「強」。起，舉用；徵聘。㊱朝堂　正朝左右官員議事之處，也是諸曹辦公的地方。㊲遺失溲便　遺失，因失禁而排泄。溲，小便。㊳疾篤　病重。

【語譯】張湛，字子孝，右扶風平陵縣人。居常端莊好禮，舉止遵循禮法，即使獨處一室，也一定容服修整，就算對待妻子兒女，也如同嚴父一般。若在鄉里，總是言語謹慎態度嚴肅。三輔的人把他當作表率。有的人說張湛是偽善欺詐，湛聽到後笑著說：「我確是在行騙。別人行騙都是為做壞事，只有我行騙是為做好事，不也很好嗎？」

2 漢成帝、哀帝時期，張湛官為二千石。王莽時期，先後擔任過太守、都尉。

3 建武初年，張湛為左馮翊，他在郡內修治制度禮儀，設立科條，使政治風化深入人心。後來他請假回故鄉平陵，望見縣署門便下車步行。他的主簿就進言說：「明府位尊德重，不該如此自輕。」張湛回答說：「禮書上說，到國君之門應下車，對君之馬應撫軾。孔子在他的家鄉，也是非常恭順的。我回到生我長我的故鄉，盡其禮敬是應當的，怎麼能說是自輕呢？」

4 建武五年，授張湛為光祿勳。光武帝上朝，有時有倦怠的樣子，張湛總是陳說利害，指出其失當之處。張湛經常騎著一匹白馬，皇帝每次見到他，總說「白馬生又要勸諫了」。

5 建武七年，張湛以有病為由請求辭職休養，被授官光祿大夫，代替王丹為太子太傅。到郭皇后被廢，張湛便說有病不入朝，又授給他太中大夫，居住在洛陽中東門候的宿舍裡，所以當時人們把他叫做「中東門君」。皇帝多次慰問賞賜。以後大司徒戴涉被處死，皇帝一定要讓湛接任大司徒。張湛到了朝堂，又排屎又小便，順勢陳說實在是病勢沉重，再幹不了朝廷的事，於是被免職。又過了幾年，在家中去世。

1 王丹，字仲回，京兆下邽❶人也。哀、平時，仕州郡。王莽時，連徵❷不至。家累千金，隱居養志，好施周急❸。每歲農時，輒載酒肴於田間，候勤者而勞之❹。其墮孏❺者，恥不致❻丹，皆兼功自厲❼。邑聚相率❽，以致殷富。其輕黠❾游蕩廢業為患者，輒曉❿其父兄，使黜責⓫之。沒者則賻給⓬，親自將護⓭。其有遭喪憂者，輒待丹為辦，鄉鄰⑭以為常。行之十餘年，其化大洽⑮，風俗以篤⑯。

2 丹資性方絜⑰，疾惡彊豪。時河南⑱太守同郡陳遵⑲，關西⑳之大俠也。其友人喪親，遵為護㉑喪事，賻㉒助甚豐。丹乃懷縑一匹㉓，陳之於主人前，曰：「如丹此縑，出自機杼㉔。」遵聞而有慚㉕色。自以知名，欲結交於丹，丹拒而不許㉖。

3 會前將軍鄧禹西征關中㉗，軍糧乏，丹率宗族㉘上㉙麥二千斛㉚。禹表丹領㉛左馮翊，稱疾不視事㉜，免歸。後徵為太子少傅㉝。

4 時大司徒侯霸㉞欲與交友，及丹被徵，遣子昱候於道。昱迎拜㉟車下，丹下荅㊱之。昱曰：「家公㊲欲與君結交，何為見拜㊳？」丹曰：「君房有是言，丹未之許也㊴。」

5 丹子有同門生㊵喪親，家在中山㊶，白丹欲往奔慰㊷。結侶將行，丹怒而撻㊸之，令寄縑以祠㊹焉。或問其故。丹曰：「交道之難，未易言也。世稱管、鮑㊺，次則王、貢㊻。張、陳㊼凶其終，蕭、朱隙其末㊽，故知全㊾之者鮮矣。」時人服其言。

6 客初有薦士於丹者，因選舉之㊿，而後所舉者陷罪，丹坐以免(51)。客慚懼自絕(52)，而丹終無所言。尋(53)復徵為太子太傅，乃呼客謂曰：「子之自絕，何量丹之薄54也？」不為設食55以罰之，相待如舊。其後遜位56，卒于家。

【章　旨】以上為〈王丹傳〉。王丹家富有，以家財獎勵勤勞，勸誘懶惰，以淳風化。王丹鑒於前人交友之有始無終，深知交道之難，故一生慎於交友。

【注　釋】❶下邽　京兆尹屬縣。在今陝西渭南東北。❷徵　召聘。❸周急　周濟人的困急。孔子：「君子周急不繼富。」周急是雪中送炭，繼富指錦上添花。用作周濟義的「周」字今作「賙」。❹每歲農時三句　農時謂春、夏、秋三季，是農作物的種植、管理、收穫季節，農民最忙，朝廷不起大役，地方官慰勞農民。肴指熟肉類食品。候，察看，與前「中東門候」之候意思相同。勞，慰問。❺墮孄　即懶惰。孄，同「懶」。❻致　引來。下「致富」義同。❼兼功自厲　兼功，加倍努力。厲，「礪」的本字。磨礪，引申為勉勵、激勵。❽邑聚相率　人群聚居的地方，大的稱邑，小的稱聚。《史記・五帝本紀》：「一年而所居成聚，二年成邑，三年成都。」張守節《正義》：「聚謂村落也。」率之義為循，今語謂跟著學。❾輕黠　輕銳狡猾。❿曉　諭告；講明道理。⓫黜責　勒令停止並提出要求。⓬沒者則賻給　沒，同「歿」。謂死亡，今語尚說「某某人沒了」。賻給，用財物給喪家以助其辦理喪事。⓭將護　主持辦理喪事。⓮鄉鄰　鄉、鄰，都是古代居民行政單位。《說文》：「五家為鄰。」此用為鄉村鄰里之義。《東觀漢記》記載王丹聞鄉里有喪事，便量其家產，教其節儉，規定埋葬日期，父母喪，停柩不超過一月，視其親疏，規定停柩期限。⓯大洽　蔚然成風。洽，透；遍。⓰篤　淳厚。⓱資性方絜　資性，天性。方絜，正直廉明。絜，同「潔」。清白，又修整之義。⓲河南　西漢郡名。治所在雒陽（今河南洛陽東北），轄區相當今河南黃河以南的洛水、伊水下游，雙洎河、賈魯河上游地區及黃河以北原陽。⓳陳遵　字孟公，京兆杜陵（今陝西西安）人。性放縱不拘，亦不廢公事，三為二千石。《漢書》有傳。⓴關西　謂函谷關以西之地，即關中，包括今陝西秦嶺以北，渭河流域，黃河以西之涇水、洛水下游地區。㉑護　監理；主持。與前文「將護」同義。㉒賻　送給喪家的布帛、錢財等。㉓縑一匹　縑，雙線織成的細絹，古時常用作賞贈酬謝之物。匹，或作「疋」，《說文》：「四丈為匹。」合今九・二四公尺。㉔出自機杼　謂自家紡織，不是貪汙受賄得來的，以此譏刺陳遵賻贈雖多，來路不正。機，織布機。杼，織緯線用的梭子。機杼猶言紡織。㉕慙　「慚」的異體字。㉖欲結交於丹二句　《東觀漢記》：「更始時，遵為大司馬護軍，出使匈奴，過辭（拜訪辭行）於丹。丹曰：『俱遭反覆，唯我二人為天所遺（幸存）。今子當之絕域，無以相贈，贈子以不拜。』遂揖而別，遵甚悅之。」

㉗會前將軍鄧禹句　會，恰逢。前將軍，將軍不常置，掌征伐背叛，前後左右將軍名目眾多，皆主征伐，事訖皆罷。鄧禹，字仲華，南陽郡新野（今河南屬縣）人。深沉有大度，為光武打天下立功甚巨。本書有傳。當時光武正忙於安輯河北，更始與赤眉戰於關中，光武乃拜禹為前將軍，持節，帶精兵二萬人遣西入關。自今河北入陝西，故云西征。㉘宗族　父系親族，即同姓同族之人。㉙上　交納。㉚斛　容量單位，漢代一斛即一石，十斗。東漢一斛相當於現在二十公升（據《漢語大詞典》附錄〈中國歷代量制演變測算簡表〉）㉛領　管轄；治理。㉜視事　處理事務。㉝太子少傅　秩二千石，除與太子太傅共同輔導太子外，並悉領太子官屬。《續漢書》謂丹為太子少傅，忠貞正直，名德重於當時。㉞侯霸　字君房，河南郡密縣（今河南密縣）人。治《穀梁春秋》，明習舊典，對中興初制定令典有建樹。本書有傳。㉟迎拜　迎見而先禮拜之。㊱荅　「答」的異體字。漢隸從艸與從竹往往相混。荅謂荅拜。㊲家公　侯霸時為三公，故昱稱其父為家公。㊳見拜　見在動詞前有稱代作用，等於前置的「我」。見拜即拜我。按禮，晚輩給長輩禮拜，長輩不必荅拜，故問之。㊴丹未之許也　未之許即未許之，沒有荅應他。王先謙認為可能是王丹因侯霸為中常侍族父侯淵所任子，又仕於王莽朝，故輕之。㊵同門生　同師受業者，即今同學。㊶中山　封國名。治所在盧奴（今河北定縣），轄境相當今河北內長城以南，蠡縣、滿城以西，新樂、唐縣以東，滹沱河以北地區。㊷奔慰　奔赴弔慰。㊸撻　鞭打。《東觀漢記》謂丹怒，撻之五十。㊹寄縑以祠　《東觀漢記》：「寄帛二匹以祠焉。」祠，同「祀」。謂弔祭。㊺管鮑　管仲和鮑叔。據《史記》，管仲，名夷吾，字仲，齊國潁上（潁水之濱）人。曾與鮑叔牙交遊，管仲家貧，常欺騙鮑叔，鮑叔知其賢，始終善待他。管仲說：「生我者父母，知我者鮑叔。」後來鮑叔薦管仲於齊桓公，管仲在齊進行一系列改革，使齊霸強。㊻王貢　王吉和貢禹。王吉字子陽，貢禹字少翁，同是瑯邪郡人。二人相友善，當時評論他們說：「王陽在位，貢禹彈冠。」是說二人取捨相同。詳見《漢書》。㊼張陳　張耳和陳餘。二人都是大梁（今河南開封）人，初為刎頸之交，後兩人交惡，張耳為漢將，斬陳餘於泜水之上，是以凶告終。㊽蕭朱隙其末　蕭育字次君，朱博字子元，二人為友聞名於時，京師評論說：「蕭、朱結綬，王、貢彈冠。」二人後生嫌猜，交道有始無終，世人以交友為難。隙在此為動詞，謂最後卻生嫌隙。事並見《漢書》。㊾全　交好始終如一。㊿因選舉之　藉國家選士的機會便舉薦了他。(51)丹坐以免　坐，因事而獲罪。王丹因所舉者犯罪而獲罪被免官。〈明帝紀〉詔：「今選舉不實，有司明奏罪名，并正舉者。」李賢注：「舉非其人，并正舉主之罪。」(52)自絕　主動斷絕來往。(53)尋　不久。(54)量丹之薄　量，衡量；評定。薄，謂淺薄沒涵養。(55)設食　安排飯食。(56)遜位　退職。

【語　譯】王丹，字仲回，京兆下邽縣人。漢哀帝、平帝時，在州郡裡做官。王莽時期，連續徵聘，他都不到。王丹家積金上千斤，隱居不仕，修養自己的志操，好施捨賙濟別人的急難。每年到農忙季節，他總是用車載著酒肉在田間，看誰勤勞生產就慰問他。那些懶惰的人，以沒有使王丹來慰問而感到羞恥，便加倍努力，勉勵自己。大小村莊都跟著學以求得富足。對那些滑頭、遊手好閒不事生產和為害鄉里的人，便向其父兄講明道理，讓他們對子弟提出要求令其改正。誰家死了人，王丹就出財物予以幫助，親自為之料理喪事。這樣有些喪主往往等王丹來為操辦，鄉里之內便習以為常。王丹帶頭推行了十幾年，教化蔚然成風，民俗也變得淳厚起來。

2 王丹生性方正廉潔，痛恨豪強。當時河南郡太守陳遵與王丹同是京兆籍，是關中的大豪，他的朋友喪親，陳遵為他主持喪事，贈送助喪錢物非常多。王丹只抱著一匹縑，放在喪主面前，說道：「我這匹縑帛是自家織的。」陳遵聽了面有愧色。陳遵自以為有名望，想和王丹交友，王丹拒絕了他。

3 恰遇前將軍鄧禹西征到關中，軍糧缺乏，王丹率同族之人交納小麥二千斛。鄧禹上表朝廷讓王丹治理左馮翊，王丹說有病，不去處理事務，便免官歸家。以後徵召他為太子少傅。

4 當時大司徒侯霸欲與王丹交朋友，到王丹被朝廷徵召，便派兒子侯昱在路上等候。昱見到王丹便先在車下下拜致禮，王丹就下車答拜他。侯昱說：「家父欲與您結友，為什麼您還答拜我呢？」王丹說：「令尊的確說過這話，我沒有答應啊！」

5 王丹之子有同學死了父親，同學家在中山國，其子稟明王丹欲去奔弔。結伴要走，王丹非常生氣，用鞭子打他。令他寄縑帛弔祭就可以了。有人問其中原因，王丹說：「交友之道的艱難，是不容易說清楚的。世人都稱讚管仲和鮑叔的交情是最好的，其次便是王吉和貢禹。張耳和陳餘以互相殘殺而告終，蕭育和朱博最後產生了猜疑，由此可知交友能始終如一的實在是太少了。」當時人都佩服他的話有道理。

6 起初有個朋友向王丹推薦了一個讀書人，王丹便舉薦了這人。但是後來被舉的人犯了罪，王丹因此被免官。那位朋友又慚愧又害怕，便主動與王丹斷絕來往，王丹卻始終沒有一句怨言。不久王丹又被徵為太子太傳，就把那位朋友叫來，對他說道：「你主動和我斷絕來往，為什麼把我看得那麼淺薄呢！」不為他安排酒食作為對他的懲罰，以後相待如故。那以後王丹退了職，終老於家。

1 王良，字仲子，東海蘭陵❶人也。少好學，習小夏侯尚書❷。王莽時，寢病❸不仕，教授諸生❹千餘人。

2 建武二年❺，大司馬吳漢辟❻，不應。三年，徵拜諫議大夫❼，數有忠言，以禮進止，朝廷敬之。遷沛郡❽太守。至蘄縣❾，稱病不之府❿，官屬皆隨就⓫之，良遂上疾篤，乞骸骨⓬，徵拜太中大夫。

3 六年⓭，代宣秉為大司徒司直。在位恭儉⓮，妻子不入官舍，布被瓦器。時司徒史鮑恢⓯以事到東海，過候⓰其家，而良妻布裙曳柴⓱，從田中歸。恢告曰：「我司徒史也，故來受書⓲。欲見夫人。」妻曰：「妾是也。苦掾，無書⓳。」恢乃下拜⓴，歎息而還，聞者莫不嘉之。

4 後以病歸。一歲復徵，至滎陽㉑，疾篤不任㉒進道，乃過其友人。友人不肯見，曰：「不有忠言奇謀而取大位，何其往來屑屑㉓不憚煩也？」遂拒之。良慙，自後連徵，輒稱病。詔以玄纁㉔聘之㉕，遂不應。後光武幸蘭陵，遣使者問良所苦疾，不能言對。詔復㉖其子孫邑中傜役㉗，卒於家。

【章　旨】以上為〈王良傳〉。王良為官，「數有忠言，以禮進止，朝廷敬之」。最可稱道的是他身為丞相屬下，而妻在家鄉「布裙曳柴」，答前來求書信的鮑恢曰：「苦掾，無書。」一副純樸的村婦形象躍然紙上。王良晚年絕意仕途，但名氣不滅，故王充《論衡》說他善於「養名」。

【注　釋】❶東海蘭陵　東海，郡名。治今山東郯城北。蘭陵，縣名。治今山東蒼山縣西南。❷習小夏侯尚書　習，研習；通曉。夏侯健，夏侯勝之從兄子，勝通曉《尚書》，健從勝學習，二人均成名，各有獨到見解，世稱勝之學為《大夏侯尚書》，健之學為《小夏侯尚書》。❸寢病　臥病。寢，同「寑」。❹諸生　眾有知識學問之士。《汝南先賢傳》：「郭憲學貫祕典，師事東海王仲子。」❺建武二年　西元二六年。❻大司馬吳漢辟　大司馬，前漢曰太尉，世祖即位，改為大司馬，建武二十七年復為太尉，為三公之一，掌四方兵事、考課，歲盡奏其殿最而行賞罰。國有大事則與司徒、司空共同討論，國有大錯事，則與二公共同諫諍。吳漢，字子顏，南陽郡宛縣（今河南南陽）人。質厚少文，然而勇敢有智略，隨光武征戰南北，多建奇功。本書有傳。辟，徵召。❼諫議大夫　秩六百石，掌議論，皆名儒宿德，置三十人。❽沛郡　治今安徽濉溪西北。❾蘄縣　今安徽宿州西南。❿府　郡署。⓫隨就　跟隨過來。⓬乞骸骨　古時為官即身許朝廷，自請退職，意謂乞請朝廷使骸骨歸葬故里。年老官員要求退職多以此為由。⓭六年　建武六年，為西元三〇年。⓮恭儉　恭謹儉約。⓯司徒史鮑恢　司徒史，司徒府掾屬。鮑恢，扶風人，鮑昱為司隸，辟為都官從事。⓰過候　前往探望。過，往訪。候，探望。⓱曳柴　曳，牽拉。《東觀漢記》：「徒跣曳柴。」徒跣，赤腳。⓲故來受書　故，特地；故意。受，接受。書，家書。⓳苦掾二句　言掾辛苦而來，無書信相託。掾，指鮑恢。⓴下拜　跪下而拜。㉑滎陽　今河南滎陽東北。滎，劉寬碑陰作「熒」，古字通。㉒不任　不堪；不能。㉓屑屑　揚雄《方言》：「屑屑，不安也，秦晉曰屑屑。」郭璞注：「往來貌。」今言匆匆忙忙。㉔玄纁　黑色和淺紅色的布帛，帝王常用作延聘賢士的禮品。㉕聘之　聘請，比徵、辟更高的禮遇。㉖復　免除。㉗傜役　即勞役。漢法，天下人皆當戍邊三日，不行者出錢三百給戍者。傜，同「徭」。

【語　譯】王良，字仲子，東海郡蘭陵縣人。從小愛好學習，通曉《小夏侯尚書》。王莽在位時，臥病在床不做官，在家教授學生一千多人。

2 建武二年，大司馬吳漢聘請王良，不應召。建武三年，朝廷徵召並拜為諫議大夫，他多次進獻忠言，進退有禮，朝中官員都敬重他。升為沛郡太守。王良到了蘄縣，卻推託有病不到郡署，郡內官員都跟隨他到蘄縣來，王良於是上奏病重，乞請回鄉，朝廷又把他召回拜為太中大夫。

3 建武六年，王良代宣秉為大司徒司直。在任上恭謹儉約，不把妻子兒女帶往任官之處，自己布被瓦器。有一次司徒史鮑恢到東海郡辦事，到他家裡探望，王良之妻身著布裙拉拽著柴禾從田中回來，鮑恢告訴她：「我是司徒的下屬，特地來問有無書信帶去。想見見夫人。」妻子說：「我就是司徒家的。辛苦您了，沒有書信要帶走。」鮑恢便跪下行禮，感歎而還，聽說這件事的人無不誇讚王良夫婦。

4 王良以後因病回鄉。過了一年又徵召他，行至滎陽縣，病重不能前進，便探訪他的朋友。朋友不肯見他，說：「沒有忠言奇謀卻取得高位，怎麼這樣僕僕風塵、匆匆忙忙地來來去去，不怕麻煩呢？」便拒絕見他。王良非常慚愧，自此以後朝廷接連徵召，總是說有病。詔書以玄纁禮聘他，終於沒有應聘。以後光武帝到蘭陵，派使者問王良有什麼病，家裡有何困難，王良已不能說話了。詔令免除王良子孫在當地的徭役，王良在家中去世。

論❶曰：夫利仁者或借仁以從利，體義者不期體以合義❷。季文子妾不衣帛，魯人以為美談❸。公孫弘身服布被，汲黯譏其多詐❹。事實未殊而譽毀別議，何也？將❺體之與利之異乎！宣秉、王良處位優重❻，而秉甘疏薄，良妻荷薪❼，可謂行過乎儉。然當世咨❽其清，人君高其節，豈非臨❾之以誠哉？語曰❿：「同言而信，則信在言前⓫；同令而行，則誠在令外。」不其然乎？張湛不屑矜偽之誚，斯不偽矣。王丹難於交執⓬之道，斯知交矣。

【章　旨】以上為史家的評論文字。根據傳主的行事，評論其得失。本段為合論，將前述宣秉、王良、張湛、王丹四人各自的特點加以概括，評說允當，褒貶各有理據，是范曄《後漢書》精華之一。

【注　釋】❶論　本書名「論曰」，《史記》名「太史公曰」，《漢書》名為「贊曰」，都是作史者的評論，劉知幾《史通》對本書「論」予以高度評價。❷夫利仁二句　此言履行仁義，做出的事情雖相同，推原其本心則有真有假。利仁，是說本心並不好仁，但認為行仁對自己有利，所以就假借仁道為自己謀利。若天性自然，出於本心，一舉一動不是為了讓別人看，而行為與仁義暗合，便是體義。《禮記・表記》：「與仁同功，其仁未可知也；與仁同過，然後其仁可知也。仁者安仁，智者利仁，畏罪者強仁。」所言即判斷真假行仁的標準。與人同享功績時的仁未必可信，有過而不避，此時的仁才是真仁。❸季文子妾不衣帛二句　文子，春秋時魯卿季孫行父的謚號。《左傳・襄公五年》記載他無衣帛之妾，無飼粟之馬，他死後，家裡沒有金玉和入葬的甲兵，輔相三位魯君，沒有個人積蓄，由此魯國人知道季文子忠於王室。成書於漢代的《公羊傳》：「魯人至今以為美談。」❹公孫弘身服布被二句　公孫弘，字季，西漢淄川（今山東淄博）人。武帝時為丞相，身服布被，汲黯云：「弘以三公而服布被，詐也。」汲黯，字長孺，濮陽（今河南濮陽）人。武帝時為東海太守，後為主爵都尉。被，後作「披」。義為衣著。❺將　殆；大概。❻優重　位高而權重。❼荷薪　荷，擔。與前「曳柴」合觀，可以想見其擔柴時的拖拉狀況。❽咨　讚歎。❾臨　處之；照臨。❿語曰　猶今說「常言道」，有時為鄉俗諺語、俚語，有時為前人成言，此所引用即《子思子・累德篇》中語。⓫同言而信二句　因為有「利仁」與「體義」的區別，所以人們對別人的話要分辨真偽。二人說同樣的話，聽者相信此人所說為真，而不相信另一個人的話，這是因為此人的信用在說話之前已流布在眾人中。下「同令而行」句，意亦相同。⓬交執　交友。

【語　譯】史家評論說：認為行仁義可以利己的人，假藉仁道追求個人利益；體行仁義的人，不指望成仁而與仁義暗合。季文子之妾不穿絹帛之服，魯國把它當好事傳誦。公孫弘身穿布衣，汲黯譏諷他多詐偽。事實相同而別人有譭有譽，這是為什麼？大概是他們有體仁和利仁的區別吧！宣秉和王良位高權重，而宣秉以衣食儉樸為樂，王良之妻砍柴擔薪，可以說他們的行為儉樸得太過。然在當世，人們讚歎他們的清廉，皇帝褒揚他們的風節，難道不是他們處之以真誠的緣故嗎？古人云：「言語相同，得到人們信服的，那是因為他的信用在他說這話之前已為人們所認可；命令相同，得到確實執行的，那是因為他的真誠已體現在命令之外。」難道不是這樣嗎？張湛不介意別人嘲笑他是炫耀假象，便不是詐偽了。王丹懂得交友之難，才是真懂得交友之道。

1 杜林，字伯山，扶風茂陵❶人也。父鄴❷，成哀間為涼州刺史❸。林少好學沈深❹，家既多書，又外氏張竦❺父子喜文采，林從竦受學，博洽多聞，時稱通儒❻。

2 初為郡吏。王莽敗，盜賊起，林與弟成及同郡范逡❼、孟冀❽等，將細弱俱客河西❾。道逢賊數千人，遂掠取財裝❿，褫奪⓫衣服，拔刃向林等將欲殺之。冀仰曰：「願一言而死。將軍⓬知天神⓭乎？赤眉⓮兵眾百萬，所向無前，而殘賊⓯不道，卒至破敗。今將軍以數千之眾，欲規霸王之事⓰，不行仁恩而反遵覆車⓱，不畏天⓲乎？」賊遂釋之，俱免於難。

3 隗囂⓳素聞林志節，深相敬待，以為持書平⓴。後因疾告去，辭還祿食㉑。囂復欲令彊起，遂稱篤。囂意雖相望㉒，且欲優容㉓之，乃出令曰：「杜伯山天子所不能臣，諸侯所不能友㉔，蓋伯夷、叔齊恥食周粟㉕。今且從師友之位㉖，須㉗道開通，使順所志㉘。」林雖拘於囂，而終不屈節。建武六年㉙，弟成物故㉚，囂乃聽林持喪㉛東歸。既遣㉜而悔，追令㉝刺客楊賢於隴坻遮殺㉞之。賢見林身推鹿車㉟，載致㊱弟喪，乃歎曰：「當今之世，誰能行義㊲？我雖小人，何忍㊳殺義士！」因亡㊴去。

【章旨】以上為〈杜林傳〉的第一部分，敘述杜林歸光武之前的經歷。杜林生當亂世，初入仕途而遇王莽失敗，便逃往河西，隗囂百計欲留杜林為自己所用，林終於擺脫隗囂而逃往東方。

【注釋】❶茂陵　按《漢書》，林父鄴本魏郡繁陽（今河南內黃）人，武帝時徙茂陵，今陝西興平東。❷鄴　字子夏，祖、父皆至郡守。鄴少失父，母為京兆尹張敞之女。鄴從敞子吉（即鄴之舅父）求學，竦是吉之子（於杜林為表叔），博學文雅更在敞之上。《漢書》有傳。❸涼州刺史　涼州，漢「十三刺史部」之一。轄境約當今甘肅全境，並延及今內蒙古、寧夏、青海、陝西等之一部分。每州設刺史一人。蔡質《漢儀》：「刺史周行郡國，省察治政，黜陟能否，斷理冤獄，以六條問事，非條所問，即不省。」諸州常以八月循行所部郡國，錄（甄別）囚徒，考殿最，歲盡詣京都奏事。中興以後，但因計吏。❹沈深　即深沉。謂耽於學問。❺外氏張竦　外氏為母親之娘家，此指祖母之娘家。❻通儒　通曉經典，學識淵博的儒者。應劭《風俗通義》：「稽先王之制，立當時之事，綱紀國體，原本要化，此通儒也。」唐代張懷瓘《書斷》：「杜林最精通古文，超過其父，當時講小學者皆出自杜公門下。」❼范逡　平陵人，後隗囂以為師友。❽孟冀　〈馬援傳〉謂冀平陵人，智謀之士。❾將細弱俱客河西　將，攜帶；帶領。細弱，謂妻子兒女，泛指家屬。客，動詞，居住在他鄉。河西，甘肅、青海段黃河以西之地。❿財衰　財物和行裝。衰，「裝」的異體字。⓫褫奪　奪取。褫亦奪義。⓬將軍　對軍官的尊稱，未必是有封號之將軍。下將軍義同。⓭天神　天上諸神，包括主宰宇宙之神及主司日月、星辰、風雨、生命諸神。⓮赤眉　王莽末農民軍之一支，由琅邪人樊崇領導，眾數萬人，用赤色塗眉作為標誌，因名。後與綠林軍合作，有眾三十萬，攻入長安。後投降光武。

⑮殘賊　不行仁義，殺戮人民。賊，殺害。⑯規霸王之事　規，謀求。霸王之事，稱霸稱王。有天下者為王，諸侯之長為霸。⑰遵覆車　遵，循行。覆車猶覆轍。賈誼云：「前車覆，後車誡。」囂謂赤眉已覆車，今將軍當戒而不戒，反循行其轍，必不能成事。⑱畏天　有天神在，故當畏懼。⑲隗囂　字季孟，天水郡成紀（今甘肅秦安）人。新莽末擁兵自立，據有天水、武都、金城等郡（均在今甘肅境內），自稱西州上將軍。後以屢為漢軍所敗，憂憤而死。本書有傳。⑳持書平　李賢注〈隗囂傳〉謂持書即持書侍御史，秩六百石。劉攽《東漢書刊誤》：「案文多一平字。」是平字為衍文。㉑祿食　古以粟為俸，故做官得俸為食祿。此祿食即俸祿。㉒望　怨恨。㉓優容　寬待。《東觀漢記》：「林寄居囂地，終不降志屈身，竟至以藁為簪，席草而眠，不食囂祿。」㉔杜伯山二句　伯山，古人稱字表示敬意。《禮記・儒行篇》：「儒有上不臣天子，下不事諸侯，慎靜而尚寬緩，獨自磨勵其品德，自己規度所當為之事。」孔穎達疏謂上不臣天子，伯夷、叔齊是也；下不事諸侯，長沮、桀溺是也。文中二「所」字，義為尚且。友，結交。㉕蓋伯夷叔齊句　據《史記・伯夷叔齊列傳》，伯夷、叔齊，孤竹國君之子，因兄弟互讓君位，而投奔西伯。後西伯子武王東伐紂，伯夷、叔齊扣馬而諫曰：「父死不埋葬就興動干戈，能說是孝嗎？以臣伐君，能說是仁嗎？」武王滅殷，二人為武王的行為感到羞恥，便不受周祿，餓死在首陽山。隗囂以夷、齊恥食周粟比況杜林。㉖且從師友之位　且，暫時；姑且。《漢書・金日磾傳》：「平帝即位年幼，選置師友，大司徒孔光，以明經高行為孔氏師，京兆尹金欽，以家世忠孝為金氏友。」是師友為極高的尊稱。隗囂欲以此虛譽牢籠杜林。㉗須　等待。㉘使順所志　是去是留，從其志意。所，其。㉙建武六年　西元三〇年。㉚物故　《漢書・蘇武傳》顏師古注：「物故謂死也。言其同於鬼物而故也。」㉛持喪　護持屍體而行。喪，死人屍體。㉜遣　打發；送走。㉝追令　事後補行命令。㉞隴坻遮殺　隴坻即隴山，今六盤山南段之別稱。在今甘肅清水，是古行役必經之地。遮，攔截。㉟鹿車　小車的一種。《風俗通義》：「車窄小，才容一鹿。」㊱致　送。㊲行義　踐行正義之事。義謂合乎正義或道德規範。㊳何忍　怎下得狠心。忍，狠心。㊴亡　有二義：一，逃亡；二，死亡。此用作逃亡義。

【語譯】杜林，字伯山，扶風茂陵縣人。父杜鄴，成、哀之間做涼州刺史。杜林自幼好學性格深沉，家內書也很多，再加上外祖父家張竦父子愛好文章，杜林跟張竦求學，見聞甚廣，當時稱杜林為通儒。

2 起初杜林在郡為吏。王莽失敗，盜賊群起，杜林與弟杜成和同郡人范逡、孟冀等，攜帶老小都逃到河西。在路上遇見幾千賊人，就奪取他們的財物行裝，剝取他們的衣服，拔刀對著杜林等要殺他們。孟冀仰面對賊眾說：「我希望說一句話然後死。將軍知道有天神嗎？赤眉兵眾上百萬，所向無敵，卻大肆殺戮不行仁道，終於失敗。將軍現在以幾千人馬，想成霸王之業，不行仁義恩德，反而重走覆車之路，難道你們不怕天神懲罰嗎？」賊人便把他們放了，杜林等人才躲過了這場災難。

3 隗囂早就聽說杜林的高尚節操，特別敬重他，任命他為持書。後來杜林因病請辭去，退還了俸祿。隗囂又欲強迫他出仕，杜林遂稱病重不能任事。隗囂心裡雖然怨恨他，表面做出寬待他的樣子，便發下命令：「杜伯山，天子尚且不能以他為臣，諸侯也不能與他為友，近乎伯夷、叔齊以食周祿為恥辱。現在姑且讓他居師友之位，等待道路開通，是去是留，由他選擇。」杜林雖然被隗囂拘禁，卻始終不肯屈服。建武六年，弟杜成去世，隗囂才允許杜林護持屍體回鄉。隗囂把杜林送走又後悔了，補令刺客楊賢在隴山把杜林截殺。楊賢見杜林親自推著小車，載送弟弟屍體，便感慨地說：「當今之世，誰肯行正義之事？我雖是小人，怎能下此狠心去殺義士！」杜林這才逃走了。

1 光武聞林已還三輔，乃徵拜侍御史❶，引見❷，問以經書❸故舊及西州❹事，甚悅之，賜車馬衣被。群寮❺知林以名德❻用，甚尊憚之。京師士大夫❼，咸推其博洽❽。

2 河南鄭興❾、東海衛宏❿等，皆長於古學⓫。興嘗師事劉歆⓬，林既遇之，欣然言曰：「林得興等固諧矣，使宏得林，且有以益之。」及宏見林，闇然而服。濟南徐巡⓭，始師事宏，後皆更受林學。林前於西州得漆書古文尚書一卷⓮，常寶愛之，雖遭難困，握持不離身。出以示宏等曰：「林流離⓯兵亂，常恐斯經將絕。何意東海衛子、濟南徐生[16]復能傳之，是道竟不墜於地[17]也。古文雖不合時務[18]，然願諸生無悔所學。」宏、巡益重之，於是古文遂行[19]。

3 明年[20]，大議郊祀制[21]，多以為周郊后稷[22]，漢當祀堯[23]。詔復下公卿議，議者僉[24]同，帝亦然之。林獨以為周室之興，祚[25]由后稷，漢業特起，功不緣堯[26]。祖宗故事[27]，所宜因循。定從林議[28]。

4 後代王良為大司徒司直。林薦同郡范逡、趙秉、申屠剛及隴西牛邯等[29]，皆被擢用，士多歸之。十一年，司直官罷，以林代郭憲[30]為光祿勳。內奉宿衛[31]，外總三署[32]，周密敬慎，選舉稱平。郎有好學者，輒見誘進，朝夕滿堂。

5 十四年[33]，群臣上言[34]：「古者肉刑嚴重，則人畏法令；今憲律[35]輕薄，故姦軌不勝[36]。宜增科禁[37]，以防其源。」詔下公卿。林奏曰：「夫人情挫辱[38]，則義節之風損；法防繁多，則苟免[39]之行興。孔子曰：『導之以政，齊之以刑，民免而無恥；導之以德，齊之以禮，有恥且格。』[40]古之明王，深識遠慮，動居其厚[41]，不務多辟[42]，周之五刑，不過三千[43]。大漢[44]初興，詳覽失得，故破矩為圓[45]，斲彫為樸[46]，蠲除[47]苛政，更立疏網[48]，海內歡欣，人懷寬德[49]。及至其後，漸以滋章[50]，吹毛索疵[51]，詆欺[52]無限。果桃菜茹之饋[53]，集以成臧[54]，小事無妨於義，以為大戮，故國無廉士，家無完行。至於法不能禁，令不能止，上下相遁[55]，為敝彌深[56]。臣愚以為宜如舊制，不合翻移[57]。」帝從之。

6 後皇太子彊[58]求乞自退，封東海王，故重選官屬，以林為王傅[59]。從駕南巡狩[60]。時諸王傅數被引命[61]，或多交游[62]，不得應詔；唯林守慎[63]，有召必至。餘人雖不見譴[64]，而林特受賞賜，又辭不敢受[65]，帝益重之。

7 明年[66]，代丁恭[67]為少府[68]。二十二年，復為光祿勳。頃[69]之，代朱浮[70]為大司空[71]。博雅多通，稱為任職相[72]。明年薨[73]，帝親自臨喪[74]送葬，除子喬為郎。詔曰：「公侯子孫，必復其始[75]，賢者之後，宜宰[76]城邑。其以喬為丹水長[77]。」

【章　旨】以上為〈杜林傳〉的第二部分，敘述杜林歸光武後事跡。杜林長於古學，獎掖後進，使古文經學得以昌明。他認為郊祀之制應因循祖宗故事，使眾論平息。他認為法忌繁重，禁網疏闊才可長治久安。因而得到光武帝的賞識，晚年位至三公。

【注　釋】❶徵拜侍御史　徵拜，徵召來授予官職。侍御史，秩六百石，掌察舉非法，受公卿群吏奏事。凡郊天、祭祀及大朝會、大封拜，則監其威儀。❷引見　皇帝接見大臣或賓客時，由有關官員引導接見。❸經書　漢代重視古學，立《五經》博士以教授生徒，《五經》為《易》、《書》、《詩》、《禮》、《春秋》。各經有經師，各經師有自己的說經家法。此謂經書義理。❹西州　謂涼州及朔方。建武二年，大司徒鄧禹西入關征赤眉，承制命隗囂為西州大將軍，得專制涼州、朔方事。此問西州事，即訊問隗囂統治區情況。❺群寮　百官。寮，「僚」的異體字。❻名德　名望和道德。《東觀漢記》：「林與馬援同鄉里，素相親厚。援從南方還，時林馬適死，援以馬一匹遺（贈）林，曰：『朋友有車馬之饋，可且以備乏。』林受之。居數月，林遣子奉書曰：「將軍內施九族，外有賓客，望恩者多。林父子兩人食列卿祿，常有盈，今送錢五萬。」援受之，謂子曰：「人當以此為法，是杜伯山所以勝我也。」」❼士大夫　指官吏和有名望的知識分子。❽博洽　學問淵博。❾河南鄭興　世祖都洛陽，改河南郡為河南尹，治所在洛陽（今河南洛陽東北），轄境與原郡相當。鄭興，字少贛，河南開封（今河南開封）人。少好《公羊春秋》，先事隗囂轉歸光武。興好古學，尤明《春秋左氏傳》和《周官》（即《周禮》），世言《左氏》者多根據鄭興的釋義。本書有傳。❿衛宏　字敬仲，少從九江謝曼卿學《毛詩》，因作《毛詩序》，善得風雅之旨。又從杜林學《古文尚書》，為作《訓旨》。本書有傳。⓫古學　與今學相對而言，《春秋公羊傳》是漢世新興之學，著重義蘊的闡發，謂之今學。古學是研究古文經、古文字的學問，《古文尚書》、《毛詩》、《春秋左氏傳》等早已著之竹帛，東漢學者對文字的訓釋，稱為古學。⓬興嘗師事劉歆　劉歆，字子駿，漢宗室。初與其父劉向領校祕書，見禁中所藏《春秋左氏傳》，力主立於學官，遭博士反對。王莽篡位後，以歆為國師，進行一系列復古改革。其事跡見《漢書・楚元王傳》及〈王莽傳〉。王莽天鳳中，鄭興從劉歆學《左氏》大義。歆讚美興有才華，使興撰寫《左氏》條例、章句、訓詁，並校正《三統曆》。⓭濟南徐巡　濟南，封國名。治今山東章丘西。徐巡，先後師事衛宏、杜林，亦以儒顯，光武以為議郎。⓮漆書古文尚書一卷　漆書就是用墨寫在簡帛上的文字。秦始皇燔燒《詩》、《書》，漢初，開獻書之路，又魯恭王壞孔子宅所得之《尚書》，都是戰國時用篆文書寫的，與漢初伏生口述、用當時文字書寫的《今文尚書》，相對而言稱《古文尚書》，這兩種《尚書》，不僅有字體的不同，在篇章、字句上也有不同。古人把寫在竹簡上的文章連綴起來，稱為「編」或「篇」，把寫在絹帛上的文章捲起來，稱為「卷」（即捲）。按其原義，一篇文章便是一編或一卷。但《尚書》文字，每篇都比較簡短，這裡所說的「一卷」，有可能是《古文尚書》二十九篇文章合寫在一塊絹帛上的「一捲」。如果僅只一篇文章的「一卷」，就不會說「常恐斯經將絕」，「無悔所學」之類的話。⓯流離　因災荒戰亂而流轉離散。⓰東海衛子濟南徐生　古人對學有成就的人敬稱子。衛宏在見杜林之前已著書立說，故稱子。徐巡是衛宏和自己的學生，故杜林稱之為生，意為門生。⓱不墜於地　謂不失傳。《論語・子張》子貢曰：「文武之道，未墜於地，在人。」袁宏《後漢紀》：「林每遭困阨，自謂不能濟於眾也，猶握抱此經，獨歎息曰：『古文之學將絕於此耶！』」⓲古文雖不合時務　古文經在王莽時立於學官。光武信讖而不信古文經，便把它廢除，故云「不合時務」。時務，時代潮流。⓳於是古文遂行　杜林、衛宏之後，章帝時賈逵治古文經受到重視，後又經馬融、服虔、鄭玄等大師的講解經義和訓釋文字，古文經在東漢終於盛行。⓴明年　謂建武七年。㉑大議郊祀制　大議，詔三公與卿大夫、博士共議。郊祀，祭祀天神於京師之近郊。㉒周郊后稷　后稷，周之始祖，故周王祀天時以其祖后稷配食。㉓漢當祀堯　即認為漢之始祖為帝堯陶唐氏。陶唐氏既衰，其後有劉累，在夏為御龍氏，劉累之後為春秋時晉卿士會，士會逃奔秦國，其子孫在秦為劉氏，即漢之先人，故劉漢當以堯配天。㉔僉　皆；眾人。㉕祚　君位；國統。㉖漢業特起二句　《東觀漢記》載杜林議文，大略謂漢與周不同，后稷距周人近，人所知之，又據后稷而建國。漢家基業並不因堯而起，堯距漢年代久遠，人不曉信。當今政卑易行，禮簡易從，宜因漢家舊制，以解天下之惑。究竟以誰配祀，杜林未給出答案。㉗祖宗故事　故事，即先例和以前形成的典章制度。這裡所謂故事，就是建武元年光武即位於鄗時祭天的成例，而那次祭告天地是採用平帝元始四年王莽的奏議，時莽為安漢公，孝平之世，政自莽出，東漢諱言王莽，故言元始。元始故事，即六宗群神皆從祀，未以祖配天地。不以祖配，則誰為始祖之事自可擱置不論了。㉘定從林議　杜林議未提出誰配祀。隴蜀平後，乃增廣郊祀，以高祖（劉邦）配食，此為林議十二年後之事，云「定從林議」，是援後事終結此議。㉙林薦同郡范逡句　杜林所薦范逡諸人，皆同在西州時故舊，亦即隗囂幕下官吏，范逡在囂為師友，趙秉為囂祭酒，申屠剛字巨卿，與杜林同為持書，數勸囂歸光武。剛歸漢後，任尚書令。牛邯，字孺卿，隴西狄道（今甘肅臨洮）人。為隗囂將，故推薦之。隴西，郡名。治所在狄道，轄區相當今甘肅北至廣河，南至岷縣，東至禮縣，西入青海同仁境內。㉚郭憲　字子橫，汝南郡新郪（今安徽太和）人。建武七年為光祿勳，性剛直不阿，世人評價他：「關東觥觥郭子橫。」觥觥，剛直貌。本書有傳。㉛內奉宿衛　奉，供事。宿衛，在宮禁中值宿，擔任保衛。㉜外總三署　總，統領。三署，左、右中郎將及五官中郎將。三署皆管郎官。郎將皆比二千石。郎官皆擔當值更，執戟宿衛各殿門，出充車騎。宿衛要職，非公卿子弟不得任。㉝十四年　建武十四年，當西元三八年。㉞群臣上言　袁宏《後漢紀》為太中大夫梁統所上奏章。統奏見本書統傳。㉟憲律　法律；律令。㊱姦軌不勝　《左傳·成公十七年》：「凡亂在外為姦，在內為軌。」軌，字又作「宄」。勝，淨盡。㊲科禁　禁令。㊳挫辱　受淩辱。㊴苟免　猶僥倖，不遵禮法卻望免受處罰。㊵孔子曰七句　《論語·為政》文。導，引導。齊，整頓。免，免罪。格，來至，即歸服、嚮往。㊶動居其厚　舉事存心厚道。㊷不務多辟　務，致力；必須。辟，法律。㊸周之五刑二句　周道衰敝，穆王使甫侯作五刑以治四方，五刑之目為墨，亦曰黥（臉上刺字），劓（削去鼻），剕（刖，去足），宮（男人割去生殖器，女人幽閉），大辟（殺頭）。《尚書·呂刑》：「五刑之屬三千。」謂五刑之條款共有三千，其中墨罰之屬一千條，劓罰之屬一千條，剕罰之屬五百條，宮罰之屬三百條，大辟之罰其屬二百條。㊹大漢　漢時人稱自己朝代加「大」字以示敬，以後之大唐、大清亦如此。㊺破矩為圓　亦作破觚為圜。矩，方。觚，酒器，八棱有隅，破去其角而成圓形，喻除去嚴刑峻法而從簡易。㊻斲彫為樸　削去彫飾歸返樸真。與破矩為圓義同。《史記·酷吏列傳》：「漢興，破觚而為圜，斲雕而為樸，網漏於吞舟之魚。」司馬貞《索隱》引應劭曰：「高祖反秦之政，破觚為圜，謂除其嚴法，約三章耳。」斲，砍削。㊼蠲除　除去。蠲亦除義。㊽疏網　網眼大，則小魚任其通過，喻寬大的法律。《老子》：「天網恢恢，疏而不漏。」恢恢，廣大貌。㊾寬德　恩德廣大。㊿滋章　愈加明顯。《老子》：「法令滋章，盜賊多有。」51吹毛索疵　謂刻意挑剔小毛病。索，求。疵，毛病。《韓非子・大體》：「古之全大體者，不吹毛而求小疵。」52詆欺　毀謗醜化，本非罪，羅織成罪。53菜茹之饋　茹，菜之總名。饋，贈送。54臧　同「贓」。55上下相遁　遁，逃避。《漢書》：「上下相匿，以文避法。」56為敝彌深　敝，同「弊」。病害。彌，益發；更加。57不合翻移　合，應該。翻移，更改。58皇太子彊　皇太子，皇帝選定的繼承王位的皇子，一般為嫡長子。《漢書・高帝紀》：「漢王即皇帝位於氾水之陽，尊王后曰皇后，太子曰皇太子。」建武二年，立彊母郭氏為皇后，彊為皇太子。建武十七年郭后被廢，彊常不自安，多次請求辭去皇太子，願封王為藩國。建武十九年，封彊為東海王。59王傅　皇子封王，其郡稱國，朝廷為置傅一人，秩二千石，任務是誘導王向善。王對傅之禮如對師，不視為臣屬。60從駕南巡狩　駕謂皇帝出行乘坐的車馬轎輿，故又稱車駕，不敢直言皇帝，因以車駕代稱。巡狩，天子巡行視察各郡國，巡視其所守之務。〈光武帝紀〉：「建武十九年，南巡狩，幸南陽，汝南南頓，進幸淮陽、梁、沛。至次年二月始還。」狩，同「守」。天子封諸侯為藩籬，諸侯為天子守國土，故稱守。61引命　宣召。62交游　交結朋友。63守慎　持身謹慎。64見譴　被譴責。65又辭不敢受　《東觀漢記》述杜林辭讓賞賜情況說，彊以林為師之故，數加饋遺，林不肯接受，託詞說一路上公家發給的糧食富足有餘，苦於車上裝載的東西太多，再沒地方放置了。66明年　光武帝建武二十年，為西元四四年。67丁恭　字子然，山陽郡東緡（今山東金鄉）人。習《公羊嚴氏春秋》，建武初，為博士，十一年遷少府，二十年拜侍中祭酒。事跡在本書〈儒林傳〉。68少府　秩中二千石。掌山澤陂池之稅，供皇帝私用，故曰少府。少，小也。69頃　不久。70朱浮　字叔元，沛國蕭（今安徽屬縣）人。從光武起事，多所立功，建武二十年為大司空。二十二年，因賣弄國恩以為威福被免官，則以杜林代之。本書有傳。71大司空　三公之一，掌管水土事，凡營造城邑，疏浚溝洫，修築堤防等，進行規劃和施工。凡國有大恩德、大疑，則參與三公之議。72任職相　任職，稱職；盡職。相，輔佐。東漢司徒等於丞相，與司空、太尉共掌政務。故司空亦可泛稱相。但實際上實權悉歸尚書，尚書令主贊奏事，總領綱紀，無所不統。袁宏《後漢紀》記杜林事：「林自為九卿至三公，輒每上封事及參與朝廷之議，常依經附古，不苟隨于眾，為任職相，上亦雅（素）重之。」73明年薨　本書〈光武帝紀〉：「二十三年秋八月丙戌，大司空杜林薨。」周代始，天子死稱崩，諸侯死稱薨。漢代皇后、諸王、重臣死皆稱薨。74臨喪　皇帝親至靈前弔祭。75公侯子孫二句　《左傳・閔公元年》，晉大夫辛廖云：「公侯之子孫，必復其始。」言公侯之子孫當復為公侯。76宰　治理；主宰。77其以喬為丹水長　其，命令之詞，詔書中常用之。丹水，南陽郡屬縣，在今河南淅川縣西。漢制，大縣設令，小縣設長，執掌治民，獎勵善行，禁止奸惡，平理獄訟，體恤民艱。

【語　譯】光武帝聽說杜林已回到三輔，便徵他授為侍御史，親自召見，詢問經書、故交舊友和西州方面的情況，非常高興，賞賜他車馬衣服。百官知道他是因名譽道德高尚而被授官，都很敬畏他。京師士大夫都很推崇他學問淵博。

2 河南的鄭興和東海郡的衛宏等，都擅長古文經學。鄭興曾經拜劉歆為師，杜林與鄭興相知交之後，非常高興地說：「我能與鄭興等共處一定是相輔相成的，假如衛宏能與我在一起，將對他有所幫助。」及至衛宏見到杜林，衛宏從內心裡佩服他。濟南國的徐巡，起初拜師於衛宏門下，以後全改為學習杜林的學說。杜林從前在西州得到漆書《古文尚書》一冊，常愛之如寶，縱然遭遇困阨，仍抱持不離身。就拿出來給衛宏等人看，說道：「我輾轉在兵荒馬亂之中，常常擔心《古文尚書》會失傳。哪裡想到又能傳授給東海衛先生和濟南徐生，這門學問到底不會失傳了。古文經雖然不合乎當今時代潮流，可是我還是希望諸位學子不要後悔你所學的這門學問。」衛宏、徐巡越發重視古文經學，在東漢古文經終於盛行起來。

3 第二年，朝廷重臣討論祭天制度，多數官員認為周王祭天以后稷配享，漢應當以堯配享。皇帝將此議以詔書形式發給公卿再議，議者都同意，皇帝也認為是對的。杜林特別認為周室之興，國統由后稷建立，漢家王業是單獨興起，功勞與堯無關。祖宗的成法先例，應該遵循。最後決定採納杜林的主張。

4 後來，杜林接替王良為大司徒司直。杜林舉薦了同是扶風的范逡、趙秉、申屠剛和隴西郡牛邯等人，都受到光武的提拔任用，因此士人多投奔杜林。建武十一年，司直官廢止，便以杜林代替郭憲為光祿勳。在宮內供職宿衛，在朝廷統領三署郎將、郎官，處事周密，謹敬小心，選人舉士，人稱公道。郎有好學之人，杜林總是加以誘導獎進，來問學的人，庭堂之內從早到晚總是滿滿的。

5 建武十四年，群臣上奏說：「古時肉刑嚴酷，所以人們畏懼法令；現在法律太輕，所以姦亂不止。應當增加法律條款，以防止亂源。」皇帝下詔將此奏發給公卿議論。杜林上奏說：「人之常情受到挫傷侮辱，就會使道德風氣受到損害；法律防範太嚴，僥倖的行為就會興起。孔子說：『用政令誘導，用刑法整頓，人民只求免罪，而無羞恥之心；以道德誘導，以禮儀約束，人們不僅知道羞恥，而且會歸服。』古時英明的君主，能深思遠慮，舉事存心厚道，不求多設刑罰，周朝的五刑，也才有三千條目。我大漢初興，詳察前代得失，所以改方隅為圓通，除去嚴刑峻法而行簡易，廢除苛政，改立寬法，國內歡欣，人人懷念寬大的恩德。及到後來，法令漸漸增多，吹毛求疵，無限羅織罪名。果桃菜蔬之類的饋贈，加起來也算貪贓。無妨大體的小事，便當成大罪而加以殺戮，弄得國無廉潔之士，家無全德之人。以致造成法律不能禁止，律令不能阻制，上下相迴避，釀成的弊害更加深重。我認為應該實行舊制，不應更改。」光武帝採納了他的主張。

6 後來皇太子劉彊主動請求辭去皇太子，便封他為東海王，皇帝特別慎重為他選派官屬，以杜林為東海王傅。杜林隨從光武帝南巡。當時諸王傅多次被宣召，有的交友頻繁，沒辦法應詔；唯有杜林持身謹慎，有召必至。其他人雖未被譴責，而杜林特別受到賞賜，杜林又推辭不肯接受，皇帝對杜林越發看重了。

7 明年，杜林代替丁恭為少府。建武二十二年，再次授為光祿勳。不久，代替朱浮為大司空。杜林淵博儒雅，諸事通曉，被稱為盡職盡責的輔相。第二年去世，光武帝親到靈前弔祭並為之送葬，授其子杜喬為郎官。詔曰：「公侯之子孫，必定再為公侯，賢人之後代，應當掌治城邑。授杜喬為丹水縣縣長之職。」

論曰❶：夫威彊❷以自禦，力損則身危；飾詐❸以圖己，詐窮則道屈❹。而忠信篤敬，蠻貊行焉者❺，誠以德之感物❻厚矣。故趙孟懷忠，匹夫成其仁❼；杜林行義，烈士假其命❽。易曰：「人之所助者信。」❾有不誣❿矣。

【章旨】此為對杜林的專論。根據杜林一生行事，在此評論中突出一個「信」字。恃力，力有盡時，恃詐，詐有破時，惟信可以久立，故《易・繫辭》謂有信能得人之助，這是古今顛撲不破的真理。

【注釋】❶論曰　本論與前論不同，前論將數人之事合而評論，此則專就杜林一人之事而作論，本篇以下諸人，則述而不論。一篇好的論，就是一篇可傳世的美文。❷威彊　威力（包括武裝、刑罰）。❸飾詐　用假象掩飾欺詐。❹屈　盡。與「窮」同義。❺忠信篤敬二句　《論語・衛靈公》：「子張問行，子曰：『言忠信，行篤敬，雖蠻貊之邦行矣。』」篤敬，誠敬。蠻貊，泛指四夷戎狄之地。❻感物　謂感動或感化他人。❼趙孟懷忠二句　趙孟，春秋時晉國大夫趙盾。據《左傳・宣公二年》載，晉靈公不行君道，趙盾多次勸說他，反而引起靈公憎恨，派鉏麑去殺他。鉏麑晨往，見趙盾寢室門已開，衣著整齊，尚未到入朝時間，暫時打盹。鉏麑自語道：「像趙盾這樣恭勤國事的人，我殺了他是不忠。」便自己觸槐而死，趙盾得以保全性命。《論語・衛靈公》：「孔子曰：『志士仁人，無求生以害仁，有殺身以成仁。』」匹夫，平民男子，此指鉏麑。❽烈士假其命　烈士，有氣節有壯志的人。假其命，指隗囂刺客楊賢不殺杜林。假，寬饒。❾易曰二句　《易・繫辭》文，謂人若能順，得天之助；有信，得人之助。❿不誣　不虛，言能得天人之助。

【語譯】史家評論說：人用強力來自衛，力不足則身處危險境地；用假象掩飾欺詐以達自己目的，欺詐敗露他的路便到了盡頭。而言語誠實行為忠厚，到哪裡都能通行無阻，的確是德足能感化他人。趙孟心存忠信，一個普通人也能為他獻出生命；杜林身行信義，有氣節的人饒恕了他的性命。《易・繫辭》說：「人們願意幫助的是有誠信的人。」說得一點不錯。

1 郭丹，字少卿，南陽穰❶人也。父稚，成帝時為廬江❷太守，有清名❸。丹七歲而孤❹，小心孝順，後母哀憐❺之，為鬻衣裝❻，買產業❼。後從師長安❽，買符❾入函谷關❿，乃慨然歎曰：「丹不乘使者車⓫，終不出關！」既至京師⓬，常為都講⑬，諸儒咸敬重之。大司馬嚴尤⑭請丹，辭病不就。王莽又徵之，遂與諸生逃於北地⑮。更始二年⑯，三公舉丹賢能，徵為諫議大夫，持節⑰使歸南陽，安集⑱受降。丹自去家十有二年，果乘高車⑲出關，如其志焉。

2 更始敗⑳，諸將悉歸光武，並獲封爵㉑。丹獨保平氏㉒不下，為更始發喪㉓，衰絰㉔盡哀。建武二年，遂潛逃去，敝衣閒行㉕，涉歷險阻，求謁更始妻子，奉還節傳㉖，因歸鄉里。太守杜詩㉗請為功曹㉘，丹薦鄉人長者自代㉙而去。詩乃歎曰：「昔明王興化，卿士讓位㉚，今功曹推賢，可謂至德㉛。敕㉜以丹事編署黃堂㉝，以為後法㉞。」

3 十三年，大司馬吳漢辟舉高第㉟，再遷并州牧㊱，有清平稱㊲。轉使匈奴中郎將㊳，遷左馮翊㊴。永平三年㊵，代李訢為司徒㊶。在朝廉直㊷公正，與侯霸㊸、杜林、張湛、郭伋㊹齊名相善。明年，坐考隴西太守鄧融㊺事無所據，策免㊻。五年，卒於家，時年八十七。以河南尹㊼范遷有清行，代為司徒。

4 遷字子廬，沛國㊽人，初為漁陽㊾太守，以智略安邊，匈奴㊿不敢入界。及在公輔(51)，有宅數畝(52)，田不過一頃，復推與兄子。其妻嘗(53)謂曰：「君有四子而無立錐之地(54)，可餘奉祿，以為後世業。」遷曰：「吾備位(55)大臣而蓄財求利，何以示後世！」在位四年薨，家無擔石焉。

後顯宗[56]因朝會[57]問群臣郭丹家今何如，宗正劉匡[58]對曰：「昔孫叔敖[59]相楚，馬不秣粟，妻不衣帛，子孫竟蒙寢丘之封[60]。丹出典[61]州郡，入為三公[62]，而家無遺產，子孫困匱。」帝乃下南陽[63]訪求其嗣。長子宇，官至常山[64]太守。少子濟，趙相[65]。

【章旨】以上為〈郭丹傳〉並附范遷的簡傳。敘郭丹少有大志。後仕於更始，忠於更始，有始有終。然後仕於光武，官至司徒，成為東漢名相。中插范遷事跡，不僅以其代郭丹為司徒，更因為二人行事相類。

【注釋】❶南陽穰　南陽，郡名。以在南山之南，漢水之北得名，治今河南南陽。穰，縣名。今河南鄧州。❷廬江　郡名。治今安徽廬江縣西南。❸清名　清明公正的聲譽。❹孤　死去父母的子女稱孤。此指母親去世。❺哀憐　哀其無生母而憐愛之。憐，愛。❻鬻衣裘　鬻，賣。衣裘，衣物。❼產業　家產事業，即房宅土地。❽從師長安　長安，西漢都城，東漢為京兆尹屬地，今陝西西安西北。據《東觀漢記》，郭丹師事淮陽郡公孫昌。❾買符　即買別人的通行證。《東觀漢記》謂郭丹從宛人陳洮買入關符，既入關便把符給了別人。符，又叫繻，帛邊。是出入關隘的通行證，將所書內容分為兩半，一半留關，一半本人攜帶，出入關時合驗。❿函谷關　在今河南新安，是當時從東方入關中必經之路。《西征記》：「函谷左右絕岸十丈，中才容車而已。」⓫使者車　據司馬彪《續漢書・輿服志》，使者車皆朱班輪（車輪上塗飾紅色花紋），四輻，赤衡（同橫）軛。⓬京師　《公羊傳・桓公九年》：「京師者，天子之居也。京，大也。師，眾也。」魏、晉避司馬師之諱，改京師為京都。范曄，南朝宋人，於本書京師、京都互稱。⓭都講　學舍中協助博士講經的儒生，選擇高才者充任。⓮嚴尤　王莽時納言將軍，封建武伯，始建國二年，莽授尤大司馬。後與農民軍作戰，被更始部下誅殺。⓯北地　郡名。東漢移治富平（今寧夏吳忠西南）。⑯更始二年　西元二四年。⑰節　符節，以曲竹繫以黃旄，為出使憑證。⑱安集　安定輯睦。⑲高車　古代供立乘的車，車蓋高以容人，人站其下，故稱高車。此則稱郭丹乘車之高大、顯貴。⑳更始敗　更始三年九月，赤眉入長安，更始單騎出走。六月，光武已即帝位於鄗，因封更始為淮陽王。更始降赤眉，赤眉封長沙王，不久將其殺死。㉑封爵　封土與爵位。㉒平氏　南陽郡屬縣。今河南桐柏西。㉓發喪　舉行喪葬儀式。㉔衰絰　喪服。古人喪服在胸前當心處有一塊麻布，稱衰，因亦名此衣為衰。纏在頭上的散麻縷叫首絰，纏在腰間的叫腰絰。衰之義為摧，絰之義為實，表示心中摧痛。㉕間行　抄小路走。㉖傳　任官憑證，今言委任狀。李賢注〈陳蕃傳〉：「傳謂符也。」㉗杜詩　字君公，河內郡汲縣（今河南汲縣）人。為南陽太守，興修水利，人民殷足，人稱「杜母」。本書有傳。㉘功曹　郡內佐吏，掌管考察記錄功勞。㉙丹薦鄉人句　《東觀漢記》：「丹薦陰亶、程胡、魯欣以自代。」㉚昔明王興化二句　毛萇《詩傳》：「虞、芮之君爭田，相謂曰：『西伯，仁人也，盍往質（就正）焉？』乃相與朝周。至其朝，士讓為大夫，大夫讓為卿。二國君乃慚而退。」㉛至德　最高尚的道德品質。㉜勅　同「敕」。太守命令亦稱敕。㉝編署黃堂　編署，整理編輯其事跡題寫在黃堂壁上。署，題寫。黃堂，太守官署中視事問案的廳堂。㉞後法　後人的榜樣。㉟高第　官員考績列入優等。㊱并州牧　并州，漢代「十三刺史部」之一。治今山西太原西南。牧，即州牧。漢武帝初置州部時稱刺史，以六條察問郡縣，為巡察官性質，其官階低於郡守，秩六百石。成帝更為牧，秩二千石，建武十八年復為刺史，此在十八年以前，故仍稱牧。其職仍為巡察性質，每年八月進行，年終回京師奏報。㊲清平稱　清和公正的稱譽。㊳轉使匈奴中郎將　轉，遷職，今言調動工作。使匈奴中郎將，比二千石，主管南匈奴事。㊴左馮翊　治理左馮翊之官，三輔官同郡守，亦秩二千石。㊵永平三年　永平為明帝年號，其三年為西元六〇年。㊶代李訢為司徒　李訢，東萊郡人，先為司隸校尉，建武中元元年為司徒。建武中元二年封安鄉侯。〈明帝紀〉：「永平三年二月甲寅，司徒李訢免，丙辰，左馮翊郭丹為司徒。」㊷廉直　清廉正直。㊸侯霸　字君房，河南密縣人。治《穀梁春秋》。王莽時為隨縣宰，縣中清靜，遷淮平大尹（即臨淮太守），莽敗，霸保一郡安全，民思其德。建武四年拜尚書令，東漢初之善政法制，多霸所奏定。本書有傳。㊹郭伋　字細侯，扶風茂陵人。王莽時為上谷大尹。建武五年為漁陽太守，匈奴遠遁。九年為潁川太守，光武譽之為「賢能太守」。十一年為并州牧，問民疾苦，朝夕參與政事。本書有傳。㊺鄧融　南陽人，《會稽典錄》敘山陰人盛吉，為司徒虞延西曹掾。時隴西太守鄧融以贓罪徵詣廷尉，前後考驗，歷歲不服。明帝下三府，遣精能掾吏更就考劾。到詔獄，但敕主者供湯沐飲食，不去問事。明日復往，解融桎梏，以情實告曰：「君若無贓，強被誣枉，君其列辭，當相仰理；如審有罪，不得誣枉國家。」融感吉言，即改口認罪。㊻策免　以書面文字免官。策，朝廷任免官員的文書。因鄧融案同時策免的還有司空馮魴。㊼河南尹　河南，西漢為郡，中興後都洛陽，京師所在故稱河南尹。尹，治理。河南尹秩俸同郡守。㊽沛國　沛，前漢為郡。前〈王良傳〉，建武三年後遷沛郡太守，是中興後仍為郡。建武二十年，徙皇子劉輔為沛王，始改為國。㊾漁陽　郡名。治今北京密雲西南。㊿匈奴　中國北方匈奴族所建立的與漢朝並立的國家，逐水草放牧為業。前漢時與之和親與戰爭交替進行。光武建武二十四年（西元四八年），匈奴分裂為二部，南匈奴附漢屯居朔方、五原、雲中（均在今內蒙古境內）等郡，北匈奴留屯漠北，和帝時被漢與南匈奴擊敗，部分西遷。(51)公輔　謂三公輔弼之位。(52)畝　據出土東漢尺實測，東漢一丈約等於二・三七五公尺，東漢一畝約合今三分之二畝。(53)嘗　通「常」。(54)無立錐之地　《史記・滑稽列傳》：「優孟對楚王曰：『孫叔敖之子，無立錐之地。』」古謂無封地，此謂無田產。(55)備位　居官的謙稱，謂愧居其位，不過聊以充數。(56)顯宗　孝明皇帝劉莊的廟號。廟號是皇帝死後，在太廟中祭祀時特起的名號，為祖宗中有功德的皇帝起的，所以前漢十二帝，稱為祖或宗的只有四人，後漢子孫以推美為先，自光武以下皆有廟號。(57)朝會　每月朔、歲首，天子幸德陽殿，受百官朝賀。後省月朔，唯留十月朔朝賀，因為高祖滅秦時，以十月為元年歲首。朝會之儀，班固〈東都賦〉：「春王三朝（正月旦），會同漢京。是日也，天子受四海之圖籍，膺（接受）萬國之貢珍。內撫諸夏，外綏（安定）百蠻。爾乃盛禮興樂，置乎雲龍之庭，陳百僚而贊群后，究皇儀而展帝容。於是庭實千品，旨酒萬鍾，列金罍，班（分發）玉觴，嘉珍御，太牢饗。」(58)宗正劉匡　《續漢書・百官志》：「宗正，卿一人，中二千石，掌序錄王國嫡庶之次序，及諸宗室親屬遠近。」劉匡，泗水王劉歙之從父弟，建武初封宜春侯，永平初年為宗正。(59)孫叔敖　春秋時楚國期思（今河南固始）人，為楚國令尹（相當中原國家之丞相），興修水利，發展農業，一生清廉，相楚，上下和合，吏無奸邪，遂霸諸侯。(60)子孫竟蒙寢丘之封　孫叔敖將死，戒其子曰：「王數封我矣，吾不受也。我死，王將封汝，必無受利地。楚越之間有寢丘者，此地不利而名甚惡，可長有者唯此地也。」孫叔敖死，王以美地封其子，其子辭不受，請寢丘，至今不失。事見《呂氏春秋・異寶篇》。寢丘，光武更名固始，今河南沈丘東南。寖，同「寢」。竟，居然；出乎意料。(61)典　領；主管。(62)三公　東漢以太尉、司徒、司空為三公。(63)下南陽　下詔書給南陽郡。(64)常山　東漢初為郡，明帝時改封國。治今河北柏鄉北。(65)趙相　趙國。治今河北邯鄲西南。皇子封王，其郡為國，朝廷為置相，秩二千石，職如太守，治民。

【語　譯】郭丹，字少卿，南陽郡穰縣人。丹父名稚，成帝時做廬江郡太守，有清明公正之名。郭丹七歲死去母親，小心孝順，後母悲其幼孤而倍加憐愛，便賣衣物為郭丹置買田產。後來郭丹想去長安從師學經，買別人的通行證混進了函谷關，丹慷慨壯言：「我郭丹不乘使者車，至死不出關！」到京師以後，常為經學博士做都講，學者都很敬重他。王莽大司馬嚴尤聘請郭丹，藉口有病不去。王莽又徵召他，他就帶上學生逃往北地郡。更始二年，三公認為郭丹賢能而舉薦他，徵拜為諫議大夫，以皇帝使者身分讓他持節回南陽，接受王莽官員的投降並進行安置。郭丹自離家一十二年，果然乘高車大馬出函谷關，實現了他以前的志向。

2 更始皇帝失敗後，諸將皆歸附光武帝，並獲得官職和爵位。只有郭丹固守平氏縣城不投降，為更始帝舉行葬禮，披麻戴孝以盡哀思。建武二年，郭丹從平氏縣潛逃而去，穿著破爛衣服抄小路行走，跋山涉水經歷了艱難險阻，尋找到更始帝妻子兒女，把原先更始帝委任他為官的節、傳等信物送還給她，然後回到老家去。本郡太守杜詩請他來郡當功曹，郭丹推薦家鄉有德行的人代替自己，丹本人卻出走了。杜詩感歎地說：「從前明王振興教化，卿士互相讓位，現在郭丹讓賢，可以說是最高尚的道德。下令把郭丹的事跡編輯成文，題寫在府署廳堂壁上，作為後人學習的榜樣。」

3 光武建武十三年，大司馬吳漢辟舉郭丹，考績列為優等，再陞遷為并州牧，清平公正，受人稱道。調任使匈奴中郎將，又陞為左馮翊。明帝永平三年，接替李訢為司徒。在朝中廉潔正直，與侯霸、杜林、張湛、郭伋等齊名且相友善。第二年，因考核隴西太守鄧融事沒有根據，有公文被免官。永平五年，在家中去世，當時八十七歲。因為河南尹范遷有清正之操，代郭丹為司徒。

4 范遷，字子廬，沛國人，起初為漁陽太守，用智謀安定邊陲，匈奴不敢入漁陽界。及至位在三公，僅有宅數畝，田不過一頃，又讓給自己的姪子。其妻常向他說：「你有四個兒子卻沒有一點田地，可以節餘些俸祿置田，作為後輩的家業。」范遷說：「我身為朝廷大臣而蓄財求利，怎能為後代做出榜樣！」在位四年去世，家裡沒有擔石的存糧。

5 後來，明帝在一次群臣朝賀時問大臣，郭丹家現在情況如何，宗正劉匡回答說：「從前孫叔敖輔佐楚莊王，馬不餵穀，妻不穿帛，其子孫竟被封於寢丘。郭丹在外管州郡，入朝為三公，家裡卻無遺產，子孫貧困。」明帝便下詔書給南陽郡，令其察訪郭丹後人。長子郭宇，官至常山太守。少子郭濟，為趙國相。

1 吳良，字大儀，齊國臨淄[1]人也。初為郡吏[2]。歲旦與掾史[3]入賀，門下掾[4]王望舉觴上壽[5]，諂稱太守功德。良於下坐[6]勃然進曰：「望佞邪[7]之人，欺諂無狀[8]，願勿受其觴。」太守斂容[9]而止。讌[10]罷，轉良為功曹[11]；恥以言受進，終不肯謁[12]。

2 時驃騎將軍[13]東平王蒼[14]聞而辟之，署為西曹[15]。蒼甚相敬愛[16]，上疏[17]薦良曰：「臣聞為國所重，必在得人；報恩之義，莫大薦士。竊[18]見臣府西曹掾齊國吳良，資質敦固[19]，公方廉恪[20]，躬儉安貧，白首一節[21]；又治尚書，學通師法[22]，經任[23]博士，行中表儀[24]。宜備宿衛[25]，以輔聖政。臣蒼榮寵絕矣[26]，憂責深大，私慕公叔同升之義[27]，懼於臧文竊位之罪[28]，敢秉愚瞽[29]，犯冒嚴禁。」顯宗以示公卿曰：「前以事見良，鬚髮皓然，衣冠甚偉。夫薦賢助國，宰相之職。蕭何舉韓信[30]，設壇而拜，不復考試[31]。今以良為議郎[32]。」

3 永平[33]中，車駕近出[34]，而信陽侯陰就干突禁衛[35]，車府令徐匡鉤就車[36]，收御者[37]送獄。詔書譴匡，匡乃自繫。良上言曰：「信陽侯就倚恃外戚，干犯乘輿[38]，無人臣禮，為大不敬[39]。匡執法守正，反下于理[40]，臣恐聖化由是而弛[41]。」帝雖赦匡，猶左轉[42]良為即丘[43]長。後遷司徒長史[44]。每處大議[45]，輒據經典，不希旨偶俗㊻，以徼時譽㊼。後坐事免。復拜議郎，卒於官。

【章旨】以上為〈吳良傳〉。通篇所述吳良的性格可用「正直」二字概括，他怒斥掾史對郡守的虛美，對於信陽侯陰就這位炙手可熱的外戚干突乘輿，吳良奏其「大不敬」。東平王劉蒼表薦吳良「公方廉恪」，而明帝比之為蕭何舉韓信。吳良一生不希旨偶俗以邀時譽，故能留名青史。

【注釋】❶齊國臨淄　齊國治臨淄（今山東淄博東北）。❷郡吏　《東觀漢記》謂良為郡議曹掾。❸掾史　郡分曹治事，如功曹、議曹等，各曹有掾史，佐助官員做具體工作。❹門下掾　州郡長官自選署的屬吏，因常居郡署門下辦理事務而得名。❺舉觴上壽　觴，酒杯。上壽，謂向人敬酒，祝頌長壽。❻下坐　古坐座同字。下座，末座。上座為尊，下座為卑。❼佞邪　巧辯奸邪。❽無狀　行為醜陋無善狀。❾斂容　顯出端莊的臉色。❿讌　同「宴」。酒席。⓫轉良為功曹　轉，遷升。功曹，功曹史的簡稱，除人事外，可參與一郡的政務。⓬謁　晉見；拜見。漢時成規，被晉升的官員要對主官謁見拜謝。⓭驃騎將軍　將軍掌征伐背叛。位比三公者有四，驃騎將軍居第二位，僅次於大將軍。⓮東平王蒼　光武之子，建武十七年進爵為東平王。蒼好經書，素有智略，明帝即位，拜為驃騎將軍。《東觀漢記》載明帝詔云：「東平王蒼寬博有謀，可以托六尺之孤，臨大節而不可奪，其以蒼為驃騎將軍。」位在三公上，蒼與公卿興修禮樂，於王政多所建樹。本書有傳。東平國，治無鹽（今山東東平東）。⓯署為西曹　署，暫時代理。西曹謂西曹掾，主府史的任用。府史是管理財貨、文書、出納的下級官吏。《東觀漢記》：「良為司徒長史，以清白方正著稱，東平王蒼辟為西曹掾。」⓰蒼甚相敬愛　《東觀漢記》：「良數諫諍，多善策。」⓱疏　奏章，以其分條言事故曰疏。⓲竊　自我的謙稱。劉淇《助字辨略》：「凡云竊，謙詞，不敢徑直以為何如，故云竊。」⓳資質敦固　稟性敦厚堅貞。⓴公方廉恪　公正方直，廉潔恭謹。㉑白首一節　言年至老邁，志節不衰。㉒治尚書二句　治，攻研。《東觀漢記》：「良習《大夏侯尚書》。」通，領會貫通。師法，老師傳授的學問。漢人講經最重師法，經師講經各自釋義不同，弟子從其師受經，一字一義不敢改動，也不雜廁其他經師的釋義，故《尚書》有歐陽、大、小夏侯三家。㉓任　堪為；當得起。㉔行中表儀　中，合乎。表儀猶法度。㉕宿衛　原指在宮中擔任晝夜警衛，此謂宜在皇帝左右備顧問，故下云「以輔聖政」。㉖榮寵絕矣　榮寵，敬稱皇帝給自己的榮耀與恩寵。絕，極；達到頂點。㉗私慕公叔同升之義　公叔，公叔文子，衛大夫公孫拔之謚號。據《論語·憲問》，文子有家臣名僎，操行與文子同，文子就推薦他同為大夫，孔子稱公叔可以謚為「文」了。㉘懼於臧文竊位之罪　臧文仲，魯大夫臧孫辰。據《論語·衛靈公》，柳下惠為士師，文仲知其賢而不予推薦，孔子批評他是竊位之人。王先謙謂「懼於」疑當作懼干，「懼干」與「私慕」相對為文。於，或書作「于」，與干形近而訛。干之義為犯。㉙敢秉愚贅　敢，謙辭，自言冒昧。秉，操持；執持。愚贅，愚鈍而不明事理。㉚蕭何舉韓信　蕭何，沛縣（今屬江蘇）人，佐劉邦爭天下，後為丞相，封酇侯。韓信，淮陰（今江蘇屬縣）人，在軍事上為劉邦爭天下功勞重大。後封楚王，又降為淮陰侯，被殺，死前歎曰：「高鳥盡，良弓藏；狡兔死，走狗烹。」蕭何薦韓信於高祖曰：「陛下必欲爭天下，非信無可與計者。」漢王於是設壇場，拜信為大將軍。㉛考試　對人的知識才能進行考查測驗。《漢書·宣帝紀》：「自丞相以下，各奉職奏事，以傅奏其言，考試功能。」古之考試，著重在實際工作能力的考查。㉜議郎　光祿勳所屬郎官之一，秩比六百石，掌顧問應對，無常事，多徵賢良方正之士充任，故以良為之。㉝永平　東漢明帝劉莊年號，西元五八—七五年。㉞近出　出巡京師附近。㉟信陽侯陰就句　陰就，光武帝陰皇后之弟，封信陽侯，或作新陽侯。新信古通用。信陽縣在今安徽太和西北。干突，衝犯唐突。下「干犯」與此義同。禁衛，保衛皇帝的軍隊。㊱車府令徐匡句　車府令，秩六百石，掌管乘輿諸車。徐匡，齊國人。鈎即「鉤」，古字之從口部分往往可作厶，如員作「貟」，沿作「㳂」等是。鈎，扣留。㊲御者　馭車人，或簡稱御。㊳乘輿　蔡邕《獨斷》：「天子至尊，不敢渫瀆（褻瀆）言之，故託之於乘輿，或謂之車駕。」㊴大不敬　對皇帝不敬，是古時重罪，常處斬刑。㊵理　掌刑獄的官署。㊶弛　同「弛」。廢棄。㊷左轉　古時尚右，左轉謂降職。㊸即丘　琅邪郡屬縣。今山東臨沂東南。㊹司徒長史　建武十一年省大司徒司直，置長史，秩千石，署理諸曹事。建武二十七年，大司徒去「大」字，為司徒。㊺每處大議　處猶臨。大議，三公集議。㊻希旨偶俗　希旨，觀望上位的旨意，即迎合。希，瞻望。偶俗，不與眾異，即隨大流、人云亦云。㊼以徼時譽　徼即「邀」，古字從彳與從辵義同。邀，求取。時譽，當時人的稱美。

【語　譯】吳良，字大儀，齊國臨淄人。起初為郡吏。元旦時與掾史同向郡守拜年，門下掾王望舉起酒杯向太守敬酒，有意討好稱頌太守政績。吳良從下座猛然站起來進言道：「王望是奸邪之人，巧言欺騙，行為醜陋，請您不要接受他的祝酒。」太守一臉莊重地沒有接受祝酒。宴會以後，陞吳良為功曹；吳良覺得因為一句話就被陞官是一種恥辱，始終不肯去拜謝太守。

2　當時驃騎將軍東平王劉蒼，聞吳良之名而徵聘他，暫署西曹掾。劉蒼對吳良非常敬重，上疏皇帝推薦吳良說：「我聽說，治國的大事，在於確保得到人才；報答皇恩，沒有比推薦人才更重要了。我發現我府中西曹掾齊國吳良，稟性敦厚堅貞，公正方直而廉潔恭謹，儉樸安貧，年至老邁而志節不衰；並且他研治《尚書》，學問能貫通師法，經學造詣堪任博士，行為合乎法度，應當在皇帝左右輔佐聖政。皇帝對我的恩寵達到極點，深感責任重大，我仰慕公叔文子使家臣共同進陞為大夫的高義，而害怕犯了臧文仲蔽賢之罪，才冒昧地不揣愚鈍，冒犯國家禁令而舉薦吳良。」明帝把劉蒼的奏章展示給公卿大臣，說：「從前因事見過吳良，見他鬚髮皓白，衣冠端莊。薦賢才以助國家，是宰相的職責。蕭何薦舉韓信，高祖設壇而授為大將軍，不再考查其能力。現在就以吳良為議郎。」

3 明帝永平年間，皇帝出巡京師附近，而信陽侯陰就的車衝撞皇帝衛隊，車府令徐匡扣留了陰就的車，收押了陰就的駕車人送入獄中。皇帝下詔書譴責徐匡，徐匡便自我捆綁起來請罪。吳良上書說：「信陽侯陰就倚仗自己是外戚，衝犯皇帝車駕，沒有大臣的禮節，是大不敬行為。徐匡依法辦事堅守自己的職責，反被打入獄署，我擔心聖明之化將由此而廢。」皇帝雖然赦免了徐匡的罪，卻把吳良貶職為即丘縣長。以後又升吳良為司徒長史。每臨三公集議，吳良往往引據經典，不看上峰的眼色，也不人云亦云，以求取時人的讚美。後來因事免官。又拜為議郎，卒於任上。

承宮，字少子，琅邪姑幕❶人也。少孤，年八歲為人牧豕。鄉里徐子盛者，以春秋經❷授諸生數百人，宮過息廬下，樂其業，因就聽經，遂請留門下❸，為諸生拾薪。執苦數年，勤學不倦❹。經典既明❺，乃歸家教授。遭天下喪亂❻，遂將諸生避地漢中❼，後與妻子之蒙陰山❽，肆力❾耕種。禾黍將孰❿，人有認之者，宮不與計⑪，推⑫之而去，由是顯名。三府更辟⑬，皆不應。永平中，徵詣公車⑭。車駕臨辟雍⑮，召宮拜博士⑯，遷左中郎將⑰。數納⑱忠言，陳政，論議切慤⑲，朝臣憚⑳其節，名播㉑匈奴。時北單于㉒遣使求得見宮，顯宗勅自整飾㉓，宮對曰：「夷狄眩名㉔，非識實者也。臣狀醜，不可以示遠，宜選有威容者㉕。」帝乃以大鴻臚魏應㉖代之。十七年㉗，拜侍中祭酒㉘。建初元年㉙，卒，肅宗㉚褒歎，賜以冢地。妻上書乞歸葬鄉里，復賜錢三十萬㉛。

【章旨】以上為〈承宮傳〉。敘承宮生平行事，值得稱道的有兩點，一是自幼為放豬娃，喜歡讀書，邊拾柴邊聽講授，終於顯名；二是由於他英名遠播，北單于使者求見一面，承宮以貌醜而辭。曹操也以貌陋為「別人」捉刀，宮以誠，操以詐，這是二人的真正區別。

【注釋】❶琅邪姑幕　琅邪，或作瑯琊。封國名。治今山東臨沂北。姑幕，縣名。在今山東諸城西北。❷春秋經　孔子所作春秋時期魯國的編年史，起於魯隱公元年（西元前七二二年），終於魯哀公十四年（西元前四八一年），計二百四十二年。文字簡要，文中對世事寓有褒貶，後人尊以為經，漢時立博士專門教授，有公羊、穀梁、左氏三家。❸因就聽經二句　就，趁；湊近。《續漢書》：「宮過徐子盛，好之，因棄其豬而留聽經。豬主怪其不還，求索得宮，欲笞之。門下生共禁止，因留之。」❹執苦數年二句　《續漢書》：「宮嘗出行，得虎所殺鹿。持歸，肉分門下，取皮上師，師不受，宮因棄之。人問其故，宮曰：『既已與人，義不可復取。』」❺經典既明　明謂通曉，當時稱明曉經術的人為「明經」，或形容為「經明行修」。本書〈樊儵傳〉稱承宮為「海內大儒」。❻喪亂　死亡禍亂，後多指時局動蕩。❼漢中　郡名。治今陝西漢中東。❽蒙陰山　〈禹貢〉曰蒙山，今山東蒙陰南。蒙陰山，《東觀漢記》作「華陰山」。❾肆力　盡力；勤奮。❿禾黍將孰　禾，粟。後泛指一般穀物。黍，今仍名黍子，其米黃而黏，又曰黃米。孰，同「熟」。⓫計　計較。⓬推　讓出。⓭三府更辟　三府，太尉府、司徒府、司空府合稱三府。更，更迭；輪流。⓮公車　署名，諸待詔者皆居此署以待命。⓯辟雍　是皇帝行禮樂宣教化的地方。其建築形制外圓內方，形圓如璧以法天，內雍水像教化流行，故曰辟雍。《禮記・王制》：「外圓內方，明德當圓，形當方也。」⓰博士　光武中興，四方學士雲會京師，於是立五經博士，各以家法教授，共十四博士，由太常總領。年齡須在五十歲以上才能參加博士對策。⓱左中郎將　屬光祿勳，秩比二千石，掌管左署郎。⓲納　入；進。⓳陳政二句　《東觀漢記》作「數納忠諫，議論切直」，何焯曰「『政』下當有脫文」。切愨，懇切而誠摯。⓴憚　敬畏。㉑播　傳揚。㉒北單于　北匈奴之單于。時北匈奴與漢為敵國。單于，匈奴君長的稱號，意為廣大之貌，言其像天那樣廣大。㉓整飾　整理修飾，俗言打扮打扮。㉔眩名　惑於名聲。眩，迷惑。㉕宜選有威容者　《續漢書》載承宮曰：「夷狄聞臣虛稱，故欲見臣。臣醜陋形寢，不如選長大有威容者示之也。」㉖大鴻臚魏應　大鴻臚，卿一人，秩中二千石，掌諸侯及四方歸化蠻夷，贊導天子郊廟和典諸王入朝禮儀。魏應，字君伯，任城國人。習《魯詩》，教授徒眾數千人，永平十三年為大鴻臚，白虎觀聚諸儒講論《五經》同異，魏應專掌難問。見本書卷七十九下。㉗十七年　永平十七年，為西元七四年。㉘侍中祭酒　更始時首立此官，中興後仍其舊制。凡言祭酒，皆一職之元長者，是侍中祭酒為侍中之長率。侍中秩比二千石，掌侍帝左右，贊導眾事，顧問應對。㉙建初元年　建初為章帝年號，其元年為西元七六年。㉚肅宗　章帝廟號。㉛賜錢三十萬　東漢行五銖錢，每錢重五銖（一兩重二十四銖）。三十萬謂三十萬個五銖錢。《續漢書》：「宮子疊，官至濟陰太守。」

【語　譯】承宮，字少子，琅邪國姑幕縣人。幼時失去父母，八歲便給人家放豬。同鄉有個叫徐子盛的人，為幾百學生講授《春秋經》，承宮從他房前經過便停下腳步，喜歡讀書，就湊過去聽老師講經，並請求留在塾中，為學生們拾柴。他苦熬數年，勤學不倦。經書通曉之後，便回到自己村裡教書。遇到天下大亂，就帶領學生逃到漢中郡，以後與妻子兒女去了蒙陰山，努力耕種。莊稼快熟時，有人說這塊地是他的，承宮也不和他計較，讓給那人就走了，由此出了名。三府前後來徵召他，都被他拒絕。

明帝永平年間，朝廷徵召承宮到公車署待命。皇帝臨幸辟雍，召見承宮，拜為博士，又升為左中郎將。多次進獻忠言，陳說政事，議論懇切而誠摯，大臣們敬畏其節操，他的名字也傳揚到匈奴。這時北匈奴單于派使臣請求一睹承宮容儀，明帝命令他修飾打扮一番，承宮回答說：「匈奴迷惑於我的虛名，並不知道我的實際情況。我長得醜陋，不可以給遠方人看，應該找一個有威儀的人給他們看。」明帝就叫大鴻臚魏應代替他。永平十七年，拜承宮為侍中祭酒。章帝建初元年去世，肅宗備加褒揚讚歎，賜給他墓地。承宮妻上書請求歸葬到家鄉，皇帝又賜給五銖錢三十萬枚。

1 鄭均，字仲虞，東平任城❶人也。少好黃老書❷。兄為縣吏❸，頗受禮遺❹，均數諫止，不聽。即脫身為傭，歲餘，得錢帛，歸以與兄，曰：「物盡可復得，為吏坐臧❺，終身捐棄。」兄感其言，遂為廉絜。均好義篤實，養寡嫂孤兒❻，恩禮敦至❼。常稱病家廷❽，不應州郡辟召。郡將❾欲必致之，使縣令譎將❿詣門。既至，卒不能屈。均於是客於濮陽⓫。

2 建初三年⓬，司徒鮑昱⓭辟之，後舉直言⓮，並不詣。六年，公車特徵⓯，再遷尚書⓰，數納忠言，肅宗敬重之。後以病乞骸骨，拜議郎，告歸，因稱病篤，帝賜以衣冠⓱。

3 元和元年⓲，詔告廬江太守、東平相⓳曰：「議郎鄭均，東脩⓴安貧，恭儉節整㉑，前在機密㉒，以病致仕㉓，守善貞固㉔，黃髮㉕不怠。又前安邑㉖令毛義㉗，躬履㉘遜讓，比徵㉙辭病，淳絜之風，東州㉚稱仁。書不云乎：『章厥有常，吉哉。』㉛其賜均、義穀各千斛㉜，常以八月長吏存問，賜羊酒，顯茲異行㉝。」明年，帝東巡過任城，乃幸均舍，敕賜尚書祿㉞以終其身，故時人號為「白衣尚書㉟」。永元㊱中，卒於家。

【章　旨】以上為〈鄭均傳〉。鄭均一生可稱道處在於居家，他勸導其兄「為吏坐臧，終身捐棄」，可為萬世箴言。兄死，養寡嫂孤姪而不應州郡辟召，與世上兄死奪嫂姪財產者高下如天壤。至於為官，文中僅「數納忠言」四字，但章帝在詔中對之評價甚高，並賜以尚書祿終身。

【注　釋】❶任城　在今山東濟寧東南。章帝章和元年，自東平分出任城國。❷好黃老書　《東觀漢記》謂均治《尚書》，好黃老，淡泊無欲，清靜自守，不慕遊宦。黃老，黃帝和老子並稱，後世奉為道家始祖。❸兄為縣吏　《東觀漢記》謂均兄仲，為縣游徼（徼巡盜賊）。❹禮遺　贈送禮物。遺，饋贈。❺坐臧　因貪贓而犯法。坐，犯法。臧，同「贓」。❻養寡嫂孤兒　《東觀漢記》：「均失兄，養孤兒子甚篤，已冠娶，出令別居，並門（兩門相鄰），盡推財與之，使得一（完全）尊其母，然後隨護視振（賑）給之。」❼敦至　深厚周到。❽家廷　庭院。廷，同「庭」。❾郡將　即郡守，因郡守兼領武事，故名。❿譎將　譎，欺瞞。將，挾持。⓫濮陽　縣名。在今河南濮陽南。⓬建初三年　為西元七八年。⓭鮑昱　字文泉，上黨郡屯留（今山西屯留）人。習《尚書》，客授於東平。後為司隸校尉，永平十七年為司徒。本書有傳。⓮舉直言　漢代察舉科目名。謂直言敢諫之士。公卿及郡國守相均可舉薦。其所舉次序「以巖穴為先，勿取浮華」，「昭巖穴，披幽隱，以詣公車」，就是越不想做官的越要舉他做官，因此屢舉不仕者身價越高。⓯特徵　特別徵召。不同於平時鄉里舉選。⓰尚書　尚書令下屬官員。漢代分六曹（岑仲勉云：曹猶今言「處」或「科」），各曹尚書一人，秩六百石。尚書令把「凡奏下尚書曹眾事」，交給相關的曹尚書去辦理。⓱帝賜以衣冠　《東觀漢記》謂鄭均遣子英奉章詣奏朝廷，詔召見英，問均所苦，賜以冠幘錢布。⓲元和元年　西元八四年。⓳詔告廬江太守東平相　毛義是廬江郡人，鄭均是東平國人，故告其家所在之二地守相。⓴東脩　克己修養。脩，同「修」。㉑節整　堅貞和嚴正。㉒機密　機樞要密之處，指朝廷。㉓致仕　歸還祿位於君，即辭去官職。致，歸還。㉔貞固　守正不移。㉕黃髮　謂老年。㉖安邑　縣名。河東郡屬縣。今山西夏縣西北。㉗毛義　家貧母老，不擇官而仕，為安陽尉，檄拜守令而喜。母死，為縣令，進退必以禮。後舉賢良，公車徵終不至。㉘躬履　親身踐行。㉙比徵　連續徵召。

㉚東州　泛指東方冀、兗、青、徐各州。毛義廬江人，也稱東州者，錢大昕云：「廬江屬揚州，也稱東州者，揚在洛陽之東南，故亦可稱東州也。」㉛書不云乎三句　語見《尚書・皋陶謨》。言為天子應當彰明有常德之人，優待他們的粟祿，才是善政的表現。章，明示。吉，善。㉜斛　一斛十斗，即一石。秩俸以石計，實際頒給常以斛計。以南京博物院藏「永平大司農銅合」折算，東漢一斛相當二萬毫升。㉝常以八月三句　《東觀漢記》：「賜羊一頭，酒二斗，終其身。」慰問賢良一定在八月，是因為八月各物生長成熟，順其時節以育成。故〈月令〉：「仲秋之月，養衰老，授几杖，行麋粥飲食。」鄭玄注：「助老氣也。」㉞尚書祿　《續漢書・百官志》：「尚書，秩六百石，奉月七十斛。凡諸受奉皆半錢半穀。」據荀綽《晉百官表》注，六百石，月錢三千五百，米二十一斛。㉟白衣尚書　白衣，古平民服裝，因指平民。鄭均為平民而食尚書祿，故稱。㊱永元　東漢和帝劉肇年號，西元八九－一〇五年。

【語譯】鄭均，字仲虞，東平國任城縣人。從小喜讀黃帝、老子之書。均兄為縣吏，常常接受別人禮物，鄭均多次勸阻，他不聽從。均就逃去為人做雇工，過了一年多，把得到的錢物帶回家給兄，說：「財物用完可以再得到，為吏犯贓，一世讓人看不起。」兄為他的話所感動，便廉潔起來。鄭均平素好義誠實，養護寡嫂孤姪，有禮貌關懷周到。常稱病在家，不應州郡徵召。郡守想一定把鄭均弄來，派縣令騙他，把他挾持到郡署。鄭均到郡之後，終不能使他屈志。均便外逃到濮陽去住。

2 章帝建初三年，司徒鮑昱徵聘鄭均，以後又以直言之科推舉他，他都不去。建初六年，以公車署名義特別徵召，兩次遷升而為尚書，多次進獻忠言，章帝很敬重他。後因病請求退職，授他為議郎，請假回家，便說自己病重，皇帝賞賜他衣帽。

3 章帝元和元年，皇帝下詔給廬江太守和東平國相說：「議郎鄭均，克己安貧，恭儉堅貞，前在朝廷，因病辭官，守善不移，至老不怠。還有前安邑令毛義，躬行謙遜，連續徵召，均以病辭，淳潔之操，東州稱其仁愛。《書》不是說過嗎：『彰顯有常德之人，是善政的表現。』賜給鄭均、毛義粟各千斛，每年八月郡中長吏進行慰問，賜羊及酒，表彰他們的卓異品德。」第二年，章帝東巡經過任城，便親自到鄭均家裡，下令賜給鄭均尚書的俸祿，直至他去世，故當時人稱他為「白衣尚書」。和帝永元年中，在家中去世。

1 趙典，字仲經，蜀郡成都❶人也。父戒❷，為太尉，桓帝立，以定策封廚亭侯❸。典少篤行隱約❹，博學經書，弟子自遠方至❺。建和❻初，四府表薦❼，徵拜議郎，侍講❽禁內，再遷為侍中。時帝欲廣開鴻池❾，典諫曰：「鴻池泛溉❿，已且⓫百頃，猶復增而深之，非所以崇唐虞之約己⓬，遵孝文之愛人⓭也。」帝納其言而止。

2 父卒，襲封⓮。出⓯為弘農⓰太守，轉右扶風⓱。公事去官，徵拜城門校尉⓲，轉將作大匠⓳，遷少府，又轉大鴻臚。時恩澤諸侯⓴以無勞受封，群臣不悅而莫敢諫，典獨奏曰：「夫無功而賞，勞者不勸㉑，上忝下辱㉒，亂象干度㉓。且高祖之誓，非功臣不封㉔。宜一切削免爵土，以存舊典。」帝不從。頃之，轉太僕㉕，遷太常㉖。朝廷每有災異疑議，輒諮問之㉗。典據經正對㉘，無所曲折。每得賞賜，輒分與諸生之貧者。後以諫爭違旨㉙，免官就國㉚。

3 會帝崩㉛，時禁藩國㉜諸侯不得奔弔㉝，典慨然曰：「身從衣褐㉞之中，致位上列㉟，且烏烏反哺㊱報德，況於士㊲邪！」遂解印綬符策付縣㊳，而馳到京師。州郡及大鴻臚並執㊴處其罪，而公卿百寮㊵嘉典之義，表請以租自贖，詔書許之。再遷長樂少府㊶、衛尉㊷。公卿復表典篤學博聞，宜備國師㊸。會病卒㊹，使者弔祠㊺。竇太后㊻復遣使兼贈印綬，謚曰獻侯㊼。

【章旨】以上為〈趙典傳〉。敘述趙典一生遷轉升降十餘官，重要事件有三：一、諫止章帝開拓鴻池；二、上疏削免恩澤侯爵土；三、章帝崩，違犯「藩國諸侯不得奔弔」的禁令赴京師弔唁。趙典篤學博聞，為國忠公，卒後贈以美謚。

【注釋】❶蜀郡成都　蜀郡。治成都（今四川成都）。❷父戒　謝承《後漢書》說趙典是趙戒的三兒子。常璩《華陽國志》：「趙戒，字志伯，順、桓之世，歷司徒、太尉，登特進。」❸以定策封廚亭侯　梁冀鴆殺質帝，司空趙戒原與司徒胡廣、太尉李固、大鴻臚杜喬等議立清河王劉蒜為嗣，冀獨欲立蠡吾侯劉志，廣、戒畏冀而聽命，固、喬仍堅持本議。劉志立，是為桓帝。李固、杜喬被殺，胡廣、趙戒封侯。廚亭，未詳。❹隱約　隱靜而儉約。❺博學經書二句　據謝承《後漢書》，典學孔子七經、河圖洛書，內外藝術，靡不綜貫，受業者百有餘人。❻建和　東漢桓帝劉志年號，西元一四七－一四九年。❼四府表薦　四府謂太尉、司徒、司空、大將軍府。謝承《後漢書》：「典性明達，益州舉茂才，以病辭。黃瓊、胡廣舉有道方正，皆不應。桓帝以公車特徵，對策為諸儒之表。」❽侍講　為皇帝講學。❾鴻池　《續漢書》：「在洛陽東二十里。」《水經注》：「池東西千步，南北千一百步。」❿汎溉　以水漫溢而行灌溉。今民俗曰漫灌。汎，漫溢。⓫且　將近。⓬唐虞之約己　《墨子》謂堯舜堂高三尺，土階三等，茅茨不剪，采椽不斲，吃飯用瓦簋，喝水用瓦缽，粗粱為飯，藜藿為湯，夏穿葛衣，冬穿鹿皮。是約己的表現。⓭孝文之愛人　漢文帝嘗欲作露臺，召匠計之，曰值百金。文帝曰：「百金，中人十家之產，何為作臺。」宮室苑囿無所增益，有不便，輒弛以利民。是愛人的表現。唐人諱「民」字，常改民為人，愛人即愛民。⓮襲封　承襲其父的爵位，即廚亭侯。官職不能繼承。⓯出　自朝廷放外做官為出。趙典原為侍中，為朝官，今為弘農太守，為外任。⓰弘農　郡名。治弘農（今河南靈寶北）。⓱轉右扶風　右扶風與太守平秩，故曰轉，即平級調動。⓲城門校尉　秩比二千石，掌守衛洛陽城十二門。⓳將作大匠　秩二千石，掌修造宗廟、廳堂、宮室、陵園的土木工程及道側植樹等。⓴恩澤諸侯　出於皇帝的私恩而封侯爵土，如外戚，故下云「無勞受封」。㉑勸　鼓勵；獎勉。㉒上忝下辱　忝、辱同義，謂上下皆受辱。㉓亂象干度　象謂天象，度謂星之行度。干、亂同義。成帝時，王氏五侯同日而封，其日天氣赤，黃霧四塞。哀帝封丁、傅二家外戚時，日氣亦同。是不用善人則亂象干度。㉔高祖之誓二句　《史記・漢興以來諸侯王年表》：「非劉氏而王者，若無功上所不置而侯者，天下共誅之。」此約舉其義。㉕太僕　卿一人，秩中二千石，掌車馬，天子出，奏駕上鹵簿（扈從的儀仗隊），用大駕則執馭。㉖太常　卿一人，秩中二千石，掌禮儀祭祀，選試博士，奏其能否，大射、養老、大喪，皆奏其禮儀。㉗朝廷每有災異二句　謝承《後漢書》：「天子宗（尊）典道懿，尊為國師，位特進。七為列卿，寢布被，食用瓦器。」諮，或作「咨」。謀議。㉘正對　直抒己見。㉙旨　主張；又特指皇帝的命令。㉚就國　到其廚亭侯國。㉛會帝崩　會，適逢。帝，桓帝。㉜藩國　藩，籬笆。諸侯國為朝廷扞蔽，故稱諸侯國為藩國。㉝奔弔　奔喪弔唁。㉞衣褐　織毛布之衣，貧者所服。㉟致位上列　致位，達到某一官位。上列，高官；貴顯。㊱烏鳥反哺　楊伯峻注《論語》：「烏烏祇是烏。」即烏鴉。《小爾雅》：「純黑而反哺者謂之烏。」反哺謂烏雛長成，銜食餵養其母。故《春秋元命苞》：「烏，孝鳥也。」㊲於士　謂身為士。於，在。㊳遂解印綬句　印，官印，趙典現在僅為侯，故是廚亭侯印。繫印之帶曰綬，官級不同，綬帶顏色亦異。符，符契，銅虎符，朱使符之類。策，簡策，編簡而成，古時誥命皆書於策。符策皆為官之憑證。漢制，列侯食縣，鄉亭侯僅食縣中某一村邑之租，典所封僅為亭（漢制十里一亭），在縣內，故將其符印交付縣署。㊴執　主張。㊵百寮　百官。寮，同「僚」。㊶長樂少府　長樂宮之少府。《漢官儀》：「帝母稱長樂宮，長樂少府及職吏皆宦者為之。」㊷衛尉　卿一人，秩中二千石，掌宮門衛士宮中巡察事項。㊸宜備國師　備，充任。國師，徐堅云：「國師即太師」。太師古為三公之最尊者，為輔弼重臣，漢代為加銜，作為最高榮譽以示恩寵，並無實職。㊹病卒　謝承《後漢書》：「靈帝即位，典與竇武、王暢、陳蕃等謀共誅中常侍曹節、侯覽、趙忠等，皆下獄自殺。」不言病卒。洪頤煊云：「彼趙典非此趙典，黨人家屬皆徙廢禁錮，而典之侄相繼通顯，明非一人。」㊺弔祠　弔祭死者及慰問遭喪者。㊻竇太后　桓帝竇皇后，桓帝崩，尊為皇太后，竇武等謀誅宦官失敗後，竇太后被遷於南宮雲臺。由此亦可知，此趙典若為誅宦官失敗下獄自殺者，此時竇太后亦無權力遣使贈印綬了。㊼謚曰獻侯　〈謚法〉：「聰明睿哲曰獻。」謚是根據死者一生行事，給與帶有褒貶含義的稱號。此稱號就從〈謚法〉中選取。〈謚法〉是《逸周書》之一篇，相傳為周公旦和太公望所制定。謚是後加之名號，故從「益」。俗作「諡」。

【語　譯】趙典，字仲經，蜀郡成都人。父趙戒，官為太尉，桓帝之得立，趙戒參與決策而封廚亭侯。趙典年少時行為敦厚，隱靜簡約，博通經書，弟子自遠方來求學。桓帝建和初年，四府上表舉薦，徵拜為議郎，在宮中為皇帝講經，又遷為侍中。桓帝當時要拓廣鴻池，趙典諫曰：「鴻池灌溉已近百頃，還要增廣和加深，不是用以崇尚唐虞衣食簡約、遵循孝文皇帝愛民之義。」桓帝採納了他的意見而停止拓展鴻池。

2 父親趙戒死後，趙典承其廚亭侯爵位。外放為弘農郡太守，又轉為右扶風。後以公事離職，徵回拜為城門校尉，轉官為將作大匠，遷轉為少府卿，又轉為大鴻臚。當時皇帝以私恩而封的諸侯，因為沒有功勞而受封，群臣不悅可是沒有人敢出面諫諍，唯有趙典上奏道：「無功就得賞，使有功的人得不到鼓勵，上下受辱，干亂天象。況且高祖立過誓言，非功臣不能封侯。應當全部削去他們的爵土，以維護舊法。」皇帝不聽從。不久，趙典轉為太僕卿，遷為太常卿。朝廷每有災異或疑而未決之事，便與他謀議詢問。趙典根據經典直抒己見，不拐彎抹角。每得賞賜，總是分給家境貧困的學生。後來因為諫諍不合皇帝旨意，便免去他的官職，讓他回到自己的封國去。

3 適逢桓帝駕崩，當時禁令藩國諸侯不得至京師奔喪弔唁，趙典慷慨道：「我趙典從平民之中而達貴顯之位，烏鴉還知道反哺報德，何況身為士人呢！」便解下印綬符策交付縣署，私自趕到京城。州郡及大鴻臚都主張定趙典的罪，但是公卿百官稱讚他的義舉，奏請讓趙典以租贖罪，皇帝下詔書同意了。又遷長樂少府、衛尉。公卿又上奏說趙典學問深、聞見廣，應當在國師之位。恰在此時趙典因病去世，朝廷派使者弔祭。竇太后又派遣使者弔祭並贈印綬，賜謚曰獻侯。

1 典兄子謙，謙弟溫，相繼為三公。

2 謙字彥信，初平元年❶，代黃琬❷為太尉。獻帝遷都長安❸，以謙行車騎將軍❹，為前置❺。明年病罷。復為司隸校尉。車師王侍子❻為董卓所愛，數犯法，謙收殺之。卓大怒，殺都官從事❼，而素敬憚謙，故不加罪。轉為前將軍❽，遣擊白波賊❾，有功，封郫侯❿。李傕⓫殺司徒王允⓬，復代允為司徒，數月病免，拜尚書令。是年卒⑬，謚曰忠侯⑭。

3 溫字子柔，初為京兆丞⑮，歎曰：「大丈夫當雄飛，安能雌伏⑯！」遂棄官去。遭歲大飢⑰，散家糧以振窮餓，所活萬餘人。獻帝西遷都，為侍中，同輿輦⑱至長安，封江南亭⑲侯，代楊彪⑳為司空，免㉑，頃之，復為司徒，錄尚書事㉒。

4 時李傕與郭汜㉓相攻，傕遂虜掠禁省㉔，劫帝幸北塢㉕，外內隔絕。傕素疑溫不與己同，乃內㉖溫於塢中，又欲移乘輿於黃白城㉗。溫與傕書曰：「公前託㉘為董公報讎㉙，然實屠陷王城㉚，殺戮大臣，天下不可家見而戶說㉛也。今與郭汜爭睚眥之隙㉜，以成千鈞㉝之讎，人在塗炭㉞，各不聊生㉟。曾㊱不改悟，遂成禍亂。朝廷仍㊲下明詔，欲令和解。上命不行，威澤㊳日損。而復欲移轉乘輿㊴，更幸非所㊵，此誠老夫所不達㊶也。於易，一為過，再為涉，三而弗改，滅其頂，凶㊷。不如早共和解，引軍還屯，上安萬乘㊸，下全人民，豈不幸甚？」傕大怒，欲遣人殺溫。李傕從弟㊹應，溫故掾也，諫之數日，乃獲免。

5 溫從車駕都許㊺。建安十三年㊻，以辟司空曹操子丕為掾，操怒，奏溫辟忠臣子弟㊼，選舉不實，免官。是歲卒，年七十二。

【章　旨】以上附載趙典之二姪趙謙和趙溫的行事。趙謙為司隸校尉，不避董卓權勢。趙溫為司徒，怒斥李傕屠戮王城，造成禍亂。常璩《華陽國志》評價二人，「謙摩卓之牙，溫弄傕之爪，雖逼權勢，以道陳訓，賢於其祖（趙戒）遠矣。」

【注　釋】❶初平元年　西元一九〇年。初平，東漢獻帝劉協年號，西元一九〇—一九三年。❷黃琬　字子琰，江夏郡安陸（今湖北安陸）人。為五官中郎將，與光祿勳陳蕃拔舉有才行之士，有「鯁直臣節」之稱。本書有傳。❸獻帝遷都長安　董卓廢少帝劉辯為弘農王，立劉協為帝，是為獻帝，董卓自為太尉。初平元年，正月山東州郡起兵討董卓，二月董卓挾帝遷都長安，驅京都百姓悉西入關，焚毀洛陽宗廟及人家。❹行車騎將軍　將軍中秩比公者有四，車騎將軍是其一。職位高者兼任低級官職為「行」，趙謙為太尉，位在車騎將軍上，故云「行車騎將軍」。❺前置　謂在前安排食宿。置，驛。❻車師王侍子　車師，西域內屬諸國之一，國有二部，前部都交河城（今新疆吐魯番），其國亦在以吐魯番為中心的地區。後部都金滿城，在前部之北，今新疆吉木薩爾。西域內屬諸國國王須遣子入漢京城，陪侍天子，學習漢文化，所遣之子曰侍子。❼都官從事　司隸校尉下有從事史十二人，其中都官從事主察舉百官犯法者。❽前將軍　有前、後、左、右將軍，皆主征伐，事訖則罷。❾白波賊　黃巾軍餘部郭大，在西河郡白波谷（今山西侯馬北）起事，進攻河東、太原等郡，眾至十餘萬。❿郫侯　縣侯。郫縣在今四川郫縣北。⓫李傕　董卓部下，北地（今寧夏青銅峽市）人。董卓被殺後，他與郭汜合兵攻破長安，殺王允，縱兵掠奪。後為車騎將軍，封侯。其事跡見本書卷七十二。⓬王允　字子師，太原郡祁縣（今屬山西）人。靈帝時，任豫州刺史，鎮壓黃巾，獻帝時任司徒，與呂布密謀殺董卓，後被董卓部將李傕、郭汜所殺。⓭是年卒　《華陽國志》：「拜尚書令、太僕，三年薨。」三年謂初平三年，本文「是年」為初平二年，相差一年。⓮謚曰忠侯　〈謚法〉：「危身奉上曰忠。」⓯京兆丞　《華陽國志》：「溫於順、桓之世為巴郡太守，于時板楯蠻數反，溫到郡，以恩信服降之。遷京兆丞。」三輔丞，秩六百石。丞，佐助京兆尹處理政事。⓰大丈夫當雄飛二句　雄飛謂奮發有為，雌伏則喻屈居下位，無所作為。由太守至郡丞為左遷，故歎「雌伏」。⓱歲大飢　歲，年景。《穀梁傳・襄公二十四年》：「五穀不收為大饑。」同年《公羊傳》何休注：「有死傷曰大饑。」今言大饑荒。飢，同「饑」。⓲輿輦　即車馬，此指代皇帝。人挽車曰輦。⓳江南亭　未詳。⓴楊彪　字文先，弘農郡華陰（今陝西華陰）人。靈帝中平六年（西元一八九年）代黃琬為司徒，反對董卓遷都。從帝入關，初平三年（西元一九二年）代淳于嘉為司空。以地震免。〈獻帝紀〉：「永平四年十月，京師地震，司空楊彪免，太常趙溫為司空。」

㉑免　〈獻帝紀〉：「永平四年十二月，司空趙溫免。」㉒復為司徒二句　〈獻帝紀〉：「興平元年（西元一九四年）十月，以衛尉趙溫為司徒，錄尚書事。」錄，〈和帝紀〉李賢注：「錄，謂總領之也。」㉓郭汜　張掖（今甘肅古浪）人，亦為董卓部將。董卓被殺後，與李傕合兵攻入長安，殺王允，縱兵劫掠。獻帝興平二年，與李傕相攻，長安宮殿、官府、民居盡被焚毀。㉔禁省　帝王所居之處稱禁中，為避孝元王皇后父禁之名，改省中。後又合此二名稱禁省。㉕北塢　是與南塢相對而言。塢，作戰時所築壁壘。《山陽公載記》：「時帝在南塢，傕在北塢。時流矢中傕左耳，乃迎帝幸北塢。帝不肯從，強之乃行。」㉖內　同「納」。放入。㉗黃白城　今陝西三原北。㉘託　託名；藉口。㉙讎　同「仇」。㉚屠陷王城　屠陷，殺害。屠，殺。陷，害。王城，京師。此指長安。㉛家見而戶說　說，《獻帝起居注》作「釋」。意為使家家看到，對戶戶解釋。㉜睚眥之隙　睚，眼邊。眥，眼眶。二者相距無幾，因謂事極微小。隙，仇怨；隔閡。㉝千鈞　一鈞三十斤，千鈞言其重。㉞塗炭　謂民之苦難，如在深泥炭火之中。塗，泥。炭，喻火。㉟不聊生　不樂生。聊，歡樂。㊱曾　竟；從來。㊲仍　連續。㊳威澤　威勢與恩澤。㊴乘輿　車馬轎輿。此指代皇帝。㊵更幸非所　改變原地，去其不當去的地方，指黃白城。㊶達　通曉；明瞭。㊷於易六句　《周易・大過》上六：「過涉滅頂，凶。」意謂上六處在本卦「大過」的頂點，是過錯中最大的，涉渡又很艱難，故至於滅頂，是凶占。滅，淹沒。此謂一錯再錯，如不改正，終陷滅頂之災。㊸萬乘　周制，天子地方千里，出兵車萬乘，因以「萬乘」指天子，以後即指帝王。㊹從弟　堂弟；父親兄弟之子幼於己者。㊺溫從車駕都許　獻帝都許在建安元年（西元一九六年），時曹操為鎮東將軍，自領司隸校尉，且錄尚書事，握朝廷一切權力，挾迫獻帝遷都於許。許，在今河南許昌東。㊻建安十三年　為西元二〇八年。㊼忠臣子弟　忠，通「中」。中臣即中朝大臣。〈李固傳〉詔書禁侍中、尚書中臣子弟不得為吏，察孝廉。曹操以此奏免溫。

【語譯】趙典之姪趙謙，謙之弟趙溫，相繼位至三公。

2 趙謙，字彥信，獻帝初平元年，代黃琬為太尉。獻帝遷都長安時，以謙兼車騎將軍，打前站。第二年，因病免官。又任為司隸校尉。車師國王所遣派之侍子被董卓所寵愛，多次犯法，趙謙收捕他並把他殺掉。董卓大怒，殺了司隸的屬官都官從事，而卓一向敬畏趙謙，故不治罪。轉為前將軍，被派遣去攻打白波賊，有功勞，被封為郫侯。李傕殺司徒王允之後，趙謙又代王允為司徒，幾個月後因病免官，拜為尚書令。這一年去世，諡為忠侯。

3　趙溫，字子柔，開始為京兆丞，感歎道：「大丈夫當奮發有為，怎能屈居人下呢？」便棄官而去。遇上大饑荒，便散發家中糧食以賑濟飢餓的窮人，此舉救活一萬多人。獻帝向關中遷都時，趙溫為侍中，和皇帝一同到長安，封為江南亭侯，代替楊彪為司空，又被免職，不久，又為司徒，總領尚書臺事。

4　這時，李傕與郭汜互相攻殺，李傕便搶掠皇宮，劫持皇帝到北塢，把皇帝隔離起來。李傕一向懷疑趙溫不與自己同心，便把趙溫放入塢壘中，又欲把皇帝轉移到黃白城。趙溫給李傕寫信說：「您以前藉口為董公報仇，實為對王城進行殺戮，殺害了朝中大臣，罪惡之大，既見不得人，也說不出口。現在與郭汜為了小小的隔閡，當作深仇大恨，使生民塗炭，民不樂生。從不改悔，終成禍亂。朝廷屢下明詔，想使你們和解。詔命不得施行，皇帝恩威日見衰落。卻又要轉移皇帝，去那不應當去的地方，這實是老夫我不理解的。在《易經》上說，一為大錯，二為難涉渡，三若不改，就有滅頂之災，這是最大的凶兆。不如與郭汜早日互相和解，把您的軍隊撤回軍營，上安皇帝，下全百姓，豈不是最大的好事嗎？」李傕見信大怒，要派人去殺掉趙溫。李傕之堂弟李應，做過趙溫的屬吏，勸了李傕好幾天，趙溫才得以免禍。

5　趙溫隨從皇帝在許縣建都。建安十三年，因為辟請司空曹操之子曹丕為掾屬，曹操大怒，上奏趙溫聘用中朝大臣子弟，是察舉不實，免去官職。趙溫於此年去世，享年七十二歲。

贊曰❶：宣、鄭、二王，奉身清方❷。杜林據古❸，張湛矜莊❹。典以義黜❺，宮由德揚❻。大儀鵠髮，見表憲王❼。少卿志仕，終乘高箱❽。

【章　旨】本「贊曰」是對全卷人物的評議，以最精鍊的文字用韻語表達出來，置於卷末，作為對十人的高度概括。

【注　釋】❶贊曰　論後有贊，劉知幾以為蛇足，破壞了史書文省義備的體例。《史通・論贊篇》：「夫每卷立論，其煩已多，而嗣論以贊，為黷彌甚。亦猶文士制碑，序終而續以「銘曰」；釋氏演法，義盡而宣以「偈言」。苟撰史若斯，難以議夫簡要者矣。」❷奉身清方　奉即「捧」。義為持。持身即立身、修身。清方，廉潔正直。謂宣秉等四人均有此美德。❸杜林據古　謂杜林在議郊祀制時，主張因循祖宗故事，議刑時，主張遵用漢初「除苛政，立疏網」的舊制。❹張湛矜莊　謂張湛矜嚴好禮。矜莊，嚴肅莊敬。❺典以義黜　謂趙典違禁棄國而至京師奔喪，百僚嘉典之義，以租贖罪。❻宮由德揚　謂承宮德高望重，朝臣憚其節，名播匈奴。❼大儀鵠髮二句　鵠，治象牙使白，故有白義。鵠髮即〈吳良傳〉：「鬢髮皓然」。見，被。表，上表舉薦。憲王，東平王劉蒼之謚。本書卷三稱之為「東平憲王蒼」。❽終乘高箱　謂郭丹入關後十二年，實現初誓，果乘高車出關。箱，車箱，車載人負重部位，以此代表車。

【語　譯】史官評議說：宣秉、鄭均、王丹、王良，立身廉潔正直。杜林據古而議今，張湛矜嚴好禮。趙典因義而獲罪，承宮德高而名揚。吳良鬢髮皓然，被東平王蒼所表薦。郭丹發誓乘使者車，終乘高車出關。

【研　析】讀完本卷，突出印象是古人為官清貧自守。宣秉官司隸校尉，秩比二千石，月俸百斛，按錢穀各半計，每月錢五千，米三十四斛，當是吃穿不愁。但「秉性節約，常服布被，蔬食瓦器」，皇帝讚歎以清苦立節的楚國二龔，也不如宣巨公，即賜布帛帳帷什物。後遷大司徒司直，俸祿與司隸等，依然是以所得俸祿收養親族，自無擔石之儲。繼宣秉為大司徒司直者王良，「在位恭儉，妻子不入官舍，布被瓦器」，其掾史鮑恢到王良老家，見良妻布裙曳柴從田中歸，問其有書帶否，答曰：「苦掾，無書。」一副純樸村婦形象躍然紙上。郭丹為司徒，身後家無遺產，子孫困乏。明帝乃詔其家鄉求其遺嗣，與以官職。范遷為司徒，有宅數畝，田不過一頃，復推與兄子，家有四子而無立錐之地，其妻勸其節餘俸祿以為後世業。遷曰：「吾備位大臣而蓄財求利，何以示後世！」在位四年，家無擔石。三公之位，秩俸萬石，日子當瀟灑有餘，然而竟如此。推而廣之，太尉楊震，前在赴東萊太守任時，路過昌邑，其令為震所舉薦，夜以十金遺震，謂暮夜無人知者，震曰：「天知，神知，我知，子知。」令慚而退。後人在昌邑修「四知廟」以為表彰。楊震在涿郡太守任上，子孫常蔬食步行，故舊勸其為子孫開產業，楊震不肯，曰：「使後世稱為清白吏子孫，以此遺之，不亦厚乎！」把清白之名看作為子孫留下的最厚重的遺產，而把被人稱為清白吏子孫當作最大的榮耀。常言道，有其父必有其子，其子楊秉，亦官至太尉，性不飲酒，又早喪夫人，遂不復娶，所在以淳白著稱，嘗從容與人曰：「我有三不惑：酒、財、色也。」周章為司空，謀立平原王劉勝為帝，事被發覺，自殺，「家無餘財，諸子易衣而出，并日而食。」他們都是不為兒女撈財，不為子孫謀位，清白一生。東漢亦有貪官，其最著者為竇憲與梁冀二族，最終皆伏其辜。就整個東漢社會而言，崇尚名節，以清廉為高，故皇甫嵩治貪，「吏有因事受賂者，嵩更以錢物賜之，吏懷慚，或至自殺。」如果社會貪汙成風，皇甫氏用這種辦法治貪也就很難奏效了。有人以「三年清知府，十萬雪花銀」例推，認為古代官場，也是無官不貪，歷史上從來如此。就東漢一代而言，尚不盡然。（張文質注譯）

卷二十八上

桓譚馮衍列傳第十八上

【題　解】本卷為東漢初年兩位儒者的傳記。卷上包括〈桓譚傳〉和〈馮衍傳〉的上半部分。桓譚博學多通，以儒家思想作為立身處世的基點。他勸外戚傅晏「務執謙慤」以遠害。對光武帝上疏，提出慎選輔佐、劃一法度等治國方略，光武不能用。尤其他對圖讖的批判，更是觸怒了光武帝，一句「臣不讀讖」險些被殺頭。馮衍也博通群書，但他主要出入行陣之間。他根據人心不附新室的形勢，勸王莽將軍廉丹屯兵勵士以待變，丹不聽他的話，終於戰死。更始時期，他建議鮑永認清人心厭亂思定的形勢，應當以并州之地，選良才、練甲兵、安民心，建立基業。光武即位之後，又勸田邑與鮑永聯合待機立功。後確知更始已亡，衍才降光武。光武怨其不早降，使他一世沉淪。於本篇可見在變亂中人生的遭遇不定。

卷下記述了馮衍晚年的心境和活動。馮衍在遭受一次又一次的打擊之後回到關中，卜居於新豐。他仍不灰心，繼續上書以求得到任用，但光武帝「猶以前過不用」，使他的進取心徹底破滅。便退而作賦，賦曰「顯志」，顯然在抒發他鬱悶的胸懷。他回憶了一生的遭際，表明了老而彌堅的清操，目睹衰年的淒涼，只好做精神上的遨遊。他迴翔六合，觸物生情；馳騁往古，點檢昔賢。或喜而自矜，或傷而迴腸。進而想究萬物的端的，退而想託巖穴而養仙。「高吾冠」、「長吾佩」，儼然以當代屈子自居。賦中引用了過多的典故，用以比況自己的心境，給今天的讀者造成了較大的困難。明帝大概是讀了他的賦，認為他「文過其實」，終於老死於家。

其子馮仲文，勤學敬事，在西陲做出成績，留下好的口碑，略可補其父未竟的抱負。

桓譚，字君山，沛國相❶人也。父成帝時為太樂令❷。譚以父任為郎❸，因好音律❹，善鼓❺琴。博學多通，徧習五經❻，皆詁訓大義，不為章句❼。能文章，尤好古學，數從劉歆、楊雄❽辯析疑異。性嗜倡樂❾，簡易不修威儀，而憙非毀俗儒❿，由是多見排抵⓫。

哀平間，位不過郎。傅皇后父孔鄉侯晏⓬深善於譚。是時高安侯董賢⓭寵幸，女弟為昭儀⓮，皇后日已疏，晏嘿嘿⓯不得意。譚進說曰：「昔武帝欲立衛子夫，陰求陳皇后之過⓰，而陳后終廢，子夫竟立。今董賢至愛而女弟尤幸，殆將有子夫之變，可⓱不憂哉？」晏驚動，曰：「然，為之柰何⓲？」譚曰：「刑罰不能加無罪，邪枉不能勝正人。夫士以才智要⓳君，女以媚道⓴求主。皇后年少，希更㉑艱難，或驅使醫巫，外求方技㉒，此不可不備。又君侯㉓以后父尊重而多通賓客，必借以重埶㉔，貽致㉕譏議。不如謝遣門徒㉖，務執謙愨㉗，此脩己正家㉘避禍之道也。」晏曰：「善」。遂罷遣㉙常客，入白皇后，如譚所戒㉚。後賢果風太醫令真欽，使求傅氏罪過㉛，遂逮后弟侍中喜㉜，詔獄㉝無所得，乃解，故傅氏終全於哀帝之時。及董賢為大司馬㉞，聞譚名，欲與之交。譚先奏書於賢，說以輔國保身之術，賢不能用，遂不與通。當王莽居攝篡弒之際㉟，天下之士，莫不競褒稱德美，作符命㊱以求容媚，譚獨自守，默然無言㊲。莽時為掌樂大夫㊳，更始立，召拜太中大夫㊴。

【章　旨】以上敘述桓譚投光武前的經歷。桓譚博學多通，好音律，尤好古學。他勸皇后父傅晏「務執謙慤，脩己正家」，使傅氏終免殺身之禍。

【注　釋】❶沛國相　沛國治相（今安徽濉溪縣西）。❷太樂令　秩六百石，掌伎樂，凡國祭祀掌請奏樂，及大饗用樂，掌其陳序。《桓子新論》：「昔孝成帝時，余為樂府令，凡所典倡優技樂蓋且千人。」譚以父任為郎。哀平時位不過郎，則《新論》所言，當為「余父為樂府令」，始與本傳合。❸譚以父句　《漢儀注》：「吏二千石以上，視事滿三年，得任同產（胞兄弟）若子一人為郎。」郎，謂執事於廊下，掌守門戶，出充車騎。❹音律　唐李賢注：「宮、商、角、徵、羽謂之五聲，聲成文謂之音。律謂六律，黃鐘、太蔟、姑洗、蕤賓、無射、夷則。」❺鼓　敲擊；彈奏。❻徧習五經　徧，同「遍」。五經，《詩》、《書》、《易》、《禮》、《春秋》。❼皆詁訓二句　詁訓，訓釋古代語言。章句謂既分其章，又依句敷衍而發明其含義。❽劉歆楊雄　劉歆，字子駿，後改名劉秀，與其父劉向共校祕書，寫成《七略》，為中國第一部圖書目錄。歆對《春秋左氏傳》甚有研究，使其與《毛詩》、《逸禮》、《古文尚書》皆列於學官。後為王莽國師。楊雄，又作「揚雄」，字子雲，蜀郡成都人。雄少好學深思，博覽多通。擅辭賦，又有哲學著作《法言》，其所著《方言》、《訓纂篇》，為文字學重要著作。二人在《漢書》皆有傳。❾倡樂　倡優的歌舞表演。倡，以樂舞說唱為業的藝人。❿憙非毀句　憙，同「喜」。非，同「誹」。誹毀，誹謗詆毀。俗儒，淺陋而迂腐的儒士。⓫多見排抵　見，被。抵與抵讀音不同，實是一字。排抵，排斥打擊。⓬傅皇后句　傅皇后是漢哀帝皇后，河內溫（今河南溫縣）人，平帝時，王莽以后與其父傅晏同謀不軌，后自殺，晏徙合浦。⓭高安侯董賢　董賢，字聖卿，左馮翊雲陽（今陝西淳化）人。以儀貌柔媚得到哀帝的寵愛，妹為昭儀，弟為執金吾，二十二歲為大司馬，位列三公。王莽劾其有罪，自殺。⑭女弟為昭儀　女弟，妹妹。昭儀，女官名。為皇帝妃嬪中第一等級，昭儀，昭顯女儀，以示隆重。昭儀位視丞相，爵比諸侯王。⑮嘿　同「默」。⑯昔武帝二句　子夫即衛皇后。本平陽公主家歌女，得幸於武帝，生男名據，遂立為皇后。陳皇后是武帝姑母長公主嫖之女，擅寵十餘年，無子，聞子夫得幸，百計欲置子夫於死地，又指使巫人詛咒子夫，事覺，廢居長門宮。事見《漢書·外戚傳》。⑰可　能。⑱然二句　然，如此。柰，或作「奈」。有對付、處置之義。⑲要　求取，故下句言「求」，互文見義。⑳媚道　用諂媚的手段。㉑希更　希，同「稀」。更，經歷。㉒方技　通醫術、占相、風水之術的人。㉓君侯　傅晏封孔鄉侯，故尊稱曰「君侯」。㉔埶　同「勢」。㉕貽致　招致。㉖謝遣門徒　謂賓客已在者予以遣散，欲至者予以拒絕。門徒，學生；弟子。㉗務執謙愨　執，守。愨，樸實。㉘脩己正家　脩己，修身。脩，同「修」。正家，端正家風。㉙罷遣　罷、遣義同，謂遣散。㉚戒　告誡。㉛風太醫令二句　風，示意。太醫令，秩六百石，掌醫藥。求，覓取；尋找。㉜侍中喜　侍中，秩比二千石，掌侍左右，贊導眾事，顧問應對。因往來殿內，故謂之侍中。喜，字稚游，封高武侯，《漢書》有傳。㉝詔獄　關押欽犯的監獄。㉞董賢為大司馬　大司馬為三公之一，掌四方兵事成績的考核，位在司徒下，哀帝元壽二年欲把董賢提到最高地位，詔大司馬位在司徒上。㉟王莽居攝句　王莽，字巨君，魏郡元城（今河北大名）人。元帝王皇后之姪，鴆殺平帝，迫使太后命己為「攝皇帝」，朝群臣聽政事皆如天子，二年後即位為皇帝，國號曰新。攝，代理。㊱符命　上天預示帝王受命的符兆。㊲譚獨自守二句　顧炎武謂《漢書·翟義傳》：「莽依〈周書〉作〈大誥〉，遣大夫桓譚等班行諭告當反位孺子之意。還，封譚為明告里附城。」是曾受莽封爵，史為之諱爾。㊳掌樂大夫　《新論》：「余前為掌樂大夫，有鳥鳴於庭樹上，而府中門下皆為憂懼。後余與典樂謝侯爭鬭，俱坐免去。」㊴更始立二句　劉玄，字聖公，南陽人。王莽末起兵，被推為更始將軍。稱帝，年號更始。太中大夫，秩比千石。《續漢書·百官志》注：「凡大夫、議郎皆掌顧問應對，無常事，唯詔命所使。」

【語譯】桓譚，字君山，沛國相縣人。父親在成帝時為太樂令。桓譚以父之官職被任命為郎，因而喜好音樂，擅長操琴。他博學多才，遍研《五經》，都能訓解大義，不做分章摘句的瑣碎學問。他很會寫文章，特別喜好古文經學，多次同劉歆、揚雄辯析古書中的疑難。他生性愛好歌舞音樂，為人平易不重威儀，而好詆毀庸俗儒生，因此多被人排斥。

在哀帝、平帝年間，桓譚僅為郎官。傅皇后之父、孔鄉侯傅晏對譚非常友善。這時高安侯董賢深得哀帝寵幸，他妹妹為昭儀，傅皇后越來越被哀帝疏遠，傅晏沉默寡言很不愉快。譚進言道：「從前武帝想立衛子夫為皇后，暗中尋求陳皇后的過錯，最終陳皇后被廢，衛子夫得立。現在董賢最得寵，其妹尤得恩幸，恐怕要出現衛子夫那樣的事件，能不憂慮嗎？」傅晏驚動不安，說：「是啊，怎麼辦呢？」桓譚說：「刑罰不能加於無罪之人，邪惡勝不過正直。士人以才華智慧取得國君的信任，女子用諂媚手段求得人主的歡心。皇后還年輕，很少經歷艱難，可能有人指使巫醫，到宮外尋求醫方卜筮之人搜集皇后的言行，此不能不加防備。還有，君侯處在后父的貴要地位而多與賓客結交，必然因此壯大勢力，易招致譏議。不如遣散門生弟子，專心執守謙遜，這才是修身治家而避免禍患的方法。」傅晏說「好」。於是遣散常住賓客，又到宮中告訴皇后謹慎行事，如桓譚所告誡的。以後董賢果真唆使太醫令真欽，使求傅家的罪過，便逮捕了皇后之弟、侍中傅喜入獄，沒查出罪證，只好釋放他，因此傅氏一家在哀帝時期終得保全。等到董賢當了大司馬，聽到桓譚名聲，想與他交往。桓譚就先向董賢上了一封信，告訴他輔佐國家保全自身的方法，董賢不能採納，桓譚便不與他來往。在王莽攝帝位弒平帝篡漢之時，天下的士人，都爭先恐後地對王莽歌功頌德，有的甚至偽造符命向王莽討好，而桓譚獨能約己持節，沉默不語。在王莽的新朝他做過掌樂大夫，更始稱帝，徵他授為太中大夫。

1 世祖❶即位，徵待詔❷，上書言事失旨❸，不用。後大司空宋弘薦譚❹，拜議郎給事中❺，因上疏陳時政所宜，曰：

2 「臣聞國之廢興，在於政事；政事得失，由乎輔佐。輔佐賢明，則俊士❻充朝，而理合世務；輔佐不明，則論失時宜，而舉多過事❼。夫有國之君，俱欲興化❽建善，然而政道❾未理者，其所謂賢者異也。昔楚莊王問孫叔敖❿曰：『寡人未得所以為國是也⑪。』叔敖曰：『國之有是，眾所惡也⑫，恐王不能定也。』王曰：『不定獨在君，亦在臣乎⑬？』對曰：『君驕⑭士，曰士非我無從⑮富貴；士驕君，曰君非士無從安存。人君或至失國而不悟，士或至飢寒而不進。君臣不合，則國是無從定矣。』莊王曰：『善。願相國與諸大夫共定國是也⑯！』蓋善政者，視俗而施教，察失而立防，威德更興，文武迭用⑰，然後政調於時，而躁人⑱可定。昔董仲舒⑲言『理國譬若琴瑟，其不調者則解而更張⑳』。夫更張難行，而拂㉑眾者亡，是故賈誼以才逐，而朝錯以智死㉒。世雖有殊能㉓而終莫敢談者，懼於前事也。

3 「且設法禁㉔者，非能盡塞天下之姦，皆合眾人之所欲也，大抵取便國利事多者，則可矣。夫張官置吏㉕，以理萬人㉖，縣㉗賞設罰，以別善惡，惡人誅傷，則善人蒙福矣。今人相殺傷，雖已伏法㉘，而私結怨讎，子孫相報，後忿深前，至於滅戶殄業㉙，而俗稱豪健，故雖有怯弱，猶勉而行之，此為聽㉚人自理而無復法禁者也。今宜申明舊令，若已伏官誅而私相傷殺者，雖一身逃亡，皆徙家屬於邊，其相傷者，加常二等，不得雇山㉛贖罪。如此，則仇怨自解，盜賊息矣。

4 「夫㉜理國之道，舉本業而抑末利㉝，是以先帝禁人二業，錮商賈不得宦為吏㉞，此所以抑并兼長廉恥也。今富商大賈，多放錢貨，中家㉟子弟，為之保役㊱，趨走與臣僕等勤，收稅與封君比入㊲，是以眾人慕效，不耕而食，至乃多通侈靡㊳，以淫㊴耳目。今可令諸商賈自相糾告㊵，若非身力所得，皆以臧畀告者㊶。如此，則專役一己㊷，不敢以貨與人，事寡力弱，必歸功田畝。田畝修，則穀入多而地力盡矣。

5 「又見㊸法令決事，輕重不齊，或一事殊法，同罪異論㊹，姦吏得因緣為市㊺，所欲活則出生議㊻，所欲陷則與死比㊼，是為刑開二門也。今可令通義理明習法律者，校定科㊽比，一其法度，班㊾下郡國，蠲除㊿故條。如此，天下知方(51)，而獄無怨濫(52)矣。」

6 書奏(53)，不省(54)。

【章　旨】以上敘述中興後桓譚在朝中任職，因陳時政所宜。在上疏中主要說明治理國家要選用賢明輔佐，共定國是；設立法禁，不許私自結怨相鬥；宜舉本抑末，禁民二業，使民歸於田畝；宜劃一法律，不致同罪異判。

【注　釋】❶世祖　皇帝死後，在太廟中立祀時特起的名號曰廟號，世祖是光武帝劉秀的廟號。❷徵待詔　漢代徵士，未授正式官職的，均待詔公車，特異者待詔金馬門，備顧問，後遂以待詔為官名。徵，召聘，多用於君召聘臣。待詔，等待詔命任使。❸失旨　不合皇帝意旨。❹大司空宋弘句　大司空，三公之一，掌水土事，凡營城起邑，浚溝洫，修堤防之事，則議其利建其功。凡國有大功勞恩典及大疑、大過，則參與三公的議論和諫諍。宋弘，字仲子，京兆長安（今陝西西安）人。光武帝建武二年拜大司空，封栒邑侯。帝曾問弘通博之士，弘乃薦沛國桓譚才學洽聞，能及楊雄及劉向、歆父子，於是召譚拜議郎，給事中。❺議郎給事中　議郎，光祿勳屬官，秩比六百石，掌顧問應對，無常事，多徵賢良方正之士任之。給事中，供職於禁中。本書〈宋弘傳〉謂，光武每讌，輒令桓譚鼓琴為繁聲，弘奏帝，之所以推薦桓譚，望其以忠正導主，而令朝廷耽鄭聲，遂止侍中。❻俊士　才智傑出之人。《鶡冠子》謂，德比萬人謂之俊。❼過事　錯誤舉動。❽興化　提倡教化。❾政道　政局。❿昔楚莊王句　楚莊王，春秋時楚國國君，名旅，任用賢人，興修水利，國人大悅，國以富強，問鼎於周郊，成為當時的霸主。孫叔敖，春秋時期思（今河南淮濱）人。楚國賢相，幫助楚莊王創成霸業。⓫寡人未得句　寡人，古代君主的謙稱。《禮記・曲禮下》：「其（諸侯）與民言，自稱曰寡人。」孔穎達疏：「寡人者，言己寡德之人。」所以，何以。國是，正確的治國方略。⓬國之有是二句　謂國家雖然有了所謂的「是」，但為民所恨惡。⓭不定獨在君二句　謂國是之定與不定唯君說了算，也在大臣嗎。⓮驕　矜誇。⓯從　由。⓰願相國句　以上屬於國是的對話，見劉向《新序・雜事二》。⓱威德更興二句　更、迭二字意思相同，皆謂交替，變文以避重複。⓲躁人　浮躁不安分之人。⓳董仲舒　西漢廣川（今河北棗強）人。武帝時政治家，治《春秋公羊傳》，曾任博士和江都王相及膠西王相，其〈舉賢良對策〉，提出「罷黜百家，獨尊儒術」和「天人感應」學說，對後世影響很大。《漢書》有傳。⓴理國二句　理，治。唐人諱高宗李治名，往往改治為理。解而更張，解下原來的絃重張新絃。董仲舒〈對策〉作「竊譬之琴瑟，不調甚者，必解而更之迺可鼓也；為政而不行，甚者必變而更化之迺可理也」，此引去掉「甚」字，意義稍有不同。見其本傳。㉑拂　逆；違背。㉒是故賈誼二句　賈誼，西漢洛陽（今河南洛陽）人。善文章，事文帝為博士，主張分散諸王國勢力，每詔令下，諸老先生未能言，誼盡為對答，人人如出己意。被貶為長沙王太傅，是因才而被逐。朝錯，朝，又作「晁」、「鼂」，西漢潁川（今河南禹州）人。事文帝為太子家令，號為「智囊」。景帝時為御史大夫，提出削奪諸侯王封地，吳楚等七國反，以「清君側」為名，景帝乃腰斬錯，是朝錯以智而死。二人《漢書》皆有傳。㉓殊能　卓異的才能。㉔法禁　刑法與禁令。㉕張官置吏　張與置同義，謂設立官吏。㉖萬人　即萬民，唐人避太宗李世民之諱，將民改為人。㉗縣　即「懸」。㉘伏法　依法判處死刑。㉙滅戶殄業　殄、滅同義。滅戶即滅門，殺全家。業，家產。㉚聽　任從；允許。㉛雇山　本書〈光武紀〉李賢注引《漢書音義》：「令甲，女子犯徒，遣歸家，每月出錢雇人於山伐木，名曰雇山。」雇山錢每月三百。㉜夫　發語詞，用於句首，起提示作用。㉝舉本業句　舉，提倡；鼓勵。本業，農業。古人重農，把農業看作本業。抑，壓制；打擊。末業指手工業和商業。㉞是以先帝二句　先帝，本朝已故的皇帝。劉秀為高祖九世孫，故亦稱前漢諸帝為先帝。此指高祖時，禁止人民從事農業以外的產業，令商人不得穿絲衣和乘車，市井子孫不得仕宦為吏，都是只看到工商業的消極作用一面，未看到它推動生產的積極一面的結果。㉟中家　中等人家。㊱保役　謂居間作保，為債主奔走辦事。㊲收稅句　收稅謂放貸收利息。《東觀漢記》：「中家子為之保役，受計上疏，趨走俯伏，譬若臣僕，坐而分利。」㊳侈靡　奢侈靡費。㊴淫　沉湎；放縱。㊵糾告　糾察告發。㊶以臧畀告者　謂以贓物給予告發者作為獎勵。臧，同「贓」。畀，予。㊷專役一己　一人專營一業，不得兼營其他。㊸見　同「現」。㊹論　判決。㊺因緣為市　因緣，藉著各種機緣。市，交易。㊻議　論罪。㊼比　謂類例，即案例。㊽科　律條。㊾班　同「頒」。頒布。㊿蠲除　廢除。蠲、除二字同義。(51)方　即法。(52)怨濫　怨，罰不當罪，即冤案。濫，將無罪定為有罪，即擴大化。(53)奏　呈進。(54)省　察視。

【語譯】光武帝即位，徵桓譚為待詔，上書對政事發表意見，因不合皇帝旨意而未被錄用為正式官員。後來大司空宋弘又舉薦他，授為議郎，供事於禁中，因此上奏陳述針對時政所應該做的事情，他說：

2 「我聽說國家的興衰，在於處理政事；政事的得失，又在於輔佐大臣。輔佐大臣賢良開明，就會使才智出眾之士充滿朝廷，而且對政事的處理適合社會的需要；大臣不明察事理，所論便不合時宜，做事就多錯誤。凡是執政的君主，都想要興教化而建善政，然而政局沒有治理好的根源，是對所謂的賢者的認識不同。從前楚莊王問他的相國孫叔敖說：『我還不知道如何制定治國的好辦法。』孫叔敖答道：『現在所謂治國的好辦法，是民眾所憎恨的，恐怕君王是定不出來的。』楚王說：『定不定唯在國君，難道由臣下定嗎？』孫叔敖答道：『當國君的向士誇耀，說士不依靠我就不能富貴；士也向君誇耀，說國君沒有我輔佐就得滅亡。人君有的到亡國也不覺悟，士有的淪於飢寒而不得進身。君臣不和諧，治國的辦法是無法制定的。』莊王說：『好啊！希望相國與各位士大夫共定治國之策吧！』大體說來，所謂善政，就是根據風俗人情而施教化，審社會漏洞而行防範，威與德交替施行，文與武要一張一弛，這樣政治才能與時代相協調，那些浮躁不安分守己的人便老實下來。以前董仲舒說過『治理國家如同彈奏琴瑟，如果有的絃不協調，就把它解下來再換一根』。改革政事是不容易做的，而違逆眾意的就會滅亡，因此之故賈誼以有才智被貶逐，朝錯以有智謀被處死。世上雖有才能卓異之人而終究不敢議政的原因，就怕重蹈前人的覆轍啊！

3「況且制定的法律禁令，不可能完全禁絕天下的奸邪，也不可能完全合於眾人的要求，大體說來採取對國家利益多的措施就可以了。國家設置官吏治理萬民，設立賞罰以便區別人的善惡，惡人受到懲罰，善人就蒙受福祉了。現在有人互相殺傷，罪人雖已依法處死，但個人卻結下怨仇，子孫互相報復，後代的仇恨超過前代，甚至於滅門破家，世俗對這種行徑竟稱為豪氣勇敢，所以即使怯懦的人，也要壯起膽量去做，這些都是任從民間自行解決，而沒有法禁的表現。現在應該申明舊有法令，如有已經依法處死之後而個人仍相殺傷的，盡管肇事者隻身逃亡，也要將其全家徙流到邊疆，那些互相傷害對方的，處罰比常規加重二等，且不准出雇山錢贖罪。這樣一來，仇怨自然化解，盜賊也就自止了。

4「治國經邦之道，在於提倡農業，抑制工商業，因此先朝皇帝禁民從事工商業，禁止商賈不得入仕為官，這就是能以抑制兼併促進廉恥的原因。現在富商大賈，大放錢物以取利，中等人家子弟為他們奔走效勞，追隨他們就像奴僕一樣殷勤，所收稅利可與王侯相比，因此眾民紛紛效法，不耕而食，甚至竟有許多人奢侈靡爛，追求耳目刺激。現在可以讓商人自相糾察告發，如果不是自己勞動所得，一律沒收贓物給予揭發者。這樣一來，人們就會盡力於自己產業的經營，不敢把財物貸給他人，生財之道少力量就薄弱，必然把力量用回到耕種田地上了。田地種好了，糧食收成好，地力也就發揮出來了。

5「還有，現行法令斷案，量刑輕重不齊，有時同一事情運用不同的法律，同樣的罪行卻有不同的判決，奸猾官吏得以借機從中進行交易，若要人活就拿出活命的論議，若要人死就給出死刑的案例，這就是量刑不一致。現在可讓通曉倫理道德和熟習法律的人，校定法律條文，劃一法律標準，頒布到各郡國，廢除舊的條款。這樣做，天下人就知道什麼是罪，什麼是非罪，在刑獄上就不會出現冤案和擴大化了。」

6章表呈上去以後，皇帝不加理睬。

1 是時帝方信讖❶，多以決定嫌疑❷。又讎賞少薄❸，天下不時安定。譚復上疏曰：

2 「臣前獻瞽言❹，未蒙詔報❺，不勝❻憤懣，冒死復陳。愚夫策謀，有益於政道者，以合人心而得事理也。凡人情忽於見事而貴於異聞，觀先王之所記述，咸以仁義正道為本，非有奇怪虛誕之事。蓋天道性命，聖人所難言也。自子貢以下，不得而聞，況後世淺儒，能通之乎❼？今諸巧慧小才伎數之人，增益圖書，矯稱讖記❽，以欺惑貪邪，詿誤人主，焉可不抑遠之哉❾？臣譚伏聞陛下窮折方士黃白之術❿，甚為明矣；而乃欲聽納讖記，又何誤也！其事雖有時合，譬猶卜數隻偶之類⓫。陛下宜垂明聽，發聖意，屏群小之曲說，述五經之正義⓬，略雷同之俗語，詳通人之雅謀⓭。

3 「又臣聞安平則尊道術之士⓮，有難則貴介冑之臣⓯。今聖朝興復祖統⓰，為人臣主，而四方盜賊未盡歸伏者，此權謀⓱未得也。臣譚伏觀陛下用兵，諸所降下，既無重賞以相恩誘⓲，或至虜掠奪其財物，是以兵長渠率⓳，各生狐疑，黨輩⓴連結，歲月不解。古人有言曰：『天下皆知取之為取，而莫知與之為取。』㉑陛下誠能輕爵㉒重賞，與士共之，則何招而不至，何說而不釋，何向而不開，何征而不剋㉓？如此，則能以狹為廣，以遲為速，亡者復存，失者復得矣㉔。」

4 帝省奏，愈不悅。

5 其後有詔會議靈臺㉕所處，帝謂譚曰：「吾欲以讖決之，何如？」譚默然良久，曰：「臣不讀讖。」帝問其故，譚復極言讖之非經㉖。帝大怒曰：「桓譚非聖無法㉗，將下㉘斬之！」譚叩頭流血，良久乃得解。出為六安郡丞㉙，意忽忽㉚不樂，道病卒，時年七十餘。

6 初，譚著書言當世行事二十九篇，號曰新論，上書獻之，世祖善焉㉛。琴道一篇未成，肅宗使班固續成之㉜。所著賦、誄、書、奏，凡二十六篇㉝。

7 元和㉞中，肅宗行東巡狩㉟，至沛，使使者祠譚冢，鄉里以為榮。

【章旨】以上敘述桓譚在上疏中批判圖讖荒誕不經，激怒了光武，光武故意問他欲以圖讖決定靈臺位置，桓譚一句「臣不讀讖」，險些丟了性命。至於桓譚疏中勸皇帝「輕爵重賞，與士共之」的思想反而被忽略了。

【注釋】❶讖 預言吉凶的文字和圖籙。《文選》李善注：「《說文》：讖，驗也。有徵驗之書，河洛所出書曰讖。」❷嫌疑 謂疑猜不能決定的事物。❸讎賞少薄 讎，同「酬」。酬勞。少，同「稍」。❹瞽言 不明事理的言論。此桓譚謙辭。❺未蒙詔報 蒙，受到，敬稱。詔報，以詔書形式回答。❻不勝 不盡。❼蓋天道性命六句 《論語・公冶長》子貢曰：「夫子之文章可得而聞也。夫子之言性與天道，不可得而聞也。」楊伯峻注：「性，人的本性。天道一般是指自然和人類社會吉凶禍福的關係。」子貢等弟子親受業於孔子尚不得聞，更不用說後世淺儒了。❽今諸巧慧三句　巧慧，虛偽狡黠。小才，小有才智。伎謂方伎，即醫藥、養生等技術。數謂術數，即天文、曆法、五行、占相之術。圖書即讖記。光武帝令尹敏校勘圖讖，敏因其缺文增之曰「君無口，為漢輔」，帝召而問之，對曰：「臣見前人增損圖書，敢不自量，竊幸萬一。」是增益圖書。真定王劉楊，喉下有癭瘤，因造讖記曰：「赤九之後，癭楊為主。」是矯稱讖記。矯，偽託；詐稱。❾以欺惑貪邪三句　貪邪，貪婪邪佞之人。詿誤，貽誤；連累。抑遠，壓制而使之遠去。❿窮折方士黃白之術　窮折，竭力駁斥。方士，有方術之士。黃白謂以藥化成金銀。⓫其事雖有時合二句　時合，偶而應驗。卜數隻偶，占卜次數多了，不是奇數就是偶數，必有巧合之時，故李賢注：「言偶中也。」數，多次。隻偶，單數和雙數。⓬屏群小二句　屏，同「摒」。拋棄。群小，眾多不學無術之人。曲說，與下「正義」相對，正義是合乎經典的解釋，曲說是曲邪之妄說。⓭略靁同二句　略，省去。靁，同「雷」。雷同，人云亦云；無自己的獨立見解。通人，學識淵博的人。雅，正。合於道德的謀略為雅謀。⓮道術之士　有學問道德之人，謂重文治。⓯介冑之臣　介，披甲。冑，頭盔。謂興武功。⓰興復祖統　謂剷除新莽，恢復劉氏天下。祖統，一姓的統系。⓱權謀　權變與謀略。⓲恩誘　以仁恩相誘導。⓳渠率　對敵方軍事首領的貶稱。率，同「帥」。⓴黨輩　黨與輩同義，即一群一群，一撥一撥。㉑古人有言三句　李賢注：「言先饒與之，後乃可取之。」古人有言二語是化用《老子》：「將欲廢之，必固興之；將欲奪之，必固與之。」㉒輕爵　不要吝嗇給有功的人以爵位。㉓何招而不至四句　反問句，正敘即有招必至。以下各句句法同。㉔則能以狹為廣四句　以狹為廣，即變狹為廣，為自己打開局面。以下各句義同。㉕靈臺　帝王觀察天文星象、妖祥災異的建築。陽衒之《洛陽記》：「平昌門直南，大道東是明堂，大道西是靈臺。」㉖非經　不合儒家經典。㉗非聖無法　《漢書・孔安國傳》：「聖人制作禮樂而敢非之，是無法也。」㉘將下　拿下去。㉙出為六安郡丞　六安縣治在今安徽六安北。然六安原為六安國，建武十三年省六安國，以其屬縣併入廬江郡。桓譚出為六安郡丞當在建武十三年以前。范書因敘建靈臺（建武中元元年）而記於此，與時間不符。㉚忽忽　失意的樣子。㉛譚著書言當世行事四句　當世行事，當前的社會狀況、人們的言行。桓譚云：「余為《新論》，述古今，欲為治也。何異《春秋》褒貶耶?」《新論》一書，唐宋以後久佚，李賢注中錄其篇目，一曰〈本造〉，二〈王霸〉，三〈求輔〉，四〈言體〉，五〈見徵〉，六〈譴非〉，七〈啟寤〉，八〈祛蔽〉，九〈正經〉，十〈識通〉，十一〈離事〉，十二〈道賦〉，十三〈辨惑〉，十四〈述策〉，十五〈閔友〉，十六〈琴道〉。〈本造〉、〈述策〉、〈閔友〉、〈琴道〉各一篇，餘並有上下。《東觀漢記》：「光武讀之，敕言卷大，令皆為上下，凡二十九篇。」㉜琴道一篇二句　《東觀漢記》：「〈琴道〉未畢，但有發首一章。」肅宗，章帝廟號。班固，字孟堅，右扶風安陵（今陝西咸陽）人。著《漢書》。本書有傳。㉝所著賦誄二句　賦之義為鋪，鋪敘文采，體物寫志，是詩的變體，流行於漢魏六朝時期。誄，對死者積累德行，表揚其不朽。書，信函，謂舒發其言，陳之簡牘。奏之義為進，言把下情進於上，即奏章。凡，共計。㉞元和　東漢章帝年號，西元八四—八七年。㉟巡狩　諸侯王與郡守為皇帝守土，皇帝到郡國巡視曰巡狩。狩，同「守」。

【語譯】這時光武帝正迷信圖讖，遇有拿不定主意的事，常用讖語來決定。加上朝廷對有功之臣酬賞又少，天下沒有早日安定下來。桓譚又上疏說：

2 「臣以前進呈的不明事理的話，沒有得到詔書答覆，非常煩悶，因而冒死再次陳說。愚人的謀略，只要是有益於治道的，都是因為合於人的願望和事物的規律啊。人的習慣總是輕看眼前的事實，卻重視希奇古怪的傳聞，縱觀古帝王的記載，無不以仁義正道為根本，並沒有奇怪虛妄之事。大體說來，天道性命的問題，聖人孔子尚且說不清楚。自子貢以下諸弟子，從來沒有聽老師講過，何況後代不學無術的儒者，能說得清嗎？現在那些賣弄小聰明伎數之人，增改圖書，假託讖記，用以欺惑貪婪邪惡之人，貽誤皇帝，怎能不把他們趕得遠遠的呢？臣譚聽說陛下盡情駁斥方士的煉金術，是極英明的；但卻要採納讖記，又是多麼迷惑啊！讖中所言，雖然有時相合，如同占卜，占得次數多了，總有碰上的時候。陛下應該明下情，作決斷，摒棄小人的邪說，闡明《五經》的真義，略去人云亦云的俗說，詳審飽學之士的善謀。

3 「還有，臣聽說世道平安便尊重有學問道德之士，有危難便看重披堅持銳之將。現在聖朝恢復漢家大統，成為臣民之主，然而四方盜賊沒有完全歸服，這是因為策謀不當啊。臣譚觀察陛下用兵，那些投降的人，不但沒有重賞來誘導他們，有的甚至還搶奪他們的財物，因此那些大小頭目，各生懷疑，結黨聯勢，長久不能平伏。古人有話，說：『天下人都知道拿別人的東西是取，而不知道給人東西也是取。』陛下真的能不吝爵位和提高賞格，與士大夫共甘苦，那麼招誰誰不來，說誰誰不聽，指向哪裡哪裡能不開通，打到哪裡哪裡能不攻克？這樣，就能看來是狹，實際是廣，看來遲滯，實際迅速，滅者能復興，失去的能再得到了。」

4 光武帝看了桓譚的奏章，更加不高興。

5 在那以後，皇帝有詔大臣共同討論靈臺建在什麼地方，光武帝對桓譚說：「我打算用讖語決定建靈臺的處所，你看怎麼樣？」桓譚沉默了很久，說：「我不讀圖讖。」光武問他什麼原因，桓譚大談讖是不合儒家經典的。光武帝大怒道：「桓譚誹謗聖人，目無禮法，推下去斬了！」譚叩頭流血，許久才得到寬恕。從京官出任為六安郡丞，桓譚鬱鬱不樂，在路上病逝，當時七十多歲。

6 起初，桓譚著書談論當代政事，共二十九篇，名曰《新論》，把書獻上，光武帝很稱讚。桓譚還寫有〈琴道〉一篇，沒有完稿，章帝讓班固把它接續寫完。桓譚寫的賦、誄、書信、奏章，共二十六篇。

7 章帝元和年間，皇帝到東方巡視，至沛國，派遣使臣祭奠桓譚墳墓，譚家鄉人認為是他們的光榮。

馮衍，字敬通，京兆杜陵❶人也。祖野王，元帝時為大鴻臚❷。衍幼有奇才，年九歲，能誦詩，至二十而博通群書。王莽時，諸公多薦舉之者，衍辭不肯仕。

時天下兵起，莽遣更始將軍廉丹討伐山東❸。丹辟衍為掾，與俱至定陶❹。

莽追詔❺丹曰：「倉廩盡矣，府庫空矣，可以怒矣，可以戰矣。將軍受國重任，不捐身於中野，無以報恩塞責❻。」丹惶恐，夜召衍，以書示之❼。衍因說丹曰：

「衍聞順而成者，道之所大也；逆而功者，權之所貴也❽。是故期於有成，不問所由；論於大體，不守小節。昔逢丑父伏軾而使其君取飲，稱於諸侯❾；鄭祭仲立突而出忽，終得復位，美於春秋。蓋以死易生，以存易亡，君子之道也❿。詭⓫於眾意，寧國存身，賢智之慮也。故易曰：『窮則變，變則通，通則久，是以自天祐之，吉，無不利。』⑫若夫知其不可而必行之，破軍殘眾，無補於主，身死之日，負⑬義於時，智者不為，勇者不行。且衍聞之，得時無怠⑭。張良以五世相韓，椎秦始皇博浪之中⑮，勇冠乎賁、育⑯，名高乎太山。將軍之先，為漢信臣⑰。新室之興，英俊不附⑱。今海內潰亂，人懷漢德，甚於詩人思召公也，愛其甘棠，而況子孫乎⑲？人所歌舞，天必從之⑳。方今為將軍計，莫若屯據㉑大郡，鎮撫㉒吏士，砥厲㉓其節，百里之內，牛酒日賜，納雄桀㉔之士，詢忠智之謀，要㉕將來之心，待從橫㉖之變，興社稷㉗之利，除萬人之害，則福祿流於無窮，功烈㉘著於不滅。何與㉙軍覆於中原，身膏㉚於草野，功敗名喪，恥及先祖哉？聖人轉禍而為福，智士因敗而為功，願明公深計而無與俗同。」丹不能從。進及睢陽㉛，復說丹曰：「蓋㉜聞明者見於無形，智者慮於未萌，況其昭晳㉝者乎？凡患生於所忽，禍發於細微，敗不可悔，時不可失。公孫鞅曰：『有高人之行，負非於世；有獨見之慮，見贅於人。』㉞故信庸庸之論，破金石之策㉟；襲當世之操，失高明之德㊱。夫決者智之君也，疑者事之役也㊲。時不重至，公勿再計㊳。」丹不聽，遂進及無鹽，與赤眉戰死㊴。衍乃亡命河東㊵。

【章　旨】以上敘述馮衍在王莽時代與將軍廉丹討論當前形勢及對策。馮衍根據「新室之興，英俊不附」的現實，建議廉丹屯兵勵士以待中原之變。丹不能從，結果兵敗身死，馮衍自身也無所依附。

【注　釋】❶京兆杜陵　京兆，三輔之一，治所在長安。杜陵在今西安東南。《東觀漢記》云，其先上黨潞（今山西潞城）人，曾祖父奉世徙杜陵。❷祖野王二句　野王，字君卿。受業博士，年十八上書願試守長安令，後以長、令、太守，入為左馮翊，遷為大鴻臚。元帝，西漢皇帝劉奭的謚號。❸廉丹討伐山東　廉丹，王莽重要軍事將領，四出鎮壓反對王莽的勢力，所到之處燒殺掠奪，東方人說：「寧逢赤眉，不逢太師；太師尚可，更始殺我。」太師，王莽太師王匡的軍隊。山東，秦漢時期以崤山以東為山東。崤山在今河南洛寧北。❹定陶　即今山東定陶。❺追詔　非當面頒詔，別後追補詔書。❻倉廩盡矣七句　廩、倉同義，謂糧倉。府庫，指存儲錢糧兵械之處。怒謂奮發。捐，拋棄。中野即野中，原野之中。塞責，盡責；補過。❼示之　展示出來讓他看。❽衍聞順而成者四句　順而成者謂按一般規律取得成功，是道中最值得稱讚的。逆而功者，李賢注：「於正道雖違逆而事有成功者，謂之權，所謂反經合義者也。」❾昔逢丑父二句　據《左傳・成公二年》，齊晉二國作戰，晉軍追逐齊國之君，御者逢丑父就和齊君調換了在車上的位置，讓齊君趕車，等晉軍快追上時，丑父讓國君下車取水，結果逢丑父被俘，獻給晉軍統帥郤克。郤克要殺他，丑父大呼道：「從今以後再沒有替自己的國君承擔患難的人了，有一個在此，將被你殺掉。」郤克說：「人不怕死而使自己的君主脫離危險，殺了他不吉利，赦了他用以激勵那些事君的人。」❿鄭祭仲立突六句　祭仲，鄭國大夫。突及忽是鄭莊公之二子。莊公薨，太子忽當立為君，公子突的母親是宋國人，宋國就把祭仲拘捕，逼他趕走忽而立突為鄭君，祭仲答應了。四年後，祭仲終於使忽復位。《公羊傳》讚美祭仲懂得權變，如果當時祭仲不答應宋國要求，君必死，國必亡。暫時答應其要求，君可以生易死，國可以存易亡。權是反乎經，最後得好的結果，古之會用權變的，祭仲就是這樣的人。⓫詭　違背；欺詐。⓬故易曰六句　《周易・繫辭下》之文，其義為世上無不可解的事物，正道窮盡則需權變，用權變則能通達，能通達便能長久不衰。⓭負　違背。⓮怠　李賢注：「懈也，言當急趨時。」⓯張良以五世相韓二句　張良，字子房，韓國人。其祖父開地相韓昭侯、宣惠王、襄哀王，父平相韓釐王、悼惠王。謂良之父祖相韓之五王。秦滅韓，良家僮三百人，悉以家財尋找刺客謀刺秦始皇。找到大力士，做鐵椎重百二十斤，襲擊始皇帝於博浪沙中。博浪沙在今河南原陽南。⓰賁育　孟賁、夏育，並古之力士。《漢書音義》：「孟賁生拔牛角。夏育，衛人，力舉千鈞。」三十斤為一鈞。⓱將軍之先二句　將軍之先，謂廉褒，隴西襄武（今甘肅隴西）人，宣帝時為後將軍。信臣，忠信之臣。⓲新

室之興二句　王莽所建國號曰新。室，朝廷。不附，不親附。⑲今海內潰亂五句　海內，國境之內，古人認為中國疆土四面臨海，故稱全國為海內。潰亂，散亂。懷，思念。召公，姬奭，周武王之弟，采邑在召（今陝西岐山縣西南），故名。召公治理陝（今河南陝縣）以西之地，甚得兆民之和，召公巡行鄉邑，決獄聽政於棠樹下，自侯伯庶人各得其所。召公卒，民人思召公之政，不敢砍伐那棵甘棠樹，作詩歌頌他。《詩・甘棠》：「蔽芾（小貌）甘棠，勿翦勿伐，召伯所茇（茇，草舍）。」⑳人所歌舞二句　言人懷漢氏之德而歌之舞之。《尚書・泰誓》：「民之所欲，天必從之。」㉑屯據　駐紮。㉒鎮撫　安撫。㉓砥厲　砥、厲皆磨刀石，引申為磨練。厲，同「礪」。㉔雄桀　英雄豪傑。桀，即「傑」。才能出眾之人。㉕要　求取；追求。㉖從橫　謂交錯雜亂，不可收拾。從，即「縱」。㉗社稷　古帝王常祭祀之，以求國安寧、民富足，因以社稷為朝廷的代稱。社，土神。稷，穀神。㉘功烈　功勞業績。烈，業績。㉙何與　何如。㉚膏　塗潤，謂赴死。㉛睢陽　梁國屬縣。在今河南商丘南。㉜蓋　提起連詞，無義。㉝昭哲　昭、哲皆明顯之義。㉞公孫鞅曰五句　鞅，衛國人，故又稱衛鞅，是衛之公孫，又稱公孫鞅，入秦，助秦孝公變法而強盛，封於商（今陝西商縣東南商洛鎮），又稱商鞅。後被車裂而死。負，背著。負非，被人非難，批評。見贅，被人恨惡。二語見《史記・商君列傳》。㉟故信庸庸二句　庸庸，平常無特異。金石喻堅定。策，謀略。㊱襲當世二句　襲，因襲；重複。當世，世俗。操、德同義，謂道德行為。㊲夫決者二句　決，決斷。君，主腦。疑，猶豫。役，奴僕。㊳時不重至二句　重至，再來。計，謀慮，謂猶豫。㊴遂進及無鹽二句　無鹽，縣名。屬東平國。在今山東東平東。《漢書・王莽傳》謂，與赤眉別校董憲戰，兵敗，王匡逃走，丹使吏持其符節付匡，曰：「小兒可走，我不可。」遂止，戰死。㊵衍乃亡命句　據華嶠《後漢書》，廉丹死，衍西歸，上司認為是馮衍之過，下令追捕，衍逃匿。亡命，泛指逃亡的人。亦解為失去名籍。命，同「名」。河東，郡名，因轄區在黃河以東得名。治安邑（今山西夏縣西北）。

【語　譯】馮衍，字敬通，京兆杜陵人。祖父馮野王，前漢元帝時任大鴻臚。衍幼有非凡之才，九歲便能誦讀《詩》，到二十歲博通群書。王莽當政時，大臣中很多薦舉他的，馮衍推辭不肯出仕。

當時全國各地紛紛起兵，王莽派遣更始將軍廉丹討伐崤山以東農民軍。廉丹徵召馮衍為其屬吏，和他一起到了定陶縣。他們出發後，王莽補發詔命給廉丹，說「現在糧倉已空，錢也花光，到了一鼓作氣、破釜沉舟的時候了。你肩負國家重託，不捐軀沙場，就無以報答國恩，完成使命。」廉丹接到詔書後非常害怕，深夜喚來馮衍，把詔書給他看。馮衍便藉著這個由頭，勸廉丹道：「我聽說，按照正常規律取得成功，是正道中最推崇的；不按正常規律而取得成功，那是權變中最看重的。因此要想求得成功，就不要計較通過什麼途徑；衡量大體，就不能拘泥小節。從前逢丑父冒充國君伏軾而立，而指使齊君去取飲水，自己當了俘虜，名揚列國；鄭國祭仲立公子突為國君，而趕走公子忽，最後使忽得以復位為君，《春秋》中稱讚他。一般而言，用拚死換得生存，用存在替代滅亡，是君子常用的正道。違背多數人的願望，可以安定國家，保存自身，是賢智之士的謀略。所以《易》上說：『事情按正常方法做不成，就要用權變，用權變便可以通行，能通行無阻便能久存，因此上天也來保佑，是大吉，無不順利。』至於那種明知行不通卻一定去做，軍隊被打敗，士兵被殘殺，對主上毫無補救，到自己死亡之日，又辜負了時代，這是聰明人不做，勇敢的人也不實行的。況且我還聽說，抓住時機不要放鬆錯過。張良先世輔相韓國五代君王，襲擊秦始皇於博浪沙之地，其勇敢蓋過孟賁、夏育，名聲高過太山。將軍之先人，是漢家忠臣，新朝的興起，英傑之士不歸附它。現在全國散亂，人們思念漢室的恩德，超過當年詩人思念召公的心情，連召公在其蔭下處理過政事的甘棠樹都很愛惜，何況其子孫呢？人們為之歌舞的事情，上天也一定滿足他們的願望。眼下為將軍考慮，不如把兵駐紮在大郡，撫慰官兵，磨練他們的氣節，對方圓百里之內的百姓，天天賜他們大肉好酒，接納豪傑之士，徵詢忠智之士的謀議，以求得未來人們的歸附，等待時局的變化，為國家興利，為萬民除害，這樣，將軍的福祿垂於永遠，功績著在史冊。這比軍隊覆滅於大地、血肉塗灑於荒野、功敗名裂、連先祖也遭受恥辱要強得多吧？聖人能把災禍轉變為福祿，智士也能借助失敗建立功勳，但願明公深思熟慮，不要走一般人的老路。」廉丹聽不進他的建議。大軍進到睢陽，馮衍又勸說廉丹：「我聽說，聰明人可以在事情未發時看出苗頭，智慧的人於事情未出現時就考慮相應的對策，何況現在事情已經是明明白白的呢？一般說來，災難發生於人們粗心大意，禍害發生於細枝末節，失敗了不要後悔，時機不要喪失。公孫鞅說過：『有超過常人的品德，就會被世人所非議；有獨到的謀略，就會被人們所痛恨。』所以相信平庸的論說，就破壞了堅定的計策；重複世人的行為，就失去了高明的品德。決斷是智慧的主腦，猶疑是行為的奴隸。時機不可再來，將軍不要再三考慮了。」廉丹仍不採納，便把兵開到無鹽縣，在與赤眉軍打仗中戰死。馮衍就逃亡到河東郡。

1 更始❶二年，遣尚書僕射鮑永行大將軍事，安集北方❷。衍因以計說永曰：

2 「衍聞明君不惡切愨之言，以測幽冥之論❸；忠臣不顧爭引之患，以達萬機之變❹。是故君臣兩興，功名兼立，銘勒金石，令問不忘❺。今衍幸逢寬明之日，將值危言之時❻，豈敢拱默❼避罪，而不竭其誠哉？

3 「伏念天下離❽王莽之害久矣。始自東郡之師❾，繼以西海之役❿，巴、蜀沒於南夷⓫，緣邊破於北狄⓬，遠征萬里，暴⓭兵累年，禍挐⓮未解，兵連不息，刑法彌深⓯，賦斂愈重。眾彊之黨，橫擊於外，百僚之臣，貪殘於內，元元⓰無聊，飢寒並臻⓱，父子流亡，夫婦離散，廬落丘墟⓲，田疇蕪穢⓳，疾疫⓴大興，災異蜂起。於是江湖之上，海岱之濱㉑，風騰波涌，更相駘藉㉒，四垂㉓之人，肝腦塗地，死亡之數，不啻太半㉔，殃咎之毒，痛入骨髓，匹夫僮婦㉕，咸懷怨怒。皇帝以聖德靈威㉖，龍興鳳舉㉗，率宛、葉㉘之眾，將散亂之兵，歃血昆陽㉙，長驅武關，破百萬之陳，摧九虎之軍㉚，雷震四海，席卷天下㉛，攘除㉜禍亂，誅滅無道，一朞㉝之間，海內大定。繼高祖之休烈，修文武之絕業㉞，社稷復存，炎精㉟更輝，德冠往初，功無與二㊱。天下自以去亡新，就聖漢㊲，當蒙其福而賴其願㊳。樹恩布德，易以周洽，其猶順驚風而飛鴻毛也㊴。然而諸將虜掠，逆倫絕理㊵，殺人父子，妻人婦女，燔(41)其室屋，略(42)其財產，飢者毛食，寒者裸跣(43)，寃結失望，無所歸命(44)。今大將軍以明淑(45)之德，秉(46)大使之權，統三軍之政，存撫并州(47)之人，惠愛之誠，加乎百姓，高世之聲，聞乎群士(48)，故其延頸企踵而望者，非特一人也(49)。且大將軍之事，豈得珪璧其行，束修其心而已哉(50)？將定國家之大業，成天地之元(51)功也。昔周宣中興(52)之主，齊桓霸彊之君耳(53)，猶有申伯、召虎、夷吾、吉甫(54)攘其蟊賊(55)，安其疆宇。況乎萬里之漢，明帝復興，而大將軍為之梁棟(56)，此誠不可以忽也。

4 「且衍聞之，兵久則力屈(57)，人愁則變生。今邯鄲之賊未滅，真定之際復擾(58)，而大將軍所部(59)不過百里，守城不休，戰軍不息，兵革雲翔(60)，百姓震駭，柰何(61)自怠，不為深憂？夫并州之地，東帶名關，北逼彊胡(62)，年穀獨孰，人庶多資，斯四戰之地，攻守之場也(63)。如其不虞，何以待之(64)？故曰『德不素積，人不為用。備不豫具，難以應卒』(65)。今生人之命，縣(66)於將軍，將軍所杖(67)，必須良才，宜改易非任(68)，更選賢能。夫十室之邑，必有忠信(69)。審(70)得其人，以承(71)大將軍之明，雖則山澤之人(72)，無不感德，思樂為用矣。然後簡(73)精銳之卒，發屯守之士，三軍既整，甲兵已具(74)，相(75)其土地之饒，觀其水泉之利，制屯田之術(76)，習戰射之教[77]，則威風遠暢[78]，人安其業矣。若鎮太原，撫上黨[79]，收百姓之歡心，樹名賢之良佐，天下無變，則足以顯聲譽，一朝有事，則可以建大功。惟大將軍開日月之明，發深淵之慮，監六經之論，觀孫吳之策[80]，省群議之是非，詳眾士之白黑[81]，以超周南之迹，垂甘棠之風[82]，令夫功烈施[83]於千載，富貴傳于無窮。伊、望[84]之策，何以加茲[85]！」

永既素重衍，為且受使得自置偏裨，乃以衍為立漢將軍[86]，領狼孟長[87]，屯太原，與上黨太守田邑等繕甲養士，扞衛并土[88]。

【章　旨】以上記述馮衍在更始時代為鮑永所作的形勢分析。馮衍徵古論今，談形勢論政治，最終歸結為一點，并州之地，人庶物阜，開屯田，養甲士，揚風聲，觀天下形勢一朝有變，可以建功立業，因而得到鮑永的賞識。

【注　釋】❶更始　原為王莽所封將軍稱號，農民軍劉玄襲其稱號為更始將軍，稱帝後即以「更始」為年號，其元年為西元二三年。❷遣尚書僕射二句　遣，更始帝派遣。尚書僕射，秩六百石，署理尚書事，尚書令不在，則把上奏批准的事情下達尚書曹去辦理。鮑永，字君長，上黨屯留（今山西屯留）人。西漢司隸校尉鮑宣之子，官亦至司隸校尉，執法嚴肅。本書有傳。大將軍，位比三公，不常置，掌征伐背叛。行，代理。安集即安輯，安定輯睦。北方，卷二十九〈鮑永傳〉謂「持節將兵安集河東、并州、朔部。」皆北方州郡。❸衍聞明君二句　皇帝以下高官亦可稱君，下屬自己謙稱臣。明君，對鮑永的敬稱。切慤，激烈而誠慤。幽冥，玄遠而微妙。❹忠臣不顧二句　李賢注，「爭引謂引事與君爭也。事非一途，故曰萬機之變」。《東觀漢記》：「衍更始時為偏將軍，與鮑永相善。更始既敗，固守不以時下。建武初，為揚化大將軍掾，辟鄧禹府，數奏記於禹，陳政言事。」李賢注：「自『明君』以下，皆是諫鄧禹之詞，非勸鮑永之說，不知何據，有此乖違。」❺銘勒金石二句　銘、勒都是刻。金謂銅器，石謂碑版。問，通「聞」。令問，好名聲。忘，同「亡」。終止。❻今衍幸逢二句　寬明，寬厚賢明。危，正。危言，剛直的言論。《論語．憲問》：「天下有道，危言危行。」❼拱默　拱手緘默。❽離　同「罹」。遭遇。❾始自東郡之師　王莽居攝元年，東郡太守翟義，前丞相翟方進之子，知王莽必篡漢，乃立嚴鄉侯劉信為天子，起兵反莽，眾至十餘萬。王莽發七將軍往擊之。東郡，治濮陽（今河南濮陽）。❿繼以西海之役　王莽居攝元年，西羌龐恬、傅幡等怨王莽奪其地為西海郡，反攻西海太守程永，莽遣護羌校尉竇況擊之。次年春，擊破西羌。西海，郡名。漢平帝元始末年設立，在青海青海湖附近，新莽末撤消。⓫巴蜀沒於南夷　王莽篡位，貶西南夷昫町王為侯，昫町王邯怨恨，攻益州，殺大尹（王莽改郡太守為大尹）程隆。莽發巴、蜀吏士往擊，出入三年，死者十之七八。巴蜀，巴郡和蜀郡。巴郡治江州（今重慶），蜀郡治成都（今四川成都）。⓬緣邊破於北狄　王莽篡漢以後，將原漢朝頒發給匈奴的「匈奴單于璽」收回，改發「新匈奴單于章」，引起匈奴不滿。烏珠單于遣左賢王入雲中郡，大殺吏民，每入塞，多至數萬人，少者也有數百人，殺鴈門、朔方太守，擄掠吏民畜產不可勝計，緣邊空虛。⓭暴　暴露。⓮挐　連續。⓯刑法彌深　王莽在地皇元年以後，斬人不待時令，自是春夏斬人於市。⓰元元　元為人頭，元元即人人；眾民。⓱臻　來至。⓲廬落丘墟　此句謂居地變成廢墟。廬，房屋。落，村莊。丘墟，廢墟。⓳田疇蕪穢　田疇，耕熟而有疆界的田地。蕪穢，雜草叢生，即荒蕪。⓴疾疫　流行病。㉑海岱之濱　指泰山至東海之濱，今山東半島一帶。岱，泰山的別稱。㉒駘藉　踐踏蹂躪。駘、藉均是踐踏義。㉓四垂　國家四境之內。垂，今作「陲」。邊裔之地。㉔不啻太半　啻，僅僅；止限。三分之二為太半。太、大同義。㉕匹夫僮婦　相當於匹夫匹婦，普通男女百姓。僮婦，普通民婦。㉖皇帝以聖德靈威　此時的皇帝是更始。此言「皇帝」是對光武帝的追稱。光武即帝位在下年。靈威，威勢。㉗龍興鳳舉　如龍之興雲致雨，如鳳之飛翔騰躍，言聲勢之浩大壯闊。㉘宛葉　南陽郡二縣名。宛，今河南南陽。葉，今河南葉縣南。謂光武帝起兵於此。㉙喢血昆陽　指昆陽之戰，光武以少數兵力打敗王莽眾軍。喢血，喋血。謂踏血而進。昆陽，今葉縣治。㉚長驅武關三句　王莽末年，下江兵鄧曄、于匡等攻武關，莽乃拜將軍九人，皆以虎為號，將精兵數萬人以拒匡等。匡等擊破六虎，敗走三虎，保京師倉，鄧曄等乃開武關，迎更始帝。長驅，長途奔襲。武關，即今陝、豫、鄂交界處之紫荊關。㉛席卷天下　把天下像捲席子那樣包起來。比喻征服、統一天下。席卷，李賢注：「言無餘也。」卷，通「捲」。㉜攘除　排除；消除。攘、除同義。㉝一朞　謂更始二年至建武元年。朞，一週年。㉞繼高祖二句　高祖謂劉邦，是漢朝的開國皇帝。休烈，盛美的事業。修，遵循。文武謂漢文帝劉恆和漢武帝劉徹，此二帝在漢代歷史上起過重要作用，故宜遵循之。絕業，中斷了的帝業，謂王莽篡漢使漢家帝業中絕。㉟炎精　以火運興起的王朝，漢自稱以火德而王。㊱德冠往初二句　司馬相如〈封禪書〉之詞。今《漢書》本傳「冠」作「牟」。牟，同「侔」。等也。與，有。功無與二，言功之大沒有第二人。㊲聖漢　本朝人對自己國號的尊稱，與稱「大漢」同。㊳當蒙其福句　蒙，受。賴，利；獲取。㊴易以周洽二句　易，廣布。周洽，周遍。王褒〈聖主得賢臣頌〉：「翼乎如鴻毛遇順風。」言其易也。驚風，急風。㊵諸將虜掠二句　虜，今作「擄」。擄掠，搶劫。倫與理同義，張裴律表：「逆節絕理，謂之不道。」㊶燔　同「焚」。二字音相轉。㊷略　奪取。㊸飢者毛食二句　《馮衍集》「毛」作「無」。古音相同，故通用。裸謂無衣穿，跣謂無鞋襪。㊹歸命　歸順。㊺明淑　明智而善美。㊻秉　把持；掌握。㊼存撫并州　存撫，安慰。并州，漢代十三個大行政區之一。轄有九郡，治晉陽（今山西太原西南）。㊽高世之聲二句　高世，高超卓越；超越流俗。聞，流傳；傳揚。㊾故其延頸二句　企踵，提起腳跟站立。特，只有；僅僅。㊿珪璧其行二句　珪璧，玉裝飾品。束修，約束。李賢注：「言當恢廓規模，不可空自清潔，徒約束修身而已。」(51)元　大；首要。(52)周宣中興　周宣王姬靜，西周厲王之子，國人驅除厲王，共和行政。厲王死，靜繼承王位，是為宣王，史書號為中興。(53)齊桓句　齊桓公名小白，春秋時齊國國君，改革內政，國力富強，創立霸業。(54)猶有申伯句　申伯，李賢注〈何敞傳〉：「申伯，周宣王之元舅也，有令德，故尹吉甫作頌以美之，其詩曰：維嶽降神，生甫及申，申伯之德，柔惠且直，揉此萬邦，聞于四國。」召虎，邵穆公名虎，封地在召（今陝西岐山縣），因名召虎。國人驅逐周厲王，他把太子靜藏匿在自己家，厲王死，擁立靜繼位，是為宣王。召虎率軍征伐淮夷有功，王賞給他土田及銅禮器。夷吾，管仲名夷吾，字仲，春秋齊國人，輔佐齊桓公，整頓內政，改革軍隊，按地畝好壞制定不同稅率，使齊國首先稱霸。吉甫，李賢注謂即作詩美申伯的尹吉甫，也是周宣王大臣。北方的玁狁進犯到周京附近，他奉命反攻，取得勝利。惠棟謂吉甫若為尹吉甫，不應當列在管仲下面，疑應為成甫，即王子成父（父與甫同），也是齊桓公重臣，與晉之咎犯、吳之孫武齊名，申明軍約，賞罰必信，身寵君榮，當世顯揚。惠說有理，可以參考。(55)蝥賊　食禾稼蟲名。喻奸盜侵害。(56)梁棟　梁、棟皆是承重之物，故喻為國家承擔重任之人。棟是屋頂中間最高之梁。《左傳・襄公三十一年》子產謂子皮曰：「子於鄭國，棟也。」(57)屈　窮困；斷絕。(58)今邯鄲之賊二句　邯鄲謂王郎，當時王郎詐稱漢成帝之子劉子輿，被徒眾擁立為天子，以拒光武軍。邯鄲，今河北邯鄲。真定謂劉楊，楊原為真定王，造作讖記曰：「赤九之後，癭楊為主。」用以惑眾。真定，今河北正定南。(59)部　管轄。(60)雲翔　言行軍迅速。(61)柰何　為什麼。柰，亦作「奈」。(62)夫并州之地三句　太行山在今晉、冀二省之間，故為并州之地。中有井陘關，又名土門關。故址在今河北井陘北之井陘山上，為古九塞之一，乃通華北平原之隘口，故曰名關。名，大。《東觀漢記》作「石陘關」。逼，近；緊鄰。彊，同「強」。胡，泛指北方如匈奴等游牧部落。63年穀獨孰四句　年穀，年景。孰，同「熟」。人庶，人眾。資，依靠。四戰，四面受敵，都需禦防和作戰，故常是你攻我守之地。64如其不虞二句　虞，測度；料望。待，防禦；應付。65故曰四句　素，平時。豫，同「預」。事先。卒，倉促；突然。66縣　同「懸」。繫。67杖　依賴。今作「仗」。68非任　任非其人。69夫十室之邑二句　此《論語・公冶長》之語。室，家。邑，村落。原句為：「十室之邑，必有忠信如丘者焉。」此引其上半句。忠信謂忠信之人。70審　果真。71承　通「丞」。輔佐。72雖則山澤之人　雖則，縱然是。山澤之人，泛指山野之普通百姓，不限於山林川澤之人。73簡　選拔。74具　齊備。75相　察視。76術　法規。77教　訓練。78暢　通行。79若鎮太原二句　鎮，鎮守。太原，郡名。治晉陽。撫，占據。上黨，郡名。治長子（今山西長子西）。80監六經之論二句　監，通「鑑」。借鑑。《六經》謂《詩》、《書》、《易》、《禮》、《春秋》、《樂》等六部儒家經典。孫謂孫武，春秋齊國人，為吳王闔廬將，率軍攻楚，五戰五勝，直至郢都。著《孫子兵法》十三篇，為兵家之祖。吳謂吳起，戰國衛人，為魏文侯將，後入楚，助楚悼王變法，楚以富強。有《吳子兵法》，原書佚，今有輯本。81省群議二句　省、詳，均謂察視、審察。白黑猶賢愚。82以超周南二句　周公旦治陝（今河南陝縣）以東，周南是今洛陽之地，有王者之風，歌《周南》以美周公之治。「周南」是《詩・國風》中之第一部分。迹，治跡。〈甘棠〉，《詩・召南》之一篇，讚美召公聽政決獄於甘棠樹下，民人思念召公之政，作〈甘棠〉之詩以歌詠之。83施　延續。與下「傳」字義同。84伊望　伊謂伊尹，輔佐商湯滅了夏朝。湯死後，又連輔卜丙、仲壬二王，官為保衡。望謂呂望，即姜太公，助周武王滅商，官為太師，又稱師尚父。後封於齊，為齊國之祖，因稱太公。85加茲　加，超過。茲，語末助詞，同「哉」。86為且受使二句　且，已經。受使，受命。偏裨，輔佐。特指偏將、裨將。《東觀漢記》：「時永得置偏裨將五人。」87領狼孟長　領，謂以地位較高的官員兼理較低的職務。狼孟，縣名。在今山西陽曲。〈百官志〉：「縣萬戶以上為令，不滿為長。」縣長之職，「掌治民，顯善勸義，禁姦罰惡，理訟平賊，恤民時務」。88與上黨太守二句　太守秩二千石，為一郡之最高行政長官，掌治民，進賢勸功，決訟檢奸。繕，修治。扞，同「捍」。保衛；抗禦。

【語　譯】更始二年，更始帝劉玄派尚書僕射鮑永代行大將軍職務，平定北方各州郡。馮衍便向鮑永獻計說：

2 「我聽說，賢明的君主不厭惡激切而誠懇的言論，用以判斷玄遠而深奧的精義；忠臣不憂慮引事與君爭論引起的後患，以掌握眾事變化之精微。這樣能達到君臣並高，功名兩立，刊刻在銅器和石碑上，美名永垂。

現在我有幸遇到寬厚賢明之日，能容納言論正直之時，豈敢拱手緘默，只求逃避罪責，而不竭盡自己的忠誠呢？

3 「我認為天下遭受王莽的暴政之苦實在是太長了。從攻打在東郡的翟義開始，接著是平滅西海郡龐恬的戰事，巴郡、蜀郡的官民攻打西南夷死去十之七八，北邊匈奴入塞殺掠平民，緣邊空虛。王莽軍隊遠征萬里，連年暴師在外，禍患沒有結束，用兵連年不停，刑法越發苛刻，賦斂更加繁重。擁兵聚眾之族四面出擊，朝中大臣在內拚命貪婪，眾民百姓沒有依靠，飢寒交迫，父子流亡，夫婦離散，房屋村莊一片廢墟，田地長滿荒草，傳染病廣泛肆虐，不祥的徵兆屢屢出現。在這種情況下，江湖之上，泰山至東海之濱，到處風起雲湧，接連對百姓踐踏蹂躪，四境之內，百姓慘遭屠戮，死亡之數，超過大半，所受禍殃，痛入骨髓，匹夫匹婦無不怨恨滿腔。光武皇帝以其大德神威，如龍鳳之飛騰，率領宛、葉二縣之百姓，指揮著散亂的兵卒，血戰昆陽，長驅直入武關，打敗了王莽的百萬大軍，摧毀了九支以「虎」字名將的軍隊，震動四海，征服天下，削平禍亂，誅滅無道之君，一年之間，國內大局已定。皇帝繼承高皇帝大功，重整文帝、武帝被中斷了的事業，使國家再次被奠定，劉姓赤精再發光耀，功德前所未有，業績天下無二。天下之人自認為脫離已經滅亡的新朝，投奔我大漢，定當受到大漢的洪福而滿足心中的願望。這時要是樹立恩信，廣布德澤，擴而大之使人人受惠，那就如同順著急風而飛羽毛一樣容易見功效。可是不然，諸將擄人搶物，違背倫理道德，殺民之父子，搶百姓的婦女做妻妾，焚燒其房宅，掠奪其財產，飢者無食，寒者無衣，怨結於心，灰心喪氣，不知向誰投奔。現在大將軍有賢智善美之德，握有皇帝指派之權，統管三軍之政事，撫慰并州之民，慈愛之心施於百姓，崇高的聲譽在士人中傳揚，所以那些伸長脖頸、提起腳跟向你仰望的，不只是一個人啊！況且大將軍要做的，怎能只是使品行潔白如玉，約束整飭自己的心念就完了呢？那是要奠定國家之大業，完成世間之首功啊。從歷史上說，周宣王是中興之主，齊桓公是強霸之君吧，尚且有申伯、召虎、管仲、尹吉甫這些輔佐，幫助他們消滅奸盜，安定疆土。更不用說廣袤萬里之漢家，英明的君主復起，而大將軍做他的棟梁，這的確不可小看的。

4　「並且我聽人說過，用兵太久，戰鬥力就枯竭，人們日日愁困就容易出事。現在邯鄲的王郎還沒有消滅，真定的劉楊又出來搗亂，而大將軍所管轄之地方圓不過百里，城守不能放棄，作戰部隊得不到休息，軍行迅速，百姓見了震恐，為什麼自我鬆懈，不為之深感憂慮呢？說來這并州之地，東以大關為束帶，北與強大的胡人為緊鄰，年景這裡最好，人眾生活有保障，這是四面受敵，兵家必爭之地。如有不測，如何去應對？所以說『平時不積德行，到緊急時眾人就不聽從，戰備不事先做好，就沒法應付突然事變』。現在生民的性命，就繫在您手裡，將軍所依靠的必須是優秀人才，應當調換那些不稱職的人，另選賢能之士。人才是有的，十來家的小村莊就能找到忠誠可信的人。果能找到這種人來佐助大將軍的英明，縱然是山野百姓，無不感恩戴德，誠心誠意願意為大將軍效力。然後選拔精銳的士兵，徵調駐守的士兵，全軍已經整頓好，兵器、鎧甲也備齊了，察看什麼地方土地肥沃，水泉灌溉方便，就在那裡制定屯田的規劃，研習戰鬥訓練，就能威風遠揚，人民安居樂業了。若能鎮守太原郡，占有上黨郡，獲得老百姓的歡心，安排名賢為有力助手，天下安定就足可以顯揚聲譽，一旦有事，就可以建立大的功勳。希望大將軍開啟如日月之明智，進行深入的思考，借鑑《六經》的理論，考察孫武、吳起的兵略，省察眾僚屬議論的是非，審視眾文官武將的賢愚，來超過《詩・周南》所詠的周公的治績，留下〈甘棠〉所頌的召公之遺風，使那功業延於千載，富貴永傳於子孫後代。即使伊尹、呂望的謀略，也比不上大將軍呀！」

5　鮑永一向敬重馮衍，因為先已受命可以自置偏將，就授衍為立漢將軍，兼任狼孟縣長，駐紮在太原郡治，與上黨郡太守田邑等修甲兵養士卒，共同捍衛并州之地。

1　及世祖❶即位，遣宗正劉延攻天井關❷，與田邑連戰十餘合❸，延不得進。邑迎母弟妻子，為延所獲❹。後邑聞更始敗，乃遣使詣洛陽獻璧馬，即拜為上黨太守❺。因遣使者招永、衍，永、衍等疑不肯降，而忿邑背前約❻，衍乃遺❼邑書曰：

2 「蓋聞晉文出奔而子犯宣其忠❽，趙武逢難而程嬰明其賢❾，二子之義當矣。今三王背畔，赤眉危國❿，天下蟻動，社稷顛隕⓫，是忠臣立功之日，志士馳馬之秋⓬也。伯玉擢選剖符，專宰大郡⓭。夫上黨之地，有四塞之固，東帶三關，西為國蔽⓮，柰何舉之以資彊敵，開天下之匈，假仇讎之刃⓯？豈不哀哉！

3 「衍聞之，委質為臣，無有二心⓰。挈瓶之智，守不假器⓱。是以晏嬰臨盟，擬以曲戟，不易其辭⓲；謝息守郕，脅以晉、魯，不喪其邑⓳。由是言之，內無鉤頸之禍，外無桃萊⓴之利，而被畔人之聲，蒙降城之恥，竊為左右㉑羞之。且邾庶其竊邑畔君，以要大利，曰賤而必書㉒；莒牟夷以土地求食，而名不滅㉓。是以大丈夫動則思禮，行則思義，未有背此而身名能全者也。為伯玉深計，莫若與鮑尚書同情勠力㉔，顯忠貞之節，立超世之功。如以尊親係累㉕之故，能捐位投命㉖，歸之尚書，大義既全，敵人紓怨㉗，上不損剖符之責，下足救老幼之命，申眉㉘高談，無愧天下。若乃貪上黨之權，惜全邦之實，衍恐伯玉必懷周趙之憂，上黨復有前年之禍㉙。昔晏平仲納延陵之誨，終免欒高之難㉚；孫林父違穆子之戒，故陷終身之惡㉛。以為伯玉聞此至言㉜，必若刺心，自非嬰城而堅守，則策馬而不顧也㉝。聖人轉禍而為福，智士因敗以成勝，願自彊㉞於時，無與俗同。」

4 邑報書㉟曰：

5 「僕雖駑怯，亦欲為人者也，豈苟貪生而畏死哉㊱？曲戟在頸，不易其心，誠僕志也。

6 「間者，老母諸弟見執於軍㊲，而邑安然不顧者，豈非重其節乎？若使人居天地，壽如金石㊳，要長生而避死地可也。今百齡之期，未有能至，老壯之間，相去幾何。誠使故朝㊴尚在，忠義可立，雖老親受戮，妻兒橫分，邑之願也。

7 「間者，上黨黠賊，大眾圍城，義兵兩輩，入據井陘㊵。邑親潰敵圍，拒擊宗正㊶，自試智勇，非不能當；誠知故朝為兵所害，新帝司徒已定三輔㊷，隴西、北地從風響應㊸。其事昭昭，日月經天，河海帶地，不足以比㊹。死生有命，富貴在天㊺。天下存亡，誠云㊻命也。邑雖沒身，能如命何？

8 「夫人道㊼之本，有恩有義，義有所宜㊽，恩有所施㊾。君臣大義，母子至恩㊿。今故主已亡，義其誰為[51]？老母拘執，恩所當留。而厲[52]以貪權，誘以策馬，抑其利心，必其不顧，何其愚乎！

9 「邑年三十，歷位卿士[53]，性少嗜慾，情厭事為[54]。況今位尊身危，財多命殆[55]，鄙人知之，何疑君子？

10 「君長、敬通揭節垂組，自相署立[56]。蓋仲由使門人為臣，孔子譏其欺天[57]。君長據位兩州，加以一郡[58]，而河東畔國，兵不入彘[59]，上黨見圍，不窺大谷[60]，宗正臨境，莫之能援。兵威屈辱，國權日損，三王背畔，赤眉害主[61]，未見兼行倍道[62]之赴，若墨翟累繭救宋[63]，申包胥重胝存楚[64]，衛女馳歸唁兄之志[65]。主亡一歲，莫知定所，虛冀妄言，苟肆鄙塞[66]。未能事生，安能事死？未知為臣，焉知為主[67]？豈厭為臣子，思為君父乎！欲搖太山而蕩北海[68]，事敗身危。要[69]思邑言。」

11 衍不從。或訛言[70]更始隨赤眉在北，永、衍信之，故屯兵界休[71]，方移書[72]上黨，云皇帝在雍[73]，以惑百姓。永遣弟升及子壻張舒誘降涅城[74]，舒家在上黨，邑悉繫之。又書勸永降，永不荅[75]，自是與邑有隙[76]。邑字伯玉，馮翊人也，後為漁陽太守[77]。永、衍審知[78]更始已歿，乃共罷兵，幅巾降於河內[79]。

【章　旨】以上記述馮衍與田邑的往來書信，討論更始敗、世祖即位後的形勢。馮衍極力勸告田邑與鮑永勠力同心，立超世之功，而田邑則駁斥謂自相署立必然失敗。終至不得已，鮑永、馮衍降於光武。

【注　釋】❶世祖　光武皇帝的廟號。李賢注：「禮，祖有功而宗有德，光武中興，故廟稱世祖。」❷遣宗正句　宗正，卿一人，秩中二千石。掌序錄王國嫡庶之次，及諸宗室親屬遠近。天井關，在今山西晉城南太行山上，因關南有天井泉三處而得名，形勢險要，為太行南北要衝。❸合　交鋒；交戰。兩將交鋒一次曰一回合。❹邑迎母弟二句　《東觀漢記》：「鄧禹使積弩將軍馮愔將兵擊邑，愔悉得邑母弟妻子。」記載與此有異。❺即拜句　《東觀漢記》：「遣騎都尉弓里游、諫大夫何叔武，即拜邑為上黨太守。」即拜，就地封授官職，不必入朝授官。❻忿邑背前約　《東觀漢記》：「衍與邑素誓刎頸，俱受重任。」❼遺　送達；給予。❽蓋聞句　晉文公，即公子重耳。其父獻公聽寵姬之讒，驅除重耳，重耳在外十九年，經歷八國，子犯隨行，飽經磨難。回國到黃河邊，子犯說：「我隨你巡行天下，錯誤很多，願從此亡去。」重耳制止他。子犯即狐偃字，是重耳之舅，因又稱舅犯（咎犯）。❾趙武逢難句　春秋時期，晉景公三年，大夫屠岸賈誅滅趙氏，殺趙朔，滅其族。朔妻有遺腹子，不久生下男孩，藏在公宮，屠岸賈搜宮中，朔之客公孫杵臼與程嬰商議，杵臼背著其他嬰兒逃匿山中，諸將攻殺杵臼和嬰兒，趙氏真孤卻在程嬰家中，即趙武。十五年後，晉景公立趙武為卿，程嬰遂自殺。宣與明同義，均謂表明。❿三王背畔二句　三王謂更始帝所封王中之三個王，即淮陽王張卬，穰王廖湛，比陽王王匡。張卬與廖湛欲劫持更始而被發覺，王匡被懷疑與張、廖連謀，更始欲殺他們，三人背叛。畔，同「叛」。赤眉，王莽末年農民軍之一支，由琅邪（今山東諸城）人樊崇領導起事，立劉盆子為皇帝，四處燒殺搶掠，後降光武帝。⓫天下螘動二句　螘，同「蟻」。蟻動，成群而動。顛隕，傾覆。⓬秋　義同「日」，變文而避免重複。⓭伯玉擢選二句　伯玉，田邑字。擢選，提拔。剖符，李賢注：「文帝初，與郡守始為銅虎符、竹使符，分持其一，以為瑞信。剖即分也。」專宰，獨治一方。宰，治理。大郡，大而衝要之郡。⓮上黨之地四句　李賢注：「三關謂上黨關、壺口關、石陘關也。」所謂「四塞」、「國蔽」，泛言上黨之地有屏障可依，即所謂之「三關」也不全在東方。⓯柰何舉之三句　舉，拿起。資，資助。又通「齎」。送給。匈，今作「胸」。假，借給。仇讎，仇人；冤家對頭。⓰委質為臣二句　服虔《左傳解誼》：「古時初仕時，先書名於策，委死之質於君，然後為臣，示必死節也。」所以又叫「策名委質」。《左傳・僖公二十三年》：「策名委質，貳乃辟也。」謂背叛就是罪。又〈莊公十四年〉：「臣無二心，天之制也。」⓱挈瓶之智二句　《左傳・昭公七年》：「雖有挈缾之知，守不假器，禮也。」缾，同「瓶」。知，同「智」。瓶，古汲水器。楊伯峻《春秋左傳注》：「挈，垂也。挈瓶即垂瓶者，汲水者。挈瓶之智猶言小智小慧，保守之而不與人為禮。」假，借出。⓲是以晏嬰臨盟三句　晏嬰，春秋齊國大夫。《晏子春秋》載，齊大夫崔杼弒齊莊公，乃劫諸大夫盟，盟辭是：「不與崔氏而與公室者，受其不祥！」有敢不盟者，戟鉤其頸，劍承其心，言不疾、指不至血者死。已殺七人而後至晏子。晏子捧血仰天曰：「崔氏無道而殺其君，不與公室而與崔氏者，受此不祥！」崔氏曰：「晏子與我，則齊國吾與共之；

不與我則死，子圖之。」晏子曰：「劫我以刀而失其志，非勇也；留我以利而背其君，非義也。《詩》云：『愷悌君子，求福不回。』嬰可回而求福乎？戟刃鉤之，直兵推之，嬰不革矣。」崔子遂釋之。「與公室」、「與崔氏」之「與」，義為服從。擬，指向；比劃。曲戟即戈，是鉤兵，形如今之鐮刀，但柄直而長，故崔氏威脅晏子說「戟鉤其頸」。「嬰不革（更改）矣」，即「不易其辭」。辭，同「詞」。⑲謝息守郕三句　謝息，孟孫之家臣。《左傳・昭公七年》載，孟孫從魯昭公到楚國，謝息為孟孫守郕邑。晉人來討杞田，季孫將以郕邑與晉，謝息不答應，說：「您隨從國君到楚，我這守邑之臣把邑給了別人，這事放在您身上也有嫌疑。」季孫說：「我君到楚國，就是得罪晉國，又不給晉郕邑，魯國的罪就大了。晉國派軍來到，我無法應付。」謝息說：「古人說過：『挈瓶之智，守不假器。』」馮衍云「不喪其邑」，即指謝息此段對話中不同意把郕給晉。但魯最終還是把郕給晉，將謝息遷於桃邑，除此又增給他萊山和柞山。古人引書，往往斷章取義，己意已明即止。⑳桃萊　謂桃邑之萊山。㉑左右　不直稱對方，而稱其執事者，表示尊敬。㉒邾庶其竊邑三句　庶其，春秋時邾大夫，帶邾邑的漆和閭丘二地出奔魯國，故言竊邑畔君以要大利。因庶其是以地來投奔，《春秋》就把這件事寫進去了，庶其不是卿，應當不記入《春秋》，但他是「以地來，雖賤必書，重地也。」邾，國名，又名邾婁、鄒。在今山東鄒縣東南。㉓莒牟夷二句　《春秋・昭公五年》：「莒牟夷以牟婁及防、茲來奔。」莒，春秋時國名。在今山東莒縣。牟夷，莒國大臣。《左傳》載，以地叛國，為了吃飯，不為求名。《春秋》把他們的名記下來，是說他們做了壞事，不能不讓人們知道。因此，君子動則思禮，行則思義，有的求名而不得，有的欲蓋而名彰。㉔同情勠力　同心合力。㉕尊親係累　尊謂田邑之母，親謂親人，田邑弟、妻、子女。係累，捆綁。㉖捐位投命　言拋棄祿位，向我投誠。投命即投名，入我方名籍。從對方言是亡命，從我方言是投命。㉗紓怨　緩解怨恨。㉘申眉　展眉；揚眉。用作展義之「申」，今作「伸」。㉙衍恐伯玉二句　戰國趙孝成王時，韓上黨守馮亭使人至趙曰：「韓國守不住上黨，官吏們都不願被秦國吞併，上黨有市邑十七，願歸趙國。」趙王大喜。平陽君趙豹曰：「聖人最厭惡無故得利。秦蠶食韓國土地，從中間截斷，使東西不相通，韓國把上黨給趙，是嫁禍於趙，千萬不要接受。」趙王不聽，遂發兵取上黨，於是秦人圍趙，戰於長平，阬趙卒四十萬。秦又圍趙都邯鄲。周，包圍。前年，往年。㉚昔晏平仲二句　延陵，邑名。今江蘇常州。吳公子季札所封，稱為延陵季子。《左傳・襄公二十九年》，季札聘問齊國，會見晏嬰時說：「您趕快把封邑和所管的政事交出去，既無封邑又無政事，就可以免除災難。」晏子便交出了邑與政，所以到魯昭公八年時，欒氏、高氏發難，晏子無罪。欒調子雅，高調子尾，皆齊大夫。㉛孫林父二句　孫林父，衛大夫孫文子。穆子，魯大夫叔孫豹。《左傳・襄公七年》，衛侯使孫林父聘問於魯，並重溫過去的盟約。根據當時各國間聘問的禮節，上臺階時，國君先登一級，然後賓登第一級，臣應在後，相距君一級。今魯君登階，孫林父亦隨之同登，叔孫穆子告訴他這樣做不合禮法，孫林父既不說理由，也沒有改正的表情，穆子說：「孫子必亡。作為臣下就像國君一樣，錯了又不改，這是滅亡之本。」到魯襄公十四年，孫林父終於以戚邑叛逃，是陷於終身之惡。㉜以為伯玉句　以為，我認為。至言，最切當的話語。㉝自非嬰城二句　嬰城，謂以城環繞而為固。嬰，圍繞。策，馬鞭，此用為動詞。策馬，以鞭打馬而行。非……則……，不是……就是……。謂伯玉之路，非守即逃，只此兩條道路。㉞自彊　自己勉力圖強。㉟報書　答書；回信。㊱僕雖駑怯三句　僕，謙稱自己。駑，劣馬。駑怯，無能而怯懦。為人，猶體面，今言做出個人樣來。苟，隨便；苟且。㊲間者二句　間者，近來。見執，被捉住。㊳壽如金石　謂人長生如金石之固，是假設。《古詩十九首》：「人生非金石，豈能長壽考！」是反問。㊴故朝　指已敗之更始帝。㊵井陘　常山國屬縣。在今河北井陘西北。有井陘關，為穿越太行山八陘之一。㊶拒擊宗正　抵抗和打擊宗正劉延。㊷新帝司徒句　更始三年，劉秀即皇帝位於鄗南（今河北柏鄉），是為光武帝，改是年為建武元年，是新帝。司徒謂鄧禹，建武元年，帝使使持節拜鄧禹為司徒於軍次，時禹年二十四。世祖即位，更名大司徒，掌人民事，凡教民孝悌謙順、養生送死之事，則議其制建其度，凡國有大疑、大事則參與三公之議。西漢都長安（今陝西西安），以京兆尹、左馮翊、右扶風為京師之輔，故曰三輔，約當今陝西境內渭河流域，北至宜川，南至秦嶺。東漢建立後，因此處為先祖陵廟所在，名稱因而不改，屬司隸校尉部。㊸隴西北地句　隴西，郡名。治狄道（今甘肅臨洮）。北地，郡名。東漢移治富平（今寧夏吳忠西南）。從風，言其快。㊹其事昭昭四句　昭，明。帶，行。日月經天，河海帶地，亦言事實確定明白，人所共見。㊺死生有命二句　《論語・顏淵》文，言富貴與生死都非己力所能掌握。㊻云　楊樹達《詞詮》：「云，有也。」㊼人道　猶言人倫。指社會中尊卑長幼的倫理道德、等級關係。㊽義有所宜　裁制事物使合於世道人心。義，適宜。㊾施　給予；流布。㊿至恩　深恩。(51)誰為　為誰。(52)厲　同「勵」。勉勵。(53)歷位卿士　歷位，任職；在職。卿士，原指卿與大夫，後泛指官吏。(54)事為　作為。(55)殆　亦危之義。(56)揭節垂組二句　揭節，肩負使命。節，使臣所持作為憑證。李賢注：「揭謂負也。」垂組謂做官。組，佩印的綬帶。署立，任命官吏。(57)仲由使門人二句　《論語・子罕》載，孔子有疾，其學生仲由欲使門人組織治喪，孔子批評仲由是在行詐。孔子曰：「吾誰欺？欺天乎？」意謂仲由的作法是讓我欺天，故云「譏其欺天」。(58)君長據位兩州二句　兩州，并州、朔部。朔方雖不名州，但設刺史，且不在十三州轄區內。一郡謂河東郡，河東郡屬司隸校尉部，故云兩州加一郡。(59)河東畔國二句　李賢注：「聞更始敗，故諸國畔也。不入彘，言不征之也。」彘，縣名。後更名永安（今山西霍縣）。(60)上黨見圍二句　即上所謂黠賊圍城之事。大谷是自太原趨上黨之道。不窺言不來救。大谷，漢屬陽邑縣（今山西太谷東）。(61)赤眉害主　赤眉入長安，更始帝獻璽綬降，封為長沙王。三輔苦赤眉暴虐，皆憐更始，赤眉恐更始被人劫去，遂縊殺之。(62)兼行倍道　兼行與倍道同義，皆謂以加倍速度趕路。(63)墨翟累繭救宋　墨翟，戰國宋（今河南商丘）人。公輸般為楚王製造雲梯以攻宋，墨翟行十日十夜而至郢（今湖北江陵紀南城），與公輸般辯論攻守之策，般攻技已盡，翟守策有餘。楚王遂不攻宋。累繭，謂因遠行腳底長了層層老繭。(64)申包胥重胝存楚　申包胥，春秋楚國人。楚王殺死伍子胥父兄，子胥逃走時說必滅楚國，申包胥說，你能滅楚，我能興楚。楚昭王十年，伍子胥以吳國軍隊攻破楚之國都郢。申包胥行至秦求救，在秦廷哭七日夜，勺飲不入口，終使秦出兵救楚。重胝與累繭義同。(65)衛女馳歸句　衛女，衛宣公庶子頑之女，為許穆公夫人，其兄戴公。衛懿公被狄殺害，戴公立，露居曹邑，許穆夫人憐憫衛國之亡，思歸國弔唁，不得，乃賦〈載馳〉之詩。事見《左傳・閔公二年》。〈載馳〉詩見《詩・衛風》。弔失國曰唁。(66)虛冀妄言二句　冀，企圖。肆，放縱。鄙塞，淺薄而閉塞。(67)未能事生四句　《論語・先進》：「季路問事鬼神。子曰：『未能事人，焉能事鬼？』曰：『敢問死？』曰：『未知生，焉知死？』」田邑據此化用。(68)欲搖太山句　《孟子・梁惠王上》：「欲挾太山以超北海。」此用其意，言不能做到。蕩，震盪。(69)要　希望。(70)訛言　謠傳。(71)界休　太原郡屬縣。今山西介休東。(72)方移書　方，並且。移書，致信。(73)雍　右扶風屬縣。在今陝西鳳翔南。(74)永遣弟升句　子壻，女婿，古稱子兼言男女。涅城，縣名。今山西武鄉西北。《東觀漢記》：「升及舒等謀使營尉李匡先反涅城，開門納兵，殺其縣長馮晏，立故謁者祝回為涅長。」(75)荅　與「答」同。漢隸從艸與從竹往往不分。(76)隙　牆縫。喻隔閡，怨恨。《東觀漢記》載田邑致鮑永書，略謂鮑永不明形勢，不知進退，將來必敗。永、邑於是結怨。(77)邑字伯玉三句　據《東觀漢記》，田邑，左馮翊蓮勺（今陝西渭南）人，其先祖為齊國田氏，父田豐，為王莽著威將軍。田邑少有大節，廣涉學藝，善於為文。後為漁陽郡太守，未到官，道病，徵還為諫議大夫，病卒。(78)審知　得可靠消息。(79)幅巾降於河內　幅巾，李賢注：「不加冠幘，但以一幅巾飾首而已。」胡三省：「永、衍實降於脩武，脩武，河內郡屬縣也。」脩武，今河南獲嘉。

【語譯】到世祖即位後，就派宗正劉延攻打天井關，劉延與田邑連續戰鬥了十多個回合，劉延的軍隊不能前進。這時田邑派人去接他母親、弟弟、妻子和孩兒，卻被劉延截獲。後來田邑聽說更始帝失敗，就派遣使者往洛陽進獻玉璧和馬匹，光武就任命他為上黨郡太守。就勢派使者招降鮑永和馮衍，永與衍不明虛實，不肯投降，又痛恨田邑背棄以前盟約，馮衍就給了田邑一封信，說：

2 「我聽說，子犯隨晉文公逃亡，卻不願回國後享爵祿，以明其忠心。趙武歷經磨難而為卿，程嬰以自殺而明其賢德，此二人之行當得起一個義字。現在更始所封的三個王背叛了他，赤眉軍的燒殺危害了國家，天下之民紛紛而起，國家滅亡，正是忠臣立功之日，志士獻身之時。您被提拔剖符而為太守，獨治大郡。上黨這個地方，有四周堡塞之堅固，東有三關之險，西有國家的屏蔽，為什麼把這塊地方送給強敵，袒露天下之胸膛，把刀借給仇敵，豈不是很悲哀的嗎？

3 「我又聽說，既然委身為臣，就不應有叛逆之心。即使汲水人的智力，也知道不把汲瓶借給別人。因此晏嬰在盟誓時，鉤戟比劃著要割脖頸，也不改變盟辭；謝息主管郕邑，季孫用晉、魯之勢相威脅，謝息也不同意將郕邑給晉國。由此說來，在內沒有把曲戟放在脖子上的危險，在外又沒有桃邑萊山之好處，卻背負叛變的名聲，蒙受以城而降的恥辱，我為您感到羞恥。還有邾國大夫庶其，竊取邾的城邑而背叛國君，以求取更大的好處，因為他是帶著城邑背叛的，雖然他是小官，《春秋》也把他寫進去；莒國大夫牟夷以地叛歸魯國，《春秋》也把他記下來，讓後人知道他做了壞事。因此，大丈夫在行動時首先要想想自己的行為，是否符合禮義標準，從來沒有背棄禮義而身與名兩全的。我為您深入考慮，不如與鮑尚書同心合力，顯揚忠貞的氣節，建立永世的功勞，如果為了您全家被敵人捉住的緣故，能拋棄祿位投誠過來，歸服鮑尚書，既能成全您的大義，敵人也會減少怨恨，對上不損害剖符受命之責任，對下可救一家老小之命，這樣可揚眉高談，無愧於天下。若是貪圖上黨的權力，吝惜全郡的物土，我怕您定有秦兵圍趙的憂患，上黨又會受當年那樣的災禍。從前晏平仲接受了季札的勸導，最後避免了欒、高的災難；孫林父不聽穆子的告誡，是以蒙受終身惡名。我認為您聽了我這切膚之言，必定如箭穿心，要麼以城為屏障而堅守，要麼驅馬出逃毫不留戀。聖明的人能轉禍為福，聰明的人能轉敗為勝，在當今世界，望您好自為之，不要與流俗為伍。」

4 邑回信說：

5 「我雖然無能怯懦，也想做個真正的人，難道是貪生怕死嗎？鉤戟放在脖上也不改初衷，這確是我的心願。

6 「近來，老母和弟弟被敵方捉住，但我安然不加理會，豈不是重視節操嗎？假如人活在天地間，可以長生不老，那就謀求長生、永不死亡好了。現在連一百歲都還沒有達到，從壯到老相距也沒多遠。如果更始朝還存在，可以樹立忠義，即使老母、弟弟被殺，妻子兒女活活被拆散，也是我心甘情願的。

7 「近來，上黨郡狡猾之寇，以大軍圍城，有兩撥起義軍占領井陘關。我親自率兵衝散敵人包圍，抗擊宗正劉延，我自信以我的智慧和勇敢，不是不能抵擋；確因得知更始帝為兵所殺，新帝所遣司徒鄧禹已平定三輔，隴西、北地二郡聽到消息立刻響應。現在形勢擺在面前明明白白，即使日月行於天空，河海如帶行於地上，也不如現在這樣清楚。死生有命，富貴在天。天下之存亡，的確是命運安排啊。我即使拚死作戰，又怎能改變命運呢？

8 「人倫道德之本，是有恩有義，義是做事符合世道人心，恩是要有所施與。君臣之間存正道，母子之間有深恩。現在更始帝已亡，為誰行義？老母被扣留，論恩應當駐留。而您在信中勸勉我不要貪圖權力，約束貪利之心，引誘我策馬歸附鮑尚書而義無反顧，這是多麼愚蠢呀！

9 「我年已三十，任職為官吏，既少嗜好，也不想有多大作為。何況當今之世身居高位便有人身危險，財物太多對生命就有禍患，我尚且知道，何況是您呢？

10 「君長、敬通，受命為官，自己任命官吏。這如同仲由使門人為孔子治喪，孔子譏刺他是欺天。君長占據并州、朔部，再加河東一郡，當河東各地反叛時，您沒有派兵到彘地去消滅他們，上黨被包圍時，也未見大谷之路有援兵到來，宗正劉延大兵壓境，未見有援兵到來。軍威屈辱，國家政權日見衰損，三王背叛，赤眉害死更始帝，凡此種種，均未見加倍行軍來救難，如同墨翟重繭救宋、申包胥腳磨重繭而救楚、衛女作詩弔唁其兄以表意那樣。我主亡失一年，至今不知下落，空想以虛妄之言，聊以放恣自己的鄙陋與閉塞。對活著的人尚不會侍奉，怎能去侍奉已死的人？做臣下的道理您都不懂，怎知道做君主？莫不是厭煩做臣下，而想當國君吧！這是想搖動太山而使北海震蕩，事情必敗，身命不保。希望考慮我的話。」

11 馮衍不聽田邑的勸告。當時有謠傳更始皇帝隨赤眉軍在北方，鮑永、馮衍信以為真，便駐兵界休縣，並且致信上黨的田邑，說更始帝在雍，用以欺騙百姓。鮑永派遣其弟鮑升和他的女婿張舒，去誘降涅城，張舒的家屬在上黨，田邑把他們全部囚禁起來。又寫信勸鮑永投降，鮑永不回信，從此鮑永與田邑發生隔閡。田邑字伯玉，左馮翊人，以後做過漁陽郡太守。及至鮑永、馮衍確實知道更始帝已死，才共同罷兵，頭束幅巾，到河內郡之脩武縣向世祖投降。

1 帝怨衍等不時至❶，永以立功得贖罪，遂任用之❷，而衍獨見黜❸。永謂衍曰：「昔高祖賞季布之罪，誅丁固之功❹。今遭明主，亦何憂哉？」衍曰：「記有之，人有挑其鄰人之妻者，挑其長者，長者詈之，挑其少者，少者報之，後其夫死而取其長者。或謂之曰：『夫非罵爾者邪？』曰：『在人欲其報我，在我欲其罵人也。』❺夫天命難知，人道❻易守，守道之臣，何患死亡？」頃之，帝以衍為曲陽令❼，誅斬劇賊郭勝等，降五千餘人，論功當封，以讒毀，故賞不行。

2 建武六年日食❽，衍上書陳八事❾：其一曰顯文德❿，二曰褒武烈⓫，三曰修舊功⓬，四曰招俊傑，五曰明好惡，六曰簡⓭法令，七曰差⓮秩祿，八曰撫邊境。書奏，帝將召見。初，衍為狼孟長，以罪摧陷⓯大姓令狐略，是時略為司空長史⓰，讒之於尚書令王護、尚書周生豐曰：「衍所以求見者，欲毀君也。」⓱護等懼之，即共排間⓲，衍遂⓳不得入。

3 後衛尉陰興、新陽侯陰就以外戚貴顯⓴，深敬重衍，衍遂與之交結㉑，由是為諸王所聘請㉒，尋為司隸從事㉓。帝懲西京外戚賓客㉔，故皆以法繩㉕之，大者抵㉖死徙，其餘至貶黜。衍由此得罪，嘗自詣獄，有詔赦不問㉗。西歸故郡，閉門自保，不敢復與親故通。

【章旨】以上記述馮衍降光武以後事。光武埋怨其來降太遲，故不肯重用，馮衍雖有平賊之功，獻策之謀，終遭他人排擠，與外戚陰氏交結，又遇皇帝清理賓客，只得回故郡，閉門自保。

【注釋】❶不時至　謂不早來降。❷永以立功二句　李賢注：「立功謂說下懷。」胡三省注《資治通鑑》：「永討平魯郡為功也。按〈永傳〉，時董憲裨將侵害百姓，乃拜永為魯郡太守，討擊，大破之，擒其黨與，以功封關內侯，遷揚州牧。」❸見黜　被罷退。黜，罷退不任用。❹高祖賞季布之罪二句　季布，楚人，為項羽將，多次窘迫漢王。漢王即位，赦布以為郎中。丁固，季布之母舅，為項羽將，亦困高祖，高祖謂丁固曰：「兩賢豈相厄困？」丁公引還。高祖即位，丁固謁見。高祖曰：「使項王失天下者丁公也！」遂斬之。季布，《漢書》有傳，丁固事亦在〈布傳〉中。鮑永引此前事，為馮衍寬解。❺記有之十二句　此陳軫對秦王之詞，見《戰國策・秦策一》。馮衍引此，言己為故主守節，亦希望新帝重之也。詈，罵。報，答應。取，今作「娶」。❻人道　為人之道，即個人應遵循之道德。❼頃之二句　頃，時間不長。曲陽縣有二，一曰上曲陽，當時屬真定國，後又相繼屬常山國、中山國。地在今河北曲陽；一曰下曲陽，屬鉅鹿郡，今河北之晉州。李賢注謂曲陽屬常山郡，則指上曲陽。❽建武六年日食　〈光武紀〉：「建武六年九月丙寅晦，日有食之。」《續漢志》：「史官不見，郡國以聞。」執金吾朱浮謂州郡長吏頻繁更換，群陽騷動所致。食，今作「蝕」。❾衍上書句　因日蝕之故，十月光武帝下詔：「百僚並上封事，無有隱諱。」因此馮衍上書陳事。❿文德　禮樂教化。⓫烈　威武。⓬修舊功　修，恢復。舊功，指德高望重之老臣及有功勳者。⓭簡　核實。⓮差　使之有等差。⓯摧陷　打擊陷害。⓰司空長史　司空屬官，秩千石。記錄諸曹事。⓱讒之於尚書令三句　尚書令秩千石，掌凡選署及奏下尚書文書眾事。每朝會，與御史中丞、司隸校尉皆專席，京師號曰「三獨座」。尚書六人，秩六百石，分六曹辦事。《晉書・職官志》載其名稱和職掌云：「三公曹主歲盡考課各州郡事，吏部曹主選舉祠祀事，民曹主繕修功作鹽池園苑事，客曹主護駕羌胡朝賀事，二千石曹主辭訟事，中都官曹主水火盜賊事，合為六曹。」周生，姓。豐，名。《豫章舊志》：「豐字偉防，太山南武陽（今山東費縣）人，建武七年為豫章太守，清約儉惠。」毀君，此「君」字指護、豐。⑱排間　排斥隔絕；設置障礙。⑲遂　終於。⑳後衛尉陰興句　衛尉，中二千石，掌宮門衛士，宮中巡察事。興，字君陵，本書有傳。陰興與陰就都是光武帝光烈陰皇后之胞弟。㉑交結　往來交際，使彼此關係密切。㉒由是為諸王句　《馮衍集》有與陰就書，略謂伏見君侯忠孝之性，以微賤之身被侯大惠，無以相報。聽說東平王、山陽王等已成年，應當就國，衍不自量，就侯白以衍備門衛。㉓尋為司隸從事　尋，不久；隨即。司隸校尉有從事史十二人。㉔帝懲西京句　懲，鑑戒。光武帝自謂承高祖大統，一脈相承，前漢都長安，故曰西京，後漢都洛陽，自稱東京。㉕繩　約束；制裁。㉖抵　當；判罪。㉗嘗自詣獄二句　嘗，曾經。詣獄，自往監牢。當時馮衍與呂种、王磐皆以諸王賓客下獄。种、磐死於獄中，衍被赦出，廢於家。种、磐事見本書〈馬援傳〉。馮衍又與陰就書，述其被赦情況云：七月十一日到洛陽，十二日束手詣洛陽詔獄，十五日夜詔書勿問，得出。

【語　譯】光武帝怨恨馮衍等不早來降，鮑永因為立了功得以贖罪，就給他官職，而馮衍特被罷黜不用。鮑永向馮衍說：「從前高祖賞有罪的季布，卻殺了有功的丁固。今日遇到英明的君主，又有什麼憂慮的呢？」馮衍說：「書上說過，有人調戲其鄰人之妻，調戲那個年長的，年長的罵他，調戲那個年輕的，年輕的答應了他，後來她們的丈夫死了，他娶了那個年長的女人。有人向這人說：『你娶的不就是罵你那個女人嗎？』這人說：『她為人妻時，我希望她答應我，現在成了我的妻子，我要她罵別人。』看來天命難以琢磨，做人之道還是掌握在自己手裡，遵守道德規範之臣，還擔心老死而無人用嗎？」不久之後，光武帝授馮衍為曲陽縣令，在任內斬殺了大賊寇郭勝等，收降了五千多人，論功勞應當有封賞，因為有人詆毀他，所以沒有賞他。

2 光武帝建武六年發生日蝕，馮衍上書陳述八件事情應當注意改進：一、提倡禮樂教化，二、褒揚威武，三、恢復舊臣的功勞，四、招納豪傑之士，五、明令提倡什麼，反對什麼，六、法令要簡明，七、分別俸祿的等級，八、安撫邊疆。奏章呈上了，光武帝將要召見他。過去馮衍為狼孟長時，大姓令狐略因為有罪被馮衍懲治過，這時令狐略當司空長史，就向尚書令王護和尚書周生豐說馮衍的壞話：「馮衍要求見到皇帝，是想詆毀二位哩。」王護等害怕了，就共同排斥離間他，馮衍終於沒能入朝見皇帝。

3 後來，衛尉陰興和新陽侯陰就，因為是外戚而名位貴顯，很敬重馮衍，馮衍便與他們交往密切，因此也被諸王所聘請，不久便當了司隸從事。光武帝鑑於前漢時外戚賓客之危害，就把他們皆繩之以法，嚴重的被判死刑和流放，其餘的也都被貶退。馮衍由此而獲罪，曾經主動到牢獄去，皇帝有詔書赦免不加追究。馮衍便西去回到故里，關起門來自我保命，不敢再與親戚故舊交往。

卷二十八下

馮衍傳第十八下

1 建武末，上疏自陳曰：

2 「臣伏念高祖之略而陳平之謀，毀之則疏，譽之則親❶。以文帝之明而魏尚之忠，繩之以法則為罪，施之以德則為功❷。逮至晚世，董仲舒言道德，見妒於公孫弘❸，李廣奮節於匈奴，見排於衛青❹。此忠臣之常所為流涕也。臣衍自惟❺微賤之臣，上無無知之薦，下無馮唐之說，乏董生之才，寡李廣之埶，而欲免讒口，濟❻怨嫌，豈不難哉！

3 「臣衍之先祖，以忠貞之故，成私門之禍❼。而臣衍復遭擾攘之時，值兵革之際，不敢回行求時之利❽，事君無傾邪之謀，將帥無虜掠之心。衛尉陰興，敬慎周密，內自修勑❾，外遠嫌疑，故敢與交通。與知臣之貧，數欲本業❿之。臣自惟無三益之才，不敢處三損之地⓫，固讓而不受之。昔在更始，太原執貨財之柄，居蒼卒⓬之間，據位食祿二十餘年，而財產歲狹，居處日貧，家無布帛之積，出無輿馬之飾。於今遭清明之時，飭躬力行⓭之秋，而怨讎叢興，讒議橫世⓮。蓋富貴易為善，貧賤難為工⓯也。疏遠壠畝之臣，無望高闕⓰之下，惶恐自陳，以救罪尤。」

4 書奏，猶以前過不用。

【章　旨】以上敘述馮衍雖經坎坷，仍試圖說明心跡，釋去前嫌，以求一用，終未達到目的。

【注　釋】❶臣伏念三句　《史記·陳丞相世家》載，魏無知向漢高祖推薦陳平，高祖以陳平為將。周勃和灌嬰等咸讒陳平：「平雖是美丈夫，腹中未必有韜略，且平時與其嫂私通。今大王令其領兵，諸將給他金多者得善處，金少者得惡處。」高祖責備魏無知。無知曰：「臣所言者，能也；陛下所問者，行也。楚漢相抗爭，我進奇謀之士，盜嫂受金又何足疑？」高祖乃令平盡監領諸將。而，與。❷以文帝之明三句　《史記·張釋之馮唐列傳》謂，魏尚，文帝時為雲中守，匈奴不近雲中之塞。後坐上首虜差六級，便下之獄吏，削其爵，罰為勞作。馮唐諫曰：「臣愚以為陛下法太明，罰太重，賞太輕，雖有廉頗、李牧也不能用。」帝悅，是日令馮唐持節赦魏尚，復以為雲中守。❸董仲舒言道德二句　《史記·儒林列傳》謂，董仲舒為人正直，公孫弘習《春秋》不如董生。弘迎合世俗而行事，位至公卿，仲舒以弘為諂諛，弘嫉之。時膠西王劉端，是武帝之兄，驕縱，數犯法，弘乃言於上曰：「獨仲舒可使相膠西。」膠西王素聞仲舒有德行，亦善待之。言道德，謂以德教民，以德治國，重德教，輕刑罰。見《漢書》本傳。❹李廣奮節二句　《史記·李將軍列傳》謂，李廣，隴西成紀（今甘肅秦安）人，為前將軍，從衛青討匈奴。青不使廣直赴單于庭，而使廣從東道，東道紆遠，廣不能如期到達，青令廣受審，廣曰：「廣結髮與匈奴大小七十餘戰，年六十餘矣，終不能復對刀筆之吏。」遂引刀自剄。廣軍士大夫一軍皆哭。百姓聞之，知與不知，無老壯皆為流涕。排，打擊。❺自惟　自己思量。❻濟　度過。❼臣衍之先祖三句　衍之祖馮參，忠正不屈節於王氏五侯。參姐為中山王太后，後為哀帝祖母傅太后陷以大逆，參自殺，親族死者十七人。見《漢書・馮奉世傳》及〈外戚傳〉。❽臣衍復遭擾攘三句　遭、值同義，謂正當、恰逢。擾攘、兵革皆謂戰爭之紛亂。回，邪。❾修勑　即修飭，謂以禮法約束自己。❿本業　李賢注：「欲遺其財，為立基本生業也。」⓫臣自惟二句　《論語・季氏》載孔子言：「益者三友，損者三友。」友正直、友誠信、友見聞廣博之人則有益；友奉承、友當面恭維背後毀謗、友誇誇其談之人則有損。衍引以為喻。⓬蒼卒　或作「倉卒」。喪亂；政局動亂。⓭飭躬力行　飭躬，修身。力行謂盡力行善道。《禮記・中庸》：「好學近乎智，力行近乎仁。」⓮橫世　充滿人間。⓯難為工　難見成效。工，通「功」。成效。⓰高闕　高大的宮闕，指朝廷。

【語譯】光武帝建武末年，馮衍上奏疏自我陳述說：

2 「我恭敬地回想到高祖的智略和陳平的策謀都是過人的，而有人詆毀就被疏遠，有人稱譽就被親近。以文帝之聖明和魏尚的忠誠，用法令來苛求他就有罪，用恩德施加給他就有功。到了近世，董仲舒提倡道德，卻被公孫弘嫉妒，李廣奮勇攻打匈奴，卻受到衛青的打擊。這些都是忠臣經常為之痛心的事情。我自忖是微賤之臣，在上沒有魏無知那樣人的薦舉，在下沒有馮唐那樣人為之說解，既無董生那樣的才幹，又少李廣那樣的威望，而想免遭別人的讒毀，消除別人的怨恨與猜疑，談何容易！

3 「我的祖父馮參，因為忠貞不屈之故，招致了滿門之災禍。而我又碰上社會動盪不安之時，戰爭紛亂之際，不敢用不正當的手段求取眼前的利益，奉事君上沒有奸邪之謀，為將帥沒有擄掠之心。衛尉陰興，為人謹慎小心，內行修身約束，外避各種嫌疑，所以我才敢於和他交往。陰興知道我家貧，幾次要送給我錢財，作為基本生業。我想到自己既無三益之才幹，也不敢處於三損之地，所以堅持辭讓而不接受。前在更始時，太原地處財貨之樞紐，在時局動盪中，做官二十多年，而財產一年比一年少，日子一天比一天窮，在家無最低生活資料的積蓄，出門沒有車馬壯門面。當今正值政治清明的年月，正身實幹之時，而怨仇並起，譏議充世。這大概是富貴容易行善道，貧賤就難有作為了。遠在鄉間之臣，沒有希望到達朝廷，誠惶誠恐地自我陳述，希望能救補我的罪過。」

4 馮衍的奏疏呈上去了，光武帝還是因為以前的過錯，沒有任用他。

1 衍不得志，退而作賦，又自論曰❶：

2 「馮子❷以為夫人之德，不碌碌如玉，落落如石❸。風興雲蒸，一龍一蛇，與道翱翔，與時變化，夫豈守一節哉❹？用之則行，舍之則臧❺，進退無主，屈申無常❻。故曰：『有法無法，因時為業；有度無度，與物趣舍。』❼常務道德之實，而不求當世之名，闊略杪小之禮，蕩佚人間之事❽。正身直行，恬然肆志❾。顧嘗好俶儻之策❿，時莫能聽用其謀，喟然長歎，自傷不遭⓫。久棲遲⓬於小官，不得舒其所懷。抑心折節，意悽情悲。夫伐冰之家，不利雞豚之息⓭；委積之臣，不操市井之利⓮。況歷位食祿二十餘年，而財產益狹，居處益貧。惟夫君子之仕，行其道也。慮時務者不能興其德，為身求者不能成其功⓯。去而歸家，復羇旅⓰於州郡，身愈據職，家彌窮困，卒離飢寒之災，有喪元子之禍⓱。

3 「先將軍葬渭陵，哀帝之崩也，營之以為園⓲。於是以新豐之東，鴻門之上，壽安之中⓳，地埶高敞，四通廣大，南望酈山，北屬涇渭，東瞰河華，龍門之陽，三晉之路⓴，西顧酆鄗，周秦之丘，宮觀之墟㉑，通視千里，覽見舊都，遂定塋焉㉒。退而幽居。蓋忠臣過故墟而歔欷，孝子入舊室而哀歎㉓。每念祖考㉔，著㉕盛德於前，垂鴻烈㉖於後，遭時之禍，墳墓蕪穢，春秋蒸嘗，昭穆無列㉗。年衰歲暮，悼無成功㉘，將西田牧肥饒之野，殖生產㉙，修孝道，營宗廟，廣祭祀。然後闔門講習道德，觀覽乎孔老之論，庶幾乎松喬之福㉚。上隴阪，陟高岡，游精宇宙，流目八紘㉛。歷觀九州山川之體，追覽上古得失之風，愍道陵遲㉜，傷德分崩。夫覩其終必原㉝其始，故存其人而詠其道。疆理九野，經營五山，眇然有思陵雲之意㉞。乃作賦自厲，命其篇曰顯志㉟。顯志者，言光明風化之情，昭章玄妙之思也㊱。其辭㊲曰：

【章　旨】以上是馮衍〈顯志賦〉的自序，時事的打擊使他失去了進取精神，流露出萬般無奈。於是選定新豐鴻門為墓地，此處地勢高敞，可以通視千里，神遊八方，在年衰歲暮中，聊慰內心之寂寥。這是全賦的提綱。

【注　釋】❶退而作賦二句　不得進而為官，故退一步而為賦。賦是一種文體，始於戰國，以屈原〈離騷〉為代表，流行於兩漢。賦之義為敷布，鋪陳文詞，形容物貌，抒寫心志，寓有諷諫之意。自論，相當其他賦的自序，敘述作賦的緣起。❷馮子　尊稱他人為子，此以第三人稱寫自己。❸不碌碌如玉二句　此《老子》之詞。碌碌、落落，聲音相近，皆形容玉石之大。此句之意，為既不碌碌如玉，也不落落如石，既不作為人所貴之大玉，也不作為人所賤的大石，而處於不貴不賤之間，言做人當處於才與不才之間。❹風興雲蒸五句　亦言與世相須相倚，升降隨時。東方朔〈誡子書〉：「聖人之道，一龍一蛇，形現神藏，與物變化，隨時之宜，無有常處。」❺用之則行二句　《論語・述而》文。臧，同「藏」。句謂用與不用，我都處之泰然。❻進退無主二句 謂進退屈伸，沒有偏主，不執一端，隨時之宜。申，同「伸」。常，法則。❼故曰五句 《史記・太史公自序》中司馬談〈六家要指〉論道家之語，末句作「因物與合」。業，功業。謂不論有無成法，都應隨時變化建立功業。度與法同義。趣舍即取捨，謂因物之宜而行取捨。❽闊略二句 闊略，寬簡。杪，樹梢。杪小即微小。蕩佚，李賢注：「放蕩縱佚，不拘恆俗也。」❾恬然肆志 恬然，安然；不在意。肆志，快意；隨心。❿顧嘗句 李賢注：「顧猶及也。」俶儻，卓異不凡。⓫喟然二句 喟然，感歎貌。遭，遇時。⓬棲遟 滯留；偃息。遟，同「遲」。⓭伐冰之家二句 伐冰，鑿取冰塊。古代唯有卿大夫以上貴族喪祭時得以用冰，因稱達官貴族為伐冰之家。《禮記・大學》：「畜馬乘，不察於雞豚。伐冰之家不畜牛羊。」《韓詩外傳》：「天子不言多少，諸侯不言利害，大夫不言委積，四馬之家不恃雞豚之息，伐冰之家不恃牛羊之入。」所言雞豚牛羊皆喻小利。息，繁殖。⓮委積之臣二句 委積，財物充盈。市井，古時於井邊汲水時進行交易，故曰市井，後泛指市場。《韓詩外傳》：「千乘之君不通貨財，委積之臣不操市井之利，是以貧窮有所歡，而孤寡有所措。」⓯慮時務者二句 李賢注：「言不可兼也。」⓰羇旅 寄居。羇，「羈」的異體字。⓱卒離飢寒二句 卒，終於。離，遭受。元子，天子、諸侯的嫡長子，後泛指長子。⓲先將軍三句 衍之曾祖馮奉世，為右將軍，故言「先將軍」。渭陵，元帝陵，在今陝西咸陽東北。天子死曰崩。哀帝葬義陵，在今咸陽西。營謂壘土為垣，縈繞天子冢周圍，即為寢園，園內有寢殿、便殿，供按時祭祀，並有重臣墓在內作陪。奉世墓入義陵塋中，所以馮衍不得入葬而別求墓地。⓳以新豐之東三句 高祖沛縣豐邑人，太上皇居長安，思東歸，因而遷豐邑人於此立縣，故曰新豐，在今陝西臨潼北。鴻門，在新豐東（今臨潼東北）。壽安，不詳。⓴南望酈山五句 酈山，今作「驪山」。在今臨潼東南，高一三〇二公尺。屬，義同望。涇水在臨潼北入渭，合流而東，故云北屬。河華，黃河與華山，均在臨潼之東方，故曰東瞰。瞰，遠眺。龍門，山名。在今陝西韓城與山西河津之間，黃河流經山間，形成急流，傳說魚逆流而上者便成龍，故名龍門。山南曰陽，龍門在臨潼之東北，故云見其南面。三晉，謂韓、趙、魏，三國分晉而立，故名。此所言為臨文懸想，未必真能得見。㉑西顧酆鄗三句 顧，回視。酆鄗，二水名。周初在二水之側建都，文王都曰酆，武王都曰鄗，均在今西安西。秦本封在秦（今甘肅天水市），周平王東遷以後，秦始有岐周之地（今陝西武功、岐山縣等地）故總言「周秦之丘」。丘，陵墓。觀，古代宮門外雙闕。㉒覽見舊都二句 舊都謂前漢之都長安。塋，墓地。馮衍墓在今臨潼。㉓忠臣過故墟二句 《史記・宋微子世家》：「箕子朝周，過殷墟，感宮室毀壞，生禾黍，箕子傷之，欲哭則不可，欲泣為其近婦人，乃作〈麥秀〉之詩。其詩曰：『麥秀漸漸兮，禾黍油油，彼狡童兮，不與我好兮。』殷人聞之，皆為流涕。」歔欷、哀歎同義。《禮記・檀弓下》謂，親既葬，孝子返，哭於宗廟，此是祭祀冠婚行禮之處，是主婦饋食供養之處，於舊室而不見親，哀於此為甚。㉔祖考　已故的祖父和父親。㉕著　建立。㉖垂鴻烈　垂，久留。鴻烈，大業。㉗墳墓蕪穢三句　蕪穢，荒廢；雜草叢生。《史記．司馬相如列傳》：「墳墓蕪穢而不修。」韋昭注〈魯語〉云，凡祭祀，秋為嘗，冬為蒸。昭穆，在宗法制度下，宗廟中神主的排列次序，始祖居中，在西壁，面向東。以下父子遞為昭穆，父為昭，在左（即北邊），面向南，子為穆，在右（即南邊），面向北，置於始祖兩旁，依次向東排列。詳見孫詒讓《周禮正義》。㉘年衰歲暮二句　此年、歲二字均謂人的年紀。悼，痛心。㉙殖生產　靠生產增加收入。㉚庶幾乎句　庶幾，接近。松，赤松子。喬，王子喬。《列仙傳》謂，赤松子，神農時雨師，服食水晶，能入火不燒。常止西王母石室中，能隨風上下。王子喬，周靈王太子晉，好吹笙，作鳳鳴，遊伊洛之間，道人浮丘公接以上嵩山，遂仙去。㉛上隴阪四句　隴阪，高坡。陟，登。游精，神遊。宇宙，天地。高誘注《淮南子．原道》：「四方上下曰宇，古往今來曰宙，以喻天地。」流目，瀏覽；放眼隨意觀看。八紘，八方極遠之地。《淮南子．墬形》：「九州之外乃有八殥，八殥之外乃有八紘。」㉜愍道陵遲　愍，同「憫」。陵遲，漸漸衰敗。㉝原　追溯。㉞疆理九野三句　疆理，正其經界。《詩》：「我疆我理。」九野，九州之野。經營，猶往來、周旋。五山即五嶽，東嶽泰山，西嶽華山，南嶽衡山，北嶽恆山，中嶽嵩山。嶽，或作「岳」。眇然，高遠貌，猶飄然。陵雲，登上雲天。㉟乃作賦二句　自厲，自己砥礪自己。命其篇，即名其篇。㊱昭章句　昭章，著明。玄妙，精微難以捉摸之理，即道。《老子》：「玄之又玄，眾妙之門。」㊲辭　文辭。

【語　譯】馮衍沒有實現自己的理想，便退居作賦以明志，又自作序論說：

2 「馮子以為，每個人的德性，既不像玉一樣使人寶貴，也不像石頭一樣使人輕賤。應是風起雲升，既似龍又似蛇，與道德相升降，隨時代而變化，哪能只守住一種固定的模式呢？應該是，你用我我就去做，不用我我就閒著，進退沒有標準，屈伸沒有規律。所以說：『有法無法，根據時勢而動作；有度無度，根據事物而取捨。』常做道德之實務，不求一時之虛名，不拘泥於細碎的禮節，藐視世間俗事。站得正行得直，心安理得去實現我的志意。至於我曾經喜好卓異不群的策略，時人不能採納我的計謀，一聲長歎，傷感自己生不逢時。長久滯留在小官之位，不能抒發我的懷抱。心情壓抑，人格挫傷，心情悲切。卿大夫之家不追求雞豬的繁殖生利；財貨充盈的大臣不以經商賺錢。何況我居位食祿二十多年，財產越來越少，家境越來越貧窮。

只是君子之所以為官，為的是推行其主張啊！謀劃時政的人不能振興德風，為自身謀慮的人不能成就其功業。去官回家，卻又寄居在州郡，自己愈是任職，家境愈加貧困，終於遭受飢寒之苦，發生長子死喪之禍。

3 「我的曾祖父馮奉世將軍葬在渭陵，哀帝去世以後，把這裡修建為義陵的陵園。於是選在新豐之東，鴻門坂上，壽安之中，這裡地勢高而開闊，四通八達，南望酈山，北看涇河和渭河，東眺黃河與華山、龍門之南和通三晉的道路，回頭向西看到酆、鄗二京，周秦之陵墓和宮殿的廢墟，通觀千里，看見舊都，便把這裡定為我的墓地，就隱居在此地。昔日忠臣過舊都之墟而悲泣，孝子入親人舊居而哀歎。每每想到祖父輩建立大德於前，流傳大業於後世，遭遇時世禍亂，墳墓荒廢，四季不得祭祀，祖廟中的牌位也雜亂無序。我現在已年老體衰，傷痛一事無成，將西歸耕牧於肥沃之地，增加生產，實行孝順之道，修建祖廟，擴大祭祀之地。然後關起門來講論道德，瀏覽孔子、老子的言論，差不多接近赤松子、王子喬的福分。上山坡，登高崗，神遊天地間，放眼荒遠之地。遍觀九州山川之形勢，回顧上古得失的遺風，感傷世道之衰敗、品德之崩潰。凡事應看到其結果，還要追溯它的源頭，所以要紀念這些人而詠歌其行事。區劃九州之地，周旋於五岳之間，飄飄然思有淩雲之志。於是作賦以自我勉勵，篇名曰〈顯志〉。顯志之義，是發揚風化之情，闡明玄妙之思。其文曰：

1 「開歲發春兮，百卉含英❶。甲子之朝兮，汩吾西征❷。發軔新豐兮，裴回鎬京❸。陵飛廉而太息兮，登平陽而懷傷❹。悲時俗之險阸兮，哀好惡之無常❺。棄衡石而意量兮，隨風波而飛揚❻。紛綸流於權利兮，親靁同而妒異❼。獨耿介而慕古兮，豈時人之所憙❽？沮先聖之成論兮，䫉名賢之高風❾。忽道德之珍麗兮，務富貴之樂耽⑩。遵大路而裵回兮，履孔德之窈冥⑪。固衆夫之所眩兮，孰能觀於無形⑫？行勁直以離尤兮，羌前人之所有⑬。內自省而不慙兮，遂定志而弗改⑭。欣吾黨之唐虞兮，愍吾生之愁勤⑮。聊發憤而揚情兮，將以蕩夫憂心⑯。往者不可攀援兮，來者不可與期⑰。病沒世之不稱兮，願橫逝而無由⑱。

2 「陟雍畤而消搖兮，超略陽而不反⑲。念人生之不再兮，悲六親⑳之日遠。陟九嵕而臨嶻嶭兮，聽涇渭之波聲㉑。顧鴻門而歔欷兮，哀吾孤之早零㉒。何天命之不純㉓兮，信㉔吾罪之所生。傷誠善之無辜兮，齎此恨而入冥㉕。嗟㉖我思之不遠兮，豈敗事之可悔？雖九死而不眠兮，恐余殃之有再。淚汍瀾而雨集兮，氣滂浡而雲披㉗。心怫鬱而紆結兮，意沈抑而內悲㉘。

3 「瞰太行之嵯峨兮，觀壺口之崢嶸㉙。悼丘墓之蕪穢兮，恨昭穆之不榮㉚。歲忽忽而日邁兮，壽冉冉其不與㉛。恥功業之無成兮，赴原野而窮處。昔伊尹之干湯兮，七十說而乃信㉜；皐陶釣於靁澤兮，賴虞舜而後親㉝。無二士㉞之遭遇兮，抱忠貞而莫達。率妻子而耕耘兮，委厥美而不伐㉟。韓盧抑而不縱兮，騏驥絆而不試㊱。獨慷慨而遠覽兮，非庸庸之所識㊲。卑衛賜之阜貨兮，高顏回之所慕㊳。重祖考之洪烈兮，故收功於此路㊴。循四時之代謝兮，分五土之刑德㊵。相林麓之所產兮，嘗水泉之所殖[41]。修神農之本業兮，採軒轅之奇策[42]。追周棄之遺教兮，軼范蠡之絕迹[43]。陟隴山以踰望兮，眇然覽於八荒[44]。風波飄其並興兮，情惆悵而增傷。覽河華之泱漭[45]兮，望秦晉之故國。憤馮亭之不遂兮，慍去疾之遭惑[46]。

4 「流[47]山岳而周覽兮，徇碣石與洞庭[48]。浮江河而入海兮，泝淮濟而上征[49]。瞻燕齊之舊居兮，歷宋楚之名都[50]。哀群后之不祀兮，痛列國之為墟[51]。馳中夏[52]而升降兮，路紆軫[53]而多艱。講聖哲之通論兮，心惼憶而紛紜[54]。惟天路之同軌兮，或帝王之異政[55]。堯舜煥其蕩蕩兮，禹承平而革命[56]。并日夜而幽思兮，終悇憛而洞疑[57]。高陽邈其超遠兮，世孰可與論茲[58]？訊夏啟於甘澤兮，傷帝典之始傾[59]；頌成康之載德兮，詠南風之歌聲[60]。思唐虞之晏晏兮，揖稷契與為朋[61]。苗裔紛其條暢兮，至湯武而勃興[62]。昔三后之純粹兮，每季世而窮禍[63]。弔夏桀於南巢兮，哭殷紂於牧野[64]。詔伊尹於亳郊兮，享呂望於酆洲[65]。功與日月齊光兮，名與三王爭流[66]。

5 「楊朱號乎衢路兮，墨子泣乎白絲[67]。知漸染之易性兮，怨造作之弗思。美關雎之識微兮[68]，愍王道之將崩。拔周唐之盛德兮，捃桓文之譎功[69]。忿戰國之遘禍兮[70]，憎權臣之擅彊。黜楚子於南郢兮，執趙武於湨梁[71]。善忠信之救時兮，惡詐謀之妄作。聘申叔於陳蔡兮，禽荀息於虞虢[72]。誅犂鉏之介聖兮，討臧倉之愬知[73]。嫉子反於彭城兮，爵管仲於夷儀[74]。疾兵革之寖滋兮，苦攻伐之萌生。沈孫武於五湖兮，斬白起於長平[75]。惡叢巧之亂世兮，毒從橫之敗俗。流蘇秦於洹水兮，幽張儀於鬼谷[76]。澄德化之陵遲兮，烈刑罰之峭峻。燔商鞅之法術兮，燒韓非之說論[77]。誚始皇之跋扈兮，投李斯於四裔[78]。滅先王之法則兮，禍寖淫而弘大。援前聖以制中兮，矯二主之驕奢。饁女齊於絳臺兮，饗椒舉於章華[79]。摛[80]道德之光耀兮，匡[81]衰世之眇風。褒宋襄於泓谷兮，表季札於延陵[82]。摭仁智之英華兮，激亂國之末流。觀鄭僑於溱洧兮，訪晏嬰於營丘[83]。日曀曀[84]其將暮兮，獨於邑[85]而煩惑。夫何九州之博大兮，迷不知路之南北。駟素虯而馳騁兮，乘翠雲而相佯。就伯夷而折中兮，得務光而愈明[86]。款子高於中野兮，遇伯成而定慮[87]。欽真人之德美兮，淹躊躇而弗去。意斟愖而不澹兮，俟回風而容與[88]。求善卷之所存兮，遇許由於負黍[89]。軔吾車於箕陽兮，秣吾馬於潁滸[90]。聞至言而曉領兮，還吾反乎故宇[91]。

6 「覽天地之幽奧[92]兮，統萬物之維綱[93]。究陰陽之變化兮，昭五德[94]之精光。

躍青龍於滄海兮，豢白虎於金山[95]。鑿巖石而為室兮，託高陽以養仙。神雀翔於鴻崖兮，玄武潛於嬰冥[96]。伏朱樓而四望兮，採三秀之華英[97]。纂前修之夸節兮，曜往昔之光勳[98]。披綺季之麗服兮，揚屈原之靈芬[99]。高吾冠之岌岌兮，長吾佩之洋洋[100]。飲六醴之清液兮，食五芝之茂英[101]。

7 「揵六枳而為籬兮，築蕙若而為室[102]。播蘭芷於中廷兮，列杜衡於外術[103]。攢射干雜蘼蕪兮，搆木蘭與新夷[104]。光扈扈而煬燿兮，紛郁郁而暢美[105]。華芳曄其發越兮，時恍忽而莫貴[106]。非惜身之埳軻[107]兮，憐眾美之憔悴。游精神於大宅兮，抗玄妙之常操[108]。處清靜以養志兮，實吾心之所樂。山峨峨而造天兮，林冥冥而暢茂[109]。鸞回翔索其群兮[110]，鹿哀鳴而求其友。誦古今以散思兮，覽聖賢以自鎮[111]。嘉孔丘之知命兮，大老聃之貴玄[112]。德與道其孰寶兮？名與身其孰親[113]？陂山谷而閒處兮，守寂寞而存神[114]。夫莊周之釣魚兮，辭卿相之顯位[115]；於陵子之灌園兮，似至人之髣髴[116]。蓋隱約而得道兮，羌窮悟而入術。離塵垢之窈冥兮，配喬、松之妙節。惟吾志之所庶[117]兮，固與俗其不同。既俶儻而高引兮，願觀其從容[118]。」

【章　旨】以上為馮衍〈顯志賦〉全文。馮衍幻想由他所在的墓地出發，覽鄷鄗、登太行，渡江越河，悼宋楚名都，歎古國興亡，對好戰者予以無情鞭撻，對以禮教治國者予以褒獎。欲高冠長佩效屈原，遠離塵世配喬、松，馮衍沉醉在自己遐想之中，坐觀雲捲雲舒。

【注　釋】❶開歲發春二句　開歲，一年之始。發春，今俗言「開春」。開、發，皆始義。卉，草的總稱。英，花。❷甲子之朝二句　古人用干（幹）支（枝）相配以紀日，此謂甲子日。今民間干支紀日已廢，只在農曆中存干支紀年。汩，水流疾迅貌。征，遠行。《楚辭》：「汩吾南征。」❸發軔新豐二句　李賢注：「軔，止車木也。將行，故發之。」發謂撤去，拿掉。裵回，徘徊；往返流連。裵，同「裴」。❹陵飛廉二句　陵、登同義。飛廉，觀名。高四十丈，武帝元封二年立於長安，上有銅飛廉，因以為名。《漢書音義》：「飛廉，神禽，能致風氣，有角而蛇尾，文如豹文。」平陽，宮名。《三輔黃圖》有平陽封宮，《陝西通志》謂在郿縣（今眉縣）。太息，歎息。❺悲時俗二句　李賢注：「時既險薄，所以好惡不同。」《楚辭》：「悲時俗之迫阨。」❻棄衡石二句　衡，秤桿。石，一百二十斤。《史記·秦始皇本紀》：「上至以衡石量書。」棄衡石而以意測量，喻違背法度。隨風波而飛揚，言無志操。❼紛綸二句　言時俗沉溺於權力與財貨之中，親同妒異，同己則親之，異己則妒忌之，今言黨同伐異。紛綸即紛紛，眾多貌。流，流連；沉溺。❽獨耿介二句　耿介，正直不阿。憙，同「喜」。❾沮先聖二句　言時人自謂超越名賢。沮，敗壞。藐，凌越。成論，定論。高風，高尚的風操。❿忽道德二句　忽，輕視。務，致力。李賢注：「耽亦樂也。」⓫遵大路二句　遵，循；沿著。大路，大道。《老子》：「大道甚夷。」裵回，同「徘徊」。履，踐行。孔，甚。孔德，盛德。《老子》：「孔德之容，惟道是從。」窈冥，幽冥；幽玄。窈，同「幽」。《老子》：「幽兮冥兮，其中有精。」⓬固眾夫二句　眾夫，眾人。眩，迷惑。《老子》：「大象無形。」李賢注：「道以空為主，故無物而不容。時俗眩於名利，孰能觀大象無形哉？」⓭行勁直二句　勁直，堅強正直。尤，過錯。羌，乃。李賢注：「言古人有為勁直行而遭尤過者，有之矣，即屈原、賈誼之流也。」⓮內自省二句　李賢注：「衍內自省察，不慚於古人，遂守志不改也。」⓯欣吾黨二句　欣，喜。黨，原意為偏私，是貶詞。此用作偏愛。勦，勞苦。⓰聊發憤二句　聊，暫且。揚情，抒發情懷。蕩，洗滌。李賢注：「蕩，散也。」二義相近。⓱往者不可攀援二句　言唐虞已往不可追及，將來賢哲又不可相約期。攀援，追隨；依附。《楚辭·遠遊》：「軒轅不可攀援兮。」與期，與之相約。⓲病沒世二句　病，患；擔心。《論語·衛靈公》：「君子疾沒世而名不稱焉。」此引雖無「名」字，但仍指的是名。稱，稱述。橫逝，縱橫遠去。無由，無路可走。⓳陟雍畤二句陟，升上。雍，右扶風屬縣。故城在今陝西鳳翔。畤，止息，神靈所止息之處。故古時帝王以為祭祀天地五帝的場所。《漢書・郊祀志上》：「自古以雍州積高，神明之宅處，故立畤郊上帝，諸神祠皆聚云。」秦併天下，祠雍四畤，漢加黑帝，謂之五畤。消搖即逍遙，悠閒自得貌。超，經過。略陽，縣名。屬天水郡。故城在今甘肅秦安西北。反即返。⑳六親 指夫婦、父子、兄弟。㉑陟九嵕二句 九嵕，山名。《太平御覽》卷四四謂，高六百五十丈，周圍十五里。涇水源自其山之西，山在今陝西禮泉西北。臨，俯視。嵳嶭，山名，一名嵯峨山。在今陝西淳化。涇水在北，渭水在南，故云聽其波聲。㉒哀吾孤句 零，凋落。吾孤早零，即上所謂「喪元子之禍」。㉓純 純粹。㉔信 誠然。㉕傷誠善二句 李賢注：「子既早夭，未有邪僻，故云誠善。」辜，罪惡。冥謂地下。齎恨入冥，言死有餘恨。齎，抱持。㉖嗟 歎息。㉗淚汍瀾二句 汍瀾，淚流縱橫貌。滂浡，即蓬勃，雲氣盛貌。朱起鳳《辭通》：「此等形容字，形隨音變，而義則同。」披，散開。言淚如雨集，氣如雲散。㉘心怫鬱二句 怫鬱，心情不舒暢。紆結，鬱積不舒。沈抑，抑鬱。李賢通釋之：「言已往者託於貴戚之權，幾陷刑戮之罪，此由我思慮不深遠。已敗之事，悔之無及，雖復九死而目不瞑，言怨恨之深也。《楚辭》：『雖九死其猶未悔。』眠即瞑也。今縱修身自勉，又恐殃禍再至，所以淚落意沉，氣憤心結也。」㉙瞰太行二句 太行山之南端在上黨郡之南界，壺口山在上黨郡治長子之東。衍之遠祖馮亭為戰國時韓之上黨守，以上黨降趙，趙封亭三萬戶，號華陽君。亭死，因葬上黨。《上黨記》云，馮亭冢在壺關城西五里（今山西長治）。衍在關中，遙望上黨，即序所謂「通視千里，覽見舊都」也。嵯峨，言其高大。崢嶸，言其深邃。㉚悼丘墓二句 丘亦墓，故連言丘墓。榮，繁茂。昭穆之不榮，即序所言之「昭穆無列」。㉛歲忽忽二句 忽忽言時光迅速。冉冉，漸漸，言時光漸漸流逝。邁亦言時光流過。與，等待。《楚辭》：「日忽忽其將暮。」又：「老冉冉其將至。」此化用其句。㉜昔伊尹之干湯二句 伊尹年七十說湯乃得信用，使湯致於王道。伊尹，名摯，負鼎俎以干湯。干，謁見。㉝皐陶釣於靁澤二句 靁，同「雷」。雷澤，在今山東菏澤東北。釣雷澤，《呂氏春秋》等書為舜事，此作「皐陶」，未詳。皐陶，亦作「咎繇」、「臯陶」，傳說為東夷首領，舜時為士（刑獄之官）。㉞二士 伊尹和皐陶。㉟委厥美句 委，拋棄。厥，其。伐，自我誇功。㊱韓盧抑二句 《戰國策》淳于髡謂齊王：「韓盧，天下之壯犬也。」騏驥，駿馬。絆，用繩子繫馬足，使不能快跑。《淮南子》：「絆騏驥而求千里。」試，任用。㊲獨慷慨二句 慷慨，情緒激昂。李賢注：「衍喻己有高才而不得申，所以獨慷慨遠覽，非庸庸之徒所能識也。」識，知道；理解。㊳卑衛賜二句 卑，賤視。阜，積累。賜，端木賜，字子貢，春秋衛國人。孔子學生，經商富累千金，與諸侯分庭抗禮。顏回，字子淵，春秋魯國人。孔子學生，貧居陋巷，簞食瓢飲，孔子稱讚他「其心三月（長久）不違仁」。慕，慕道。㊴重祖考二句 謂祖考功業洪大，若求富貴，恐致玷辱，故於此路收功。洪烈，大業。㊵分五土之刑德　《周禮・地官・大司徒》謂，五土，一曰山林，二曰川瀆，三曰丘陵，四曰墳衍（水崖和下平地），五曰原隰（高平地和下溼地）。《淮南子・墬形》：「凡地形，東西為緯，南北為經，山為積德，川為積刑。」是刑德為土地之形勢和性狀。㊶相林麓二句　相，察視。《穀梁傳・僖公十四年》謂，林連於山曰麓。鄭玄注《周禮》：「竹木生平地曰林，山足曰麓。」《周禮》載，山林動物宜毛物（貂狐之類），植物宜皁物（柞栗之類）；川澤動物宜鱗物（魚龍之類），植物宜膏物（楊柳之類）；丘陵動物宜羽物（野雞之類），植物宜核物（梅李之類）；墳衍動物宜介物（龜鱉之類），植物宜莢物（謂有棘刺者）；原隰動物宜贏物（虎豹之類），植物宜叢物（萑葦之類）。是地勢不同，各有所宜。《淮南子・墬形》云，汾水濁宜麻，濟水和宜麥，河水調宜菽（豆類），洛水輕利宜穀，渭水多力宜黍，江水肥宜稻。《管子》亦有泉水距地面深宜黍秫，距地面淺宜稻麥的記載。是以水泉之不同而異植。㊷修神農二句　神農氏標誌中國古代的農業開始階段。相傳神農氏斲木為耜，揉木為耒，耒耜之利以教天下。軒轅氏，黃帝。《大戴禮記》：「黃帝時播百穀草木，節用水火財物，人得其利。」㊸追周棄二句　棄，周族之先祖，兒時遊戲好種植麻菽，及成人，遂好耕種，相地之宜，人們效法他。帝堯舉棄為農師，天下得其利。故言遺教。軼，超過。范蠡，南陽人，事越王句踐，苦心勠力，深謀二十餘年，終滅吳雪恥。既而以為大名之下，難以久居，且句踐為人可與同患，難與處安，遂與其私屬乘舟浮海而行，變姓名終身不返。是絕跡。㊹陟隴山二句　隴山，六盤山南段的別稱。在今甘肅東部莊浪、張家川回族自治縣等縣內。踰，遙。眇然，高遠貌。八荒，八方荒遠之地。㊺泱漭　氣勢宏大。㊻憤馮亭二句　馮亭以上黨降趙，秦破趙長平而亭死，故言不遂。慍，怒。馮去疾為秦丞相，胡亥即位，用趙高計，始皇大臣咸被誅戮，無有遺脫，是遭惑。亭及去疾皆衍之先祖，故遠懷憤怨。㊼流　經行。㊽徇碣石與洞庭　徇，巡視。碣石，山名。今河北昌黎北。但古人記載，或說在海中，或說在海邊。李賢注：「碣石，海畔山也。」洞庭，山名。在今江蘇太湖中，有東西二山，東曰胥母山，西曰包山。李賢注：「衍既不同流俗，情多憤怨，故假言涉歷江山，周流河海。」㊾泝淮濟而上征　泝、上征，皆謂逆流而上。濟水，出河東垣縣（今山西垣曲西北）王屋山，東流至今河南武陟入於黃河，至今滎陽又從黃河分出，經巨野澤，至濟南北略同於今黃河、小青河河道入海。濟，或作「泲」。㊿瞻燕齊二句　此所言燕、齊、宋、楚，皆秦漢前舊國名，至漢時作為地域名還沿用。燕，姬姓國，始封君為召公奭，都薊，今北京。齊，姜姓，始封君為姜尚，都營丘（後稱臨淄，在今淄博）。歷，觀看。宋，子姓，始封君為微子啟，都商丘（今河南商丘）。楚，羋姓，始祖鬻熊。春秋時都郢（今湖北荊州）。戰國時，都城遷於陳（今河南睢陽），又遷於壽春（今安徽壽縣）。名都，大的都城。(51)哀群后二句　后，君主。不祀，絕祀，言滅亡。列國，春秋戰國時期各諸侯國。(52)中夏　中國。(53)紆軫　盤曲。(54)心

愊憶而紛紜　愊憶，鬱結。紛紜，昏亂；迷惑。55惟天路二句　惟，思想。天路，上天之路。軌，跡。《白虎通義》：「德合天者稱帝，仁義合者稱王。」言上天之路軌跡相同，帝王行政相互不同。56堯舜煥二句　煥，光明；有文章。蕩蕩，政化平暢。《論語・泰伯》載孔子曰：「唯天為大，唯堯則（學習）之，蕩蕩乎民無能名焉。」堯禪位於舜，舜禪位於禹，是為承平。禹改制度而傳於子，是為革命。57終悇憛而洞疑　悇憛，禍福未定，憂愁悲傷。恫疑，恐懼。洞，通「恫」。58高陽二句　《史記・五帝本紀》謂，高陽氏沉深而有謀，疏通而知事。因高陽氏疏通而有謀，故欲與之論事。高陽，帝顓頊之號。茲，語氣詞，哉。59訊夏啟二句　訊，問。啟，禹之子。啟與有扈氏大戰於甘。甘，今陝西鄠縣境。有扈與夏同為姒姓而相攻伐，故傷帝典之傾。60頌成康二句　《史記・周本紀》：「成康之際，天下安寧，刑錯（棄置）四十餘年不用。」成康，周成王、周康王。載德，積德；行德。南風之歌，《詩・國風》中之〈周南〉、〈召南〉之詩，歌文王之德，故詠此章。61思唐虞二句　堯為陶唐氏，舜為有虞氏，言唐虞即指堯舜。《尚書・堯典》：「帝堯曰放勳，欽明文思晏晏。」晏晏，和悅寬容。舜命周之祖棄為后稷，管理農耕，又命商之祖契為司徒，教導百姓。與為朋，以為朋友共治天下。62苗裔紛二句　契之十四世孫為商湯，后稷十六世孫周武王，是湯武為稷契之苗裔。苗裔，後代子孫。條暢，繁衍茂盛。湯興兵滅夏桀，周武王興兵滅商紂王而有天下，是勃興。勃興，蓬勃興起。63昔三后二句　三后，夏禹、商湯、周文王。王逸注〈離騷〉：「至美曰純，齊同曰粹。」季世，末世。窮禍，窮極而生災禍。周之季世，幽王被西戎所殺，厲王流於彘（今山西霍縣東北）。64弔夏桀二句　謂湯放桀於南巢（今安徽巢縣），武王滅紂於牧野（今河南淇縣）。65詔伊尹二句　詔，召。亳有三，均在今河南境內。湯在不同時期為都城。呂望，即姜尚，文王以為太師，助周滅商。酆，都城名。與鎬同為西周國都，在今陝西長安西南。洲，水中可居處。66三王爭流　三王，亦指夏商周開國之三君，三君中也有以武王代替文王的說法。爭流，齊等；抗衡。流，品類；等級。67楊朱號二句　楊朱，戰國早期魏人。他反對墨子的「兼愛」和儒家的倫理思想，主張「貴生」、「重己」，他主張「損一毫利天下，不與（給）也，悉天下奉一身，不取也」。人人如此，天下便能大治。號，哭泣。《淮南子》記述楊朱見四達之路而哭泣，為其可以南，可以北，傷其本同而末異。衢路，歧路；四通八達的大道。墨翟見染絲，歎道入於蒼則為蒼，入於黃則為黃，五染則有五種不同顏色，所以染絲不可不慎。治國也是一樣，湯染於伊尹，紂染於惡來。68美關雎之識微兮　關雎，《詩》之首章，其意謂周康王當極盛時期，一朝晚起，被看作是人君好色，夫人專寵，大臣作詩諷諫。故稱美此詩之意是見微而知著，防微以杜漸。69拔周唐二句　據上下文義，「周唐」當是「周康」，周康王時刑措四十年不用，故云盛德。拔，選用。捃，取。齊桓公、晉文公都是春秋時期稱霸之君，但孔子對二人的評價不同，《論語・憲問》孔子曰：「晉文公譎而不正，齊桓公正而不譎。」譎，詭詐。⑩忿戰國之遘禍兮　戰國，原意為交戰之國，西漢劉向校定《戰國策》，始把這一交戰時期定為歷史的一個階段。《資治通鑑》把韓、趙、魏三家分晉（周威烈王二十三年，西元前四〇三年）至秦始皇滅亡六國（西元前二二一年）定為戰國時期。遘禍，造成災禍。⑪黜楚子二句　黜，罷退。吳、楚僭號稱王，孔子修《春秋》，貶其為子。南郢即郢。李賢注：「趙武，晉卿趙文子。時晉為盟主，文子，晉之正卿，而為不臣之行，故欲執之也。」溴梁，溴水上的隄壩，在今河南濟源西。⑫聘申叔二句　申叔，楚莊王賢臣申叔時。陳國夏徵舒弒其君，楚召諸侯伐陳，殺夏徵舒，滅陳以為楚國一個縣。申叔時諫謂，夏徵舒弒君，罪大，討而戮之，君之義也，諸侯從楚討徵舒，名義是討有罪。現在把陳作為楚的一縣，是貪其財富，以討罪召諸侯而以貪終結，是不可的。王曰「善」。便使陳仍為一國。陳蔡相近，言陳而連蔡，實與蔡無關。蔡國，初都上蔡（今河南上蔡），終遷下蔡（今安徽鳳臺）。荀息，晉國大夫。荀息請以名馬和巨璧賄賂虞借道伐虢。晉君曰：「此吾寶也。」對曰：「若能借道而行，給他璧與馬，如同藏於外府。」晉滅虢，還師滅虞，取回璧與馬。虞，在今山西平陸東北。虢，亦在平陸境內。禽，同「擒」。事均見《左傳》。⑬誅犂鉏二句　犂鉏，齊大夫。介謂離間。《韓非子·內儲說下》謂，仲尼為政於魯，道不拾遺，齊景公患之。犂鉏曰：「去仲尼猶毛耳。」遂送女樂於魯，魯哀公樂之，意驕政怠，孔子諫不聽，遂去之。《孟子·梁惠王下》云，魯平公出將見孟子，臧倉曰：「君所為輕身以先於匹夫者，以為賢乎？禮義由賢者出，而孟子葬父簡卻葬母奢，君勿見焉。」公曰：「諾。」樂正子見孟子曰：「君將來見，有嬖人臧倉者阻止，是以不來。」孟子曰：「吾之不遇魯侯，天也，臧氏之子焉能使余不遇哉！」愬，說壞話。知，謂明於事理。⑭⿰女巽子反二句　⿰女巽，錢大昕謂當同「饌」，飲食之。子反平宋，意主卹鄰，管仲封邢，功存繼絕，馮衍嘉美之，故言「饌子反」，與下文「饁女齊」，「饗椒舉」同義。子反，名側，楚大夫。從楚子圍宋，宋華元告之以城中「易子而食，析骸而炊」。子反亦告華元，楚軍有七日之糧。嘉區區之宋，猶有不欺人之臣，然後退軍。彭城，今江蘇徐州。但子反與華元之對話，在宋都而不在彭城。狄人滅邢，管仲輔齊桓公築夷儀，以處邢人，邢人遷夷儀如歸家，天下諸侯知桓公不為己動，管仲使齊稱霸有功。夷儀，在今山東聊城西。⑮沈孫武二句　孫武，吳王闔廬將，善用兵，使吳稱強。太湖與滆湖、洮湖、射湖、貴湖相連，合稱五湖，四湖並太湖支流，故太湖兼得五湖之名。在今江蘇無錫南。白起，戰國秦昭王將，擊趙於長平（今山西高平），坑趙降卒四十萬於此。⑯流蘇秦二句　蘇秦，戰國洛陽人，為合縱說，說關東六國縱親以抗秦，會於洹水之上，刳白馬為盟。張儀，戰國魏人，嘗師事鬼谷先生。為連衡（即橫）說，說關東六國背縱而事秦。二人不同時而皆尚詐偽，不遵道德。鬼谷，谷名。在今河南洛陽北。洹水，在河南北境，今名安陽河，發源林縣，東流至內黃入衛河。⑰燔商鞅二句　商鞅，姓公孫氏，好刑名之學，事秦孝公，變法令，五家為伍，十家為什，使人互相監督，犯禁相連坐，不告奸者腰斬，告奸者與殺敵同賞，匿奸者與降敵同罪，人有二男以上不分居者倍其罰。行用四年，秦國富強。韓非，韓國公子，亦好刑名法術之學，口吃不能言，著書十餘萬言，皆尚法術，少仁恩。今存有《韓非子》一書。燔，燒同義。78 誚始皇二句　誚，責備；譏議。嬴政，秦莊襄王之子，以武力滅六國後，實行暴力統治，自稱始皇帝，大修阿房宮、驪山墓和長城，男子戍邊，婦女輸糧，焚《詩》、《書》，坑儒生，囹圄滿山。是始皇之跋扈。李斯，上蔡人，為秦始皇丞相，始皇所行暴虐之策，多出李斯之議。斯上書曰：「今諸生不師今而學古，惑亂黔首（庶民），臣請非秦記皆燒之，有敢偶語《詩》、《書》者弃市，以古非今者族（滅族），吏見知不舉者與同罪。令下三十日不燒，黥為城旦（刺面，判四年刑）。」投四裔，謂其人為魑魅魍魎，為人所不齒。79 齝女齊二句　齝，送飯。女齊，晉大夫司馬侯，與悼公登臺。公問「德義」，答謂，諸侯之在君側，以其善行，以其惡戒。絳，晉都，今山西曲沃西南。椒舉，楚大夫伍舉。饗，宴請。章華，臺名，在今湖北潛江西南。臺高十丈，基廣十五丈。《國語．楚語》載，楚靈王為章華之臺，與椒舉同登。王曰：「臺美乎？」對曰：「臣聞國君以賢受寵服為美，以能安民為樂，不聞以土木之崇高為美。先君莊王為匏居之臺，用不費官府，民不廢時務。今君為此臺，國人疲焉，財用盡焉，臣不知其美。」二主，晉悼公與楚靈王。80 摛　播揚。81 匡　糾正。82 褒宋襄二句　宋襄公，名茲父，春秋時宋國之君，與楚戰於泓（水名。在今河南柘城北），有司勸其當楚軍未渡完時擊之，宋公曰：「不可。君子不阻人於險惡之時，吾雖亡國之餘（商朝後人），寡人不忍行也。」楚軍渡泓後還未排成陣列時，有司請擊之。宋公曰：「不可。君子不攻擊不成列的軍隊。」已陣然後擊之，宋師大敗。君子以為宋襄公臨戰不忘大禮。季札，吳王壽夢之子，兄弟四人，札最少而賢，封於延陵（今江蘇常州），壽夢卒，諸兄欲立札，札逃去。83 摭仁智四句　摭，拾取。仁智之英華指子產，《史記》載，子產仁愛人，事君忠厚。鄭處大國之間，國內有亂，子產執政，對大國不卑，對內政有法。子產卒，孔子稱其為「古之遺愛」。子產，名公孫僑。溱洧，鄭之二水名。此以鄭之二水表示鄭國，亦猶前以宋之彭城代表宋國。晏嬰，字平仲。崔杼弒君，劫諸大夫盟誓擁護崔杼，為齊國之末流，晏嬰卻反對崔杼，擁護王室，是對這種社會末流激濁揚清。營丘，齊國都城。在今山東淄博東北。84 曀曀　陰晦貌。85 於邑　鬱悒；憂悶。86 驪素虯四句　四馬為驪。虯，龍之無角者。《爾雅》：「馬高八尺曰龍。」相佯，逍遙。伯夷，孤竹君之子，反對周武王以臣的身分，滅掉為君的商紂王，不食周粟，隱於首陽山，故衍以之為折中。折中，取為標準。《列仙傳》載，務光，夏時人，商湯伐桀，謀於務光，光曰：「非我事也。」商武丁欲以為相，光不從，遂投河而死。衍不仕，與務光同，故得之而愈明。87 欸子高二句　伯成子高，唐、虞時為諸侯，至禹為天子，乃辭官而耕。禹問其故，對曰：「昔堯治天下，至公無私，不賞而人自勉，不罰而人自畏。今子賞而不勉，罰而不畏，德自此衰，刑自此作。」耕而不顧。中野，野中。李賢注謂《東觀漢記》「高」字作「喬」，謂仙人王子喬也，義亦通。按上句言「子高」，下句言「伯成」，實是一人，於理不通，故作「子喬」義勝。欵，同「款」。留住。下「真人」亦指王子喬。88意斟愖二句　斟愖，遲疑。澹，定。俟，等待。回風，旋風。容與，從容。89求善卷二句　善卷，姓善名卷，隱居的人。舜以天下讓善卷，善卷曰：「予立於宇宙之中……日出而作，日入而息，逍遙於天地之間而心意自得。吾何以天下為哉！」遂入深山，不知以後結果如何。事見《莊子．讓王》。因不知善卷結果，故此言求其所存。許由，堯時高士，隱居於箕山（今河南登封東），堯以天下讓許由，由不受，討厭聽到他的話，到潁水去洗耳。負黍，地名，亦在今登封境內。90軔吾車二句　箕陽，箕山之南。山南為陽。秣，以粟飼馬。潁滸，潁水之濱。滸，水邊。91聞至言二句　至言，最高超的言論。曉領，知道；領會。還，回轉。反，同「返」。宇，房屋；住所。92幽奧深邃。93維綱　宗旨。94五德　李賢注：「五德，五行之德也。施之於物，則為金、木、水、火、土；施之於人，則為仁、義、禮、智、信也。」95躍青龍二句　天有二十八宿，成龍虎龜鳳之形。在地為四靈，東方為青龍，西方為白虎，南方為朱雀，北方為玄武。滄海，大海，中國古代特指東方之海。豢，養。西方屬金，故金山為西方之精。96神雀翔二句　神雀謂鳳凰。玄武謂龜蛇。位在北方，故曰玄；身有鱗甲，故曰武。嬰冥即幽冥，所謂幽都。97伏朱樓二句　《漢書》：「仙人好樓居。」《楚辭》：「採三秀於山間。」王逸注：「謂芝草也。」華，古花字。98纂前修二句　纂，繼承。前修，前賢。夸節，大節。曜，炫耀。往昔之光勳，謂衍之先人有功勞於前代，馮去疾、馮奉世等。言自己繼往賢高節，所以光曜。99披綺季二句　披，張開。綺季，又作綺里季。秦漢之際四皓之一。四皓隨太子劉盈入侍高祖，鬚眉皓白，衣冠甚偉。《楚漢春秋》：「四人冠韋冠，佩銀環，衣服甚鮮。」故言麗服。屈原以己有令德，故衍欲揚其靈芬。100高吾冠二句　屈原〈離騷〉：「高余冠之岌岌，長吾佩之陸離。」王逸注：「傷己懷德不用，故高冠長佩，尊其威儀，整其服飾，表示與眾不同。」岌岌，高貌。洋洋，飄逸狀。101飲六醴二句　李賢注：「六醴，蓋六氣也。」《楚辭．遠遊》：「餐六氣而飲沆瀣兮。」洪興祖《補注》引《莊子注》謂，平旦為朝霞，日中為正陽，日入為飛泉，夜半為沆瀣，天玄，地黃，共為六。《茅君內傳》云，句曲山上有神芝五種：一曰龍仙芝，二曰參成芝，三曰燕胎芝，四曰夜光芝，五曰玉芝。服之皆可成仙。102揵六枳二句　揵，樹立。枳，木名。芳香多刺，可以做籬笆。蕙，香草。若，杜若，香草。103播蘭芷二句　蘭，澤蘭。芷，白芷，一名苻離。杜衡，狀若葵，氣味如蘼蕪。術，道路。104攢射干二句　攢，聚集。射干，草名。蘼蕪，芎藭之苗。搆，建造。木蘭，樹名，香味似桂而皮薄。新夷，亦樹名，其花甚香。雜，與同義。105光扈扈二句　扈扈，光彩鮮明。煬燿，照耀。燿，同「耀」。郁郁，香氣濃厚。暢，通。(106)華芳曄二句　曄，盛貌。發越，氣體四射。恍忽，輕忽。(107)埳軻　不遇時。李賢謂，衍被擯斥沉淪，猶草木之香濃芬芳，遇風霜而零落也。(108)游精神二句　大宅，天地。抗，舉起。玄妙，深奧難知。(109)山峨峨二句　峨峨，高貌。造，到。冥冥，幽深。(110)鸞回翔索其群兮　鸞，傳說中鳳凰一類的鳥。索，求。(111)自鎮　自重。李賢注：「古之聖賢，多固窮以守道，故覽之以自鎮也。」(112)嘉孔丘二句　孔子曰：「五十而知天命。」玄謂幽寂。嘉、大，皆謂讚揚之詞。(113)德與道二句　《老子》：「萬物莫不尊道而重德。」又曰：「名與身孰親？」(114)陂山谷二句　陂，傍其邊側。道以寂寞為主，神不外營，故能常存。(115)夫莊周二句　《莊子．秋水》載，莊子釣於濮水，楚王使大夫往見，曰：「請你到我國做官。」莊子曰：「吾聞楚有神龜，死已三千歲，楚王把牠包起來放箱中，藏在廟堂裡，為此龜著想，是死後留骨供在廟裡好呢，還是活著在泥中爬來爬去好呢？」大夫曰：「寧肯生著爬在泥中。」莊子曰：「你走吧，吾將在泥中爬行。」(116)於陵子二句　《列女傳》載，楚王欲使於陵子終為相，子終送走使者，便與妻逃去為人灌菜園。至人守真養志，言彷彿似之。(117)庶　庶幾；接近。謂近於守道。(118)既俶儻二句　俶儻，卓異。從容猶在後。衍雖被擯斥於時，身窮志喪，但期於聲名不朽，故云願觀其從容，謂後人自有明鑑。

【語譯】「新的一年的春天來了，各種花草含苞待放。甲子日的早晨啊，我將迅速地向西遠行。車從新豐縣開始啊，徘徊在鎬京之野。登上飛廉館而歎息啊，登上平陽宮而心傷。悲歎世俗之艱險啊，哀憐人們好惡之無常。拋棄法度而隨心猜測啊，隨風飄揚而無志操。紛紛沉湎於權力與財貨啊，親近同黨而嫉恨與自己意見相左的人。獨我正直而仰慕古人啊，怎能使世人所喜愛呢？他們敗壞古聖人行之有效的論述啊，自謂凌駕名賢的高風亮節。輕視道德之美好啊，致力於富貴之享樂。我沿大道而徘徊啊，踐行盛德之精髓。眾人已然被名利迷惑啊，誰能看得見隱於無形中之真象？行為正直卻陷於罪過啊，乃是前代人已有的悲劇。我自己省察覺得無愧於心啊，故堅守志操而不改。我以偏愛堯、舜而高興啊，歎我一生之愁困。暫且抒發憂憤而一快心志啊，要以此蕩滌我的憂愁。已去的聖賢不可追隨啊，將來的賢哲又不能與之相期。擔心死後不被人稱揚啊，希望縱橫遠去又無路可走。

2　「登上雍縣的神壇而悠然自得啊，超過略陽而不回。想人生沒有來世啊，悲歎我的至親之人日漸遠去。

登九嵕而俯瞰䢴嶭啊，傾聽涇、渭之波濤聲。回望鴻門而歎息啊，哀傷我長子之早逝。哪裡是天命不純美啊，誠然是由於我的罪過所引起。傷悼誠善而無罪啊，我將抱此恨而入地府。感歎我沒有遠慮啊，難道做錯事還能追悔？縱然萬死我也不能瞑目啊，怕有災禍之再來。淚淋漓如雨集啊，氣磅礴如雲散。心情壓抑而積結啊，意志抑鬱而心悲。

3 「俯瞰太行山之巍峨啊，遠望壺口山之幽深。傷悼祖墳為茂草所掩啊，痛恨祖廟之凋喪。歲月匆匆一天天逝去啊，年歲慢慢而不等人。為功業無成而羞恥啊，躲到山野來幽居。昔伊尹求謁商湯啊，至七十歲其說才被採信；皐陶漁釣在雷澤啊，靠虞舜的識拔才得親近。我無此二人之幸運啊，抱持忠貞之心卻不能通顯。只好率領妻子兒女耕種土地啊，積累美德而不自誇。按著壯犬而不讓牠奔馳啊，拴著好馬之足而不考查牠的馳騁。我獨自慷慨四遠縱覽啊，不是平庸之人所能理解。我看不起子貢做買賣發財啊，仰慕顏回之樂道。看重祖先之豐功偉業啊，故至此而停步。沿著四季變化的順序啊，分辨各種土壤和功用。察看山林物土之宜啊，嘗試水泉所宜種植。重整神農氏所創之農業啊，採用黃帝統籌生產與消費的奇策。繼承周棄重農之遺教啊，超軼范蠡棄置名位之絕跡。登隴山而眺望啊，遠遠地觀看荒裔之地。暴風揚濤一起襲來啊，心情惆悵倍增憂傷。看到黃河與華山之氣勢雄壯啊，望著秦與晉我的故鄉。憤恨馮亭之沒有遂願啊，怨馮去疾受奸人惑亂。

4 「我經過高山而處處觀察啊，又巡視了碣石山和洞庭山。在長江、黃河上順流入海啊，又沿淮河、濟水逆流而上行。觀燕國、齊國的陳跡啊，看宋國與楚國的大都。一個個國家都滅亡了，痛心各國的都城都變成廢墟。馳騁在中原大地不時上登下陵啊，道路盤曲又艱難。講聖人的通達論述啊，心抑鬱而惑亂。想來上天之路軌轍相同啊，帝王的政教彼此互異。堯與舜文章燦爛、政化清暢啊，禹繼位而改變了制度。我夜以繼日地沉思啊，最終依然憂傷而恐懼。高陽氏已成為遙遠的過去啊，世人還有誰可以討論呢？訊問夏啟為什麼戰於甘啊，為他破壞君位傳承之成法而感到悲傷；歌頌周成王、康王世代積德啊，唱起《南風》之詩歌。想到堯舜的太平盛世啊，請稷與契來共同治政。他們的後代枝繁葉茂啊，到商湯、周武王各自得到了天下。以前夏、商、周開始時都很好啊，及至到了末世又都窮極禍來。到南巢憑弔夏桀啊，到牧野去哭商紂。召伊尹於亳城之郊野啊，宴享呂望於酆都之洲上。他們的功勞與日月齊明啊，他們的名譽與三王相媲美。

5 「楊朱哭泣在四通八達的路口啊，墨翟為絲可染成各種顏色而流淚。知道逐漸感染可以改變人的性情啊，埋怨制作者事先不加思考。讚美〈關雎〉詩因微而知漸啊，憐惜王道將要崩毀。選取周康王的盛大德業啊，拾取齊桓、晉文的霸功。憤恨戰國時造成的災禍啊，憎惡權臣的恃強作橫。應該在南郢罷去楚國國君啊，在湨梁逮捕趙武。表揚忠信可以救時弊啊，憎惡詐謀的胡亂使用。在陳、蔡二國聘問申叔啊，在虞、虢捉拿荀息。應該殺了犂鉏，是他的離間使孔子不得見魯君啊，討伐臧倉，是他說了孟子的壞話。在彭城宴請子反啊，在夷儀給管仲授爵。恨戰爭越打越大啊，苦於征戰之興起。把孫武沉進五湖啊，在長平把白起斬首。恨種種巧詐攪亂了世道啊，怨合縱連橫敗壞了世風。流放蘇秦於洹水之上啊，幽禁張儀於鬼谷。制止德化漸漸衰敗啊，制止刑罰的嚴酷。焚燬商鞅的法術啊，燒掉韓非的有關說君的理論。譴責秦始皇的暴虐啊，把李斯拋到四裔。是他們毀滅了先王的法度啊，災禍越來越變本加厲。要援引昔日聖賢之言以為準則啊，以矯正晉、楚國君的驕奢。餉女齊在絳之臺啊，宴椒舉於章華臺。播揚道德的光芒啊，挽救衰世的頹風。嘉獎宋襄公於泓水之谷啊，表彰季札於延陵。摘取仁智的精華啊，滌蕩亂國的末俗。應該探訪子產於溱洧水上啊，在營丘拜謁晏嬰。太陽陰晦又時將晚暮啊，我獨愁悶而又心煩意亂。九州是何等之廣大啊，方向迷失不知是南是北。駕白色四馬而奔馳啊，乘碧雲而逍遙。就伯夷而取準則啊，得務光而使隱居的事理愈加清楚。留子高於荒野啊，遇到伯成能澄清我的思慮。欽佩他的美德啊，使我徘徊久留不願離去。我的猶疑不定啊，等待旋風而從容飛翔。尋覓善卷所生活的地方啊，在負黍遇到了許由。把吾車停在箕山之南啊，餵吾馬在潁水之邊。聽到至理名言且能領會啊，把車掉轉返回我的故居。

6 「觀天地變化之奧妙啊，總括萬物消長之宗旨。探究陰陽之消息啊，闡明五行之精髓。縱青龍於東海啊，養白虎於西山。鑿巖石當作居室啊，寄居高敞而修養成仙。鳳凰飛繞於高崖啊，龜蛇潛藏在幽都。倚仙樓四處眺望啊，摘芝草之花朵。繼承前賢之大節啊，彰明祖先之偉功。敞開四皓的華麗服裝啊，散發出屈原那樣的芬芳。戴上我那高高的帽子啊，掛上飄飄的佩帶。飲六氣的清新汁液啊，吃仙芝的盛茂之花。

7 「栽立六棵枳樹作為籬笆啊，用香草建造居室。在院中種上蘭草和白芷啊，在通往外邊的小路旁列植杜衡。聚射干草與蘼蕪啊，用木蘭與新夷來構建。光彩鮮明而四照啊，香氣撲撲而優美。花芳香而洋溢啊，時光輕過而不珍惜。不是歎惜自己身歷的坎坷啊，是憐憫百花的凋零。精神遨遊於天地之間啊，高揚合道的不變品格。住在清靜之地以養我的志節啊，實是我內心之所樂。山嶺高峨上接天穹啊，樹林深深而茂盛。鸞鳥迴翔著尋找群體啊，鹿哀叫著找他的夥伴。朗讀古今文章以驅散我的憂思啊，觀察聖賢之跡使我更加自重。讚美孔子五十而知天命啊，稱頌老子一生重道。德與道，哪個更值得寶貴呢？名譽和身體，哪個對我更可親？傍山谷隱居啊，堅守寂寞之道以養神。那莊周寧願垂釣啊，謝絕卿相的顯貴職位；於陵子逃而為人灌園啊，以便達到至人的境界。是隱居自斂能夠得道之精華啊，深入思慮能理解道的學說。遠離汙垢的幽暗世界啊，才能符合王子喬、赤松子的高節。我的志意能接近守道啊，故與世俗有所不同。我既已卓異而超然啊，願拭目以觀其未來。」

顯宗即位，又多短衍以文過其實，遂廢於家。

衍娶北地任氏女為妻，悍忌，不得畜媵妾❶，兒女常自操井臼，老竟逐之，遂埳壈於時❷。然有大志，不戚戚❸於賤貧。居常慷慨歎曰：「衍少事名賢，經歷顯位，懷金垂紫，揭節奉使❹，不求苟得，常有陵雲之志。三公之貴，千金之富，不得其願，不槩❺於懷。貧而不衰，賤而不恨，年雖疲曳❻，猶庶幾名賢之風。修道德於幽冥之路❼，以終身名，為後世法。」居貧年老，卒于家。所著賦、誄、銘、說、問交、德誥、慎情、書記說、自序、官錄說、策五十篇❽，肅宗甚重其文。子豹。

【章旨】以上敘述馮衍在明帝時亦不得重用，年老妻悍，家貧時乖，但仍高其風操，希慕名賢，意在為後人留下可為楷模的人格。

【注釋】❶衍娶北地任氏女三句　北地，郡名。東漢移治富平（今寧夏吳忠西南）。悍忌，性情兇暴而妒忌。畜，同「蓄」。養。媵妾，陪嫁來的女子。❷兒女常自操三句　井臼，謂打水、舂米。逐之，逐妻，《馮衍集》載與婦弟任武達書，詳述任氏惡跡，最後下決心曰：「不去此婦，則家不寧；不去此婦，則家不清；不去此婦，則福不生；不去此婦，則事不成。」埳壈，不平；不遇。❸戚戚　憂愁；悲哀。❹懷金垂紫二句　金指印，紫指綬帶。揭節，持節。❺槩　同「概」。繫念。❻疲曳　衰老疲困。❼幽冥之路　黃泉之路。❽所著賦誄句　誄，累列死者生時功德，在入葬之前當眾讀之，猶如今之悼詞。銘，刻，亦謂刻在碑版上的文字。說，解釋，解釋義理而用自己的口氣加以敘述。自序，對自己的著作說明緣起，或敘自己的生平事跡。策，古時取士所出的命題。《隋書·經籍志》著錄《馮衍集》五卷。

【語譯】明帝即位，又常有人指責馮衍文過飾非，終於被廢棄在家。

馮衍娶北地郡任姓之女為妻，這女人極為兇暴妒忌，不讓馮衍接近她陪嫁來的女子，常令兒女自己操持家務，因此，盡管她老了，馮衍最後還是把她休棄，馮衍在當時很不得意。但是他心懷大志，不為貧賤而憂愁，在家中常感慨歎道：「我年輕時在名賢手下做事，我也做過大官，懷揣金印，印下飄著紫色綬帶，持著符節出使，不求非分所得，常有做一番大事業的志向。縱使貴為三公，富有千金，不是我想做想要的，也不掛在心上。貧窮而志不衰，卑賤而無所悔恨，年紀雖然衰老困頓，仍然近於名賢之風操。在黃泉路上也要修養我的道德，留下我的身名而死，為後世之人作出榜樣。」生活貧困，年歲老邁，卒於家中。他的著作有賦、誄、銘、說、〈問交〉、〈德誥〉、〈慎情〉、書記說、自序、官錄說、策，共五十篇。章帝十分推崇他的文章。其子馮豹。

豹字仲文，年十二，母為父所出❶。後母惡之，嘗因豹夜寐，欲行毒害，豹逃走得免❷。敬事愈謹，而母疾之益深，時人稱其孝。長好儒學，以詩、春秋教麗山❸下。鄉里為之語曰：「道德彬彬❹馮仲文。」舉孝廉，拜尚書郎❺，忠勤不懈。每奏事未報❻，常俯伏省閤❼，或從昏至明。肅宗聞而嘉之，使黃門持被覆豹，勅令勿驚，由是數加賞賜。是時方平西域，以豹有才謀，拜為河西副校尉❽。和帝初，數言邊事，奏置戊己校尉，城郭諸國復率舊職❾。遷武威❿太守，視事⓫二年，河西稱之，復徵入為尚書。永元十四年，卒於官。

【章　旨】以上敘述馮衍之子馮豹的事跡。馮豹幼而至孝，長而好學，入仕之後，無論在朝在郡，都能忠勤不懈，事有成效，受到皇帝的嘉許。這些條件是他的父親所不具備的，因而結果也大不相同。

【注　釋】❶出　休棄。《戰國策・秦策四》：「薛公入魏而出齊女。」高誘注：「婦人大歸曰出。」❷後母惡之四句　《東觀漢記》：「後母嘗因豹病夜臥，引刀斫之，豹正起，中被，獲免。」較此說得更具體些。❸麗山　今作「驪山」。在陝西臨潼境。❹道德彬彬　《論語・雍也》：「質勝文則野，文勝質則史，文質彬彬然後君子。」彬彬謂文質兼備。❺舉孝廉二句　孝與廉為二事，孝謂孝順父母，廉謂廉潔之吏。各郡國守相有推舉孝廉之責，合孝廉為一科。光武時以孝廉為尚書郎，在皇帝左右處理政事。❻未報　未有回答。❼省閤　宮殿正門旁的小門。❽是時方平西域三句　西域，漢代對玉門關（今甘肅敦煌西北）以西地區的總稱。狹義的西域指葱嶺以東而言。河西，指今甘肅、青海之間的黃河以西，即河西走廊及湟水流域地區。校尉，武職，掌邊遠地區兵事，豹為其副職。❾奏置戊己校尉二句　戊己校尉，西漢元帝時初置，以後時置時廢，馮豹建言，於和帝永元三年復置，管理西域屯田卒，各屯田卒所處分散遼遠，於正中處設尉管理，取其方便。戊己於方位為中，故以為名。西域諸國中有城郭國，有行國。城郭國是築城郭定居的國家。不築城而為馬上行走的稱行國。率，循行；沿用。

舊職，原來的典章制度。❿武威　郡名。治所在姑臧（今甘肅武威）。⓫視事　任職辦公事。

【語　譯】馮豹，字仲文，十二歲時，其母被父親休棄。後母對他很恨惡，曾經藉著夜裡豹熟睡時，想把他殺死，豹逃走，才免於一死。他對後母侍奉得越是恭謹，後母恨他越深，當時人都稱讚他的孝行。年長以後，喜歡鑽研儒家學說，在麗山腳下講授《詩》和《春秋》。家鄉的人給他的評語是：「道德彬彬馮仲文。」郡裡推舉他為孝廉，授官為尚書郎，對職守忠心勤懇。每當奏上的事情未得到回答，常常伏在宮殿閤門旁，有時從黃昏直等到天明。章帝聞聽以後，很稱讚他，派黃門郎拿被給他蓋上，命令不要驚醒他，因此多次受到皇帝的賞賜。這時國家剛剛平定西域，因為馮豹有才幹智謀，就任命他為河西副校尉。和帝初年，豹多次上陳邊境情事，奏請設置戊己校尉，那些築城郭定居之國，又遵行原來的職貢了。馮豹升為武威太守，治政二年，受到河西地區的稱讚，又徵他入朝為尚書。永元十四年，卒於任上。

論曰❶：夫貴者負埶而驕人，才士負能而遺行，其大略然也❷。二子不其然乎？馮衍之引挑妻之譬，得矣。夫納妻皆知取詈己者，而取士則不能。何也？豈非反妒情易，而恕義情難❸？光武雖得之於鮑永，猶失之於馮衍。夫然，義直所以見屈於既往，守節故亦彌阻於來情❹。嗚呼！

贊曰❺：譚非讖術，衍晚委質。道不相謀，詭時同失❻。體兼上才，榮微下秩❼。

【章　旨】「論曰」是針對馮衍而發論的，「贊曰」是全卷的評議，桓譚因為非議圖讖，馮衍因為晚降，都被光武所忌恨，文中未提光武，卻蘊含著對光武的批判。「反妒情易，恕義情難」，正觸到光武的痛處。

【注　釋】❶論曰　「論」是史書作者對其所述傳主的行事或典章制度所作的評論，從中辯其疑惑，明其得失。本書的「論曰」，吸收了眾家後漢史書的成果，所以寫得比較好，受到劉知幾《史通》的稱讚。本「論曰」中「猶失之於馮衍」以上，即採自華嶠《後漢書》，便是一例。❷夫貴者三句　負執，依仗權勢。遺行，行為缺乏檢點。大略，大體。❸夫納妻五句　納妻娶罵己者，既成夫婦，其原來之妒情容易消解，而守義之士雖歸新主，卻難得到寬恕。❹義直二句　李賢注：「衍為更始舉哀，既降，執義守直。既行之於己，光武屈而不用，故言義直所以見屈於既往也。則守節之人，見衍被黜，彌阻難於將來。」❺贊曰　史家概括傳文大義，以韻語表達。名為「贊曰」，實具褒貶二義，與「論曰」大旨無殊，故劉知幾以為蛇足。❻道不相謀二句　《論語．衛靈公》：「道不同，不相為謀。」李賢注：「詭，違也，言二人之道不同，俱以違時咸被擯斥也。」❼秩　官吏的職位或品級。

【語　譯】史家評論說：顯貴的人依仗自己的權勢對人傲慢，有才能的人也自恃才能而行為缺乏檢點，大體上都是如此。桓譚、馮衍不也是這樣嗎？馮衍引用調戲人妻被罵的例子，再恰當不過了。人們都知道，娶妻娶那個罵過自己的女人，而取士卻不能取那個反對過自己的人，這是什麼原因呢？莫不是改變妒嫉之情容易做到，而寬恕正義之情是難於做到的吧？光武帝在這方面，對鮑永做對了，對馮衍卻做錯了。這樣做的結果，守節義的人光武不用，有這個事例在前，以後守節義的人就更加不願來了。真使人痛心！

史官評議說：桓譚批判讖術，馮衍歸附太遲。他們的做法雖不相同，都因不合時宜而遭失敗。二人具備高超的才幹，卻落得榮寵泯滅職在下位。

【研　析】讀〈桓譚傳〉，其中最值得注意的現象，即桓譚批判圖讖和光武帝宣布圖讖於天下。所謂圖讖，是一種假託天命、撲朔迷離地預言吉凶，然後以某一事件為徵驗的圖書。故《說文》：「讖，驗也，有徵驗之書，河洛所出書曰讖。」即所謂《河圖》、《洛書》，它產生於西漢成、哀之後，世道衰亂，一些野心家為奪取政權而造作出來的。平帝時王莽為安漢公，為做皇帝，於是有人淘井得石，文曰「告安漢公莽為皇帝」，孝元皇后無可奈何，只好下詔「其令安漢公居攝踐祚」，其後王莽又以符命即位為真皇帝，改國號曰新。新朝末年天下大亂，宛人李通以圖讖「劉氏復起，李氏為輔」說光武起事，不言而喻，李通想在劉秀成功後自己也可以藉之名位通顯。公孫述在蜀也想做皇帝，便夢出「八厶子系，十二為期」，八厶子系即「公孫」二字，近於玩笑。劉秀打天下垂成之際，儒生強華從關中捧來《赤伏符》，文曰「劉秀發兵捕不道，四夷雲集龍鬭野，四七之際火為主」。符文指名道姓要劉秀「火為主」，漢為火德，且當「四七」二十八之時，即高祖稱帝至今為二百二十八年（西元前二〇六—二二年），劉秀此時稱帝恰當符命。於是即位於鄗南。在其登極祝文中仍引《讖記》曰：「劉秀發兵捕不道，卯金修德為天子。」卯金即劉字去刀（從金從刀同義，故可省其一）。劉秀以圖讖得天下，即位之後許多國家大事都以讖決定。如建武三十年大司空張純奏宜封禪，光武嚴詞斥道：「即位三十年，百姓怨氣滿腹，吾誰欺，欺天乎？」從此群臣不敢復言。三十二年光武讀《河圖會昌符》，見有「赤劉之九，會命岱宗，不慎克用，何益於承？誠善用之，姦偽不萌」之文，以為自己是高祖九世孫，乃詔臣下復案索河洛讖文言九世封禪者奏列，於是立刻封禪。在封泰山文中多次引用讖文。劉秀向以「柔道治國」相標榜，但對於批評圖讖的人從來不手軟，桓譚幾乎被殺頭，太中大夫鄭興也因說了一句「臣不為（研究）讖」，光武大怒，興惶恐解釋說是「臣於書有所未讀」，帝意乃解。光武一生信讖，臨死前還「宣布圖讖於天下」，即把這種既迷信又荒唐的東西當作治國的指導思想。所以張純奏建辟雍是根據「七經讖記」，明帝根據《尚書璇璣鈐》改大樂官為大予樂，議明帝廟號是「聰明淵塞，著在圖讖」，連頸上有瘤的真定王劉楊，為當皇帝也造作「赤九之後，癭楊為主」的讖語。圖讖也腐蝕著學術，古文學家賈逵甚至謂《左傳》之文與圖讖相合。圖讖禁錮了人們的思想，一直未受到批判，盡管張衡大聲疾呼「宜收藏圖讖，一禁絕之」，但收效甚微。圖讖不僅毒害了東漢整個社會，且流毒數百年，究其始，與劉秀的強制推行是分不開的。

馮衍經歷可謂曲折，命運可謂坎坷，而終老於困頓之中。衍少時博通群書，常想立功當世揚名千載。故在廉丹幕勸廉丹要存將來之心，著功烈於不滅；在鮑永幕勸鮑永收百姓心，樹名賢為佐以建大功。不明更始死時為更始守邑，確知更始死時便幅巾投於光武，可以說馮衍所在，皆忠於其主，讀其書信，義理條暢文詞可觀。而光武怪其不早日來降，就是說要求衍等背主而降人，豈人臣所當為？投光武後，為曲陽令，衍斬劇賊降其眾，論功當賞，因讒而賞不行。因日蝕上書，所陳八事皆建國之要，帝將召見，又因讒而沮敗。直至光武晚年，仍以衍「前過不用」，對於馮衍事更始帝至終不渝一事而耿耿於懷，忘記了他也曾是更始帝所封之「蕭王」，難怪更始未滅便即帝位於鄗南了。范曄以「恕義情難」狀光武，寫出了他的忌刻心理。如果馮衍也是南陽幫，憑馮衍之才與識，恐怕早登雲路了。歷史雖不能假設，但看光武之行事，當不難推想。劉孝標於〈辯命論〉云：「敬通鳳起，摧迅翮於風穴（鳳凰宿處），豈才不足而行有遺哉！」雖憫馮衍之不遇，然終歸之於天命。誠如此，人可不事事，只待「天降大任」了。或曰事在人為。亦有一生努力，卻遇城府太深，門禁太嚴，終不得其門而入，馮衍就是一例。蓋「機緣」二字可以概括，有機緣，劉盆子亦可以做皇帝，而世冑的機緣又比普通民眾高得多。左思〈詠史〉詩倒是道出了一些消息：「鬱鬱澗底松，離離山上苗，以彼徑寸莖，蔭此百尺條。世冑躡上位，英俊沉下僚，地勢使之然，由來非一朝。」人的窮通，於此略知一二。（張文質注譯）

卷二十九

申屠剛鮑永郅惲列傳第十九

【題解】本卷是申屠剛、鮑永、郅惲三人合傳，加附傳四人，共寫了七人事跡。申屠、鮑、郅均生當鼎革之際，有志立身成名，王莽不能用，最後歸於光武。然皆一生坎坷不得志。申屠剛目睹王莽專政，藉對策而為規勸，被王莽視為「僻經妄說」，罷歸田里。在隗囂幕下勸其遠公孫述而投光武，又不能用。申屠投光武，以其直言，不得重用。鮑永之父鮑宣被王莽殺害，永投更始，持節領兵，獨專方面。更始敗，乃遣散兵眾自投光武。平赤眉，安百姓，不避權貴，雖忠心於國，然終不為帝重用。其子鮑昱，亦至大官，在郡在朝，有所建樹。郅惲初以上天垂戒上書王莽，勸其輔劉氏，順臣節，被王莽劾為大逆，後赦而逃於蒼梧。建武之後，在郡任職，以忤郡守而去職。後被徵，為太子侍講《韓詩》，勸太子以母廢讓位就國。其子郅壽，以彈劾竇憲下吏當誅，乃自殺。

1 申屠剛，字巨卿，扶風茂陵❶人也。七世祖嘉，文帝時為丞相❷。剛質性方直，常慕史鰌、汲黯❸之為人。仕郡功曹❹。

2 平帝❺時，王莽專政，朝多猜忌，遂隔絕帝外家馮、衛二族，不得交宦❻，剛常疾之。及舉賢良方正，因對策曰❼：

3 「臣聞王事失則神祇怨怒，姦邪亂正，故陰陽謬錯❽。此天所以譴告王者❾，欲令失道之君，曠然❿覺悟，懷邪之臣，懼然自刻⓫者也。今朝廷不考功校德，而虛納毀譽⓬，數下詔書，張設重法，抑斷誹謗，禁割論議⓭，罪之重者，乃至要⓮斬。傷忠臣之情，挫直士之銳，殆乖建進善之旌，縣敢諫之鼓⓯，闢四門之路，明四目之義也⓰。

4 「臣聞成王幼少，周公攝政⓱，聽言下賢，均權布寵⓲，無舊無新，唯仁是親⓳，動順天地，舉措不失。然近則召公不悅，遠則四國流言⓴。夫子母之性，天道至親。今聖主幼少，始免繈緥㉑，即位以來，至親分離，外戚杜隔，恩不得通㉒。且漢家之制，雖任英賢，猶援姻戚。親疏相錯，杜塞間隙㉓，誠所以安宗廟，重社稷也。今馮、衛無罪，久廢不錄㉔，或處窮僻，不若民庶，誠非慈愛忠孝承上之意。夫為人後者，自有正義㉕，至尊至卑，其埶不嫌，是以人無賢愚，莫不為怨，姦臣賊子，以之為便，不諱之變，誠難其慮㉖。今之保傅㉗，非古之周公。周公至聖，猶尚有累，何況事失其衷㉘，不合天心者哉？昔周公先遣伯禽守封於魯，以義割恩，寵不加後㉙，故配天郊祀，三十餘世㉚。霍光秉政，輔翼少主，修善進士，名為忠直，而尊崇其宗黨，摧抑外戚㉛，結貴據權，至堅至固，終沒之後，受禍滅門㉜。方今師傅皆以伊、周之位，據賢保之任，以此思化，則功何不至？不思其危，則禍何不到？損益之際，孔父攸歎㉝；持滿之戒，老氏所慎㉞。蓋功冠天下者不安，威震人主者不全。今承衰亂之後，繼重敝之世，公家屈竭㉟，賦斂重數，苛吏奪其時㊱，貪夫侵其財，百姓困乏，疾疫夭命。盜賊群輩㊲，且以萬數，軍行眾止，竊號自立㊳，攻犯京師，燔燒縣邑㊴，至乃訛言積弩㊵入宮，宿衛驚懼。自漢興以來，誠未有也。國家微弱，姦謀不禁，六極㊶之效，危於累卵。王者承天順地，典爵主刑，不敢以天官私其宗，不敢以天罰輕其親。陛下宜遂㊷聖明之德，昭然覺悟，遠述帝王之迹，近遵孝文之業㊸，差五品之屬㊹，納至親之序，亟遣使者徵中山太后㊺，置之別宮，令時朝見。又召馮衛二族，裁與冗職㊻，使得執戟，親奉宿衛，以防未然之符㊼，以抑患禍之端。上安社稷，下全保傅，內和親戚，外絕邪謀。」

書奏，莽令元后㊽下詔曰：「剛所言僻經妄說㊾，違背大義。其罷歸田里。」

後莽篡位，剛遂避地河西㊿，轉入巴蜀(51)，往來二十許年。及隗囂據隴右，欲背漢而附公孫述[52]。剛說之曰：「愚聞人所歸者天所與[53]，人所畔者天所去[54]也。伏念本朝躬[55]聖德，舉義兵，龔行天罰[56]，所當[57]必摧，誠天之所福，非人力也。將軍本無尺土，孤立一隅，宜推誠奉順，與朝并力，上應天心，下酬[58]人望，為國立功，可以永年[59]。嫌疑之事，聖人所絕。以將軍之威重，遠在千里，動作舉措，可不慎與？今璽書[60]數到，委國歸信[61]，欲與將軍共同吉凶。布衣相與，尚有沒身不負然諾之信，況於萬乘者哉[62]？今何畏何利，久疑如是[63]？卒[64]有非常之變，上負忠孝，下愧當世。夫未至豫言[65]，固常為虛，及其已至，又無所及，是以忠言至諫，希得為用[66]。誠願反覆[67]愚老之言。」囂不納，遂畔從述。

7 建武七年，詔書徵剛[68]。剛將歸，與囂書曰：「愚聞專己者孤，拒諫者塞，孤塞之政，亡國之風也[69]。雖有明聖之姿，猶屈己從眾，故慮無遺策，舉無過事[70]。夫聖人不以獨見為明，而以萬物為心。順人者昌，逆人者亡，此古今之所共也。將軍以布衣為鄉里所推，廊廟[71]之計，既不豫定，動軍發眾，又不深料。今東方政教日睦，百姓平安，而西州[72]發兵，人人懷憂，騷動惶懼，莫敢正言，群眾疑惑，人懷顧望[73]。非徒無精銳之心，其患無所不至。夫物窮則變生，事急則計易[74]，其埶然也。夫離道德，逆人情，而能有國有家者，古今未有也。將軍素以忠孝顯聞，是以士大夫不遠千里，慕樂德義。今苟欲決意徼幸，此何如哉？夫天所祐者順，人所助者信[75]。如未蒙祐助，令小人受塗地[76]之禍，毀壞終身之德，敗亂君臣之節，汙傷父子之恩[77]，眾賢破膽，可不慎哉？」囂不納。剛到，拜侍御史，遷尚書令[78]。

8 光武嘗欲出游，剛以隴蜀未平[79]，不宜宴安逸豫[80]。諫不見聽，遂以頭軔乘輿輪[81]，帝遂為止。

9 時內外群官，多帝自選舉[82]，加以法理嚴察，職事過苦[83]，尚書近臣，至乃捶撲牽曳於前[84]，群臣莫敢正言，剛每輒極諫。又數言皇太子宜時就東宮[85]，簡[86]任賢保，以成[87]其德，帝並不納。以數切諫失旨，數年，出為平陰令[88]。復徵拜太中大夫[89]，以病去官，卒於家。

【章旨】以上為〈申屠剛傳〉。申屠剛一生忠言直諫，卻希得為用。諫王莽，被判「罷歸田里」；諫隗囂，隗囂終投公孫述；在光武身邊，以數切諫失旨，最後只好以「病」去官。

【注釋】❶扶風茂陵　扶風，郡名。全名右扶風，常簡稱扶風，為漢三輔之一。治所在槐里（今陝西興平東南）。茂陵，縣名。今陝西興平東北。❷七世祖嘉二句　申屠嘉，梁（今河南開封）人，為人廉直，剛毅守節，文帝時為丞相，封故安侯。《漢書》有傳。❸史鰌汲黯　史鰌，字子魚，春秋時衛國大夫，《論語・衛靈公》載孔子曰：「直哉史魚！邦有道，如矢；邦無道，如矢。」言史魚之直如箭桿之不曲。汲黯，字長孺，武帝時為主爵都尉，好直諫，時人謂之「汲直」。《漢書》有傳。

❹郡功曹　郡守的佐吏，掌管考察記錄功勞。❺平帝　西漢孝平皇帝劉衎，九歲登極，太皇太后臨朝，大司馬王莽秉政，百官總己以聽於莽。在位五年，被王莽鴆殺。❻隔絕帝外家二句　馮謂馮昭儀，平帝祖母。衛謂衛姬，平帝母，號中山太后。李賢注謂，王莽專政，馮、衛二族皆不得至京師交通和世宦。楊樹達《積微居讀書記》：「交宦當為交官，官同關，交關謂交通。」可以參考。外家，母親和祖母的娘家人。❼舉賢良方正二句　賢良方正，漢代選拔人才的科目之一。被舉者對當前政治得失應直言極諫，表現特別優秀的，可授予官職。朝廷所出題目曰策問，被舉者的答案曰對策。❽臣聞王事失三句　王事，謂國家一切重大事務，如朝會、祭祀、征伐等皆是。神，天神。祇，地神。亦泛指一切神靈。陰陽謬錯，指自然界和人類社會中的非正常現象，如地震、旱蝗、社會謠傳等皆是。❾譴告王者　對人君的譴責和警告。❿曠然　形容豁然通達。⓫懼然自刻　懼，驚怕。刻，責備。⓬今朝廷二句　考功校德即考校功德。校，同「較」。衡量。功指勞績，德指品行。虛納，毫無根據地接受。毀譽，毀謗與讚譽。⓭抑斷誹謗二句　抑斷與禁割同義，謂禁止。誹謗，把批評的言論廣布於眾。⓮腎　同「腰」。⓯殆乖建進善之旌二句　殆，大概。乖，違背。旌，幡。《逸禮・保傅》謂，立進善之旌，懸誹謗之木，建招諫之鼓。凡此皆朝廷方便下民提出建議和批評。⓰闢四門二句　四門謂明堂四向之門。四目，四方廣視之眼。《漢書・梅福傳》：「博覽兼聽，謀及疏淺，令深者不隱，遠者不塞，所謂闢四門、明四目也。」⓱成王幼少二句　《史記・周本紀》：「成王少，周初定天下，周公恐諸侯叛周，乃攝行政當國。」⓲聽言下賢均權布寵　下賢，屈己以尊賢。均權，猶分權，平權。布寵，施寵信於眾，不偏聽偏信。⓳無舊無新二句　《尚書大傳》：「武王入殷，周公曰：『各安其宅，各田其田，無故無新，唯仁之親。』」故謂舊部下，新謂新降者。⓴召公不悅二句　《尚書・序》：「召公為保，周公為師，相成王為左右，召公不悅。」言周公既還政於成王，便應自退，今復為相，召公故不悅。四國，管、蔡、商、奄。成王幼小，周公攝政，四國散布流言道：「周公將不利於孺子。」流言，無根據之邪說。㉑聖主幼少二句　平帝即位時年僅九歲，故云始免繈緥。免，脫離。《漢書音義》：「繈，落也。緥，被也。」落，通「絡」。謂以小被包嬰兒而繫於母背上，今謂之嬰兒包。㉒即位以來四句　平帝母中山衛姬，為中山孝王妃，生平帝。哀帝死無嗣。太皇太后及王莽欲專國權，迎中山王為帝。母衛姬及外家不得至京師，衛姬日夜啼哭思見帝。王莽篡國，廢為家人。㉓雖任英賢四句　謂以任英賢為主，亦以姻戚為補救，親疏交錯，政無漏洞。㉔今馮衛無罪二句　馮，元帝馮昭儀，元帝崩，成帝即位，是為馮太后，後被誣以巫祝，自殺。不錄，不得錄用為吏。㉕夫為人後二句　小宗支子出嗣為大宗無後者之子為「為人後」。哀帝無子，以其叔中山王劉興之子箕子（即位後改名衎）為嗣，是為平帝。正義，宗法制度規定的禮法。㉖不諱之變二句　不諱，言滅亡。難其慮，難以謀劃預防。㉗今之保傅　平帝元始元年，

王莽為太傅，孔光為太師，王舜為太保，甄豐為少傅，是為四輔。㉘衷　即中，恰如其分。㉙昔周公三句　伯禽，周公旦之子。周公輔佐成王，先封伯禽於魯，令就國守封。後，謂伯禽。周公身既尊寵，不令伯禽復加榮貴，以自損抑。魯，今山東曲阜。㉚故配天郊祀二句　在京師之郊祭祀上天，以先祖配祭，周之先祖為后稷。魯以周公大聖之後，郊祀配天，全用天子之禮。自伯禽傳至頃公，被楚考烈王所滅，共三十四公。㉛霍光秉政六句　秉猶執掌。翼與輔同義，即輔佐。昭帝時霍光輔政，帝年八歲，光以其子禹及姪孫雲、山等皆為中郎將、奉車都尉，昆弟諸婿皆奉朝請、給事中，唯昭帝外家趙氏無一人在位。㉜終沒之後二句　霍光薨後，其子禹，宣帝時為大司馬，謀反，被發覺，禹腰斬，母顯及諸女昆弟皆棄市。㉝損益之際二句　《說苑・敬慎》謂，孔子讀《易》，至於〈損〉、〈益〉，則喟然而歎。子夏問夫子何為歎，孔子曰：「夫自損者益，自益者缺，吾是以歎。」㉞持滿之戒老氏所慎　《老子》：「持而盈之，不如其已。」已，止。言持滿必傾，不如早止。㉟繼重敝之世二句　重敝，衰甚。屈亦竭；盡。㊱時　農時。農民一年四季各有所務，春種夏鋤，秋收冬藏，朝廷興役，應在冬閒之時，其他三季，均為奪時。㊲群輩　一群一群；一夥一夥。輩謂夥；撥。㊳軍行眾止二句　李賢注：「興軍而行，擁眾而止，無畏憚於危亡也。」竊號自立，私立名號，自立為王。㊴攻犯京師二句　李賢注：「謂平帝元始三年，陽陵人任橫等自稱將軍，盜武庫兵，攻官寺，出囚徒也。」㊵積弩　能連續發射箭的弓弩。㊶六極　六種極為凶惡之事。《尚書・洪範》：「六極：一曰凶短折，二曰疾，三曰憂，四曰貧，五曰惡，六曰弱。」㊷遂　實現；完成。㊸遵孝文之業　李賢注：「文帝即位，使將軍薄昭迎薄太后於代。剛欲使平帝迎中山太后至京師者也。」㊹差五品之屬　五品，五常之教。《左傳・僖公十八年》太史克曰：「舜舉八元，使布五教于四方：父義、母慈、兄友、弟恭、子孝。」㊺亟遣使者句　亟，急速。中山太后即衛姬。衛姬配中山孝王劉興，生平帝，平帝繼大統，又立劉成都為中山王，奉孝王後，稱衛姬為中山太后，留國，不得入京師，故言遣使者徵之。㊻冗職　散職；多餘之職。㊼符　徵兆。㊽元后　元帝王皇后，王莽之姑。平帝即位，年九歲，太皇太后臨朝，大司馬王莽秉政，百官皆聽於莽，故莽令元后下詔。㊾僻經妄說　非正統經訓，故為妄說。㊿河西　指今甘肅、青海間黃河以西，即今河西走廊和湟水流域。(51)巴蜀　二郡名。巴郡，治所在江州（今重慶市北嘉陵江北岸）。蜀郡，古蜀國地。治所在成都（今四川成都）。(52)及隗囂據隴右二句　隗囂，字季孟，天水成紀（今甘肅秦安）人。王莽末，被當地豪強擁立，自稱西州上將軍，據有天水、武都、金城等郡。隴右，泛指隴山以西（人面向南立，右為西方）地區，約當今甘肅隴山、六盤山以西，黃河以東一帶。漢，與下之「本朝」，均指光武帝。公孫述，字子陽，扶風茂陵人。王莽時為導江卒正（蜀郡太守），後起兵，據益州稱帝，號成家（取起於成都之意）。(53)與　贊助。(54)去　拋棄。(55)躬　身體力行。(56)龔行天罰　謂遵天命而行討伐。龔，同「恭」。遵奉。57當 同「擋」。阻止。58疇 同「酬」。答應。59為國立功可以永年 《今文尚書》：「立功立事，可以永年。」永年謂不朽。60璽書 在封泥上蓋有印信的文書，後專指皇帝的詔書。61委國歸信 委以國事並給予符契。歸，贈送。符契曰信。62布衣相與三句 相與，互相交往。沒身，身沒，謂死。負，違背。然諾，已答應之事。《莊子．盜跖》謂，尾生與女子相約於橋下，女子不來，水至而尾生不去，抱橋柱而死。是普通人重然諾之事。周制，天子地方千里，能出兵車萬乘，因以「萬乘」指天子。63今何畏何利二句 李賢注：「言從漢何畏，附蜀何利，而久疑不決。」64卒 同「猝」。突然。65豫言 預言。豫，同「預」。66是以忠言二句 至諫，懇切的諫諍。希，同「稀」。67反覆 反謂觸類旁通，覆謂詳加審察。68建武七年二句 《通鑑考異》：「案七年囂已歸公孫述，必不用詔，當在六年。」《通鑑》將申屠剛歸漢事置在建武六年春。建武六年為西元三〇年。69愚聞專己者孤四句 專己，固執己見。塞，閉塞。風，消息；聲音。70故慮無遺策二句 遺策，失策。過事，錯事。71廊廟 廊，殿下屋。廟，太廟。國事必先謀於廊廟之上。72西州 謂涼州。涼州，漢十三州之一。治所在隴縣（今甘肅張家川回族自治縣）。73顧望 顧慮；畏忌。74易 疾速；輕率。75夫天所祐者順二句 《周易．大有》：「自天祐之，吉無不利。」〈繫辭〉：「子曰，祐者助也。天之所助者順也，人之所助者信也。」順謂順天心者，信謂與民言而有信者。76塗地 謂慘死。77敗亂君臣之節二句 李賢注謂，不從光武，是亂君臣之節，遣子隗恂入質於漢而背之，質子將有殺身之禍，是傷父子之恩。78剛到三句 拜，授官爵。侍御史，秩六百石，掌察舉非法，受公卿群吏奏事。凡郊天祭祖及大朝會、大封拜，則監督其行禮的威儀。遷，升。尚書令，秩千石，掌官吏的選舉和任命事宜，以及准奏後所下交尚書各曹的文書等事。應劭《漢官儀》：「尚書令主贊奏事，總典綱紀，無所不統。」每朝會，尚書令與御史中丞、司隸校尉皆專席，故京師號曰「三獨坐」。79隴蜀未平 隴，隴山。綿延於今甘肅、陝西交界處，因泛指今甘肅一帶地方。蜀，古國名。在今四川西部，秦在其地置蜀郡。因泛稱今四川一帶地方。隗囂據隴，公孫述據蜀，《東觀漢記．隗囂傳》：「西城若下，便可將兵南擊蜀虜，人苦不知足，既平隴，復望蜀。」是時囂與述尚抗命未服，故云隴蜀未平。80宴安逸豫 安閒、安樂之意。81以頭軔乘輿輪 此謂申屠剛以頭作軔止車輪不得行。軔，止車輪木。乘輿，特指皇帝所坐的車。82時內外群官二句 內，內朝，即中朝，大司馬、前後左右將軍、侍中、常侍、散騎諸吏為中朝。外，外朝，丞相以下至六百石為外朝。選舉，選用和拔舉。83加以法理嚴察二句 法理即法治，唐人注書，為避唐高宗李治之諱，往往改治為理。嚴察，嚴苛。職事，任職。84尚書近臣二句 尚書令下有六曹尚書，分曹辦理各自所司事務。捶撲，鞭打。牽曳，拉扯。85又數言皇太子句 皇太子，皇帝所指定的繼承人，一般為皇帝的嫡長子。在《周易》，震為長子，又為東方，故太子所居宮稱東宮。時，按時。(86)簡　選拔。(87)成　教育而成。(88)平陰令　平陰，縣名。其城在今河南孟津東。漢制，萬戶以上之縣置令，秩千石，萬戶以下置長，秩四百石。(89)太中大夫　光祿勳屬官，秩千石，掌顧問應對，無常事，唯詔命所使。

【語　譯】申屠剛，字巨卿，右扶風茂陵人。其七世祖申屠嘉，漢文帝時為丞相。申屠剛本性方正剛直，常常仰慕史鰌和汲黯之為人。在郡做功曹。

2 漢平帝時，王莽專斷國政，朝中之人多被猜忌，便把馮昭儀和衛姬這二個與皇帝最近的外戚，使之隔絕，不得入京師與他人交通和在朝為官，申屠剛對此常表嫉恨。等到舉賢良方正策問時，就把自己的看法寫進對策中，他寫道：

3 「我聽說朝廷做錯了事，神靈就憤怒，奸邪之人篡亂法度，陰陽就會錯位。這是上天用來譴責告誡天子，為使無道之君豁然覺悟，內懷奸邪之臣懼而自責的呀！現在朝廷不考量功德，毫無根據地接受別人的毀譽之言，多次下詔書，設置重法，壓制外來批評，禁止下民議論，罪大的竟至被處腰斬重刑。這樣做傷害了忠臣之心，抑挫了直言之士的銳氣，大概是違背古人建立進善言的旌幡、懸掛敢諫之鼓、闢四方之門以明察四方的本義吧！

4 「臣聽說，周成王年少，周公旦代理行政，聽從人言，禮下賢能，給眾官權力和信任，不分新人舊人，只以仁為親愛的標準，所以行動能順天地之心，舉措沒有錯誤。周公即使這樣做，在朝引起召公的不滿，在野招致管、蔡、商、奄四國的流言蜚語。母子之間的關係，在天地間是最親密的。現在聖主幼小，剛離開繈緥，即位至今，使最親的人分居兩地，隔斷與外家的來往，恩義不能相通。再說，漢朝的制度，雖然是任用英賢為官，也用姻親補救，使親疏交錯，堵塞漏洞，確是用來安定宗廟、鎮定國家的好辦法。現在馮、衛二家沒有犯罪，卻長久廢置不得為官，有的住在窮鄉僻壤，還不如普通百姓，這的確不是慈愛忠孝奉上的作法。以小宗支子承繼大統之事，宗法自有規定，不管是處在最尊，還是最卑地位，均無猜嫌。是以對當前的作法，不管是賢是愚，莫不表示怨恨，奸臣賊子以此得逞，滅亡之事，確實很難預防。現在的保傅大臣，不是古代的周公旦。周公那樣的大聖，尚且被猜忌，何況現在做事不公道，不合上天意志的人呢？從前周公先送伯禽到魯，封為天子守土之臣，以國家大義割斷個人私恩，使周王對自己的恩寵不給予後代，所以魯國郊天配祀能至三十多代。前漢霍光執掌政權，輔佐小皇帝，行善政進賢士，名義上做得忠心正直，實際上抬高宗族親戚，打擊和壓抑外戚，糾結官僚把持政權，堅固無比，去世以後，遭滅門之禍。現在的保傅大臣，都居伊尹、周公之位，擔負著賢能的保傅之責，以此權位，想要國家治平，事功豈能做不成？若不思後果之危險，禍亂豈能避免？一損一益的關頭，連孔子也有所感歎；滿則易傾的告誡，是老子的慎重考慮。一般說來，功勞蓋世的人不得安寧，威勢震撼人主的人難以保命。現在處在衰亂之後，仍然是破敗深重的年代，朝廷費用枯竭，賦斂重重，苛吏侵奪農時，貪官侵占他們的財產，百姓窮困，瘟疫流行而夭折其命。盜賊一群又一群有上萬起，擁兵而行，聚眾而駐，私立名號自立朝廷，攻打京師，焚燒城鄉，甚至謠傳有人攜帶連發弓弩闖入宮禁，宿衛驚恐萬狀。自漢朝建立以來，確是未曾有過的事。國家衰弱，奸謀不得禁止，六大凶惡之影響，使朝廷危如累卵。作為一國之主，是承順天地之心，掌管著爵祿和刑殺，不敢把上天所賜予的官位給予自己的家族，也不敢把上天的懲罰對自己的親戚予以減免。陛下應該養成聖明之操行，清醒覺悟過來，遠循古帝王之治跡，近遵孝文皇帝的王業，使五常之教各有等級，使至親的次序納入正軌，急派使者召中山太后入京，安置在宮殿之側，使母子能按規定見面。另外還要召回馮、衛二家親族，裁去宮中冗散人員，使二家能夠手持武器，親自保衛皇宮，以備可能發生的事故，消滅禍亂的萌芽。上可安定國家，下可保全保傅之臣，內使親人和睦，對外可杜絕奸人之謀。」

5 對策呈上，王莽叫元帝皇后下詔說：「申屠剛所言是違背經典之邪說，不合人間正道。將其免官回家。」

6 後來王莽篡奪帝位，申屠剛便逃到河西地區，輾轉到巴郡、蜀郡一帶，來來回回有二十年左右。等到隗囂占據隴山以西，打算背離光武歸附公孫述。申屠剛向他勸說：「我聽說，眾人歸附的人，天也幫助他，眾人叛離的人，天也拋棄他。我思量光武帝身行聖德，興起義兵，奉行上天之命而征伐，所擋者摧毀，的確是天所福佑，非人力所能得到的。將軍本無尺土之封，孤立在一個角落裡，應該誠心歸順，與朝廷併力同心，上應天意，下答民望，為國家建立功勞，可成不朽之業。被人懷疑行為不規之事，聖明之人決不去做。憑將軍之威望，遠在千里之外，一舉一動，能不謹慎從事嗎？現在詔書多次發來，委以國事和給予符契，是願和將軍福禍與共。普通百姓的交友，尚且有至死不背承諾的信義，何況身為萬乘之尊的天子呢？在此歸漢有何可怕，附蜀有何好處，將軍何以如此久疑不決呢？若突然發生意外的變故，就會對上有背於忠孝，對下有愧於今世。事情未發生而預言，自然常被認為是空談，等事情發生了，再說已經於事無補，因此忠言切諫很少被人採用。誠懇希望將軍反覆思考我的話。」隗囂不採納他的建議，終於背叛光武帝而歸附了公孫述。

7 建武七年，光武帝下詔書徵召申屠剛。剛將歸順漢時，給隗囂一封信，說：「我聽說剛愎自用者孤獨，拒絕勸諫的人閉塞，孤塞之政，是亡國的先兆啊。雖有聖明的資質，尚且委屈自己而接受眾人建議，所以考慮事情沒有失策，做事不犯錯誤。聖人也不認為自己的見解為最英明，而是以世上眾人的意志為準。順人者昌，逆人者亡，這是古今共同的道理。將軍從普通百姓被鄉里推舉出來，國家大事既不事先定策，用兵動眾又不深入考慮。現在東方政教日益輯睦，百姓安居樂業，但是涼州這裡一用兵，人人擔心，騷動不安，都不敢直言，民眾內心疑惑，人懷顧忌。不僅沒有精練勇銳之心，反而時時處處害怕。一般說來，人到窮極就要生變，事到危急就魯莽輕率，這是形勢所迫如此。一個人背離道德，違反人情，而能建立起自己國家的，古往今來從未有過的事。將軍素來以忠孝聞名，因此士大夫不遠千里，仰慕德義而樂於至此。如今真要是徼倖之心已下定，這會怎樣呢？天所助的是順天心的人，人所助的是與民有信的人，如果沒有得到天祐人助，叫小老百姓蒙受慘死之禍，毀壞將軍一生之德義，敗壞了君臣之間的大節，損傷了父子的恩情，眾賢寒心，將軍對此能不慎重考慮嗎？」隗囂仍然不接受。申屠剛來到漢廷，授予侍御史，又遷陞為尚書令。

8 有一次光武帝打算出遊，申屠剛認為隗囂和公孫述尚未平滅，不應該安閒遊樂。光武不聽他的勸告，他就把頭放在皇帝所乘車的車輪下，光武只好不出遊了。

9 當時內朝、外朝眾官，大多是皇帝親自選拔任用，更加上法治嚴苛，任職過於勞苦，尚書等身邊大臣，竟至在皇帝面前被人鞭打拉拽，大臣們都不敢直言，申屠剛每遇此事總竭力諫諍。又多次說皇太子應該按時到東宮去，選任賢明師保，使教成其品德，光武帝全不採納。因為申屠剛多次懇切諫諍，不合皇帝意旨，幾年以後，放為平陰縣令。又徵召他入朝，授為太中大夫，因病辭官，卒於家。

1 鮑永，字君長，上黨屯留❶人也。父宣，哀帝時任司隸校尉，為王莽所殺❷。永少有志操，習歐陽尚書❸。事後母至孝，妻嘗於母前叱狗，而永即去❹之。

2 初為郡功曹。莽以宣不附己，欲滅其子孫。都尉路平承望風旨，規欲害永❺。太守苟諫擁護❻，召以為吏，常置府中。永因數為諫陳❼興復漢室，翦滅篡逆之策。諫每戒永曰：「君長幾事不密，禍倚人門❽。」永感其言。及諫卒，自送喪❾歸扶風。路平遂收永弟升。太守趙興到，聞乃歎曰：「我受漢茅土❿，不能立節，而鮑宣死之，豈可害其子也？」敕縣出升，復署永功曹⓫。時有矯稱侍中止傳舍者，興欲謁之⓬。永疑其詐，諫不聽而出，興遂駕往，永乃拔佩刀截馬當匈⓭，乃止。後數日，莽詔書果下捕矯稱者，永由是知名。舉秀才⓮，不應。

3 更始二年徵⓯，再遷尚書僕射⓰，行大將軍事⓱，持節⓲將兵，安集河東、并州、朔部⓳，得自置偏裨⓴，輒㉑行軍法。永至河東，因擊青犢㉒，大破之，更始封為中陽侯㉓。永雖為將率㉔，而車服敝素，為道路所識㉕。

【章　旨】以上為〈鮑永傳〉的第一部分，敘述鮑永投光武前的經歷。王莽既殺永父宣，又欲害永，使莽、永不兩立，永受苟諫保護，後為更始朝高官，立功封侯。

【注　釋】❶上黨屯留　上黨，郡名。治所在長子（今山西長子西）。屯留，在今山西屯留南。❷父宣三句　平帝即位，王莽秉政，陰有篡國之心，便暗示州郡誅殺忠於漢室的直臣不附己者，宣被繫獄中，自殺。宣，字子都。《漢書》有傳。司隸校尉，秩比二千石，掌察除三公以外的百官以下及京師近郡犯法者。❸歐陽尚書　西漢時濟南伏生傳《尚書》，授千乘郡歐陽生，世世相傳，至歐陽高，形成《尚書》歐陽氏學派，立博士，列於學官，稱《歐陽尚書》。❹去　休妻。❺都尉路平二句　都尉，秩比二千石，輔佐郡守並掌全郡兵事。承望，迎合。風旨，君主的意圖。規，謀劃。❻太守苟諫擁護　太守，秩二千石，為一郡的最高行政長官，掌治民，提拔賢良，勸導農功，判決訴訟，檢察奸偽。擁護，掩護。❼陳　陳說；提出。❽幾事不密二句　幾，隱微不顯，多指事物的跡象、先兆。《易・繫辭上》：「幾事不密則害成。」孔穎達疏：「幾謂幾微之事，尚須慎密，預防禍害。」倚，貼近。倚門，臨門。❾送喪　護送靈柩。❿我受漢茅土　茅土，指王侯的封爵。天子立大社，以五色土為壇，東方為青色，南方為紅色，西方為白色，北方為黑色，上面覆蓋黃色土。將封諸侯，按其封國所在的方向，取其方色的土，放在白茅上回到封國立社，故謂之受茅土。太守是朝廷任命，並不受茅土，趙興只是藉此名義表示自己受朝廷委任。⓫勑縣出升二句　勑，同「敕」。皇帝對下的命令，漢代尊長對下屬的命令也稱敕。署，委任；任命。⓬時有矯稱侍中二句　矯稱，冒充；詐稱。侍中，秩比二千石，掌在帝左右侍奉，輔導眾事，顧問應對。傳舍，供公務人員休息、住宿的處所。謁，進見。⓭當匈　匈，同「胸」。當胸，古人叫靳，是套在馬脖頸與前腿之間的皮帶，斷此帶則馬不能施力。今馬拉車無此制。⓮舉秀才　秀才，才能卓異之人，州郡以人口多少定選拔秀才的名額。⓯更始二年徵　南陽人劉玄，字聖公，王莽末起事，號更始將軍，即天子位，建元更始。更始二年為西元二四年。⓰尚書僕射　秩六百石，代行尚書官職，尚書令不在則下達經奏准的各種事項。⓱行大將軍事　大將軍，掌征伐背叛，位比三公。行，官缺以卑者攝代。事，官職。尚書僕射官卑於大將軍，故以之攝行大將軍官職。⓲節　顏師古注《漢書》云，節用赤、黃色旄做成，上下重疊，取象於竹節，受命行事的人持節以為信物。⓳安集河東并州朔部　安集，安定輯睦；安撫。河東，郡名。治所在安邑（今山西夏縣東北）。并州，漢「十三刺史部」之一。朔部，即朔方，亦「十三刺史部」之一。⓴得自置偏裨　《東觀漢記》載，得置偏裨將五人。偏裨，偏將、裨將。將佐的通稱。㉑輒　專擅；自行決定。㉒青犢　王莽末年，活躍在今河北一帶一支較大的農民軍，後被劉秀消滅。㉓中

陽侯　中陽，縣名。今山西中陽。漢代列侯皆有封邑，食其邑內租稅，不治民。㉔將率　將帥。率，同「帥」。㉕而車服敝素二句　車服，車輿服飾。敝素，破敝樸素。謂不事華麗。《東觀漢記》載，鮑永好文德，雖攝行大將軍職，常穿黑色短衣，路上觀看過兵的人稱：「這是鮑尚書的兵馬。」

【語　譯】鮑永，字君長，上黨郡屯留縣人。其父鮑宣，漢哀帝時任司隸校尉，被王莽殺害。鮑永從小有志節，研習《歐陽尚書》。侍奉後母非常孝順，有一次妻子在後母前訓斥狗，鮑永立刻把她休棄了。

2　鮑永起初當郡的功曹。王莽因為鮑宣不附隨自己，便想滅絕他的子孫後代。郡都尉路平迎合王莽的旨意，謀劃要殺害鮑永。太守苟諫保護他，就召他為吏，經常把他安置在郡署內。鮑永趁著與太守在一起的機會，多次向他陳述恢復漢室、消滅王莽的計策。太守也常常告誡鮑永：「君長須多注意，機密的事一旦洩露，大禍就要降臨。」鮑永內心感謝太守對自己的關切。以後苟諫去世，永親自護送苟諫的屍首回扶風老家。路平抓不到鮑永，就抓捕了他的弟弟鮑升。新任太守趙興到郡，聽到鮑氏一門的遭遇後感歎道：「我受漢家委任，不能建立氣節抗莽，而鮑宣為立節而死，怎能殺害他的子孫？」就命令縣裡釋放鮑升，再次任命鮑永為郡功曹。當時有個人冒充侍中，住在驛舍中，趙興打算去進見那人。鮑永懷疑那人是假冒的，勸趙興不要去，趙興不聽便駕車走了，鮑永就拔出佩刀割斷馬胸前的皮帶，趙興才不去了。過了些天，王莽果然發詔書逮捕冒充侍中的人，通過這件事，鮑永出了名。州郡舉他為秀才，他不應舉薦。

3　更始二年徵鮑永，又升他為尚書僕射，代行大將軍職務，持節領兵，安撫河東、并州、朔方等州郡，可以自行選置將佐，自主執行軍法。鮑永到了河東，隨即攻打青犢軍，把他們打個大敗，更始帝封他為中陽侯。鮑永雖然身為將帥，但車輿服飾破舊樸素，路上的人一見就認出這是鮑尚書的兵馬。

1　時赤眉害更始，三輔道絕❶。光武即位，遣諫議大夫儲大伯，持節徵永詣行在所❷。永疑不從，乃收繫大伯，遣使馳至長安❸。既知更始已亡，乃發喪❹，出大伯等，封上將軍列侯印綬❺，悉罷兵，但幅巾與諸將及同心客百餘人詣河內❻。帝見永，問曰：「卿眾所在❼？」永離席叩頭❽曰：「臣事更始，不能令全，誠慚以其眾幸❾富貴，故悉罷之。」帝曰：「卿言大！」而意不悅❿。時攻懷未拔，帝謂永曰：「我攻懷三日而兵不下，關東畏服卿，可且將故人自往城下譬之⓫。」即⓬拜永諫議大夫。至懷，乃說更始河內太守，於是開城而降⓭。帝大喜⓮，賜永洛陽商里宅⓯，固辭不受。

2 時董憲裨將屯兵於魯⓰，侵害百姓，乃拜永為魯郡⓱太守。永到，擊討，大破之，降者數千人。唯別帥⓲彭豐、虞休、皮常等各千餘人，稱「將軍」，不肯下⓳。頃之，孔子闕里⓴無故荊棘自除㉑，從講堂㉒至于里門。永異之，謂府丞及魯令㉓曰：「方今危急而闕里自開，斯豈夫子欲令太守行禮，助吾誅無道邪？」乃會人眾，修鄉射之禮㉔，請豐等共會觀視，欲因此禽㉕之。豐等亦欲圖㉖永，乃持牛酒勞饗㉗，而潛挾兵器。永覺之，手格殺㉘豐等，禽破黨與。帝嘉其略，封為關內侯㉙，遷揚州牧㉚。時南土尚多寇暴，永以吏人痍傷㉛之後，乃緩其銜轡㉜，示誅彊㉝橫而鎮撫其餘，百姓安之。會遭母憂㉞，去官，悉以財產與孤弟子㉟。

3 建武十一年，徵為司隸校尉。帝叔父趙王良尊戚貴重，永以事劾良大不敬㊱，由是朝廷肅然，莫不戒慎。乃辟扶風鮑恢為都官從事，恢亦抗直不避彊禦(37)。帝常曰：「貴戚且(38)宜斂手，以避二鮑。」其見憚(39)如此。

4 永行縣到霸陵(40)，路經更始墓(41)，引車入陌(42)，從事諫止之(43)。永曰：「親北面事人，寧有過墓不拜(44)！雖以獲罪，司隸所不避也(45)。」遂下拜，哭盡哀(46)而去。西至扶風，椎牛(47)上苟諫冢。帝聞之，意不平，問公卿曰：「奉使(48)如此何如？」太中大夫張湛(49)對曰：「仁者行之宗，忠者義之主也(50)。仁不遺舊，忠不忘君，行之高者也。」帝意乃釋。

5 後大司徒韓歆坐事(51)，永固請之不得，以此忤(52)帝意，出為東海相(53)。坐度田事不實，被徵(54)，諸郡守多下獄。永至成皐(55)，詔書逆拜為兗州牧，便道之官(56)。視事(57)三年，病卒。子昱。

【章　旨】以上為〈鮑永傳〉的第二部分，敘述鮑永投光武後經歷。鮑永在更始時「車服敝素」，投光武也不以人眾邀富貴，卻引起光武不滿。盡管鮑永在說服懷縣投降、平定魯郡餘寇、奏劾貴戚等方面均有建樹，但因祭掃更始墓、苟諫冢，卻引起光武猜忌，終被排出朝廷。

【注　釋】(1)時赤眉害更始二句　赤眉軍是王莽末年農民軍之一支。琅邪（今山東諸城）人樊崇，在莒縣（今山東屬縣）起事，用赤色染眉，故名「赤眉」，建武元年（西元二五年）攻入長安，更始帝投降。赤眉軍暴虐百姓，百姓思更始，赤眉遂將其縊殺。三輔，是前漢京兆尹、左馮翊、右扶風三個相當於郡的地區，因在京畿之地，故合稱「三輔」。治所同在長安。(2)遣

諫議大夫二句　諫議大夫，秩六百石，皆名儒充任，掌議論。詣，往。行在所，指天子所居的地方。《漢書・武帝紀》顏師古注謂，天子或在京師，或出巡狩，不可豫定，故言行在所。❸乃收繫大伯二句　《東觀漢記》：「封大伯所持節於晉陽（今山西太原南）傳舍壁中，遣信人（使者）馳至長安。」❹既知更始二句　既，已經。發喪，公告死亡信息，辦理喪事。❺封上將軍列侯印綬　謂封存並呈上原更始帝所授大將軍和中陽侯的印綬。當時制度，封官爵皆有印，綬是印紐上繫的帶子，綬帶顏色的不同標識官爵等級的不同。❻但幅巾句　幅巾，男子以全幅細絹裹頭的頭巾，此謂鮑永但幅巾束首，不戴冠帽。河內，郡名。治今河南武陟西南。❼所在　何在。《漢書・武五子傳》：「問帝崩，所病？」顏師古注：「因何病而崩？」❽離席叩頭　古時無椅凳，人坐於席上，離席，離開所坐之席。叩頭，伏身下拜，以頭著地，今言磕頭，古時是最鄭重的禮節。❾幸　希圖；僥倖。❿意不悅　胡三省：「以降晚，意懷不悅也。」⓫關東畏服卿二句　秦漢定都關中，稱函谷關以東地區為關東。畏服，尊敬且心服。且，暫且。將，帶領。譬，曉諭；勸導。⓬即　立刻。⓭至懷三句　《東觀漢記》：「永謂懷太守曰：『足下所以堅不下者，未知孰是也。今聖主即位，天下已定，不降何待耶？』」⓮帝大喜　《東觀漢記》：「永說下懷，上大喜，與永對食。」對食，共同進餐，是對鮑永的賞遇。⓯賜永洛陽商里宅　商里，《東觀漢記》作「上商里」。陸機《洛陽記》載，上商里在洛陽東北，本殷頑民所居，故曰上商里宅。漢代洛陽在今河南洛陽東。⓰時董憲裨將屯兵於魯　更始政亂，各地出現許多人擁兵據地而自立，董憲是其中之一。建武三年，梁王劉永立董憲為海西王，占據今山東南部。魯，地區名。今山東泰山以南的汶、泗、沂、沭水流域，是春秋時魯國地，秦漢時仍沿稱這一帶為魯。⓱魯郡　《漢書・地理志》、本書〈郡國志〉魯皆為國。可能在更始、建武之際，或一時稱郡。⓲別帥　偏軍的統帥。⓳下　投降；屈服。⓴闕里　孔子故里。在今山東曲阜城內闕里街。因有兩石闕，故名闕里。㉑除　清除；整治。故下云「闕里自開」，自開謂自開闢。㉒講堂　孔子在闕里講學處，後世謂為「杏壇」。㉓謂府丞及魯令　郡署稱府，府丞即郡丞，秩六百石，輔佐郡太守治政。魯郡治所在魯縣，縣有令。㉔修鄉射之禮　修，遵行；重溫。鄉射禮，每年春秋二季，鄉大夫集合士及弟子在鄉學中習練射箭之禮。《儀禮・鄉射禮》中對習射有詳細的規定。㉕禽　同「擒」。㉖圖　謀劃；算計。㉗勞饗　慰勞犒賞。㉘格殺　經打鬥而殺死。㉙關內侯　爵之第十九等。有爵號，沒有封地，寄食在所縣，民與租之多少，各有戶數為限。秦漢建都在函谷關以西，這裡是王畿之地，因稱關中或關內，侯也以之命名。㉚揚州牧　《春秋元命苞》：「地多赤楊，因取名焉。」據此當以「楊」為正字。後世「楊」、「揚」並用，今多作揚。揚州，漢代「十三刺史部」之一。州牧，原名刺史，本為巡察官性質，主要檢察郡國守相是否違法行政。後改為州牧。㉛痍傷　此指戰爭創傷。痍亦傷義。㉜銜轡　銜，馬嚼子。轡，連銜的韁繩。都是控御馬的車具。喻法律以控御民眾。《說苑》：「理國譬若張琴，大絃急則小絃絕矣，故急於其銜轡者，非千里之御也。」㉝彊同「強」。㉞會遭母憂　會，適逢。母憂，為母居喪。㉟孤弟子　喪父曰孤，鮑永之弟去世，則弟之子為孤弟子。㊱帝叔父趙王良二句　《東觀漢記》載，趙王劉良隨從皇帝送來歙喪歸，入洛陽北門夏城門時，與五官將車相逢，道狹，良怒，召守門官岑尊在馬前叩頭。鮑永劾奏良曰：「今月二十七日，車駕臨故中郎將來歙喪還，車駕過，須與趙王良從後到，與右中郎將張邯相逢城門中，道迫狹，叱邯旋車，又召候岑尊詰責，使前走數十步。案良諸侯藩臣，蒙恩入侍，宜知尊帝城門候吏六百石，而肆意加怒，令叩頭都道，奔走馬頭前。無藩臣之禮，大不敬。」㊲乃辟扶風鮑恢二句　辟，徵召；聘請。都官從事，主察舉百官犯法者。抗直，剛直。彊禦，禦與強同義，謂暴虐、強橫。㊳且　今；此。㊴見憚　被人畏懼。㊵永行縣到霸陵　行，巡視；察看。巡察所屬縣曰行縣。司隸校尉所轄有河南尹、河內、河東、弘農郡、京兆尹、左馮翊、右扶風等七郡，霸陵是京兆尹屬縣，故屬司隸校尉巡視範圍。霸陵在今陝西西安西北。㊶更始墓　〈劉玄傳〉載，赤眉縊殺更始，光武聞而傷焉，詔大司徒鄧禹葬之於霸陵。㊷陌　田間小路。㊸從事諫止之　司隸校尉屬官有都官從事、功曹從事、別駕從事、簿曹從事、兵曹從事等眾官，其中有人諫永。諫，規勸人止惡從善。㊹親北面事人二句　親，親身；身自。北面，人君面向南坐，大臣面向北奏事，故云北面事人。寧，豈。㊺雖以獲罪二句　雖，縱然。獲，遭受；招致。所，可以。㊻盡哀　極盡哀思。㊼椎牛　擊殺牛。椎牛而祭是古時常用的祭祀。㊽奉使　奉命出使。㊾太中大夫張湛　太中大夫，秩千石，掌議論。張湛，字子孝，扶風平陵（今陝西咸陽）人。一生以執禮著稱，本書有傳。王先謙據湛傳，謂此太中大夫當為光祿大夫。湛拜太中大夫是在稱疾不朝之後。㊿仁者行之宗二句　宗、主二字，在此均為根本之義。(51)後大司徒韓歆坐事　大司徒即司徒，是三公之一，掌民事，凡教民孝悌、遜順、謙儉、養生送死之事，則議其事，建其制度；四方民事考績，歲盡奏其等第而行賞罰；凡國有大事大疑，則與太尉、司空共同討論。韓歆，字翁君，南陽人。因言「亡國之君皆有才，桀紂亦有才」，光武怒，免歸田里，又責備過苛，歆自殺。坐事，因事獲罪。(52)忤　違抗；觸犯。(53)東海相　光武時東海為王國，治所在郯（今山東郯城北）。王國之相治民，秩與職相當郡守。(54)坐度田事二句　度田，丈量田畝面積。建武十五年，光武帝因天下墾田多不以實上報，下詔州郡檢覈，刺史太守多為巧詐，於是遣謁者考實二千石長吏阿枉不平者，有郡守十餘人因度田不實下獄死。被徵，被召；被傳喚。(55)成皐　河南尹屬縣。治今河南滎陽汜水鎮。(56)逆拜二句　逆拜，迎拜，不等至京師，便發詔書於中途授官。兗州，漢「十三刺史部」之一。治所在昌邑（今山東金鄉東北）。便道，謂即刻起程上路。指拜官或受命後不必入朝謝恩，直接赴任。之官，即赴任。(57)視事　在職處理公務，今簡言在職。

【語　譯】當時赤眉軍害死更始帝，三輔到河東的道路隔斷，消息閉塞。光武帝即位，派遣諫議大夫儲大伯，持節徵召鮑永往光武所駐之地。鮑永懷疑光武有詐，不從其徵，還拘禁了儲大伯，派使者急至長安打聽消息。已知更始帝確實死亡，便為更始舉辦喪事，放出儲大伯等人，鮑永把更始帝授給的大將軍和中陽侯印綬封存，遣散所有軍隊，只裹一幅頭巾，與諸將領以及心意相投的食客百餘人往河內郡。光武帝見到鮑永，問道：「你的軍隊在哪裡？」鮑永離開坐席伏身叩頭說：「臣為更始帝效力，沒有使他保全，實在慚愧用他的軍隊邀取富貴，所以全部遣散了。」光武帝說：「你倒說得冠冕堂皇！」內心很不高興。當時光武軍正攻懷城而未攻下，光武便向鮑永說：「我攻懷城三天了，尚未能攻下，關東地區對你很敬畏，可以暫且率領你的老部下，親自到城下去說明利害。」立刻授鮑永為諫議大夫。鮑永到懷，便說服了更始帝任命的河內太守，立刻開城投降。光武帝非常高興，賞賜鮑永洛陽的上商里宅第，鮑永堅決推辭不接受。

2　當時董憲的副將駐兵在魯國一帶，侵害百姓，光武帝便拜鮑永為魯郡太守。鮑永到任後，便攻打敵軍，把敵軍打得大敗，有幾千人投降。只有偏軍的統帥彭豐、虞休、皮常等各有千餘人，自稱「將軍」，不肯投降。時過不久，孔子闕里故宅的荊棘，從講堂到里門，無人清理卻自行消失。鮑永感到奇怪，便對郡丞和魯縣令說：「現在正是危急時刻，而闕里之道自行開闢，這莫非孔夫子要讓我去行禮，幫助我誅除無道嗎？」便招集眾人，行鄉射之禮，邀請彭豐等人共同觀瞻，打算就此機會把他們逮捕。彭豐等人也圖謀殺鮑永，便攜帶牛酒來犒賞，但暗中卻藏有兵器。鮑永發覺了，便親自與彭豐等打鬥並把他們殺死，把他們的黨羽也打敗了。光武帝嘉獎他的謀略，封永為關內侯，陞任揚州牧。當時南方寇盜比較多，鮑永認為官民在戰爭創傷之後，應輕緩法禁，宣示只誅殺那些強暴之徒，而對其他人則施以鎮撫，百姓才得以安定。恰逢母親去世，為給母親居喪，便辭去官職回家，把全部家產都給了失去父親的姪子。

3　建武十一年，徵鮑永入朝為司隸校尉。光武帝之叔父趙王劉良，身為皇親居位貴重，鮑永藉劉良侮辱城門候一事，劾奏劉良無藩臣禮，大不敬，通過這件事朝廷震肅，無不謹慎小心。鮑永於是聘用扶風人鮑恢為都官從事，這人也是個剛直不怕強橫的人。光武帝常對貴戚們說：「你們現在應該約束自己不要妄為，小心這兩位姓鮑的。」他被人畏懼到如此地步。

4 鮑永巡察屬縣到了霸陵縣，路過更始帝墓，便把車領入田間小路，從事勸他不要去。鮑永說：「本人北面為更始帝效過力，豈有過他的墓而不拜祭的道理！縱然因此招來災禍，我也不逃避罪責。」遂下拜，痛哭竭盡哀思才走。往西到扶風，殺牛作奠品到苟諫冢祭奠。光武帝聽說這事，心中很不滿意，問公卿大臣：「奉命出使，這樣做對嗎？」太中大夫張湛答道：「仁是行的根本，忠是義的主旨。仁不棄舊交，忠不忘故君，這是人的行為中最為高尚的品德。」皇帝的怒氣才消解了。

5 後來大司徒韓歆因言語獲罪，鮑永再三請求無罪但未成功，因此觸犯光武的旨意，外放為東海國相。又因丈量土地不實而獲罪，被傳喚，各地郡守大都因此下獄。鮑永返京行至成臯，皇帝下詔書在路上拜他為兗州牧，立刻上路赴任。在任上三年病卒。子名鮑昱。

論曰：鮑永守義於故主❶，斯❷可以事新主矣。恥以其眾受寵，斯可以受大寵矣。若乃❸言之者雖誠，而聞之未譬❹，豈苟進❺之悅，易以情納❻，持正之忤，難以理求乎❼？誠能釋利以循道，居方❽以從義，君子之槩❾也。

【章旨】以上是對鮑永的專論。「論」中處處洋溢著對鮑永的褒美，同時處處暗含著對光武帝的貶責，「誠能」云云，「君子之槩也」，是說光武並未能做到這些，故無君子之風。

【注釋】❶鮑永守義於故主　鮑永原為更始帝大臣，今效力於光武，故稱更始為故主。守義，堅守道義，即為人臣而忠於其主。❷斯　則；便。❸若乃　至於。用於句子開頭，表示另起一事。❹譬　曉得；明白。❺苟進　苟且進取以求祿位。❻易以情納　在感情上容易接受。❼難以理求乎　李賢通釋「苟進之悅」以下四句：「言諂曲則易入，剛直則難進也。」❽方　方直。❾槩　同「概」。器量。

【語譯】史家評論說：鮑永對故主守道義，有這種思想便可以為新主效力了。認為因有眾多兵馬而受寵是一種恥辱，便可以受到更大的恩寵了。至於說話的人雖然真誠，而聽話的人卻不理解，豈不是苟且求進的悅耳之言，在感情上易於接受，堅持正義的逆耳之言，在事理上難於接受嗎？光武真地能拋棄私利而遵行道德，堅守方直而奉行正義，那就有君子的器量了。

1 昱字文泉。少傳父學❶，客授於東平❷。建武初，太行山中有劇賊❸，太守戴涉❹聞昱鮑永子，有智略，乃就謁❺，請署守高都長❻。昱應之，遂討擊群賊，誅其渠帥❼，道路開通，由是知名。後為沘陽❽長，政化仁愛❾，境內清淨。

2 荊州刺史表上之❿，再遷⓫，中元元年⓬，拜司隸校尉。詔昱詣尚書，使封胡降檄⓭。光武遣小黃門⓮問昱有所怪不⓯？對曰：「臣聞故事通官文書不著姓⓰，又當司徒露布⓱，怪使司隸下書⓲而著姓也。」帝報曰⓳：「吾故欲令天下知忠臣之子復為司隸也⓴。」昱在職，奉法守正，有父風。永平五年，坐救火遲㉑，免。

3 後拜汝南㉒太守。郡多陂池㉓，歲歲決壞，年費常三千餘萬㉔。昱乃上作方梁石洫㉕，水常饒足，溉田倍多，人以殷富。

4 十七年㉖，代王敏㉗為司徒，賜錢帛什器帷帳㉘，除子得為郎㉙。建初元年㉚，大旱，穀貴。肅宗㉛召昱問曰：「旱既太甚，將何以消復災眚㉜？」對曰：「臣聞聖人理國，三年有成㉝。今陛下始踐天位㉞，刑政未著，如有失得，何能致異㉟？但臣前在汝南，典理楚事㊱，繫者千餘人㊲，恐未能盡當其罪。先帝詔言，大獄一起㊳，冤者過半。又諸徙者骨肉離分，孤魂不祀㊴。一人呼嗟㊵，王政為虧。宜一切還諸徙家屬，蠲除禁錮，興滅繼絕㊶，死生獲所。如此，和氣可致。」帝納其言㊷。

四年，代牟融為太尉㊸。六年，薨㊹，年七十餘。

【章旨】以上敘述鮑永之子鮑昱的經歷。宣、永、昱三世為司隸校尉，故明習故事，處事得體。昱武能平賊，文能富民，並在「大旱穀貴」情勢下，摒卻災異謬說，而以除大獄惜民情為言，故於七十高齡拜授太尉。

【注釋】❶少傳父學　謂亦習《歐陽尚書》。當時治學各有家法，保持一經解說的獨立性，數傳不改。❷客授於東平　客授，在外地教授生徒。東平，封國名。治所在無鹽（今山東東平東）。❸太行山中有劇賊　太行山，今山西與河北間山脈，為東北—西南走向，北起拒馬河谷，南至晉、豫邊境黃河沿岸，有橫谷，為東西交通孔道。劇賊，大盜；強悍的賊寇。❹太守戴涉　戴涉時為上黨郡太守，後為大司徒，因事被誅。❺就謁　至其家謁見。❻請署守高都長　署守，暫時代理。高都，上黨郡屬縣。治今山西晉城。漢制，大縣曰令，小縣曰長，令秩千石，長秩四百石至三百石。❼渠帥　大帥。渠，通「巨」。❽沘陽　南陽郡屬縣。今為河南泌陽。❾政化仁愛　《東觀漢記》：「沘陽人趙堅殺人繫獄，其父母詣昱，自言年七十餘，唯有一子，適新娶，今繫獄當死，長無種類（後代子孫），涕泣求哀。昱憐其言，令將妻入獄，解械止宿，遂妊身有子。」❿荊州刺史表上之　荊州，漢「十三刺史部」之一。治所在漢壽（今湖南常德東北）。鮑昱治沘陽，沘陽是南陽郡屬縣，南陽郡屬荊州刺史部，故荊州刺史表上鮑昱治績。⓫再遷　連升兩次；升了再升。⓬中元元年　建武三十二年四月改元為中元元年，相當西元五六年。⓭詔昱詣尚書二句　尚書，謂尚書臺，中央辦事的總機構。封，緘。古時對官府的書信、文告發出時，要加密封，其法為先把文告放在布囊中，將囊口捆紮，在捆繩的打結處用膠泥封好，在泥上打印璽，以防洩密。檄，官方用於徵召、曉諭或征討的文書。胡降，謂使匈奴馴服。本書〈西域傳〉載，建武三十一年，匈奴單于比薨，比弟左賢王莫立，帝遣使者齎璽書鎮慰，拜授璽綬，贈送冠幘、佩刀等物，其後弔祭慰賜以此為常法。據此，中元元年的胡降檄，當是慰撫羈縻性文書。⓮小黃門　秩六百石，宦官，掌侍左右，受尚書事。上在內宮，關通中外，及中宮以下眾事。⓯怪不　怪，奇異；罕見。不，即「否」字。⓰臣聞故事句　故事，先例；以前的典章制度。通官，通理各種事務，不專一職的官員，如司徒、尚書令。文書，公文；案牘。不著姓，不署發書人之姓名。⓱司徒露布　露布，不緘封的文書；將文書公布。《漢官儀》載，群臣上書，公卿校尉諸將不言姓。凡制書皆璽封，尚書令重封。唯赦令與贖令司徒印，露布州郡。⓲下書　發出文書。⓳帝報曰　帝遣小黃門在尚書臺並往返傳消息，此「報」謂書面答覆。⓴吾故欲句　故，故意；有意。祖宣、父永均為司隸校尉，皆在位公忠，昱復居此官，故云「忠臣之子復為司隸」。㉑遅　同「遲」。㉒汝南　郡名。治所在平輿（今河南平輿北）。㉓陂池　池塘；水庫。㉔三千餘萬　單位是錢，漢代行五銖錢，每枚錢重五銖。二十四銖是一兩。㉕方梁石洫　《爾雅．釋宮》：「隄謂之梁。」李賢注：「洫，渠也。以石為之，猶今之水門也。」㉖十七年　明帝永平十七年，當西元七四年。㉗王敏　《漢官儀》載，敏，字叔公，并州隰城（今山西柳林）人，為司徒不足一年而薨。㉘什器帷帳　什器，日常生產工具和生活用器。帷帳，帷幕床帳。㉙除子得為郎　除，授官。得，下文作「德」，按：古字可通，但在一篇之內而且是人名宜前後一律。郎，《續漢書．百官志》：「凡郎官皆主更直執戟宿衛諸殿門，出充車騎。」王先謙《後漢書集解》引李祖楙謂，宿衛要地故用郎官，而郎非公卿校尉尚書諸臣之子不得補。本書凡稱除一人為郎，以一子為郎者，皆指三署諸郎。㉚建初元年　西元七六年。建初，東漢章帝劉炟年號。㉛肅宗　章帝廟號。㉜消復災眚　消復，消除災異，恢復正常。眚、災同義。據〈章帝紀〉，連年牛疫，三月地震，則不僅旱災一事。㉝聖人理國三年有成　《論語．子路》：「苟有用我者，朞月（謂一年）而已可也，三年乃有成功。」㉞天位　天子之位。《易．需卦．彖辭》：「位於天位，以正中也。」孔穎達疏云，以九五居乎天子之位。㉟如有失得二句　失得，失德。謂三年乃有成，今初登帝位，縱有失德怎能招致災異。㊱典理楚事　李賢注：「永平十三年，楚王英謀反，連坐者在汝南，昱時主劾之也。」典，掌管。理，治。謂審理。㊲繫者千餘人　本書〈楚王英傳〉，楚獄遂至累年，其詞語相連，自京師親戚諸侯，州郡豪傑，及考案吏阿附相陷，坐死徙者以千數。㊳一起　一旦興動。㊴孤魂不祀　謂死於邊裔，成為孤魂野鬼，不得家人祭祀。㊵呼嗟　呼號哀歎。㊶興滅繼絕　已滅之家得以興復，已絕之嗣得以繼續。㊷帝納其言《東觀漢記》：「時司徒辭訟久者至十數年，比例輕重，非其事類，錯雜難知。昱奏定《辭訟》七卷，《決事都目》八卷，以齊同法令，息遏民訟也。」本書〈陳寵傳〉言寵為昱撰《辭訟比》七卷，決事科條皆以類相從，昱奏上之，其後公府奉以為法。㊸代牟融為太尉　牟融，字子優，北海安丘（今山東安丘）人。少博學，以《大夏侯尚書》教授，初為縣令，後歷司隸校尉、大司農、司空、太尉等職，所任各職均有聲譽。本書有傳。太尉，三公之一，掌四方兵事考績，歲盡奏其殿最而行賞罰，國有大事，與司徒、司空通而論之，國有過事，則與三公通諫諍之。參本書〈百官志〉。㊹薨　死的別稱，古代因人的等級不同而對死的稱呼不同，《禮記‧曲禮下》：「天子死曰崩，諸侯曰薨，大夫曰卒，士曰不祿，庶人曰死。」漢時，重臣死亦曰薨。

【語譯】鮑昱，字文泉，幼時傳習父親的經學，在東平國教授生徒。建武初年，太行山中有大賊寇，上黨太守戴涉聽說昱是鮑永之子，有智慧謀略，便上門求見，請昱暫時代理高都縣長。鮑昱答應了，就討伐那些盜賊，殺掉他們的大帥，打通了道路，因此出了名。以後又當了泚陽縣長，以仁愛治政，境內平安。

2 荊州刺史把鮑昱在泚陽的治績具表奏上，獲得兩次升遷，中元元年，授為司隸校尉。有詔書令鮑昱到尚書臺，讓他在匈奴降文書的封泥上蓋章。光武帝派小黃門問鮑昱，這樣做你覺得有什麼不妥嗎？鮑昱答道：「我聽說按舊例通官文書在末尾不署發書人的姓名，並且應當由司徒公布文書，使人不解的是讓我發出文書，而且要寫上姓名。」光武帝回覆道：「我就是故意要讓天下人都知道，忠臣之子孫又當司隸校尉了。」鮑昱在任上，遵守法律，持身正派，有乃父遺風。明帝永平五年，因救火不及時，獲罪免官。

3 以後授為汝南郡太守。郡境內池塘很多，年年決口毀隄，每年修築費用常在三千多萬錢。鮑昱便呈請作方隄和石渠，水常年充足，灌田增倍，百姓因此富裕起來。

4 永平十七年，鮑昱代王敏為司徒，皇帝賜給他錢、布帛、日用器物、帷幕床帳等，還授其子得為郎官。章帝建初元年，大旱，穀價貴。肅宗召昱問道：「現在旱災太嚴重，要用什麼辦法消除災害，恢復正常？」鮑昱回答說：「我聽說聖人治國，三年才有所成就。今陛下才登大位，刑法政教尚未有明顯功效，縱有失德之處，如何能招來災異？但是我以前在汝南郡時，掌握審理楚王英謀反事，被拘押的有一千多人，恐怕判決有失當之處。先帝詔書說過，大獄一興，冤者大半。還有那些被流放的人，骨肉分離，孤魂野鬼得不到祭祀。若有一人哀歎，說明國家政教有缺失之處。應當讓那些被流放的家屬全部回家，解除對他們的監禁，使破滅絕嗣之家能夠興復和嗣續，使死者生者各得其所。這樣做，陽和之氣才能到來。」章帝聽取了他的建言。

5 建初四年，鮑昱代替牟融為太尉。建初六年，去世，享年七十多歲。

子德，修志節❶，有名稱❷，累官為南陽太守❸。時歲❹多荒災，唯南陽豐穰，吏人愛悅，號為神父❺。時郡學❻久廢，德乃修起橫舍❼，備俎豆黻冕❽，行禮奏樂❾。又尊饗國老❿，宴會諸儒⓫。百姓觀者，莫不勸服⓬。在職九年，徵拜大司農⓭，卒于官。

子昂，字叔雅，有孝義節行⓮。初，德被病⓯數年，昂俯伏左右，衣不緩帶；及處喪⓰，毀瘠⓱三年，抱負乃行；服闋⓲，遂潛于墓次⓳，不闚⓴時務。舉孝廉㉑，辟公府㉒，連徵不至㉓，卒於家。

【章　旨】以上記述昱之子鮑德，德之子鮑昂行事。鮑德在郡，於荒年使轄區內豐穰，吏民尊為「神父」，民飽而後興學校、行禮樂，風化大行。鮑昂一生未做官，但以孝行著稱，漢以孝治天下，昂節行可嘉，故亦列於傳末。

【注　釋】❶志節　志向和節操。❷名稱　其名被人稱道。❸累官為南陽太守　累官，謂積累功勞而升官。南陽，郡名。治所在宛（今河南南陽）。❹歲　年景。❺神父　百姓對賢明地方官的尊稱。謂敬之如神明，尊之如父母。❻郡學　當時除京師有太學，各郡縣亦有學校，有的郡學受業有至千人者。❼橫舍　學校。橫，或作「黌」。本書〈仇覽傳〉載，農事既畢，乃令子弟群居，還就黌學。❽俎豆黻冕　俎，切肉的砧板，祭祀、燕饗時放牲體或其他食物的禮器。豆，用以裝祭肉的高足盤。黻，古代禮服上繡的黑與青兩色相間的亞形花紋，泛指祭祀時穿的禮服。冕，大夫以上的人祭祀時戴的禮帽。❾行禮奏樂　漢代郡縣行鄉飲酒禮，每年十月在學校舉行。聚民觀瞻，欲其見化、知尚賢尊長。樂懸笙磬，與歌詩者相配為合樂。❿尊饗國老　饗，鄉人相聚飲酒。國老，指告老退職的卿、大夫、士。⓫諸儒　各位儒學先生。⓬勸服　受到鼓勵後願意遵從教化。⓭大司農　秩中二千石，掌諸錢穀金帛、諸貨幣，閱視郡國錢穀簿，調動邊郡錢穀。⓮孝義節行　行孝重義，節操品行。⓯被病　疾病纏身。⓰處喪　即居喪，處在為直系尊親的喪期中。⓱毀瘠　因居喪過哀而極度衰弱。當時風俗，居喪期間不吃飯，骨瘦如柴，待人扶持乃能站立，吐血，至有倒斃者。⓲服闋　喪服期滿。⓳潛于墓次　潛，隱居。墓次，墓址；塋地。次，古人居喪時的簡易住所。⓴關　通；參與。㉑舉孝廉　漢代舉薦賢才的科目，孝與廉為二事，《漢書・武帝紀》顏師古注：「孝謂善事父母者，廉謂清潔有廉隅者。」東漢往往合為一科，成為當時入仕的必由之路。㉒辟公府　謂公府辟請。公府，三公府。三公，太尉公、司徒公、司空公。㉓連徵不至　《文選・盧諶贈劉琨詩》注引謝承《後漢書》：「節士鮑昂，有鴻漸浮雲之志。」

【語　譯】鮑昱之子鮑德，砥礪志向和節操，被人稱道，積功勞升為南陽郡太守。當時年景多災荒，唯有南陽郡豐收，吏民愛戴他，稱他為「神父」。當時郡學長時間荒廢，鮑德就興修校舍，置辦禮器禮服，行禮奏樂。又宴饗國老，宴請諸儒學先生。來觀瞻的百姓，無不心悅誠服願從教化。昱在職九年，召拜大司農，卒於任上。

鮑德之子鮑昂，字叔雅，有孝義節行。起初，鮑德患病多年，昂服侍左右，晚上和衣榻側；及居喪期間，因心情過度悲哀而骨瘦如柴，有人抱持才能行動；服喪期滿，便隱居在墓地，不參與當時世務。舉孝廉和三公府幾次聘召，他都不去，終老於家中。

1 郅惲，字君章，汝南西平❶人也。年十二失母，居喪過禮。及長，理韓詩、嚴氏春秋❷，明天文歷數❸。

2
王莽時，寇賊群發，惲乃仰占玄象❹，歎謂友人曰：「方今鎮、歲、熒惑並在漢分翼、軫之域❺，去而復來，漢必再受命❻，福歸有德。如有順天發策❼者，必成大功。」時左隊大夫逯並❽素好士，惲說之曰：「當今上天垂象，智者以昌，愚者以亡。昔伊尹自鬻輔商，立功全人❾。惲竊不遜，敢希伊尹之蹤❿，應天人之變。明府儻不疑逆⓫，俾成天德⓬。」並奇之，使署為吏。惲不謁⓭，曰：「昔文王拔呂尚於渭濱⓮，高宗禮傅說於巖築⓯，桓公取管仲於射鉤⓰，故能立弘烈，就元勳⓱。未聞師相仲父，而可為吏位也。非闚天⓲者不可與圖遠，君不授驥⓳以重任，驥亦俛首裹足⓴而去耳。」遂不受署。

3
西至長安，乃上書王莽曰：「臣聞天地重其人，惜其物，故運機衡㉑，垂日月，含元包一，甄陶品類㉒，顯表紀世，圖錄豫設㉓。漢歷久長，孔為赤制㉔，不使愚惑，殘人亂時。智者順以成德，愚者逆以取害，神器㉕有命，不可虛獲。上天垂戒㉖，欲悟陛下，令就臣位，轉禍為福。劉氏享天永命，陛下順節盛衰㉗，取之以天，還之以天，可謂知命矣。若不早圖，是不免於竊位㉘也。且堯舜不以天顯自與，故禪天下㉙，陛下何貪非天顯以自累㉚也？天為陛下嚴父，臣為陛下孝子。父教不可廢，子諫不可拒，惟陛下留神。」莽大怒，即收繫詔獄㉛，劾以大逆㉜。猶以惲據經讖㉝，難即害之，使黃門㉞近臣脅惲，令自告狂病恍忽，不覺所言。惲乃瞋目詈曰㉟：「所陳皆天文聖意，非狂人所能造。」遂繫須冬㊱，會赦得出，乃與同郡鄭敬㊲南遁蒼梧㊳。

【章旨】以上為〈郅惲傳〉的第一部分。敘述郅惲明天文曆數，故常藉天象建言，然心大志高，不屑在逯並幕下為吏，說王莽，莽劾其大逆，遇赦乃出，逃於蒼梧。

【注釋】❶西平　縣名。今河南舞陽東南。❷理韓詩句　韓，韓嬰，作《詩》內外傳。嚴，嚴彭祖。受《公羊春秋》於眭孟門下，為《春秋》嚴氏學。理，當為治，避唐高宗李治諱改。❸歷數　推算歲時節候的方法。歷，或作「厤」，今作「曆」。❹仰占玄象　占，察看。《易・坤卦・文言》：「天玄地黃。」孔穎達疏謂，天色玄，地色黃。後因以玄指天，玄象即天象。❺方今鎮歲句　鎮，鎮星，即土星。古星象家分周天為二十八宿，以為土星二十八年運行一周，好像每年坐鎮一宿，故名鎮。歲，歲星，即木星。古人認識到木星十二年運行一周天，其軌道與黃道相近，因將周天分為十二分，稱十二次，木星每年行經一次，即用其所在星次來紀年，故稱歲。熒惑，火星，因隱現不定，令人迷惑，故名熒惑。翼、軫是二十八宿中之二宿，於十二次在鶉尾之分，為楚之分野。《春秋演孔圖》：「卯金刀，名為劉，中國東南出荊州。」漢高祖起於楚地，故楚為漢分也。❻再受命　天子自謂受天命來主宰眾民，哀帝時夏賀良言：「漢曆中衰，當更受命，宜急改元易號。」郅惲以再受命為易姓為天子。❼發策　發動策劃。❽左隊大夫逯並　王莽以潁川郡為左隊，郡守為大夫。逯，姓。並，名。❾昔伊尹二句　鬻，賣。自鬻，謂主動干求。《史記・殷本紀》載，伊尹欲干湯而無路，便為有莘氏媵臣，負鼎俎以滋味說湯，乃任以國政。❿惲竊不遜二句　遜，謙順。希，仰慕。蹤，謂步其後塵。⓫明府儻不疑逆　明府，對郡守的尊稱。疑逆，懷疑是作亂。儻，同「倘」。⓬天德　承天治民之德。⓭謁　進見。漢俗，受命為吏須向任命者進謁致謝。⓮昔文王拔呂尚於渭濱　據《史記・齊太公世家》，周西伯出獵，遇太公於渭之陽，與語大悅，載與俱歸。⓯高宗禮傳說於巖築　〈殷本紀〉云，殷高宗武丁夢得聖人，名說，乃使百官營求，得說於傅險之中，與之語，果然是聖人，舉以為相，殷國大治，號曰傅說。⑯桓公取管仲於射鉤　〈齊太公世家〉載，齊公子糾與弟小白爭國，管仲為子糾將兵截擋小白回國，射中小白帶鉤。後小白立，是為桓公，任管仲以政事，尊為仲父，齊國霸強。⑰立弘烈就元勳　弘烈，大業。元勳，大功；建大功的人。⑱闚天　探究天道。闚，探究。⑲驥　駿馬，郅惲以驥自命。⑳俛首裹足　俛首即俯首。俛為「俯」的異體字。裹足，謂止步不前，良馬不得馳騁。㉑機衡　北斗七星中第三星天機和第五星玉衡的並稱，故代指北斗。㉒含元包一二句　李賢注引《漢書・律曆志》：「太極元氣，合三為一。」謂三才（天地人）未分，包而為一也。甄者，陶人旋轉之輪也。言天地造化品物，如陶匠之成眾品者也。㉓顯表紀世二句　表，表明。紀，年。言天豫設《河圖》、《洛書》，顯明帝王之年代。㉔漢歷久長二句　緯書託言孔丘作緯，先定了朝代盛衰之數，為漢家安排停當。漢為火德，尚赤，故云「為赤制」，即《春秋感精符》：「墨、孔生為赤制」的意思。㉕神器　代表國家象徵的實物，如玉璽、寶鼎之類。㉖上天垂戒　上天賜予警戒。謂鎮、歲、熒惑並在漢分。㉗劉氏享天永命二句　李賢注：「享，受也。永，長也。漢家受天長命，運祚未絕，勸莽當順其時之盛衰，衰則取之，盛則還也。」㉘竊位　竊，盜取。孔子曰：「臧文仲其竊位者歟？」㉙且堯舜二句　言堯禪位於舜，舜禪位於禹。天顯，上天顯示堯舜受命為帝，堯舜雖有盛德猶不以天下傳子孫，而以位禪人。㉚自累　自己束縛自己。累，通「縲」。縲索。㉛詔獄　拘禁欽犯的監獄。㉜劾以大逆　劾，審理；判決。大逆，十惡之一，謂危害君父、宗廟、宮闕等罪行。㉝經讖　經，經典。讖，圖讖，《河圖》、《洛書》之類。㉞黃門　《通典・職官三》：「凡禁門黃闥，故號黃門。」給事黃門的官吏亦名黃門，如黃門侍郎。㉟瞋目詈曰　瞋，睜大眼睛。詈，罵。㊱須冬　須，等待。古人順天行政，春種夏長秋成季節，不得行刑；待冬季萬物蕭索收斂，方可行刑。㊲鄭敬　見後。㊳蒼梧　山名。其山九峰皆相似，亦曰九疑山。在今湖南寧遠南。

【語　譯】郅惲，字君章，汝南郡西平縣人。十二歲母親去世，守孝超過常禮。長大之後，研治《韓詩》、《嚴氏春秋》，明通天文曆法。

2　王莽當政時，寇盜群起，郅惲仰觀天象，感歎地對朋友說：「當今土星、木星、火星都在漢家之分野翼宿、軫宿的範圍內，失去了會再回來，漢家必然再次受天命，福慶歸向有德之人。如有順天道而興起的，必成大功。」那時王莽任命的左隊大夫逯並一向好士，郅惲就向他遊說道：「當今上天降下徵兆，智者因之而昌盛，愚者因之而敗亡。從前伊尹自賣輔佐商湯，立功於國保全人民。我竊不自量，願步伊尹的後塵，順應天命人心的變化。明府倘若不認為這是作亂，願助您成就承天治民之德。」逡並非常驚異，就叫郅惲當他的屬吏。郅惲也不去拜見他，說：「從前周文王識拔呂尚於渭水之陽，武丁禮待傅說於築牆的工地上，齊桓公求取管仲於射鉤之事，故能立大業，成首功。沒聽說師、相、仲父，卻可在小吏之位的。不是探究天道的人就不能謀劃長遠大業，您不給我這匹好馬以重任，我這匹好馬也只好低頭止步而離去了。」終不接受逡並的委任。

3 郅惲西行到長安，於是向王莽上書說：「我聽說天地重視它的人眾，愛惜它的財物，才使北斗運轉，垂懸日月，蘊含元氣，將天地人包羅在其中渾為一體，締造萬物，標明年世，在《河圖》、《洛書》中已安排就緒。漢家曆運長久，孔子為漢制定氣數，不讓愚弄惑亂之人殘害民眾，攪亂時世。智者順應天地便成就大德，愚者違反天地就遭受災禍，傳國神器自有命數，不可能憑空得到。上天垂示告誡，是要提醒陛下，讓陛下坐到大臣的位子上，把禍轉化為福。劉姓享受天命還很久遠，陛下應該遵循時節的盛衰，順天意取之，順天意還之，才叫做知命啊。如不早作打算，就免不了有竊位之罪了。再說堯舜盛德，尚且不把上天給的王位傳給自己的子嗣，所以把天下禪讓給別人，陛下何必把天不給的帝位拿來束縛自己呢？天是陛下的嚴父，我是陛下的孝子。父親的教導不應廢棄，兒子的勸告也不應拒絕，願陛下留意。」莽看後大怒，立刻把他收捕送進關押欽犯的監獄，判他大逆之罪。但覺得郅惲是依據經典和圖讖上書，不便立刻殺掉他，便指使黃門侍郎中最貼心的人去威脅郅惲，叫他自己承認得了瘋病，精神恍忽，不知道說了那些話。郅惲便怒目罵道：「我所陳述都是天象所示聖人之意，不是狂人所能編造出來的。」就把郅惲拘禁，等到冬天處斬，遇到赦免才得以出獄，就和同郡的鄭敬南逃蒼梧山隱藏起來。

1 建武三年，又至廬江❶，因遇積弩將軍傅俊東徇揚州❷。俊素聞惲名，乃禮請之，上為將兵長史❸，授以軍政。惲乃誓眾❹曰：「無掩❺人不備，窮人於阨❻；

不得斷人支體❼，裸人形骸❽，放❾淫婦女。」俊軍士猶發冢陳尸，掠奪百姓。惲諫俊曰：「昔文王不忍露白骨❿，武王不以天下易一人之命⓫，故能獲天地之應⓬，剋商如林之旅⓭。將軍如何不師法文王，而犯逆天地之禁，多傷人害物，虐及枯尸，取罪⓮神明？今⓯不謝天⓰改政，無以全命。願將軍親率士卒，收傷葬死，哭所⓱殘暴，以明非將軍本意也。」從之，百姓悅服，所向皆下。

2 七年，俊還京師，而上論⓲之。惲恥以軍功取位，遂辭歸鄉里。縣令卑身崇禮⓳，請以為門下掾⓴。惲友人董子張者，父先為鄉人所害㉑。及子張病，將終，惲往候㉒之。子張垂歿㉓，視惲，歔欷不能言。惲曰：「吾知子不悲天命，而痛讎不復㉔也。子在，吾憂而不手；子亡，吾手而不憂也㉕。」子張但目擊㉖而已。惲即起，將客遮仇人㉗，取其頭以示子張。子張見而氣絕。惲因而詣縣，以狀自首㉘。令應之遲㉙，惲曰：「為友報讎，吏㉚之私也。奉法不阿，君之義也。虧君以生，非臣節也。」趨出就獄。令跣而追惲，不及，遂自至獄，令拔刃自向以要惲曰：「子不從我出，敢㉛以死明心。」惲得㉜此乃出。因病去。

3 久之，太守歐陽歙㉝請為功曹。汝南舊俗，十月饗會，百里內縣皆齎牛酒到府讌飲㉞。時臨饗禮訖，歙教㉟曰：「西部督郵繇延㊱，天資忠貞，稟性公方㊲，摧破姦凶，不嚴而理。今與眾儒共論延功，顯[38]之于朝。太守敬嘉厥休[39]，牛酒養德。」主簿[40]讀教，戶曹[41]引延受賜。惲於下坐愀然[42]前曰：「司正舉觥[43]，以君之罪，告謝于天。案延資性貪邪，外方內員[44]，朋黨搆姦[45]，罔[46]上害人，所在荒亂，怨慝並作[47]。明府[48]以惡為善，股肱[49]以直從曲，此既無君，又復無臣，惲敢再拜奉觥[50]！」歙色慙動，不知所言。門下掾鄭敬進曰：「君明臣直，功曹言切，明府德也，可無受觥哉？」歙意少解[51]，曰：「實歙罪也，敬奉觥[52]。」惲乃免冠謝[53]曰：「昔虞舜輔堯，四罪咸服[54]，讒言弗庸[55]，孔任[56]不行，故能作股肱，帝用有歌[57]。惲不忠，孔任是昭[58]，豺虎從政[59]，既陷誹謗，又露所言[60]，罪莫重[61]焉。請收惲、延，以明好惡。」歙曰：「是重[62]吾過也。」遂不讌而罷。惲歸府，稱病，延亦自退[63]。

4　鄭敬素與惲厚，見其言忤[64]歙，乃相招去，曰：「子廷[65]爭繇延，君猶不納[66]。延今雖去，其執必還[67]。直心無諱[68]，誠三代之道[69]，然道不同者不相為謀[70]，吾不能忍[71]見子有不容君之危，盍[72]去之乎？」惲曰：「孟軻以彊其君之所不能為忠，量其君之所不能為賊[73]。惲業已彊之矣。障君於朝[74]，既有其直[75]，而不死職[76]，罪也。延退而惲又去，不可。」敬乃獨隱於弋陽山[77]中。居數月，歙果復召延，惲於是乃去，從敬止(78)，漁釣自娛，留數十日。惲志在從政，既乃喟然(79)而歎，謂敬曰：「天生俊士，以為人也(80)。鳥獸不可與同群(81)，子從我為伊呂乎？將為巢許，而父老堯舜乎(82)？」敬曰：「吾足矣。初從生步重華於南野(83)，謂來歸為松子(84)，今幸得全軀樹類(85)，還奉墳墓(86)，盡學問道(87)，雖不從政，施之有政，是亦為政也(88)。吾年耄(89)矣，安得從子？子勉正性命，勿勞神以害生(90)。」惲於是告別而去。敬字次都，清志高世，光武連徵不到(91)。

5 惲遂客居江夏(92)教授，郡舉孝廉，為上東城門候(93)。帝嘗出獵，車駕夜還，惲拒關(94)不開。帝令從者見面於門間(95)。惲曰：「火明(96)遼遠。」遂不受詔。帝乃迴從東中門入(97)。明日，惲上書諫曰：「昔文王不敢槃于游田，以萬人惟憂(98)。而陛下遠獵山林，夜以繼晝，其如社稷宗廟何(99)？暴虎馮河(100)，未至之戒(101)，誠小臣所竊憂也(102)。」書奏，賜布百匹(103)，貶東中門候為參封尉(104)。

6 後令惲授皇太子韓詩(105)，侍講殿中。及郭皇后廢(106)，惲乃言於帝曰：「臣聞夫婦之好，父不能得之於子，況臣能得之於君乎(107)？是臣所不敢言。雖然(108)，願陛下念其可否之計，無令天下有議社稷而已。」帝曰：「惲善恕己量主(109)，知我必不有所左右而輕天下也(110)。」后既廢，而太子意不自安，惲乃說太子曰：「久處疑位，上違孝道，下近危殆。昔高宗明君，吉甫賢臣，及有纖介，放逐孝子⑪。春秋之義，母以子貴⑫。太子宜因左右及諸皇子引愆退身⑬，奉養母氏，以明聖教，不背所生⑭。」太子從之，帝竟聽許⑮。

7 惲再遷長沙⑯太守。先是長沙有孝子古初，遭父喪未葬，鄰人失火，初匍匐柩上，以身扞⑰火，火為之滅。惲甄異⑱之，以為首舉⑲。後坐事左轉芒長⑳，又免歸，避地教授㉑，著書八篇。以病卒。子壽。

【章旨】以上為〈郅惲傳〉的第二部分，敘述郅惲在建武以後的行事。在傅俊帳下領兵，提出加強軍紀的要求，使百姓悅服，勝仗連連。為朋友報仇殺人，頗有游俠之風。為汝南太守功曹，又直面揭發督郵惡跡，使郡守受窘。任上東門候，因光武帝遊獵至夜，拒開城門。為皇太子劉彊侍講，及其母郭皇后被廢，惲勸皇太子引愆自退，都表現了他直道而行的作風。

【注釋】❶廬江　郡名。屬揚州刺史部。治所在舒縣（今安徽廬江縣西南）。❷因遇積弩將軍句　傅俊，字子衛，潁川襄城（今河南屬縣）人。建武三年，拜積弩將軍，與征南大將軍岑彭將兵徇行江東、揚州，悉定。本書有傳。徇，同「巡」。巡行。❸上為將兵長史　上謂上奏詔許。長史，秩千石。❹誓眾　誓師；告誡眾人。❺掩　襲擊。❻窮人於戹　窮，逼到盡頭。戹，同「厄」。困境。❼支體　今作肢體。❽形骸　人的軀體。❾放　縱恣。❿昔文王不忍露白骨　《呂氏春秋・異用》載，周文王使掘地，得死人骸，文王曰：「在別處埋葬好。」吏曰：「此無主。」文王曰：「有天下者，天下之主，今我非其主邪？」遂令吏以衣棺葬之，天下聞之曰：「文王賢矣，澤及枯骨，又況人乎！」是文王不忍露白骨之事。⓫武王不以天下句　《呂氏春秋・貴因》載，武王伐紂至鮪水，紂使膠鬲探聽周師。膠鬲問武王曰：「何日至殷？」武王曰：「將以甲子日至。」膠鬲返殷。天大雨，日夜不休，武王疾行不輟。卒病，軍士請休息。武王曰：「甲子日不至，紂將以膠鬲為說謊，必將被殺，吾疾行以救膠鬲之死也。」是武王不以天下易一人之命。易，輕忽。⑫天地之應　李賢注：「謂夜雨止、畢陳、白魚入舟之類。」皆武王行軍、布陣中事。⑬剋商如林之旅　剋，打敗。商，湯所建國號，盤庚遷殷後，國號亦名殷。旅，兵眾。如林，言眾多。《尚書・武成》：「周王發（武王名）征商，紂率其旅若林，會于牧野。」⑭取罪　得罪；招致罪愆。⑮今　倘若。⑯謝天　向天謝罪。⑰所　被。⑱上論　呈報皇帝論其功勞。⑲卑身崇禮　身謙卑而禮節甚高。⑳門下掾　漢時郡縣之守相令長皆命於朝廷，曹掾以下皆用本郡縣人，由郡縣自徵辟與除授，常居門下，故諸掾常以門下為號。㉑惲友人董子張二句《東觀漢記》：「子張父及叔父為鄉里盛氏所害。」者，指代名詞。董子張者，即董子張這個人。㉒候　探望。㉓垂歿　垂，將近。歿，死亡。㉔痛讎不復　讎，同「仇」。復，報復。㉕子在四句　李賢注：「言子在，吾憂子仇未能報，而不須手自揮鋒；子若亡，吾直為子手刃仇人，更不須心懷憂也。」㉖目擊　熟視；注視。㉗將客遮仇人　將，帶領。遮，堵截。㉘以狀自首　狀，陳述事情的經過。首，有罪自陳或出面告發。㉙令應之遲　李賢注：「縣令不欲其自首詣獄，故應對之緩也。」㉚吏　惲自稱。下君字則指令。㉛敢　決心。㉜得　遇；值。㉝太守歐陽歙　歐陽歙，字正思，樂安千乘（今山東高青）人。世傳《歐陽尚書》，至歙八世為博士，後官至大司徒。本書有傳。㉞百里內縣句　汝南郡治平輿（今河南平輿北），謂距郡治百里之內的縣署官員到郡府宴飲。齎，持。讌，會飲；宴會。㉟教　文體的一種，官府或長上的告諭。㊱西部督郵繇延　督郵為郡守佐吏，掌督察糾舉所領縣鄉違法之事，宣達教令，兼管訟獄捕亡等事，職權極重。每郡分二部至五部，每部置督郵一人，按地域分。繇延，西部督郵。㊲公方　公正方直。㊳顯　表彰；顯揚。㊴敬嘉厥休　嘉，嘉許；表揚。厥，其。休，美善。㊵主簿　郡主簿主管郡署簿籍和印鑑。㊶戶曹　謂郡戶曹掾。㊷下坐愀然　下坐，末坐；末席。愀然，變色貌。㊸司正舉觥　司正，主禮儀者。觥，也作「觵」。初用獸角做，後亦用銅、陶製作，用作酒器，常用作罰爵，故惲說「舉觥」。㊹外方內員　李賢注謂，言延外示方直而內實柔弱也。孔子曰：「色厲而內荏。」員，同「圓」。謂圓猾，並非「稟性公方」。㊺朋黨構姦　朋黨，同黨的人以罪惡目的結成集團。構，交結；勾結。構姦，勾結為奸邪。㊻罔　蒙蔽；欺騙。㊼怨慝並作　怨，怨恨。慝，邪惡。二義不同，故云「並作」。作，興起。㊽明府　對郡守的尊稱，〈張湛傳〉李賢注云，郡守所居曰府，明，尊高之稱。㊾股肱　謂主簿、戶曹掾贊成其事。㊿惲敢再拜奉觥　敢，謙辭。自言冒昧。賈公彥疏《儀禮・士虞禮》：「凡言敢者，皆是以卑觸尊不自明之意。」再拜奉觥，謂郡守應當受罰。(51)少解　稍有釋緩。少，稍。(52)敬奉觥　遂受罰。(53)謝　謝罪；賠不是。(54)昔虞舜輔堯二句　《尚書・舜典》：「舜流共工于幽州，放驩兜于崇山，竄三苗于三危，殛鯀于羽山，四罪而天下咸服。」罪，懲罰；治罪。按舜罪此四人在「陟帝位」之後，非在輔堯時。《左傳・文公十八年》記舜為堯臣時，流四凶族，內容與本文不符，可能是郅惲誤記了時間。[55]弗庸　不用。[56]孔任　同「孔壬」。極其奸佞。孔，甚。任，佞。[57]故能作股肱二句　《尚書・益稷》：「帝（謂舜）曰：臣作朕股肱。」又曰：「帝乃作歌：股肱喜哉！元首起哉！」用，因此。[58]昭　顯。李賢釋此句云，惲自責不忠，故使甚佞之人昭顯也。[59]豺虎從政　豺虎，猛獸，以比緜延。[60]又露所言　露，顯。謂又對眾顯言緜延之罪。[61]莫重　沒有比此更重。[62]重　加重。李賢注「再也」，是讀重為重疊之重，謂罪上又重疊一層罪，二義均可通。[63]自退　自動辭職。[64]忤　違逆；抵觸。今言頂撞。[65]廷　本指朝廷，此郡署亦稱廷。[66]納　採取；接受。[67]其埶必還　李賢注：「言歙後必召延也。」埶，同「勢」。情勢。[68]直心無諱　心直口快，無所掩蓋。[69]誠三代之道　三代，夏、商、周。《論語・衛靈公》：「斯民也，三代之所以直道而行也。」[70]道不同者不相為謀　《論語・衛靈公》：「道不同，不相為謀。」楊伯峻注：「主張不同，不互相商議。」[71]忍　狠心。[72]盍　何不的合音。[73]孟軻以彊其君二句　《孟子・梁惠王上》載，孟子對齊宣王曰：「力足以舉百鈞（一鈞三十斤），而不足於舉一羽，明足以察秋毫之末，而不見輿薪，則王許（同意）之乎？」曰：「不。」孟子曰：「今恩足以及禽獸，而功不至於百姓者，獨何歟？然則一羽之不舉，為不用力焉，輿薪之不見，為不用明焉，百姓之不見保，為不用恩焉。故王之不王，弗為也，非不能也。」曰：「不為者與不能者之形何以異？」曰：「挾太山以超北海，語人曰我不能，是誠不能也。為長者折枝，語人曰我不能，是不為也，非不能也。」這是強其君之所不能為也。《孟子・公孫丑上》：「惻隱之心，仁之端也；羞惡之心，義之端也；辭讓之心，禮之端也；是非之心，智之端也。人之有是四端也，猶其有四體也。有是四端自謂不能者，自賊者也；謂其君不能者，賊其君者也。」惲意謂其君不能為善而不加以匡正，是賊其君使陷於惡。[74]障君於朝　李賢注：「障，蔽也。君謂歙也。言歙將以牛酒賞緜延，而惲障蔽不聽之。」[75]既有其直　謂鄭敬言「君明臣直」語。[76]死職　為職守而死，即殉職。[77]弋陽山　《漢書・地理志》弋陽下，弋山在西北。弋陽，治今河南潢川西。[78]止　居住。[79]喟然　歎息聲。[80]天生俊士二句　俊士，才智傑出的人。以為人，是為了兼善天下，而不是為獨善自身。[81]鳥獸不可與同群　《論語・微子》孔子語，意為我們不能永遠隱居深山，與鳥獸為伍。[82]子從我為伊呂乎三句　為伊尹、呂尚，則步入社會幹一番大事業。將，抑；或者。為巢父、許由，則隱居避世，以父老長者之身終於堯舜之世。伊尹名摯，負鼎以善美味而謁見湯，至七十歲時才得到商湯信任，使湯致於王道。呂尚即姜太公，周文王以為太師，助武王滅商。巢父，傳說為堯時隱士。皇甫謐《高士傳》載，巢父者，堯時隱人也，山居，不營世利，年老以樹為巢而棲其上，故時人號曰巢父。許由，堯時高士，隱居於箕山（今河南登封東），堯以天下讓許由，許由不受，厭惡聽到堯的話，到潁水邊去洗耳。[83]初從生步重華於南野　生，先生的簡稱，對有學識的人的尊稱。惲雖年小於敬，敬亦尊稱他為先生。李賢注：「步猶尋也。重華，舜字也。南野，謂蒼梧也。」《史記・五帝本紀》：「舜南巡狩，崩於蒼梧之野。」故鄭敬云於此尋重華。(84)松子　赤松子。鄭敬以歸鄉隱逸，自謂與赤松子相同。劉向《列仙傳》載，赤松子，神農時雨師，至崑崙山，常住在西王母石室，隨風上下。炎帝少女追之，得仙俱去。(85)全軀樹類　全軀謂身首完整。樹類，有後代子孫。(86)奉墳墓　奉，祭祀。在墳墓前掃祭祖先。敬，汝南人，今隱弋陽山中，不離墳墓，可應時祭掃。(87)盡學問道　盡學，傾其所學。問道，向道。(88)施之有政二句　《論語・為政》載孔子曰：「《書》云：『孝乎惟孝，友于兄弟，施於有政。』是亦為政。」李賢注：「言隱遁好道，在家孝悌，亦從政之義也。」(89)耄　高齡。或曰七十、八十歲曰耄，或曰八十、九十歲曰耄。(90)子勉正性命二句　子，您。勉，努力。正，治理；愛護。性命，生命。生，生命。(91)敬字次都三句　謝沈《後漢書》載，鄭敬閒居，不守禮教所規定的人與人之間的關係，新遷都尉逼他當功曹。大廳前樹常有清汁，以為甘露。敬曰：「明府政未能致甘露，此清木汁耳。」辭病去官，隱處精學蛾陂中。陰就、虞延並辟，不行。同郡鄧敬因折芰為座，以荷薦肉，瓠瓢盈酒，言談終日，蓬廬蓽門，琴書自娛。光武公車徵，不行。新遷，原新蔡縣，王莽改。今河南新蔡。清志，高潔的志向。高世，清高卓絕超越世俗。(92)江夏　郡名。治所在西陵（今湖北新洲）。(93)為上東城門候　洛陽城東面三門，北頭門為上東門。候，伺視，此為官名。《續漢書・百官志》：「雒陽城十二門，每門候一人，秩六百石。」(94)拒關　拒，抗。關，以木橫持門戶，今曰門閂。(95)帝令從者句　見，同「現」。見面，露出臉來。間，縫隙。袁宏《後漢紀》：「上令從門舉火射（謂照射）帝面」，故下云「火明遼遠」。(96)火明　火把。(97)帝乃迴句　迴，迴轉車騎。東中門，《續志》、謝承《後漢書・桓榮傳》注引均作「中東門」。(98)昔文王二句　槃，亦作盤。娛樂。游田，遊戲畋獵。《尚書・無逸》：「文王不敢盤于遊田，以庶邦惟正之供。周公曰，今嗣王則無淫于觀于逸于遊于田，以萬民惟正之供。」這裡所言為文王和今嗣王（指周武王子成王）二事，郅惲合為一事，「惟正（政）之（是）供（恭）」謂恭勤於政事，亦即「惟憂」之意。(99)其如社稷宗廟何　社，土神。稷，穀神。宗廟，其中有先祖神主，是祭祖之處。社稷與宗廟均象徵國家。如，有處置之意。如……何，將怎樣處置……呢。(100)暴虎馮河　暴虎，空手與老虎搏鬥。馮河，無舟楫而徒步渡河。(101)未至之戒　《公羊傳・襄公二十五年》：「吳子謁伐楚，傷而返，未至乎舍而卒也。」此為郅惲對皇帝上書，「傷」、「卒」等字都是忌諱，故只言「未至」一語彼此心照即可。戒，鑑戒。(102)誡小臣句　小臣，臣子在君王前的自稱。所猶之，句謂誡小臣之竊憂。(103)匹　四丈為匹。據出土漢尺測定，東漢一丈為二・三七五公尺，則四丈不足今十公尺。(104)參封尉　參封縣在今山東諸城西南。縣尉，《續漢書・百官志》：「大縣二人，小縣一人，主管盜賊事。」凡有盜賊出現，主名不立，則推索引尋，案察奸宄，以起端緒。(105)令惲授皇太子韓詩　漢代帝曰皇帝，后曰皇后，被選定為皇帝繼承人的嫡子曰皇太子。西漢初，傳授《詩》的有齊、魯、韓、毛四家。燕人韓嬰所傳授的曰《韓詩》，嬰，文帝時為博士官，推詩人之意，作《詩》內外傳數十萬言。106及郭皇后廢　郭皇后被廢在建武十七年。郭皇后名聖通，真定稾（今河北藁城）人，以寵衰懷怨被廢。本書〈皇后紀〉有傳。107臣聞夫婦之好三句　李賢注：「得猶制御也。」司馬遷曰：「妃匹之愛，君不能得之臣，父不能得之子，況卑下乎？」（見《史記・外戚世家》）司馬貞《索隱》：「以言夫婦親愛之情，雖君父之尊而不奪臣子所好愛，使移其本意，是不能得也。」108雖然　縱然如此。109恕己量主　恕己，能把自己的仁愛之心擴充及人。量主，體諒君主的用心。110知我必不句　左右謂偏愛。輕天下謂輕國本，即易皇太子，言不因廢后而易皇太子。111昔高宗明君四句　李賢注引《家語》謂，曾參妻為蒸梨不熟，因出之，終身不娶。其子請再娶，曾參曰：「高宗以後妻殺孝子，尹吉甫以後妻放伯奇，吾上不及高宗，中不比吉甫，知其得免於非乎！」遂不娶。纖介，微小之事。介，同「芥」。高宗，殷武丁。尹吉甫，周宣王時大臣，銅器銘文中稱他為兮伯吉父。112春秋之義二句　《公羊傳・隱公元年》：「桓（鄭桓公）何以貴？母貴也。母貴則子何以貴？子以母貴，母以子貴。」113太子宜因左右句　因，通過；藉。皇子，皇帝之子中，除繼承帝位之皇太子外，其餘皆稱皇子。引愆，承擔罪過。引，自承。114所生　謂生母。115帝竟聽許　前言「我必不有所左右而輕天下」，此言「聽許」，故言「竟」。竟，出人意料之詞。116長沙　郡名。屬荊州刺史部。治所在臨湘（今湖南長沙）。華嶠《後漢書》謂，惲拜長沙太守，崇教化，表異行。117扞　同「捍」。遮蔽；阻擋。118甄異　經鑑別確定為卓異。119首舉　前所未有之行為。120坐事左轉芒長　坐事，因事而犯罪。左轉，貶職。時俗以右為上，左為下，左轉即降職。《東觀漢記》：「坐前長沙太守張禁多受遺送千萬，以惲不推劾（究治），故左遷。」芒，縣名。治今河南永城東北。121又免歸二句　李賢注：「避地謂隱遁也。」《東觀漢記》：「芒守丞（當為縣丞，芒不曾為郡）韓龔受大盜丁仲錢，阿擁（保護）之，加笞八百，不死，入見惲，稱仲健，惲怒，以所杖鐵杖捶龔，龔出怨懟，遂殺仲，惲故坐免。」

【語　譯】建武三年，郅惲又來到廬江郡，就逢見積弩將軍傅俊東來巡視揚州。傅俊一向聽說郅惲名聲，便以禮邀請他，呈請批准為將兵長史，讓他管軍政。郅惲便告誡士兵說：「不許在人無備時予以襲擊，把人逼迫到困境；不許斬截人的肢體、裸露人的軀體、縱淫婦女。」因為這時傅俊的軍隊仍在挖墓曝屍，掠奪百姓。郅惲勸傅俊道：「從前周文王不忍白骨拋露，周武王不以天下輕忽膠鬲的生命，故能得到天地的報應，打敗商紂的眾多軍旅。將軍為何不效法周文王，而違犯天地禁忌，大量地傷害人民破壞財物，連枯屍也進行虐待，獲罪於神明呢？如果不向天謝罪改變政令，便無法保全自己的生命，希望將軍親率士卒，收容傷者，埋葬死者，存慰被殘害的人，以表明這一切不是將軍的本意。」傅俊聽從了他的建議，百姓心悅誠服，大軍所到無不投降。

2 建武七年，傅俊回到京師洛陽，就把郅惲的事跡呈報皇帝論其功勞。郅惲把以軍功升官看作恥辱，便辭官回到家鄉。縣令謙虛恭敬地請惲為門下掾。郅惲的友人叫董子張的，父親以前被本鄉人殺害。等到子張病重，將死，惲去探望他。子張快死了，看著惲，歎息不能說話。郅惲說：「我理解你不悲痛命運不好，而是痛恨自己有仇不能報。你在世，我為你憂慮而不便親自動手；你去了，我手殺仇人，不再為你的事發愁了。」子張只是眼巴巴看著他。郅惲立刻起身，帶上朋友截殺仇人，把仇人頭割下給子張看。子張看見仇人頭便斷氣了。郅惲為這事而到縣署，敘述事情經過並自認罪行。縣令正猶豫不決，郅惲說：「為朋友報仇，是我的私事。奉法不殉私情，是您為官的本分。損害您以求生，不是做臣下的品德。」說完就出來急步進了監獄。縣令沒來得及穿鞋襪就追趕郅惲，沒追上，便親自到監獄，縣令拔出刀衝著自己用來要挾郅惲，說：「你若不跟著我出獄，決心以死來表明我的心意。」郅惲見到這種情況才出獄了。後因為有病去職。

3 過了很長時間，汝南太守歐陽歙請郅惲為功曹。汝南地區的舊風俗，十月，鄉人相聚宴飲，距郡治百里以內的縣，官吏要帶上牛肉好酒到郡府宴飲。當饗宴之禮將完時，太守告諭道：「西部督郵繇延，天資忠正，稟性方直，摧毀奸凶，不用嚴酷而平安。現在與各位先生共同論列繇延的功勞，向朝廷顯揚。我恭賀他的休美，希望多吃肉喝酒以涵養德性。」主簿讀太守的教令，戶曹引領著繇延接受賞賜。這時郅惲從末席改變臉色地走到前邊來，說：「司儀舉杯，把太守的罪向上天告謝。查繇延其人，天性貪邪，外表裝得方正，內實圓猾，拉幫結派，勾結奸人，欺上害民，他在哪裡，哪裡就社會混亂，怨仇和奸邪同時興起。明府把惡跡當成善行，手下人也違心跟著曲從，這種作法，既是目中無君，也是無有為臣之節操，我冒昧地再拜奉上罰酒！」歐陽歙面色慚愧而吃驚，不知說什麼是好。門下掾鄭敬向前打圓場道：「君明臣直，功曹說話有點激烈，這是明府的大德啊，能不接受這一杯罰酒嗎？」歙的窘態稍有緩和，說：「實是我的過錯啊，謝謝你，我喝了這杯！」郅惲這才摘下帽子賠罪說：「從前虞舜輔佐唐堯，懲罰四凶，天下皆服，不聽挑撥離間的話，巨佞之謀不得施展，故能做帝堯輔佐，帝因此而唱歌。我不忠於明府，把巨佞播揚出來，使人們知道他是豺虎行政，我既陷於誹謗，又當眾說出這樣的話，罪沒有比這更大的。請把我和繇延都拘禁起來，以表明明府的態度。」歐陽歙說：「這樣做更加重了我的過錯。」於是便罷宴而散。郅惲回到住處，說病了，繇延也主動辭職。

4 鄭敬與郅惲一向交情深厚，見他說話得罪了歐陽歙，便把他叫走，說：「您在郡署大庭之上，為繇延的事爭辯，太守尚且不接受。繇延現在雖然辭去職務，看情況他一定會回來。心直口快確是三代時為臣之道，不過主張不同的人就商量不到一塊，我不能忍心看見您有不被太守所容的危險，何不就此離開這裡？」郅惲說：「孟軻以勉強其君做所不能做的事為忠，思量其君不願做的事為不能做為賊。我已經勉強太守做不能做的事了。在郡署阻止太守表彰繇延，既然得到直臣的名聲，若不盡瘁於職守，便是錯誤的。繇延辭職我又走了，那不行。」鄭敬勸惲不成，便獨自隱居在弋陽山中。過了幾個月，太守果然把繇延又叫回來，郅惲這時才離去，和鄭敬同住，漁釣自樂，逗留了幾十天。但郅惲的心仍在從政做一番事業，於是感慨萬端，對鄭敬說：「天生俊傑之士是為百姓做事。我們不能永遠隱於山野與鳥獸合群而居，您是跟我當伊尹、呂尚做一番事業呢？還是要當巢父、許由，終老於堯舜之世呢？」鄭敬說：「吾已知足了。開始跟著您尋找大舜於蒼梧之山，之後來這裡當赤松子，現在幸虧保全身軀，有子有孫，往還祭祀祖墳，殫精竭思研究人世道理，雖不是直接從政，將其所得用於行政方面，也算是治理國家了。我已經是七老八十的人了，哪能跟隨您做事呢？請您盡量珍重自己的生命，不要過於勞神而損害了自己的健康。」郅惲於是向鄭敬告別而去。鄭敬字次都，志向高潔，超越世俗，光武帝多次徵召，他都不去。

5 郅惲便客居於江夏郡教授生徒，郡舉他為孝廉，官洛陽上東城門候。有一次光武帝出去打獵，人馬車輛半夜才回來，郅惲把住門閂不開城門。光武帝令隨從露出臉，讓郅惲從門縫中驗視，郅惲說：「火把太遠，看不清楚。」終不受詔。光武不得已迴轉車騎從中東門入城。第二天，郅惲上書勸道：「從前周文王不敢以畋獵為樂，而以萬民是憂。可是陛下遠往山林打獵，白天不夠，晚上接著打，如此下去，將把國家及祖宗置於何地呢？空手捉虎，赤足渡河，萬一發生不測，的確是我的憂慮啊！」書呈上，光武帝賜給他布百匹，從中東門候貶為參封縣尉。

6 後來光武帝令郅惲教授皇太子劉彊《韓詩》，在皇宮裡為皇太子講書。到郭皇后被廢，郅惲便對皇帝說：「我聽說夫妻之間的恩愛，父親不能勉強兒子，何況為臣怎能勉強君上呢？這是我不敢冒昧進說的原因。縱然如此，我還是希望陛下想到一言能定立廢的權力，不要讓天下人議論國家如何如何就是了。」光武帝說：「惲既善於以仁善之心推己及人，又會體諒我的難處，知道我決不會朝三暮四而輕招天下人之議。」郭皇后被廢之後，皇太子心中忐忑不安，惲便勸說皇太子道：「長久處於立廢不定的地位，上對生母有違孝道，下對自己面臨危險。從前高宗武丁是位明君，尹吉甫也是賢臣，等到為了微小的事情，把孝子流放。《春秋》經中的含義，母親藉兒子的尊貴而尊貴。太子最好是通過皇帝近臣和諸皇子，表示自己有過錯而辭去皇太子，恭養母親，以昭顯聖人之教，不背離自己的生母。」太子聽從了他的建議，光武帝竟然同意了他的請求。

7 郅惲又升為長沙太守。此前，長沙郡內有孝子名古初，遇父死尚未埋葬，鄰家失火，古初便爬在棺柩上，用自己的身體擋住火，火為他的孝行熄滅了。郅惲甄別驗證，認定確實卓異，認為這是從來未有的事。後來惲因事犯罪，降職為芒縣長，又被免官歸里，郅惲便到別處隱居教授生徒，著書八篇。因病去世。有子名壽。

壽字伯考，善文章，以廉能❶稱，舉孝廉，稍遷冀州刺史❷。時冀部屬郡多封諸王❸，賓客放縱，類不檢節❹，壽案察❺之，無所容貸❻。乃使部從事❼專住王國，又徙督郵舍王宮外❽，動靜失得，即時騎驛言上奏王罪及劾傅相❾，於是藩國❿畏懼，並為遵節⓫。視事三年，冀土肅清。三遷尚書令⓬。朝廷每有疑議，常獨進見。肅宗奇其智策，擢為京兆尹⑬。郡多彊豪，姦暴不禁。三輔⑭素聞壽在冀州，皆懷震竦⑮，各相檢勅⑯，莫敢干犯⑰。壽雖威嚴，而推誠下吏⑱，皆願效死，莫有欺者。以公事免。

復徵為尚書僕射⑲。是時大將軍竇憲⑳以外戚之寵，威傾天下。憲嘗使門生㉑齎書詣壽，有所請託㉒，壽即送詔獄。前後上書陳憲驕恣，引王莽以誡㉓國家。是時憲征匈奴，海內㉔供其役費，而憲及其弟篤、景並起第宅㉕，驕奢非法，百姓苦之。壽以府臧㉖空虛，軍旅未休，遂因朝會譏刺憲等，厲音正色，辭旨甚切。憲怒，陷壽以買公田誹謗，下吏當誅。侍御史何敞上疏理之㉗曰：「臣聞聖王闢四門，開四聰㉘，延直言之路，下不諱㉙之詔，立敢諫之旗，聽歌謠於路㉚，爭臣七人，以自鑒照㉛，考知政理，違失人心，輒改更之，故天人並應，傳福無窮。臣伏見尚書僕射郅壽坐於臺上㉜，與諸尚書論擊匈奴，言議過差㉝，及上書請買公田，遂繫獄考劾大不敬。臣愚以為壽機密㉞近臣，匡救為職，若懷默不言，其罪當誅。今壽違眾正議，以安宗廟，豈其私邪？又臺閣平事㉟，分爭可否，雖唐虞之隆，三代之盛，猶謂諤諤以昌㊱，不以誹謗為罪。請買公田，人情細過，可裁隱忍㊲。壽若被誅，臣恐天下以為國家橫罪㊳忠直，賊傷和氣㊴，忤逆陰陽。臣所以㊵敢犯嚴威，不避夷滅，觸死瞽言㊶，非為壽也。忠臣盡節，以死為歸。臣雖不知壽，度其甘心安之。誠不欲聖朝行誹謗之誅，以傷晏晏㊷之化，杜塞忠直，垂譏無窮。臣敞謬㊸豫機密，言所不宜，罪名明白，當填㊹牢獄，先壽僵仆㊺，萬死有餘。」書奏，壽得減死，論徙合浦㊻。未行，自殺，家屬得歸鄉里。

【章旨】以上敘述郅惲之子郅壽的官歷。冀州之域多王國，諸王行為多非法，壽為冀州刺史，嚴察不貸，藩國莫敢犯法。為司隸校尉，奏大將軍竇憲驕奢非法，反被竇憲誣陷當誅，賴有侍御史何敞拚死相救，遂得減死，自殺。

【注釋】❶廉能　清廉能幹。❷稍遷冀州刺史　稍遷，逐漸升遷。冀州，漢「十三刺史部」之一。治所在高邑（今河北柏鄉北）。❸時冀部屬郡句　冀州之地土地肥美，故封諸王於好地。❹類不檢節　類，皆；大都。檢節，檢點節制。❺案察　調查處理。❻無所容貸　無所，不許；無多。容貸，寬容。❼部從事　每郡各一人，主察非法。❽又徙督郵舍王宮外　李賢注：「近王宮置督郵舍，以察王得失。」❾即時騎驛言上奏句　騎驛，通過驛站快馬傳遞公文。皇子封王，其郡為國，朝廷為每國選置傅一人，相一人，秩皆二千石，傅主導王從善，禮如師，相如太守，治民。其餘官佐由王自置。❿藩國　封王建國，為使其屏藩朝廷，故稱王國為藩國。⓫遵節　遵守法度。⓬尚書令　秩千石，主管贊奏事宜，總典綱紀，無所不統。每朝會，與御史中丞、司隸校尉各專席位，京師稱之為「三獨坐」。⓭京兆尹　既是地名，也是官名。此謂官名，地位相當郡守，故下云「郡多彊豪」。⓮三輔　京兆尹、右扶風和左馮翊均位於京師近畿之地，故稱「三輔」。後漢以為宗廟所在，故仍前漢舊稱。⓯震竦　震懼。竦，通「悚」。懼，懼怕。⓰檢勑　自我約束、檢點。⓱干犯　冒犯；衝犯。⓲下吏　對屬吏謙虛。⓳尚書僕射　秩六百石，主署理尚書事，尚書令不在，則辦理經奏准下之眾事。⓴竇憲　字伯度，扶風平陵（今陝西咸陽）人。外戚專權，暴橫京師，後被誅滅。本書有傳。㉑門生　依附世族在其門下供役的人。㉒請託　以私事相囑託；走後門；通關節。㉓誡　警告。㉔海內　古傳說我國疆土四周有海環繞，故稱國境之內為海內。㉕第宅　高級住宅。㉖府臧　儲藏文書及財物之處。臧，同「藏」。㉗侍御史何敞上疏理之 侍御史，秩六百石，掌察舉非法，受公卿群吏奏事，有違失舉劾之。何敞，字文高，扶風平陵人。先後任侍御史、汝南太守，修渠墾田，吏民刻石頌德。後被蔡倫誣陷抵罪，卒於家。本書有傳。理之，為之申訴、辯白。㉘闢四門開四聰 《尚書・舜典》：「闢四門，開四目，達四聰。」謂開明堂四方之門，使在上者能遠聽遠視四方。《漢書》梅福上書：「博覽兼聽，謀及疏淺，令深者不隱，遠者不塞，所謂闢四門明四目也。」㉙不諱 群臣上言可以直言不必忌諱。㉚聽歌謠於路 李賢注：「歌謠謂詩也。」《禮記・王制》：「命太師陳詩觀民風。」鄭玄注：「陳詩謂采其詩而示之。」㉛爭臣七人二句 《孝經・諫爭》：「昔者天子有爭臣七人，雖無道，不失其天下。」爭臣，諫諍之臣。自鑒照，以諫諍之臣為鏡常自照。㉜臺上 臺謂尚書臺，尚書令、僕射的官署，亦稱臺閣。㉝過差 過失差錯。㉞機密 掌管國家大事。㉟平事 評議政事。㊱諤諤以昌 《史記・商君列傳》趙良謂商鞅曰：「千人之諾諾，不如一士之諤諤。武王諤諤以昌，殷紂嘿嘿（默默）以亡。」諤諤，直言爭辯貌。㊲可裁隱忍 裁，稍微。隱忍，克制；忍耐。㊳橫罪 無端加罪。㊴賊傷和氣 賊傷，傷害。和氣，古人認為天地間陰氣與陽氣交會之氣，萬物由此和氣而生，《老子》：「萬物負陰而抱陽，沖氣以為和。」引申為能導致吉利的祥瑞之氣。㊵所以 由結果逆探原因之詞。㊶瞽言 淺妄不合事理的言詞。《論語・季氏》：「侍於君子有三愆。……未見顏色而言，謂之瞽。」㊷晏晏 鄭玄注《尚書考靈曜》：「道德純備謂之塞，寬容覆載謂之晏。」李賢注〈何敞傳〉：「晏晏，溫和也。」㊸謬 錯。謙辭。㊹填 塞入。㊺僵仆 死亡。㊻論徙合浦 論，判決。合浦，合浦郡合浦縣，今廣西合浦東北。

【語譯】郅壽字伯考，文章寫得好，以清廉能幹著名，舉為孝廉，一步一步升為冀州刺史。當時冀州刺史部所屬郡多為諸王封國，所養賓客放縱不羈，大都不檢點。郅壽對他們進行查處，毫不寬容。便派遣部從事史專門住在王國，又把督郵舍安排在王宮旁，王宮的動靜失德，立即由驛站乘快馬呈送王之罪行的文書，並彈劾其傅、相，因此藩國恐懼，皆遵法度。在職三年，冀州地方平定。三遷至尚書令。朝廷每有疑議不決時，郅壽常常單獨進見。章帝以其計策超人意外，提拔為京兆尹。郡內多強豪，奸暴無法禁止。三輔人早就聽說郅壽在冀州的行事，無不心懷震懼，各自約束自己，不敢觸犯法令。郅壽雖威嚴，但誠心謙虛待屬吏，屬吏都願為之賣命，沒有欺瞞他的。因公事免官。

郅壽又被徵拜尚書僕射。此時大將軍竇憲以外戚身分之尊寵，威勢傾動天下。竇憲有一次派他的使役帶著書信到郅壽家，請求打通關節，壽便把來人送進監獄。前後幾次上書陳述竇憲驕橫放肆，引王莽以外戚篡國之事警告朝廷。此時竇憲正率兵攻打匈奴，全國出勞役供軍費，而竇憲和他的弟弟竇篤、竇景均興建高級住宅，奢侈不合法度，百姓深受其苦。郅壽認為國家倉庫空虛，戰事未完，便藉朝會之機譏刺竇憲等人，聲色俱厲，詞旨嚴苛。竇憲大怒，誣陷郅壽以買公田和誹謗之罪，應該發至獄吏判為死罪。侍御史何敞上疏為郅壽辯白，說：「我聽說聖王開明堂四向之門向四方遠聽遠視，拓寬直言之路，下直言不諱之詔，立鼓勵進諫之旗，在路上聽取民眾唱的歌謠，有諫諍之臣七人，以便對照自己，考察政事，如有失去民心之處，立刻改正，故能上天與人民都扶保他，福祚傳於萬代。微臣見尚書僕射郅壽坐在尚書臺上，與各位尚書論說討擊匈奴，說話有的欠妥，又上書請求買公田，就被投入獄中按問判為大不敬。臣愚以為郅壽是掌管國事之近臣，以匡救錯誤為其職責，若明知不對而不言，那才是罪大當殺。現在郅壽不隨聲附和而論議公正，是為了安定國家，哪裡是他的私心？再者，臺閣內評論事情，分辨對錯，即使唐虞之興隆、三代盛世，尚且說國家因士直言而昌盛，不把指出錯誤視為罪行。至於請買公田，是人情中小過，可稍加容忍。郅壽如因此被殺，就怕天下人認為國家無端加罪於忠直之臣，傷害和氣，違逆了陰陽。我所以敢於冒犯皇帝威嚴，不顧誅滅親族，冒死進言，並非為郅壽著想。忠臣盡自己的忠節，視死如歸。我雖然並不了解郅壽為什麼這樣做，料想他也認為是甘心盡忠。實在不願意在我朝對揭發錯誤的人進行誅殺，從而傷害了寬容柔和的教化，堵塞忠直之臣的言路，會留給後世無窮無盡的譏評。臣敞不稱職地參豫管理國家大事，說了些不該說的話，明明白白地也是犯了罪，應當塞進監牢，死在郅壽之前，萬死而有餘辜。」書疏呈上，郅壽得以免去死罪，判其流放到合浦郡。尚未動身便自殺了，家屬得以回到故鄉。

贊曰❶：鮑永沈吟❷，晚乃歸正❸。志達義全❹，先號後慶❺。申屠對策，郅惲上書。有道雖直❻，無道不愚❼。

【章　旨】本「贊曰」對卷中三人事跡作了扼要的評述。對鮑永，前既有「論」表彰他「可事新主」、「可受大寵」的品德，此則以「先號後慶」一語加以概括。

【注　釋】❶贊曰　是本書作者范曄將傳主行事，凝鍊成一兩句話，用韻語形式表達出來。名曰贊，但不一定都是誇讚的話，是有好則褒，有壞則貶，實是評論。❷沈吟　深思；遲疑。謂鮑永不知更始帝死活，光武遣儲大伯來徵，遂囚儲大伯，是鮑永深思之時。❸歸正　謂鮑永最後投奔光武帝。❹志達義全　志達謂推翻王莽，興復漢室。義全謂過更始帝墓和苟諫冢下車而祭，不忘舊主與恩人。❺先號後慶　《易・同人》：「同人，先號咷而後笑。」謂初凶而後吉。號，大哭大叫。慶，喜慶；福澤。❻有道雖直　有道指光武帝，申屠剛極諫，光武不納，且以數切諫失旨，降為平陰縣令。雖，通「唯」。只是；單獨。謂光武不納諫，申屠剛仍獨行直道。❼無道不愚　無道之君指王莽。郅惲上書王莽，勸其退位，還政劉氏。王莽將惲收繫詔獄，派人令惲自言病狂，惲曰：「所陳皆天文聖意，非狂人所能造。」是不愚也。

【語　譯】史官評議說：鮑永深思遲疑，最後歸附聖朝。既達到目的又成全了道義，先經磨難後得福慶。申屠剛對策，郅惲上書，有道之君對申屠剛的直言極諫不予採納，他依然直道而行；無道之君令郅惲承認自己說的是瘋話，郅惲說我頭腦清醒並不癡傻。

【研　析】本卷傳主三人皆歷西漢末、王莽而至光武時。三人中，鮑永因莽殺其父而與莽不共戴天；申屠剛則因對策不被採納而加入反莽陣營；郅惲上書莽返政於劉氏，莽劾以大逆，後遇赦而出，到劉秀政權下服務。及其他中興諸文臣武將無不以反莽而立功名，似乎王莽是大逆無道、逆潮流而動者。然查王莽立身行政，又不完全如東漢初年諸人所言。實際上在西漢後期，社會矛盾已很尖銳，朝廷腐敗，土地集中，農民淪為奴隸，「與牛馬同欄」被買賣，「七亡」、「七死」之慨早已發出，限田限奴婢之議也早有人提過，甚至有人提出漢當再受命、改元，都說明社會危機已入膏肓。在此情況下，王莽折節下士，躬行儉約，權力漸漸集中到他身上，於是由居攝而即真，改國號為新。在權力集中的同時，也就把西漢後期所積累的社會矛盾集中到王莽身上，所以王莽實行「王田」，不許買賣奴婢，無一不是針對當時的社會弊端而行的改革。學者對此熟視無睹，只看到劉姓朝廷改換為王氏朝廷，便說他一切都是作偽，後世詩人還反證「若是當年身便死，一生真偽有誰知」，更鐵定了他一生皆偽的論點。其實是劉家做皇帝還是王家做皇帝並不重要，重要的在於做皇帝後實行的政策，對國家對人民究竟是有利還是無利。後人往往以復古不合時宜責備王莽，實則井田制、五均賒貸等，是先秦以來儒家所追求的目標，至於發展學術、優待士人更是前代所未有。唯貨幣之紛繁造成民生之多艱，立法多而官吏不能執行，盡管王莽自己奉法無私，通宵達旦地處理政務，以前留下的矛盾仍未能解決，治絲而棼，引起眾人的反對。反對者以劉氏為號召，並非劉氏給人們留下什麼恩惠，只不過是人們的「習姓識號」罷了。劉秀藉著武功和圖讖當上了皇帝，便以中興之主自命，把王莽說得一無是處，似乎百姓就是要恢復劉家天下。班固生當建武之後，正處在鞭撻前朝，頌揚中興，以證明新政權的合法性的熱潮中，極力貶斥王莽及其政策就成為很自然的了，所以在《漢書》中對王莽沒有說一句好話。即使申屠剛因對策反對隔絕馮、衛二族，被罷歸田里，郅惲至長安上書勸王莽歸政劉氏，有學者懷疑是申屠、郅氏子孫美化其先祖的虛構之詞。王氏已倒，其是其非，皆由中興以後人所塗描，將無作有，也是難免的。（張文質注譯）

卷三十上

蘇竟楊厚列傳第二十上

【題　解】本卷是一篇合傳。因篇幅較長，故分成上、下兩分卷。兩分卷所標列的四位傳主，均為表現突出的讖緯學者與占筮術士。其中蘇竟主要活動於東漢初期，楊厚和郎顗主要活動於東漢中後期，襄楷主要活動於東漢末葉；在其地域分布上，前二人又恰恰代表西部地區，後二人剛巧代表東部地區。於蘇竟則重在載其〈與劉龔書〉；於楊厚則重在述其占測活動；於郎顗則重在載其〈論災異章〉、〈狀對尚書條便宜七事〉、〈對臺詰辭〉、〈薦黃瓊李固并陳消災四事書〉四通奏章；於襄楷則重在載其〈因災異論政刑暴濫疏〉、〈復上書〉兩道奏疏。從這七篇文字和四位傳主的相關活動來看，它們較為典型地反映出讖緯占筮之學在東漢一代的延續過程以及最終企圖吸納早期道教、佛教基本教義的新動向；表明了讖緯占筮之學是以天文占、物異占、《周易》占總共三大類為其具體操作層面之內容並輻射到天、地、人三個領域的，又是以諸如陰陽關係論、五行乘侮定律，《易緯》「五行更用」說、《春秋緯》「三百載斗歷改憲」說、西漢齊詩的「五際」說、傳統的順時氣施政說、天譴論、任賢以致休祥論等為其理論闡發形態和學理支撐的；而且是被四位傳主自命為「攘災延慶之術」的，即以觀象測斷為先導，以預防和消除挽救當前災異與弊政為歸宿的。

1 蘇竟，字伯況，扶風平陵[1]人也。平帝[2]世，竟以明易[3]為博士[4]講書祭酒[5]。善圖緯[6]，能通百家之言。王莽時，與劉歆等共典校書，拜代郡中尉[7]。時匈奴[8]擾亂，北邊多罹[9]其禍，竟終完輯[10]一郡。光武[11]即位，就拜代郡太守[12]，使固塞以拒匈奴。建武[13]五年冬，盧芳[14]略得北邊諸郡，帝使偏將軍[15]隨弟屯代郡。竟病篤，以兵屬[16]弟，詣京師謝罪。拜侍中[17]，數月，以病免。

2 初，延岑[18]護軍[19]鄧仲況擁兵據南陽陰縣[20]為寇，而劉歆兄子龔[21]為其謀主[22]。竟時在南陽，與龔書曉之曰：

3 「君執事[23]無恙。走[24]昔以摩研編削[25]之才，與國師公[26]從事出入，校定祕書[27]，竊自依依，末由自遠。蓋聞君子愍同類而傷不遇。人無愚智，莫不先避害然後求利，先定志然後求名。昔智果見智伯窮兵必亡，故變名遠逝[28]；陳平知項王為天所棄，故歸心高祖[29]。皆智之至也。聞君前權時屈節，北面延牙[30]，乃後覺悟，棲遲[31]養德。先世數子，又何以加？君處陰中，土多賢士。若以須臾之間，研考異同，揆之圖書[32]，測之人事，則得失利害，可陳於目，何自負畔亂之困，不移守惡之名乎？與君子之道，何其反也！

4 「世之俗儒末學，醒醉[33]不分，而稽論當世，疑誤視聽。或謂天下迭興，未知誰是，稱兵據土，可圖非冀。或曰聖王未啟，宜觀時變，倚彊附大，顧望自守。二者之論，豈其然乎？夫孔丘祕經，為漢赤制(34)，玄包幽室，文隱事明(35)。且火德承堯，雖昧必亮(36)。承積世之祚，握無窮之符(37)，王氏雖乘間偷篡，而終嬰(38)大戮，支分體解，宗氏屠滅，非其效歟？皇天所以眷顧踟躕(39)，憂漢子孫者也。論者若不本之於天，參之於聖，猥以師曠雜事(40)輕自眩惑，說士作書，亂夫大道，焉可信哉？

「諸儒或曰：今五星失晷(41)，天時謬錯(42)，辰星(43)久而不效，太白(44)出入過度，熒惑(45)進退見態，鎮星(46)繞帶天街(47)，歲星(48)不舍氐、房(49)。以為諸如此占，歸之國家。蓋災不徒設，皆應之分野(50)，各有所主。夫房、心(51)即宋(52)之分，東海(53)是也。尾(54)為燕(55)分，漁陽(56)是也。東海董憲(57)迷惑未降，漁陽彭寵(58)逆亂擁兵，王赫斯怒，命將並征，故熒惑應此，憲、寵受殃。太白、辰星自亡新(59)之末，失行筭度，以至于今。或守東井(60)，或沒羽林(61)，或裴回藩屏(62)，或躑躅帝宮(63)，或經天(64)反明，或潛藏久沈，或衰微闇昧，或煌煌北南，或盈縮(65)成鉤，或偃蹇(66)不禁，皆大運蕩除之祥，聖帝應符之兆也。賊臣亂子，往往錯互(67)，指麾(68)妄說，傳相壞誤。由此論之，天文(69)安得遵度哉！

6 「乃者，五月甲申[70]，天有白虹[71]，自子加午[72]，廣可十丈，長可萬丈，正臨倚彌[73]。倚彌即黎丘[74]，秦豐[75]之都也。是時月入于畢[76]。畢為天網，主網羅無道之君，故武王[77]將伐紂[78]，上祭于畢，求助天也。夫仲夏[79]甲申為八魁[80]。八魁，上帝[81]開塞之將也，主退惡攘逆。流星[82]狀似蚩尤旗[83]，或曰營頭[84]，或曰天槍[85]，出奎[86]而西北行，至延牙營上，散為數百而滅。奎為毒螫[87]，主庫兵。此二變，郡中及延牙士眾所共見也。是故延牙遂之武當[88]，託言發兵，實避其殃。今年比卦部歲[89]，坤主立冬[90]，坎主冬至[91]，水性滅火[92]，南方之兵受歲禍也。德在中宮，刑在木[93]，木勝土[94]，刑制德。今年兵事畢已，中國[95]安寧之效也。五七之家三十五姓[96]，彭、秦、延氏不得豫焉。如何怪惑，依而恃之？葛藟之詩，『求福不回』[97]，其若是乎？

7 「圖讖之占，眾變之驗，皆君所明。善惡之分，去就之決，不可不察。無忽鄙言！

8 「夫周公之善康叔，以不從管蔡之亂也[98]；景帝之悅濟北，以不從吳濞之畔也[99]。自更始[100]以來，孤恩背逆，歸義向善，臧否[101]粲然，可不察歟！良醫不能救無命[102]，彊梁不能與天爭[103]，故天之所壞，人不得支[104]。宜密與太守劉君共謀降議。

仲尼棲棲[105]，墨子遑遑[106]，憂人之甚也。屠羊救楚，非要爵祿[107]；茅焦干秦，豈求報利[108]？盡忠博愛之誠，憤滿[109]不能已耳。」

9 又與仲況書諫之，文多不載。於是仲況與龔遂降。

10 龔字孟公，長安[110]人，善論議，扶風馬援、班彪[111]並器重之。竟終不伐[112]其功，潛樂道術，作記誨篇[113]及文章傳於世。年七十，卒于家。

【章旨】以上是〈蘇竟傳〉。記述蘇竟的籍貫、精通《易經》和圖緯的專長、從西漢末期到東漢初期的仕履，以及以兩封書信主要是〈與劉龔書〉而勸降陰縣守敵的功績。

【注釋】❶扶風平陵　扶風，漢代三輔的組成部分，即右扶風，為拱衛京師長安的政區之一。東漢時其治所設在槐里縣（今陝西興平東南南佐村）。平陵，縣名，即安陵。治今陝西咸陽東北。❷平帝　指西漢皇帝劉衎。卒謚孝平。事詳《漢書・平帝紀》。❸易　即《周易》，為儒家《五經》之首，實乃先秦占筮書。通常亦將後出的《易傳》包括在內。❹博士　官名。秩比六百石。負責在太學講授儒家經典，培養學生。朝廷遇有疑難之事諮問，則進行對答。《漢書・成帝紀》：「詔曰：『古之立太學，將以傳先王之業，流化於天下也。儒林之官，四海淵原，宜皆明於古今，溫故知新，通達國體，故謂之博士。』」❺講書祭酒　官名。王莽始置《六經》祭酒，每經一人，品秩為上卿。書，指《尚書》，為儒家《五經》之一，實乃現存最早的中國古代文告檔卷的彙編。其通行本則為《今文尚書》和偽《古文尚書》的混合體，而以《今文尚書》二十八篇可信度較高。❻圖緯　圖讖與緯書。圖讖以隱語形式預決興亡吉凶，有時帶圖，故稱圖讖。緯書指用神祕學說解釋儒家經典的書籍，此類書籍以輔翼經典的姿態出現，故稱緯書。❼代郡中尉　代郡為郡名。治所在代縣（今河北蔚縣西南）。中尉在這裡為一郡武官，秩比二千石，協助郡守掌領武職甲卒，負責治安，防遏盜賊。❽匈奴　活動於中國古代北方的游牧部族。其社會組織以部落聯盟為主，最高首領稱為單于。自西漢宣帝時分裂為東、西兩部，東匈奴降漢。迄至東漢初期，又分裂為南、北兩部，南匈奴內附，北匈奴則在明帝、和帝兩次用兵後陷入困窘遠遁的境地。❾罹　遭受。❿完輯　保全；安定。⓫光武　指東漢王朝的創建者劉秀。光武為其諡號。詳見本書卷一。⑫太守　又稱郡守，為一郡長官。品秩二千石，掌管整個轄區內的軍政事務。⑬建武　東漢光武帝年號，西元二五—五六年。⑭盧芳　東漢初期由匈奴扶立的漢帝。本書卷十二載：建武「五年，李興、閔堪引兵至單于庭迎芳，與俱入塞，都九原縣。掠有五原、朔方、雲中、定襄、鴈門五郡，並置守令，與胡通兵，侵苦北邊。」⑮偏將軍　執行輔佐任務的武官名號。⑯屬　委託；託付。⑰侍中　侍中寺的屬官，秩比二千石，掌侍皇帝左右，贊導眾事，顧問應對。⑱延岑　王莽末年起兵漢中自稱武安王而與劉秀爭天下的人物。本書無傳。輯本《東觀漢記・載記・延岑傳》：「延岑字叔牙，築陽人。岑衣虎皮襜褕，宿下邑亭。亭長白言『睢陽賊衣絳罽襜，今宿客疑是』，乃發卒來，岑臥不動，吏謝去。」⑲護軍　武官之稱。負責衛護諸將或主帥，察舉不法。⑳南陽陰縣　南陽，郡名。治所在宛縣（今河南南陽）。陰縣，縣名。治今湖北老河口市西北。㉑龔　即劉龔。《漢書・董仲舒傳》：劉向「曾孫龔，篤論君子也」，則與此處稱其為「劉歆兄子（姪兒）」不同。㉒謀主　出謀劃策的主要人物。㉓執事　古代的一種敬稱。意謂左右供職人員。不直接言及對方本人而呼其手下供職人員，是藉以表示由卑達尊之意。㉔走　古代的一種謙稱。意謂馳走之人。如同司馬遷〈與任少卿書〉自稱「牛馬走」一類。㉕摩研編削　指對典籍的研究整理。編謂編次，削指竹簡或用以改正竹簡上錯字的削刀。㉖國師公　指代劉歆。國師為王莽所設高官之稱，與太師、太傅、國將合稱四輔，俱位上公。劉歆首任國師一職，故以官稱指代其人。㉗祕書　指宮廷藏書。㉘昔智果二句　智果又作智過，為春秋晚期晉國的大夫。智伯指執掌晉國大權的智瑤。逝，離去之義。《戰國策・趙策一》：「知過出見二主，入說知伯曰：『二主色動而意變，必背君，不如令殺之。』知伯曰：『兵著晉陽三年矣，旦暮當拔之而饗其利，乃有他心，不可。子慎勿復言。』知過見君之不用也，言之不聽，出，更其姓為輔氏，遂去不見。」結果韓、魏、趙聯合「大敗知伯軍而禽知伯，知伯身死國亡地分」。㉙陳平二句　陳平為西漢開國元勳。項王指反秦領袖西楚霸王項羽。高祖指西漢王朝的創建者劉邦。《史記・陳丞相世家》：「居無何，漢王攻下殷王。項王怒，將誅定殷者將吏。陳平懼誅，乃封其金與印，使使歸項王。而平身間行，杖劍亡渡河。遂至脩武降漢。」㉚延牙　對延岑的別稱。延岑字叔牙，故這裡謂之為延牙。㉛棲遲　遊息。《詩・衡門》：「衡門之下，可以棲遲。」《毛傳》：「棲遲，遊息也。」鄭箋：「賢者不以衡門之淺陋，則不遊息於其下。」遟，遲的古文。㉜圖書　猶言圖緯。㉝醒醉　指對時局的認識。《楚辭・漁父》載「屈原曰：『舉世皆濁我獨清，眾人皆醉我獨醒。』」㉞夫孔丘祕經二句　自讖緯之學於西漢後期興行後，為抬高自身身價，遂將孔子推為緯書的鼻祖，故而這裡稱孔丘祕經。祕經意為幽祕之經，實即緯書。赤制謂五德終始中運當火德的漢家制度和劉氏政權。本書卷十三〈公孫述傳〉：「孔子作《春秋》，為赤制而斷十二公。明漢至平帝十二代，歷數盡也。」李賢注引《尚書》緯書

《考靈曜》：「孔子為赤制，故作《春秋》。赤者，漢行也，言孔子作《春秋》，斷十二公，象漢十二帝。」又本書卷二十九〈郅惲傳〉載其〈上王莽書〉：「漢歷久長，孔為赤制，不使愚惑，殘人亂時。」李賢注：「言孔丘作緯，著歷運之期，為漢家之制。漢火德，尚赤，故云為赤制。即《春秋感精符》云『墨、孔生為赤制』是也。」《春秋公羊傳》唐徐彥疏則謂：「必知孔子制《春秋》以授漢者，案《春秋說》云：『伏羲作八卦，丘合而演其文，瀆而出其神，作《春秋》，以改亂制。』又云：『丘覽史記，援引古圖，推集天變，為漢帝制法，陳敘圖錄。』又云：『丘水精，治法為赤制功。』又云：『黑龍生為赤，必告示象，使知命。』又云：『經十有四年春，西狩獲麟。赤受命，蒼失權周矣。』」㉟玄包幽室二句　意謂緯書玄祕，深藏幽室，文句雖隱微，時事甚明驗。包，深藏。㊱且火德承堯二句　火德，五行中的火行之德。堯為傳說中的五帝之一，其有關傳說主要見於《尚書・堯典》及《史記・五帝本紀》。依照五行相生的順序，堯和漢朝在歷代王朝按五德終始的定律循環替代中均居火德之位，故而這裡宣稱火德承堯。昧謂西漢皇朝被王莽所篡奪，亮謂光武中興，重建劉氏政權。㊲符　符命。即皇天以神祕方式授予的統治權。㊳嬰　承受；遭到。《漢書・王莽傳》：「商人杜吳殺莽，取其綬。校尉東海公賓就，故大行治禮，見吳問綬主所在，曰室中西北陬間，就識，斬莽首。軍人分裂莽身，支節肌骨臠分，爭相殺者數十人。」唐顏師古注：「《三輔舊事》云：『臠切千段。』」㊴踟躕　猶言徘徊。意謂不作出拋棄劉姓皇朝的決定。㊵師曠雜事　雜占之類的書籍。《漢書・藝文志》中〈諸子略・小說家〉和〈兵書略・陰陽〉分別載有《師曠》六篇、《師曠》八篇。㊶五星失晷　五星是古人對天空中五個主要行星的合稱，即下文所說的北方辰星、西方太白星、南方熒惑星、中央鎮星、東方歲星。失晷意謂背離了各自的正常運行軌跡。晷，度。㊷天時謬錯　指季節顛倒、寒暑紊亂之類的天象。㊸辰星　即水星。古代星占家認為辰星是北方水行太陰之精，司冬，主明智和刑獄。其常以二月春分見於奎宿、婁宿，五月夏至見於東井，八月秋分見於角宿、亢宿，十一月冬至見於牽牛。出以辰戌，入以丑未，二旬而入，晨候之東方，夕候之西方。否則便屬「不效」。《史記・天官書》：辰星「其蚤，為月蝕，晚，為彗星及天矢。其時宜效不效為失，追兵在外不戰。一時不出，其時不和。四時不出，天下大饑。其當效而出也，色白為旱，黃為五穀熟，赤為兵，黑為水。」㊹太白　即金星。其晨出東方稱啟明，昏見西方稱長庚。古代星占家認為太白是西方金行少陰之精，司秋，主正義和兵事。其常以正月甲寅與熒惑晨出東方，二百四十日而入，入四十日又出西方，二百四十日而入，入三十五日而復出東方，出以寅戌，入以丑未。否則便屬「過度」。《史記・天官書》：太白「當出不出，未當入而入，天下偃兵，兵在外，入。未當出而出，當入而不入，下起兵，有破國」。㊺熒惑　即火星。火星熒熒如火，亮度常有變化，位置又不固定，令人迷惑，故被稱作熒惑。古代星占家認為熒惑是南方火行太陽之精，司夏，主禮儀並執法，察妖孽。其常以十月入太微，受制而出行列宿。《史記・天官書》：熒惑「反道二舍以上，居之三月有殃，五月受兵，七月半亡地，九月太半亡地。因與俱出入，國絕祀。居之，殃還至，雖大當小，久而至，當小反大。其南為丈夫、北為女子喪。若角動繞環之，及乍前乍後，左右，殃益大」。這就是此處所講的「進退見態」。㊻鎮星　又作填星，即土星。古代星占家認為鎮星是中央土行之精，司季夏（農曆六月），主德信。其歲行十三度百十二分度之五，日行二十八分度之一，二十八歲周天。《史記・天官書》：「禮、德、義、殺、刑盡失，而填星乃為之動搖。」㊼天街　星官名。由三顆恆星組合而成，處在西方七宿中第四宿昴宿和第五宿畢宿之間。唐司馬貞《史記索隱》引孫炎：「畢、昴之間，日月五星出入要道，若津梁。」唐張守節《史記正義》：「天街三星，在畢、昴間，主國界也。街南為華夏之國，街北為夷狄之國。」㊽歲星　即木星。木星自西向東大約十二年運行一周天，古人遂將周天劃分成十二個部分，稱為十二次，藉以記錄木星每年所行經的位置，用來紀年，故稱木星為歲星。古代星占家認為歲星是東方木行少陽之精，司春，主仁和五穀。《史記・天官書》：「當居不居，居之又左右搖，未當去去之，與他星會，其國凶。所居久，國有德厚。其角動，乍小乍大，若色數變，人主有憂。」㊾不舍氐房　舍，進入；停留。氐房，東方七宿中排列次序為第三和第四的兩個星宿。氐宿凡四星，又稱天根。房宿共四星，又稱天駟。《開元占經・歲星占二・歲星犯氐三》引甘氏：「歲星出入留舍氐者，天庫之星也，其國有急令，其歲則太平。還而守之，其國以兵致天下。」同卷〈歲星占二・歲星犯房四〉引甘氏：「歲星守房，天下和平。」又引《荊州占》：「歲星守房，王者心平，百姓得情。」㊿分野　指星區與地域的對應關係。就天文而言，稱作分星；就地面而言，稱作分野。分野是根據空中星象變化來占斷人間各地吉凶禍福的方法。由於劃分天區具有不同的坐標體系，因而分野便有不同的匹配對應模式。隨著行政區劃在不同時代的變化，不同時代的分野模式也不盡相同。這裡所講的分野，指二十八宿分野而言。二十八宿是古人所選擇的用作觀測日月五星運行之坐標的二十八個恆星組合群。它們環列於日月五星的四方，頗似日月五星的棲宿場所，故被命名為二十八宿。按其排列次序，又將它們分作四組，每組七宿，既與四個地平方位相配，稱作東宮、南宮、西宮、北宮；又同四種動物形象相配，即東宮蒼龍、南宮朱雀、西宮白虎、北宮玄武（龜蛇），合稱四象、四靈或四陸。51心　東方七宿中排列次序為第五的星宿。由分別代表天王（中大星）、太子（前星）、庶子（後星）的三顆星組成，又稱大火。52宋　西周所封子姓諸侯國。其首任國君為殷末貴族微子啟。建都於商丘（今屬河南），統治原商都周圍地區。按照二十八宿的分野模式，宋國則與心宿對應匹配。《淮南子・天文》：「星部地名：氐、房、心，宋。」《史記・天官書》：「房、心，豫州。」《漢書・地理志》：「宋地，房、心之分壄也。今之沛、梁、楚、山陽、濟陰、東平及東郡之須昌、壽張，皆宋分也。」53東海　郡名。治所在郯縣（今山東郯城北），在古宋國轄區之內。54尾　東方七宿中排列次序為第六的星宿。由分別代表後宮妃嬪或九子的九顆星組成，又稱龍尾。55燕　西周所封姬姓諸侯國，至戰國成為七雄之一。其疆域包括今北京天津及河北東部、中部部分地區和遼寧西部的大淩河流域，建都於薊（今北京市）。按照二十八宿的分野模式，燕國則與尾宿對應匹配。《淮南子·天文》：「尾、箕，燕。」56漁陽　郡名。治所在漁陽縣（今北京市密雲西南），在古燕國轄區之內。57董憲　王莽末年起兵東海號稱海西王而與劉秀爭天下的人物。本書無傳。58彭寵　王莽末年占據漁陽後又自立為燕王而與劉秀爭天下的人物。本書卷十二有傳。59新　王莽代漢後所定立的國號。前後存在十五年（西元九—二三年）。60東井　南方七宿中排列次序為第一的星宿。共八星，為天之亭候，天之南門，又稱天井。61羽林　星官名，全稱羽林天軍。共四十五星，三三而聚，分布在北方七宿中虛宿和危宿的南方。唐顏師古《漢書·天文志》注引宋均：「虛、危，營室，陰陽終始之處，際會之間，恆多姦邪，故設羽林為軍衛。」62裴回藩屏　裴回，即徘徊。意謂縈繞滯留。藩屏，指環列帝宮（紫宮）左右的星官。《史記·天官書》：「環之匡衛十二星，藩臣。」63躑躅帝宮　躑躅，意謂上下不去。帝宮，指北極星所在的紫宮天區。64經天　意為白天在空中運行。《史記·天官書》：太白「其出不經天，經天，天下革政」。唐司馬貞《史記索隱》引孟康：「謂出東入西，出西入東也。太白陰星，出東當伏東，出西當伏西，過午為經天。」又引晉灼曰：「日，陽也。日出則星沒。太白晝見午上，為經天也。」65盈縮　又作「贏縮」。贏，指行星的運行速度超過其正常狀態，提前到達了本應到達的星宿，即所謂「早出」或「趨舍而前」。縮，與贏相反，係指行星的運行速度慢於其正常狀態，未能按時到達本應到達的星宿，即所謂「晚出」或「退舍」。《史記·天官書》：「日方南金居其南，日方北金居其北曰贏。侯王不寧，用兵進吉退凶。日方南金居其北，日方北金居其南曰縮。侯王有憂，用兵退吉進凶。」66偃蹇　意謂時而升得高，時而亮度強，時而星體大。67錯互　交替；交錯。68指麾　指揮。用手指點來點去之義。69天文　指日月星辰在空中分布運行的諸多現象。東漢高誘注《淮南子·天文》：「文者，象也。天先垂文象，日月五星及彗孛，皆謂以譴告一人，故曰天文。」70甲申　用干支紀日法所標示的一個具體日期。此日據下文所述，屬於「八魁」之列。71白虹　日月周圍的白色暈圈。本傳下卷〈郎顗傳〉：「凡日傍氣色白而純者名為虹。」72自子加午　意為從正北方一直延伸到正南方。子、午分別為十二地支的首位和第七位。十二地支同方位相配，子則代表正北，午則代表正南。此句在這裡亦可解作：從半夜零點一直延續到中午十二點。按照地支紀時法，子時相當於現在時的夜間二十三點至一點，午時相當於現在時的白天十一點至下午一點。73倚彌　據李賢注，乃係黎丘的別稱。74黎丘　城邑名。故址在今湖北宜城西北。75秦豐　王莽末年起兵黎丘自稱楚黎王而與劉秀爭天下的人物。本書無傳。輯本《東觀漢記·載記·秦豐傳》略記其事。[76]畢　西方七宿中排列次序為第五的星宿。凡八星，兩星直上如柄，六星曲為兩行，排列形狀頗似捕兔的畢網，因以為名。古代星占家謂其主邊兵，主弋獵。故下文稱「畢為天網，主網羅無道之君。」[77]武王　西周王朝的建立者。《史記・周本紀》：「九年（即位第二年），武王上祭於畢，東觀兵，至於盟津。」唐司馬貞《史記索隱》：「畢星主兵，故師出而祭畢星也。」[78]紂　殷王朝的最後一位國王。其以荒淫殘暴而被後世列為抨擊的對象。[79]仲夏　即農曆五月。[80]八魁　一年四季中具有誅除奸惡之功能的日子。李賢注：「曆法：春三月己巳、丁丑，夏三月甲申、壬辰，秋三月己亥、丁未，冬三月甲寅、壬戌，為八魁。」[81]上帝　天帝。[82]流星　在空中飛掠而過、迅速消逝的發光星體。古代星占家將其視為凶兆。《晉書・天文志》：「流星，天使也。自上而降曰流，自下而升曰飛，大者曰奔，奔亦流星也。」[83]蚩尤旗　妖星之一種。《史記・天官書》：「蚩尤之旗，類彗而後曲，象旗。見則王者征伐四方。」《晉書・天文志》：「或曰赤雲獨見，或曰其色黃上白下，或曰若植雚而長，名曰蚩尤之旗。或曰如箕，可長二丈，末有星。主伐枉逆，主惑亂。所見之方，下有兵，兵大起，不然有喪也。」蚩尤為傳說中的武器發明者，曾與黃帝戰於涿鹿之野。[84]營頭　在白晝出現的一種怪異的雲氣。《晉書・天文志》：「營頭，有雲如壞山墮，所謂營頭之星。所墮其下，覆軍流血千里。亦曰流星晝隕名營頭。」[85]天槍　妖星之一種。《史記・天官書》：天槍「長數丈，兩頭兌」。《晉書・天文志》：「其出不過三月，必有破國亂君，伏死其辜，殃之不盡，當為旱飢暴疾。」[86]奎　西方七宿中排列次序為第一的星宿。凡十六星，排列形狀如兩髀，故名奎。李賢注引《春秋合誠圖》：「奎主武庫之兵。」《晉書・天文志》：「西方奎十六星，天之武庫也。一曰天豕，亦曰封豕，主以兵禁暴，又主溝瀆。」[87]毒螫　以毒氣螫殺之義。《史記・律書》：「奎者，主毒螫、殺萬物也。」[88]武當　縣名。治所在湖北丹江口市西北。本書卷一〈光武帝紀上〉：建武四年二月，「遣右將軍鄧禹率二將軍與延岑戰於武當，破之。」[89]比卦部歲　〈比卦〉是《易經》六十四卦中的第八卦。其卦形為〈坤〉下〈坎〉上，即由三爻單卦〈坤卦〉和三爻單卦〈坎卦〉重合而成。其中〈坤卦〉屬內卦，〈坎卦〉屬外卦。〈比卦〉作為重卦，含有比併、親比、比輔等義。部歲意為主宰全年的活動。〈比卦〉緣何主宰本年分全年的活動，這裡當是以易緯爻辰說作根據的。該說按六十四卦順序，將每組對立兩卦的六爻同十二辰相配，代表十二個月分，構成一歲；而三十二對卦象，則代表三十二年；從〈乾〉與〈坤〉到〈既濟〉與〈未濟〉，往覆循環，推算年代。詳見《周易乾鑿度》（卷下）所述。[90]坤主立冬　此據西漢孟喜卦氣說。該說按陰陽消息的次序選取十二卦作為十二君卦，象徵一年十二月以及二十四節氣的變化。其中〈坤卦〉代表農曆十月，即孟冬，孟冬含有立冬節氣和小雪中氣。故而這裡說「〈坤〉主立冬」。[91]坎主冬至　此據西漢京房卦氣說。該說以八卦配月分，其中〈坎卦〉代表農曆十一月，主宰該月所含有的中氣冬至。[92]水

性滅火　即水克火。水謂五行中的水行。八卦同五行相配，〈坎卦〉屬水行。季節同五行相配，冬季十月、十一月、十二月亦屬水行。火謂五行中的火行。五方同五行相配，南方屬火行。基於水克火這一五行相克的關係，故下文說「南方之兵受歲禍也。」

93德在中宮二句　德與刑相對而稱。德謂陽氣化生，刑謂陰氣克殺。二者此長彼消，此進彼退，此升彼降。中宮指中央土行所在之位，於時間則為農曆六月。木指東方木行所在之位，於時間則為農曆二月。《淮南子・天文》：「陰陽刑德有七舍。何謂七舍？室、堂、庭、門、巷、術（道徑）、野。十二月德居室三十日，先日至十五日，後日至十五日，而徙所居，各三十日。德在室，則刑在野；德在堂，則刑在術；德在庭，則刑在巷；陰陽相德（得），則刑德合門。八月、二月，陰陽氣均，日夜分平，故曰刑德合門。德南則生，刑南則殺，故曰二月會而萬物生，八月會而草木死。」

94木勝土　五行相克關係的表現之一。《白虎通義・五行》：「五行所以相害者，天地之性眾勝寡，故水勝火也；精勝堅，故火勝金；剛勝柔，故金勝木；專勝散，故木勝土；實勝虛，故土勝水也。」

95中國　謂中原地區。

96五七之家三十五姓　指歷代稱王天下的人或全國各地曾經稱王天下的人。《周易乾鑿度》（卷下）：「始倉甄節，五七受命。」鄭玄注：「伏羲、文王，皆倉精也。始次言《易》之法度，而五七三十五，君位在後爻，受文始甄紀也。」又李賢注引《春秋運斗樞》：「五七三十五，人皆共一德。」五七亦可解作北斗七星和二十八宿。二十八宿分布在東西南北四方，每方七宿，連同北斗七星，適成五七，亦即三十五，代表其所輻射的天下各地。張衡《靈憲》：「眾星列布，其以神著，有五列焉，是謂三十五名。一居中央，謂之北斗，動變挺占，實司王命。四布於方各七，為二十八宿。」

97葛虆之詩二句　葛虆，指《詩・旱麓》。對這篇詩的主題思想，《詩・序》解釋為：「〈旱麓〉，受祖也。周之先祖，世脩后稷、公劉之業，大王王季，申以百福干祿焉。」原詩有云：「莫莫葛藟，施於條枚。愷悌君子，求福不回。」不回，意為不違背先祖的作法。回，違背；改變。

98夫周公二句　周公為西周初期的大政治家。名旦，為周文王第四子、武王之弟。其事跡主要見於《尚書・周書》諸篇及《史記・周本紀》、〈魯周公世家〉。康叔名姬封，為周公九弟和衛國始祖。《史記・衛康叔世家》。管蔡指周公三哥管叔姬鮮和周公五弟蔡叔姬度，《史記・管蔡世家》：「武王既崩，成王少，周公旦專王室。管叔、蔡叔疑周公為之，不利於成王，乃挾武庚以作亂。周公旦承成王命，伐誅武庚，殺管叔而放蔡叔，遷之，與車十乘，徒七十人從，而分殷餘民為二，其一封微子啟於宋，以續殷祀，其一封康叔為衛君，是為衛康叔。」

99景帝二句　景帝指西漢除呂后之外的第四代皇帝劉啟。卒謚孝景。事詳《史記・孝景本紀》、《漢書・景帝紀》。濟北指濟北王劉志，為漢高祖之孫。《史記・齊悼惠王世家》：「吳楚反時，志堅守，不與諸侯合謀。吳楚已平，徙志王菑川。」吳濞指吳王劉濞，為漢高祖姪兒，漢景帝堂叔。《史記》卷一〇六載：「漢廷臣方議削吳，吳王濞恐削地無已，因以此發謀，欲舉事。……孝景帝三年正月甲子，初起兵於廣陵，西涉淮，因并楚兵，發使遺諸侯書。……七國反書聞天子，天子乃遣太尉條侯周亞夫將三十六將軍往擊吳楚，遣曲周侯酈寄擊趙，將軍欒布擊齊，大將軍竇嬰屯滎陽，監齊趙兵。……吳大敗，士卒多飢死，乃畔散，於是吳王乃與其麾下壯士數千人夜亡去，度江走丹徒，保東越。東越……使人鏦殺吳王，盛其頭馳傳以聞。」100 更始　西漢宗室劉玄在王莽末年被各路起義軍擁立為帝所行用的年號，西元二三—二五年。101 臧否　猶言得失。102 良醫不能救無命　這裡暗用扁鵲見蔡桓公事。《韓非子．喻老》：「居十日，扁鵲望桓侯而還走。桓侯故使人問之，扁鵲曰：『疾在腠理，湯熨之所及也；在肌膚，鍼石之所及也；在腸胃，火齊之所及也；在骨髓，司命之所屬，無奈何也。今在骨髓，臣是以無請也。』居五日，桓侯體痛，使人索扁鵲，已逃秦矣，桓侯遂死。」103 彊梁不能與天爭　這裡暗用項羽同劉邦爭奪天下事。彊梁，勇猛有力的人。《老子．四十二章》：「強梁者不得其死。」104 支　支撐；維持。《左傳．定公元年》：「晉女叔寬曰：『天之所壞，不可支也；眾之所為，不可奸也。』」105 棲棲　緊張忙碌的樣子。《論語．憲問》：「微生畝謂孔子曰：『丘何為是棲棲者與？無乃為佞乎！』孔子曰：『非敢為佞也，疾固也。』」魏何晏《集解》引包氏曰：「疾世固陋，欲行道以化之。」106 墨子遑遑　墨子，名翟。春秋戰國之際的著名思想家，墨家學派的創始人。《史記．孟子荀卿列傳》略言其事。遑遑，沒有片刻閒暇的樣子。《孟子．盡心上》：「墨子兼愛，摩頂放踵利天下，為之。」《淮南子．修務》：「墨子無煖席。」東漢高誘注：「坐席不至於溫，歷行諸國，汲汲於行道也。」107 屠羊救楚二句　此係寓言典故，非史實。屠羊意為那個名叫說（悅）的宰羊人。楚指戰國時期的楚國。要乃求取之義。《莊子．讓王》：「楚昭王失國，屠羊說走而從於昭王。昭王反國，將賞從者，及屠羊說，屠羊說曰：『大王失國，說失屠羊；大王反國，說亦反屠羊。臣之爵祿已復矣，又何賞之有哉？』王曰：『強之。』屠羊說曰：『大王失國，非臣之罪，故不敢伏其誅。大王反國，非臣之功，故不敢當其賞。』」108 茅焦干秦二句　茅焦是戰國後期的策士說客。干秦意為到秦國去活動。《史記．呂不韋列傳》：「始皇九年，有告嫪毐實非宦者，常與太后私亂，生子二人，皆匿之，與太后謀曰：王即薨，以子為後。於是秦王下吏治，具得情實。事連相國呂不韋。九月，夷嫪毐三族，殺太后所生兩子，而遂遷太后於雍。諸嫪毐舍人，皆沒其家而遷之蜀。」《史記．秦始皇本紀》復載：「十年，相國呂不韋坐嫪毐免。齊趙來，置酒。齊人茅焦說秦王曰：『秦方以天下為事，而大王有遷母太后之名，恐諸侯聞之，由此倍秦也。』秦王乃迎太后於雍而入咸陽，復居甘泉宮。」《說苑．正諫》又稱：「乃立焦為仲父，爵之上卿。」109 憤滿　憤懣。滿，通「懣」。鬱悶。110 長安　西漢京師所在地，即今陝西西安。111 馬援班彪　馬援，東漢開國元勳。本書卷二十四有傳。班彪，東漢初期的著名儒士和史學家。撰有《史記後傳》等，其書已佚，部分內容尚保留在《漢書》中。本書卷四十有傳。李賢注引班彪〈與京兆丞郭季通書〉：「劉孟公臧器於身，用心篤固，實瑚璉之器，宗廟之寶也。」[112]伐　自我誇耀。[113]記誨篇原作已佚。

【語譯】蘇竟，字伯況，是右扶風平陵縣人。在西漢平帝時期，蘇竟憑藉精通《易》擔任博士和講《書》祭酒。他精於圖讖與緯書，通曉各個學派的學說。到王莽時，與劉歆等人共同負責宮廷藏書的校理工作，又被任命為代郡中尉。當時匈奴進犯騷擾很厲害，北部邊境大部分地區遭受到禍害，蘇竟最終使代郡全郡獲得保全。光武帝即位後，順勢把他升任為代郡太守，讓他鞏固邊塞、抗拒匈奴。到建武五年冬季，盧芳占領了北部邊塞一帶的幾個郡，光武帝就派遣偏將軍隨弟到代郡駐防。蘇竟病重，便把手下部隊託付給隨弟掌管，自己到京師謝罪。結果被任命為侍中，幾個月過後，因病被免職。

2 當初，延岑的護軍鄧仲況率領軍隊占據了南陽郡下屬的陰縣，四處進行搶掠，而劉歆的姪子劉龔成為他們的主要謀士。蘇竟當時正在南陽郡，就給劉龔寫信勸告他說：

3 「您身體可好吧。我過去憑藉研究整理典籍的一點點長處，跟在國師公後面效力，校定宮廷藏書，私下常常回憶起那段經歷，始終不敢自我疏遠。我聽說君子都憐憫自己的同類並且為他們得不到君主的重用而傷感。作為人，無論他愚昧還是明智，沒有誰不是先避開禍害然後才去求取利益的，也沒有誰不是先確定志向然後才去求取名聲的。從前智果發現智伯到處使用武力斷定他必會滅亡，所以就改變姓名遠遠離他而去；陳平知道項王會被上天拋棄掉，所以就投奔漢高祖。這都是最明智的選擇與行動。聽說您前些時候迫於形勢而降低身分，在延岑帳下當名官員，過段時間就幡然醒悟，離開延岑而修養品德。即使前代智果、陳平那些人又怎能超過您呢？您活動在陰縣一帶，當地有很多賢士。如果抽出片刻工夫考察一下古今異同，用圖讖緯書作番對照，拿當前人事加以推測，那麼有關事情的得失利害，就能在眼前清晰地顯現出來了，為什麼偏偏自行陷入反叛作亂的困境，不改變邪惡的罵名呢？這和君子為人處事的準則，該是違背到何等地步了呀！

4 「如今世上俗陋的儒士和淺薄學子，對時局的認識模糊不清，卻要考察評論當代的事情，混淆視聽。有人認為天下輪流由不同的人來掌管，還不知誰是真命天子，在這時拉起軍隊，占領地盤，就可以謀求原來未曾希望過的目標。有人宣稱聖明的君主尚未出現，應當觀察時勢的變化，倚靠依附力量強大的那一方，瞻前顧後，保住自己的地位。這兩種人的說法難道真是這樣嗎？孔丘創制的玄祕經典，專為大漢火德政制預先做好了安排，玄妙的典冊深藏在幽室當中，文句雖然隱微，但所指的時事卻明驗無疑。況且大漢以火德承接在帝堯的後面，雖然一時間暗淡無光，可必定會大放異彩。大漢承襲了十幾代的國運傳衍，掌握著永不消逝的符命，王莽盡管乘機篡位，但到最終遭受殺戮，肢體被分割成碎片，宗族被徹底消滅，這還不是那驗證嗎？上天之所以對大漢一再眷顧而不拋棄，是因為仍替大漢的子孫在憂慮。評論時勢的人如果不依據天意，不參照聖人的旨意，胡亂用《師曠雜事》那類書籍自我迷惑，那就等於說客寫書，故意擾亂大道，怎麼可以信從呢？

5 「眾儒生中有人說：如今五大行星背離了各自的正常運行軌跡，一年四季也出現了顛倒紊亂的現象，水星長時間不按常規隱現，金星出入超過了度數，火星進退顯現出凶兆，土星在天街一帶繞來繞去，木星又不在氐、房二宿作停留。對諸如此類的反常天象進行占斷，都認為同國家歸誰統領有關。須知災殃不會無故降臨，都和星辰所相應的地域相應合，各自有各自的主宰對象。房宿和心宿正屬於宋國所在的區域，也就是現今的東海郡。尾宿正屬於燕國所在的區域，也就是現今的漁陽郡。盤踞在東海郡的董憲執迷不悟，尚未投降，占領漁陽郡的彭寵聚集軍隊，造反作亂，帝王對此十分震怒，選派將帥同時征討他們，因而火星便顯現出和這種情況相對應的徵兆，董憲、彭寵於是就遭受災殃了。金星和水星從已滅亡的王莽新朝的末年就偏離了正常的運行軌道，一直持續到當今。它們時而停留在南方東井星宿天區內，時而隱沒在北方羽林四十五星中，時而在左右衛護紫宮的星區附近縈繞滯留，時而在北極星所在的紫宮周圍上下盤旋，時而大白天在空中亮閃閃地運行，時而長時間隱藏起蹤跡，時而衰微不發光，時而在北方和南方亮得很，時而進退呈現出鉤形，時而又升得高，亮度強，星體大，這都屬於國運即將昌盛而要滌蕩驅除邪惡的吉祥預示，聖明帝王應合符命的徵兆啊。亂臣賊子往往胡亂地指點江山，毫無根據地加以妄說，又互相亂傳一通。據此而論，天象怎能保持正常狀態呢！

6　「最近在五月甲申那一天，天空中出現白虹，從正北方一直延伸到正南方，寬度約有十丈左右，長度約有萬丈左右，恰恰處在倚彌的上空。倚彌即為黎丘城，也就是秦豐的王都。在這時，月亮也進入西方畢宿星區內。畢宿屬於天網，職在掃盡無道的君主，因而當年周武王準備討伐商紂王，就朝空中祭祀畢宿，來向上天求助啊。五月甲申這一日屬於八魁之一。八魁，是天帝開啟良善、杜塞奸惡的部將，職在摒退奸惡的傢伙，驅除叛逆者。還有流星，有的形狀好似蚩尤旗，有的被稱作營頭，有的被稱作天槍，從西方奎宿湧現出來又朝西北方向運行，抵達延牙的軍營上空，散落成數百顆小星，隨之熄滅。奎宿屬於用毒氣螫殺萬物的星宿，職在掌管天庭的兵器庫。以上這兩種反常的天象，都是南陽郡中以及延牙手下的部眾所共同看到的。因而延牙就到武當縣去了，假稱去發兵，其實是在躲避禍殃。今年由〈比卦〉主宰全年的活動，組成〈比卦〉的內卦〈坤卦〉主宰立冬，而外卦〈坎卦〉則主宰冬至，〈坎卦〉屬於水行，水行從屬性上就克制火行，而南方正屬火行，南方的軍隊也就會受到歲時的殃害了。化生的陽氣處在中央土行之位，克殺的陰氣處在東方木行之位，而木行正克制土行，克殺的陰氣也制約化生的陽氣。在今年，戰事就會結束了，這正是中原整個地區獲得安寧的效驗。在歷代稱王天下的族姓中，彭氏、秦氏、延氏是無法加入進來的。為什麼對此疑惑不解，依附並仗恃他們作靠山呢？「葛纍」這首詩，說到『求取吉福就不違背先祖的作法』，豈是像目前您這樣的作為呢？

7　「圖讖方面的占測，眾多天變的效驗，都是您所明瞭的。善與惡的區分，何去何從的抉擇，不能不仔細考慮。請不要忽視我這番淺陋的話語！

8　「當年周公認為康叔值得信賴，是因為他不跟從管叔、蔡叔作亂啊；漢景帝喜歡濟北王劉志，是因為他不跟從吳濞反叛啊。從更始初年以來，辜負恩義而背叛對抗，歸從道義而奔向善良，其結果好壞，異常明晰地擺在那裡，能不對此察辨嗎！再高明的醫生也無法挽救死亡在即的人，再勇猛的力士也無法同天意做抗爭，因而上天所要毀壞的對象，人是沒辦法支撐住的。您應私下與太守劉先生共同商議歸降事宜。孔子在當年那樣地緊張忙碌、墨子也沒有片刻閒暇的時候，都是出自對世人憂慮到極點了呀。屠羊說營救楚國，並不是為了求取高官顯爵；茅焦到秦國去活動，哪裡是意在獲得對自己有利的回報？我出於竭盡忠貞、博愛眾生的那種誠意，真是憤慨鬱悶得無法控制才寫下這封信罷了。」

9 蘇竟又給鄧仲況寫信勸諫他，因原文太長不在這裡載錄。於是鄧仲況與劉龔就歸降了。

10 劉龔字孟公，是長安人，擅長論說，扶風郡馬援和班彪都很器重他。蘇竟從不自我誇耀勸降劉龔的功勞，只管沉潛在道術中獲取歡樂，他撰寫下〈記誨篇〉和其他文章，都在世上流傳。到七十歲時，在家中去世。

1 楊厚，字仲桓，廣漢新都❶人也。祖父春卿，善圖讖學，為公孫述❷將。漢兵平蜀，春卿自殺，臨命戒子統曰：「吾綈袠❸中有先祖所傳祕記，為漢家用，爾其修之。」統感父遺言，服闋❹，辭家從犍為❺周循學習先法，又就同郡鄭伯山受河洛書❻及天文推步❼之術。建初❽中為彭城令❾，一州大旱，統推陰陽消伏❿，縣界蒙澤⓫。太守宗湛使統為郡求雨，亦即降澍⓬。自是朝廷災異⓭，多以訪之。統作家法章句⓮及內讖⓯二卷解說，位至光祿大夫⓰，為國三老⓱。年九十卒。

2 統生厚。厚母初與前妻子博不相安，厚年九歲，思令和親，乃託疾不言不食。母知其旨，懼然改意，恩養加篤。博後至光祿大夫。

3 厚少學統業，精力思述。初，安帝[18]永初[19]三年，太白入斗[20]，洛陽[21]大水。時統為侍中，厚隨在京師。朝廷以問統，統對年老耳目不明，子厚曉讀圖書，粗識其意。鄧太后[22]使中常侍[23]承制[24]問之，厚對以為「諸王子多在京師，容有非常，宜亟發遣各還本國」。太后從之，星尋滅不見。又剋[25]水退期日，皆如所言。除為中郎[26]。太后特引見，問以圖讖，厚對不合[27]，免歸。復習業犍為，不應州郡[28]、三公[29]之命[30]，方正、有道[31]、公車特徵[32]皆不就。

4 永建[33]二年，順帝[34]特徵，詔告郡縣督促發遣。厚不得已，行到長安，以病自上，因陳漢三百五十年之戹[35]，宜蠲法改憲[36]之道，及消伏災異，凡五事。制書[37]褒述，有詔太醫[38]致藥，太官[39]賜羊酒。及至，拜議郎[40]，三遷為侍中，特蒙引見，訪以時政。四年，厚上言「今夏必盛寒，當有疾疫蝗蟲之害」。是歲，果六州大蝗，疫氣流行。後又連上「西北二方有兵氣[41]，宜備邊寇」。車駕臨當西巡[42]，感厚言而止。至陽嘉[43]三年，西羌[44]寇隴右[45]，明年，烏桓[46]圍度遼將軍[47]耿曄。永和[48]元年，復上「京師應有水患，又當火災，三公有免者，蠻夷當反畔」。是夏，洛陽暴水，殺千餘人；至冬，承福殿[49]災，太尉龐參[50]免；荊、交[51]二州蠻夷賊殺長吏，寇城郭。又言「陰臣[52]、近戚、妃黨當受禍」。明年，宋阿母[53]與宦者褒信侯[54]李元等遘姦[55]廢退；後二年，中常侍張逵等復坐誣罔大將軍梁商[56]專恣，悉伏誅。每有災異，厚輒上消救之法，而閹宦專政，言不得信。

時大將軍梁冀[57]威權傾朝，遣弟侍中不疑以車馬、珍玩致遺於厚，欲與相見。厚不荅，固稱病求退。帝許之，賜車馬錢帛歸家。修黃老[58]，教授門生，上名錄[59]者三千餘人。太尉李固[60]數薦言之。本初[61]元年，梁太后[62]詔備古禮[63]以聘厚，遂辭疾不就。建和[64]三年，太后復詔徵之，經四年不至。年八十二，卒於家。策書[65]弔祭。鄉人諡曰文父。門人為立廟，郡文學掾史[66]春秋饗射[67]常祠之。

【章旨】以上是〈楊厚傳〉，記述楊厚的籍貫、家世與家學。在安帝、順帝時期環繞星象、水災、火災、蝗災、疫情、兵災所進行的占測活動。從中可以看出讖緯占筮之學自東漢光武帝極力倡行後繼續在帝王、后妃、外戚權臣、三公大臣心目中所占有的地位。

【注釋】❶廣漢新都　廣漢，郡名。治所在雒縣（今四川廣漢北）。新都，縣名。治今四川新都西。❷公孫述　王莽末年起兵而在巴蜀稱帝與劉秀爭天下的人物。本書卷十三有傳。❸綈袠　用厚繒製成的書囊。綈，厚繒。袠，書囊；書袋。❹服闋　守喪期滿，除去孝服。闋，終結；完畢。❺犍為　郡名。治所在武陽縣（今四川彭山縣東）。❻河洛書　指《河圖》與《洛書》。二者在西周初期便已存在，最早見於《尚書．顧命》的記載，到孔子還在慨歎「河不出圖」（《論語．子罕》），但都被作為天賜吉祥物來看待，帶有神話傳說的色彩。漢儒則予以發揮，認為在伏羲時代，有龍馬從黃河中躍出，伏羲遂模仿其花紋，創制出八卦，由此而將其原型謂之為《河圖》。到大禹時代，又有神龜在洛水中出現，背上顯示出文字，大禹遂加以摹寫，創制出《尚書》中的〈洪範〉九疇（治國安邦的九條根本大法），由此而將其原型謂之為《洛書》。讖緯學者進一步編寫出緯書

《河圖》九篇、《洛書》六篇。這裡所說的「河洛書」，實指緯書而言。這些緯書迄今仍有輯本行世。❼推步　依據天象推算曆法。古以日月運轉於天，如同人之行步，可以推算得知。李賢注：「推步謂究日月五星之度，昬旦節氣之差。」❽建初　東漢章帝年號，西元七六—八四年。❾彭城令　彭城為縣名。治今江蘇徐州。令為一縣長官。漢制，縣萬戶以上稱縣令，不滿萬戶稱縣長。❿陰陽消伏　指陰陽二氣消長進退的勢態與定律。消伏猶言消息。陰升陽降為消，陽升陰降為息。⓫蒙澤　受到雨露的滋潤。李賢注引袁山松《書》：「統在縣，休徵時序，風雨得節，嘉禾生於寺舍，人庶稱神。」⓬澍　大雨；暴雨。⓭災異　指上天以各種罕見的反常現象或嚴重的自然災害對人間王朝政治黑暗發出的警告與譴責。《白虎通義．災變》：「災異者，何謂也？《春秋潛潭巴》：『災之言傷也，隨事而誅。異之言怪，先感動之也。』」⓮家法章句　原書久佚。⓯內讖　圖讖之類的書籍。圖讖隱祕，故稱「內讖」。原書久佚。⓰光祿大夫　光祿勳的屬官，秩比二千石，掌顧問應對，唯詔令所使。⓱國三老　漢代在王國所設置的一種榮譽職銜。由德高望重的老年人膺受，以導民向善，亦參議政事。⓲安帝　東漢第六代皇帝。名祜，卒諡孝安。詳見本書卷五。⓳永初　東漢安帝年號，西元一〇七—一一三年。⓴斗　指南斗。南斗為北方七宿中排列次序為第一的星宿。由六顆星組成，排列形狀如斗形。為與北斗七星相區分，故稱之為南斗，簡稱斗，又稱天機。《史記．天官書》：「南斗為廟。」《晉書．天文志》：「北方南斗六星，天廟也，丞相、太宰之位。主褒賢進士，稟授爵祿，又主兵。一曰天機。南二星魁，天梁也；中央二星，天相也；北二星，天府庭也，亦為壽命之期也。將有天子之事，占於斗。斗星盛明，王道平和，爵祿行。」㉑洛陽　東漢都城，今屬河南。㉒鄧太后　指和帝皇后鄧綏。她先後冊立殤帝、安帝，然後臨朝聽政，掌握實權。詳見本書卷十。㉓中常侍　東漢宦官的最高職務。秩比二千石，掌侍從左右，從入內宮，回答皇帝詢問，承奉差遣辦事等。㉔承制　秉承皇帝旨意或借用已被授權的詔書名義靈活處置相關事宜。㉕剋　意為預先確定下準確的時日。㉖中郎　漢代郎官之一種。分別隸屬於五官、左、右中郎將，負責持戟值班，宿衛殿門，出充車騎。㉗不合　李賢注引袁山松《書》：「鄧太后問厚曰：『大將軍鄧隲應輔臣星不？』對曰：『不應。』以此不合其旨。」㉘州郡　州在這裡為監察區之稱，其監察範圍包括若干郡，至東漢末期則轉變成地方一級行政區。郡在這裡為地方一級行政區之稱，其下為縣。㉙三公　這裡為太尉、司徒、司空的合稱。三公作為最尊顯的三個宰輔重臣，古已有之，係指太師、太傅、太保或司徒、司馬、司空而言。漢武帝時，始以丞相、御史大夫、太尉為三公，其後罷太尉增設大司馬，改御史大夫之名為大司空，改丞相之名為大司徒，又改大司馬之名為太尉。三公在兩漢時期經歷了一個由官品不等到平級並立、由位尊職重到銜高權輕的過程，實質上都是對相權的分割與牽制。㉚命　謂以官職徵聘。㉛方正有道　俱為漢代選拔官吏的科目。㉜公車特徵公車，這裡指朝廷為迎送被聘人員而由公家所配備的車馬，亦可解為官署之稱。作為官署，公車是漢代九卿之一衛尉的下屬機構，其長官為公車令，負責宮殿警衛及受理天下上書和徵召事宜。特徵意謂專門徵召。此處所謂特徵和上文所謂命，係指漢代為選用人才而實行的徵辟制度而言。徵，指皇帝下詔聘召，有時亦稱特詔或特徵。辟，指公卿或州郡徵調某人為其下屬官員，亦稱辟召、辟除。皇帝所徵對象均係社會著名人物，公卿州郡所辟對象多為賢達之士。徵辟帶有禮請的性質，不具備強制力，因而被徵辟者可以應聘，也可藉故辭謝不就。㉝永建　東漢順帝年號，西元一二六－一三二年。㉞順帝　指東漢第七代皇帝劉保。卒諡孝順。詳見本書卷六。㉟漢三百五十年之戹　自劉邦於西元前二〇六年建立西漢王朝，迄至東漢順帝永建二年即西元一二七年，總共歷時三三四年。這裡說三百五十年，則舉起成數而言。戹謂劫厄、災禍。李賢注引《春秋》緯書《命歷序》：「四百年之間，閉四門，聽外難，群異並賊，官有孽臣，州有兵亂，五七弱，暴漸之效也。」宋均注：「五七三百五十歲，當順帝漸微，四方多逆賊也。」㊱蠲法改憲　蠲法，明法。也就是使法律嚴明的意思。改憲，改變政令之義。㊲制書　漢代皇帝所頒發的一種文書，用以宣布皇帝的言詞。東漢蔡邕《獨斷》：漢天子「其命令一曰策書，二曰制書，三曰詔書，四曰戒書。」而其中的「制書，帝者制度之命也。其文曰制詔三公，赦令、贖令之屬是也。刺史、太守、相劾奏，申下土遷，書文亦如之。其徵為九卿，若遷京師近宮，則言官具言姓名。其免，若得罪無姓。凡制書有印，使符下遠近，皆璽封，尚書令印重封。唯赦令、贖令，召三公詣朝堂受制書，司徒印封，露布下州郡。」㊳太醫　漢代九卿之一少府的屬官，掌管醫事，負責為皇室及大臣治病。㊴太官　漢代九卿之一少府的屬官，負責宮廷的日常飲食等。㊵議郎　漢代郎官之一種，掌顧問應對，無常事，唯詔令所使。㊶兵氣　指預示戰事的雲氣。㊷西巡　指去故都長安祭祀祖宗陵墓等活動。㊸陽嘉　東漢順帝年號，西元一三二－一三五年。㊹西羌　中國古代西部的一個游牧民族。起源甚早，主要活動於河湟地區（今青海東部黃河與湟水之間）及甘、陝一帶。至東漢後期，羌人反抗苛政的武裝起義持續不斷，其中第二次大規模起義便發生在順帝永和元年（西元一三六年），延續十年之久。㊺隴右　泛指隴山以西地區。約當今甘肅隴山、六盤山以西和黃河以東一帶。㊻烏桓　亦作烏丸。屬東胡部落之一，因遷至烏桓山（今內蒙古阿魯科爾沁旗北，即大興安嶺山脈南端）而以山名作為族號。其後繼續內徙，至東漢主要分布在東起遼東、西至朔方的沿邊十郡之內，助漢抗擊匈奴及鮮卑。詳見本書在卷九十。㊼度遼將軍　武官名號。其品秩為二千石，專掌衛護南單于，所領兵營則稱度遼營，駐紮在五原曼柏縣。㊽永和　東漢順帝年號，西元一三六－一四一年。㊾承福殿　宮殿名。故址在今河南洛陽東白馬寺一帶。㊿太尉龐參　太尉，東漢三公之一，掌管全國軍政等事務。龐參，東漢中後期擅長邊務的將帥。本書卷五十一有傳。(51)荊交　俱為州名。荊州治所在漢壽縣（今湖南常德東北）。交州治所在龍編縣（今越南北寧省仙遊東）。(52)陰臣　指皇帝身邊的人員。陰，私。(53)宋阿母　指順帝乳母山陽君宋娥。(54)褒信侯　漢代按功勞授予的一種爵位封號。漢制規定，功大者以縣為其食邑，功小者以鄉、亭為其食邑。(55)遘姦　意謂策劃實施奸惡的政治陰謀。本書〈宦者列傳．孫程傳〉：「李元、李剛九人，與阿母山陽君宋娥更相貨賂，求高官增邑，又誣罔中常侍曹騰、孟賁等。永和二年發覺，並遣就國，減租四分之一。宋娥奪爵，歸田舍。」(56)大將軍梁商　大將軍，原為漢代掌管領兵征伐之事的最高將領，後來變成文職的宰輔之官，又由榮譽稱號變成權勢極大的實職，多由外戚充任。梁商，東漢外戚權臣，順帝皇后梁妠和大將軍梁冀之父。詳見本書卷三十四。(57)梁冀　東漢後期一手援立沖帝、質帝、桓帝的外戚權臣。詳見本書卷三十四。(58)黃老　指黃老道德之術，即黃老學派的理論學說。黃老學派是道家的一個分支，起源於戰國，盛行於西漢初期，自武帝獨尊儒術後走向衰落。它將傳說中的黃帝同老子相配，共同尊之為本學派的鼻祖，力倡清靜無為，融入名法之要，在形神關係上則重神輕形，對先秦道家貴生養神的思想有所發揮。(59)上名錄　被登錄在名冊上面。本書〈儒林列傳．任安傳〉載其「又從同郡楊厚學圖讖，究極其術。時人稱曰：『欲知仲桓問任安。』」(60)李固　東漢後期抑制外戚勢力的大臣。詳見本書卷六十三。(61)本初　東漢質帝年號，西元一四六年。(62)梁太后　指順帝皇后梁妠。詳見本書卷十。(63)古禮　指對所招請的人用束帛加璧、安車蒲輪的方式去迎接等。(64)建和　東漢桓帝年號，西元一四七—一四九年。(65)策書　又作冊書。為漢代皇帝所頒發的一種文書，用以任免諸侯王、三公及對臣下有所詢問或進行祝禱與哀祭等。策乃教令於上、驅策於下之義。東漢蔡邕《獨斷．上》：「策書：策者，簡也。《禮》曰『不滿百文，不書於策』。其制長二尺，短者半之。其次一長一短。兩編，下附篆書。起年月日，稱皇帝曰，以命諸侯王、三公。其諸侯王、三公之薨於位者，亦以策書誄謚其行而賜之。如諸侯之策，三公以罪免，亦賜策文，體如上策，而書以一尺木，兩行，唯此為異者也。」(66)郡文學掾史　簡稱郡文學，為郡屬佐吏。秩百石，無定員，掌管郡立學校和教授諸生等。(67)春秋饗射　春秋指農曆三月、十月。饗射謂鄉飲酒禮和鄉射禮。二者同時在地方學校中舉行，次序是鄉飲酒禮在前，鄉射禮在後。鄉飲酒禮旨在尊長尚賢，鄉射禮則通過射箭比賽推廣箭術並修明升降揖讓之儀。本書〈志第四．禮儀上．養老〉：「郡、縣、道行鄉飲酒於學校，皆祀聖師周公、孔子，牲以犬。」李賢注引服虔、應劭曰：「漢家郡縣饗射祭祀，皆假士禮而行之。樂懸笙磬，籩俎，皆如士制。」

【語　譯】楊厚，字仲桓，是廣漢郡新都縣人。他祖父楊春卿，精通圖讖學，擔任公孫述的部將。漢朝軍隊平定巴蜀地區，楊春卿自殺而死，在死前訓誡兒子楊統說：「在我那個用厚繒製成的書囊中留有先祖所傳下的玄祕書籍，可以為漢室所用，你要研習它。」楊統對父親的遺言深有感觸，守喪期滿，就辭別家人跟從犍為郡的周循學習先祖的法術，又向同郡的鄭伯山學習《河圖》、《洛書》以及天文曆算的專門知識與方法。到章帝建初年間，出任彭城縣縣令，遇上全州大旱，楊統推導陰陽二氣消長進退的勢態與定律，使本縣受到雨露的滋潤。太守宗湛讓楊統為全郡求雨，也立即降下大雨。從此以後，朝廷只要碰上災異，大都向楊統諮詢。楊統撰寫了《家法章句》和《內讖》兩卷解說，官至光祿大夫，擔任國三老。到九十歲時去世。

2 楊統生下楊厚。楊厚的母親起初和楊統前妻所生的兒子楊博不和睦，楊厚當時才九歲，想讓他們和睦相處，關係親近，就藉口有病一句話也不說，什麼東西都不吃。母親知道他的用意所在，便驚惶失措改變了態度，對楊博養育的恩情越來越深厚。楊博後來官至光祿大夫。

3 楊厚從小就研習楊統的學業，投入全部力量深入鑽研，加以傳承。起初，在安帝永初三年，金星進入北方七宿中南斗星宿的區域，洛陽發了大水。當時楊統正擔任侍中，楊厚隨同在京師居住。朝廷拿這兩種災象去詢問楊統，楊統說自己已經年老了，耳朵聽不清，眼睛看不明，我兒子楊厚研讀通曉圖讖緯書，大致能推測出災象的來由。鄧太后隨後就派中常侍秉承皇帝旨意向楊厚詢問，楊厚作對答，認為這是「各位王子大都住在京師，或許會發生異常情況，應當儘快把他們調遣出去，各自回到本人的封國」。鄧太后聽從了這一建議，金星很快便消失，不再顯現了。又預先判定大水消退的準確日期，結果都和他所預測的一樣。由此被授予中郎官職。鄧太后特地召見他，用圖讖方面的問題進行問詢，楊厚的回答不符合鄧太后的心意，被免官回鄉。楊厚又到犍為郡去研習本業，不接受州郡、三公的聘用，被保舉為方正、有道，以及朝廷派車馬前來予以專門徵召，也都拒不上路。

4 永建二年，順帝專門徵召楊厚，為此下達詔書，責成郡縣督促並遣送前來。楊厚不得已起身，抵達長安時，因為生病自己獻呈奏章，順便陳述大漢三百五十年的劫厄，提出應使法律嚴明和改變政令的方法，以及使災禍消除的對策，總共五項事體。順帝親下制書，予以褒獎，同時發布詔書，讓太醫給他送上藥品，叫太官賜給他羊隻美酒。到達京師後，又任命他當議郎，經過三次升遷，就任侍中，受到單獨接見，詢問時政之宜。永建四年，楊厚奏稟說「今年夏天必定會特別寒冷，該有疫情和蝗災出現」。就在這一年，果真六個州蝗災特別嚴重，傳染病流行。後來他又連續上奏說「西方和北方生出預示戰事的雲氣，應預防邊寇作亂」。這時天子按計劃要去西部巡視，有感於楊厚的話語而取消了行程。到順帝陽嘉三年，西羌騷擾隴山以西地區，第二年，烏桓又圍困度遼將軍耿曄的駐地。順帝永和元年，楊厚又上奏說「京師會發生水災，還會出現火災，三公會有被免職的人，南方少數部族會反叛」。就在當年夏天，洛陽突發大水，淹死了一千多人；到了冬季，承福殿著火，太尉龐參被免職；荊州、交州的少數部族殺死長吏，攻打城池。楊厚又奏稟說「私臣、近戚以及后妃的黨羽將遭受殃禍」。第二年，順帝的乳母宋娥與太監褒信侯李元等人策劃實施奸惡的政治陰謀而被撤銷封號，遣送到鄉下；兩年後，中常侍張逵等人又因誣陷大將軍梁商獨斷專行而獲罪，都被斬殺。每逢朝廷碰上災異，楊厚就進獻消弭補救的對策，但宦官把持朝政，這些對策都得不到採用。

這時大將軍梁冀權傾朝野，他派遣胞弟侍中梁不疑拿車馬、珍寶去送給楊厚，想和楊厚見面。楊厚不予理睬，一再聲稱有病，請求退職。順帝便答應了他的請求，賜給車馬、錢幣、絲帛，讓他回家。楊厚在家研究黃老學派的理論學說，招收學生進行傳授，被記錄在冊的人就達到三千多名。太尉李固多次向朝廷推薦他。到質帝本初元年，梁太后下達詔書，用古代聘請賢士的最完備的禮節去聘請楊厚，但他藉口有病而不赴任。到桓帝建和三年，梁太后又下達詔書徵召他，可歷經四年，他也沒到朝廷來。到八十二歲時，他在家中去世。朝廷用策書弔唁祭奠他。鄉里人給他贈上諡號叫文父。學生們為他修建廟宇，郡文學掾史在每年三月、十月舉行鄉飲酒禮和鄉射禮時都要定期祭祀他。

卷三十下

郎顗襄楷列傳第二十下

郎顗，字雅光，北海安丘❶人也。父宗，字仲綏，學京氏易❷，善風角❸、星筭❹、六日七分❺，能望氣❻占候吉凶，常賣卜❼自奉。安帝徵之，對策❽為諸儒表，後拜吳❾令。時卒❿有暴風，宗占知京師當有大火，記識時日，遣人參候⓫，果如其言。諸公聞而表⓬上，以博士⓭徵之。宗恥以占驗⓮見知，聞徵書到，夜縣印綬⓯於縣廷而遁去，遂終身不仕。

顗少傳父業，兼明經典，隱居海畔，延致學徒常數百人。晝研精義，夜占象度⓰，勤心銳思，朝夕無倦。州郡辟召，舉有道、方正，不就。

【章　旨】以上是〈郎顗傳〉的第一部分，記述郎顗的籍貫、家世、家學及其精研讖緯和授徒海濱、拒不入仕的情況。

【注釋】❶北海安丘　北海，東漢封國名。治所在劇縣（今山東昌樂西）。安丘，縣名。治今山東安丘西南。❷京氏易　西漢傳授《易經》的今文學派之一。京氏指京房，《漢書》卷七十五為其立傳。他以陰陽五行學說解釋《易經》，成為漢代《易》學中善談災異的代表人物。其所撰《易傳》，今存三卷。❸風角　通過察驗八方來風以占測吉凶的一種方術。角謂四隅，即東北、東南、西南、西北。風角方術亦將東南西北四方包括在內。對八方來風，古代謂之為八風。李賢凡兩注「風角」，一曰「角，隅也。觀四隅之風，占之也。」二曰「風角謂候四方四隅之風，以占吉凶也。」早自西漢，翼奉即已撰有《風角》一書，此書久已失傳，其佚文如：「庶人之風，揚塵轉削，若是屏障，何由可轉？」又如「木落歸本，水流歸末，故木利在亥，水利在辰，盛衰各得其所，故樂也。水窮則無隙不入，木上出，窮則旁行，故為姦邪。」❹星筭　猶言星占，即根據星象變化來推算人事的吉凶禍福。它作為一種方術，把恆星定成觀測坐標，依照日月五星的位置移動和彗星、流星、新星的出現以及星氣的變化情況，占斷人間禍福。❺六日七分　指卦爻分別主宰時日節氣的一種搭配方式。它由西漢易學家孟喜首次提出，其後京房等人都依從該說加以運用。具體講就是把六十四卦中的〈坎〉、〈離〉、〈震〉、〈兌〉作為四正卦，依次與春夏秋冬相配，各自主宰一個季節，而每卦由六爻組成，每爻又依次同二十四節氣相配，各自主宰一個節氣。除去四正卦，尚餘六十卦，六十卦共計三百六十爻，每爻再與一年三百六十日相配，各自主宰一日，則每卦主宰六日。但全年實際是三百六十五又四分之一日，對這剩餘的五又四分之一日，再將每日分成八十分，則五日為四百分，四分之一日為二十分，合計四百二十分。用四百二十分除以六十，則每卦適得七分，七分加六日，即所謂六日七分。《漢書·京房傳》：「其說長於災變，分六十卦更直日用事，以風雨寒溫為候，各有占驗。」顏師古注引孟康曰：「分卦直日之法，一爻主一日，六十四卦為三百六十日，餘四卦〈震〉、〈離〉、〈兌〉、〈坎〉為方伯監司之官，所以用〈震〉、〈離〉、〈兌〉、〈坎〉者，是二至、二分用事之日，又是四時，各專王之氣。各卦主時，其占法各以其日觀其善惡也。」《易經》緯書《稽覽圖》稱：「甲子卦氣起〈中孚〉，六日八十分日之七。」鄭玄注：「六以候也。八十分為一日之七者，一卦六日七分也。」又清王先謙《後漢書集解》引清儒錢大昕曰：「京氏卦氣直日之法，〈坎〉、〈離〉、〈震〉、〈兌〉用事分至（春分秋分與夏至冬至）之首，得八十分日之七十三，餘卦皆主六日八十分日之七。」❻望氣　通過觀察雲氣變化以及城郭、人畜的氣色來占斷吉凶禍福的一種方術。漢代在太史之下設有專職的名為望氣的官員。《墨子·迎敵祠》：「凡望氣，有大將氣，有小將氣，有往氣，有來氣，有敗氣。能得明此者，可知成敗吉凶。」至《史記·天官書》：「凡望雲氣，仰而望之，三四百里；平望在桑榆上，千餘二千里；登高而望之，下屬地者三千里。雲氣有獸居上者，勝。自華以南，氣下黑上赤。嵩高、三河之郊，氣正赤。恆山之北，氣下黑上青。勃、碣、海、岱之間，氣皆黑。江淮之間，氣皆白。」而唐人邵諤《望氣經》：「凡望氣占候，皆在子午卯酉之時。太乙初移宮，皆有氣見，可以測之。夕則日入時，朝則日出時，夜則夜半時，中則午時。」❼賣卜　替人算卦收取報酬。❽對策　又稱策試或策問，為漢代出現的一種考試方法。策題通常以政事、經義等提問，對答則按要求陳述本人的看法。策問具有徵詢政見與考察才識的雙重作用。❾吳　縣名。治今江蘇蘇州。❿卒　通「猝」。突然；猛然。⓫參候　觀察驗核。⓬表　漢代臣僚奏疏的一種文體。舉凡勸請、陳乞、進獻、推薦、慶賀等，均用表。東漢蔡邕《獨斷．上》：「凡群臣上書於天子者有四名，一曰章，二曰奏，三曰表，四曰駮議。」而「表者，不需頭。上言臣某言，下言臣某誠惶誠恐，稽首頓首，死罪死罪。左方下附曰某官臣某甲上。文多用編兩行，文少以五行，詣尚書通者也。公卿、校尉、諸將不言姓，大夫以下有同姓官別者言姓。章口報聞。公卿、使謁者、將、大夫以下至吏民，尚書左丞奏聞。報可表文，報已奏如書。凡章表，皆啟封；其言密事，得帛囊盛」。⓭博士　官名，秩比六百石。負責在太學講授儒家經典，培養學生。朝廷遇有疑難之事詢問，則進行對答。《漢書．成帝紀》：「詔曰：『古之立太學，將以傳先王之業，流化於天下也。儒林之官，四海淵原，宜皆明於古今，溫故知新，通達國體，故謂之博士。』」⓮占驗　占測靈驗之義。⓯縣印綬　縣，通「懸」。懸掛。印綬，印章和繫印的絲帶。漢制規定，縣令佩帶銅印黃綬。詳見本書志第三十。⓰象度　指天象分布和運動的常規定律。

【語　譯】郎顗，字雅光，是北海國安丘縣人。他父親郎宗，字仲綏，研習《京氏易》，擅長風角、星算、六日七分等方術，還會通過觀察雲氣變化以及城郭、人畜的氣色來占斷吉凶，常靠替人算卦收取報酬為生。安帝徵召他，他在對策考試中位居所有應試儒生的第一名，後來被任命為吳縣縣令。當時吳縣突然刮起暴風，郎宗通過風角占測知道京師將要發生重大的火災，便記下具體的日期，派人去京師觀察驗證，果真和他所講的一模一樣。各位大臣聽說後就上表薦舉他，於是用博士官職徵召他入京。郎宗把憑藉占測靈驗受到任用看成是恥辱的事情，得知徵召的文書即將送達，就在夜間把縣令印綬懸掛在縣衙廷堂上離去了，從此終身不再做官。

郎顗從年輕時就傳承父親的學業，同時又通曉儒家經典，他隱居在海邊，常常招來數百名學生跟他學習。他在白天鑽研讖緯的精微義旨，到夜間就占斷天象分布和運動的常規定律，絞盡腦汁，深入思索，整天沒有怠倦的時候。州郡特意聘用他，或者把他保舉為有道、方正的人選，他都予以謝絕。

1 順帝時，災異屢見，陽嘉二年正月，公車徵，顗乃詣闕拜章❶曰：

2 「臣聞天垂妖象❷，地見災符❸，所以譴告人主，責躬脩德，使正機❹平衡，流化興政也。易內傳❺曰：『凡災異所生，各以其政。變之則除，消之亦除。』伏惟陛下躬日昃❻之聽，溫三省❼之勤，思過念咎，務消祇悔❽。

3 「方今時俗奢佚，淺恩薄義。夫救奢必於儉約，拯薄無若敦厚，安上理人，莫善於禮。修禮遵約，蓋惟上興；革文變薄，事不在下。故周南❾之德，關雎政本❿。本立道生，風行草從，澄其源者流清，溷其本者末濁。天地之道，其猶鼓籥⓫，以虛為德，自近及遠者也。伏見往年以來，園陵⓬數災，炎光熾猛，驚動神靈。易天人應⓭曰：『君子不思遵利，茲謂無澤，厥災孽⓮火燒其宮。』又曰：『君高臺府⓯，犯陰侵陽，厥災火。』又曰：『上不儉，下不節，炎火並作燒君室。』自頃繕理西苑⓰，修復太學⓱，宮殿官府，多所搆飾。昔盤庚遷殷，去奢即儉⓲；夏后卑室，盡力致美⓳。又魯人為長府⓴，閔子騫㉑曰：『仍舊貫㉒，何必改作？』臣愚以為諸所繕修，事可省減，稟卹㉓貧人，賑贍㉔孤寡，此天之意也，人之慶也，仁之本也，儉之要也。焉有應天養人，為仁為儉，而不降福者哉？

4 「土者地祇㉕，陰性澄靜，宜以施化㉖之時，敬而勿擾。竊見正月以來，陰闇㉗連日。易內傳曰：『久陰不雨，亂氣也，蒙之比㉘也。蒙者，君臣上下相冒亂㉙也。』又曰：『欲德不用，厥異常陰。』夫賢者化之本，雲者雨之具也。得賢而不用，猶久陰而不雨也㉚。又頃前數日，寒過其節，冰既解釋㉛，還復凝合。夫寒往則暑來，暑往則寒來，此言日月相推，寒暑相避，以成物也。今立春之後，火卦用事㉜，當溫而寒，違反時節，由功賞不至，而刑罰必加也。宜須立秋，順氣行罰㉝。

5 「臣伏案飛候㉞，參察眾政，以為立夏之後，當有震裂㉟涌水之害。又比㊱熒惑失度，盈縮㊲往來，涉歷輿鬼㊳，環繞軒轅㊴。火精㊵南方，夏之政也。政有失禮㊶，不從夏令㊷，則熒惑失行。正月三日至乎九日，三公卦㊸也。三公上應台階㊹，下同元首㊺。政失其道，則寒陰反節。『節彼南山㊻』，詠自周詩㊼；『股肱良哉㊽』，著於虞典㊾。而今之在位，競託高虛，納累鍾㊿之奉，忘天下之憂，棲遲偃仰(51)，寢疾(52)自逸，被策文，得賜錢，即復起矣。何疾之易而愈(53)之速？以此消伏災眚(54)，興致升平(55)，其可得乎？今選舉牧守(56)，委任三府(57)。長吏不良，既咎州郡，州郡有失，豈得不歸責舉者58？而陛下崇之彌優，自下慢事59愈甚，所謂大網疏，小網數60。三公非臣之仇，臣非狂夫61之作，所以發憤忘食，懇懇不已者，誠念朝廷欲致興平62，非不能面譽也。

6 「臣生長草野，不曉禁忌，披露肝膽，書不擇言。伏鑕鼎鑊63，死不敢恨。謹詣闕奉章，伏待重誅。」

【章　旨】以上是〈郎顗傳〉的第二部分，記述郎顗於順帝陽嘉二年正月應徵詣闕而奏上的〈論災異章〉。這篇章疏帶有舉要和試探的性質。它通過列舉皇陵災火、久陰不雨、當溫而寒、火星失行的異常現象，指摘朝政所存在的四大弊端，即大興土木，賞罰失時，得賢不用，三公瀆職。

【注　釋】❶章　漢代臣僚奏疏的一種文體。即向皇帝表示謝恩、陳述政事的專用文書。東漢蔡邕《獨斷・上》：「章者，需頭稱稽首上書，謝恩陳事，詣闕通者也。」❷妖象　指將給人間帶來禍殃的反常或罕見的天象。❸災符　指預示災害即將發生的一系列徵兆。❹正機　指最重要的國政。正，通「政」。國政；朝政。❺易內傳　漢代有關《易經》的一種緯書。其書久已亡佚。李賢注引《易經》緯書《稽覽圖》：「凡異所生，災所起，各以其政，變之則除，其不可變，則施之亦除。」鄭玄注：「改其政者，謂失火令則行水令，失土令則行木令，失金令則行火令，則災除去也。不可變謂殺賢者也。施之者，死者不可復生，封祿其子孫，使得血食，則災除也。」❻日昃　太陽偏西仍顧不上吃飯。形容勤於政務。《尚書・無逸》：周文王「自朝至於日中昃，不遑暇食，用咸和萬民。」❼三省　每天都多次反省自己。形容嚴於律己。《論語・學而》載曾子曰：「吾日三省吾身：為人謀而不忠乎？與朋友交而不信乎？傳不習乎？」❽祇悔　重大的悔恨。❾周南　《詩》十五國風的第一部分，共十一首詩。漢儒將「周南」之「周」說成是西周周公的封邑，即位於岐山之陽的周原地區，並認為周公在封邑內施布先王的教化，民間隨之形成謳歌其教化的詩歌，它們又被推廣到南方江漢流域，亦大見成效，故而稱作〈周南〉。這裡之所以說「〈周南〉之德」，便是基於〈周南〉屬於政治教化詩的緣故。❿關雎政本　關雎，〈周南〉和十五國風的首篇詩歌，漢儒將它列為「四始」之一。對本詩的主題思想，《詩・序》解釋成：「〈關雎〉，后妃之德也，風之始也，所以風天下而正夫婦也。樂得淑女，以配君子，憂在進賢，不淫其色，哀窈窕，思賢才，而無傷善之心焉，是〈關雎〉之義也。」這裡所謂「〈關雎〉政本」，即指端正夫婦關係而言。⓫鼓籥　鼓和籥。籥為一種吹奏樂器，形狀如笛，六孔。李賢注：「鼓籥，其形內虛而氣無窮。」《老子・五章》：「天地之間，其猶橐籥乎？虛而不屈，動而愈出。」⓬園陵　指分布在故都長安和京師洛陽附近的兩漢帝王陵墓。本書卷六〈孝順孝沖孝質帝紀〉：永建三年「秋七月丁酉，茂陵（西漢武帝陵）園寢災。帝縞素，避正殿。」陽嘉元年閏月（十三月）「庚子，恭陵（東漢安帝陵）百丈廡（廊屋）災。」⓭易天人應　漢代有關《易經》的一種緯書。其書久已亡佚。⓮災孽　災殃；災禍。⓯臺府　臺，專供皇帝遊樂的樓臺館舍。府，百官辦公的官署。⓰西苑　位於皇宮西面的皇家園林。本書卷六〈孝順孝沖孝質帝紀〉：陽嘉元年「起西苑，修飾宮殿。」⓱太學　設於京師的國家最高學府。西漢自武帝時始置太學，太學到東漢得到更大發展，太學生也成為一支重要的政治力量。本書卷六〈孝順孝沖孝質帝紀〉：永建六年「秋九月辛巳，繕起太學。」陽嘉元年五月「丙辰，以太學新成，試明經。」又卷七十九〈儒林列傳〉：「順帝感翟酺之言，乃更修黌宇，凡所造構，二百四十房，千八百五十室。」⓲昔盤庚遷殷二句　盤庚為商朝的第二十位國王，遷殷謂將國都由奄（山東曲阜）遷至殷（河南安陽）。去奢即儉指遷都的原因。《尚書・盤庚》上、中、下三篇詳記其事。上篇有云：「乃不畏戎毒於遠邇，惰農自安，不昬作勞，不服田畝，越其罔有黍稷。汝不和吉言于百姓，惟汝自生毒，乃敗禍姦宄，以自災於厥身。」⓳夏后卑室二句　夏后指夏王朝的創建者大禹，卑室謂其居住簡陋，盡力謂其治理洪水，致美謂其重視祭祀。《論語・泰伯》：「子曰：『禹，吾無間然矣。菲飲食而致孝乎鬼神，惡衣服而致美乎黻冕，卑宮室而盡力乎溝洫。禹，吾無間然矣。』」⓴又魯人為長府　魯人，春秋魯國的當權者。為，翻修或改建。長府，魯國國庫的名稱。㉑閔子騫　孔子的學生。以德行著稱。㉒仍舊貫　意為保持原狀。《論語・先進》：「魯人為長府。閔子騫曰：『仍舊貫，如之何？何必改作！』」注云：「長府，藏名也，藏財貨曰府。仍，因也。貫，事也。因舊事則可也，何乃復更改作？」對此孔子讚許說：「夫人不言，言必有中。」㉓稟卹　發放公糧救濟。㉔賑贍　用財物周濟。㉕地祇　地神。㉖施化　謂陽施陰化。㉗陰闇　指天色陰沉昏黑的一種罕見天象。㉘蒙之比　〈蒙〉、〈比〉分別為六十四卦中的第四卦和第八卦。之，意為跨越到。李賢注引《易經》緯書《稽覽圖》：「日食之比，陰覆陽也。〈蒙〉之〈比〉也，陰冒陽也。」鄭玄注：「蒙，氣也。比非一也。邪臣謀覆冒其君，先霧從夜昏起，或從夜半或平旦。君不覺悟，日中不解，遂成蒙；君復不覺悟，下為霧也。」㉙冒亂　紊亂；淆亂。㉚得

賢而不用二句　清王先謙《後漢書集解》引清儒惠棟：「京房《易飛候》云：何以知賢人隱？師曰：視四方常有大雲，五色具而不雨，其下賢人隱矣。」㉛解釋　融化；化解。㉜火卦用事　火卦在這裡用以指代具有陽氣化生作用的卦。用事，意為占據統治地位，發揮主導作用。㉝順氣行罰　氣謂時氣，亦即秋氣。行罰指對罪犯執行死刑。古代盛行「司法時令說」，循用適時行刑的通則。《呂氏春秋・孟秋紀》和《禮記・月令》俱稱：農曆七月「命有司修法制，繕囹圄，具桎梏，禁止姦，慎罪邪，務搏執。命理瞻傷、察創、視折、審斷，決獄訟必端平。戮有罪，嚴斷刑。天地始肅，不可以贏。」鄭玄注：「順秋氣，政尚嚴。」㉞飛候　全稱《易飛候》，為西漢京房所撰寫的一部易學著作。原書共六卷，久已失傳，尚有佚文可以見到。飛與伏相對而稱，分別指可見而顯現於外、不可見而藏於背後的對立卦象與爻象，據此能為占算提供比附的途徑。㉟震裂　即地震。㊱比　接連。㊲盈縮　《史記・天官書》：火星運行之「法：出東行十六舍而止；逆行二舍；六旬，復東行，自所止數十舍，十月而入西方；伏行五月，出東方。其出西方曰反明，主命者惡之。東行急，一日行一度半。其行東、西、南、北疾也，兵各聚其下；用戰，順之勝，逆之敗。」㊳輿鬼　南方七宿中排列次序為第二的星宿。共由五顆星組成，簡稱鬼。《史記・天官書》：「輿鬼，鬼祠事，中白者為質。」《晉書・天文志》：「輿鬼五星，主祠事，天目也，主視明察姦謀。東北星主積馬，東南星主積兵，西南星主積布帛，西北星主積金玉，隨其變占之。中一星為積屍，一名質，主死喪祠祀，一曰鈇鑕，主誅斬。鬼星明，大穀成，不明，百姓散。鑕欲其忽忽然不明，明則兵起，大臣誅。」㊴軒轅　星官名。位於南方星宿七星宿北，共十二星，或說十七星。《史記・天官書》：「軒轅，黃龍體（形如騰龍）。前大星，女主象；旁小星，御者後宮屬。」唐司馬貞《索隱》引《孝經援神契》：「軒轅十二星，後宮所居。」《晉書・天文志》：「軒轅十七星，在七星北。軒轅，黃帝之神，黃龍之體也；后妃之主，士職也。一曰東陵，一曰權星，主雷雨之神。」㊵火精　火行的精靈，指火星而言。《尚書》緯書《考靈曜》：「熒惑火精。」㊶禮　以五常（仁義禮智信）同五行相配，則禮屬火行。㊷夏令　夏季應按月分和節氣依次進行的農事與政務活動。㊸三公卦　指倒數第三爻決定一卦吉凶的那個卦。京房把六十四卦分成八宮來排列，八宮由乾、震、坎、艮、坤、巽、離、兌所組成，稱為八宮卦或八純卦、八宮本位卦。在這八宮卦之外，尚餘五十六卦，每宮遂統領七卦。對這七卦，又確定各自的地位，依次叫做一世卦、二世卦、三世卦、四世卦、五世卦、遊魂卦、歸魂卦。無論地位如何，每卦俱為六爻，再將這六爻進一步劃分出貴賤等級之位來，也就是從下往上，把初爻命名為元士，第二爻為大夫，第三爻為三公，第四爻為諸侯，第五爻為天子，上爻為宗廟。而判定吉凶，則只取一爻之象，亦即每卦必有一爻為主；這為主的一爻，又主要看其在八宮各宮中所居的位次，一世卦則以初爻元士為主、二世卦以第二爻大夫為主、三世卦以第三爻三公為主、四世卦以第四爻諸侯為主，五世卦以第五爻天子為主，遊魂卦以第四爻諸侯為主，歸魂卦以第三爻三公為主，八純卦以上爻宗廟為主。為主之爻即稱居世，臨世或治世。這裡所謂三公卦，便指三公居世而言，實謂〈漸卦〉。㊹台階　星官名。又稱三台，亦作三能。《史記·天官書》：「魁（斗魁）下六星，兩兩相比者，名曰三能。三能色齊，君臣和，不齊為乖戾。」唐司馬貞《索隱》引東漢應劭援引《黃帝泰階六符經》：「泰階者，天子之三階。上階上星為男主，下星為女主；中階上星為諸侯三公，下星為卿大夫；下階上星為士，下星為庶人。三階平則陰陽和，風雨時；不平則稼穡不成，冬雷夏霜，天行暴令，好興甲兵。修宮榭，廣苑囿，則上階為之坼也。」《晉書·天文志》：「三台六星，兩兩而居，起文昌，列抵太微。一曰天柱，三公之位也。在人曰三公，在天曰三台，主開德宣符也。西近文昌二星曰上台，為司命，主壽；次二星曰中台，為司中，主宗室；東二星曰下台，為司祿，主兵：所以昭德塞違也。又曰三台為天階，太一躡以上下。一曰泰階。上階上星為天子，下星為女主；中階上星為諸侯三公，下星為卿大夫；下階上星為士，下星為庶人：所以和陰陽而理萬物也。君臣和集，如其常度，有變則占其人。」㊺元首　頭部，喻指君主。㊻節彼南山　為《詩·節南山》的首句。其下句是：「維石巖巖。」《毛傳》：此二句則「興也。節，高峻貌。巖巖，積石貌。」鄭箋：「興者，喻三公之位，人所尊嚴。」㊼周詩　〈小雅〉和〈大雅〉均為周王室定都豐鎬時的詩作，因而稱之為〈周詩〉。㊽股肱良哉　《尚書·皋陶謨》：「元首明哉，股肱良哉，庶事康哉！」股肱，大腿與胳膊附。喻指輔政大臣。㊾虞典　實乃〈皋陶謨〉。〈皋陶謨〉與〈堯典〉合稱〈虞書〉，故而這裡謂之為〈虞典〉。虞指帝舜。㊿鐘　古代的容積單位。即六斛四斗為一鍾。《左傳·昭公三年》載晏子之語曰：「齊舊四量：豆、區、釜、鍾。四升為豆，各自其四，以登於釜，釜十則鍾。」杜預注：鍾，「六斛四斗。」(51)棲遲偃仰　遊息安樂。(52)寖疾　長期抱病。(53)愈　病情痊癒。(54)災眚　災殃；災禍。(55)升平　太平。(56)牧守　指刺史與郡守。牧，管轄之義。(57)三府　指太尉府、司徒府、司空府。本書卷六〈孝順孝沖孝質帝紀〉：陽嘉元年閏月（十三月）「辛卯，詔曰：『閒者以來，吏政不勤，故災咎屢臻，盜賊多有。退省所由，皆以選舉不實，官非其人，是以天心未得，人情多怨。《書》歌股肱，《詩》刺三事。今刺史二千石之選，歸任三司。其簡序先後，精覈高下，歲月之次，文武之宜，務存厥衷。』」(58)舉者　向朝廷保舉官吏人選的人。(59)慢事　輕慢對待，不認真處理。(60)大網疏二句　意謂對三公寬大，對州郡嚴切。(61)狂夫　謂春秋楚國接輿一類的人物。《論語·微子》：「楚狂接輿歌而過孔子曰：『鳳兮鳳兮，何德之衰！往者不可諫，來者猶可追。已而已而，今之從政者殆而！』孔子下，欲與之言，趨而辟之，不得與之言。」(62)興平　昌盛太平。(63)伏鑕鼎鑊　即被處死。古有腰斬死刑，罪犯在受刑時要裸身俯臥砧上，因稱伏鑕。鑕即砧。鼎鑊謂將人放入鼎或鑊中烹死。鼎鑊是兩種形體較大的烹飪器。

【語　譯】順帝時，災異多次出現，到陽嘉二年正月，朝廷派出車馬專程去徵召郎顗，郎顗於是來到朝廷，進獻章疏說：

2 「臣下我聽說上天降示將給人間帶來禍殃的反常天象，地上出現預示災害即將發生的一系列徵兆，目的都是譴責警告人間君主要檢查自身，修明德行，使重大國政恢復到正常的狀態，推行教化，振興政事啊。《易內傳》強調說：『各種災異之所以產生，都是出於相應政事的緣故。對政事加以改變，災異就會消除；對政事採取抵消性的補救措施，災異也會消除。』希望陛下您親身像周文王到太陽偏西還顧不上吃飯那樣勤於政務，重溫當年曾子每天都多次反省自己的作法，思索過錯，考慮罪責，務求消除那些讓人悔恨不已的重大災害。

3 「如今社會風氣奢侈放縱，恩惠情義膚淺淡薄。要扭轉奢侈之風必須從勤儉節約做起，拯救情義淡薄最好是倡導樸實淳厚，使君主安寧，治理好百姓，沒有比禮制更為有效的了。但修明禮制奉行節約，大概只能由君主首先倡行；去除虛浮，改變不淳厚，這類事情也不在百姓的掌握當中。因而〈周南〉詩所頌揚的德業，是把〈關雎〉詩作為施政的根本的。根本確立起來了，具體措施也就產生了，就像野草隨風倒那樣迅速有效。能把源頭澄淨的人，水流便一路清澈；將那根本弄混亂的人，末梢便汙濁不堪。天地運行的定律，如同鼓和籥，把內部虛空作為基托，而由近處傳向遠方啊。臣下我發現，過去幾年來，先帝陵園多處起火，火焰熾烈兇猛，驚動了神靈。《易天人應》說：『君子不考慮對人有利的原則辦事，這就叫做沒有恩澤，結果遭到的災殃就表現為烈火焚燒他所居住的宮室。』又說：『君主把樓臺和官署修建得太高，就屬於侵犯了陰陽界區，結果遭到的災殃就表現為建築物起火。』又說：『上面不勤儉，下面不節約，就會烈火四起，焚燒君主的宮室。』自從不久前營建西苑，恢復整修太學，宮殿和官府都進行了大量的擴建和修飾。從前盤庚把國都遷到殷地，目的是去除奢侈歸向節儉；夏朝國王大禹把宮室修築得又低又窄，反過來盡力治理洪水，搞好祭祀。還有魯國人修建名為長府的國庫，閔子騫則發表看法說：『保持原樣就挺好，為什麼偏要改建呢？』臣下我愚昧地認為，前些時候營建整修的工程，本可以減省，而應發放公糧去救濟貧苦的民眾，用財物去周濟孤兒寡母，這正是上天的意願，百姓的吉慶，仁德的根本，節儉的要領啊。哪有應合天意，養育百姓，施布仁德，厲行節儉，而上天卻不降賜福祉的呢？

4 「土地是地神的化身，屬性為陰，喜好清澄沉靜，應該在陽施陰化的時候，敬重它而不去攪擾。臣下我看到，從今年正月以來，天色連日陰沉昏黑。《易內傳》說：『長久陰暗卻不下雨，這屬於亂氣啊，是〈蒙卦〉跨越到〈比卦〉啊。〈蒙卦〉所顯示的卦象，象徵著君臣上下彼此關係紊亂啊。』又說：『打算施行德政卻不任用賢人，結果遇到的災異就表現為天色長久陰暗。』賢人是教化的根本，雲團是雨水降下的前提條件。獲取到賢人卻不任用，就如同天色長久陰暗卻不下雨一個樣。再有，最近前幾日，寒冷時節已經過去了，冰都融化了，可又重新結凍了。冷天過去，熱天就到來；熱天過去，冷天就到來，這是在講日月相互推移，寒暑彼此避開，以便使萬物生成啊。眼下立春之後，變為陽卦發揮主導作用，本應溫暖卻又轉成寒冷，與時節恰恰違逆，這是由對立功者不予獎賞，而刑罰卻必定施加招來的。應該等到立秋，順應時氣來對罪犯執行死刑。

5 「臣下我仔細驗核《易飛候》，對照考察目前的各種政事，認為立夏之後，會有地震和大水從地面開裂處湧出的災害。再者，火星接連偏離正常的運行軌跡，乍遲乍速地來往運行，經過了南方的輿鬼星宿，在軒轅星周圍轉來繞去。火行的精靈本來處在南方，代表夏季應實行的國政。而國政在突出禮制上出現偏差，不遵從夏季應按月分和節氣依次進行的農事與政務活動，於是火星偏離了正常的運行軌道。從正月三日到九日，屬於三公卦占主導地位的時段。三公之位上與三台星相應合，下與君主形同一體。國政沒按固有的規則去施行，寒陰就背離它存在的正常時節。『那座南山真高峻』，從〈周詩〉中吟詠出來；『輔政大臣真賢良』，明著於〈虞典〉。可如今在位的高官，競相把高雅空虛作為招牌，領取豐厚的俸祿，卻忘記天下該憂患的事情，只管遊息安樂，長期稱病，自享安逸，可一接到策書，獲得賞賜的錢物，馬上就又上朝供職了。為什麼得病那麼容易卻又痊癒得這麼快呢？靠這樣來消除災殃，振興朝政達到太平，難道真能實現嗎？眼下選任刺史與郡守，完全交給三公去辦理。長吏不稱職，便責怪州郡，州郡出現過失，又怎能不把罪責歸到保舉人頭上呢？但陛下您越是對他們優待，下面就越是不認真辦事，這正是人們所說的：大網網眼疏，小網網眼密啊。三公並不是臣下我的仇人，臣下我也不是狂夫在亂鬧一陣，之所以發憤忘食，懇切之情抑制不住，實在是因為想到朝廷打算實現昌盛太平啊，其實臣下我也不是不會當面說好話呀。

6 「臣下我生長在民間，不懂得禁忌，只知道披肝瀝膽，書奏不講究措詞。即使被腰斬，下油鍋，死也不敢心懷怨恨。現今恭謹地到朝廷拜獻章疏，敬待重罰。」

1 書奏，帝復使對尚書❶。顗對曰：

2 「臣聞明王聖主好聞其過，忠臣孝子言無隱情。臣備生人倫視聽❷之類，而稟性愚慤❸，不識忌諱，故出死忘命，懇懇重言❹。誠欲陛下修乾坤❺之德，開日月之明，披圖籍，案經典，覽帝王之務，識先後之政。如有闕遺，退而自改。本文武❻之業，擬堯舜❼之道，攘災延慶，號令天下。此誠臣顗區區❽之願，夙夜夢寤，盡心所計。謹條序前章，暢其旨趣，條便宜❾七事，具如狀❿對：

3 「一事：陵園至重，聖神攸馮⓫，而災火炎赫，迫近寢殿⓬，魂而有靈，猶將驚動。尋宮殿官府，近始永平⓭，歲時未積，便更修造。又西苑之設，禽畜是處，離房別觀⓮，本不常居，而皆務精土木，營建無已，消功單賄⓯，巨億為計。易內傳曰：『人君奢侈，多飾宮室，其時旱，其災火。』是故魯僖⓰遭旱，修政自勑，下鐘鼓之縣，休繕治之官，雖則不寧，而時雨自降。由此言之，天之應人，敏於景響⑰。今月十七日戊午⑱，徵日⑲也，日加申⑳，風從寅㉑來，丑時㉒而止。丑、寅、申皆徵也㉓，不有火災，必當為旱。願陛下校計繕修之費，永念百姓之勞，罷將作㉔之官，減彫文之飾，損庖廚㉕之饌，退宴私㉖之樂。易中孚傳㉗曰：『陽感天，不旋日㉘。』如是，則景雲㉙降集，眚沴㉚息矣。

4 「二事：去年已來，兌卦㉛用事，類多不效。易傳㉜曰：『有貌無實，佞人㉝也；有實無貌，道人㉞也。』寒溫為實，清濁為貌。今三公皆令色足恭㉟，外厲內荏㊱，以虛事上，無佐國之實，故清濁效而寒溫不效也，是以陰寒侵犯消息㊲。占曰：『日乘㊳則有妖風㊴，日蒙㊵則有地裂。』如是三年，則致日食㊶，陰侵其陽，漸積所致。立春前後溫氣應節者，詔令寬也。其後復寒者，無寬之實也。夫十室之邑，必有忠信㊷，率土㊸之人，豈無貞賢？未聞朝廷有所賞拔，非所以求善贊務㊹，弘濟元元㊺。宜採納良臣，以助聖化。

5 「三事：臣聞天道不遠，三五㊻復反。今年少陽㊼之歲，法當乘起㊽，恐後年已往，將遂驚動，涉歷天門㊾，災成戊己㊿。今春當旱，夏必有水，臣以六日七分候之可知。夫災眚之來，緣類而應。行有玷缺，則氣逆于天，精感(51)變出，以戒人君。王者之義，時有不登(52)，則損滋徹膳。數年以來，穀收稍減，家貧戶饉，歲不如昔。百姓不足，君誰與足[53]？水旱之災，雖尚未至，然君子遠覽，防微慮萌。老子曰：『人之飢也，以其上食稅之多也。』[54]故孝文皇帝[55]綈袍革舄[56]，木器無文[57]，約身薄賦，時致升平。今陛下聖德中興，宜遵前典，惟節惟約，天下幸甚。易曰：『天道無親，常與善人。』[58]是故高宗[59]以享福，宋景[60]以延年。

6 「四事：臣竊見皇子未立，儲宮[61]無主，仰觀天文，太子[62]不明。熒惑以去年春分後十六日在婁五度[63]，推步三統[64]，熒惑今當在翼[65]九度，今反在柳[66]三度，則不及五十餘度。去年八月二十四日戊辰，熒惑歷輿鬼東入軒轅，出后星[67]北，東去四度，北旋[68]復還。軒轅者，後宮也。熒惑者，至陽之精也，天之使[69]也，而出入軒轅，繞還往來。易曰：『天垂象，見吉凶。』[70]其意昭然可見矣。禮，天子一娶九女[71]，嫡媵[72]畢具。今宮人[73]侍御，動以千計，或生而幽隔[74]，人道[75]不通，鬱積之氣，上感皇天，故遣熒惑入軒轅，理人倫，垂象見異，以悟主上。昔武王下車，出傾宮[76]之女，表商容之閭[77]，以理人倫，以表賢德，故天授以聖子，成王[78]是也。今陛下多積宮人，以違天意，故皇胤[79]多夭，嗣體[80]莫寄。詩云：『敬天之怒，不敢戲豫。』[81]方今之福，莫若廣嗣[82]，廣嗣之術，可不深思？宜簡出宮女，恣其姻嫁，則天自降福，子孫千億。惟陛下丁寧[83]再三，留神於此。

左右貴倖，亦宜惟臣之言，以悟陛下。蓋善言古者合於今，善言天者合於人[84]。願訪問百僚，有違臣言者，臣當受苟言[85]之罪。

7 「五事：臣竊見去年閏月[86]十七日己丑夜，有白氣從西方天苑[87]趨左足[88]，入玉井[89]，數日乃滅。春秋[90]曰：『有星孛[91]于大辰[92]。大辰者何？大火也。大火為大辰，伐[93]又為大辰，北極[94]亦為大辰。』所以孛一宿而連三宿[95]者，言北辰王者之宮也。凡中宮[96]無節，政教亂逆，威武衰微，則此三星以應之也。罰者白虎[97]，其宿主兵，其國趙、魏[98]，變見西方，亦應三輔[99]。凡金氣為變，發在秋節。臣恐立秋以後，趙、魏、關西[100]將有羌寇畔戾之患。宜豫宣告諸郡，使敬授人時[101]，輕徭役，薄賦斂，勿妄繕起，堅倉獄，備守衛，回選[102]賢能，以鎮撫之。金精[103]之變，責歸上司[104]。宜以五月丙午[105]，遣太尉服干戚[106]，建井旟[107]，書玉板之策[108]，引白氣之異，於西郊[109]責躬求愆，謝咎皇天，消滅妖氣。蓋以火勝金[110]，轉禍為福也。

8 「六事：臣竊見今月十四日乙卯巳時[111]，白虹貫日[112]。凡日傍氣色白而純者名為虹。貫日中者，侵太陽[113]也；見於春者，政變常也。方今中官外司[114]，各各考事[115]，其所考者，或非急務。又恭陵[116]火災，主名[117]未立，多所收捕，備經考毒[118]。

尋火為天戒，以悟人君，可順而不可違，可敬而不可慢。陛下宜恭己內省，以備後災。凡諸考案，并須立秋。又易傳曰：『公能其事，序賢進士，後必有喜。』[119]反之，則白虹貫日。以甲乙[120]見者，則譴在中台[121]。自司徒[122]居位，陰陽多謬，久無虛己進賢之策，天下興議，異人同咨。且立春以來，金氣再見[123]，金能勝木[124]，必有兵氣，宜黜司徒以應天意。陛下不早攘[125]之，將負臣言，遺患百姓。

9 「七事：臣伏惟漢興以來三百三十九歲[126]。於詩三基[127]，高祖[128]起亥仲[129]二年，今在戌仲[130]十年。詩氾歷樞[131]曰：『卯酉為革政[132]，午亥為革命[133]，神在天門[134]，出入候聽。』言神在戌亥，司候[135]帝王興衰得失，厥善則昌，厥惡則亡。於易雄雌祕歷[136]，今值困乏[137]。凡九二[138]困者，眾小人欲共困害君子也。經曰：『困而不失其所，其唯君子乎！』[139]唯獨賢聖之君，遭困遇險，能致命遂志[140]，不去其道。陛下乃者潛龍養德，幽隱屈厄[141]，即位之元，紫宮[142]驚動，歷運[143]之會，時氣已應。然猶恐妖祥[144]未盡，君子思患而豫防之。臣以為戌仲已竟，來年入季，文帝改法，除肉刑[145]之罪，至今適三百載。宜因斯際，大蠲法令，官名稱號，輿服[146]器械，事有所更，變大為小，去奢就儉，機衡[147]之政，除煩為簡。改元[148]更始，招求幽隱，舉方正，徵有道，博採異謀，開不諱[149]之路。

10 「臣陳引際會[150]，恐犯忌諱，書不盡言，未敢究暢。」

【章　旨】以上是〈郎顗傳〉的第三部分，記述郎顗的〈狀對尚書條便宜七事〉。這篇奏疏是對〈論災異章〉的細化和擴充。七事中增列的災象有：五音相動中火行徵日的重徵惡風，春旱夏水，太子星不明，白氣歷天苑入玉井，白虹貫日等；加入的弊政為：天子奢侈，皇子多夭而儲宮未立。依次提出的消災辦法是：節用恤民，賞拔賢臣，約己薄賦，釋放宮女，警示沿邊諸郡和太尉祭禱厭勝，罷免司徒，明法改制。新運用的方術涉及到：風占，虹蜺占，五行乘侮定律，西漢齊詩「五際」說等。

【注　釋】❶尚書　尚書臺所屬官員的一種官稱。尚書臺又稱中臺，是東漢時專設的一個協助皇帝處理政務的機構，下分六曹，每曹均設尚書一人，各掌其事。尚書意為執掌文書，秩低權重，為其特徵。詳見本書志第二十六。❷人倫視聽　指具備基本生理機能的人類。人倫猶言人類，視聽謂基本的生理機能。❸愚惷　愚笨憨直。❹重言　再次言說。重，再。❺乾坤　猶言天地。❻文武　指周文王與周武王。周文王為西周王朝的奠基人，周武王為西周王朝的正式建立者。❼堯舜　傳說中的上古兩位聖明的帝王，躋身五帝之列。其事跡主要見於《尚書・堯典》、《史記・五帝本紀》。❽區區　真摯誠懇之義。❾便宜　意謂合乎時宜，有利國家。❿狀　指〈詣闕拜章〉中所言及的實際狀況。⓫依馮　所憑。馮，「憑」的古字。⓬寢殿　陳設皇帝生前起居用具和衣冠的地方。建在陵園旁側，需定期進行供奉。⓭永平　東漢明帝年號，西元五八—七五年。⓮離房別觀　供皇帝在皇宮之外臨時遊幸休憩的建築物。⓯單賄　耗盡財物。單，通「殫」。盡。賄，財物。⓰魯僖　春秋時期魯國十二公中的第五位國君。姬姓，名申，在位三十三年（西元前六五九—前六二七年）。《春秋・僖公三年》：「春王正月，不雨。夏四月，不雨。六月雨。」李賢注引《春秋考異郵》：「僖公三年春夏不雨，於是僖公憂閔，玄服避舍，釋更傜之逋，罷軍寇之誅，去苛刻峻文慘毒之教，所蠲浮令四十五事。曰：『方今大旱，野無生稼，寡人當死，百姓何罪？不敢煩人請命，願撫萬人害，以身塞無狀。』禱已，舍齊南郊，雨大澍也。」⓱景響　意為如影隨形，如聲回應。形容疾速；快速。⓲戊午　用干支紀日法所標示的具體日期。戊為十天干的第五位，午為十二地支的第七位。西漢京房《易》學首創納甲（亦含納支）之法和納音之法，前者將八卦（包括六十四卦）同天干、地支、五行、方位、時間相配合，後者將十二地支、十二月分、十二方位、八風及卦爻配納五音十二律，用以解說《易經》經傳，進行占驗。後世以此為理論依據，又有所發揮。這裡所說的（正月）戊午日，在風占術中被定為陽徵日。《開元占經・風占・納音》：「戊午為陽徵（與陰徵相對而稱）。」⑲徵日　五音之日的一種類型，也就是火行占統治地位的特定時間段。五音為宮、商、角、徵、羽，亦即五聲音階上的五個音級，大致相當於現代音樂簡譜上的Do Re Mi Sol La。古人給五音賦予五行的屬性：宮屬土行、商屬金行、角屬木行、徵屬火行、羽屬水行。風占術遂有宮日、商日、角日、徵日、羽日之稱。北周庾季才《靈臺祕苑・風・五音候風》：「徵風，屬火事之象。占以徵日，有風如奔馬搖炎火，如縛彘聲，發屋折木，在三日內火災。其日風從徵（南方）來，熖火起，人君憂。」《開元占經・風占・五音相動風占》：「徵日，風從丑、寅陽徵來，有火災，君有恐，走獸為人害，宮寺多焚。」⑳日加申　日在申時之義。申為十二地支的第九位，在這裡表示時辰，相當於現代時的下午兩點至四點。《開元占經・風占・地十二辰五音法》：「申為陰徵火，主郵驛尉侯，主旱火。」㉑寅　十二地支的第三位，在這裡表示空間方位，即東北北方向。《開元占經・風占・地十二辰五音法》：「寅為陽徵火，主旱，主火，主烽燧。」㉒丑時　十二時辰的組成部分，相當於現代的夜間一點至三點。丑為十二地支的第二位。《開元占經・風占・地十二辰五音法》：「丑為陽徵火，主旱，主火災，主宮寺，主口舌。」㉓丑寅申皆徵也　這在風占術中被稱為「重徵」。《靈臺祕苑・風・水火災風》：「若受徵之日大風，折木發屋，從丑、未、寅、午、酉、亥來，乍遲乍疾，時加子午，火發宮寺。又辰、午、酉、亥時，則風從徵方上來，亦如之。」《開元占經・風占・五音相動風占》：「時加徵，為重徵，有土功，火災起。時加丑、寅、未、申，為重徵，國四門閉，為火事。」㉔將作　漢代負責宗廟、宮室、陵園等重要工程建造的專設機構。其長官為將作大匠，簡稱大匠，品秩為二千石。下設副手丞一人；掌管左工徒的左校令一人，其副手丞一人；掌管右工徒的右校令一人，其副手丞一人。品秩俱為六百石。詳見本書志第二十七。㉕庖廚　烹製宮廷飲食的廚師。東漢在九卿之一少府之下設六百石官太官令一人，全面負責宮廷飲食事宜。又設四百石官左丞、甘丞、湯官丞、果丞各一人，左丞則主管飲食，甘丞主管膳具及甘肥美味，湯官丞主管酒水，果丞主管果品菜茹。此外還有員吏六十九人，衛士三十八人。詳見本書志第二十六。㉖宴私　指閒暇時間裡的所作所為，如遊宴戲耍之類。㉗易中孚傳　漢代有關《易經》的一種緯書。其書久已亡佚。中孚為卦名，即六十四卦中的第六十一卦。㉘不旋日　形容速度之快。李賢注引《易中孚傳》：「陽感天，不旋日，諸侯不旋時，大夫不過朞。」鄭玄注：「陽者天子，為善一日，天立應以善；為惡一日，天立應以惡。諸侯為善一時，天立應以善；為惡一時，天立應以惡。大夫為善一歲，天亦立應以善；為惡一歲，天亦立應以惡。」或謂「不旋日，立應之；不過時，三辰間；不過朞，從今旦至明旦。」㉙景雲　五色彩雲。又名慶雲或卿雲。

《漢書・天文志》：「若煙非煙，若雲非雲，鬱鬱紛紛，蕭索輪囷，是謂慶雲。慶雲見，喜氣也。」李賢注引《孝經》緯書《援神契》：「德至山陵，則景雲出。」且謂：「顗以陵園火災，故引之也。」㉚眚沴　災氣。沴謂天地四時之氣彼此傷害。《漢書・五行志第七中之上》：「甚則異物生，謂之眚。氣相傷，謂之沴，沴猶臨莅不和意也。」㉛兌卦　八卦（三爻單卦）中的第八卦和六十四卦（六爻重卦）中的第五十八卦。兌，喜悅、欣悅之義。《易大傳・說卦》：「兌以說（悅）之。」又〈序卦〉稱：「巽者入也，入而後說之，故受之以兌。兌者，說也。」㉜易傳　西漢京房的《易》學著述之一。其與今猶傳世的三卷本《京氏易傳》乃係同名異書，當和《漢書・藝文志》所著錄的《災異孟氏京房》六十六篇有關，同《漢書・五行志》所引述的《京房易傳》為同一書。㉝佞人　只知獻媚討好的人。㉞道人　恪守正道的人。李賢注引《易經》緯書《稽覽圖》：「有實無貌，屈道人也；有貌無實，佞人也。」鄭玄注：「有寒溫，無貌濁清靜，此賢者屈道，仕於不肖君也。有貌濁清靜，無寒溫，此佞人以便巧仕於世也。」㉟令色足恭　形容阿諛奉承到極點的那副醜態。語本《論語・公冶長》：「子曰：『巧言令色足恭，左丘明恥之，丘亦恥之。』」魏何晏《集解》注引包曰：「巧言，好其言語；令色，善其顏色；皆欲令人說之。」又引孔曰：「足恭，便辟貌。」㊱外厲內荏　猶言外強中乾。語本《論語・陽貨》：「子曰：『色厲而內荏，譬諸小人，其猶穿窬之盜也與？』」魏何晏《集解》引孔曰：「荏，柔也。謂外自矜厲而內柔佞。」㊲侵犯消息　侵犯意為衝擊、破壞，消息指以〈坎〉、〈離〉、〈震〉、〈兌〉四正卦為骨架加以排列而由六十四卦所代表的一年中陽氣逐漸增強、陰氣逐漸減弱和陰氣逐漸增強、陽氣逐漸減弱的具體過程。李賢注引《易經》緯書《稽覽圖》：「侵消息者，或陰專政，或陰侵陽。」鄭玄注：「溫卦以溫侵，寒卦以寒侵。陽者君也，陰者臣也，專君政事亦陰侵陽也。」清王先謙《後漢書集解》引清儒惠棟曰：「消息謂〈泰〉。正月〈泰卦〉用事。」㊳日乘　指太陽受到光氣或雲氣凌犯的各種奇異天象。《周禮・春官・眡祲》：「掌十煇之灋，以觀妖祥，辨吉凶。一曰祲，二曰象，三曰鑴（鑴與觿通。日旁的暈氣。），四曰監，五曰闇，六曰瞢，七曰彌，八曰敘，九曰隮，十曰想。」《晉書・天文志》綜合前人之說具體解釋為：「一曰祲，謂陰陽五色之氣，浸淫相侵。或曰抱珥、背璚之屬，如虹而短是也。二曰象，謂雲氣成形，象如赤烏，夾日以飛之類是也。三曰鑴，日傍氣，刺日，形如童子所佩之鑴。四曰監，謂雲氣臨在日上也。五曰闇，謂日月蝕，或曰脫光也。六曰瞢，謂瞢瞢不光明也。七曰彌，謂白虹彌天而貫日也。八曰序，謂氣若山而在日上，或曰冠珥、背璚重疊次序，在于日旁也。九曰隮，謂暈氣也，或曰虹也，《詩》所謂『朝隮于西』者也。十曰想，謂氣五色有形想也，青饑，赤兵，白喪，黑憂，黃熟。或曰想，思也，赤氣為人狩之形，可思而知其吉凶也。」㊴妖風　預兆凶險的怪風。《開元占經・風占・諸例》：「五音之日風起歲月日時，刑上黑色，勃勃然經刻，冥冥不見人形，是謂妖風。」㊵日蒙　指太陽被遊氣陰雲長時間遮蔽的反常天象。《晉書・天文志》：「凡連陰十日，晝不見日，夜不見月，亂風四起，欲雨而無雨，名曰蒙。臣有謀。」㊶日食　月球運行到地球和太陽中間時，太陽光被月球遮擋住，不能射到地球上來，這種現象叫日蝕。日蝕分為日全蝕、日偏蝕、日環蝕，在古代都被視為最嚴重的天譴現象和凶兆。《漢書・孔光傳》：「日者，眾陽之宗，人君之表，至尊之象。君德衰微，陰道盛彊，侵蔽陽明，則日蝕應之。」《晉書・天文志》：「日蝕，陰侵陽、臣掩君之象。有亡國。」㊷夫十室之邑二句　襲自《論語・公冶長》。十室謂十戶人家，邑謂聚落、村落。㊸率土　四海之內；整個國家。《詩・北山》：「溥天之下，莫非王土。率土之濱，莫非王臣。」毛傳：「溥，大。率，循。濱，涯也。」㊹贊務　協助料理政務。贊，協助；幫助。㊺元元　黎民百姓。高誘《戰國策》注：「元，善也。民之類善，故稱元。」㊻三五　三，三正。即夏商周分別以農曆正月、十二月、十一月做歲首的曆法。五，五行。即木、火、土、金、水五種物質元素。其間關係具有相生相克兩種形態，即木生火，火生土，土生金，金生水，水生木；木克土，土克水，水克火，火克金，金克木。把這相生相剋的關係推廣到社會歷史領域，便形成了五德終始說，即每一王朝各占一德，按照五行相克或相生的順序彼此取代，遞相更迭，周而復始，循環不已。李賢注引《春秋》緯書《合誠圖》：「至道不遠，三五而反。」宋均注：「三，三正也。五，五行也。三正五行，王者改代之際會也。能於此際自新如初，則通無窮也。」㊼少陽　指〈震卦〉所在的東方木行之位。《春秋繁露・天辨在人》：「少陽因木而起，助春之生也。」㊽法當乘起　指五行乘侮的定律。乘，乘虛侵襲。侮，恃強凌弱。亦即：當五行中的某一行過於強盛時，它可因亢而無制，加倍乘襲其所克制的那一行，使其更加不足；也可憑藉強勢，反克原會克制自己這一行的那一行。如本來為木克土，金克木，然而木行過於強盛，就能加倍地克制土行，又會反克金行，這兩種情形分別被稱作「木乘土」、「木侮金」。反過來，當五行中的某一行過於虛弱時，則克制這一行的那一行便會加強對它的克制力量，使之愈加虛弱；而虛弱的這一行原可克制的那一行，也會乘虛反克它。如本來為火克金，金克木，然而金行過於虛弱，則火行可來乘襲它，木行也可來反克它。這兩種情形分別被稱作「金虛火乘」、「金虛木侮」。上列五行乘侮的定律，打破了五行相克的單向關係，揭示了反常狀態下五行相克力量的改變、失衡以及如何復歸平衡的原理。此處「少陽」及下文「災成戊己」、「夏必有水」云云，便是建立在這一原理之上的。《黃帝內經素問・五運行大論》：「帝曰：『主歲何如？』岐伯曰：『氣有餘，則制己所勝而侮所不勝；其不及，則己所不勝侮而乘之，己所勝輕而侮之。』」㊾天門　〈乾卦〉所在的西北方位為天門。於五行屬金行。《易經》緯書《乾坤鑿度・立乾坤巽艮四門・上》：「乾為天門，聖人畫乾為天門，萬靈朝會眾生成，其勢高遠。《萬形經》：『天門闢元氣，易始於乾也。』」㊿戊己　十天干中的第五位與第六位，在這裡代表中央土行之位。51精感　意謂精靈作出感應。52不登　糧食歉收。53百姓不足二句　語本《論語・顏淵》所載孔子弟子有若對魯哀公問曰：「百姓足，君孰與不足？百姓不足，君孰與足！」54老子曰三句　老子，又稱《道德經》。其為先秦道家學派創始人老聃撰寫的名著。凡五千言，分為「道經」、「德經」兩部分，共八十一章。這裡所引二句原文，見於《老子・六十二章》。食稅，意為徵收賦稅供自己享用。55孝文皇帝　指西漢除呂后之外的第三代皇帝劉恆。卒諡孝文。事詳《史記・孝文本紀》、《漢書・文帝紀》。56綈袍革舄　綈袍，指用黑色粗厚的絲織物製成的袍服。革舄，用生皮製成的鞋子。舄，鞋子。57文　指彩色花紋。58易曰三句　易，即《周易》，為儒家五經之首，實乃先秦占筮書。通常亦將後出的《易傳》包括在內。此處所引二句原文，不見於《周易》經傳，實為《老子・七十九章》中的話。與，讚賞之義。59高宗　指殷朝第二十三位國王武丁。其在位五十九年間使殷朝重新振興，臻於極盛。因他德高可尊，故被後世稱作高宗。《尚書・高宗肜日》專篇記述賢臣祖己利用祭祀中突有野雞飛到鼎耳之上鳴叫的怪事誘導武丁修德，結果如《史記・殷本紀》：「武丁修政行德，天下咸驩，殷道復興。」李賢注引《帝王紀》且謂：「高宗饗國五十有九年，年百歲。」60宋景　指春秋時期宋國的國君宋景公。《呂氏春秋・制樂》：「宋景公之時，熒惑在心。公懼，召子韋而問焉，曰：『熒惑在心，何也？』子韋曰：『熒惑者，天罰也。心者，宋之分野也。禍當於君。雖然，可移於宰相。』公曰：『宰相所與治國家也，而移死焉，不祥。』子韋曰：『可移於民。』公曰：『民死，寡人將誰為君乎？寧獨死。』子韋曰：『可移於歲。』公曰：『歲害則民饑，民饑必死。為人君而殺其民以自活也，其誰以我為君乎？是寡人之命固盡已。子無復言矣。』子韋還走北面載拜曰：『臣敢賀君。天之處高而聽卑，君有至德之言三，天必三賞君。今夕熒惑其徙三舍，君延年二十一歲。』公曰：『子何以知之？』對曰：『有三善言，必有三賞。熒惑有三徙舍，舍行七星，星一徙當一年，三七二十一，臣故曰君延年二十一歲矣。臣請伏於陛下，以伺候之。熒惑不徙，臣請死。』公曰：『可。』是夕，熒惑果徙三舍。」《史記・宋微子世家》亦載此事。61儲宮　即東宮。為帝位繼承人皇太子的居所與官署。62太子　星辰名。具體所指，則有三處：一為東方七宿中心宿的前一星。《漢書・五行志第七下之下》載劉向引《星傳》：「心大星，天王也，其前星太子，後星庶子也。」《晉書・天文志》：「心三星，天王正位也。中星曰明堂，天子位，為大辰，主天下之賞罰。天下變動，心星見，祥。星明大，天下同。前星為太子，後星為庶子。心星直，則王失勢。」二為紫微垣北極五星的第一星。《晉書・天文志》：北極「第一星主月，太子也。第二星主日，帝王也，亦太乙之坐，謂最赤明者也。第三星主五星，庶子也。中星不明，主不用事。右星不明，太子憂。」三為太微垣五帝座北一星。《晉書・天文志》：「五帝坐北一星，曰太子，帝儲也。太子北一星，曰從官，侍臣也。」63婁五度　婁為西方七宿中排列次序在第二的星宿，共由三顆星組成。《史記・天官書》：「婁為聚眾。」唐張守節《正義》：「婁三星為苑牧，養犧牲以共祭祀。亦曰聚眾。占：動搖則眾兵聚；金火守之，兵起也。」《晉書・天文志》：「婁三星為天獄，主苑牧犧牲，供給郊祀。」五度，指距度而言。在二十八宿中，各宿所包含的恆星都不止一顆，從每宿中選定一顆星作為精細測量天體坐標的標準，叫做這個宿的距星，下宿距星和本宿距星之間的赤經差，叫做本宿的赤道距度，簡稱距度。赤道距度循赤經圈往黃道上的投影所截取的黃道度數叫做黃道距度。一個天體在某宿距星之東，並且和該宿距星之間的赤經差小於該宿距度的話，就稱為入該宿，這個赤經差就稱為該天體的入宿度，寫作「入某宿某度」。在《淮南子・天文》所列示的二十八宿距度數值中，婁宿為十二度，下文言及的翼宿為十八度，柳宿為十五度。(64)三統　指西漢後期劉歆所撰寫的《三統曆》。其內容仍保留在《漢書・律曆志》中。三統指周正所代表的天統或赤統、殷正所代表的地統或白統、夏正所代表的人統或黑統。該志稱：「曆本之驗在於天。自漢曆初起，盡元鳳六年，三十六歲而是非堅定。至孝成世，劉向總六曆，列是非，作《五紀論》。向子歆究其微眇，作《三統曆》及《譜》，以說《春秋》，推法密要，故述焉。」其中云：「三統者，天施、地化、人事之紀。」唐顏師古注引李奇曰：紀，「統緒也。」

(65)翼　南方七宿中排列次序在第六的星宿，共由二十二顆星組成。《史記・天官書》：「翼為羽翮，主遠客。」《晉書・天文志》：「翼二十二星，天之樂府俳倡，又主夷遠客，負海之賓。星明大，禮樂興，四夷賓；動則蠻夷使來；離徙則天子舉兵。」

(66)柳　南方七宿中排列次序在第三的星宿，共由八顆星組成，《史記・天官書》：「柳為鳥注，主木草。」唐張守節《正義》：「柳為朱鳥咮（喙）。占以順明為吉，金火守之，國兵大起。」《晉書・天文志》：「柳八星，天之廚宰也。主尚食，和滋味，又主雷雨。」(67)后星　指軒轅十二星中的前一顆大星。(68)北旋　向北運行。(69)天之使　意為天庭五帝的使者。《開元占經・五星占一・五星所主一》引《春秋緯》：「天有五帝，五星為之使。」又引《荊州占》：「五星者，五行之精也，五帝之子，天之使者，行於列舍，以司無道之國。王者施恩布德，正直清虛，則五星順度，出入應時，天下安寧，禍亂不生。人君無德，信姦佞，退忠良，遠君子，近小人，則五星逆行變色，出入不時，揚芒角怒，變為妖星彗孛、茀掃、天狗、枉矢、天槍、天掊，攙雲格澤，山崩地振，川竭雨血，眾妖所出，天下大亂，主死國滅，不可救也。餘殃不盡，為飢旱疾疫。」(70)易曰三句　出自《易大傳・繫辭上》。(71)一娶九女　指天子一人在一次納娶九名后妃。「一」在這裡含有兩義，既謂天子一人，又謂僅此一次，即不再娶。《白虎通義・五行》：「君一娶九女何？法。法九州，象天之施也。不娶同姓何？法。法五行異類，乃相生也。」卷下〈嫁娶〉：「天子、諸侯一娶九女何？重國廣繼嗣也。適也者何？法地有九州，承天之施，無所不生也。娶九女，亦足以成君施也。九而無子，百亦無益也。或曰天子娶十二女，法天有十二月，萬物必生也。必一娶何？防淫泆也。為其棄德嗜色，故一娶而已。人君無再娶之義也。」又稱：「天命不可保，故一娶九女。」(72)嫡媵　正妃和陪嫁的女子。《白虎通義・嫁娶》：「《春秋公羊傳》曰：『諸侯娶一國，則二國往媵之，以姪娣從之。』姪者何？兄之子也。娣者何？女弟也。」(73)宮人　宮女。(74)幽隔　意謂完全與男性脫離接觸，處於隔絕狀態。(75)人道　指男女交合的自然法則。(76)傾宮　相傳為夏桀或商紂王營建的一座宮殿。《竹書紀年》：夏桀「三年，築傾宮，毀容臺。」而《晏子春秋・內篇・諫下第二》：「及夏之衰也，其王桀背棄德行，為璿室、玉門；殷之衰也，其王紂作為傾宮、靈臺。」東漢高誘《淮南子》注：「傾宮，宮滿一頃田中也。旋室，以旋玉飾室也。一說室璿璣關可轉旋，故曰旋室。」(77)表商容之閭　商容，殷末的賢臣。句謂旌表他所居住的里門，即為之掛匾額。清輯本《尚書大傳・周書》傳曰：「武王入殷，表商容之閭，歸傾宮之女。」(78)成王　西周第二代國王。姬姓，名誦，在位期間使西周王朝得到鞏固與發展，出現了禮興刑措、萬民和睦而頌聲大作的局面。歷史上把他和其子康王的治績稱為成康之治。事跡主要見於《尚書・金縢》、〈多方〉及《史記・周本紀》。(79)皇胤　皇室的後代。(80)嗣體　謂帝位繼承人。(81)詩云三句　出自《詩・板》。其中「不敢」今本作「無敢」。戲豫，隨意嬉戲之義。(82)廣嗣　大量增多後嗣的出生數量。(83)丁寧　意謂高度注意。(84)善言古者二句　語本《荀子・性惡篇》：「故善言古者，必有節於今；善言天者，必有徵於人。」唐楊倞注：「節，準。徵，驗。」又《黃帝內經素問・舉痛論》和卷二十〈氣交變大論〉兩見此語，惟語序與這裡所言不同。其中〈舉痛論〉：「黃帝問曰：余聞善言天者，必有驗於人；善言古者，必有合於今；善言人者，必有厭於己。如此，則道不惑而要數極，所謂明也。」(85)苟言　隨意亂說。《論語・子路》載孔子曰：「君子於其言，無所苟而已矣。」(86)閏月　依農曆而在全年十二個月以外多置的一個月分。農曆為中國採用的一種傳統曆法，它用嚴格的朔望週期來定月，把日月合朔（太陽和月亮的黃經相等）的日期作為月首（初一），由十二個朔望月構成一年。但每個朔望月平均約長二九・五三〇五九日，一年共三五四或三五五日，比一回歸年約少一一日。為調解季節，便要設置閏月。其規律是：三年一閏，五年二閏，十九年七閏。閏，多餘之義。(87)天苑　星官名。位於西方昴宿、畢宿之南，共十六星。《史記・天官書》：天矢星「其西有勾曲九星，三處羅：一曰天旗，二曰天苑，三曰九斿。」唐張守節《正義》：「天苑十六星，如環狀，在畢南，天子養禽獸之所。稀暗則多死亡。」《晉書・天文志》：「天苑十六星，昴、畢南，天子之苑囿，養獸之所也。」《開元占經・石氏外官・天苑星占十九》引東漢郗萌：「天苑星非其故若不具，有斬刈之事。」(88)左足　星名。為西方參宿十星中處於周邊東南位置的一顆星。參宿十星按三組排列：一組為橫列三星，名曰衡石或三將；一組為外四星，名曰左右肩股或四將；一組為中央三星，名曰罰或伐。前兩組又合稱七將。這裡所說的左足，也就是其中的左股。《史記・天官書》：「參為白虎。三星直者，是為衡石。下有三星，兌（銳），曰罰，為斬艾事。其外四星，左右肩股也。」《晉書・天文志》：「參，白獸之體。其中三星橫列，三將也。東北曰左肩，主左將；西北曰右肩，主右將；東南曰左足，主後將軍；西南曰右足，主偏將軍。故《黃帝占》參應七將。中央三小星曰伐，天之都尉也，主胡、鮮卑、戎、狄之國，故不欲明。」89玉井　星官名。由四顆星組成，位於參宿左足星下方。《晉書・天文志》：「玉井四星，在參左足下。主水漿，以給廚。」《開元占經・西方七宿占三・參宿占七》引《石氏讚》：「參伐斬刈，陰氣孳，故置玉井以給廚。」90春秋　儒家《五經》之一，實乃現存最早的中國古代編年史。由於漢代經學盛行，而春秋公羊學更影響巨大，故言及《春秋》，往往以傳代經，即稱說《春秋》如何如何，實際是引證公羊學的理論或具體觀點。自此以下述及《春秋》處，便是如此。這裡所引六句原文，見於《春秋公羊傳・昭公十七年》，且有刪略之處。91孛　邪亂之氣，指彗星出現時其長尾所顯露的光芒掃射的那種形態。此次星孛現象發生在西元前五二五年冬季，據《左傳》所記，則嚴重到彗星長尾光芒「西及漢（銀河）」的程度，且載魯國大夫申須之語曰：「彗，所以除舊布新也。天事恆象，今除於火，火出必布焉，諸侯其有火災乎！」92大辰　指東方心宿三星。其主星為赤色一等星，每逢農曆五月黃昏閃耀在天空正南方，最高最亮，故而又稱大火。人可借助大火辨定時節和方向，所以又把心宿稱為大辰或辰星。亦名商星。93伐　指西方參宿十星中的中央三星。伐星處在西方，代表參宿，適與處在東方的心宿兩相對峙，而且此出彼沒，各不相見，亦可用來辨定時節和方向，因而伐星也被叫做大辰。《春秋公羊傳》何休《解詁》：「大火與伐，天所以示民時早晚，天下所取正，故謂之大辰。辰，時也。」94北極　距北天極最近最亮的星官。因其看似不動，總在北天極處，故被稱作北極星。北極凡五星，位於紫微垣內，被古人視為天心所在，可據以正四時，辨昏明，定方向，因而又謂之為北辰。亦名大辰，用作參商是隔、辰出參入的區分標誌，即《春秋公羊傳》何休《解詁》：「北辰北極，天之中也，常居其所。迷惑不知東西者，須視北辰，以別心、伐所在。」《史記・天官書》：「中宮天極星，其一明者，太一（至高天神）常居也。」唐司馬貞《索隱》引楊泉《物理論》：「北極，天之中，陽氣之北極也。極南為太陽，極北為太陰，日月五星行太陰則無光，行太陽則能照，故為昏明寒暑之限極也。」《晉書・天文志》：「北極，北辰最尊者也。其紐星，天之樞也。天運無窮，三光迭耀，而極星不移。故曰『居其所而眾星拱之』（《論語》孔子語）。」95三宿　指心宿、參宿、北極紫宮。《春秋公羊傳》對這三宿俱為大辰的解說，原意只在辨明它們同名異實，進一步說明《春秋》「記異」的筆法，並無「孛一宿而連三宿」之義。這是郎顗這類讖緯學者所作的神學發揮。《開元占經・東方七宿占一・心宿五》引石氏：「心三星，星當曲，天下安，直則天子失計。心為明堂，中大星天王位，前後小星子屬，以開德發陽，不欲直，直王失勢。期九十日，地動。主客，天子以弱亡。」卷六十二〈西方七宿占三・

參宿占七〉引東漢郗萌：「參為天刑，主伐。星大，則兵起；進退迫居及客番息，皆為刑急。參左足入玉井中，兵大起，天下大水，若其有喪，山石為怪。」卷六十七〈石氏中官・北極鉤陳星占六十〉引《春秋》緯書《運斗樞》：「王者承度行義，郊天事神，不敬廢禮文，不從經圖，則樞星不明。」96中宮　指帝王正宮。97白虎　將西方七宿聯繫起來而想像成的動物形象。古人對其賦之以金行的屬性和殺伐的功能。98趙魏　戰國七雄中的兩個古國。《漢書・地理志》：「趙地，昴、畢之分壄。趙分晉，得趙國，北有信都、真定、常山、中山，又得涿郡之高陽、鄚、州鄉；東有廣平、鉅鹿、清河、河間，又得渤海郡之東平舒、中邑、文安、東州、成平、章武，河以北也；南至浮水、繁陽、內黃、斥丘；西有太原、定襄、雲中、五原、上黨。皆趙分也。」又云：「魏地，觜觿、參之分野也。其界自高陵以東，盡河東、河內，南有陳留及汝南之召陵、濦彊、新汲、西華、長平，潁川之舞陽、郾、許、傿陵，河南之開封、中牟、陽武、酸棗、卷，皆魏分也。」99三輔　京兆尹、左馮翊、右扶風的合稱。指故京長安地區而言。始由漢武帝設置，相當於三個郡，承擔拱衛京師之責，故用「輔」字稱之。100關西　函谷關以西。101敬授人時　意為嚴肅準確地向民眾頒布曆法。語出《尚書・堯典》。102回選　另行選用。回，改換。103金精　金行的精靈，指金星而言。《尚書》緯書《考靈曜》：「太白金精。」北周庾季才《靈臺祕苑・妖星》：「妖星者，五行五星之變，天地惡氣之所生也。太白之精，流而為九：一曰天杵，二曰天附，三曰伏虛，四曰大敗，五曰司奸，六曰天狗，七曰天殘，八曰卒起，九曰白彗。」104上司　指主管全國軍政的太尉府。太尉原稱司馬。《韓詩外傳》：「司馬主天，司空主土，司徒主人。故陰陽不和，四時不節，星辰失度，災變非常，則責之司馬。」105五月丙午　五月屬火行起主導作用的月分，丙午為干支均係火行的日子。這種日子因干支五行屬性相同而被稱作專日，又名和日，居吉日之列。在專日行事則有功。故而這裡建議擇取五月丙午日進行祭祀謝罪活動。《淮南子・天文》：「日夏至，則斗南中繩，陽氣極，陰氣萌，故曰夏至為刑（高誘注：刑，始殺也）。日夏至，則火從之，故五月火正而水漏（高誘注：火正，火王也，故水滲漏。漏，滲也）。」又稱：「甲乙、寅卯，木也；丙丁、巳午，火也；戊己，四季土也；庚辛、申酉，金也；壬癸、亥子，水也。水生木，木生火，火生土，土生金，金生水。子生母曰義，母生子曰保，子母相得曰專，母勝子曰制，子勝母曰困。以勝擊殺，勝而無報；以專從事，而有功；以義行理，名立而不墮；以保畜養，萬物蕃昌；以困舉事，破滅死亡。」106干戚　干，即盾。戚，即斧。前者為防禦性武器，後者為進擊性武器。李賢注：「西方主兵，故太尉執持楯斧，所以厭金氣也。」107井旟　繪有南方東井星宿圖案的軍旗。旟，旗類，因上畫鳥隼，特稱為旟。東井是南方朱雀七宿中的第一宿，春夏為火，秋冬為水，乃五月夏至日所在之宿。基於火勝金，故而這裡要求「建井旟」。《周髀算經》卷下之二漢趙君卿注稱：「東井，夏至日所在之宿，為內衡。」

《開元占經・南方七宿占四・東井占一》引石氏：「東井八星，鉞一星，春夏為火，秋冬為水。」(108)玉板之策　玉板，玉質的長條形文字載體。策，寫有祝禱辭的天子策書。(109)西郊　指京師城外西部郊區九里處。本書〈志第八・祭祀中・迎氣〉：「立秋之日，迎秋於西郊，祭白帝蓐收。」李賢注引《月令章句》：「西郊九里，因金數也。」(110)火勝金　五行相剋關係的表現之一。火可熔化金屬，故曰火勝金。(111)巳時　十二時辰的組成部分，相當於現代時的上午九點至十一點。巳為十二地支的第六位。《開元占經・風占・地十二辰五音法》：「巳為陽角木，主疾病，主憂患。」(112)白虹貫日　白色長虹穿日而過的一種奇異天象。《開元占經・虹蜺貫日二》引西漢京房《對災異》：「虹蜺近日，則姦臣謀；貫日，客伐主。其救也，釋女樂，戒非常，正股肱，入賢良。」又同卷〈白虹貫日四〉引《詩》緯書《推度災》：「撓弱不立，邪臣蔽主，則白虹刺日，為政無常天下逆。」(113)太陽　猶言極陽，指最旺盛的陽氣。《春秋繁露・天辨在人》：「太陽因火而起，助夏之養也。」(114)中官外司　指中央機構和地方官府。(115)考事　考核政事。(116)恭陵　東漢安帝陵。位於當時洛陽城西北十五里處。(117)主名　指造成恭陵火災的直接責任人，即真正的縱火犯。(118)考毒　慘毒嚴酷的刑訊。(119)易傳曰四句　乃係《京房易傳》佚文，僅此一見。(120)甲乙　天干第一位和第二位，俱屬木行。甲為奇數之干，屬陽干、陽木；乙為偶數之干，屬陰干、陰木。這裡代表與東方木行相匹配的春季日期。《呂氏春秋・十二紀》和《禮記・月令》俱言：春三月「其日甲乙。」孔穎達疏：「其當孟春、仲春、季春之時，日之生養之功，謂為甲乙。」(121)中台　太微垣三台星的第二列雙星。這裡用以指代三公中的司徒。《周禮・大宗伯》孔穎達疏引漢代《武陵太守星傳》：「上臺司命為太尉，中臺司中為司徒，下臺司祿為司空。」《開元占經・熒惑占七・熒惑犯三台五十三》引東漢郗萌曰：「熒惑犯守上臺，宮中禁門燔，太尉病，天子惡之。犯守中臺，司徒、公族、皇后忌。犯守下臺，司空為庶人。皆期百七十二日。」(122)司徒　東漢所設三公之一，掌管全國民政等事務。(123)金氣再見　金氣指屬於金行的光氣，再見意為兩次顯現，即上文所說的「夜有白氣從西方天苑趨左足，入玉井」和此處所講的「乙卯巳時白虹貫日」。見，通「現」。顯現。(124)金能勝木　五行相克關係的表現之一。斧鋸可伐樹鋸木，故曰金勝木。(125)攘　解除；驅除。(126)三百三十九歲　自劉邦於西元前二〇六年建立西漢王朝，迄至東漢順帝陽嘉二年即西元一三三年，歷時共三百三十九年。(127)詩三基　西漢《詩》今文學派之一《齊詩》學派關於推算王朝興衰存滅的一種方法。基，「朞」的古字。週期。李賢注引《詩》緯書《氾歷樞》：「凡推其數，皆從亥之仲起，此天地所定位，陰陽氣周而復始，萬物死而復蘇，大統之始，故王命一節，為之十歲也。」就是說，三基之法把三百六十年定為一個週期，再用表示空間方位和時間流程的十二地支與之相配，遂各占三十年，每一地支繼續劃分成孟、仲、季，又各占十年，十年則為一節。節，據三國魏宋均注，意為氣。清王先謙《後漢書集解》引清儒惠棟：「案《詩》緯《推度災》云，陽本為雄，陰本為雌。雄生八月仲節，號曰太初。雌生戌仲，號曰太始。雌雄俱行三節，雄合物魂，號曰太素。然則八月酉仲為太初，屬雄；九月戌仲為太始，屬雌；十月亥仲為太素，屬物魂。三氣相接，至於子仲，然後天地分也。推數起亥仲，猶卦氣起〈中孚〉，至〈復〉而後一陽生也。」128高祖　指西漢王朝的創建者劉邦。廟號高祖。事詳《史記・高祖本紀》、《漢書・高帝紀》。129亥仲　這裡意為處於亥位的第二個十年。亥是十二地支的最後一位，屬陰支水行。於方位則代表西北，於時間通常代表歲星紀年中的第十個年分和斗建紀月中的農曆冬季十月分（孟冬），於八卦為主宰立冬、表示陰陽終而復始、陽氣始萌的〈乾卦〉之位，於《詩》指〈大雅〉中的〈大明〉。《詩》緯書《推度災》：「亥者，核也，閡也。十月閉藏，萬物皆入核閡。」又云：「亥者，太也。既滅既盡，將復，又有始者也。」130戌仲　這裡意為處於戌位的第二個十年。戌是十二地支的第十一位，屬陽支土行。於方位則代表西北，於時間通常代表歲星紀年中的第九個年分和斗建紀月中的農曆秋季寒露與霜降所在的九月分（季秋）。《詩》緯書《推度災》：「戌者，滅也，殺也。九月殺極，物皆滅也。」又云：「戌者，滅也，物至是而衰滅也。」131詩氾歷樞　漢代有關《詩》的一種緯書。久已失傳，尚有部分佚文可見。132卯酉為革政　《齊詩》學派所創「五際」說的內容之一。卯是十二地支的第四位，屬陰支木行。於方位則代表正東，於時間通常代表歲星紀年中的第二個年分和斗建紀月中的農曆春季二月分（仲春），於八卦為主宰春分、表示陰陽均分的〈震卦〉之位，於《詩》指〈小雅〉中的〈天保〉。《詩》緯書《推度災》：「卯者，冒也。物生長大，覆冒於地也。」又云：「卯者，茂也，物茂漸成也。」酉是十二地支的第十位，屬陰支金行。於方位則代表正西，於時間通常代表歲星紀年中的第八個年分和斗建紀月中的農曆秋季八月分（仲秋），於八卦為主宰秋分、表示陰盛陽微的〈兌卦〉之位，於《詩》指〈小雅〉中的〈祈父〉。《詩》緯書《推度災》：「酉者，老也，亦云熟也。萬物老極而成熟也。」又云：「酉者，醜也，物至是而形不嘉，凋殘老醜也。」《氾歷樞》：「酉者，老也，萬物衰，枝葉槁。」革政，意謂改革政令。因《詩・天保》是臣僚祝福周天子力行善政、永保天命的，《詩・祈父》是譏刺周天子用人不當的，正反兩相對照之下，故稱卯酉為革政。《詩・序》：「〈天保〉，下報上也。君能下下，以成其政；臣能歸美，以報其上焉。」又云：「〈祈父〉，刺宣王也。」鄭箋：「刺其用祈父，不得其人也。官非其人則職廢。祈父之職，掌六軍之事，有九伐之法。祈、圻、畿，同。」133午亥為革命　《齊詩》學派所創「五際」說的內容之一。午是十二地支的第七位，屬陽支火行。於方位則代表正南，於時間通常代表歲星紀年中的第五個年分和斗建紀月中的農曆夏季五月分（仲夏），於八卦為主宰夏至、表示陽極生陰、陽謝陰興的〈離卦〉之位，於《詩》指〈小雅〉中的〈采芑〉。《詩》緯書《推度災》：「午者，仵也，亦云咢也。仲夏之日，萬物盛大，枝柯咢布於午。」又云：「午者，甫也，其時可以哺也。」《氾歷樞》：「午，仵也。陽氣極於上，陰氣起於下，陰為政，時有武，故其立字，『十』在『人』下為『午』。」革命，意謂天命從前一王朝轉移到新王朝手中，即改朝換代。因《詩．大明》是頌揚周文王和周武王建周克商而轄有天下的功業的，《詩．采芑》是讚美周宣王北伐玁狁、南征荊蠻而使王朝中興，再受天命的業績的，故稱午亥為革命。〈詩序〉：「〈大明〉，文王有明德，故天復命武王也。」又云：「〈采芑〉，宣王南征也。」134神在天門　神謂陽氣君象，天門指戌、亥之間，即〈乾卦〉所據之位。135司候　窺察監視。司，通「伺」。窺察；偵伺。136易雄雌祕歷　漢代有關《易經》的一種緯書，久已失傳。137困乏　指《易經》六十四卦中排列在第四十七的〈困卦〉所象徵的困厄窘迫的境況。〈困卦〉卦形為下坎上兌。坎代表水，兌代表澤，水在澤下，構成澤中無水乾涸之象。故而這裡說「今值困乏」。在卦氣流轉圖式中，〈困卦〉被定為十二公卦之一。138九二　六十四卦每卦六爻中的一種爻題，即倒數第二陽爻。九表示本爻的屬性為陽，二表示本爻在六爻卦中處於倒數第二位。《易經》緯書《乾鑿度》凡兩言：「夫〈困〉之九二，有中和，居亂世，交於小人。」139經曰三句　為〈困卦〉彖辭之語。不失其所意為在困境險境中仍然保持歡暢喜悅的心態。140致命遂志　為〈困卦〉象辭之語。意為豁出性命也要實現本人的高尚志向。141潛龍養德二句　潛龍，意為藏於水中的神龍。喻指靜處不動的君主型的人物。德，指龍德，亦即君主型人物的施布天下的德澤。屈戹，困窘的處境。《易．乾卦》初九：「潛龍，勿用。」又九二象：「『見龍在田』，德施普也。」對此《易大傳．文言》：「初九曰『潛龍勿用』，何謂也?子曰：龍德而隱者也。不易乎世，不成乎名，遯世無悶，不見是而無悶，樂則行之，憂則違之，確乎其不可拔，潛龍也。九二曰『見龍在田，利見大人』，何謂也?子曰：龍德而正中者也。庸言之信，庸行之謹，閑邪存其誠，善世而不伐，德博而化。」以上兩句是追溯順帝在安帝時期被立為太子又被廢為濟陰王的危險經歷。詳見本書卷六。142紫宮　星官名，指紫微垣。有時又指帝王宮禁。143歷運　指天象運行所顯示的王朝氣數與命運。144妖祥　謂災異凶殃。145肉刑　損害罪人肉體的刑罰。初為五刑，其後名目增多且愈益殘酷。漢文帝自其在位的第十三年（西元前一六七年）五月開始廢除肉刑，到東漢順帝陽嘉二年，恰為三百年。146輿服　指上自皇帝、下至文武百官所使用的車馬儀仗和朝服冠飾。147機衡　本謂北斗七星中名為天璣的第三星和名為玉衡的第五星，這裡用以指代中樞機構尚書臺。本書卷六十三〈李固傳〉載其對策曰：「今陛下之有尚書，猶天之有北斗也。斗為天喉舌，尚書亦為陛下喉舌。斗斟酌元氣，運平四時，尚書出納王命，賦政四海，權尊埶重。」148改元　指帝王改用新年號紀年。年號以一為元，故稱改元。《白虎通義．爵》：「改元名元年，年以紀事。王者改元年，即事天地。諸侯改元，即事社稷。」149不諱　鼓勵忠言直諫的意思。150際會　指《齊詩》學派所講的五際運會。

【語譯】章疏奏呈以後，順帝又讓他到尚書那裡去作對答。於是郎顗對答說：

2 「臣下我聽說聖明的帝王喜歡聽到自己的過錯，忠臣孝子提意見決無隱瞞真相。臣下我在具備基本視聽能力的普通人群中勉強充個數，可卻稟性愚笨憨直，不懂得忌諱，所以把生死拋在一旁，再次懇切地言說一番。真誠盼望陛下修明天覆地載的恩德，放出日月那樣的光明，披覽圖讖緯書，察驗儒家經典，考察帝王的要務，弄清楚應先做後做的政事。如果出現不足和遺漏的地方，就加以補救，自行改正。著眼周文王和周武王那樣的帝業，效仿唐堯、虞舜的治國原則與方法，消除災殃，招來吉福，號令天下。這正是臣下我郎顗真摯誠懇的心願，因而日思夜想，絞盡腦汁進行謀劃。現今恭謹地把前面所進呈的章疏再作梳理，將那內容主旨說個通通透透，列舉合乎時宜、有利國家的七宗事體，詳盡地按實際狀況對答如下：

3 「第一宗事體：先帝園陵極為緊要，是聖明神靈所依憑的處所，可卻災火噴吐烈焰，逼近了陳設先帝生前起居用具和衣冠的地方，魂魄若有靈應，也會受到驚擾。追尋京師的宮殿官府，建成於距今很近的明帝永平年間，歲月尚未久遠，卻又重新修建改造。再者闢設西苑，僅僅豢養禽獸，而離房別觀這類建築，本來就不經常在那裡居住，但卻全都精雕細刻，營建沒有止息的時候，浪費人力，耗盡財物，數額要用好多億錢來計算。《易內傳》說：『君主奢侈無度，大規模修飾宮室，此時就會天下大旱，遭到的災殃就表現為火災。』因而魯僖公遇上旱災，便修明國政，自我誡敕，撤下懸掛的鐘鼓，命令主管工程的官員停止工作，盡管全國仍未獲得安寧，但及時雨卻自行降落下來了。據此而言，上天對人做出回應，要比如影隨形、如聲回應還疾速。本月十七日戊午這一天，正是火行占統治地位的徵日，而太陽照射到下午申時那一刻，風又從寅所代表的東北再稍偏北的方向刮來，一直刮到後半夜丑時才停止。丑、寅、申都在徵日的範圍以內，因而即使不發生火災，肯定會造成旱災。但願陛下仔細統計繕修所消耗的費用，常常想到百姓的勞苦，裁撤重大工程的主管官員，減少雕梁畫棟的裝飾，降低宮廷飲食的豐盛程度，取消閒暇時間裡遊宴戲耍之類的活動。《易中孚傳》說：『天子感動上天，回應就轉瞬到來。』真像這樣去做了，五色祥雲就會降現聚集，災氣也不會作祟了。

4 「第二宗事體：從去年以來，〈兌卦〉開始發揮主導作用，但大多和卦氣對不上號。《京房易傳》講：『只在外表上裝模作樣卻沒有真行動，這是只知獻媚討好的人；確有真行動而不在外表上裝模作樣，這是始終恪守正道的人。』氣候寒冷與溫暖，屬於實質。外露與藏而不露，屬於表象。如今三公全都擺出阿諛奉承到極點的那副樣子，表面矜持嚴厲卻內心柔弱阿附，用虛假那一套侍奉帝王，不具備輔助國政的真切意念，因而就在外露與藏而不露上面顯示得很逼真，折射到氣候寒冷與溫暖上面卻顯示不出正常狀態來，所以陰寒氣候就破壞《易》卦所標示的一年中陽息陰消、陰息陽消的具體過程。歷來占測的效驗有：『太陽受到光氣雲氣的凌犯，就會隨後出現妖風；太陽被遊氣陰雲長時間遮蔽，就會隨後發生地震。』像這樣持續三年，就會導致日蝕，這是由陰物侵淩與其相對應的陽物並且越積越重而造成的。在立春前後溫暖氣候恰恰與時節一同來到，這表明詔令寬厚啊。隨後氣候又變得寒冷，這表明沒有寬厚的實際效果呀。在十戶人家組成的小村落裡，也必定會有忠誠信實的人，而生活在全國各地的人們，其中怎會沒有正直賢能的人士？然而卻沒聽說朝廷對他們有所識別和提拔，這可不是求取賢士協助料理好政務從而大規模救助黎民百姓的做法。應該選取任用優秀的臣僚，用來輔助聖明的教化。

5 「第三宗事體：臣下我聽說上天運行的法則並非距離遙遠深不可測，依照三正更替和五行迭興的既定順序周而復始。今年是東方木行占據統治地位的年分，按定律將會出現五行相乘相侮的反常情況，恐怕到後年以下突然發作，涉歷乾卦所在的西北天門，在戊己所代表的土行中央形成災害。今年春季會乾旱，夏季必定要發大水，對此臣下我運用六日七分占斷法進行預測是能推知的。災殃降臨，全按世人邪惡活動的種類而彼此對應。行為存在汙點和過失，人氣就與上天相抵觸，精靈便作出感應，降示下災變，用來告誡君主。作為帝王應奉守的準則是，如果碰上糧食歉收的年景，就要在宮廷飲食上降低規格。這些年來，收成漸次減少，百姓家家貧困，戶戶在挨餓，一年不如一年了。百姓用度不夠，國君怎能用度夠呢？水災旱災，盡管目前還沒到來，然而君子要高瞻遠矚，把問題消滅在萌芽狀態。《老子》上說：『百姓之所以挨餓，是因為他們的國君大量徵收賦稅來供自己享用的緣故。』所以孝文皇帝只穿黑色粗厚絲織物製成的袍服和生皮製成的鞋子，木器上不繪製彩色花紋，約束自身的享用，減輕天下的賦稅，把當時的社會帶入了太平盛世。如今陛下聖明的德業在重新振興，應該遵循已有的典則，只管節約再節約，這樣一來，天下百姓就幸運到極點了。《易經》中說：『上天沒有什麼偏愛，總是讚賞善良的人。』因此殷高宗享受到吉福，宋景公獲取到長壽。

6 「第四宗事體：臣下我發現皇太子至今尚未冊立，東宮還沒有主人，往上觀測天象，太子星不明亮。火星在去年春分過後第十六日處於西方婁宿五度，按《三統曆》來計算，迄今它應處於南方翼宿九度，可眼下反倒處於南方柳宿三度，運行還不到五十多度。在去年八月二十四日戊辰那天，火星經過南方輿鬼宿向東面進入軒轅星，又從軒轅星中的那顆后星北面出來，朝東運行四度，又向北運行，折返回來。軒轅星是後宮所在。火星是最旺盛的陽氣的精靈，屬於天庭的使者，可它卻在軒轅星進進出出，轉來繞去。《易經》中講：『皇天垂示兆象，用來顯現吉凶。』這就可以明顯地看出火星像那樣來運行的用意了。按照禮制規定，天子一人在一次納娶九名后妃，王后和陪嫁的女子一個也不缺。如今侍奉天子的宮女，動輒千人，其中有人雖然活在世上卻完全與男性脫離了接觸，處於隔絕狀態，男女交合的自然法則在她們那裡得不到貫徹，鬱積的怨氣，感動皇天，因而派遣火星進入軒轅星，調理世人的兩性關係，垂示兆象，顯現異常，用來使君主醒悟。從前周武王一進入殷商國都，就放走傾宮裡的宮女，旌表商容居住的里門，藉此調理世人的兩性關係，表彰賢良有德的人物，因而皇天賜給他聖明的王子，這就是成王啊。如今陛下您幽禁了數量太多的宮女，違背了天意，所以皇室的後代大多夭折，帝位繼承人確定不下來。《詩》中說：『鄭重對待上天的憤怒譴責，決不敢隨意嬉戲。』如今陛下的吉福，沒有比增多帝室後嗣的出生數量更為緊要的了，而增多帝室後嗣出生數量的方法，能不加以深思嗎？應該挑選一批宮女將她們放走，任憑她們去嫁人，這樣皇天自然就會降賜吉福，使皇室子孫成千上萬。只盼望陛下您反覆予以高度注意，對此事多留心。那些貴盛受寵的身邊人，也應考慮臣下我的這種建議，來使陛下醒悟。一般說來，善於講論古代事情的人，要與當今相切合；善於講論天上事情的人，要與人間相切合。希望陛下向百官做詢問，如果事情和臣下我所講的真有不切合的地方，臣下我甘願承受隨意亂說的罪過。

7 「第五宗事體：臣下我看到在去年閏月十七日己丑那天夜間，忽有白氣從西方天苑星掃向參宿十星中的左足星，進入玉井星，經過好幾天才消失。《春秋》中說：『突然有彗星出現在大辰星區。這裡所記載的大辰星區是指什麼呢？是指東方大火心宿啊。東方大火心宿名為大辰，而西方參宿十星中的伐星也名為大辰，北極星同樣名為大辰。』之所以彗星在一個星宿內出現卻總共連及到三個星宿，這是因為在彰顯北極星屬於天帝的宮室啊。但凡君主正宮沒有秩序，政教亂七八糟，武力聲威衰弱，這三個星宿就會顯示兆象做出回應來。伐星屬於白虎，它所在的參宿是主宰人間戰爭的，按分野又是同趙地、魏地相對應的，星變既然在西方顯現出來，也和三輔地區相對應。但凡金行陰氣出現異常情況，都在秋季之內。臣下我擔心立秋以後，趙地、魏地、關西將會產生羌族反叛作亂的禍患。應該預先向這一帶的各個郡進行告誡，讓他們嚴肅準確地向民眾說明曆法所規定的各種事項與活動，減輕徭役，少收賦稅，切莫胡亂營建土木工程，保證倉庫和牢獄的安全，使守衛事宜不出現漏洞，另行選用賢能的人士，以此鎮壓住並消除金行陰氣的危害。金星化作彗星降災，責任要由司馬來負。因而應在五月丙午那一天，派遣太尉攜帶盾牌和斧鉞，豎起繪有南方東井星宿圖案的軍旗，在玉質長條形書寫材料上寫好祝禱的天子策書，把白氣這一奇異天象引開，在京師城外西部郊區九里處進行自責，請求指出過失，向皇天謝罪，使妖氣消失熄滅。這是因為用火行克制金行，可以轉禍為福啊。

8 「第六宗事體：臣下我看到本月十四日乙卯那天巳時時分，出現白虹貫日的天象。凡是出現在太陽旁邊的純白光氣都被稱作虹。其中直接穿入太陽裡面去的，就屬於侵凌最旺盛的陽氣啊；而在春季出現的，則又表明國政改變了例行的作法。眼下從中央機構到地方官府，分頭在考核政事，但所考核的具體內容，有的並不是首先需要解決的問題。再者恭陵發生火災，真正的縱火犯還不知是誰，可卻逮捕關押了許多人，全都受到慘毒嚴酷的刑訊。果真追究起來，這次火災其實是上天發出的警戒，藉此來使君主醒悟。只能順從它，決不能違背它；只能鄭重對待它，決不能把它不當一回事。陛下您應該自己認真反省，以便防止日後災殃再發生。所有需要追查審問的案件，應一律等到立秋再說。另外《京房易傳》上講：『三公能盡其職守，使賢人各得其所，提拔任用才士，這樣做以後必定會有令人欣喜的祥瑞兆應。』否則的話，就會出現白虹貫日。而偏偏在東方木行甲乙日出現的，則是上天譴責司徒的作為。自從現任司徒供職以來，陰陽二氣顯現出許多反常的現象，長時間沒有自身謙虛而大力薦舉賢士的辦法，惹得天下議論紛紛，即使品類不同的人也都發出共同的嗟歎。而且自從立春以來，屬於金行的光氣接連兩次顯現，金行能夠克制木行，必定會有兵禍，應該罷免現任司徒，以求應合上天的心意。陛下如果不及早解除災異，將會辜負臣下我的這番言論，給百姓帶來禍殃。

9 「第七宗事體：臣下我考慮，大漢興起至今已滿三百三十九年了。用《詩》王朝興衰週期法來推算，高祖皇帝從處於亥位的第二個十年中的第二年建立起政權，現今正值處於戌位的第二個十年中的第十年。《詩氾歷樞》講過：『卯、酉屬於改革政令的年代，午、亥屬於改朝換代的年代，代表陽氣君象的神靈位居天門，出入都在監察窺聽。』這是強調天神處在戌亥本位上，窺察監視著帝王的興衰得失，那些英明的帝王就會昌盛，那些昏庸的帝王就會滅亡。用《易雄雌祕歷》做推算，現今正趕上困乏的年分。凡屬六爻卦中倒數第二陽爻顯示困乏事象的，都是在表明一幫小人在共同困害君子啊。《易經》上說：『身陷困境險境當中仍能保持歡暢喜悅心態的人，恐怕只有君子吧！』唯獨賢明神聖的君主遭遇到困境險境，能夠豁出性命也要實現本人的高遠志向，不拋棄他所恪守的最高準則。陛下您在前些年像水中神龍那樣靜處不動，培養美德，在困窘的處境中隱伏藏匿，到即位時，天庭紫宮受驚感動，在國家命運的交會點上，時氣已經做出應合了。然而仍讓人擔心災異凶殃尚未除盡，身為君子就要想到禍患，預先對它進行防範。臣下我認為，處於戌位的第二個十年已經期滿了，到明年就轉入處於戌位的第三個十年了。孝文皇帝修訂法律，廢除了肉刑，至今恰好三百年。應當利用這一時機，放寬法令，對官名稱號和車服器械只要有所更改，就都由大變小，去奢就儉。在中樞機構尚書臺的政務上，更要去除煩苛，變成簡單易行。改用新年號紀年，一切都從頭再來，訪求招聘隱遁在民間的賢士，命令各地保舉方正科的合適人選，由朝廷徵召有道之士，廣泛採集不同的治國方略，開闢忠言直諫的道路。

10 「臣下我援引陳述五際運會，只怕觸犯忌諱，寫起來還存在著有所保留的地方，不敢說得十分透徹明晰。」

臺❶詰顗曰：「對云『白虹貫日，政變常也』。朝廷率由舊章❷，何所變易而言變常？又言『當大蠲法令，革易官號』。或云變常以致災，或改舊以除異，何也？又陽嘉初建，復欲改元，據何經典？其以實對。」顗對曰：

「方春東作❸，布德之元，陽氣開發，養導萬物。王者因天視聽，奉順時氣❹，宜務崇溫柔，遵其行令❺。而今立春之後，考事不息，秋冬之政，行乎春夏，故白虹春見，掩蔽日曜❻。凡邪氣乘陽❼，則虹蜺❽在日，斯皆臣下執事刻急所致，殆非朝廷優寬之本。此其變常之咎也。又今選舉皆歸三司❾，非有周召❿之才，而當則哲⓫之重，每有選用，輒參之掾屬⓬，公府門巷，賓客填集，送去迎來，財貨無已。其當遷者，競相薦謁，各遣子弟，充塞道路，開長姦門，興致浮偽，非所謂率由舊章也。尚書職在機衡，宮禁嚴密，私曲之意，羌⓭不得通，偏黨之恩，或無所用。選舉之任，不如還在機密。臣誠愚戇，不知折中⓮，斯固遠近之論，當今之宜。又孔子曰：『漢三百載，斗歷改憲。』⓯三百四歲為一德⓰，五德⓱千五百二十歲，五行更用⓲。王者隨天，譬猶自春徂⓳夏，改青服絳⓴者也。自文帝省刑，適三百年，而輕微之禁，漸已殷積㉑。王者之法，譬猶江河，當使易避而難犯㉒也。故易曰：『易則易知，簡則易從，易簡而天下之理得矣。』㉓

今去奢即儉，以先天下，改易名號，隨事稱謂。易曰：『君子之道，或出或處，同歸殊塗，一致百慮。』㉔是知變常而善，可以除災，變常而惡，必致於異。今年仲竟，來年入季，仲終季始，歷運變改，故可改元，所以順天道也。臣顗愚蔽，不足以荅聖問。」

【章　旨】以上是〈郎顗傳〉的第四部分，記述郎顗的〈對臺詰辭〉。此文實屬〈狀對尚書條便宜七事〉的高度濃縮與重點發揮。它針對尚書臺變常致災和改舊除異在邏輯上存在自相矛盾之處的詰問，以當前朝政不正常來解釋變常，用改變積弊來說明改舊，頗可自圓其說，破尚書臺詰難。在變常而惡與變常而善的內涵迥異的辨析中，更明確地推出了傳統的順氣施政說，《春秋》緯書的「三百載斗歷改憲」說，《易》緯的「五行更用」說。

【注　釋】❶臺　指尚書臺。❷率由舊章　意為一切都按原有的規章制度來辦理。語出《詩・假樂》。❸東作　指開始春耕的時節。語出《尚書・堯典》。❹時氣　四季的氣候。❺行令　謂五行分別與季節相配而應循此展開的政務活動。就仲春二月而言，即如《禮記・月令》：「是月也，安萌芽，養幼少，存諸孤。擇元日，命民社。命有司省囹圄，去桎梏，毋肆掠，止獄訟。」❻日曜　光明的太陽。❼乘陽　意為侵淩陽氣。❽蜺　亦作「霓」。副虹。又稱雌虹、雌蜺。古以雄者為虹，雌者為蜺；明者為虹，暗者為蜺；白者為虹，青赤者為蜺。❾三司　即三公。❿周召　指周公和召公。周公為西周初期的大政治家，魯國的始祖。名旦，為周文王第四子、武王之弟，因其采邑在周（今陝西岐山縣），故稱周公。成王時官任太師。召公為周王室的一個姬姓分支的代表人物，戰國燕國的始祖。名奭，食邑於召（今陝西岐山縣西南），故稱召公。成王時官任太保。⓫則哲　知人則哲的縮語。《尚書・皋陶謨》載大禹之言：「知人則哲，能官人。」偽《孔傳》謂：「哲，智也。無所不知，故能官人。」⓬掾屬　泛指手下的具體辦事人員。正職曰掾，副職曰屬。⓭羌　轉折連詞，猶言「反而」。⓮折中　亦作「折衷」。即取正而用作判斷事物的標準。⓯孔子曰三句　漢代讖緯學者將孔子樹立為替漢制法的預言家，故而出現了此處所列示的兩句話。本書〈志第二・律曆中〉載章帝元和二年二月甲寅〈議曆詔〉引《春秋保乾圖》：「三百年斗曆改憲。」又稱：「史官用太初鄧平術，有餘分一，在三百年之域，行度轉差，浸以謬錯。琁璣不正，文象不稽。冬至之日日在斗二十一度，而曆以為牽牛中星。先立春一日，則《四分》數之立春日也。以折獄斷大刑，於氣已迕；用望平和隨時之義，蓋亦遠矣。今改行《四分》，以遵於堯，以順孔聖奉天之文。」李賢注引《春秋保乾圖》：「陽起於一，天帝為北辰，氣成於三，以立五神，三五展轉，機以動運，故三百歲斗歷改憲也。」三國魏宋均注：「三陽而陽備，備則宜改憲。憲，法也。」⓰三百四歲為一德　一德指五行中的某一行。《易經》緯書《乾鑿度》：「孔子曰：至德之數，先立木、金、水、火、土德，合三百四歲，五德備，凡一千五百二十歲，大終復初。」之所以一德為三百零四年，是因為「一紀七十六歲，因而四之（乘以四），為三百四歲。」⓱五德　五行之德。《易經》緯書《乾鑿度》：「甲子木德，主春，春生三百四歲。庚子金德，主秋，成收三百四歲。丙子火德，主夏，長三百四歲。壬子水德，主冬，藏三百四歲。戊子土德，主季夏（農曆六月分），至養三百四歲。」⓲更用　輪流發揮主導作用。⓳徂　及；至。⓴改青服絳　由穿青色服裝改穿紅色服裝。《禮記・月令》：春三月天子「衣青衣，服倉玉」；夏三月天子「衣朱衣，服赤玉。」㉑殷積　積聚眾多。殷，眾多。㉒難犯　意謂觸犯起來感到害怕。㉓易曰四句　此係撮錄《易大傳・繫辭上》之語而成。原文為：「乾以易知，坤以簡能。易則易知，簡則易從。易知則有親，易從則有功。有親則可久，有功則可大。可久則賢人之德，可大則賢人之業。易簡而天下之理得矣。」㉔易曰五句　此係綴連〈繫辭上〉和〈繫辭下〉之語而成。〈繫辭上〉：「子曰：君子之道，或出或處，或默或語。」〈繫辭下〉：「子曰：天下何思何慮？天下同歸而殊塗，一致而百慮。」

【語　譯】尚書臺詰問郎顗說：「你在對答中說什麼『白虹貫日，正表明國政改變了例行的作法』。但朝廷實際上一切都按原有的規章制度在辦事，究竟朝廷改變了什麼而使你大講特講例行作法被改變了呢？你又說『應寬大法令，撤銷或改變官號』。你既然強調國政改變了例行的作法才招來了禍災，卻又強調更改舊規章便能消除災異，這到底是為什麼呢？再者陽嘉年號剛剛定立下來，可你卻又主張改用新年號，這是依據什麼經典提出來的呢？請你如實做出對答。」郎顗於是對答說：

「如今正值春季開始耕種的時節，屬於皇天施布恩德的初始階段，陽氣在噴發宣洩，養育疏導著萬物。稱王天下的人無不以皇天為轉移，承奉順從季節氣候，應該極力突出溫和寬柔的準則，按照木行與春季相配需要處理的政務來行事。可眼下已是立春之後了，刑罰犯人卻不停息，這種應在秋冬進行的工作，反在春夏就展開了，所以白虹便在春季顯現，遮住了太陽的光芒。但凡邪氣侵凌陽氣，雄虹雌蜺就會在太陽周圍攪擾，這全是臣僚及其下屬苛刻急迫招來的，恐怕不屬於朝廷優容寬和的本意所在。這也正是皇天對國政改變了例行作法而進行的譴責。再者選用官員，目前都歸三公掌管，可三公並不具備周公、召公那樣的才德，卻偏要承當起知人善任的重擔，每次有所選用，便把手下辦事人員包羅進來，致使三公府第的門巷裡賓客聚集得滿滿的，送往迎來，無休無止地收受賄賂。那些本該升遷的官員，競相謁見並薦舉其他也應隨同升遷的人，各自派遣自家子弟前去活動，把道路擠得水泄不通，由此開啟擴大了奸邪的門路，掀起了虛浮詐偽的風氣，這絕對算不上通常所講的一切都按原有的規章制度來辦事啊。尚書臺負責中樞機密政務，皇宮的戒備又十分嚴密，因而私下請求設法關照的意願，無法上達，出於同屬一個政治集團而予以任用的私恩，或許派不上用場。有關選用官員的權力，還不如再交給尚書臺掌握。臣下我確實愚昧憨直，不懂得怎樣從兩端擇取到哪個最為恰切的標準，可這樣辦卻是遠近各處的一致主張，也是適應當前情況的合適作法。此外孔子講過：『大漢歷經三百年，要按北斗星的運轉規律重訂曆法，更改國家法律。』依照定律，三百零四年構成五行中的一德，五行所包括的五德則共計一千五百二十年，而五行又在輪流發揮主導作用。稱王天下的人跟隨皇天來施政，這就如同從春季到夏季，天子要由穿用青色服裝改穿紅色服裝一個樣。自從孝文皇帝減免刑罰，至今正好三百年，可對那些輕微罪過施行的刑罰，卻逐漸在增加，已經積聚到繁多的地步了。稱王天下的人所制定的法律，如同長江黃河的流水，應當讓人容易迴避很難觸犯。所以《易經》中便說：『很平常就容易被了解，挺簡單就容易被遵從，既平常又簡單，就能獲取到天下萬物的道理所在了。』現今正應去除奢侈，歸向節儉，給天下做出榜樣來，更改職官和制度名號，要依據政事需要給它們確定名稱。《易經》中還說：『君子立身處世的方法是，或入仕做官，或隱居民間。雖然各自採取的途徑不同，但目標都是同一個目標；盡管每人各有各的想法，但道理都是同一個道理。』由此可知，如果國政改變了例行的作法但它改變得很好，就可以消除禍災；倘若國政改變了例行的作法但它改變得很糟糕，就可以招來災異。今年處於戌位的第二個十年已經期滿了，到明年就轉入處於戌位的第三個十年了，而處於戌位的第二個十年的結束，正是處於戌位的第三個十年的開始，氣數際運既然發生了變動，因而就可以改用新年號，其目的正在於順應皇天的法則呀。臣下我郎顗愚蠢暗昧，不足以回答聖明的詰問。」

1 顗又上書薦黃瓊❶、李固，并陳消災之術曰：

2 「臣前對七事，要政急務，宜於今者，所當施用。誠知愚淺，不合聖聽，人賤言廢，當受誅罰，征營❷惶怖，靡知厝身❸。

3 「臣聞刳舟剡楫❹，將欲濟江海也；聘賢選佐，將以安天下也。昔唐堯在上，群龍❺為用，文武創德，周召作輔，是以能建天地之功，增日月之耀者也。詩云：『赫赫王命，仲山甫將之。邦國若否，仲山甫明之。』❻宣王❼是賴，以致雍熙❽。陛下踐祚以來，勤心庶政，而三九❾之位，未見其人，是以災害屢臻，四國❿未寧。臣考之國典，驗之聞見，莫不以得賢為功，失士為敗。且賢者出處⓫，翔而後集⓬，爵以德進⓭，則其情不苟，然後使君子恥貧賤而樂富貴矣。若有德不報，有言不讎⓮，來無所樂，進無所趨，則皆懷歸藪澤，修其故志矣。夫求賢者，上以承天，下以為人。不用之，則逆天統⓯，違人望。逆天統則災眚降，違人望則化不行。災眚降則下呼嗟，化不行則君道虧。四始⓰之缺，五際⓱之戹，其咎由此。豈可不剛健篤實⑱，矜矜慄慄⑲，以守天功盛德大業⑳乎？

4 「臣伏見光祿大夫江夏㉑黃瓊，耽道樂術，清亮自然，被褐懷寶㉒，含味經籍，又果於從政㉓，明達變復㉔。朝廷前加優寵，賓于上位㉕。瓊入朝日淺，謀謨未就，因以喪病，致命㉖遂志。老子曰：『大音希聲，大器晚成。』㉗善人為國，三年乃立㉘。天下莫不嘉朝廷有此良人，而復怪其不時還任。陛下宜加隆崇之恩，極養賢之禮，徵反京師，以慰天下。又處士漢中㉙李固，年四十，通游夏㉚之藝，履顏閔㉛之仁。絜白之節，情同皦日㉜，忠貞之操，好是正直㉝，卓冠古人，當世莫及。元精㉞所生，王之佐臣，天之生固，必為聖漢，宜蒙特徵，以示四方。夫有出倫之才，不應限以官次㉟。昔顏子十八，天下歸仁㊱；子奇稺齒，化阿有聲㊲。若還瓊徵固，任以時政，伊尹、傅說㊳，不足為比，則可垂景光㊴，致休祥㊵矣。

5 「臣顗明不知人，伏聽眾言，百姓所歸，臧否㊶共歎。願汎問百僚，覈其名行，有一不合，則臣為欺國。惟留聖神，不以人廢言㊷。謹復條便宜四事，附奏於左：

6 「一事：孔子作春秋，書『正月』者㊸，敬歲之始㊹也。王者則天㊺之象，因時之序，宜開發德號㊻，爵賢命士，流寬大之澤，垂仁厚之德，順助元氣㊼，含養庶類。如此，則天文昭爛，星辰顯列，五緯[48]循軌，四時和睦。不則太陽不光，天地溷濁，時氣錯逆，霾霧[49]蔽日。自立春以來，累經旬朔[50]，未見仁德有所施布，但聞罪罰考掠之聲。夫天之應人，疾於景響，而自從入歲，常有蒙氣[51]，月不舒光，日不宣曜。日者太陽，以象人君。政變於下，日應於天。清濁之占，隨政抑揚。天之見異，事無虛作。豈獨陛下倦於萬機，帷幄[52]之政有所闕歟？何天戒之數見也！臣願陛下發揚乾剛[53]，援引賢能，勤求機衡之寄，以獲斷金[54]之利。臣之所陳，輒以太陽為先者，明其不可久闇，急當改正。其異雖微，其事甚重。臣言雖約，其旨甚廣。惟陛下乃眷臣章，深留明思。

7 「二事：孔子曰：『雷之始發大壯始，君弱臣彊從解起。』[55]今月九日至十四日，大壯用事，消息之卦[56]也。於此六日之中，雷當發聲[57]，發聲則歲氣[58]和，王道興也。易曰：『雷出地奮，豫，先王以作樂崇德，殷薦之上帝。』[59]雷者，所以開發萌牙，辟陰除害。萬物須雷而解[60]，資雨而潤。故經曰：『雷以動之，雨以潤之。』[61]王者崇寬大，順春令，則雷應節，不則發動於冬，當震反潛。故易傳曰：『當雷不雷，太陽弱也。』今蒙氣不除，日月變色，則其效也。天網恢恢，疏而不失[62]，隨時進退，應政得失。大人者，與天地合其德，與日月合其明[63]，琁璣動作[64]，與天相應。靁者號令[65]，其德生養。號令殆廢，當生而殺，則靁反作[66]，其時無歲。陛下若欲除災昭祉，順天致和，宜察臣下尤酷害者，亟加斥黜[67]，以安黎元，則太皓[68]悅和，靁聲乃發。

8 「三事：去年十月二十日癸亥，太白與歲星合[69]於房、心。太白在北，歲星在南，相離數寸，光芒交接。房、心者，天帝明堂[70]布政之宮。孝經鉤命決[71]曰：『歲星守心[72]年穀豐。』尚書洪範記[73]曰：『月行中道[74]，移節應期，德厚受福，重華[75]留之。』重華者，謂歲星在心也。今太白從之，交合明堂，金木相賊[76]，而反同合，此以陰陵陽，臣下專權之異也。房、心東方，其國主宋。石氏經[77]曰：『歲星出左[78]有年，出右無年。』今金木俱東，歲星在南，是為出右，恐年穀不成，宋人飢也。陛下宜審詳明堂布政之務，然後妖異可消，五緯順序矣。

9 「四事：易傳曰：『陽無德則旱，陰僭陽亦旱。』陽無德者，人君恩澤不施於人也。陰僭[79]陽者，祿去公室[80]，臣下專權也。自冬涉春，訖無嘉澤[81]，數有西風[82]，反逆時節。朝廷勞心，廣為禱祈，薦祭山川，暴龍移市[83]。臣聞皇天感物，不為偽動，災變應人，要在責己。若今雨可請降，水可攘止，則歲無隔并[84]，太平可待。然而災害不息者，患不在此也。立春以來，未見朝廷賞錄有功，表顯有德，存問孤寡，賑恤貧弱，而但見洛陽都官[85]奔車東西，收繫纖介[86]，牢獄充盈。臣聞恭陵火處，比有光曜，明此天災，非人之咎。丁丑大風，掩蔽天地。風者號令[87]，天之威怒，皆所以感悟人君忠厚之戒。又連月無雨，將害宿麥[88]。若一穀[89]不登，則飢者十三四矣。陛下誠宜廣被恩澤，貸贍元元。昔堯遭九年之水[90]，人有十載之蓄者，簡稅防災，為其方也。願陛下早宣德澤，以應天功。若臣言不用，朝政不改者，立夏之後乃有澍雨[91]，於今之際未可望也。若政變於朝而天不雨，則臣為誣上，愚不知量，分當鼎鑊。」

10 書奏，特詔拜郎中[92]，辭病不就，即去歸家。至四月京師地震，遂陷。其夏大旱。秋，鮮卑[93]入馬邑[94]城，破代郡兵。明年，西羌寇隴右。皆略如顗言。後復公車徵，不行。

11 同縣孫禮者，積惡凶暴，好游俠[95]，與其同里人常慕顗名德，欲與親善。顗不顧，以此結怨，遂為禮所殺。

【章旨】以上是〈郎顗傳〉的第五部分，記述郎顗的〈薦黃瓊李固并陳消災四事書〉及其最終被同縣怨家所殺害的人生結局。這篇薦賢陳政書是對前三道奏疏的些許補充和重複性的再強調與再申說。其中任賢以致休祥論、雷占術以及與之相應的天子以乾剛克制臣下專權的對策，值得注意。

【注釋】❶黃瓊　東漢後期抑制外戚勢力的大臣。詳見本書卷六十一。❷征營　恐懼不安的樣子。❸厝身　站立的地方。❹刳舟剡楫　《易大傳》所列示的遠古時代觀象製器的具體表現之一。〈繫辭下〉：黃帝「刳木為舟，剡木為楫。舟楫之利，以濟不通致遠，以利天下，蓋取諸〈渙〉。」刳，剜空。剡，削尖。楫，撥船的長竿。❺群龍　喻指各具才能的賢臣。《易．乾卦》用九：「見群龍無首，吉。」李賢注引鄭玄注：「爻皆體〈乾〉，群龍之象。」《尚書．堯典》載，帝堯在位期間責成羲氏、和氏觀測天象頒行曆法，任用四岳轄領四方，命鯀治理洪水，選擇虞舜為帝位繼承人。虞舜為帝後，又委任禹、稷、契、咎繇等二十二人為分管朝政的大臣。❻詩云五句　見於《詩．烝民》。仲山甫為周宣王時期的輔政重臣，以功封樊侯，名樊穆仲，字仲山甫。赫赫，今本《詩經》作「肅肅」。將，執行；奉行。若否，意為好壞、善惡。❼宣王　指西周王朝的第十一位國王姬靜（一作靖）。其在位四十六年，使已衰落的周朝一度復興，號稱中興之主。❽雍熙　和樂太平。❾三九　指三公九卿。九卿包括太常、光祿勳、衛尉、太僕、廷尉、大鴻臚、宗正、大司農、少府。❿四國　四方之國，即天下各地。⓫出處　做官與隱居。⓬翔而後集　語出《論語．鄉黨》。⓭爵以德進　偽《古文尚書．仲虺之誥》：「德懋懋官，功懋懋賞。」偽《孔傳》：「勉於德者則勉之以官，勉於功者則勉之以賞。」⓮疇　同「酬」。酬謝；回報。⓯天統　猶言天理、天道。⓰四始　漢代《詩》學對《詩》編排方式所作的一種解釋和概括。共有三說。毛詩學派主張：風、小雅、大雅、頌為四始，之所以如此，因為它們乃係王道興衰之所由的緣故。《魯詩》學派則主張：〈關雎〉為〈國風〉之始，〈鹿鳴〉為〈小雅〉之始，〈文王〉為〈大雅〉之始，〈清廟〉為〈頌〉之始。《齊詩》學派及《詩緯》學者又主張：〈大雅〉中的〈大明〉在亥，為水行之始；〈小雅〉中的〈四牡〉在寅，為木行之始；〈南有嘉魚〉在巳，為火行之始；〈鴻鴈〉在申，為金行之始。這裡顯然係據《齊詩》及《詩緯》之說為言。⓱五際　五個特定的際運。漢代《齊詩》學派運用陰陽五行學說推斷歷史演變和政治變化的一種理論。《漢書．翼奉傳》唐顏師古注引孟康：「《詩內傳》曰：『五際，卯、酉、午、戌、亥也。陰陽終始際會之歲，於此則有變改之政。』」唐孔穎達《毛詩正義》引《詩》緯書《氾歷樞》稱：「亥為革命，一際也。亥又為天門，出入候聽，二際也。卯為陰陽交際，三際也。午為陽謝陰興，四際也。酉為陰盛陽微，五際也。」⓲剛健篤實　《易經．大畜》：「彖曰：大畜，剛健篤實，輝光日新其德。」剛健，剛強雄健。指上天的特性而言。篤實，厚重堅實。指大山的特性而言。⓳矜矜慄慄　形容帝王極其堅強、始終保持高度戒懼的那種情態。矜矜，語出《詩．無羊》：「矜矜兢兢，不騫不崩。」慄慄，語出偽《古文尚書．湯誥》：「慄慄危懼，若將隕於深淵。」⓴天功盛德大業　天功，亦作天工。指由人間統治者代替上天所建立的地平天成的重大功績。《尚書．皋陶謨》：「無曠庶官，天工人其代之。」又〈堯典〉：「惟時亮天功。」偽《孔傳》：「各敬其職，惟是乃能信立天下之功。」〈禹貢〉：「禹錫玄圭，告厥成功。」孔穎達疏：「禹功盡加於四海，故堯賜玄圭以彰顯之。必以天色圭者，言天功成也。〈大禹謨〉舜美禹功云『地平天成』，是天功成也。」盛德，聖人日日在擴展提高的德行。大業，聖人在事業上取得的宏大成就。《易大傳．繫辭上》：「顯諸仁，藏諸用，鼓萬物而不與聖人同憂，盛德大業至矣。富有之謂大業，日新之謂盛德。」㉑江夏　郡名。治所在西陵縣（今湖北新洲西）。㉒被褐懷寶　身穿粗布衣服，內懷珍貴寶物。比喻人有才能而深藏不露。語本《老子．七十章》：「知我者希，則我貴矣。是以聖人被褐懷玉。」西漢河上公注：「被褐者薄外，懷玉者厚內，匿寶藏懷，不以示人也。」㉓果於從政　意為在政務處理上十分果斷。㉔變復　指能把災異消除的具體對策。㉕上位　據本書卷六十一〈黃瓊傳〉載，其於順帝永建年間被任命為尚書令。㉖致命　意謂主動辭去官職。㉗老子曰三句　見於《老子．四十一章》，惟語序同這裡所引相反。西漢河上公注：「大器之人若九鼎瑚璉，不可卒成也。大音猶雷霆待時而動，喻常愛氣希言也。」㉘善人為國二句　義本《論語．子路》所載錄的孔子說過的兩段話。一為：「子曰：『善人為邦百年，亦可以勝殘去殺矣。誠哉是言也。』」魏何晏《集解》引王氏曰：「勝殘，殘暴之人使不為惡也。去殺，不用刑殺也。」二為：「子曰：『苟有用我者，期月（滿十二個月）而已可也，三年有成。』」魏何晏《集解》引孔氏：「言誠有用我於政事者，期月而可以行其政教，必三年乃有成功。」㉙漢中　郡名。治所在南鄭縣（今陝西漢中）。㉚游夏　指孔子的高徒子游與子夏。孔子以四科即德行、言語、政事、文學培養學生，二人在孔門弟子中尤以精通文學即古典文獻而出類拔萃。㉛顏閔　指孔子的高徒顏淵與閔子騫。二人在孔門弟子中尤以道德修養高尚而名列前茅。㉜皦日　白日。即亮度達到白熱化的太陽。㉝好是正直　語出《詩．小明》。意謂只與正直的人士親近往來。㉞元精　上天的精氣。李賢注引《春秋緯書《演孔圖》：「正氣為帝，間氣為臣，宮商為姓，秀氣為人。」㉟官次　官位的等級系列。㊱昔顏子十八二句　《論語．顏淵》：「顏淵問仁。子曰：『克己復禮為仁。一日克己復禮，天下歸仁焉。』顏淵曰：『請問其目。』子曰：『非禮勿視，非禮勿聽，非禮勿言，非禮勿動。』顏淵曰：『回雖不敏，請事斯語矣。』」㊲子奇稺齒二句　子奇，戰國時期齊國十八歲的一名官員。阿，阿邑。乃係地名。位於今山東陽穀東北。《藝文類聚．職官部．令長》引劉向《新序》（今本無其文）：「昔子奇年十八，齊君使之治阿。既行矣，悔之，使使追之，未到阿及之，還之；已到，勿還也。使者及之而不還，君問其故，對曰：『臣見所以共載者，白首也。夫以老者之智，以少者決之，必能治阿矣。是以不還。』」㊳伊尹傳說　均為商朝的輔政重臣。伊尹協助商湯滅夏，傳說輔佐殷高宗中興。《孟子》一書中對二人的評介較多，可參閱。㊴景光　吉祥的光氣。㊵休祥　美好吉祥的景象。㊶臧否　好人與壞人。㊷不以人廢言　《論語．衛靈公》：「子曰：『君子不以言舉人，不以人廢言。』」

魏何晏《集解》引王氏：「不可以無德而廢善言。」㊸書正月者　指《春秋經》開篇處隱公第一的起首六個字：「元年春，王正月。」這六字經文，《春秋》三傳俱同。《左傳》杜預注：「隱公之始年，周王之正月也。凡人君即位，欲其體元以居正，故不言一年一月也。」《穀梁傳》范甯《集解》與杜注同。㊹敬歲之始　此係春秋公羊學對《春秋經》這六字筆法所作的解說，即《公羊傳》所稱：「元年者何？君之始年也。春者何？歲之始也。王者孰謂？謂文王也。曷為先言王而後言正月？王正月也。何言乎王正月？大一統也。」《穀梁傳》則認為：「雖無事，必舉正月，謹始也。」《左傳》乃謂：「不書即位，攝也。」㊺則天　效法皇天。《論語．泰伯》：「子曰：『大哉！堯之為君也。巍巍乎唯天為大，唯堯則之。蕩蕩乎民無能名焉，巍巍乎其有成功也。』」㊻德號　天子施布恩德的命令。《禮記．月令》：「立春之日，天子親帥三公九卿、諸侯大夫，以迎春於東郊。還反，賞公卿諸侯大夫於朝。命相布德和令，行慶施惠，下及兆民。慶賜遂行，毋有不當。」又唐顏師古《漢書》注：「德號，德音之號令也。《易．夬卦》曰『孚號有厲』是也。」㊼元氣　最初始的渾沌之氣。《漢書．律曆志第一上》：「太極元氣，函三為一。極，中也；元，始也。」唐顏師古注引孟康：「元氣始起於子，未分之時，天地人混合為一，故子數獨一也。」東漢王充《論衡．談天篇》：「說《易》者曰：元氣未分，渾沌為一。儒書又言：溟涬濛澒，氣未分之類也。及其分離，清者為天，濁者為地。」又〈四諱篇〉：「元氣，天地之精微也。」元氣在這裡亦可解作天氣，即上下四時之氣。李賢注：元氣，「天氣也。王者承天心，理禮樂，通上下四時之氣也。」㊽五緯　即木火土金水五大行星。㊾霾霧　即沙塵暴和濃霧大霧。《爾雅．釋天》：「風而雨土為霾。地氣發，天不應曰霧，霧謂之晦。」《開元占經．霾曀占》引東漢郗萌：「凡天地四方昏濛若下塵，十五日以上，或一月，或一時，雨不霑衣而有土，名曰霾。故曰天地霾，君臣乖，若不大旱外人來。」又同卷〈霧占〉引《春秋》緯書《元命苞》：「陰陽亂為霧」；《運斗樞》：「四獨霧下，天下冤。」㊿旬朔　指個把月時間。十天為旬，三十日為朔。51蒙氣　謂長時間遮蔽日月星辰的陰暗邪氣。東漢劉熙《釋名．釋天》：「蒙，日光不明，濛濛然也。」《開元占經．濛占》引《春秋》緯書《潛潭巴》：「大濛三十日，群猾起。」又引東漢郗萌曰：「濛霧者，邪氣也。陰未衝陽，姦臣謀君，在天為濛，在人為霧。日月不見為濛，前後人不相見為霧。」52帷幄　此處指為國事朝政出謀劃策的大臣。53乾剛　原謂天道剛健，這裡指代帝王剛強果斷的執政威勢。語本《易大傳．雜卦》：「〈乾〉剛〈坤〉柔。」54斷金　意謂同心協力。語本《易大傳．繫辭上》：「二人同心，其利斷金。同心之言，其臭如蘭。」55孔子曰三句　此係讖緯家託名孔子之辭，見於《易經》緯書《坤靈圖》。〈大壯〉是《易經》六十四卦中的第三十四卦。其卦形為下乾上震。乾代表天，震代表雷，雷在天上，聲威極其盛壯，剛猛震撼一切，故將此卦名之為〈大壯〉，〈大壯〉在卦氣流轉圖式中被定為十二君卦之一。〈解〉是《易經》六十四卦中的第四十卦。其卦形為下坎上震。坎代表險境，又代表雨；震代表面臨險境的積極行動，又代表雷。通過採取積極行動脫離險境；入春後冰消雪化，雷鳴雨降，萬物復蘇，故將此卦名之為〈解〉。解乃解脫、化解之義。〈解卦〉在卦氣流轉圖式中被定為十二公卦之一。56 消息之卦　指十二辟卦（又稱十二君卦或十二月卦、十二月主卦）。其由〈復卦〉、〈臨卦〉、〈泰卦〉、〈大壯卦〉、〈夬卦〉、〈乾卦〉和〈姤卦〉、〈遁卦〉、〈否卦〉、〈觀卦〉、〈剝卦〉、〈坤卦〉組成，依次代表自農曆十一月為起點的全年十二個月和七十二種物候現象的變化情況，顯示陽息陰消、陰息陽消的週期性過程和終而復始的定律。其中前六卦陽爻在逐漸增加，陰爻在相應減少，為息卦；後六卦陰爻在逐漸增加，陽爻在相應減少，為消卦。〈大壯卦〉作為息卦之一，主管農曆二月和屬於次候的雷乃發聲的物候現象。57 發聲　意謂響徹天空。《逸周書・時訓解》：「春分之日玄鳥至，又五日，雷乃發聲。」《禮記・月令》：仲春「是月也，日夜分，雷乃發聲。」孔穎達疏引蔡邕：「季冬雷在地下，則雉應而雊；孟春動於地之上，則蟄蟲應而振出；至此升而動於天之下，其聲發揚也。」58 歲氣　全年的氣候。59 易曰五句　為〈豫卦〉象辭之語，原文尚有「以配祖考」四字一句。〈豫卦〉是《易經》六十四卦中的第十六卦。其卦形為坤下震上。坤代表地，震代表雷，雷作為陽氣之聲出於地上，震動萬物，萬物由此獲得新生而無不喜悅，故曰雷出地奮，豫。奮指震動之狀，豫謂喜悅歡樂。雷聲既可震動萬物，人間音樂亦可感動天神人鬼，先王遂取法這一卦象，創作音樂來頌揚天神人鬼的功德，隆盛地進獻給天帝，配享已成人鬼的祖先，以與萬物同樂。殷，隆盛之義。薦，進獻。上帝，指天帝，即至高神。《漢書・五行志第七中之上》引劉向《洪範五行傳》：「於《易》，雷以二月出，其卦曰〈豫〉，言萬物隨雷出地，皆逸豫也。以八月入，其卦曰〈歸妹〉，言雷復歸入地，則孕毓根核，保藏蟄蟲，避盛陰之害。出地則養長華實，發揚隱伏，宣盛陽之德。入能除害，出能興利，人君之象也。」60 解　意謂脫去外殼，生出新芽。《易・解卦》：「天地解而雷雨作，雷雨作而百果草木皆甲坼。」61 經曰三句　《易大傳・說卦》：「雷以動之，風以散之，雨以潤之，日以烜之。」62 天網恢恢二句　語出《老子・七十三章》。恢恢，廣大貌。63 大人者三句　語出《易大傳・文言》。大人謂天子，德謂覆蓋承載一切，明謂照耀到每個角落。64 琁璣動作　意謂按北斗七星的運轉定律而實行的各項政事。琁璣，在這裡指代北斗七星。北斗七星位於天空北方又排列成很像舀酒的斗器形狀。其中第一星稱天樞，第二星稱天璇，第三星稱天璣，第四星稱天權，第五星稱玉衡，第六星稱開陽，第七星稱搖光。前四星構成斗器盛酒那一部件的形狀，故合稱斗魁，又名魁星或璿璣。把天璇和天樞連成直線再延長五倍左右的距離，便可找到北極星，所以天璿和天樞又叫指極星。後三星則構成斗柄之形，故合稱為杓，又名玉衡。北斗七星屬於大熊座，是辨別方向和確定季節的標誌，但古代星占家把它視為七政的樞機、陰陽的元本和人君之象、號令之主乃至運行的帝車。《尚書・堯典》：帝舜「在璿（璇）璣玉衡，以齊七政。」偽《孔傳》：「在，察也。璿，美玉。璣衡，王者正天文之器，可運轉者。七政，日月五星各異政。舜察天文，齊七政，以審己當天心與否。」孔穎達疏：「此日月五星，有吉凶之象，因其變動為占。七者各自異政，故為七政。得失由政，故稱政也。」輯本《尚書大傳》：「七政謂春、秋、冬、夏、天文、地理、人道，所以為政也。人道正而萬事順成。」《開元占經・石氏中官・北斗星占五十八》引《詩》緯書《含神霧》：「七政：天斗上一星天位，二主地，三主火，四主水，五主土，六主木，七主金。」又引《孝經》緯書《援神契》：「王者德至於天，則斗極明。天子不事祠名山，不敬鬼神，則斗第一星不明。數起土功，壞決山陵，逆地理，不從諫，則第二星不明。天子不愛百姓，則第三星不明。發號施令，不從四時，則第四星不明。用樂聲淫泆，則第五星不明。用文法深刻，則第六星不明。不省江河淮濟之祠，則第七星不明。」65靁者號令　《開元占經・雷占》引緯書《河圖帝通紀》：「雷，天地之鼓也。」又引京房曰：「春始雷東方，東方五穀盡熟，人民蕃殖。以夜雷，歲半熟。」66反作　在冬天轟鳴。《開元占經・雷占》引京房：「冬雷不蟄，茲謂自藏，萬物化不成。天冬雷，地必震，教令撓則冬雷，民飢。」67斥黜　罷官免職，逐出朝廷。《開元占經・雷占》引京房：「春分之後，雷不發聲，君當揚威武，退強臣，正治道，當發聲矣。」68太皓　謂皇天。69合　交合；聚合，指五大行星中二星相犯的現象。《漢書・天文志》：「木與金合鬭，國有內亂。同舍為合，相陵為鬭。二星相近者，其殃大。二星相遠者，殃無傷也。從七寸以內必之。」《開元占經・太白占三・太白犯房四》引石氏：「太白守房，臣脅君。兵車滿野，中國有殃，貴女用事，王者失位，期二年。」又引郗萌曰：「太白出入房，霜雨不時，人飢於食，牛馬多死。」同卷〈太白犯心五〉引巫咸：「太白守心，君弱臣強，姦臣賊子謀殺其主。」又引郗萌：「太白中犯乘守心明堂，一曰為旱，又曰兵戈四起，國相為亂。」同書卷二十四〈歲星占二・歲星犯房四〉引郗萌：「歲星居房南，歲多旱，五穀以早傷。居房北，多水，五穀以水傷。」又引占：「歲星不入房中正道，其君不居明堂。」同卷〈歲星犯心五〉引石氏：「歲星犯乘守心，大凶。」又引《海中占》：「歲星留逆犯守乘陵心者，王宮內賊，亂臣下有謀易主者，天子權在宗家，得勢大臣。」70明堂　本為古代建築物之稱，即天子宣明政教的專用場所，舉凡朝會、祭祀、慶賞、選士、養老、教學等典禮，均在此處舉行。以人間建置比附天庭，遂將東方房、心二宿視為天帝布政之宮。71孝經鉤命決　漢代有關《孝經》的一種緯書。久已失傳，尚有部分佚文可見。72守心　意為在心宿留駐。73尚書洪範記　指西漢劉向所撰寫的《洪範五行傳論》。《漢書・五行志第七上》：「漢興，承秦滅學之後，景、武之世，董仲舒治《公羊春秋》，始推陰陽，為儒者宗。宣、元之後，劉向治《穀梁春秋》，數其禍福，傳以《洪範》，與仲舒錯。」又卷三十六〈劉向傳〉：「向見《尚書・洪範》箕子為武王陳五行陰陽休咎之應，乃集合上古以來歷春秋、六國至秦、漢符瑞災異之記，推跡行事，連傳禍福，著其占驗，比類相從，各有條目，凡十一篇，號曰《洪範五行傳論》，奏之。」該書業已失傳，遺文則保留較多。㉔中道　指房宿正中間的那條運行軌道。《史記・天官書》：「月行中道，安寧和平。陰間，多水，陰事。外北三尺，陰星。北三尺太陰，大水、兵。陽間，驕恣。陽星，多暴獄。太陽，大旱喪也。」唐司馬貞《索隱》「案：中道，房星之中間也。房有四星，若人之房三間有四表然，故曰房南為陽間，北為陰間，則中道，房星之中間也。故房是日月五星之常行道，然黃道亦經房星。若月行得中道，故陰陽和平；若行陰間，多陰事；陽間，則人主驕恣；若歷陰星、陽星之南，迫太陰、太陽之道，即有大水若兵，及大旱若喪也。」又云：「太陰、太陽，皆道也。月行近之，故有水旱兵喪也。」㉕重華　歲星的別稱。《史記・天官書》：「歲星一曰攝提，曰重華，曰應星，曰紀星。」重華本為帝舜之名。《尚書・堯典》：「帝舜曰重華，協於帝。」偽《孔傳》：「華謂文德，言其光文重合於堯，俱聖明。」㉖賊　克殺。太白星屬金行，歲星屬木行，按照五行相克的關係，則金必克木，故而這裡謂之「賊」。㉗石氏經　戰國時期的天文學著作。原名《天文》，後被稱作《石氏經》或《石氏星經》。凡八卷，久已失傳，迄今尚有部分佚文可見。石氏為本書著者，姓石名申，又叫石申夫，戰國魏國人，係當時著名的天文學家和星占家。《史記・天官書》：「昔之傳天數者，在齊甘公，楚唐昧，趙尹皐，魏石申。」唐張守節《正義》引南朝梁阮孝緒《七錄》：「石申，魏人，戰國時作《天文》八卷也。」㉘出左　意謂從東方出現。古以左為陽，指東方。下文「出右」與此相反。《開元占經・五星占三・歲星與太白相犯三》引甘氏：「太白與歲星合於一舍西方，凶。歲星出左有年，出右無年。合之日，以知五穀之有無。太白與歲星並，太白在南，歲星在北，名曰牝牡相承，五穀成熟。太白在北，歲星在南，年或有或無，歲不熟，飢。太白在歲星南，以兵飢；在歲星北，以水飢。一曰有亡國。」又引《黃帝占》：「歲星與太白合，為飢，為疾，為內兵。」又引《荊州占》：「太白與木星會，光芒相及，大亂其分，民飢兵起。」㉙僭　超越；凌駕其上。《易經》緯書《稽覽圖》：「陽無得則旱害物，陰僭陽亦旱害物，觀其政以別之。陽之以木為災也，於春夏水而殺萬物，陰作之以水為害也。於秋冬降陰不行，而迎陰獨起為雨，雨少，必殺旱異者，旱之而不害物也。」㉚公室　與私室相對而言，指國君獨掌大權的朝廷。亦謂王室、帝室。㉛嘉澤　指滋潤大地和萬物的瑞雪和春雨。嘉，美好。㉜西風　與東風相對而言，於春季則屬逆風。㉝暴龍移市　古代祈天降雨的一種方式。《春秋繁露・求雨》：「春旱求雨，以甲乙日為大蒼龍一，長八丈，居中央，為小龍七，各長四丈，於東方。皆東鄉，其間相去八尺。小童八人，皆齋三日，服青衣而舞之。田嗇夫亦齋三日，服青衣而立之。季夏禱山陵以助之，令縣邑壹徙市於邑南門之外，五日禁男子無得行入市。」又《禮記・檀弓下》：「歲旱，穆公召縣子而問曰：『徙市則奚若？』曰：

『天子崩，巷市七日；諸侯薨，巷市三日。為之徙市，不亦可乎！』」鄭玄注：「徙市者，庶人之喪禮。今徙市，是憂戚於旱若喪。」(84)隔并　意謂陰陽失調，水旱無常。李賢注：「隔并，謂水旱不節也。」(85)洛陽都官　指京師洛陽各官府。又統稱中都官。詳參本書卷一。(86)纖介　指犯有輕微罪過的人。(87)風者號令　李賢注引西漢翼奉《風角》：「風者，天之號令，所以譴告人君者也。」(88)宿麥　即冬小麥。因其秋種夏收，生長期歷經去冬今春，即隔年，故稱宿麥。(89)一穀　指五穀中的一種作物。五穀具體所指，說法不一，但都將麥包括在五穀之內。(90)昔堯遭九年之水　此係秦漢流行的一種說法，旨在強調三年耕必有一年之蓄，九年耕必有三年之蓄，以三十年通制國用。《漢書・食貨志》載鼂錯〈論貴粟疏〉：「聖王在上而民不凍餒者，非能耕而食之，織而衣之也，為開其資財之道也。故堯禹有九年之水，湯有七年之旱，而國亡捐瘠者，以畜積多而備先具也。」賈誼《新書・無蓄》則謂：「禹有十年之蓄，故免九年之水。湯有十年之積，故勝七歲之旱。」(91)澍雨　大雨；暴雨。(92)郎中　漢代郎官之一種，掌持戟值班，宿衛殿門，出充車騎。(93)鮮卑　東胡部落之一，因遷至鮮卑山（今內蒙古科爾沁右翼中旗西）而以山名作為族號。南鄉烏桓，至東漢陸續占領匈奴故地，並向塞內移動，對漢時降時叛。詳見本書卷九十。(94)馬邑　縣名。治今山西朔州。(95)游俠　這裡指逞強豁命替人辦事或報仇的行徑。東漢荀悅《漢紀・孝武一》：「世有三遊，德之賊也。一曰遊俠，二曰遊說，三曰遊行。立氣勢，作威福，結私交，以立彊於世者，謂之遊俠。」

【語　譯】郎顗又進呈奏章推薦黃瓊、李固，同時陳奏消除災殃的具體辦法，說道：

2 「臣下我在先前對答的七宗事體，屬於適合當前需要的切要而又緊迫的政務，應該加以採用，付諸實施。臣下我也確實知道自己愚昧淺陋，所講的話語讓聖明天子感到很不入耳，身為地位低賤的草民，言論會被拋置一邊，應當受到殺頭的懲罰，不禁惶恐懼怕到極點，真不知站立在哪裡為好。

3 「臣下我聽說把粗大的樹木剜空製成船，將粗糙的木材削尖做成槳，目的是渡過江海啊；聘任賢士，選取助手，目的是依靠他們安定天下啊。從前唐堯身居帝位，各類賢臣都替他出力，周文王與周武王創立德業，周公和召公充當輔佐，因而能夠建立起天高地厚一般並使日月增輝的功績。《詩》上說：『對不可違抗的國王命令，仲山甫能貫徹執行。國家事務出現好壞情況，仲山甫能分辨清楚。』周宣王正是依靠他，才又實現了和樂太平的局面。陛下您登上帝位以來，盡心處理各種政務，可是在三公九卿的職位上，卻未看到合適的人選，因而災殃禍害就頻繁降臨，全國各地不得安寧。臣下我考察國家的法典，再與聽到見到的事情做印證，發現莫不因獲取到賢才而成功，莫不因失去賢士而失敗的。況且賢人出仕或歸隱，就像鳥兒飛來飛去最後才落在樹上一樣，只有真按才德提升官爵，才會讓他們感到這可決不是隨隨便便得來的，然後致使君子真把貧賤看成是恥辱，轉而將富貴當作高興事了。如果確有才德卻得不到回報，進獻忠言卻得不到酬勞，前來供職並沒有什麼值得高興的事情，看不到前進的方向，他們就都會考慮回歸山林湖澤，修明自己原來確定的志向了。求取賢才，本來是為了上承天意，下替百姓著想。然而不任用他們，就純屬違背天理，違背眾人的意願。而違背了天理，災殃禍害就會降臨；違背了眾人的意願，教化就推行不開；災殃禍害一降臨，百姓就會呼天喊地；教化推行不開，帝王之道就會產生缺陷。《詩》『四始』所展示的景象至今已經得不到倡導，而陰陽交會的五個際運所帶來的災厄難以避免，這種天譴正是由上述情況造成的。怎能不由此而剛強雄健，厚重堅實，謹謹慎慎、如履薄冰，守持住已經代替上天完成的重大功績和那隆盛的德行、宏大的基業呢？

4 「臣下我發現，光祿大夫江夏郡的黃瓊，熱衷沉潛於道術，清廉純正出自自然，身懷才能藏而不露，涵泳體味經書典籍，在政務處理上十分果斷，明瞭精通怎樣把災異消除的具體對策。朝廷先前對他寵信優待，安排在尚書令的高位上。黃瓊進入朝廷供職時間還不長，宏謀遠略尚未施展，便因喪事生病主動辭去官職，回家盡孝。《老子》中說：『真正宏大的聲音卻很少發出來，超人的才具到最後才成熟。』優秀的人物治理國家，三年才會大見成效。天下人沒有不為朝廷擁有這樣的優秀人物而讚歎的，可對他不按時回朝供職又感到奇怪。陛下應擴大尊崇重用的恩澤，把養護賢士的禮儀施加到極點，徵召他返回京師，以便安慰天下人心。另外還有漢中郡的隱士李固，年已四十，通曉子游、子夏那樣的學問，踐行顏淵、閔子騫那樣的仁德。他那純潔的風節，如同明亮的太陽；他那忠貞不渝的操行，只與正直的人士親近往來。卓異得超越古人，當代誰都比不上。他純屬上天精氣轉世，正是輔佐帝王的賢臣，上天降生下李固，必定是為了聖明的大漢。應當讓他蒙受到天子特意徵召的恩寵，用來向四方人士顯示朝廷的求才之意。對出類拔萃的賢才，不應拿官位高低的等級來限制他們。從前顏淵年僅十八歲，可他卻以天下人歸向仁德為己任；子奇雖然年紀很小，可他卻能化導阿邑而名聲遠揚。如果讓黃瓊迅速回朝，又徵召李固，把當前的國政交給他們去處理，即便是當年的伊尹、傅說，也不足以同他們相比，結果就會使上天降示吉祥的光氣，招來美好吉祥的景象了。

5 「臣下我郎顗的眼光是看不出人才優劣的，只是在下面傾聽眾人的議論，得知他二人確屬百姓所歸心的賢士，是好人與壞人都歎惜的對象。但願陛下向百官廣泛詢問，驗核他二人的名聲與品行，如果有一處同我所講的情況不吻合，那我就是在欺騙國家。只盼望陛下留心此事，不因人廢言。再恭謹地列舉合乎時宜、有利國家的四宗事體，附帶陳奏在下面：

6 「第一宗事體：孔子撰修《春秋》，特意選用『正月』這樣的字眼，旨在慎重對待全年的起始啊。稱王天下的人全都效法皇天的兆象，遵從季節的順序，應該頒發施布恩德的命令，向賢士授予爵位和官職，播揚寬廣宏大的恩澤，降賜仁慈厚道的德惠，順從並協助元氣，包容養育人類和萬物。這樣做以後，天象就明朗燦爛，星辰就按既定的位置顯現在天空中，五大行星就沿著固有的軌道運行，四季就和協地交相取代。否則的話，太陽就不明亮，天地就一片混濁，四季氣候就先後錯亂，陰霾濃霧就遮天蔽日。自從今年立春以來，總共經過個把月的時間了，可卻一直沒看到朝廷的仁德有所施布，只聽到懲罰拷打罪犯的聲音。須知皇天對人間做出回應，就和如影隨形、回聲響起一樣地疾速，然而自從進入新年以來，常常出現遮蔽日月星辰的陰暗邪氣，月亮閃不出光輝，太陽放不出光芒。太陽屬於最旺盛的陽氣的化身，象徵著帝王。國政在人間趨於惡化，太陽就在天上做出回應來。對天象清濁的占斷，是隨同國政好壞得出吉凶結論的。上天顯示的災象，沒有一件事是無根無據的。這哪裡只是陛下對國政懶得認真處理，恐怕也是謀議大臣們在履行職責上存在過失吧？不然的話，為什麼上天頻頻示現告誡之象呢！臣下我但願陛下發揚剛強果斷的執政威勢，吸納賢能的人士，用心求取確能掌管好中樞政務的合適人選，以便獲得君臣同心協力的功效。臣下我所陳述的事體，一上來就把太陽放在首位加以強調，原因是在說明太陽絕對不能長時間昏暗，應當儘快把這種災象扭轉過來。這種災象儘管看起來不起眼，但它關涉的事體卻至關重要。臣下我這番話雖然講得簡約，但義旨卻相當深廣。只盼望陛下能夠重視臣下我的奏章，深刻思索一番。

7 「第二宗事體：孔子講過：『雷聲從〈大壯卦〉發揮主導作用時開始轟鳴，君主虛弱而大臣強盛的局面從〈解卦〉占統治地位時呈露端倪。』從眼前的二月九日到十四日，正值〈大壯卦〉在發揮主導作用，它屬於十二消息卦中的一卦啊。在它發揮主導作用的六天內，雷聲應該響徹天空，響徹天空就全年氣候和協，王道興盛啊。《易》中說：『雷從地上響起，震動萬物，就構成讓萬物深感喜悅的卦象。古代的聖帝明王效法它創作音樂，頌揚天神人鬼的功德，隆盛地進獻給天帝。』雷是要讓萬物萌芽，驅除陰氣危害的。萬物仰賴春雷脫去外殼，借助雨水得到滋潤。所以《易經》上強調說：『用雷來震動它們，用雨來滋潤它們。』稱王天下的人看重寬恕容忍，順從春季的時令，雷聲就會按時響徹天空，否則就會在冬天炸響，到本來應該震動的時候反倒無聲無息了。所以《京房易傳》說：『本該打雷卻不打，這正表明陽氣太弱了呀。』眼下長時間遮蔽日月星辰的陰暗邪氣不散除，太陽和月亮失去了平時的光輝，正是陽氣太弱的證明。天網恢恢，疏而不漏，隨同時序進退到底怎麼樣，恰恰在朝政得失上回應出來。身為帝王，那是要同天地覆蓋承載一切的那種恩德相吻合的，又是要同日月照耀到每個角落的那種光明程度相吻合的，按照北斗七星的運轉定律而實行的各項政事，更是與天意相應合的。雷聲屬於發號施令的東西，它那恩德正在於化生養育。如果號令被廢棄了，本該化生卻進行刑殺，雷聲就會在冬天轟鳴，結果便給下一年帶來饑荒。陛下真想消除災禍，昭示福祉，順應天意，實現祥和，就應仔細審核群臣中最能造成嚴重災禍的人，把他們罷官免職，逐出朝廷，用來安定百姓，這樣做以後，皇天就變得喜悅溫和，雷聲也隨之響徹天下了。

8 「第三宗事體：在去年十月二十日癸亥那天，金星與木星在房宿、心宿交會聚合。金星位處北方，木星位處南方，彼此距離僅幾寸，放出的光芒相互交接。房宿和心宿屬於天帝的明堂，是天庭宣布政令的宮室。《孝經鉤命決》中說：『木星留駐在心宿，這年的穀物會豐收。』《尚書洪範記》中說：『月亮在房宿正中間那條軌道上運行，就會使季節正常交替，準時來到，帝王恩德深厚便蒙受吉福，重華就留駐在心宿那裡。』所謂重華，說的正是木星留駐在心宿的那種天象啊。可如今金星卻在追蹤木星，在天帝明堂交會聚合，本來金行與木行相克，但反而聚合到一起，這正表明陰氣在侵凌陽氣，臣下在專擅朝權的反常情況啊。房宿、心宿位居東方，與它們相對應的分野正是宋國故地。《石氏經》上說：『木星從左方出現就五穀豐登，從右方出現就沒有收成。』現今金星與木星都處在房宿、心宿所在的東方，而木星又位居南上角，這從地面觀測起來正構成木星從右方出現的情狀，恐怕全年的收成會大打折扣，宋國故地的民眾要挨餓呀。陛下應仔細審察在明堂宣布政教必須要盡心盡力，這樣做以後，那些不祥怪異的災象就能消除，五大行星也按既定的軌道正常運行了。

9 「第四宗事體：《京房易傳》中講：『盛陽沒有恩德就會天旱，陰氣淩駕在盛陽之上也會天旱。』所謂盛陽沒有恩德，是說君主的恩澤未向世人施布。所謂陰氣淩駕在盛陽之上，是說官職爵祿的授予權不再由帝王掌握，臣下在專擅朝廷大權。從去年冬季到今年春天，一直沒有瑞雪和春雨降下，可卻頻繁刮起西風，與時節正相違逆。朝廷對此十分憂慮，多方面進行祈禱，獻上禮品祭祀山川，採用擺放蒼龍和遷移集市的方式向天求雨。臣下我聽說，皇天對事物產生感應，不會為虛假的表象做出什麼行動來，災禍變異都應合人事而出現，關鍵在於痛責自己的過失。如果通過祈請真能讓雨水降下來，通過禳除儀式真能叫洪水止息住，那麼年景就沒有水旱無常的困擾，天下太平也指日可待了。然而災害卻總不停息下來，其中令人憂慮的問題並不在這些儀式上面。從立春以來，還沒看到朝廷賞賜登錄立有功勞的人，表彰德行突出的人，慰問安撫孤兒寡母，救濟體恤貧困微弱的人，只見到京師洛陽各官府車輛奔馳，東來西往，逮捕拘禁那些犯有輕微罪過的人，牢獄裡擠得滿滿的。臣下我聽說，在安帝恭陵起火的地方，接連有光焰閃爍，這正表明它屬於天災，不是人故意放的火。丁丑那天刮起大風，遮天蔽地。風是上天的號令，是上天發威動怒，這都是用來使君主感悟到自己應忠實仁厚的一種戒敕。再者連月無雨，將會傷害到冬小麥。如果五穀中有一種作物歉收，天下挨餓的人就要占到十分之三四了。陛下確實應該廣泛地施布恩澤，借給百姓糧食，救濟他們。從前帝堯遭遇九年洪水，可民眾卻有十年的糧食儲備，原因就是少收賦稅，預防災害，把這作為有效的對策啊。但願陛下及早施布仁德的恩澤，用來回應上天要求天子代替它所完成的工作。如果臣下我的這番言論得不到採納，朝政不加以改善，那麼到立夏以後才會出現大雨，在目前是不可能有雨水降下來的。倘若眼下國政在朝廷得到了改善，然而老天仍不下雨，那就純屬臣下我在欺騙君主，愚昧得很卻不知天高地厚，按道理該被下油鍋炸死。」

10 章疏奏呈以後，順帝專門下達詔書，任命郎顗為郎中，但他以身體有病加以辭謝而不去供職，馬上就離開京師，回轉家鄉。到四月分，京師果然發生地震，陷裂一大片。到夏季，又全國大旱。到秋天，鮮卑部族攻入了馬邑城，擊垮了代郡的軍隊。第二年，西羌又劫掠隴山以西地區。所有這一切，都與郎顗所預言的差不了多少。後來朝廷又派專用車馬去徵召郎顗，但他拒不赴任。

11 同縣中一個名叫孫禮的人，惡貫滿盈，兇狠殘暴，喜好逞強豁命替人辦事或報仇的那套行徑，他跟郎顗在一個里巷居住的人一樣，一向仰慕郎顗的名聲與德行，打算與郎顗建立親近友好的關係，但郎顗不予理睬，由此結下仇怨，於是被孫禮所殺害。

1 襄楷，字公矩，平原隰陰❶人也。好學博古，善天文陰陽之術。桓帝❷時，宦官專朝，政刑暴濫，又比失皇子，災異尤數。延熹❸九年，楷自家詣闕上疏曰：

2 「臣聞皇天不言，以文象❹設教。堯舜雖聖，必歷象日月星辰❺，察五緯所在，故能享百年之壽❻，為萬世之法。臣竊見去歲五月，熒惑入太微❼，犯帝坐❽，出端門❾，不軌常道。其閏月庚辰，太白入房，犯心小星❿，震動中耀⓫。中耀，天王也，傍小星者，天王子也。夫太微天廷，五帝⓬之坐，而金火罰星⓭揚光其中，於占，天子凶⓮；又俱入房、心，法無繼嗣⓯。今年歲星久守太微，逆行西至掖門⓰，還切執法⓱。歲為木精⓲，好生惡殺，而淹留⓳不去者，咎在仁德不修，誅罰太酷。前七年⑳十二月，熒惑與歲星俱入軒轅，逆行四十餘日，而鄧皇后㉑誅。其冬大寒，殺鳥獸，害魚鼈，城傍竹柏之葉有傷枯者㉒。臣聞於師曰：『柏傷竹枯，不出三年，天子當之。』今洛陽城中人夜無故叫呼，云有火光，人聲正諠，於占亦與竹柏枯同㉓。自春夏以來，連有霜雹及大雨靁㉔，而臣作威作福，刑罰急刻之所感也。

3 「太原㉕太守劉瓆㉖、南陽太守成瑨㉗，志除姦邪，其所誅翦㉘，皆合人望，而陛下受閹豎㉙之譖，乃遠加考逮㉚。三公上書㉛乞哀瓆等，不見採察，而嚴被譴讓。憂國之臣，將遂杜口矣。

4 「臣聞殺無罪，誅賢者，禍及三世㉜。自陛下即位以來，頻行誅伐，梁、寇、孫、鄧㉝，並見族滅㉞，其從坐㉟者，又非其數㊱。李雲㊲上書，明主所不當諱，杜眾㊳乞死，諒㊴以感悟聖朝，曾無赦宥，而并被殘戮㊵，天下之人，咸知其冤。漢興以來，未有拒諫誅賢，用刑太深如今者也。

5 「永平舊典，諸當重論㊶皆須冬獄㊷，先請㊸後刑，所以重人命也。頃數十歲以來，州郡翫習㊹，又欲避請讞之煩，輒託疾病，多死牢獄。長吏殺生自己㊺，死者多非其罪。魂神冤結，無所歸訴，淫厲疾疫㊻，自此而起。昔文王一妻㊼，誕致十子(48)，今宮女數千，未聞慶育(49)。宜修德省刑，以廣螽斯之祚(50)。

6 「又七年六月十三日，河內(51)野王(52)山上有龍死，長可數十丈。扶風有星隕(53)為石，聲聞三郡(54)。夫龍形狀不一，小大無常，故周易況之大人(55)，帝王以為符瑞(56)。或聞河內龍死，諱以為蛇。夫龍能變化，蛇亦有神(57)，皆不當死。昔秦之將衰，華山神操璧以授鄭客(58)，曰『今年祖龍(59)死』，始皇(60)逃之，死於沙丘(61)。王莽天鳳(62)二年，訛言黃山宮(63)有死龍之異，後漢誅莽，光武復興。虛言猶然，況於實邪？夫星辰麗天(64)，猶萬國之附王者也。下將畔上，故星亦畔天。石者安類(65)，墜者失埶。春秋五石隕宋(66)，其後襄公(67)為楚(68)所執。秦之亡也，石隕東郡(69)。今隕扶風，與先帝園陵(70)相近，不有大喪(71)，必有畔逆(72)。

7 「案春秋以來及古帝王，未有河清(73)及學門自壞(74)者也。臣以為河者，諸侯位(75)也，清者屬陽，濁者屬陰。河當濁(76)而反清者，陰欲為陽，諸侯欲為帝也。太學，天子教化之宮，其門無故自壞者，言文德(77)將喪，教化廢也。京房易傳曰：『河水清，天下平。』(78)今天垂異，地吐妖，人厲疫，三者並時而有河清，猶春秋麟(79)不當見而見，孔子書之以為異也。

8 「臣前上琅邪宮崇(80)受干吉(81)神書(82)，不合明聽。臣聞布穀(83)鳴於孟夏(84)，蟋蟀❽❺吟於始秋❽❻，物有微而志信，人有賤而言忠。臣雖至賤，誠願賜清閒，極盡所言。」

9 書奏不省。

【章　旨】以上是〈襄楷傳〉的第一部分，記述襄楷的籍貫、專長，其於桓帝延熹九年十二月主動詣闕拜上的〈因災異論政刑暴濫疏〉。政刑暴濫表現為上至皇后、下至二千石賢良太守和縣令慘遭殺戮，非當其罪的平民百姓瘐死獄中，上書諫正的三公被嚴譴切責，導致皇子瀕臨斷絕，禮樂教化趨於荒廢，諸侯王篡位陰謀在醞釀，各地反叛活動在興起，結果會嚴重到君將亡，國將滅。

【注　釋】❶平原隰陰　平原，郡名。又為東漢安帝、桓帝時期的封國名。治所在平原縣（今山東平原縣西南）。隰陰，縣名。治今山東齊河縣東北。❷桓帝　東漢第十代皇帝，名志，卒諡孝桓。❸延熹　東漢桓帝年號，西元一五八—一六七年。據下文所言災象及歷史事件，可知襄楷詣闕上疏在九年十二月。❹文象　指日月星辰的變化跡象。❺歷象日月星辰　語出《尚書・堯典》。歷象，觀測推算之義。❻百年之壽　此舉成數而言。古傳帝堯享年一百一十八歲，帝舜享年一百一十二歲。❼太微　全稱太微垣，位於南方七宿中翼宿、軫宿的北面，由東垣（左垣）四星、西垣（右垣）四星、南垣二星共十星組成，衛護著以五帝座為中心的太微宮。因其居於南方，又為日月五星運行的必經路線，故被視作天帝南宮、日月五星入朝受命的天庭和權政與天闕所在。❽帝坐　指五帝座，為星官之稱，凡五星。《開元占經・熒惑占七・熒惑犯太微四十六》引《春秋》緯書《聖洽符》：「熒惑入太微天庭中央，帝族相攻伐，天子憂。」❾端門　正門。此係以帝王宮殿的建築規制比擬天庭的布局。本書〈志第十二・天文下〉：延熹八年五月「壬午，熒惑入太微右執法。」九年「九月辛亥，熒惑入太微西門，積五十八日。」與這裡所言出入頗大。《開元占經・熒惑占七・熒惑犯太微四十六》引緯書《河圖帝覽嬉》：「熒惑入太微而出端門者，臣不臣。」❿心小星　指東方心宿三星中的前一顆星。本書〈志第十二・天文下〉：延熹八年「閏月己未，太白犯心前星。」⓫中耀　對心宿三星居於中間位置的那顆大星的一種專稱。⓬五帝　謂中央黃帝含樞紐，東方蒼帝靈威仰，南方赤帝赤熛怒，西方白帝白招矩，北方黑帝叶光紀，分別為五行至高天神。⑬金火罰星　金謂金行之精太白星，火謂火行之精熒惑星。二星之所以為罰星，則如《漢書・天文志》：「南方夏火，禮也，視也。禮虧視失，逆夏令，傷火氣，罰見熒惑。西方秋金，義也，言也。義虧言失，逆秋令，傷金氣，罰見太白。」⑭天子凶　謂國滅身亡。《開元占經・熒惑占七・熒惑犯黃帝座四十七》引甘氏：「熒惑犯黃帝座，改政易王，天下亂，存亡半。熒惑觸黃帝座，主亡。」又同卷〈熒惑犯太微四十六〉引《荊州占》：「熒惑入太微庭中，主命無期。」⑮法無繼嗣　意為按定律沒有皇位繼承人。⑯掖門　側門；旁門。此係以帝王宮殿的建築規制比擬天庭的布局。⑰執法　對太微垣南垣二星所命定的星官名稱。《開元占經・歲星占六・歲星犯太微四十五》引東漢郗萌曰：「歲星犯左右執法，執法者誅若有罪。」⑱木精　木行的精靈。《尚書》緯書《考靈曜》：「歲星木精。」⑲淹留　長時間停留。本書〈志第十二・天文下〉：延熹「九年正月壬辰，歲星入太微中五十八日，出端門。」⑳前七年　非謂七年以前，意為在前些時候的延熹第七年（西元一六四年）。本書〈志第十二・天文下〉：延熹「七年八月庚申，歲星犯軒轅大星。十二月乙丑，熒惑犯軒轅第二星。」㉑鄧皇后　桓帝冊立的一位皇后。名猛女，在後宮爭鬥中被廢黜。本書卷十有傳。本史〈志第十二・天文下〉：「歲星犯軒轅，為女主憂。其八年二月癸亥，皇后鄧氏坐執左道，廢遷于桐宮，死。」這條記載同〈皇后紀〉和〈孝桓帝紀〉所述相一致，則此處所言不確。㉒城傍竹柏之葉有傷枯者　本書〈志第十四・五行二・草妖〉：「桓帝延熹九年，雒陽城局竹柏葉有傷者。占曰：天子凶。」〈孝桓帝紀〉：延熹九年「冬十二月，洛城傍竹柏枯傷。」這裡所言，則與〈紀〉、〈志〉不合。㉓今洛陽四句　本書〈孝桓帝紀〉及〈志第十四・五行二・災火〉：延熹「九年三月癸巳，京都夜有火光轉行，民相驚譟。」㉔連有霜雹及大雨靁　接連出現寒霜冰雹和暴雨巨雷。《漢書・五行志第七中之下》引《京房易傳》：「誅不原情，茲謂不仁。其霜，夏先大雷風，冬先雨，迺隕霜，有芒角。賢聖遭害，其霜附木不下地。」又《開元占經・霜占》引《師曠占》：「春夏一日有霜雲者，君父治政大嚴，大苦，大殺，天以示之。何以言之？霜威殺萬草，坐大殺也。見變如此，宜損威殺，重人命。」㉕太原　郡名。治所在晉陽（今山西太原西南古城營西古城）。㉖劉瓆　人名，本書無傳。本書卷六十六〈王允傳〉：允「年十九，為郡吏。時小黃門晉陽趙津，貪橫放恣，為一縣巨患。允討捕殺之，而津兄弟諂事宦官，因緣譖訴，桓帝震怒，征太守劉瓆，下獄死。」李賢注引謝承《書》：「劉瓆字文理，平原人也。遷太原太守。郡有豪彊，中官親戚，為百姓所患。瓆深疾之，到官收其魁帥殺之，所臧匿主人悉坐伏誅。桓帝徵詣廷尉，以瓆宗室，不忍致之于刑，使自殺。」㉗成瑨　人名，本書無傳。李賢注引謝承《書》：「成瑨字幼平，弘農人。遷南陽太守。時桓帝美人外親張子禁怙恃榮貴，不畏法網，瑨與功曹岑晊捕子禁付宛獄，笞殺之。桓帝徵瑨詣廷尉，下獄死。」㉘誅翦　指誅殺翦除的對象。〈陳蕃傳〉：「時小黃門趙津、南陽大猾張汜等，奉事中官，乘埶犯法。二郡太守劉瓆、成瑨，考案其罪，雖經赦令，而並竟考殺之。」㉙閹豎　對宦官的蔑稱。㉚考逮　押解到京師大牢中嚴加審訊。據本書〈孝桓帝紀〉及〈志第十二．天文下〉所述，二人則因宦官之譖而以坐殺無辜之罪於延熹九年九月（〈志〉謂十一月）被棄市。㉛三公上書　指太尉陳蕃、司徒劉矩、司空劉茂聯合署名上書營救劉瓆、成瑨的行動。本書卷八十一〈劉茂傳〉：「桓帝時為司空。會司隸校尉李膺等抵罪，而南陽太守成瑨、太原太守劉瓆下獄當死，茂與太尉陳蕃、司徒劉矩共上書訟之。帝不悅。有司承旨，劾奏三公，茂遂坐免。」〈陳蕃傳〉則載有陳蕃另外單獨進呈的〈陳請劉瓆等為宦官所陷疏〉。㉜臣聞三句　語本《黃石公三略》：「傷賢者殃及三世，蔽賢者身受其害，嫉賢者其名不全，進賢者福流子孫。故君子急於進賢，而美名彰焉。」三世，三代。㉝梁寇孫鄧　依次指外戚權臣梁冀、開國元勳寇恂曾孫侍中寇榮、梁冀之妻襄城君孫壽、鄧皇后猛女的叔父河南尹鄧萬世等人。本書卷三十四〈梁冀傳〉：「諸梁及孫氏中外宗親送詔獄，無長少，皆棄市。」卷十六〈寇榮傳〉：寇榮奏呈〈自訟書〉，桓帝「省章愈怒，遂誅榮，寇氏由是衰廢。」本書〈志第十二．天文下〉又載：延熹八年二月，鄧皇后「宗親侍中沘陽侯鄧康，河南尹鄧萬，越騎校尉鄧弼，虎賁中郎將安鄉侯鄧魯，侍中監羽林左騎鄧德，右騎鄧壽，昆陽侯鄧統，淯陽侯鄧秉，議郎鄧循，皆繫暴室。萬、魯死，康等免官。」本書〈志第十五．五行三〉復載：延熹「七年五月己丑，京都雨雹。是時皇后鄧氏僭侈驕恣，專幸。明年廢，以憂死，其家皆誅。」㉞族滅　一種誅滅三族的懲罰制度，即一人有罪，三族俱被處死。㉟從坐　通稱連坐，又稱相坐、隨坐、緣坐，即與罪犯存在某種關係的人連帶受刑。㊱數　指應受的懲處。㊲李雲　東漢後期的白馬縣縣令，被宦官鄙視為「野澤愚儒」。本書卷五十七有傳，內載：「桓帝延熹二年，誅大將軍梁冀，而中常侍單超等五人皆以誅冀功並封列侯，專權選舉。又立掖庭民女亳氏為皇后，數月間后家封者四人（后兄康為比陽侯，弟統為昆陽侯，統從兄會為安陽侯，統弟秉為淯陽侯），賞賜巨萬。是時地數震裂，眾災頻降，雲素剛，憂國將危，心不能忍，乃露布上書，移副三府。」其所上書全文，後世名之為〈論賞功立后書〉或〈露布上桓帝書〉。㊳杜眾　東漢後期的弘農郡五官掾，被宦官鄙視為「郡中小吏」。本書無傳。〈李雲傳〉：「杜眾傷雲以忠諫獲罪，上書願與雲同日死。帝愈怒，遂並下廷尉。」㊴諒　確實；委實。㊵殘戮　兇殘的斬殺。〈李雲傳〉：「雲、眾皆死獄中。」㊶重論　指被判處死刑的罪犯。㊷冬獄　在冬季判決並執行之義。㊸請　即下文所說的請讞，為審判程序中的複審一環。漢代實行疑獄讞議制度，即對不能斷決的疑難案件需要逐級移送上級司法機關審判。縣不能決，則移送於郡；郡不能決，則移送於中央廷尉；廷尉不能決，則奏請皇帝決定。讞，審核評議。㊹翫習　不嚴肅認真地對待。指草率審理案件。㊺自己　意為本人想怎麼辦就怎麼辦。㊻淫厲疾疫　淫厲，指惡鬼作祟之類的禍殃。疾疫，瘟疫，即各種惡性傳染病大範圍流行。本書〈孝桓帝紀〉和〈志第十七・五行五〉俱載：「桓帝元嘉元年正月，京都大疫。二月，九江、廬江大疫。延熹四年正月，大疫。」㊼一妻　指周文王正妃太姒。西漢劉向《列女傳・母儀傳》：「太姒者，武王之母，禹后有莘姒氏之女。仁而明道，文王嘉之，親迎於渭，造舟為梁，及入，太姒思媚太姜、太任，旦夕勤勞，以進婦道。太姒號曰文母，文王治外，文母治內。」㊽十子　謂同母兄弟十人。《史記・管蔡世家》：「其長子曰伯邑考，次曰武王發，次曰管叔鮮，次曰周公旦，次曰蔡叔度，次曰曹叔振鐸，次曰成叔武，次曰霍叔處，次曰康叔封，次曰冉季載。」《列女傳・母儀傳》：「太姒生十男：長伯邑考，次武王發，次周公旦，次管叔鮮，次蔡叔度，次曹叔振鐸，次霍叔武，次成叔處，次康叔封，次聃季載。」㊾慶育　特指皇子誕生。㊿螽斯之祚　意為生子眾多的福分。螽斯本為一種昆蟲，體長數寸，綠褐色。雄蟲前翅能發聲，雌蟲尾端生有劍狀的產卵管。這裡被古人用作《詩・周南》中第五首詩的篇名。(51)河內　郡名。治所在懷縣（今河南武陟西南）。(52)野王　縣名。治今河南沁陽。(53)星隕　流星墜地之義。(54)三郡　指京兆尹、左馮翊、右扶風，即故京長安地區。本書〈志第十二・天文下・隕石〉：「桓帝延熹七年三月癸亥，隕石右扶風一，鄠又隕石二，皆有聲如雷。」(55)故周易況之大人　《易・乾卦》九五：「飛龍在天，利見大人。」《文言》：「飛龍在天，上治也。」況，比況；比擬。大人，指天子。(56)符瑞　指取得帝位和天下大治的吉祥兆應。《左傳・昭公十七年》載郯子之言：「大皞氏以龍紀，故為龍師而龍名。」杜預注：「大皞，伏犧氏，風姓之祖也。有龍瑞，故以龍命官。」《漢書・郊祀志上》：「黃帝得土德，黃龍、地螾見。」《白虎通義・封禪》：「天下太平，符瑞所以來至者，以為王者承統理，調和陰陽，陰陽和，萬物序，休氣充塞，故符瑞並臻，皆應德而至。德至淵泉，則黃龍見，醴泉通，河出龍圖，洛出龜書。」(57)龍能變化二句　龍會變化，蛇也有神通。《淮南子・主術》：「夫騰蛇遊霧而動，應龍乘雲而舉。」(58)鄭客　鄭地的商人。《史記・秦始皇本紀》載作「使者」。(59)祖龍　意謂那個第一個稱帝的人，暗指秦始皇。對這條讖語的來由，《史記・秦始皇本紀》和《漢書・五行志第七中之上》均有載述而大同小異。這裡則據《漢書》為言，即：「史記秦始皇帝三十六年，鄭客從關東來，至華陰，望見素車白馬從華山上下，知其非人，道住止而待之。遂至，持璧與客曰：『為我遺鎬池君』，因言『今年祖龍死』，忽不見。鄭客奉璧，即始皇二十八年過江所湛璧也。」並認為這屬於「白祥，炕陽暴虐，號令不從，孤陽獨治，群陰不附之所致也。」《史記》記述秦始皇本人對此做出的反應是：「始皇默然良久，曰：『山鬼固不過知一歲事也。』退言：『祖龍者，人之先也。』」南朝宋裴駰《集解》引服虔：「龍，人之先象也，言王亦人之先也。」又引應劭：「祖，人之先。龍，君之象。」(60)始皇　名嬴政，中國統一的秦王朝的開國皇帝。(61)沙丘　地名。今河北廣宗西北大平臺。相傳殷紂於此築臺，畜養禽獸。《史記・

秦始皇本紀》：二世元年（西元前二〇九年）「七月丙寅，始皇崩於沙丘平臺。」(62)天鳳　新朝王莽所行用的第二個年號，西元一四—一九年。(63)黃山宮　西漢在長安境內營造的一座離宮。《三輔黃圖》：「黃山宮在興平縣西三十里。武帝微行，西至黃山宮，即此也。」《漢書・王莽傳》：天鳳二年二月「訛言黃龍墮死黃山宮中，百姓犇走往觀者有萬數。莽惡之，捕繫問語所從起，不能得。」唐顏師古注：「莽自謂黃德，故有此妖。」(64)麗天　亦作離天，附著在天上。麗，附著；依附。(65)安類　安穩不動的物體。《開元占經・雜星占・星隕占五》引《京房易傳》：「太星隕下，陽失其位，災害之萌也。」(66)五石隕宋　《春秋經》：僖公「十有六年春王正月戊申朔，隕石于宋五。」杜預注：「隕，落也。聞其隕，視之石，數之五，各隨其聞見先後而記之。」《左傳》同年載：「隕石于宋五。隕，星也。周內史叔興聘於宋，宋襄公問曰：『是何祥也？吉凶焉在？』對曰：『今茲魯多大喪，明年齊有亂，君將得諸侯而不終。』退而告人曰：『君失問。是陰陽之事，非吉凶所生也。吉凶由人，吾不敢逆君故也。』」(67)襄公　指宋襄公。名茲父（一作甫），為齊桓公死後圖謀稱霸中原的宋國國君。後世或將其列為春秋五霸之一。(68)楚　芈姓諸侯國。其統治中心在今湖北地區，春秋時期為與齊、晉爭霸的南方強國，戰國時期亦為七雄之一。(69)東郡　秦王朝所設三十六郡之一。治所在濮陽縣（今河南濮陽西南）。(70)先帝園陵　指以漢高祖長陵為首的西漢諸帝的陵墓。它們主要分布在長安（今陝西西安）渭河北岸的咸陽原上。(71)大喪　謂當朝天子死亡。《開元占經・雜星占・星隕占五》引《京房易傳》：「國有大喪，則星墜為龍。」《孝經》緯書《援神契》：「星墜石墜，大人憂。」(72)畔逆　背叛。畔，通「叛」。《開元占經・雜星占・星隕占五》引緯書《河圖》：「將失政不法，石墜星亡。」又引《春秋》緯書《潛潭巴》：「星隕如雨，厥民叛下，有專討歸眾。」(73)河清　黃河水由渾濁變清澈的一種罕見現象。(74)學門自壞　學，指設在京師的國家最高學府太學。自壞，自動掉下來。(75)諸侯位　指黃河在王朝祭祀禮典中所被確定的等級和應當享受的規格。《漢書・郊祀志第五上》載西周之制說：「天子祭天下名山大川，懷柔百神，咸秩無文。五嶽視三公，四瀆視諸侯。」(76)河當濁　黃河水本應渾濁。《爾雅・釋水》：「河出崑崙虛，色白。所渠並千七百一川，色黃。百里一小曲，千里一曲一直。」晉郭璞注：「潛流地中，汩漱沙壤，所受渠多，眾水溷淆，宜其濁黃。」(77)文德　指禮樂教化。與武功相對而言。《論語・季氏》載孔子曰：「故遠人不服，則脩文德以來之。」(78)京房易傳曰三句　漢代緯書《河圖括地象》：「川德布精，上為星，河精上為天漢。」《易經》緯書《乾鑿度》：「聖人受命，瑞應先見於河，河水清。」《禮》緯書《斗威儀》：「君乘土而王，其政太平，則河濂。」(79)麟　即麒麟。相傳其形狀如麕，一角而戴肉，被古人視為仁獸、瑞獸和毛蟲之長，與龍、鳳、龜合稱四靈。(80)琅邪宮崇　琅邪，東漢封國名。治所在開陽縣（今山東臨沂北）。宮崇，一作宮嵩。為東漢中後期的一名道士。(81)干吉　又作干室或于吉。干為其姓，吉乃其名，係東漢中後期同《太平經》即這裡所謂神書關係密切的一名道士。[82]神書　即下文言及的《太平清領書》，通稱《太平經》，為中國道教真正意義上的第一部原始經典。[83]布穀　又名鳲鳩、桑鳩、戴勝、戴絍等，相傳為勸耕之鳥。其鳴聲似「布穀」，每至播種時便飛鳴。[84]孟夏　農曆四月。[85]蟋蟀　又名促織或蜻蛚，為一種善跳躍的黑褐色昆蟲。京房《易妖占》：「七月建申，為夷則，蟋蟀鳴。」又《易經》緯書《通卦驗》：「立秋，蜻蛚鳴；白露下，蜻蛚上堂。」[86]始秋　指農曆七月。

【語　譯】 襄楷，字公矩，是平原國隰陰縣人。他喜好學問，懂得很多古代的事情，精通天文占斷和陰陽推測的方術。在桓帝時，宦官控制朝廷，推行暴政，濫用刑罰，皇子又接連死去，災異現象更頻繁出現。到延熹九年，襄楷從家鄉來到京城進呈奏疏說：

2 「臣下我聽說皇天並不說話，但卻通過日月星辰的變化跡象來宣明政教。唐堯和虞舜盡管聖明，但卻必須觀測推算日月星辰的運行情況，觀察五大行星所在的位置，因而能夠享有百年的壽齡，給千秋萬代樹立起效法的榜樣。臣下我發現，在去年五月，火星進入太微垣，凌犯五帝坐，再從端門穿出去，不按正常的軌道來運行。到閏月庚辰那一天，金星又進入東方房宿，凌犯心宿的小星，使大星中耀受到震動。大星中耀是天王，它旁邊的小星是天王的嫡子。而太微垣屬於天廷，是五帝所在的地方，可作為金行和火行之精的金星與火星這兩顆罰星，卻在它們當中閃爍光芒，這在占斷上來講，是天子遭凶殃的徵兆；金火二星又都進入了房宿和心宿星區，按星占法來說，沒有皇位繼承人。在今年，歲星又長時間在太微垣一帶留駐，逆行到西掖門，又轉回來逼近執法星。歲星屬於木行的精靈，本來喜好化生，憎惡刑殺，可它卻長時間停留而不離去，原因就出在帝王不修明仁德，殺罰太嚴酷啊。在前些時候的延熹七年十二月，火星和歲星都進入了軒轅星區，逆行四十多天，而鄧皇后被問了罪。當年冬季特別寒冷，鳥獸被凍死，魚鱉遭到傷害，京城旁邊的竹柏有枝葉凋零變枯黃的。臣下我從業師那裡聽到過這樣的話：『松柏凋零，竹葉枯黃，不超過三年時間，天子會遭受同樣的結果。』如今洛陽城中的居民在半夜裡無故呼叫，說有火光，鬧得人聲鼎沸。這從占斷上來講，結論與竹柏枯黃完全一樣。自從今年春夏以來，接連出現寒霜冰雹和暴雨巨雷，而這正是由臣僚作威作福，刑罰嚴苛殘酷造成的。

3 「太原太守劉瓆、南陽太守成瑨，志在剷除奸邪，他們所誅殺翦除的對象，都是人們所憎惡的，可陛下卻受到宦官的挑撥，竟從遠方把他們押解到京師大牢中嚴加審訊。三公為此聯名上書，請求對劉瓆等人予以哀憐，不但沒被體察採納，反而受到嚴厲的譴責處罰。為國家憂慮的大臣，恐怕從此再也不敢開口講話了。

4 「臣下我聽說斬殺無罪的人，處死賢良的人，禍殃會延及到後世三代。自從陛下即位以來，接連施行殺戮，梁氏、寇氏、孫氏、鄧氏，都被滅絕了宗族，那些因受牽連而受刑的人，其實夠不上他們本應遭到的懲罰。李雲進呈諫章，聖明的君主對此本來不應該忌諱；杜眾請求和李雲一起被處死，確實是想通過這一舉動來讓神聖的君主受到感動而醒悟，可竟然沒得到赦免，卻同時遭到了兇殘的斬殺，全天下的人都知道他們太冤枉了。從大漢興起以來，從未有過像今天這樣拒絕忠諫、誅殺賢人、用刑苛酷的了。

5 「按照明帝永平年間已有的法律規定，對應被判處死刑的各類罪犯都要等到冬季來宣判執行，而且要先報請，後行刑，其用意是重視人的生命啊。可最近幾十年以來，州郡官員不認真審理案件，又想避開疑難案件需要移送中央廷尉審理的麻煩，於是動不動就用罪犯身患疾病作遁詞，致使很多人屈死在牢獄中。長吏叫誰活還是讓誰死，完全由本人想怎麼處斷就怎麼處斷，結果被處死的人大多不是罪有應得，因而冤魂聚結，沒有申訴的地方，於是惡鬼作祟之類的禍殃和各種傳染病大範圍流行的災害，也就由此產生了。從前周文王的一位正妃，就生下了十個兒子，如今宮女數千名，卻沒聽說有誰生過皇子的。對此就應修明德政，減省刑罰，以便擴展〈螽斯〉詩所歌詠的那種生子眾多的福分。

6 「此外在延熹七年六月十三日，河內郡野王縣境內的太行山上有條龍死去了，龍體長度達數十丈左右。右扶風又有流星落地，變成了石頭，落地聲響徹三輔地區。龍體的形狀各不相同，大小也不固定，所以《周易》把它比擬成天子，帝王把它作為吉祥兆應。有人聽說河內郡有條龍死去了，就故意加以掩飾說是蛇。其實龍固然會變化，蛇也有神通，都是不應死去的。從前秦朝將衰敗之時，華山山神就手持玉璧把它交給鄭地的商人，並且說『今年祖龍死』，秦始皇於是就躲避這場災殃，最後在沙丘死掉。在王莽天鳳二年，謠傳黃山宮出現了有龍死掉的罕見情況，後來大漢就誅除了王莽，光武皇帝重新興起。謠傳尚且如此，何況事實俱在呢？星辰附著在天上，猶如萬國依附君主一般。下面的人準備叛離君主，所以星辰也就相應地叛離天庭。星石本屬安穩不動的物體，一旦墜落就表明失去了掌控的力量。春秋時期曾有五塊隕石墜落在宋國境內，後來宋襄公就被楚國扣押起來。秦朝滅亡前，也有隕石墜落在東郡境內。如今又有隕石墜落在右扶風境內，和先帝園陵所在地距離很近，這表明即使沒有天子死亡的噩耗，也必定會發生叛亂的事件。

7 「考察春秋以來和上古帝王在位的時代，從未發生過黃河水變清澈以及太學大門自動掉下來的現象。臣下我認為，黃河在祭祀禮典中本來位居諸侯的等級。清澈的東西屬於陽類，渾濁東西屬於陰類。黃河水原應渾濁卻變清澈，這正表明陰類要成為陽類，諸侯企圖成為皇帝啊。太學是天子教化的場所，可大門卻自動掉了下來，這正表明禮樂之制將崩壞、教化被廢棄啊。《京房易傳》說：『河水清，天下平。』如今皇天垂示奇異的跡象，大地噴吐出妖氣，世人遭受傳染病的折磨，這三種災象同時出現而黃河水又變清澈，也就如同春秋時麒麟不該出現卻出現，孔子把它記下來作為災異而讓後人警惕啊。

8 「臣下我在先前獻上琅邪國道士宮崇從干吉那裡奉受的神書，卻使聖明的天子感到很不入耳。臣下我聽說布穀鳥在孟夏必定會飛鳴，蟋蟀到初秋必定會吟唱，動物中存在著微小卻絕對講誠信的昆蟲，世人存在著地位低下卻言論忠直的士子。臣下我雖然卑賤到極點，但卻真心希望陛下能賜給一點兒聆聽的時間，讓臣下我把想說的話全部說出來。」

9 奏疏進呈後，桓帝未予理睬。

1 十餘日，復上書曰：

2 「臣伏見太白北入數日，復出東方，其占當有大兵，中國弱，四夷[1]彊。臣又推步，熒惑今當出而潛，必有陰謀❷。皆由獄多冤結，忠臣被戮。德星❸所以久守執法，亦為此也。陛下宜承天意，理察冤獄，為劉瓆、成瑨虧除罪辟❹，追錄❺李雲、杜眾等子孫。

3 「夫天子事天不孝，則日食星鬭❻。比年日食於正朔❼，三光❽不明，五緯錯戾。前者宮崇所獻神書，專以奉天地順五行為本，亦有興國廣嗣之術。其文易曉，參同❾經典，而順帝不行，故國胤❿不興，孝沖、孝質⓫頻世短祚。

4 「臣又聞之，得主所好，自非正道，神為生虐⓬。故周⓭衰，諸侯以力征⓮相尚，於是夏育、申休、宋萬、彭生、任鄙⓯之徒生於其時。殷紂好色，妲己⓰是出。葉公好龍⓱，真龍游廷。今黃門⓲常侍，天刑⓳之人，陛下愛待，兼倍常寵，係嗣⓴未兆，豈不為此？天官宦者星㉑不在紫宮而在天市㉒，明當給使主市里也。今乃反處常伯㉓之位，實非天意。

5 「又聞宮中立黃老、浮屠㉔之祠。此道清虛，貴尚無為，好生惡殺，省慾去奢。今陛下嗜欲不去，殺罰過理，既乖其道，豈獲其祚哉！或言老子入夷狄為浮屠㉕。浮屠不三宿桑下㉖，不欲久生恩愛，精之至也。天神遺以好女，浮屠曰：『此但革囊盛血㉗。』遂不眄㉘之。其守一㉙如此，乃能成道。今陛下婬女豔婦，極天下之麗，甘肥飲美，單㉚天下之味，柰何欲如黃老乎？」

【章　旨】以上是〈襄楷傳〉的第二部分，記述襄楷的〈復上書〉。這篇奏疏是對〈因災異論政刑暴濫疏〉的深化與拓展。其中強調察冤獄，興國胤，摒宦臣，去嗜欲。更對道教首出經典《太平經》的主體內容、黃老之道與早期漢傳佛教的基本教義作了揭示。

【注　釋】❶四夷　對東夷、南蠻、西戎、北狄的合稱，泛指周邊少數部族與方國。❷陰謀　指奪取帝位或反抗朝廷的計劃與未遂行動。《開元占經・五星占三・歲星與熒惑相犯一》引《荊州占》：「熒惑當出不出，謂之潛行。見而近歲星，出其北，天下有急；出其南，有謀在中。」❸德星　歲星的別稱。歲星屬木行，好生惡殺，故稱德星。❹虧除罪辟　意謂撤銷本人被處死的罪名。虧除，減免。❺追錄　追念以往而加以錄用。❻日食星鬬　星鬬指五大行星彼此淩犯的天象，包括五星相犯，四星相犯，三星相犯，二星相犯在內。《開元占經・日占一・日變色》引《禮》緯書《斗威儀》：「赤君喜怒無常，輕殺不辜無罪，不事天地，忽於鬼神，天則雨土常熱，日蝕無光，地動，雷下降。」又同書卷十九〈五星占二・五星相犯一〉引《春秋》緯書《合誠圖》：「五星鬬，天子去。一曰國昏亂，憂在公侯。」❼正朔　指農曆大年正月初一。這一天乃係歲、月、日之始，故被古人視作三元之日。❽三光　指日、月、星。❾參同　驗證配合之義。❿國胤　皇室的後裔。⓫孝沖孝質　指東漢第八和第九代皇帝劉炳與劉纘。劉炳年僅兩歲登基，不到一年便死去，諡孝沖。劉纘則八歲被外戚梁氏扶立為帝，不到兩年又被鴆殺，諡孝質。詳見本書卷六。⓬虐　指給國家造成災禍的人和事。⓭周　中國歷史上繼商而起的第三個王朝。從周武王至周幽王共傳十二王，是為西周，歷時二百七十六年。其後以平王東遷洛邑為標誌，轉入東周時期，周王室遂逐漸徒有天下共主的名義。⓮力征　謂武力征服或強力壓服。⓯夏育申休宋萬彭生任鄙　均為古代力氣超常的人物。夏育為春秋後期衛國人，能力舉千鈞。申休，其事及生活年代皆不詳。宋萬為春秋前期的宋國大夫。《左傳・莊公十二年》：「秋，宋萬弒閔公于蒙澤。遇仇牧於門，批而殺之。」彭生，春秋前期齊國人。《左傳・桓公十八年》：「夏四月丙子，享公（魯桓公）。使公子彭生乘公，公薨於車。」杜預注：「上車曰乘。彭生多力，拉公幹（脊樑骨）而殺之。」任鄙，戰國中期秦國人。《史記・秦本紀》：秦「武王有力好戲。力士任鄙、烏獲、孟說皆至大官。」⓰妲己　殷紂王的寵妃。《國語・晉語一》：「殷辛伐有蘇，有蘇氏以妲己女焉。妲己有寵，於是乎與膠鬲比而亡殷。」⓱葉公好龍　葉公指春秋後期楚國葉縣尹沈諸梁，其字子高。西漢劉向《新序・雜事第五》：「葉公子高好龍，鉤以寫龍，鑿以寫龍，屋室雕文以寫龍。於是夫龍聞而下之，窺頭於牖，拖尾於堂。葉公見之，棄而還走，失其魂魄，五色無主。是葉公非好龍也，好夫似龍而非龍者也。」⑱黃門　全稱中黃門，為東漢由宦官擔任的官職。掌給事禁中。黃門即宮門，宮門皆黃闥，故名。⑲天刑　特指宮刑而言。因宦官恰與宦者星相對應，故稱宮刑為天刑。⑳係嗣　繼嗣，指帝位繼承人。㉑天官宦者星　天官，天庭所設立的統治機構與各種官職。唐司馬貞《史記索隱》：「案天文有五官，官者，星官也。星座有尊卑，若人之官曹列位，故曰天官。」宦者星，位於帝坐星西側，共四星，代表侍主刑餘之人。㉒天市　全稱天市垣，位於東方七宿中房宿、心宿東北，由左垣十一星和右垣十一星共二十二星組成，衛護著以帝坐星為中心的天庭集市，主宰人間國都的貿易場所和眾人聚集的交易活動與度量衡制度。又名天府。或名長城、天旗庭，則主斬戮之事。《開元占經・石氏中官占上一・天市垣占十三》引石氏：「市者，四方所樂，帝都之邦，主王之坐，故帝座在市中，聖主之明候也。」又引《詩緯》：「天市主聚眾」；《春秋緯》：「天市主權衡。」㉓常伯　西周所使用的官稱，指近在天子左右的三公。後世用作皇帝近臣的稱謂，如漢代的侍中等官。㉔黃老浮屠　黃老指黃老道，乃係道教在東漢後期正式創立前的一個道派。它將神仙思想和黃老之學融為一體，尊奉老子為太上老君，祭祀中黃太一，形成了對「道」的宗教性信仰，業已具備道教雛形。浮屠，又作浮圖、佛圖、蒲圖、休屠。凡二義：一謂佛陀（簡稱佛，即釋迦牟尼），佛教；二謂佛塔，佛寺。這裡乃就前一義而發。㉕老子入夷狄為浮屠　這是老子化胡說的較早形態。自佛教於東漢明帝時期傳入中國後，即被視為黃老神仙術的一種；佛教也自附於黃帝和老子，以求同中國傳統信仰相結合，獲得傳播。到東漢後期，便有老子西入夷狄，化作佛陀，教化胡人的說法出現並流行開來，用以宣揚佛道同源論或老子轉化論。㉖三宿桑下　在桑林住三天。如此則易生愛戀之心。㉗革囊盛血　指人的軀體。李賢注引《四十二章經》：「天神獻玉女於佛，佛曰：『此是革囊盛眾穢耳。』」革囊，皮囊袋子。㉘眄　看；望。㉙守一　指極度調動起意念力並將它全身心投注在守持對象上的一種修煉方術。源於老子所講的抱一、得一。㉚單　通「殫」。竭盡；耗盡。

【語　譯】經過十多天，襄楷又進呈奏疏說：

2 「臣下我發現金星進入北方天區好多日，又從東方天區內閃現出來，按照這種現象的占斷結論講，會有規模巨大的戰爭，中原王朝要變衰弱，四周部族要強大起來。臣下我又進行觀測推算，火星到現今應當出現卻處在潛行狀態當中，臣下必定會有陰謀。這都來自斷案大多冤屈聚結，忠臣又被斬殺。德星長時間留駐在執法星那裡，原因也出於此。陛下應承奉天意，審理冤案，為劉瓆、成瑨撤銷應被處死的罪名，對李雲、杜眾等人的子孫追念以往，加以錄用。

3 「天子侍奉皇天不孝敬，就會發生日蝕，五大行星彼此淩犯。連年在正月初一發生日蝕，太陽、月亮、星辰不明亮，五大行星偏離了正常的運行軌道。從前道士宮崇所進獻的神書，集中地把奉順天地和五行作為根基，也有使國家興旺廣衍後嗣的方術。全書的文字通俗易懂，並且與經典相配合又相驗證，然而順帝拒不行用，所以皇室後嗣不興旺，孝沖、孝質接連兩代在位短促。

4 「臣下我又聽說，投合君主所喜好的事情，本身卻壓根不屬於正道，神靈就會為此降下禍害來。因而到周朝衰落時，諸侯便把武力征服或強力壓服作為競相崇尚的東西，於是夏育、申休、宋萬、彭生、任鄙這類力氣超常的人就在那個時期湧生出來了。殷紂王喜好女色，於是妲己便在商末出現了。葉公好龍，於是真龍便到他那住室去遊動了。如今中黃門、中常侍這些宦官們，都是受過宮刑喪失生殖能力的人，陛下卻喜愛優待他們，超過了一般寵信程度的好幾倍，然而帝位繼承人卻仍沒有降生的兆頭，難道還不是因為這種情況造成的嗎？在天官系統中，宦者星不處在紫宮而處在天市以內，正表明宦官只配供驅使，做一些採買物品的事情。如今竟然反其道而行，把他們安排在天子左右近臣的職位上，這實在不是皇天的最初意旨。

5 「臣下我又聽說宮中闢設了黃老、佛陀的祭祀場所。這種道術清靜虛寂，崇尚無為，喜好化生，憎惡刑殺，減少欲望，去除奢華。可如今陛下卻不去除嗜欲，殺罰超過了常理，已經同這種道術相背離了，又怎能得到它所帶來的吉福呢！有人說老子進入夷狄地區，化成佛陀。佛陀不在桑林住上三天，是想防止時間一長容易萌生愛戀的心意，這表明精純達到極點了呀。天神把美女送來，佛陀說：『這只是一具臭皮囊罷了。』乾脆看都不看那美女一眼。他守持本原達到了這種境地，才修成了道法。如今陛下周圍淫蕩妖豔的婦女，挑選的都是天下最漂亮的，眼前的食品飲品，聚集的都是天下最可口的，怎能希望像黃帝和老子那樣長壽成仙呢？」

1 書上，即召詣尚書問狀。楷曰：「臣聞古者本無宦臣，武帝末，春秋高❶，數游後宮，始置之耳。後稍見任，至於順帝，遂益繁熾。今陛下爵之，十倍於前。至今無繼嗣者，豈獨好之而使之然乎？」尚書上其對，詔下有司處正。尚書承旨❷奏曰：「其宦者之官，非近世所置。漢初張澤❸為大謁者❹，佐絳侯❺誅諸呂❻；孝文使趙談❼參乘，而子孫昌盛。楷不正辭理，指陳要務，而析言破律❽，違背經蓺，假借星宿，偽託神靈，造合私意，誣上罔事。請下司隸❾，正楷罪法，收送洛陽獄❿。」帝以楷言雖激切，然皆天文恆象之數，故不誅，猶司寇論刑⓫。

2 初，順帝時，琅邪宮崇詣闕，上其師干吉於曲陽⓬泉水上所得神書百七十卷⓭，皆縹白素朱介⓮青首朱目⓯，號太平清領書⓰。其言以陰陽五行為家⓱，而多巫覡雜語⓲。有司奏崇所上妖妄不經，乃收臧之。後張角⓳頗有其書焉。

3 及靈帝⓴即位，以楷書為然。太傅陳蕃㉑舉方正，不就。鄉里宗之，每太守至，輒致禮請。中平㉒中，與荀爽㉓、鄭玄㉔俱以博士徵，不至，卒于家。

【章　旨】以上是〈襄楷傳〉的第三部分，記述襄楷集中抨擊宦官的〈對尚書狀〉和遭受的懲罰及其隱居鄉里卒於家的人生結局。並追述中國道教第一部原始經典《太平清領書》在版式設計、裝幀形制和內容方面的突出特點。

【注釋】❶春秋高 猶言年紀老或歲數大。❷承旨 順承皇帝的意旨。❸張澤 西漢初期得到呂后寵信的閹人。❹大謁者 漢代官名。由閹人充任，職在協理章奏。❺絳侯 指西漢開國功臣周勃。絳侯為其爵位封號。❻諸呂 指呂后的親族成員。《史記・呂太后本紀》：「東牟侯興居曰：『誅呂氏，吾無功，請得除宮。』迺與太僕汝陰侯滕公入宮，前謂少帝曰：『足下非劉氏，不當立。』乃顧麾左右執戟者，掊兵罷去。有數人不肯去兵，宦者令張澤諭告，亦去兵。滕公迺召乘輿車，載少帝出。」此即這裡所說的張澤佐誅諸呂之功。❼趙談 西漢以擅長察看星氣而深受孝文帝寵幸的宦者。司馬遷以父名談而在《史記》中出於避家諱的需要改作趙同。《史記》卷一二五、《漢書・佞幸列傳》均簡略述及此人。❽析言破律 意謂巧言詭辯，曲解律令。《禮記・王制》：「析言破律，亂名改作，執左道以亂政，殺。」鄭玄注：「析言破律，巧賣法令者也。」❾司隸 全稱司隸校尉，為漢代京師地區的監察官。秩比二千石，負責督察朝中百官和京師地區的非法活動。由統領一千二百人組成的一支武裝隊伍而得名。東漢十三州中，以京師七郡為司隸部，但其地位高於其他諸州，司隸權力亦遠非刺史可比。❿洛陽獄 詔獄之一，亦即關押欽犯的專設監獄。⓫司寇論刑 意謂按照服兩年徒刑來論處。司寇，伺寇。偵伺敵寇之義，被用作一種充任軍事苦役的刑罰的名稱。李賢注：「司寇，刑名也。決罪曰論，言奏而論決之。」《漢書・刑法志》：文帝頒發〈除肉刑令〉後，「丞相張蒼、御史大夫馮敬奏言：『隸臣妾滿二歲，為司寇。』制曰：『可。』」則司寇為刑期二年的徒刑。⓬曲陽 縣名。全稱上曲陽，與另一鄰近縣下曲陽相對而稱，俱以在太行之陽轉曲處而得名。東漢時上曲陽隸屬於中山國。治今河北曲陽。⓭百七十卷 對這一總卷數的區定理由，《太平經》設有〈經文部數所應訣〉予以專門說明。即：「故數起於一而止十，二干之本，五行之根也。故一以成（一作『乘』）十，百而備也。故天生物，春響百日欲畢終。故天斗建辰，破於戌。建者，立也，萬物畢生於辰；破者，敗也，萬物畢死於戌。故數者，從天下地八方，十而備。陰陽建破，以七往來，還復其故，隨天斗所指以明事，故斗有七星，以明陰陽之終始。故作《太平經》一百七十卷，象天地為數，應陰陽為法，順四時五行以為行，不敢失銖分也。」⓮縹白素朱介 縹白素，指書寫材料、文字載體，也就是青白色或者說顏色為月白的縑帛。朱介，指為書寫整齊醒目而用紅色在縑帛上由上至下、由右至左所劃出的界行，亦即間隔距離均等的條條直線。介，界。朱介，朱絲欄。⓯青首朱目 青首，指對作為全書組成部分的內容相對獨立、幅長較為適中的每一帛卷所採取的保護性措施和裝飾性手段，即在卷首（右前端）綴加一長條形的空白不寫字的青色絲絹，相當於後世紙卷卷軸裝的「褾」或「幖」即護首（包首、包頭），紙冊線裝書的副葉（護葉、看葉），現代平裝書或精裝書的環襯。朱目，指對標題的獨特處理方式，即用紅色書寫標題或者說把標題都寫成紅色，標題既包括部帙卷次，又包括具體篇目。李賢注：「首，幖也。目，題目也。」對為何採用上述版式設計和裝幀形制，《太平經》設有〈書用丹青訣〉和〈神書青下丹目訣〉予以特意說明。即：「吾書中善者，使青為下而丹字（又作「悉使青下而丹目」），何乎？吾道乃丹青之信也。青者生，仁而有心（一作「正」）；赤者太陽，天之正色。吾道太陽仁政之道，不欲傷害也。」⓰太平清領書　對《太平經》的一種別稱。所謂清領，正是著眼於「青首」這一裝幀形制上的特徵而用以命名的。有關《太平經》的涵義，本書編著者在〈癸部〉所作的自我解釋是：「『太』者，大也，大者，天也，天能覆育萬物，其功最大。『平』者，地也。地平，然能養育萬物。『經』者，常也。天以日月五星為經，地以嶽瀆山川為經。天地失常道，即萬物悉受災。帝王上法皇天，下法后地，中法經緯星辰嶽瀆，育養萬物，故曰大順之道。」⓱家　這裡為根基之義。⓲巫覡雜語　指招神驅邪、吞符除病之類的方術。古稱女巫為巫，男巫為覡，俱為專業化的神職人員。⓳張角　東漢晚期道教一大分支太平道的創立者和黃巾起義的組織發動者與最高領袖。太平道的教義、法術和黃巾起義的口號、官稱等，都直接受到《太平經》的影響。⓴靈帝　東漢第十一代皇帝。名宏，卒諡孝靈。詳見本書卷八。㉑太傅陳蕃　太傅，東漢級別最高的官稱。無常職，以開導皇帝為其任。品秩上公，帶有榮譽職銜的性質。陳蕃，東漢後期謀誅宦官的清正大臣。本書卷六十六有傳。㉒中平　東漢靈帝年號，西元一八四－一八九年。㉓荀爽　東漢晚期通曉五經、著述豐贍的經學家。本書卷六十二有傳。㉔鄭玄　東漢晚期糅合今古文經學而遍注群經、成就最高的經學家。本書卷三十五有傳。

【語　譯】奏疏進呈以後，立即被宣召到尚書臺去接受詰問。襄楷回答說：「臣下我聽說古代本來就沒有宦官，到武帝末年，因年紀已老，多次在後宮遊幸，這才設置宦官罷了。後來宦官逐漸得到任用，待到順帝時期，便更加人多權勢大了。如今陛下授予他們官爵，要比以前超過十倍。到現在陛下還沒有帝位繼承人，難道不正是因為偏偏喜愛宦官才造成這種結果的嗎？」尚書臺將襄楷的對答上奏給桓帝，桓帝便下達詔書責成主管部門作出正確的結論。尚書臺秉承桓帝的旨意奏報說：「那些由閹人擔任的官職，並不是近代所設立的。漢初張澤就擔任大謁者，幫助絳侯誅除了呂氏宗族的眾多成員；孝文帝讓趙談陪同自己乘坐同一輛馬車，而子孫卻很昌盛。襄楷不把言詞道理擺正，指摘陳說重大的政務，巧言詭辯，曲解律令，違背經典，假藉星宿的變化，偽託神靈的話語，牽強附會自己的想法，欺騙天子，汙蔑政事。請求把他交給司隸校尉，依照國法判定罪過，抓起來關到洛陽詔獄裡面去。」桓帝認為襄楷雖然言詞激切，但畢竟都是天文常見現象的固有情況，因而沒殺他，但仍按服兩年徒刑來論處。

2 當初在順帝執政時，琅邪國道士宮崇前往京師，進獻自己業師干吉在曲陽泉水上所獲得的神書一百七十卷，清一色的月白縑帛，用紅色劃出的界行，卷首綴加著的長條形空白青色絲絹，用紅色書寫的標題，把它命名為《太平清領書》。全書內容則把陰陽五行作為根基，同時摻雜進大量的招神驅邪、吞符除病之類的方術。朝廷主管部門奏明宮崇所進獻的這部書妖妄不經，於是就由官方把它收藏起來了。後來張角完整地得到了這部書。

3 到靈帝即位時，認為襄楷的奏疏講得很對。太傅陳蕃把他保舉為方正科的人選，但他拒不從命。鄉里人都尊崇他，每次新太守上任，都按禮節請他去當本郡的官員。到靈帝中平年間，又與荀爽、鄭玄都被朝廷用博士的職銜加以徵召，但他不去朝廷報到，最後在家中去世。

論曰：古人有云：「善言天者，必有驗於人。」而張衡❶亦云：「天文歷數，陰陽占候❷，今所宜急也。」郎顗、襄楷能仰瞻俯察，參諸人事，禍福吉凶既應，引之教義❸亦明。此蓋道術❹所以有補於時，後人所當取鑒者也。然而其敝好巫❺，故君子不以專心❻焉。

贊曰：仲桓❼術深，蒲車❽屢尋。蘇竟飛書，清我舊陰❾。襄、郎災戒，寔由政淫❿。

【章旨】以上評論對郎顗、襄楷的「道術」亦即讖緯占筮方術表明了總體肯定、局部否定的態度，贊頌則對四位傳主作出特徵評價，點明「政淫」乃係災異告誡所由產生的根源。

【注　釋】❶張衡　東漢中後期的大科學家和辭賦家。本書卷五十九有傳。❷占候　推斷預測人事吉凶。候，預測。❸教義　指禮樂教化的原則與具體要求，實即儒家學說。❹道術　即法術、方術。❺好巫　意謂喜好侈言鬼神和吉凶禍福之事。晉范甯《春秋穀梁傳集解・序》：「《左氏》豔而富，其失也巫。」唐楊士勛疏：「云其失也巫者，謂多敘鬼神之事，預言禍福之期。申生之託狐突，荀偃死不受含，伯有之厲，彭生之妖是也。」❻專心　大力鑽研之義。❼仲桓　指楊厚。其字仲桓。❽蒲車　用蒲草包裹著車輪的專用車輛。這裡指代徵聘賢士的高規格禮節。❾清我舊陰　我，就東漢王朝而發。舊，陰縣隸屬南陽郡。與光武帝劉秀的發祥地為同郡，故云清我舊陰。❿政淫　政治遠遠超過了通常的限度。淫，過度；過分。

【語　譯】史家評論說：古人講過這樣的話：「善於講論天上事情的人，必定會在人間事務上得到驗證。」張衡也說：「天象與際運氣數，圍繞陰陽變化作出吉凶占斷，是當今應當予以高度重視的事情。」郎顗、襄楷能夠仰觀天象俯察地理，又參取人事，所作吉凶禍福的推斷既已應驗，而援引禮樂教化的原則和具體要求也很明晰。這恐怕是方術對時世有所補益，後人應該引以為鑑的地方吧。然而他們的缺陷在於好講鬼神之事，所以君子不把這套方術當成本事去大力鑽研。

史官評議說：楊厚那套方術很精深，朝廷便多次用禮節去徵召。蘇竟寄去個人書信，使我們原有的陰縣獲得清平。襄楷、郎顗在災象上的告誡，實際是由政治遠遠超過了通常的限度而引發出來的。

【研　析】本篇合傳事涉專門，環繞東漢讖緯占筮之學的四位代表性人物而展開，既有諸多令人費解之處，又有各種值得研析但研析起來卻遠非常規思維所可透徹辨明的問題。僅就天文占這一根據各種天文現象來預測人事吉凶禍福並提出應對措施的方術而論，四位傳主所作出的詮解是：三光不明，正朔日蝕；五星失度，凌犯列宿；彗孛横空，白虹貫日，星墜石隕；天時謬錯，春雷沉潛，嚴霜夏降，西風春起，霾霧蔽日，水旱無常等。凡此則分別預示著戰爭的興起與勝負，國家的日趨衰亡，天子面臨的凶殃，皇儲遭受的滅絕厄運，險惡事件的即將發生，饑荒的大範圍到來，瘟疫的大規模流行等；更直接反映著皇權歸屬特別是帝王淫逸、政刑暴濫、賢才不用、三公瀆職、臣下專權、宦官擅政的現實政治弊害，而這些弊害正是「天垂妖象」的根源所在。如此便須講求「變復消災之術」，諸如去嗜欲，節國用，察冤獄，出宮女，任賢能，斥庸臣，摒宦官尤其是全面蠲法改制等，以求「天文昭爛，星辰顯列，五緯循軌，四時和睦」與「正機平衡，流化興政」致太平。由此可見，天文占是與現實政治異常緊密地融為一體並竭力為之服務的。

究其實，天文占的手法並非十分複雜，亦非相當精密，其間牽強附會、故作駭人之語等弊端顯而易見。最大的破綻則是，同為「五星失晷」的天象，在蘇竟那裡被解釋成改朝換代時期的「大運蕩除之祥，聖帝應符之兆也」，可到了郎顗、襄楷手中，又變成了「以陰陵陽，臣下專權之異」或「天子凶」等等。誠所謂偏執一端，各取所需，自相矛盾，彼此齟齬。如果有誰依據「《易》無達占」一類的說法為之作辯解或進行開脫，那是很難站住腳的。

還應看到，天文占以「攘災」和「延慶」為終極目的在運作。「每有災異」，楊厚「輒上消救之法」。郎顗和襄楷的六篇章疏，骨子裡亦為「變復」之術。他們說來繞去，到最後還是歸結到「轉禍為福」的具體對策上，而具體對策一旦亮出，便又轉到了傳統的儒家治國之道的畛域之內，卑之無甚高論，仍屬老生常談，只不過現實針對性更強一些罷了。然而這正是天文占賴有存身之所，占有信奉空間的癥結、要害、軸心與基點所在，其他云云則形同楔子或鋪墊。設若只在那裡危言聳聽地侈談天象，卻無消災之術，要你何來？要你何用？恐怕早被打入冷宮了，或者另以科學意義上的天文學的面貌呈現在世人面前了。「夫災眚之來，緣類而應」；「清濁之占，隨政抑揚。天之見異，事無虛作。」郎顗章疏中的這幾句話，重申了古已有之的災由人起、妖由人興的思想觀點。「臣又推步，熒惑今當出而潛，必有陰謀。皆由獄多冤結，忠臣被戮。德星所以久守執法，亦為此也。」襄楷〈復上書〉中的這番推斷，表達的仍是同一個意思。這使看似神祕的天文占又包蘊著人事決定論的主體意識。這種主體意識觸及到本質性的東西，帶有真理性的成分，無疑難能而可貴。（楊寄林注譯）

卷三十一

郭杜孔張廉王蘇羊賈陸列傳第二十一

【題解】本卷是郭伋、杜詩、孔奮、張堪、廉范、王堂、蘇章、羊續、賈琮、陸康等十人的合傳，他們都是州牧、刺史、郡守之類的地方官，是一篇以類相從的合傳，另附傳蘇不韋一人。傳中所寫之人，從時間上看，自光武帝至獻帝，基本上與東漢一代相始終。從空間上看，北自幽、并二州之邊郡漁陽、雲中，南至交阯，西南至巴、蜀，西至河西五郡，東至太山、魯國、琅邪，東南至吳越地區，基本上涵蓋了東漢的國土。傳主都是忠君愛民的好官吏：有的鎮守邊郡，禦敵有方，邊郡以寧；有的身在外郡，盡心朝廷；有的勸民墾田，改制富民，民作歌讚頌；有的公而忘私，摧折豪強，使貪贓枉法者解印綬逃遁；有的清正廉潔，自奉儉約，連妻子兒女都養活不了；有的剿賊有方，百姓安寧；有的知人善任，不怕得罪權貴；有的俠義好施，臨財慷慨，周人窮急；有的為政明斷，「甄善疾非」，臨陣討賊，不顧妻子等等。這篇列傳寫的都是地方官，故更能較客觀地反映出一些社會問題。

1 郭伋，字細侯，扶風茂陵❶人也。高祖父解❷，武帝❸時以任俠聞。父梵，為蜀郡❹太守。伋少有志行，哀平間❺辟大司空❻府，三遷為漁陽都尉❼。王莽時為上谷大尹⑧，遷并州牧⑨。

2 更始⑩新立，三輔⑪連被兵寇，百姓震駭，強宗右姓，各擁眾保營，莫肯先附。更始素聞伋名，徵拜左馮翊⑫，使鎮撫百姓。世祖⑬即位，拜雍州⑭牧，再轉為尚書令⑮，數納忠諫爭。

3 建武⑯四年，出為中山⑰太守。明年，彭寵⑱滅，轉為漁陽太守。漁陽既離⑲王莽之亂，重以彭寵之敗，民多猾惡，寇賊充斥。伋到，示以信賞，糾戮渠帥，盜賊銷散。時匈奴⑳數抄郡界，邊境苦之。伋整勒士馬，設攻守之略。匈奴畏憚遠迹，不敢復入塞，民得安業。在職五歲，戶口增倍。後潁川㉑盜賊群起，九年，徵拜潁川太守。召見辭謁，帝勞之曰：「賢能太守，去帝城不遠，河潤㉒九里，冀京師并蒙福也。君雖精於追捕，而山道險阸㉓，自鬬當一士耳，深宜慎之。」伋到郡，招懷山賊陽夏㉔趙宏、襄城㉕召吳等數百人，皆束手詣伋降，悉遣歸附農。因自劾專命，帝美其策，不以咎之。後宏、吳等黨與聞伋威信，遠自江南，或從幽、冀㉖，不期俱降，駱驛不絕。

4 十一年，省朔方㉗刺史屬并州。帝以盧芳㉘據北土，乃調伋為并州牧。過京師謝恩，帝即引見，并召皇太子諸王宴語終日，賞賜車馬衣服什物。伋因言選補眾職，當簡天下賢俊，不宜專用南陽㉙人。帝納之。伋前在并州，素結恩德，及後入界，所到縣邑，老幼相攜，逢迎道路。所過問民疾苦，聘求耆德雄俊，設几杖㉚之禮，朝夕與參政事。

5 始至行部，到西河美稷㉛，有童兒數百，各騎竹馬，道次迎拜。伋問：「兒曹何自遠來？」對曰：「聞使君㉜到，喜，故來奉迎。」伋辭謝之。及事訖，諸兒復送至郭外，問：「使君何日當還？」伋謂別駕從事㉝，計日告之。行部既還，先期一日，伋為違信於諸兒，遂止于野亭，須期乃入。

6 是時朝廷多舉伋可為大司空，帝以并部尚有盧芳之儆㉞，且匈奴未安，欲使久於其事，故不召。伋知盧芳夙賊，難卒㉟以力制，常嚴烽候㊱，明購賞，以結寇心。芳將隋昱遂謀脅芳降伋，芳乃亡入匈奴。

7 伋以老病上書乞骸骨。二十二年，徵為太中大夫㊲，賜宅一區，及帷帳錢穀，以充其家，伋輒散與宗親九族，無所遺餘。明年卒，時年八十六。帝親臨弔，賜冢塋地。

【章　旨】以上為〈郭伋傳〉。先述其籍貫、高祖父郭解、父郭梵的事跡及郭伋在西漢末、王莽、更始時的歷仕情況，次述光武帝拜郭伋為中山、漁陽、潁川太守，并州牧。重在寫郭伋抗擊匈奴、招懷山賊、對付盧芳的策略及其間民疾苦，禮敬老人，取信兒童，為朝廷所倚重等情況。

【注釋】❶扶風茂陵　扶風，即右扶風。官名，政區名。西漢武帝太初元年（西元前一〇四年）改主爵都尉置。分右內史西半部為其轄區，職掌相當於太守。因地屬畿輔，故不稱郡，為三輔之一。治今陝西西安西北。三國魏去「右」字，改轄區為扶風郡，官為扶風太守。作者劉宋時人，故不稱「右扶風」。茂陵，縣名。西漢五陵之一。漢武帝建元二年（西元前一三九年）在槐里縣茂鄉築茂陵，並置縣（今陝西興平東北），屬右扶風。❷解　即漢武帝時大俠郭解。郭解，字翁伯，河內軹（今河南濟源）人。以任俠聞名。少時陰賊，任意殺人。匿藏亡命，劫掠財物，盜墓鑄錢，不可勝數。及年長，乃折節為儉，以德報怨，喜為任俠益甚。救人之命，不矜其功。被漢武帝徙於茂陵。後有人讚揚郭解，有一儒生非之，郭解之客殺儒生。官吏以此責郭解，郭解實不知此事，亦不知殺人者為誰。官吏奏郭解無罪。御史大夫公孫弘以為：「解布衣為任俠行權，以睚眦殺人，解雖弗知，此罪甚於解殺之。當大逆無道。」族誅。事見《史記・游俠列傳》。❸武帝　即西漢武帝劉徹。西元前一四一—前八七年在位。❹蜀郡　郡名。戰國秦置。治今四川成都。❺哀平間　即西漢哀帝、平帝之間。時間在西元前六—西元五年。❻大司空　官名。漢成帝改御史大夫為大司空，與大司徒、大司馬並稱三公。東漢稱司空。❼漁陽都尉　漁陽，郡名。戰國燕置。秦漢時治今北京市密雲西南。都尉，官名。戰國始置，比將軍略低的武官。西漢景帝改郡都尉為都尉，輔佐郡守並掌管全郡的軍事。漢武帝時又置關都尉、農都尉、屬國都尉於各要地。東漢光武帝時廢，或臨時設置。❽上谷大尹　上谷，郡名。戰國燕置。秦時治今河北懷來東南。大尹，王莽時稱郡太守為大尹。❾并州牧　并州，西漢武帝所置「十三刺史部」之一。約相當今山西大部和內蒙古、河北的一部。東漢治今山西太原西南。牧，古時治民之官。《尚書・立政》：「宅乃牧。」孔穎達疏：「殷之州牧曰伯，虞、夏及周曰牧。」西漢武帝初置刺史十三人，各州一人，秩六百石。成帝改為牧，秩二千石。光武帝建武元年（西元二五年）復置州牧，十八年罷州牧，復置刺史。東漢末設大行政區，乃升刺史為州牧，位居郡守之上，成為一州的軍政長官，稱「州牧」。❿更始　王莽末年綠林、平林農民軍所立皇帝劉玄的年號，西元二三—二五年。劉玄（？—西元二五年），字聖公，南陽蔡陽（今湖北棗陽）人。西漢遠支皇族。初參加平林兵，被推為更始將軍。後合於綠林兵，西元二三年稱帝，年號更始。王莽政權消滅後，遷都長安，內部爭逐激烈。更始三年，赤眉軍入長安，他投降，不久被絞死。傳見本書卷十一。⓫三輔　西漢景帝分內史為左、右內史與主爵都尉，同治長安城中，所轄京畿之地，故合稱「三輔」。武帝太初元年（西元前一〇四年），改左、右內史、主爵都尉為「左馮翊」、「京兆尹」、「右扶風」。轄境相當今陝西中部地區。後世政區雖有更改，至唐習慣上仍稱這一地區為「三輔」。⑫左馮翊　官名、政區名。漢武帝太初元年置。轄區相當於一郡，因地屬畿輔，故不稱郡，為「三輔」之一。治今陝西西安西北。⑬世祖　東漢光武帝劉秀廟號。⑭雍州　東漢興平元年分涼州置。⑮尚書令　官名。始於秦，西漢沿置。本為少府屬官，掌章奏文書。漢武帝以後職權漸重。東漢政務皆歸尚書，尚書令成為直接對君主負責總攬一切政令的首腦。⑯建武　東漢光武帝年號，西元二五—五六年。⑰中山　郡國名。漢高祖置郡，景帝改為國。治今河北定州。⑱彭寵　（？—西元二九年），字伯通，南陽宛（今河南南陽）人。父為漁陽太守，以不附王莽遇害。彭寵少為郡吏，王莽地皇年間為大司空士。後逃至漁陽，更始拜彭寵為偏將軍，行漁陽太守。光武帝鎮撫河北，封彭寵為建中侯，賜號大將軍。及光武即帝位，彭寵以未加封，怏怏不快，遂反。攻拔薊城，又聯合匈奴與諸家豪傑交質連衡，自立為燕王。建武五年，為蒼頭子密等所殺。傳見本書卷十二。⑲離　同「罹」。遭受。⑳匈奴　中國古族名。《史記》謂為夏后氏之苗裔。商時稱獯粥，周時稱獫狁，秦漢稱匈奴。戰國時活動於燕、趙、秦以北地區。秦漢之際冒頓單于統一各部，勢力強盛，統治了大漠南北的廣大地區。漢初，不斷南下攻擾，漢朝基本上採取防禦政策。漢武帝時，對匈奴採取攻勢，多次進軍漠北，匈奴受到很大的打擊，勢力漸衰。西漢宣帝時，呼韓邪單于附漢，來朝。其後六、七十年間，漢與匈奴之間經濟、文化交流頻繁。東漢光武帝建武二十四年（西元四八年），匈奴分裂，南下附漢的稱為「南匈奴」，留居漠北的稱「北匈奴」。南匈奴屯居於朔方、五原、雲中（在內蒙古境內）等郡，東漢分為五部。㉑潁川　郡名。秦王政十七年置。治今河南禹州。㉒河潤　比喻恩澤及人。《莊子・列禦寇》：「河潤九里，澤及三族。」㉓阸　同「阨」。阻塞。㉔陽夏　古縣名。秦置。東漢屬陳國，治今河南太康。㉕襄城　縣名。戰國魏地，秦置縣。在今河南中部偏西。㉖幽冀　即幽州、冀州。幽州，漢武帝所置「十三刺史部」之一。東漢時治今北京市區西南。冀州，漢武帝所置「十三刺史部」之一。東漢時治今河北柏鄉北，末期移治今河北臨漳西南。㉗朔方　州部名。漢武帝所置「十三刺史部」之一。東漢建武十一年（西元三五年）併入并州。㉘盧芳　字君期，安定三水（今寧夏固原）人。新莽末，自稱為漢武帝曾孫劉文伯，聯絡三水地區羌胡貴族起兵。稱上將軍、平西王，被匈奴單于立為漢帝。建武五年（西元二九年）在匈奴支持下割據五原、朔方、雲中、定襄、雁門五郡，都九原（今內蒙古包頭西南）。建武十六年底降漢，後二年復叛，匈奴迎芳及其妻子出塞，盧芳居匈奴十餘年，病死。傳見本書卷十二。㉙南陽　郡名。戰國秦置。治今河南南陽。㉚几杖　憑几與手杖。老年人居則憑几，行則攜杖。古時常用以表示敬老。㉛西河美稷　西河，郡名。漢武帝元朔四年（西元前一二五年）置。治今內蒙古東勝境。美稷，古縣名。西漢置。治內蒙古準噶爾旗西北。為西河屬國都尉治所。㉜使君　漢時稱刺史為使君。㉝別駕從事　官名。漢置別駕從事史，為刺史的屬吏，刺史巡視轄區時，別駕乘驛車隨行，故名。㉞儆　應戒備的急事。多指戰亂。㉟卒　同「猝」。驟然。㊱烽候　烽火臺與偵察兵。引申為戒備。㊲太中大夫　官名。屬光祿勳，秩千石，無定員。本書〈百官志〉：「凡大夫、議郎皆掌顧問、應對，無常事，唯詔命所使。」

【語譯】郭伋，字細侯，扶風茂陵縣人。其高祖父郭解，漢武帝時，以任俠聞名。父郭梵，任蜀郡太守。郭伋年少有志向和操行，哀帝、平帝時被大司空府徵辟，三遷為漁陽都尉。王莽時，為上谷大尹，遷并州牧。

2 更始皇帝新立，三輔連受兵寇之擾，百姓震駭，強宗大姓紛紛擁眾保營，無人肯先依附。更始皇帝素聞郭伋之名，徵拜他為左馮翊，派他鎮撫百姓。光武帝即位，拜郭伋為雍州牧，再轉為尚書令。郭伋多次進忠言諫諍。

3 建武四年，郭伋出為中山太守。第二年，彭寵被消滅，又轉其為漁陽太守。漁陽既遭受王莽之亂，又加上彭寵之破敗，所以猾惡之徒很多，到處都是賊寇。郭伋到任，示以信賞，糾戮賊寇之首領，盜賊乃消散。當時匈奴多次抄劫邊界，邊界之民，多受其苦。郭伋整頓約束士馬，制定攻守戰略，以備匈奴。匈奴畏懼郭伋，於是遠走，不敢再入塞，百姓得以安業。郭伋在職五年，漁陽人戶倍增。後來潁川盜賊群起，建武九年，光武帝徵拜郭伋為潁川太守。郭伋拜謁辭行，光武帝召見，慰勞他說：「賢能太守，距離京城不遠，黃河潤澤九里，希望京師並受其福。您雖善於追捕盜賊，而潁川山道險惡，您以一人而獨自戰鬥，只能當做一個士兵，要特別謹慎。」郭伋到郡，招撫懷柔山賊陽夏人趙宏、襄城人召吳等數百人，其餘皆束手到郭伋處投降，郭伋將他們全部遣散歸農。然後上書自劾擅放降賊之罪。光武帝稱讚他的作法，不加罪過。後來趙宏、召吳的黨羽聞郭伋的威信，紛紛從遠處的江南、幽、冀地區不約而同來投降，來者絡繹不絕。

4 建武十一年，罷省朔方刺史部，歸屬并州。光武帝因為盧芳占據北方，便調郭伋為并州牧。郭伋過京師謝恩，光武帝立即召見他，並召皇太子諸王與其宴語終日，賞賜郭伋車馬衣服什物。郭伋因此進言光武帝，認為選補眾職當選天下賢俊之人，不應只用南陽人。光武帝接受了他的意見。郭伋以前在并州，素有恩德，及此次入界，所到縣邑，老幼相攜，迎接於道路。郭伋所過之處，都問民疾苦，聘求德高望重年老的雄俊之人，設几杖之禮，讓他們朝夕參與政事。

5 郭伋剛到任，便巡行所部，到西河美稷時，有數百兒童騎著竹馬在路邊迎拜。郭伋問：「你們為何這麼遠趕來？」群童答道：「聽說使君到來，我們很高興，所以前來奉迎。」郭伋向他們道謝。郭伋走時，諸兒童又送他至郭外，並問：「使君何日當還？」郭伋讓別駕從事計算日期，告訴諸兒童。郭伋巡行結束，提前一天到達美稷。郭伋因為怕失信於諸兒童，便在野外草篷中停留一天，到約定之期才進入。

6 當時朝廷眾官多舉薦郭伋，認為他可為大司空。光武帝因并州還有盧芳的威脅，並且匈奴還沒有安定，想讓郭伋久居并州，所以沒有徵召他。郭伋知道盧芳是舊賊，不能很快以力將其制服，便常嚴加戒備，又公開設立賞格，以收賊人之心。盧芳將領隋昱於是想脅持盧芳投降郭伋，盧芳於是逃入匈奴。

7 郭伋因年老多病，上書請求辭官。建武二十二年，光武帝徵郭伋為太中大夫，又賜他宅第一所，及帷帳錢穀，以充實其家。郭伋將此全分給宗親九族，一點也沒有留下。第二年，郭伋去世，時年八十六歲。光武帝親臨弔唁，並賜給他墓地。

1 杜詩，字君公，河內汲❶人也。少有才能，仕郡功曹❷，有公平稱。更始時，辟大司馬❸府。建武元年，歲中三遷為侍御史❹，安集洛陽❺。時將軍蕭廣放縱兵士，暴橫民間，百姓惶擾，詩勑曉不改，遂格殺廣，還以狀聞。世祖召見，賜以棨戟❻，復使之河東❼，誅降逆賊楊異等。詩到大陽❽，聞賊規欲北度，乃與長史❾急焚其船，部勒郡兵，將突騎趁擊，斬異等，賊遂翦滅。拜成皐❿令，視事三歲，舉政尤異。再遷為沛郡⓫都尉，轉汝南⓬都尉，所在稱治。

2 七年，遷南陽太守。性節儉而政治清平，以誅暴立威，善於計略，省愛民役。造作水排，鑄為農器，用力少，見功多，百姓便之。又修治陂池，廣拓土田，郡內比室殷足。時人方於召信臣⑬，故南陽為之語曰：「前有召父，後有杜母。」

3 詩自以無勞，不安久居大郡，求欲降避⑭功臣，乃上疏曰：

4 「陛下亮成天工，克濟大業，偃兵脩文，群帥反旅，海內合和，萬世蒙福，天下幸甚。唯匈奴未譬聖德，威侮二垂⑮，陵虐中國，邊民虛耗⑯，不能自守，臣恐武猛之將雖勤，亦未得解甲櫜弓⑰也。夫勤而不息亦怨，勞而不休亦怨，怨恨之師，難復責功。臣伏覩將帥之情，功臣之望，冀一休足⑱於內郡，然後即戎出命，不敢有恨。臣愚以為『師克在和不在眾⑲』，陛下雖垂念北邊，亦當頗泄⑳用之。昔湯武善御眾，故無忿鷙之師㉑。陛下起兵十有三年，將帥和睦，士卒鳧藻㉒。今若使公卿郡守出於軍壘，則將帥自厲；士卒之復㉓，比於宿衛，則戎士自百。何者？天下已安，各重性命，大臣以下，咸懷樂土，不讎㉔其功而厲㉕其用，無以勸也。陛下誠宜虛缺㉖數郡，以俟振旅之臣，重復厚賞，加於久役之士。如此，緣邊屯戍之師，競而忘死，乘城拒塞㉗之吏，不辭其勞，則烽火精明，守戰堅固。聖王之政，必因人心。今猥用愚薄，塞功臣之望，誠非其宜。

5 「臣詩伏㉘自惟忖，本以史吏一介之才，遭陛下創制大業，賢俊在外，空乏之間，超受大恩，牧養不稱㉙，奉職無效，久竊祿位，令功臣懷慍，誠惶誠恐。八年，上書乞避功德，陛下殊恩，未許放退。臣詩蒙恩尤深，義不敢苟冒虛請，誠不勝至願，願退大郡，受小職。及臣齒壯，力能經營劇事，如使臣詩必有補益，復受大位，雖析珪授爵㉚，所不辭也。惟陛下哀矜！」

6 帝惜其能，遂不許之。

7 詩雅好推賢，數進知名士清河㉛劉統及魯陽㉜長董崇等。

8 初，禁網尚簡，但以璽書發兵，未有虎符㉝之信，詩上疏曰：「臣聞兵者國之凶器，聖人所慎。舊制發兵，皆以虎符，其餘徵調，竹使㉞而已。符第㉟合會，取為大信，所以明著國命，斂持威重也。間者㊱發兵，但用璽書，或以詔令，如有姦人詐偽，無由知覺。愚以為軍旅尚興，賊虜未殄，徵兵郡國，宜有重慎，可立虎符，以絕姦端。昔魏之公子，威傾鄰國，猶假兵符，以解趙圍，若無如姬之仇，則其功不顯㊲。事有煩而不可省，費而不得已，蓋謂此也。」書奏，從之。

9 詩身雖在外，盡心朝廷，讜言㊳善策，隨事獻納。視事七年，政化大行。十四年，坐遣客為弟報仇，被徵，會病卒。司隸校尉鮑永㊴上書言詩貧困無田宅，喪無所歸。詔使治喪郡邸，賻㊵絹千匹。

【章旨】以上為〈杜詩傳〉。重點寫杜詩的歷仕情況：安集洛陽、誅滅河東逆賊，杜詩即初露鋒芒；為南陽太守，愛民省役，廣拓土田，興修水利，百姓讚頌，是其抓住了治民的根本。讚揚杜詩性節儉、謙遜，善治民，有謀略，身在外任，盡心朝廷等美德與行跡。

【注釋】❶河內汲　河內，郡名。楚漢之際置。治今河南武陟西南。汲，縣名。漢置。屬河內郡。❷功曹　官名。郡守屬吏，功曹史的省稱。相當於郡守的總務長，除掌人事外，得與聞一郡的政務。縣功曹同。❸大司馬　官名。漢武帝罷太尉置大司馬。西漢一朝常以授掌權的外戚，多與大將軍、驃騎將軍、車騎將軍等聯稱，也有不加將軍號的。東漢初為三公之一，旋改太尉。末年又別置大司馬。❹侍御史　官名。漢沿秦置，在御史大夫下，或給事殿中，或舉劾非法，或督察郡縣，或奉使出外執行指定的任務。東漢別置治書侍御史。❺洛陽　我國古都之一。洛，本作「雒」，三國魏改。周成王時，周公營建雒邑，此為成周城所在。戰國時改為雒陽，因在雒水之陽得名。秦置縣，為三川郡治。西漢為河南郡治，東漢都此。❻棨戟　有繒衣或油漆的木戟。古代官吏外出時作前導的一種儀仗。❼河東　郡名。秦置。治今山西夏縣西北。❽大陽　古縣名。春秋晉邑，漢置縣。治今山西平陸西南。❾長史　官名。西漢三公府均設長史，職任頗重，為三公輔佐。另與少數民族鄰接的郡亦設長史，輔佐太守，掌一郡的兵馬。其統兵作戰者，稱將兵長史。兩漢將軍之屬官亦有長史，以總理幕府。❿成皐　縣名。漢置，屬河南郡。治今河南滎陽汜水鎮。⓫沛郡　郡名。西漢高祖改泗水郡置。治今安徽濉溪西北。東漢改為國。⓬汝南　郡名。西漢高祖四年置。治今河南上蔡西南。東漢移治平輿（今河南平輿北）。⓭召信臣　字翁卿，九江壽春（今安徽壽縣）人。西漢元帝時，歷任零陵、南陽太守。曾在南陽利用水泉，開通渠瀆，並築堤閘數十處，其中以鉗盧陂最著名。溉田三萬餘頃，並訂立了灌溉用水制度。提倡節儉，禁止嫁娶送終奢靡。當時人稱之為「召父」。後為河南太守，徵為少府。傳見《漢書・循吏傳》。⓮降避　降職、辭讓。⓯二垂　指北方與西方的邊境。垂，同「陲」。⓰秏　同「耗」。⓱解甲櫜弓　指軍事行動停息。解甲，脫下戰衣。櫜弓，收藏弓矢不再用。櫜，收藏盔甲、弓箭的器具。⓲休足　唐李賢注：「止行役也。」⓳師克在和不在眾　軍隊打勝仗在於團結，不在人多。語出《左傳・桓公十一年》。⓴泄　交替。㉑昔湯武善御眾二句　從前商湯、周武王善於統率人眾，所以沒有帶著怨氣去作戰的軍隊。湯，商湯，商王朝的建立者。又稱武湯、武王、天乙、成湯或成唐，甲骨文稱唐、大乙，又稱高祖乙。原為商族的領袖，用伊尹為相，集聚力量，準備滅夏，陸續攻滅鄰近的葛國（今河南寧陵北）、夏的聯盟韋（今河南滑縣東南）、顧（今山東鄄城東北）、昆吾（今河南許昌東）等國。經十一次出征，成為當時的強國。最後一舉滅夏，建立商朝。武，即周武王。姬姓，名發，周文王子。滅商建立周朝。御眾，統率人眾。忿鷙，忿怒而出擊，即帶著怨氣去打仗。㉒鳧藻　李賢注：「言其和睦歡悅，如鳧鳥之戲於水藻也。」藻，同「藻」。水草。㉓復　報答，引申為待遇。㉔餼　付給；酬償。㉕厲　勉勵；激勵。㉖鈌　同「缺」。㉗乘城拒塞　乘城，登城。指攻城勇猛先登。拒塞，扼守邊關。㉘伏　敬辭。以卑承尊，表示自己低下。㉙牧養不稱　牧養，治理。不稱，不稱職。㉚析珪授爵　析珪，古代帝王按爵位的高低分頒玉珪，此指任高官，受爵位。㉛清河　郡國名。西漢高祖置郡，治今河北清河縣東南。東漢改為國，移治今山東臨清東。㉜魯陽　縣名。春秋戰國為楚邑，漢置縣。治今河南魯山。㉝虎符　古代帝王授予臣屬兵權和調發軍隊的信物。用銅鑄成虎形，背有銘文，分為兩半，右半留在中央，左半發給地方或統兵的將帥。調發軍隊時，須由使臣持符驗合，方能生效。盛行於戰國、秦、漢。㉞竹使　即竹使符。漢時竹製的信符。右留京師，左與郡國。凡發兵用銅符，其餘徵調用竹使符。《漢書．文帝紀》：「初與郡守為銅虎符、竹使符。」顏師古注引應劭曰：「竹使符皆以竹箭五枚，長五寸鐫刻篆書，第一至第五。」㉟第　次第；號碼。㊱間者　近來。㊲昔魏之公子六句　魏公子名無忌，魏昭王少子，安釐王異母弟。安釐王即位，封無忌為信陵君。為戰國四公子之一。信陵君為人「仁而下士，士無賢不肖皆謙而禮交之，不敢以其富貴驕士」。門下有食客三千，以賢有聞於諸侯。西元前二六〇年，秦破趙長平軍，又進圍趙都邯鄲。趙求救於魏，魏安釐王使將軍晉鄙率大軍十萬救趙。魏安釐王畏秦，又使人止晉鄙。留鄴城不進，名為救趙，實持兩端以觀望。信陵君多次請求魏王，魏王不聽。信陵君乃把自己的門客、家臣招來，湊成戰車百餘乘，準備與秦軍決一死戰。信陵君的兵馬過夷門（大梁城東門）時，向監門者侯嬴（信陵君之友）告別，侯嬴不贊成信陵君這種以卵擊石冒死拼命的作法，給他出主意說：「我聽說晉鄙的兵符常在王臥室之內，而如姬最幸，能竊兵符。如姬父為人所殺，公子使客斬其仇人之頭，敬進如姬，如姬欲為公子死。公子誠能請求如姬，如姬必許諾，得兵符奪晉鄙軍，可北救趙而西卻秦。」如姬果盜兵符與公子。信陵君於是矯魏王命奪晉鄙軍，擊秦，遂解邯鄲之圍。㊳讜言　正直的言論。㊴司隸校尉鮑永　司隸校尉，官名。西漢武帝征和四年（西元前八九年）初置。領兵捕巫蠱，督察大奸猾。後罷所領兵，使察三輔、三河、弘農七郡。東漢司隸校尉仍領七郡，治河南洛陽。鮑永，字君長，上黨屯留（今屬山西）人。少有志操，初為郡功曹，更始二年，為尚書僕射，行大將軍事，封中陽侯。光武即位，拜永為魯郡太守。建武十一年（西元三五年），徵為司隸校尉。出為東海相，後為兗州牧。視事三年，病卒。傳見本書卷二十九。❹賻　以財物助人辦喪事。

【語　譯】杜詩，字君公，河內郡汲縣人。年輕時有才能，為郡功曹，有公平之稱號。更始帝時，徵辟大司馬府。建武元年，一年之間三次升遷，做到了侍御史，負責洛陽的安全事務。當時將軍蕭廣放縱兵士橫行民間，百姓惶擾，在杜詩告誡曉諭之後，仍不改正，杜詩於是殺死蕭廣。回去後杜詩將情況如實向光武帝作了稟報。光武帝召見杜詩，賜給他棨戟。然後又派杜詩到河東郡，去討伐招降逆賊楊異等人。杜詩剛到大陽，聽說賊欲謀劃渡河北上，杜詩乃急忙與長史焚燒其船隻，部署郡兵，率領突騎趁勢出擊，斬殺楊異等人，消滅了叛賊。朝廷任命杜詩為成皐縣令，任職三年，政績優異。再遷升為沛郡都尉，轉汝南郡都尉，都有很好的政績。

2　建武七年，杜詩遷南陽太守。他為人節儉，政治清平，由於鏟除暴虐之徒，而樹立威望。他善於計劃謀略，也珍惜民役。他設計製造了水力鼓風機，鼓風冶鐵，鑄造農具，用力少，見功多，大大方便了老百姓。杜詩又主持修建池塘，大規模開墾農田，使南陽郡家家殷實富足起來。當時人們以杜詩與召信臣相比，所以南陽郡的人稱讚說：「前有召父，後有杜母。」

3　杜詩自認為沒有什麼功績，不安於長期在南陽這樣的大郡任職，欲求降低職位，以讓有功之臣，於是上疏說：

4　「陛下輔助上天完成大功，成就偉大的事業，停息戰爭，提倡文治，將帥們班師回朝，海內一片祥和，百姓萬世受福，這真是天下的大幸事。只有匈奴還未領略陛下至高無上的德行，威虐西、北邊陲，淩暴中原地區，邊民虛耗受損，不能自保，臣擔心勇猛的將帥即使盡心竭力，也很難有解甲收弓的時候。盡力戰守得不到喘息，必然產生怨氣，勞累疲乏得不到休整，也會產生怨氣，帶著怨氣的軍隊，是很難讓他們立功的。臣觀察將帥們的心情和功臣們的願望，他們希望在內地郡縣過一段停止兵役的休整生活，然後再回到軍隊，去完成使命，這樣，就不會有什麼怨氣了。臣認為『軍隊打勝仗在於團結，不在於人多』，陛下雖然很關心北邊的局勢，對於軍隊也應該交替使用他們才是。以前商湯、周武王善於對待部下，所以沒有帶著怨氣去打仗的軍隊。陛下自起兵以來，已有十三年，將帥之間和睦相處，士卒也像鳧鳥在水藻中遊戲一樣，非常歡悅。假如現在讓公卿、郡守這類人也輪番出入軍隊，那麼，將帥們一定會努力自勉；士卒們的待遇，如果能夠和陛下身邊保衛人員相當，那麼他們將會產生百倍的勇氣。為什麼呢？現在天下已經安定，人們都看重性命，從大臣以下的人，都嚮往著那幸福安樂的地方，如果不能給予他們與其功勞相當的待遇和獎勵，就不能激勵他們去拼搏了。陛下確實應當將若干郡守的職位空缺起來，用來留給那些回師的將帥，將優厚的待遇和豐富的獎賞，給予那些長期服兵役的士卒。這樣，邊境地區駐守防衛的部隊，就會爭先忘死；攻城守寨的吏士，就會不辭辛勞。那麼，邊塞的烽火將準確鮮明，守也堅固，戰也堅固。聖明的君主，治國必定要順應民心。如今卻雜濫地用了一些愚鈍德薄的人，堵塞了功臣的期望，實在不能說這是適宜的作法。

5 「臣杜詩私下考慮，臣本來是一個微不足道的郡功曹，以這點小才，趕上陛下開創大業，賢達及才智出眾的人都征戰在外，形成一個人才空缺的局面，而越級得到了大恩大惠，臣治理百姓不稱職，奉行該職也沒有什麼成績，長時間占據祿位，會讓功臣們產生不滿情緒，因此誠惶誠恐。建武八年，臣曾上書請求將這一職務讓給有功德的人，承陛下特殊照顧，未許臣退任。臣杜詩得到的恩惠太深了，從道義上講也不敢隨便地冒假惺惺請求退任的名聲，實在承受不了為大郡長官的壓力，希望辭退南陽大郡之任，接受一個小的職務。趁著臣年紀未老，尚有處理煩劇事務的能力，如果要臣做一些事情，必有所補益，到那時再受大位，即使任析珪大臣，受以爵位，臣在所不辭。望陛下體察同情。」

6 光武帝愛惜杜詩的才能，所以沒有答應他的請求。

7 杜詩平素喜歡推薦賢才，曾多次推薦知名之士，如清河的劉統和魯陽縣長董崇等。

8 當初，制度崇尚簡約，只憑著皇帝簽發的璽書就可調動軍隊，而沒有虎符那樣的信物，於是杜詩上書說：「臣聽說軍隊是國家最兇殘的東西，聖人不輕易地使用它。按過去的制度講，發兵都要以虎符為憑證，其餘的一般徵調，使用竹使符也就夠了。將符放在一起查對驗證，可以使雙方取得信任，因此，明確地寫在國家的命令之中，保持威嚴莊重。近來調發軍隊，只憑皇帝的璽書，或者只憑詔令，如果有奸人詐偽，也沒有辦法察覺。臣認為現在軍事行動還比較頻繁，敵人也沒有消滅乾淨，那麼，從郡國徵兵，應該慎重，可建立虎符制度，以便杜絕詐偽不軌的事端。從前，魏國公子信陵君的威望傾壓鄰國，仍然借助兵符才得以解趙國之圍。如果沒有如姬的殺父之仇，那麼信陵君也是無從立功的。有些事情雖然煩瑣，卻不能省略，雖然耗費精力，卻也是不得已，大概就是此類事吧。」奏章呈上去，光武帝採納了他的意見。

9 杜詩雖身在地方，卻盡心朝廷，遇到事情，隨即發表正直言論，提出好的對策。在官七年，法令教化都得到很好的施行。建武十四年，因為差遣賓客為其弟弟報仇，被朝廷追究，恰在此時，杜詩病死。司隸校尉鮑永上書皇帝，說杜詩貧困，沒有田宅，沒有辦理喪事的地方。於是光武帝下詔，在南陽郡守官邸為杜詩辦理喪事，並贈絹一千匹，助辦喪事。

1 孔奮，字君魚，扶風茂陵人也。曾祖霸，元帝❶時為侍中。奮少從劉歆❷受春秋左氏傳，歆稱之，謂門人曰：「吾已從君魚受道矣❸。」

2 遭王莽亂，奮與老母幼弟避兵河西❹。建武五年，河西大將軍竇融❺請奮署議曹掾❻，守姑臧長❼。八年，賜爵關內侯❽。時天下擾亂，唯河西獨安，而姑臧稱為富邑，通貨羌胡❾，市日四合❿，每居縣者，不盈數月輒致豐積。奮在職四年，財產無所增。事母孝謹，雖為儉約，奉養極求珍膳。躬率妻子，同甘菜茹⓫。時天下未定，士多不修節操，而奮力行清絜⓬，為眾人所笑，或以為身處脂膏，不能以自潤，徒益苦辛耳。奮既立節，治貴仁平，太守梁統⓭深相敬待，不以官屬禮之，常迎於大門，引入見母。

3 隴蜀既平[14]，河西守令咸被徵召，財貨連轂，弥竟川澤。唯奮無資，單車就路。姑臧吏民及羌胡更相謂曰：「孔君清廉仁賢，舉縣蒙恩，如何今去，不共報德？」遂相賦斂[15]牛馬器物千萬以上，追送數百里。奮謝之而已，一無所受。既至京師，除武都郡丞[16]。

4 時隴西[17]餘賊隗茂等夜攻府舍，殘殺郡守，賊畏奮追急，乃執其妻子，欲以為質。奮年已五十，唯有一子，終不顧望，遂窮力討之。吏民感義，莫不倍用命焉。郡多氐[18]人，便習山谷，其大豪齊鍾留者，為群氐所信向。奮乃率厲鍾留等令要遮鈔擊[19]，共為表裡。賊窘懼逼急，乃推奮妻子以置軍前，冀當退卻，而擊之愈厲，遂禽滅茂等，奮妻子亦為所殺。世祖[20]下詔褒美，拜為武都太守。

5 奮自為府丞，已見敬重，及拜太守，舉郡莫不改操。為政明斷，甄[21]善疾非，見有美德，愛之如親，其無行者，忿之若讎，郡中稱為清平。

6 弟奇，游學洛陽。奮以奇經明當仕，上病去官，守約鄉閭，卒于家。奇博通經典，作春秋左氏刪。奮晚有子嘉，官至城門校尉[22]，作左氏說云。

【章　旨】以上為〈孔奮傳〉。先述孔奮的家世及其才學，次述孔奮的歷仕情況：守姑臧長，為吏民、羌、胡所敬愛；為郡丞，率軍討賊不顧妻、子；為太守，為政明斷，郡中清平。後述孔奮以病去官及其弟孔奇、幼子孔嘉事。本篇突出寫孔奮孝謹、清廉、愛民、公而忘私等情況。

【注　釋】❶元帝　西漢第九帝，宣帝子，名奭。西元前四八—前三三年在位。❷劉歆　（？—西元二三年），字子駿，後改名秀，字穎叔，沛（今江蘇沛縣）人。劉向之子。西漢末年古文經學的開創者、目錄學家、天文學家，漢宗室。傳見《漢書》卷三十六。❸吾已從君魚受道矣　意思是君魚的學問已超過了自己。❹河西　古地區名。漢時指甘肅、青海兩省黃河以西，即河西走廊與湟水流域。❺竇融　（西元前一六—西元六二年），字周公，扶風平陵（今陝西咸陽）人。累世為河西官吏。新莽末，為波水將軍，繼降劉玄（更始帝），任張掖屬國都尉。劉玄敗，他聯合酒泉、武威、張掖、敦煌、金城五郡，割據河西，稱行河西五郡大將軍事。後歸劉秀，協助攻破隗囂，封安豐侯，任大司空。傳見本書卷二十三。❻議曹掾　據衛宏《漢舊儀》卷上，丞相之辦事機構有議曹。竇融為割據河西，行河西五郡大將軍事，亦設議曹，以孔奮為議曹掾。掾，古代屬官之通稱。❼守姑臧長　守，猶「攝」，暫時署理職務。姑臧，古縣名。西漢元狩二年（西元前一二一年）置。治今甘肅武威。東漢為武威郡治所。❽關內侯　爵位名。秦漢時置。二十級爵位的第十九級，位在徹（通）侯之次。秦都咸陽，以關內為王畿，故稱。一般封有食邑多少戶，有按規定戶數徵稅之權。有侯號，居京畿，無國邑。❾羌胡　即羌人與匈奴人。❿市日四合　即一天之內四次開市。李賢注：「古者為市，一日三合。《周禮》：『大市日側而市，百族為主。朝市，朝時而市，百賈為主。夕市，夕時而市，販夫販婦為主。』今既人貨殷繁，故一日四合也。」⓫茹　蔬菜的總稱。⓬絜　同「潔」。⓭梁統　字仲寧，安定烏氏（今甘肅平涼）人。初事州郡，更始二年，召補中郎將，使安集涼州，拜酒泉太守。更始敗，梁統與竇融及諸郡太守起兵保境，共推竇融為河西大將軍，更以梁統為武威太守。梁統為政嚴猛，威及鄰郡。後助光武帝滅隗囂，封成義侯。建武十二年（西元三六年），梁統與竇融至京師，以列侯奉朝請，更封高山侯，拜太中大夫，除四子為郎。後出為九江太守，定封陵鄉侯。卒於官。傳見本書卷三十四。⓮隴蜀既平　指平定了割據甘肅天水、武都、金城等郡的隗囂及割據蜀地的公孫述。⓯賦斂　徵收賦稅。此謂大家湊集物資以贈孔奮。⓰武都郡丞　武都，郡名。西漢武帝元鼎六年（西元前一一一年）置。治所在武都。東漢移治今甘肅成縣西。郡丞，郡守的副貳。⓱隴西　郡名。戰國秦置。治今甘肅臨洮南。⓲氐　古族名。殷周至南北朝時分布在今陝西、甘肅、四川等地，從事畜牧和農業，大量接受漢族文化和生產技術，說漢語，穿漢服，從漢姓。⑲要遮鈔擊　攔腰截擊。要，同「腰」。遮，阻遏；攔住。鈔擊，包鈔襲擊。鈔，亦作「抄」。⑳世祖　東漢光武帝劉秀的廟號。㉑甄　明。㉒城門校尉　官名，西漢置。執掌京師城門的屯兵，隸南軍。東漢沿置。本書〈百官志〉本注：「掌雒陽城門十二所。」

【語　譯】孔奮，字君魚，扶風茂陵縣人。曾祖父孔霸，漢元帝時官至侍中。孔奮少時曾從劉歆學習《春秋左氏傳》，劉歆稱讚他，對其學生說：「我已經要從君魚那裡學習知識了。」

2 遭王莽之亂，孔奮與老母、幼弟到河西避兵亂。建武五年，河西大將軍竇融請孔奮任議曹掾，代理姑臧縣長。建武八年，賜他關內侯爵位。當時天下擾亂，唯獨河西安定，而姑臧又是河西的富裕縣。姑臧與羌胡交換財物，每天四次開市，那些來姑臧居住的人，往往用不了幾個月，就能致富。孔奮任姑臧縣長四年，自己財物沒有增加。他對待母親孝順謹慎，雖然自己生活節儉，奉養母親卻極力求取珍饈美味。他自己同妻子兒女心甘情願吃粗菜淡飯。當時天下尚未安定，士人多不講究節操，孔奮卻極力追求清正廉潔，以致被人譏笑。有的人認為他身處肥美之地，卻不能給自己帶來好處，只是白白地增加自己的辛苦而已。孔奮有良好的節操，治理百姓，提倡仁慈平允，當時太守梁統對他非常敬重，不把他當做下屬看待，經常到大門口親自迎接他，並將他帶至後堂拜見母親。

3 隴蜀地區平定以後，河西地區的太守、縣令都被徵召。這些人所帶的財產錢貨很多，用來載裝的車子，一輛連接一輛，以致山川草澤地帶到處都是。只有孔奮無有資財，乘坐一輛車子上路。姑臧縣的吏民及羌胡之人都互相轉告說：「孔君為政清廉，為人仁慈賢達，全縣都得到他的恩惠，為什麼他今天離去的時候，我們不一起來報答他的恩德呢？」於是互相湊集起價值上千萬的牛馬及器物，追趕數百里，送給孔奮。孔奮感謝他們的盛情，對這些東西一無所受。他到京師後，朝廷任命他為武都郡丞。

4 當時隴西郡的餘賊隗茂等，夜晚攻擊郡邸，殘殺郡守。這些亂賊怕孔奮急迫，於是綁架了孔奮的妻、子，想作為人質。孔奮時年已五十，只有一個兒子。但孔奮始終沒有顧慮與畏忌，而是盡力追討。官吏百姓為孔奮的義舉所感動，無不加倍努力，聽從指揮。武都郡有很多氐族人，他們熟悉這裡的山谷地形。氐人豪帥齊鍾留，受到眾氐人的信任和敬仰。孔奮於是率領督促齊鍾留等人，令他們對隗茂等攔腰襲擊，互為表裡。亂賊窘迫恐懼之極，於是就將孔奮的妻、子推出，放置在軍前，希望孔奮自動退卻。沒想到孔奮攻擊得更加猛烈，於是擒捉消滅了隗茂等這幫亂賊。孔奮的妻、子，亦為賊所殺害。光武帝得知後，下詔對孔奮褒獎稱讚，並拜他為武都太守。

5 孔奮自為府丞時，已經受到人們的敬重。到他為太守，全郡沒有不改變操行的。孔奮為政明斷，揚善疾非，見有美德者，愛之如親人，遇到品行不端的人，疾恨如同仇敵。武都郡人都稱讚他清廉平允。

6 孔奮的弟弟孔奇，遊學於洛陽。孔奮以為孔奇懂得經典，應當做官。孔奮上書稱病，辭去官職，回到家鄉，做了一名守法的百姓，後在家中去世。孔奇博通經典，作《春秋左氏刪》一書。孔奮晚年又生一子，名孔嘉，孔嘉官至城門校尉，著有《左氏說》一書。

1 張堪，字君游，南陽宛❶人也，為郡族姓。堪早孤，讓先父餘財數百萬與兄子。年十六，受業長安❷，志美行厲，諸儒號曰「聖童」。

2 世祖微時，見堪志操，常嘉焉。及即位，中郎將❸來歙❹薦堪，召拜郎中❺，三遷為謁者❻。使送委輸縑帛❼，并領騎七千匹，詣大司馬吳漢❽伐公孫述❾，在道追拜蜀郡太守。時漢軍餘七日糧，陰具船欲遁去。堪聞之，馳往見漢，說述必敗，不宜退師之策。漢從之，乃示弱挑敵，述果自出，戰死城下。成都既拔，堪先入據其城，撿閱庫藏，收其珍寶，悉條列上言，秋毫無私。慰撫吏民，蜀人大悅。

3 在郡二年，徵拜騎都尉⑩，後領票騎將軍⑪杜茂⑫營，擊破匈奴於高柳⑬，拜漁陽太守。捕擊姦猾，賞罰必信，吏民皆樂為用。匈奴嘗以萬騎入漁陽，堪率數千騎奔擊，大破之，郡界以靜。乃於狐奴⑭開稻田八千餘頃，勸民耕種，以致殷富。百姓歌曰：「桑無附枝，麥穗兩岐。張君為政，樂不可支⑮。」視事八年，匈奴不敢犯塞。

4 帝嘗召見諸郡計吏⑯，問其風土及前後守令能否。蜀郡計掾樊顯進曰：「漁陽太守張堪昔在蜀，其仁以惠下，威能討姦。前公孫述破時，珍寶山積，捲握之物⑰，足富十世，而堪去職之日，乘折轅車，布被囊而已。」帝聞，良久歎息，拜顯為魚復⑱長。方徵堪，會病卒，帝深悼惜之，下詔褒揚，賜帛百匹。

【章旨】以上為〈張堪傳〉。先述張堪籍貫、身世及少年時的志美行厲。次寫張堪拜蜀郡太守，向大司馬吳漢獻「不宜退師」之策，果滅公孫述；又述張堪為漁陽太守，捕姦猾、破匈奴、勸民墾田，民富，作歌讚頌他。本篇旨在寫張堪的志美行厲，有勇有謀，治民有方和廉潔儉樸。

【注釋】❶宛　古縣名。戰國楚邑，秦置縣。治今河南南陽。❷長安　我國古都之一。漢高祖五年置縣，七年定都於此。❸中郎將　官名。秦置中郎，至西漢分五官、左、右三署，各置中郎將以統領皇帝的侍衛，隸屬光祿勳。東漢以後，統兵將領亦多用此名，其上再加稱號。❹來歙　（？—西元三五年），字君叔，南陽新野（今河南新野）人。初事劉玄為吏，旋歸劉秀，任太中大夫，說隗囂歸漢，後隗囂叛，他以精兵襲破其眾，盡取隴右。建武十一年率軍入蜀攻公孫述，被公孫述派人刺死。傳見本書卷十五。❺郎中　官名。始於戰國，漢代沿置，屬光祿勳。管理車騎門戶，內充侍衛，外從作戰。❻謁者　官名。始於春秋戰國時，為國君掌管傳達。秦漢沿置。漢制：光祿勳屬官有謁者，少府屬官亦有中書謁者令（後漢改稱中謁者令）。光祿勳所屬的謁者，其長官稱謁者僕射，秩比千石。本書〈百官志〉：「常侍謁者五人，比六百石。主殿上時節威儀。謁者三十人，其給事謁者四百石。其灌謁者郎中比三百石。掌賓贊受事及上章報問；將大夫以下之喪，掌使弔。本員七十人，中興但三十人。初為灌謁者，滿歲為給事謁者。」❼縑帛　絹類的紡織物，古代多做賞賜和酬謝之用。縑，雙絲織的細絹。帛，絲織物的總稱。❽吳漢　（?—西元四四年），字子顏，南陽宛人。王莽末年，亡命漁陽，以販馬為業。後歸劉秀，為偏將軍。徵發漁陽等郡的騎兵，助劉秀滅王郎，並鎮壓銅馬、重連等農民軍。劉秀即位，任大司馬，封廣平侯。轉戰各地，率軍攻滅割據益州的公孫述。為雲臺二十八將之一。傳見本書卷十八。❾公孫述　（?—西元三六年），字子陽，扶風茂陵（今陝西興平）人。新莽時為導江卒正（蜀郡太守）。後起兵，據益州稱帝，號成家（取起於成都之意）。建武十二年（西元三六年）為漢軍所破，被殺。傳見本書卷十三。❿騎都尉　官名。次於將軍的武官。漢武帝元鼎二年置，以李陵為之。宣帝時，以騎都尉監羽林騎，屬光祿勳。後掌駐屯騎兵，也領兵征伐。秩比二千石，無定員。⓫票騎將軍　將軍名號。票亦作「驃」。西漢武帝元狩二年（西元前一二一年）始以霍去病為驃騎將軍，位在三司，秩同大將軍。⓬杜茂　（?—西元四三年），字諸公，南陽冠軍（今河南鄧州）人。初歸光武於河北，為中堅將軍，常從征伐。光武即位，拜大將軍，封樂鄉侯。北擊五校於真定，更封苦陘侯，悉平五校。建武三年，拜驃騎大將軍。南征北伐，長留備胡。十三年增杜茂封邑，更封脩侯。十五年「坐斷兵馬稟縑，使軍吏殺人，免官削戶邑，定封參蘧鄉侯。十九年卒」。為雲臺二十八將之一。傳見本書卷二十二。⓭高柳　古縣名。西漢置。治今山西陽高。⓮狐奴　古縣名。屬漁陽郡。故治在今北京順義東北。⓯桑無附枝四句　附枝，樹的分枝。麥穗兩岐，一麥兩穗，舊時以為祥瑞，以兆豐年。亦用以稱頌吏治成績卓著。樂不可支，形容快樂到極點。⓰計吏　戰國、秦、漢時，年終考核地方官員政績，戰國時，官員於年終將賦稅收入寫於木券，呈送國君考核，稱為上計。漢代由縣令（長）將本縣的戶口、墾田、盜賊、獄訟、錢穀出入等編為計簿，呈送郡國，郡守、國相再加彙編，用副本上計於中央的丞相。東漢時縣級上計由縣丞代行；郡級由郡丞代行。凡入京執行上計的人員稱為「上計吏」或簡稱「計吏」。⓱捲握之物　謂用手可以握住的珠寶之類的東西。捲握，手拿把握。⓲魚復　古縣名。秦置。治今重慶奉節東白帝城。

【語　譯】張堪，字君游，南陽郡宛縣人。張姓是郡中的大姓。張堪早年喪父，他將其父的遺產數百萬讓給其兄之子。年十六歲時，受業於長安，志美行高，諸儒稱其為「聖童」。

2 光武帝為平民時，見張堪有志節，常常讚美他。即位後，中郎將來歙舉薦張堪，召拜為郎中，三遷為謁者。光武帝派張堪運送軍資縑帛，並率騎兵七千人，到大司馬吳漢處用以伐公孫述，在途中又拜他為蜀郡太守。當時漢軍只剩有七天的軍糧，便暗中準備船隻想退走。張堪聞聽後，馳往見吳漢，說公孫述必敗，不應退兵。吳漢聽從了張堪的意見，於是以弱兵挑戰誘敵。公孫述果然親自出戰，被殺於城下。攻下成都後，張堪先入占據其城，檢閱府庫，收其珍寶，全部條列上報，秋毫不入私囊。慰撫成都吏民，蜀人大悅。

3 張堪在蜀郡二年，徵拜為騎都尉，後率領驃騎將軍杜茂的營兵，在高柳擊破匈奴，拜漁陽太守。張堪在郡，捕擊奸猾，賞罰必信，吏民皆樂於為其所用。匈奴曾以萬騎之眾入漁陽，張堪率數千騎奔馳出擊，大破敵軍，郡界得以安靜。於是張堪在狐奴開墾稻田八千餘頃，獎勵農民耕種，郡中以此殷富。百姓歌頌說：「桑無附枝，麥穗兩岐。張君為政，樂不可支。」張堪在漁陽八年，匈奴不敢侵犯。

4 光武帝曾召見諸郡計吏，問他們各地的風土人情及前後守令能否。蜀郡計吏樊顯進言說：「漁陽太守張堪，昔在蜀時，仁以惠下，威能討奸。前公孫述被攻破時，其珍寶堆積如山，掌握的財物，可富足十代。而張堪離職之日，只乘斷轅破車，布被包裹而已。」光武帝聽說，歎息良久，拜樊顯為魚復縣長。正要徵召張堪，值張堪因病去世。光武帝甚為傷悼惋惜，下詔書褒揚張堪，賜帛百匹。

1 廉范，字叔度，京兆杜陵❶人，趙將廉頗❷之後也。漢興，以廉氏豪宗，自苦陘❸徙焉。世為邊郡守，或葬隴西襄武❹，故因仕焉。曾祖父褒，成哀間為右將軍，祖父丹❺，王莽時為大司馬庸部牧，皆有名前世。范父遭喪亂，客死於蜀漢❻，范遂流寓西州❼。西州平，歸鄉里。年十五，辭母西迎父喪。蜀郡太守張穆，丹之故吏，乃重資送范，范無所受，與客步負喪歸葭萌❽。載船觸石破沒，范抱持棺柩，遂俱沈溺。眾傷其義，鉤求得之，療救僅免於死。穆聞，復馳遣使持前資物追范，范又固辭。歸葬服竟，詣京師受業，事博士薛漢❾。京兆、隴西二郡更請召，皆不應。永平❿初，隴西太守鄧融備禮謁范為功曹，會融為州所舉案，范知事譴難解，欲以權相濟，乃託病求去，融不達其意，大恨之。范於是東至洛陽，變名姓，求代廷尉⓫獄卒。居無幾，融果徵下獄，范遂得衛侍左右，盡心勤勞。融怪其貌類范而殊不意，乃謂曰：「卿何似我故功曹邪？」范訶之曰：「君困厄瞀亂⓬邪！」語遂絕。融繫出困病，范隨而養視，及死，竟不言，身自將車送喪致南陽，葬畢乃去。

2 後辟公府，會薛漢坐楚王事誅⓭，故人門生莫敢視，范獨往收斂之。吏以聞，顯宗大怒，召范入，詰責曰：「薛漢與楚王同謀，交亂天下，范公府掾，不與朝廷同心，而反收斂罪人，何也？」范叩頭曰：「臣無狀愚戇，以為漢等皆已伏誅，不勝師資⓮之情，罪當萬坐。」帝怒稍解，問范曰：「卿廉頗後邪？與右將軍褒、大司馬丹有親屬乎？」范對曰：「褒，臣之曾祖；丹，臣之祖也。」帝曰：「怪卿志膽敢爾！」因貫之。由是顯名。

3 舉茂才⑮，數月，再遷為雲中⑯太守。會匈奴大入塞，烽火日通。故事⑰，虜入過五千人，移書傍郡。吏欲傳檄求救，范不聽，自率士卒拒之。虜眾盛而范兵不敵。會日暮，令軍士各交縛兩炬，三頭爇火，營中星列。虜遙望火多，謂漢兵救至，大驚。待旦將退，范乃令軍中蓐食⑱，晨往赴之，斬首數百級⑲，虜自相轔藉⑳，死者千餘人，由此不敢復向雲中。

4 後頻歷武威㉑、武都二郡太守，隨俗化導，各得治宜。建初㉒中，遷蜀郡太守，其俗尚文辯，好相持短長，范每厲以淳厚，不受偷薄之說。成都民物豐盛，邑宇逼側，舊制禁民夜作，以防火災，而更相隱蔽，燒者日屬。范乃毀削先令，但嚴使儲水而已。百姓為便，乃歌之曰：「廉叔度，來何暮？不禁火，民安作。平生無襦㉓今五絝。」在蜀數年，坐法免歸鄉里。范世在邊，廣田地，積財粟，悉以賑宗族朋友。

5 肅宗㉔崩，范奔赴敬陵㉕。時廬江㉖郡掾嚴麟奉章弔國㉗，俱會於路。麟乘小車，塗深馬死，不能自進，范見而愍然，命從騎下馬與之，不告而去。麟事畢，不知馬所歸，乃緣蹤訪之。或謂麟曰：「故蜀郡太守廉叔度，好周人窮急，今奔國喪，獨當是耳。」麟亦素聞范名，以為然，即牽馬造門，謝而歸之。世伏㉘其好義，然依倚大將軍竇憲㉙，以此為譏。卒於家。

6 初，范與洛陽慶鴻為刎頸交，時人稱曰：「前有管鮑㉚，後有慶廉。」鴻慷慨有義節，位至琅邪㉛、會稽㉜二郡太守，所在有異迹。

【章旨】以上為〈廉范傳〉。先述其籍貫、家世、迎父喪、看護故太守及收其師屍諸事，以明廉范所自出及其為人。次述廉范為雲中太守，匈奴不敢入雲中，為蜀郡太守，除舊制度，民富，作歌讚頌他，以明廉范之政績。又述廉范賑濟親友，周人窮急，以讚廉范之慷慨風範。後述廉范與慶鴻的交情及慶鴻為官事。

【注釋】❶杜陵　古縣名。西漢元康元年改杜縣置。因宣帝建陵於東原上故名。治今陝西西安東南。❷廉頗　戰國時趙國名將。趙惠文王時任上卿，屢次戰勝齊、魏等國，長平戰前，堅壁固守三年。後因孝成王中秦反間計，改用趙括為將，致遭大敗。趙孝成王十五年（西元前二五一年），他戰勝燕軍，任相國，封信平君。趙悼襄王時，不得志，奔魏，居大梁（今河南開封）。後老死於楚。事見《史記．趙世家》、卷八十一〈廉頗藺相如列傳〉。❸苦陘　古縣名。東漢章帝更名漢昌，故城在今河北無極東北。❹襄武　縣名。屬隴西郡。❺丹　即廉丹（?—西元二二年），京兆杜陵人，任新莽大司馬庸部（益州）牧，後為更始將軍。與太師王匡鎮壓赤眉軍，所過姦淫擄掠，殺害百姓。當時民謠稱：「寧逢赤眉，不逢太師（王匡）；太師尚可，更始（廉丹）殺我。」不久，廉丹軍在成昌（今山東東平）為赤眉軍所破，廉丹被殺。❻蜀漢　蜀郡與漢中的並稱，實為今四川成都一帶地區。❼西州　李賢注：「謂巴蜀也。」❽葭萌　古縣名。秦置。治今四川廣元西南。❾薛漢　字公子，淮陽人。世習《韓詩》。薛漢少傳父業，尤善說災異、讖緯，教授常數百人。建武初為博士，受詔校定圖讖。當世言《詩》，推漢為長。永平中，為千乘太守，政有異跡。後坐楚事（楚王劉英謀反事，見後注），獄辭相連，下獄死。傳見本書卷七十九下。❿永平　東漢明帝劉莊年號，西元五八—七五年。⓫廷尉　官名。秦始置。西漢景帝稱大理，武帝時復稱廷尉。掌刑獄，為九卿之一。⑫瞀亂　精神錯亂。⑬薛漢坐楚王事誅　楚王劉英（？—西元七一年），光武帝子，許美人所生。建武十五年（西元三九年）封楚公，十七年，進爵為王，二十八年就國。英母無寵，故英之封國最為貧小。英少好游俠，交通賓客，晚節更喜黃老，為浮屠齋戒祭祀。後英交通方士，作金龜、玉鶴，刻文字以為符瑞。永平十三年（西元七〇年）為人告發。有司上奏：「英招聚奸猾，造作圖讖，擅相官秩，置諸侯王公將軍二千石，大逆不道，請誅之。」帝不忍，廢楚王英，徙丹陽，明年，英至丹陽，自殺。楚獄至累年，其辭相牽連自京師親戚、諸侯、州郡豪傑及考案吏阿附相陷，坐死者以千數。楚王英傳，見本書卷四十二。⑭師資　師生；師徒。⑮茂才　即秀才。東漢為避光武帝劉秀名諱，改稱茂才。秀才，本通稱才之優秀者，漢以來成為舉薦人才的科目之一。明以後，專用作府、州、縣學的生員。⑯雲中　郡名。戰國趙武靈王置。秦代治今內蒙古托克托東北。西漢轄境縮小，東漢末廢。⑰故事　成例；舊日的典章制度。⑱蓐食　早晨未起身，在床席進餐。謂早餐時間很早。⑲級　量詞。古用於砍下的人頭。秦法：戰爭中斬敵首一，賜爵一級，因謂之首級。⑳轔藉　輾軋；踐踏。㉑武威　郡名。西漢武帝元狩二年（西元前一二一年）置。治今甘肅民勤東北。㉒建初　東漢章帝劉炟年號，西元七六—八四年。㉓襦　短衣；短襖。㉔肅宗　章帝劉炟廟號。㉕敬陵　章帝的陵墓名。㉖廬江　郡名。楚漢之際分九江郡置。治今安徽廬江縣西南。㉗奉章弔國　即奉命祭弔章帝之喪。弔國，祭弔國君之喪。㉘伏　同「服」。敬佩。㉙竇憲　（？—西元九二年），字伯度，扶風平陵（今陝西咸陽）人。妹為章帝皇后。章帝死，和帝即位，太后臨朝，他為侍中，操縱朝政。不久，任車騎將軍。永元元年，率軍擊敗北匈奴，追至燕然山。後為大將軍，刺史守令等地方官多出其門，弟兄橫暴京師。永元四年，和帝與宦官鄭眾定議誅滅竇氏，他自殺。傳見本書卷二十三。㉚管鮑　即管仲和鮑叔牙。管仲（？—西元前六四五年），名夷吾，字仲，潁上（潁水之濱）人。春秋初期齊國政治家。鮑叔牙，春秋時齊國大夫。初，鮑叔牙與管仲為友，知管仲賢。後鮑叔牙事齊公子小白，管仲事公子糾。齊亂，鮑叔牙隨小白奔莒，管仲隨公子糾奔魯。齊君無知死，公子糾和公子小白爭君位，小白先入齊國，即位，是為齊桓公。公子糾死，管仲囚。鮑叔牙遂薦管仲於齊桓公。管仲既用，任齊國政，使齊桓公成為春秋時期的第一個霸主。「鮑叔既進管仲，以身下之」，天下人都讚鮑叔牙能知人。管鮑之交，為我國古代交遊中的一段佳話。管鮑事見《史記‧齊太公世家》及〈管晏列傳〉。㉛琅邪　郡國名。秦置。治今山東膠南琅邪臺西北。東漢改為國，移治今山東臨沂北。㉜會稽　郡名。秦始皇二十五年於原吳越地置。治今江蘇蘇州。西漢時擴大，東漢順帝移治今浙江紹興。

【語　譯】廉范，字叔度，京兆杜陵縣人，是戰國時趙國名將廉頗的後代。漢朝建立後，因為廉氏是豪強大姓，就把他們從苦陘遷徙至杜陵。廉氏世代為邊郡的郡守，有些人去世後就葬在隴西的襄武，所以往往在那裡做官。廉范的曾祖父廉褒，漢成帝、哀帝時官至右將軍。廉范的祖父廉丹，王莽時官至大司馬庸部牧，皆有名於前代。廉范之父，遭遇動亂，客死於蜀漢地區，廉范因以流居於巴蜀。巴蜀平定後，廉范回到故鄉。十五歲那年，他向母親告別，到巴蜀去迎回父親的棺柩。蜀郡太守張穆，曾經是廉丹的部下，於是以重資贈送廉范，廉范一點也沒有接受。他與賓客徒步抬著父親的棺柩到葭萌。裝運棺柩的船途中觸石破碎沉沒。廉范抱持著父親的棺柩，於是一同沉沒下去。眾人為廉范的孝義所感動，於是用鉤子把廉范救了上來，經過搶救治療，廉范才免於一死。張穆聞聽後，又派人帶著以前所贈的錢財，騎著快馬追上廉范，廉范又堅決拒絕了。回到家鄉，埋葬了父親，服滿喪期，廉范便到京城受業，師從博士薛漢。京兆、隴西二郡相繼召請他，他都沒有答應。永平初年，隴西太守鄧融備禮謁請廉范為功曹，碰巧趕上鄧融被州列舉罪行，正在案察。廉范知道鄧融的問題難以解除，便想運用謀略解救他。於是託病請求離去。鄧融不明白廉范的用意，對其大為不滿。廉范於是東到洛陽，改名換姓，請求代任廷尉監獄的獄卒。沒過多久，鄧融果然被追究下獄。廉范因此得以在鄧融左右護衛侍候，盡心勤勞。鄧融怪其面貌類似廉范，但他卻想不到此人正是廉范。於是問他說：「您怎麼和我過去的功曹面貌相似呢？」廉范呵斥他說：「你困苦危難，精神錯亂了吧！」再也沒有說什麼。後來，鄧融出獄而生了重病，廉范隨時進行調養看護，直到鄧融病死，他都沒有把真相說出。廉范親自用車把鄧融的棺柩送到南陽，埋葬完畢，於是離去。

2 後來廉范為公府徵辟，正值薛漢因為楚王劉英謀反受牽連而被殺，薛漢以前的朋友和學生沒有一個人敢去看一看，唯獨廉范前往收斂了薛漢的屍體。官吏將此事報告朝廷，明帝大怒，召廉范入宮責備他說：「薛漢與楚王共同謀反，擾亂天下，廉范你身為公府官員，不和朝廷同心，反而收斂罪人之屍，這是為什麼？」廉范叩頭說：「臣無知愚蠢，以為薛漢等人都已被殺，臣難以抑制師生之情，大膽收斂其屍體，罪該萬死。」明帝的怒火稍微緩解，又問廉范：「你是廉頗的後人嗎？你和右將軍廉褒、大司馬廉丹有親屬關係嗎？」廉范回答說：「廉褒是臣的曾祖父，廉丹是臣的祖父。」明帝說：「怪不得你有志氣和膽略，敢這樣做！」於是赦免了他。廉范亦由此顯名。

3 廉范被舉為茂才，數月後，又升為雲中太守。此時正值匈奴大規模進入塞內，報警的烽火接連不斷。按舊例，來犯之敵，人數超過五千，就可以通報給鄰郡求救。廉范手下的官吏想傳送檄文，請求鄰郡援助。廉范沒有同意，而是親自率領戰士們前往抵禦。匈奴人多勢盛，廉范的兵力比不過敵人。正值日落西山，廉范命戰士們每人將兩支火炬交叉綁在一起，點燃其中三個頭，像星星那樣排列在營中。敵人遠遠望見那麼多的火炬，以為漢朝救兵來到，大為驚恐。等到清晨，敵人將要撤退的時候，廉范令戰士們在草席上吃了早飯，對敵人發起進攻。殺敵數百人，敵人自相踐踏，死者一千餘人。從此以後，匈奴再也不敢進犯雲中了。

4 廉范此後接連任武威、武都二郡太守。他根據當地的風俗習慣進行教化引導，每個地方都治理得很好。建初年間，調任蜀郡太守。蜀郡的習俗崇尚巧辯，喜歡互相爭執，遇事，總要弄出個是非優劣來。廉范總是以淳樸厚道勉勵他們，不要接受苟且浮薄的說教。成都一帶人口繁多，物產豐富，城鎮房屋緊密相連。按照舊制度，禁民夜間幹活，以防止發生火災。但人們往往偷偷地夜間幹活，所以天天都有火災發生。廉范於是廢除了以前的禁令，只是嚴格要求人們儲備足以滅火的水而已。百姓因此大為便利，於是作歌稱頌廉范說：「廉叔度，來何遲？不禁火，民安作。我從來無短衣，而今有五條褲。」廉范在蜀任職數年，後來因為犯法，免官回到家鄉。廉范世代居住在邊疆地區，田地寬廣，積累了很多錢財和糧食，他全部用來賑濟宗族和朋友了。

5 章帝去世，廉范趕往敬陵奔喪。當時廬江郡掾嚴麟受命祭弔章帝之喪，與廉范在路上相遇。嚴麟乘坐著小車，道路險惡難走，馬也死了，他無法前進。廉范看此情景，非常同情，即命隨從之人下馬，將馬送給嚴麟，沒有說什麼就走了。嚴麟祭弔事畢，不知將馬歸還誰，就順著蹤跡查訪。有人告訴嚴麟說：「前蜀郡太守廉叔度，喜歡周濟人的急難，現在他奔赴國喪，肯定是他。」嚴麟平時也聽說過廉范的名氣，認為有道理，即牽著馬到廉范家，向他道謝，歸還了馬。當時人都敬佩廉范的好義行為，但廉范曾經依靠過大將軍竇憲，因此被人們譏諷。廉范後來在家中去世。

6 當初，廉范與洛陽慶鴻為生死之交，時人稱讚說：「前有管鮑，後有慶廉。」慶鴻為人慷慨大方，講究義氣，官至琅邪、會稽二郡太守，他所任之處，都有優異的政績。

論曰：張堪、廉范皆以氣俠立名，觀其振危急，赴險阨，有足壯者。堪之臨財，范之忘施，亦足以信❶意而感物矣。若夫高祖之召欒布❷，明帝之引廉范，加怒以發其志，就戮更延其寵，聞義能徙，誠君道所尚，然情理之樞❸，亦有開塞❹之感焉。

【章旨】以上是作者對張堪、廉范的評論，並讚揚明帝「聞義能徙」的為君之道。

【注釋】❶信　同「伸」。陳述；表白。❷高祖之召欒布　欒布（?—西元前一四五年），梁（今河南商丘）人。漢燕相國，封俞侯。初，欒布與彭越（漢初封梁王，後以謀反罪被殺）友善，為梁大夫。欒布使齊未還，漢誅彭越。欒布還，奏事彭越頭下，祠而哭之。吏捕欒布，高祖召欒布罵曰：「若與彭越反邪?」將烹欒布。欒布乃首言彭越功，並說：「彭王反形未見，以苛小案誅滅之，臣恐功臣人人自危也。今彭王已死，臣生不如死，請就亨。」高祖乃赦欒布，拜為都尉。文帝時，欒布為燕相，至將軍。景帝時，吳楚七國之亂，欒布以軍功封俞侯，復為燕相。景帝中元五年去世。傳見《史記·季布欒布列傳》。❸樞　門戶的轉軸或承軸臼。比喻樞紐、關鍵。❹開塞　謂開通與閉塞。

【語譯】史家評論說：張堪、廉范都憑著義氣豪俠出名，從他們振救人之危急、奔赴艱險困難這方面看，他們確實可稱為豪壯之人。張堪對待財物的態度，廉范施捨而不留姓名，這足以表達他們的胸懷，能夠起到感化人的作用。說到漢高祖之召欒布，漢明帝之引廉范，都是對他們發怒，讓他們說出實情，本來是要殺頭的，沒想到反而引發了對他們的寵愛。聽到合乎義理的言論，能改變主張，這的確是做君主所應崇尚的，然而打開心扉的管鑰是情理，心扉的開通與閉塞是由情理所感而形成。

1 王堂，字敬伯，廣漢郪❶人也。初舉光祿❷茂才，遷穀城❸令，治有名迹。永初❹中，西羌❺寇巴郡❻，為民患，詔書遣中郎將尹就攻討，連年不剋。三府❼舉堂治劇，拜巴郡太守。堂馳兵赴賊，斬虜千餘級，巴、庸❽清靜，吏民生為立祠。刺史張喬表其治能，遷右扶風。

2 安帝❾西巡，阿母❿王聖、中常侍⓫江京等並請屬⓬於堂，堂不為用。掾史固諫之，堂曰：「吾蒙國恩，豈可為權寵阿意，以死守之！」即日遣家屬歸，閉閤上病⓭。果有誣奏堂者，會帝崩，京等悉誅，堂以守正見稱。永建⓮二年，徵入為將作大匠⓯。四年，坐公事左轉議郎⓰。復拜魯相⓱，政存簡一，至數年無辭訟。遷汝南太守，搜才禮士，不苟自專，乃教掾史曰：「古人勞於求賢，逸於任使，故能化清於上，事緝於下。其憲章朝右，簡覈才職⓲，委功曹陳蕃⓳。匡政理務，拾遺補闕⓴，任主簿㉑應嗣。庶循名責實，察言觀效焉。」自是委誠求當，不復妄有辭教，郡內稱治。時大將軍梁商㉒及尚書令袁湯㉓，以求屬不行，並恨之。後廬江賊迸入弋陽㉔界，堂勒兵追討，即便奔散，而商、湯猶因此風州奏堂在任無警，免歸家。

3 年八十六卒。遺令薄斂，瓦棺㉕以葬。子稺，清行不仕。曾孫商，益州牧劉焉㉖以為蜀郡太守，有治聲。

【章旨】以上為〈王堂傳〉。旨在寫其勇於討賊，為政簡一，治民有方，搜才禮士，知人善任，不阿附權貴。但王堂終為權貴所疾恨，被誣免官歸家。

【注釋】❶廣漢郪　廣漢，郡名。漢高祖六年（西元前二〇一年）分巴蜀二郡置。治今四川金堂東，東漢移治今四川廣漢北。郪，縣名。西漢置。治所在今四川中江縣東南。❷光祿　即光祿勳。官名。秦稱「郎中令」，西漢武帝改稱光祿勳。東漢末復稱郎中令。掌領宿衛侍從之官，為九卿之一。❸穀城　縣名。東漢置。今山東平陰西南東阿鎮。❹永初　東漢安帝劉祜年號，西元一〇七—一一三年。❺西羌　西漢時對羌人的泛稱。東漢時羌人內徙的一支，定居在金城、隴西、漢陽諸郡，因住地偏西，故稱西羌。❻巴郡　郡名。戰國秦於古巴國置。治今重慶嘉陵江北岸。❼三府　即太尉、司徒、司空府。❽庸　古縣名。本庸國地，春秋楚置縣。治今湖北竹山縣西南。❾安帝　東漢第六帝，名祜。章帝孫，清河孝王劉慶之子。西元一〇七—一二五年在位。❿阿母　乳母。即安帝之乳母。⓫中常侍　官名。秦始置，西漢沿置。出入宮廷，侍從皇帝，常為列侯及郎中的加官。東漢時，則專用宦官為中常侍，以傳達詔令和掌理文書，權力極大。⓬屬　請託私事。⓭閉閤上病　閉門上報稱病。閤，側門；小門。⓮永建　東漢順帝年號，西元一二六—一三二年。⓯將作大匠　官名。秦置。初名將作少府。西漢景帝中元六年（西元前一四四年）改。東漢秩二千石。掌修作宗廟、路寢、宮室及陵園土木之功，並樹桐梓之類列於道側。⓰議郎　官名。西漢置。掌顧問應對，無定員，屬光祿勳。為皇帝郎官之一種，但不入直宿衛，官秩六百石。東漢時，地位更高，得參與朝政。⓱魯相　魯國之相。魯國，西漢改薛郡置魯國。治今山東曲阜。轄境相當今山東曲阜、滕州、泗水等地。相，諸侯王國的行政長官，相當於郡守。⓲憲章朝右二句　憲章，效法。朝右，位列朝班之右，指朝中大臣。簡覈，考核；審核。覈，同「核」。才職，屬吏才能與任職的情況。清王先謙《後漢書集解》：「官本考證曰：『職』字應照宋本作『識』。」才識，即才能與見識。⓳陳蕃　（？—西元一六八年），字仲舉，汝南平輿人。初仕郡，舉孝廉，除郎中。後公府辟舉方正，皆不就。太尉李固薦拜議郎，再遷樂安太守。桓帝延熹八年（西元一六五年）為太尉。與李膺等反對宦官專權，為太學生所敬重。靈帝立，為太傅。與外戚竇武謀誅宦官，事洩，中常侍曹節矯詔誅竇武。陳蕃時年七十餘，聞難作，率官屬及太學生八十餘人衝入宮門。事敗，被殺。傳見本書卷六十六。⑳拾遺補闕　補正別人的缺點過失。㉑主簿　官名。漢代中央及郡縣官屬皆置此官，以典領文書，辦理事務。㉒大將軍梁商　大將軍，官名。始於戰國，漢代沿置，為將軍的最高稱號。執掌統兵征戰。多由貴戚擔任，掌握政權，職位甚高。亦有在大將軍之上冠以稱號者，如車騎大將軍之類。西漢武帝時以大司馬為大將軍所兼官號。其後霍光、王鳳等均以大司馬大將軍預聞政事，為中朝官領袖。梁商（？—西元一四一年），字伯夏，安定烏氏（今甘肅平涼）人。東漢初九江太守梁統之曾孫，梁竦孫，梁雍之中子。少以外戚拜郎中，遷黃門侍郎。永建元年（西元一二六年）襲父封乘氏侯。永建三年，順帝選商女及妹入掖庭，商遷侍中、屯騎校尉。陽嘉元年，立其女為皇后，妹為貴人。加梁商位特進，拜執金吾。三年，以梁商為大將軍。梁商每存謙柔，虛己進賢，京師稱為良輔。每有饑饉，輒載租穀於城門，賑與貧餒，不宣己惠。永和六年去世，諡忠侯。傳見本書卷三十四。㉓袁湯　字仲河，汝南汝陽（今河南商水縣）人。袁安之孫。少傳家學，習《孟氏易》。諸儒稱其節。桓帝時為司空，封安國亭侯，食邑五百戶。累遷司徒、太尉，以災異免，卒諡康侯。傳見本書卷四十五。㉔弋陽　古縣名。西漢置，屬汝南郡。治所在今河南潢川縣西。㉕瓦棺　古代陶製的葬具。宋陸游《老學庵筆記》卷五：「臨邛夾門鎮，山險處，得瓦棺，長七尺，厚幾二寸，與今木棺略同。但蓋底相反。」㉖益州牧劉焉　益州，州名。西漢武帝所置「十三刺史部」之一。東漢治今四川廣漢北。中平中，移治今四川德陽，興平中又移治今四川成都。劉焉（？—西元一九四年），字君郎，江夏竟陵（今湖北潛江市）人。魯共王劉餘之後，東漢章帝時徙竟陵。少任州郡，以宗室拜郎中，後舉賢良方正，稍遷至南陽太守、宗正、太常，靈帝時為監軍使者領益州牧，封陽城侯。移治綿竹，又移治成都。興平元年卒，子劉璋領益州牧。傳見本書卷七十五、《三國志》卷三十一。

【語　譯】王堂，字敬伯，廣漢郡郪縣人。初舉為光祿茂才，遷穀城縣令，因有治績而出名。永初年間，西羌寇犯巴郡，為民之禍患，安帝詔派中郎將尹就攻討羌寇，幾年都未取勝。三公府薦舉王堂，說他善治重難之事，詔拜王堂為巴郡太守。王堂馳馬率兵與羌人作戰，斬羌人一千多，巴、庸之地得以清靜。吏民在王堂活著時，便為他建立祠堂。刺史張喬薦舉王堂治政有能力，朝廷又遷王堂為右扶風。

2 安帝西巡，阿母王聖、中常侍江京等人都來請託王堂，王堂拒不為他們辦事。掾史極力勸諫，王堂說：

「我蒙受國恩，怎能因為權寵之人而曲意行私，我要以死守正！」當日便遣家屬還鄉，閉門上書稱病。果然有誣告王堂的奏章，而正好此時安帝死，江京等人全被誅殺，王堂因守正不阿為人所稱道。永建二年，王堂被徵入朝為將作大匠。永建四年，又因公事降職為議郎。又拜為魯國相，他為政簡要單一，以致幾年不發生訴訟之事。又遷為汝南太守，在郡搜才禮士，遇事不隨便自斷專行，又下教令給掾史說：「古人勞力求賢，放心使用他們，所以能使上邊教化清靜，下邊萬事和諧。效法朝中大臣，選拔考核才職之事，全交給功曹陳蕃去做。匡正政治，辦理事務，拾遺補闕之事，交給主簿應嗣去做。希望你們循名責實，察言觀效。」從此委任得當，不再輕易有言詞教令，郡中大治。當時大將軍梁商和尚書令袁湯，因求王堂辦事而王堂未應允，所以梁商、袁湯都恨他。後來盧江賊入弋陽界，王堂派兵追討，賊人立即奔散。而梁商、袁湯等人仍因此暗令州官劾奏王堂在任無警備，使他免官歸家。

3　王堂年八十六歲時去世。遺令喪事從儉，以瓦棺斂葬。其子王稚，有清行，不任官。曾孫王商，被益州牧劉焉任命為蜀郡太守，治郡有聲望。

蘇章，字孺文，扶風平陵❶人也。八世祖建❷，武帝時為右將軍❸。祖父純，字桓公，有高名，性強切❹而持毀譽❺，士友咸憚之，至乃相謂曰：「見蘇桓公，患其教責人，不見，又思之。」三輔號為「大人」。永平中，為奉車都尉❻竇固❼軍，出擊北匈奴、車師❽有功，封中陵鄉侯，官至南陽太守。

章少博學，能屬文。安帝時，舉賢良方正❾，對策高第，為議郎。數陳得失，其言甚直。出為武原❿令，時歲飢，輒開倉廩，活三千餘戶。順帝⓫時，遷冀州刺史。故人為清河太守，章行部案其姦臧⑫。乃請太守，為設酒肴，陳平生之好甚歡。太守喜曰：「人皆有一天⑬，我獨有二天。」章曰：「今夕蘇孺文與故人飲者，私恩也；明日冀州刺史案事者，公法也。」遂舉正其罪。州境知章無私，望風畏肅。換為并州刺史，以摧折權豪，忤旨，坐免。隱身鄉里，不交當世。後徵為河南尹⑭，不就。時天下日敝，民多悲苦，論者舉章有幹國才，朝廷不能復用，卒于家。兄曾孫不韋。

【章旨】以上為〈蘇章傳〉。先述蘇章籍貫、家世及其祖父蘇純的聲望和仕宦業績，次述蘇章的才識及為官事跡。旨在寫蘇章的開倉賑饑，不徇私情，摧折權豪及忤旨免官。

【注釋】❶平陵　古縣名，西漢五陵之一。漢昭帝建陵置縣。治今陝西咸陽西北。❷建　即蘇建，蘇武之父。杜陵（今陝西西安）人。以校尉從大將軍衛青擊匈奴，封廣平侯。後為代郡太守，卒於官。傳見《漢書》卷五十四。❸右將軍　《漢書・百官公卿表》：「前、後、左、右將軍，皆周末官，秦因之。位上卿，金印紫綬。漢不常置。或有前、後，或有左、右，皆掌兵及四夷，有長史，秩千石。」❹強切　剛正嚴切。❺持毀譽　謂掌握著詆毀與讚譽的權威之論，以品藻人物之短長。❻奉車都尉　西漢武帝置奉車、駙馬、騎三都尉，秩皆比二千石。奉車都尉掌御乘輿馬。❼竇固　（？—西元八八年），字孟孫，扶風平陵人。竇融姪。少以尚公主為黃門侍郎，好覽書傳，喜兵法。明帝永平十五年（西元七二年），任奉車都尉，與騎都尉耿忠率兵一萬二千騎，出酒泉塞至天山擊北匈奴呼衍王，追至蒲類海（今新疆巴里坤西北巴里坤湖）。又與耿秉等出玉門，擊西域，車師降。後任光祿勳、衛尉。竇固在邊數年，羌胡服其恩信。久歷大位，甚見尊貴。性謙儉愛人，好施。士以此稱之。章和二年卒，謚文侯。傳見本書卷二十三。❽車師　古西域國名，即姑師。西漢元帝時分前後二部：前部治今新疆吐魯番西；後部治今新疆吉木薩爾南。❾賢良方正　漢代選拔官吏的科目之一。西漢文帝為了詢訪政治得失，始詔「舉賢良方正能極言直諫者」。中選者則授予官職。武帝時復詔舉賢良或賢良文學。名稱雖有不同，其性質無異。⑩武原　古縣名。西漢置。治今江蘇邳州西北。⑪順帝　東漢第七帝，名保，安帝子。西元一二五—一四四年在位。⑫臧　同「贓」。⑬天　此指依靠或依存的對象。清河太守把蘇章比作依靠的對象，故稱其為天。清王先謙《後漢書集解》引《通鑑》胡注：「謂章必能覆蓋其惡也。」⑭河南尹　河南，郡名。漢高祖二年改秦三川郡置。治今河南洛陽東北。本書〈郡國志·河南尹〉南朝梁劉昭注：「秦三川郡，高帝更名，世祖都雒陽，建武十五年改曰河南尹。」尹，官名。商、西周時為輔弼之官，春秋時，楚國長官名稱尹。漢代始以都城行政長官稱尹，有京兆尹、河南尹。

【語譯】蘇章，字孺文，扶風平陵人。其八世祖蘇建，漢武帝時為右將軍。祖父蘇純，字桓公，有高名，性剛直嚴切，掌握著品藻人物的權威之論，士友們都怕他，乃至互相議論說：「想見蘇桓公，擔心他教責人，不見他，又想他。」三輔稱其為「大人」。永平年間，從奉車都尉竇固軍出擊北匈奴、車師有功，封中陵鄉侯，官至南陽太守。

蘇章少年博學，能撰寫文章。安帝時，舉賢良方正，蘇章對策成績優異，拜為議郎。多次陳說朝政得失，其言甚直。後出為武原縣令。當時正值饑荒，蘇章即開倉賑濟飢民，救活三千餘戶。順帝時，遷冀州刺史。蘇章的老朋友為清河太守，蘇章視察所部，查其奸贓之行，於是請太守，為其設下酒宴，敘舊日友情，甚為歡暢。太守高興地說：「別人都有一重天，獨我有兩重天。」蘇章說：「今晚蘇孺文與故人飲宴，這是私情；明天冀州刺史案查你的贓事，乃是公法。」於是列舉其罪而正之以法。州郡知蘇章不徇私情，聞其風聲者皆肅然敬畏。後蘇章轉為并州刺史，因為摧折權豪，犯忤旨之罪，被免官。於是他隱身於鄉里，不與當世交往。後徵為河南尹，不就任。當時天下日益敗亂，民多悲苦，論者舉薦蘇章有國家棟梁之才，但朝廷不能再用他，後蘇章於家中去世。其兄之曾孫是蘇不韋。

1 不韋字公先。父謙，初為郡督郵❶。時魏郡❷李暠為美陽❸令，與中常侍具瑗❹

交通，貪暴為民患，前後監司畏其埶援，莫敢糺❺問。及謙至，部案得其臧，論輸左校❻。謙累遷至金城❼太守，去郡歸鄉里。漢法，免罷守令，自非詔徵，不得妄到京師。而謙後私至洛陽，時暠為司隸校尉，收謙詰掠，死獄中，暠又因刑其屍，以報昔怨。

2 不韋時年十八，徵詣公車❽，會謙見殺，不韋載喪歸鄉里，瘞❾而不葬，仰天嘆曰：「伍子胥❿獨何人也！」乃藏母於武都山中，遂變名姓，盡以家財募劍客，邀暠於諸陵間，不剋。會暠遷大司農⓫，時右校芻廥⓬在寺⓭北垣下，不韋與親從兄弟⓮潛入廥中，夜則鑿地，晝則逃伏。如此經月，遂得傍達暠之寢室，出其牀下。值暠在廁，因殺其妾并及小兒，留書而去。暠大驚懼，乃布棘於室，以板籍地，一夕九徙，雖家人莫知其處。每出，輒劍戟隨身，壯士自衛。不韋知暠有備，乃日夜飛馳，徑到魏郡，掘其父阜冢，斷取阜頭，以祭父墳，又標之於市曰「李君遷父頭」。暠匿不敢言，而自上退位，歸鄉里，私掩塞冢槨。捕求不韋，歷歲不能得，憤恚感傷，發病歐⓯血死。

3 不韋後遇赦還家，乃始改葬，行喪。士大夫多譏其發掘冢墓，歸罪枯骨，不合古義，唯任城何休⓰方之伍員。太原郭林宗⓱聞而論之曰：「子胥雖云逃命，而見用強吳，憑闔廬之威，因輕悍之眾，雪怨舊郢，曾不終朝，而但鞭墓戮屍，以舒其憤，竟無手刃後主之報。豈如蘇子單特孑立，靡因靡資[18]，強讎豪援[19]，據位九卿，城闕天阻，宮府幽絕，埃塵所不能過，霧露所不能沾[20]。不韋毀身燋[21]慮，出於百死，冒觸嚴禁，陷族禍門，雖不獲逞，為報已深。況復分骸斷首，以毒[22]生者，使暠懷忿結，不得其命，猶假手神靈以斃之也。力唯匹夫，功隆千乘[23]，比之於員，不以優乎？」議者於是貴之。

4 後太傅陳蕃辟，不應，為郡五官掾[24]。初，弘農[25]張奐睦於蘇氏，而武威段熲[26]與暠素善，後奐熲有隙。及熲為司隸，以禮辟不韋，不韋懼之，稱病不詣。熲既積憤於奐，因發怒，乃追咎不韋前報暠事，以為暠表治謙事，被報見誅，君命天也，而不韋仇之。又令長安男子告不韋多將賓客奪舅財物，遂使從事張賢等就家殺之。乃先以鴆[27]與賢父曰：「若賢不得不韋，便可飲此。」賢到扶風，郡守使不韋奉謁迎賢，即時收執，并其一門六十餘人盡誅滅之，諸蘇以是衰破。及段熲為陽球[28]所誅，天下以為蘇氏之報焉。

【章　旨】以上為所附蘇竟兄之曾孫〈蘇不韋傳〉，旨在寫蘇不韋為父報仇的決心。先述其父蘇謙為郡督郵，糾察美陽令李暠貪暴害民事；後李暠為司隸校尉，蘇謙免官後私入京城，李暠捕蘇謙拷問，蘇謙死獄中。次述蘇不韋殺李暠妾及小兒，掘李暠父墳，取其頭以祭父。後寫司隸校尉段熲使人誣告蘇不韋並派人殺蘇不韋一門六十餘口。

【注釋】❶督郵　官名。漢代郡守的重要屬吏。代表郡守督察鄉縣，傳達教令，兼司獄訟捕亡等事。有的郡分兩部、四部或五部的，每部各有一督郵。❷魏郡　郡名。漢高祖十二年置。治今河北臨漳西南。❸美陽　縣名。戰國秦置。治今陝西武功西。❹具瑗　宦官。魏郡元城（今河北大名）人。桓帝時為中常侍，參與謀誅梁冀，與左悺、徐璜、唐衡、單超五人同日封侯，世稱「五侯」。單超死，其後四侯專橫，天下為之語曰：「左回天，具獨坐，徐臥虎，唐兩墮。」皆競起第宅，樓觀壯麗，窮極技巧，多取良人美女為姬妾。瑗兄恭為沛相，為所在蠹害。延熹八年（西元一六五年），司隸校尉韓演奏瑗兄恭贓罪，徵詣廷尉，瑗詣獄謝，上還東武侯印綬。詔貶為都鄉侯，卒於家。傳見本書卷七十八。❺糺　同「糾」。❻論輸左校　定罪罰至左校作苦役。論，定罪。輸，送至。左校，官署名。秦及漢初置左、右、前、後、中五校令，東漢沿置，掌工徒。❼金城　郡名。西漢昭帝始元六年置。治今甘肅永靖西北。❽公車　漢代官署名，衛尉的下屬機構。設公車令，掌管宮殿中司馬門的警衛工作。臣民上書和徵召都有公車接待。❾瘞　埋藏。❿伍子胥　（？—西元前四八四年），名員，字子胥，春秋時吳國大夫。以功封於申，又稱申胥。本楚國人，楚大夫伍奢次子。伍奢為楚平王太子建太傅，平王殺伍奢及其長子伍尚，伍子胥逃至吳國，助吳公子光刺殺吳王僚，取得王位，是為吳王闔廬。伍子胥為行人，謀國事。闔廬九年（西元前五〇六年），吳國與唐國、蔡國聯軍伐楚，入楚郢都。楚昭王出奔。伍子胥求楚昭王不得，乃掘楚平王之墓，鞭屍三百，以報殺父之仇。闔廬去世，伍子胥輔佐其子夫差。吳王夫差二年（西元前四九四年），吳敗越，越王句踐求和，子胥諫，夫差不聽，終於與越講和。後夫差聽信太宰嚭的讒言，令伍子胥自殺。伍子胥死後十一年，越滅吳。見《國語・吳語》及《史記・伍子胥列傳》。⓫大司農　官名。秦置治粟內史，漢景帝改稱大農令，漢武帝改稱大司農。掌租稅錢穀鹽鐵和國家的財政收支。為九卿之一。⓬廥　堆放柴草的房舍。⓭寺　指大司農的官署。⓮從兄弟　伯父或叔父之子。從，同一宗族次於至親者。⓯歐　同「嘔」。⓰任城何休　任城，諸侯王國名。東漢章帝元和元年分東平國置。治今山東濟寧東南。何休（西元一二九—一八二年），字邵公，任城國樊縣人。東漢經學家。董仲舒四傳弟子，精研《六經》，曾為太傅陳蕃推薦而參政。陳蕃敗，罹黨錮。黨錮解，辟司徒府，拜議郎，遷諫議大夫。歷十七年時間，撰成《春秋公羊解詁》，為《公羊》制定義例，系統地闡發《春秋》中的微言大義，成為今文經學家議政的主要依據。傳見本書卷七十九下。⓱太原郭林宗　太原，郡國名。戰國秦置郡。治今山西太原西南。

郭林宗（西元一二八—一六九年），名泰，字林宗，太原介休人。家世貧賤，早孤。母勸其給事縣廷，林宗曰：「大丈夫焉能處斗筲之役乎？」遂就成皋屈伯彥學三年，業畢，博通墳籍。善談論，美音制。乃遊於洛陽，見河南尹李膺，遂相友善。於是名震京師。後歸鄉里，衣冠諸儒送至河上，車數千輛。黨錮事起，他閉門教授，弟子達數千人。建寧二年卒，年四十二。傳見本書卷六十八。⑱靡因靡資　沒有依靠沒有資助。靡，無。因，依靠；憑藉。⑲豪援　即有豪強作後臺。援，幫助。⑳城闕天阻四句　比喻京城難進，李暠的官署戒備森嚴，住處幽祕深邃，不易找到。城闕，城門兩邊的樓觀，此指京城。幽絕，幽深殊絕。㉑燋　同「焦」。㉒毒　苦。㉓千乘　兵車千輛。古以一車四馬為一乘。㉔五官掾　郡守、國相屬吏，署功曹及諸曹事。㉕弘農　郡名。西漢武帝元鼎四年置。治今河南靈寶北。東漢曾一度改稱恆農。㉖段熲　（？—西元一七九年），字紀明，武威姑臧（今甘肅武威）人。少習弓馬，尚游俠，輕財賄。長折節好古，舉孝廉，遷遼東屬國都尉，又拜議郎，遷并州刺史、護羌校尉。在邊十餘年，屢破羌眾。入朝官至司隸校尉、太尉。以曲意事宦官，故得保其富貴。光和二年，司隸校尉陽球劾殺中常侍王甫，並及段熲，下獄，自殺。傳見本書卷六十五。㉗鴆　傳說中的毒鳥。雄名運日，雌名陰諧。羽有劇毒，以其羽浸酒，飲之立死。此指毒酒。鴆，一作「酖」。㉘陽球　（？—西元一七九年），字方正，漁陽泉州（今天津武清）人。家世大姓冠蓋。能擊劍，習弓馬。性嚴厲，好申（不害）、韓（非）之學。辟司徒府，歷任九江太守、平原相、將作大匠等職。光和二年，遷司隸校尉。劾殺作惡多端的宦官王甫及其義子王吉。後靈帝聽信宦官曹節之言，徙陽球為衛尉。後為曹節所誣，被殺，妻子徙邊。傳見本書卷七十七。

【語譯】蘇不韋，字公先。其父蘇謙，初為郡督郵。當時魏郡人李暠為美陽縣令，與中常侍具瑗勾結，貪暴害民，前後監察機關都怕他有有權勢的人為後臺，沒有人敢查問。蘇謙到後，查得其貪贓之罪證，定罪罰往左校去做苦役。蘇謙累官至金城太守，後離郡歸鄉里。按照漢代的法令，被罷免的郡守、縣令，若非詔徵，不得隨便到京城。而蘇謙私自到洛陽，時李暠為司隸校尉，於是逮捕蘇謙拷問，蘇謙死於獄中。李暠又戮其屍，以報昔日之仇。

2 蘇不韋時年十八，朝廷公車徵召，正值蘇謙被殺，蘇不韋便載其父之屍首歸鄉里，臨時掩埋而不舉行葬禮。蘇不韋仰天歎道：「伍子胥是何等人啊！」便將其母親藏於武都山中，於是改變姓名，以全部家財招募劍客，攔截李暠於諸陵之間，沒有找到。恰好李暠遷為大司農，當時，右校儲存柴草的房舍在大司農府的北牆下，蘇不韋乃與其親屬從兄弟潛入儲存柴草的房舍中，夜則挖地，晝則隱伏。如此一個多月，遂得以到達李暠的寢室，出現在其床下。正值李暠在廁所，蘇不韋乃殺其妾及其小兒，留書而去。李暠非常驚懼，便在寢室內布滿棘刺，又以木板鋪地，一夜九遷其處，即使家人亦不知其所在。每次外出，都以劍戟隨身，有壯士保衛。蘇不韋知李暠有所防備，便日夜飛馳趕路，直到魏郡，挖開其父李阜之墓，斷取其頭，以祭奠父親之墳，又將其頭標上「李君遷父頭」的字樣，扔到市上。李暠隱匿不敢言，於是自上書退位，回歸鄉里，祕密將祖墳填塞。捕求蘇不韋，幾年不能得，憂憤感傷，發病嘔血而死。

3 蘇不韋後遇赦還家，才行葬禮改葬其父。士大夫多譏諷他挖掘墳墓，歸罪於枯骨，不合古義。只有任城何休將他比作伍子胥。太原郭林宗聞此評論說：「伍子胥雖說是逃命，卻被強吳所用，憑闔廬之威，藉輕悍之吳兵，不過一個早晨，便於郢都報仇，而只掘楚平王之墓，鞭撻其屍，以洩其憤，最終未能親手殺死後主以報仇。豈如蘇不韋隻身單人，無依無靠，而其仇人勢力強大，有豪強作後臺，居九卿之位，城闕為天然之阻，宮府幽絕深邃，塵埃不能過，霧露不能沾。蘇不韋毀身焦慮，出於百死，冒著觸犯禁令及陷親族與家門災禍之險，雖沒有殺死李暠，作為報仇之舉，已經是很深刻的了。況且又分死人屍骸，斷其頭以苦生者，令李暠懷憤鬱結，不終其命。這如同假借神靈之手以殺死他。蘇不韋以匹夫之力，建高於千乘兵車之功，比之伍子胥，不是優於他嗎？」議者於是以蘇不韋之舉為貴。

4 後太傅陳蕃徵辟蘇不韋，蘇不韋不應，卻做了郡的五官掾。當初，弘農人張奐與蘇氏親睦，而武威段熲與李暠素來相善。後張奐與段熲發生矛盾。段熲為司隸校尉後，以禮辟舉蘇不韋，蘇不韋懼怕，便稱病不至。段熲本來已經積憤於張奐，因此發怒，於是追究蘇不韋以前報復李暠之事，認為李暠上表懲治蘇謙，奉命誅殺，君命即天命，而蘇不韋竟以李暠為仇。於是又令長安男子告蘇不韋帶領很多賓客奪其舅之財物。便派從事張賢等人到其家殺蘇不韋。事先將毒酒給張賢之父說：「如果張賢殺不掉蘇不韋，你即飲此。」張賢到扶風，郡守派蘇不韋奉謁迎接，張賢當下便逮捕了蘇不韋，並將其一門六十餘人全部誅滅，蘇氏以此衰破。後段熲為陽球所誅，天下人都以為是他誅滅蘇氏所得到的報應。

1 羊續，字興祖，太山平陽❶人也。其先七世二千石❷卿校。祖父侵，安帝時司隸校尉。父儒，桓帝❸時為太常❹。

2 續以忠臣子孫拜郎中，去官後，辟大將軍竇武❺府。及武敗，坐黨事❻，禁錮十餘年，幽居守靜。及黨禁解，復辟太尉❼府，四遷為廬江太守。後揚州❽黃巾賊❾攻舒❿，焚燒城郭，續發縣中男子二十以上，皆持兵勒陳⓫，其小弱者，悉使負水灌火，會集數萬人，并埶力戰，大破之，郡界平。後安風⓬賊戴風等作亂，續復擊破之，斬首三千餘級，生獲渠帥，其餘黨輩原為平民，賦與佃器，使就農業。

3 中平⓭三年，江夏⓮兵趙慈反叛，殺南陽太守秦頡，攻沒六縣，拜續為南陽太守。當入郡界，乃羸服間行，侍童子一人，觀歷縣邑，採問風謠，然後乃進。其令長貪絜，吏民良猾，悉逆知其狀，郡內驚竦，莫不震懾。乃發兵與荊州⓯刺史王敏共擊慈，斬之，獲首五千餘級。屬縣餘賊並詣續降，續為上言，宥其枝附。賊既清平，乃班宣政令，候民病利，百姓歡服。時權豪之家多尚奢麗，續深疾之，常敝衣薄食，車馬羸敗。府丞⓰嘗獻其生魚，續受而懸於庭；丞後又進之，續乃出前所懸者以杜其意。續妻後與子祕俱往郡舍，續閉門不內，妻自將祕行，其資藏唯有布衾、敝袛裯⑰，鹽、麥數斛而已，顧敕袛曰：「吾自奉若此，何以資爾母乎？」使與母俱歸。

4 六年，靈帝⑱欲以續為太尉。時拜三公者，皆輸東園⑲禮錢千萬，令中使督之，名為「左騶」。其所之往，輒迎致禮敬，厚加贈賂。續乃坐使人於單席，舉縕袍⑳以示之，曰：「臣之所資，唯斯而已。」左騶白之，帝不悅，以此故不登公位。而徵為太常，未及行，會病卒，時年四十八。遺言薄斂，不受賵㉑遺。舊典，二千石卒官賻百萬，府丞焦儉遵續先意，一無所受。詔書褒美，敕㉒太山太守以府賻錢賜續家云。

【章　旨】以上為〈羊續傳〉。先述羊續籍貫、家世，次述羊續仕宦情況：為郎中、辟竇武府，為廬江、南陽太守，破黃巾、擊叛賊，微行私訪，知民利病，百姓歡服。重在寫羊續為官清廉，政績顯著，自奉儉約，不能養活妻、子，無錢輸東園，不得為太尉。病故，遺言薄葬，不受賵遺。

【注　釋】❶太山平陽　太山，郡名。楚漢之際劉邦改博陽郡置。治今山東泰安東。後移治今山東泰安東北。平陽，漢縣名。即《漢書・地理志・泰山郡》之「東平陽」。光武中興撤銷，在今山東新泰西北。❷二千石　漢代內自九卿郎將，外至郡守的俸祿等級都是二千石。二千石分三等：中二千石、二千石、比二千石。中二千石，月得一百八十斛；中者，滿也。二千石，月得一百二十斛。比二千石，月得一百斛。東漢二千石稱真二千石。後因稱郎將、郡守和知府為二千石。❸桓帝　東漢第十帝，名志，章帝曾孫，蠡吾侯劉翼之子。西元一四六－一六七年在位。❹太常　官名。秦置奉常，漢景帝改稱太常。為九卿之一。掌宗廟禮儀，兼選試博士。❺竇武　（？－西元一六八年），字游平，扶風平陵（今陝西咸陽）人。安平戴侯竇融之玄孫。竇武少時以經行著稱，常教授於大澤中，不交時事，名顯關西。延熹八年，女選入宮為桓帝貴人，及女立為皇后，竇武為越騎校尉、城門校尉等職。在位多辟名士，清身疾惡。桓帝死，他迎立靈帝，任大將軍，封聞喜侯，掌握朝政。他與太學生聯結，並起用反對宦官的李膺等人。後與陳蕃謀誅宦官，事洩，兵敗自殺。傳見本書卷六十九。❻黨事　即黨錮之禍。東漢桓帝時，宦官專權，侵犯士族地主階級的利益，世家大族官僚李膺等人與太學生聯合抨擊宦官集團。延熹九年（西元一六六年），有人勾結宦官，誣告他們「誹訕朝政」，李膺等二百餘人被稱為「黨人」，逮捕下獄。後雖釋放，但禁錮終身，不許為官。稱為第一次「黨錮之禍」。靈帝即位，外戚竇武掌權，起用「黨人」，並與太傅陳蕃謀誅宦官，事洩，自殺。建寧二年（西元一六九年），靈帝在宦官侯覽、曹節挾持下，收捕李膺、杜密等百餘人下獄。又陸續殺、流徙、囚禁六七百人。熹平五年（西元一七六年），靈帝在宦官挾持下，又命凡「黨人」的門生故吏，父子兄弟，都免官禁錮，連及五族，稱第二次「黨錮之禍」。中平元年（西元一八四年），黃巾軍起，中常侍呂強言於帝曰：「黨錮久積，人心多怨，若久不赦宥，輕與張角合謀，為變滋大，悔之無救。」帝懼其言，乃大赦「黨人」，誅徙之家，皆回故郡。❼太尉　官名。秦至西漢設置。為全國軍事首腦，與丞相、御史大夫並稱三公。西漢武帝時改稱大司馬。東漢時太尉與司徒、司空並稱三公。❽揚州　西漢武帝所置「十三刺史部」之一。❾黃巾賊　東漢末年的農民軍。當時宦官專權，橫徵暴斂；豪族瘋狂地兼併土地，農民大量破產逃亡，成為流民。太平道首領張角祕密進行組織活動。十餘年間，徒眾達數十萬，遍布於青、徐、幽、冀、荊、揚、兗、豫八州。於漢靈帝中平元年，各地同時暴動。他們以黃巾裹頭，因被稱為「黃巾賊」。他們焚燒官府，捕殺官吏，攻打地主塢壁，旬日之間，天下響應。由於他們缺乏作戰經驗，張角病死後，在東漢政府和豪強武裝的聯合鎮壓下，以失敗告終。暴動共經歷了九個月，沉重地打擊了地主豪強，動搖了東漢王朝的統治。失敗後，各地分散的農民軍，仍繼續戰鬥，堅持了二十餘年。❿舒　縣名。西漢置。治今安徽廬江縣西南。⓫勒陳　擺開陣勢。勒，統御；約束。陳，同「陣」。軍隊的行伍排列。⓬安風　縣名。屬廬江郡。⓭中平　東漢靈帝劉宏年號，西元一八四—一八九年。⓮江夏　郡名。西漢高祖六年置。治今湖北新洲西。⓯荊州　西漢武帝所置「十三刺史部」之一。東漢治今湖南常德東，其後屢有遷移。⓰府丞　羊續之佐吏。⓱袛裯　短衣、汗衫之類。⓲靈帝　東漢第十一帝，名宏，章帝玄孫，解瀆亭侯劉萇之子。西元一六八—一八九年在位。⓳東園　漢官署名。屬少府，掌陵墓內器物的製造和供應。⓴緼袍　以亂麻為絮的袍子。泛指粗劣的衣服。㉑賵　助葬用的財物。㉒勑　同「敕」。自上命下之詞。

【語　譯】羊續，字興祖，太山郡平陽縣人。其先輩七世為二千石卿校。祖父羊侵，安帝時為司隸校尉。其父羊儒，桓帝時為太常卿。

2 羊續因為是忠臣的子孫被拜為郎中。後辭官，被徵召至大將軍竇武府。竇武敗後，羊續因為黨錮之禍，被禁錮十餘年，幽居守靜。及黨禁解，又被太尉府所徵辟，四遷為廬江太守。後揚州黃巾賊進攻舒縣，焚燒城郭。羊續徵發縣中二十歲以上的男子，皆持兵器布陣，年幼體弱之人，都使他們揹水滅火。會集數萬人，並勢力戰，大破黃巾，郡縣平定。後安風縣賊戴風等作亂，羊續又擊破他們，斬首三千餘級，生擒其頭領。其餘黨赦為平民，給與農具，使其從事農業。

3 中平三年，江夏兵趙慈反叛，殺南陽太守秦頡，攻陷六縣。朝廷拜羊續為南陽太守。羊續將入郡界，便帶侍童一人，穿破衣微行，觀歷縣邑，採問風謠，然後才進入郡城。對於令長的貪潔，吏民的良猾，全預先調查得清清楚楚。於是郡內驚懼，無不震懾。羊續便發兵與荊州刺史王敏共擊趙慈，殺趙慈，並斬首五千餘級。屬縣其餘賊人一起到羊續處投降。羊續上書請求寬宥其附賊之罪。賊人平定之後，羊續頒布命令，問候百姓的需求和疾苦，百姓歡喜敬服。當時權豪之家多尚奢麗，羊續非常疾恨，常穿破衣，吃淡食，乘破車瘦馬。府丞曾獻給羊續生魚，羊續收下後，將其懸掛在庭中；府丞後又進獻，羊續便拿出前所掛之魚，以杜絕其意。後來，羊續妻攜其子羊祕一起來到郡中官舍，羊續閉門不接納其母子。其妻硬領著羊祕入內，見其財物唯有布被、破短衣，鹽、麥數斛而已。羊續看著羊祕說道：「我自己的生活尚且如此，用什麼養活你們母子呢？」便讓他與其母俱回家鄉。

4 中平六年，靈帝欲以羊續為太尉。當時拜三公的人，都要送給東園禮錢千萬。靈帝令中使督促此事，把中使叫做「左騶」。中使所到之處，受任者皆致禮相迎，厚加贈賂。羊續乃讓中使坐在單席之上，撩起自己粗劣的衣服讓他看，說：「臣之資產，唯此而已。」左騶向靈帝報告，靈帝很不高興。因此，羊續便沒有登上三公之位，而徵為太常卿。羊續還未來得及赴任，便因病而死，時年四十八歲。羊續遺言薄葬，不受助喪之錢。按照舊典，二千石死於官任給助喪錢百萬。府丞焦儉遵照羊續之遺意，一無所受。靈帝下詔褒美羊續，命太山太守以府的名義把助喪錢賜羊續之家。

1 賈琮，字孟堅，東郡聊城❶人也。舉孝廉，再遷為京❷令，有政理迹。

2 舊交阯❸土多珍產，明璣、翠羽、犀、象、瑇瑁、異香、美木❹之屬，莫不自出。前後刺史率多無清行，上承權貴，下積私賂，財計盈給，輒復求見遷代，故吏民怨叛。中平元年，交阯屯兵反，執刺史及合浦❺太守，自稱「柱天將軍」。靈帝特敕三府精選能吏，有司舉琮為交阯刺史。琮到部，訊其反狀，咸言賦斂過重，百姓莫不空單，京師遙遠，告冤無所，民不聊生，故聚為盜賊。琮即移書告示，各使安其資業，招撫荒散，蠲復傜役，誅斬渠帥為大害者，簡選良吏試守諸縣，歲間蕩定，百姓以安。巷路為之歌曰：「賈父來晚，使我先反；今見清平，吏不敢飯❻。」在事三年，為十三州最，徵拜議郎。

3 時黃巾新破，兵凶之後，郡縣重斂，因緣生姦。詔書沙汰刺史、二千石，更選清能吏，乃以琮為冀州刺史。舊典，傳車❼驂駕，垂赤帷裳，迎於州界。及琮之部，升車言曰：「刺史當遠視廣聽，糾察美惡，何有反垂帷裳以自掩塞乎？」乃命御者褰❽之。百城聞風，自然竦震。其諸臧過者，望風解印綬去，唯癭陶❾

長濟陰⑩董昭、觀津⑪長梁國⑫黃就當官待琮，於是州界翕然。

4 靈帝崩，大將軍何進⑬表琮為度遼將軍⑭，卒於官。

【章旨】以上為〈賈琮傳〉。旨在寫賈琮仕宦的政績：為京縣令，有政理跡；為交阯刺史，招撫荒散，蠲除傜役，選用良吏，平定叛亂，在州三年，政績為十三州之最。

【注釋】❶東郡聊城　東郡，郡名。秦王政五年置。治今河南濮陽西南。聊城，縣名。秦置。今山東西部。❷京　縣名。秦置。春秋鄭邑，故址在今河南滎陽東南。❸交阯　西漢武帝所置「十三刺史部」之一。轄境相當今廣東、廣西的大部和越南的北部、中部。東漢末改為交州。❹明璣翠羽句　明璣，明珠一類的寶物。璣，珠之不圓者。翠羽，翠鳥的羽毛，可以為飾。犀，指犀牛角，可雕刻以為飾器，又可入藥。象，象牙。用以雕刻飾物及工藝美術品。瑇瑁，亦作「玳瑁」。爬行綱，海龜科，其形似龜。甲殼褐黃色，有黑斑和光澤，可做裝飾品，甲片可入藥。異香，氣味異常濃烈的香料。美木，品質優良的木材。❺合浦　郡名。西漢武帝元鼎六年置。治今廣西合浦北。❻飯　指吃老百姓的飯。清王先謙《後漢書集解》引《通鑑》胡注：「吏不敢過民家而飯也。」❼傳車　古代驛站的專用車輛。❽褰　揭起；撩起。❾癭陶　縣名。屬鉅鹿郡。治所在今河北寧晉西南。❿濟陰　郡國名。西漢景帝中元六年分梁國置國，後改為郡。治今山東定陶西北。⓫觀津　縣名。西漢置。治今河北武邑東南，屬安平國。⓬梁國　漢高祖五年改碭郡為梁國。治今河南商丘南。⓭何進　（？—西元一八九年），字遂高，南陽宛（今河南南陽）人。以妹選入掖庭為貴人，有寵於靈帝，拜進為郎中，遷虎賁中郎將，出為潁川太守。光和二年（西元一七九年），貴人立為皇后，進拜為侍中、將作大匠、河南尹。中平元年（西元一八四年），以進為大將軍，率左右羽林五營士屯都亭，修理器械以鎮京師。靈帝死，他立少帝，專斷朝政。後與袁紹等謀誅宦官，事洩，為宦官所殺。傳見本書卷六十九。⓮度遼將軍　漢時將軍名號。西漢昭帝初置度遼將軍，東漢亦置。《資治通鑑・漢紀十五》，昭帝元鳳三年：「於是拜（范）明友為度遼將軍。」宋胡三省注：「度遼將軍，蓋使之度遼水以伐烏桓。至後漢，遂以為將軍之號，以護匈奴。」

【語譯】賈琮，字孟堅，東郡聊城縣人。舉孝廉，再遷為京縣縣令，有治能之名。

2 舊交阯之地多有珍貴之物，明璣、翠羽、犀角、象牙、瑇瑁、異香、美木之類，無不出自其地。前後刺史大多無清廉的節操，他們上奉承權貴，下積蓄私財，財寶豐盈之後，即謀求被升遷替代，所以吏民怨叛。中平元年，交阯屯兵反叛，他們拘捕刺史及合浦太守，自稱「柱天將軍」。靈帝特敕三公精選能吏，有關部門便舉薦賈琮為交阯刺史。賈琮到任，訊問屯兵之反因，都說因賦斂過重，使百姓無家不空盡。京城遙遠，無處訴冤，民不聊生，所以相聚為盜賊。賈琮立即發送公文，張貼布告，讓百姓各自安心經營產業，又招撫荒散之人，免除徭役，誅斬為大害的頭領，選擇良吏署理諸縣，一年間便全州安定，百姓因此安居。巷路間為此歌頌道：「賈父來晚，使我先反；今見清平，吏不敢飯。」賈琮在任三年，政績為十三州之最。後徵拜議郎。

3 時黃巾剛敗，兵亂之後，郡縣重斂租賦，奸亂因此而生。靈帝下詔淘汰刺史、俸祿二千石的官員，更選清能之吏，便使賈琮為冀州刺史。舊典規定，傳車由三匹馬駕駛，車前垂赤帷帳，在州界迎接刺史。等賈琮到任時，上車說道：「刺史應當看得遠聽得廣，糾察美惡，哪有反垂帷帳以自我掩塞的道理呢？」便命駕車人將帷帳撩起。州內百城聞此，自然震懼。那些犯贓罪的官吏，全都望風解下印綬逃去，只有癭陶縣長濟陰人董昭、觀津縣長梁國人黃就在位等待賈琮，於是州內平定和協。

4 靈帝死，大將軍何進上表舉賈琮為度遼將軍，後賈琮在官任上去世。

1 陸康，字季寧，吳郡吳❶人也。祖父續，在獨行傳❷。父褒，有志操，連徵不至。

2 康少仕郡，以義烈稱，刺史臧旻舉為茂才，除高成❸令。縣在邊垂，舊制，令戶一人具弓弩以備不虞，不得行來。長吏新到，輒發民繕修城郭。康至，皆罷遣，百姓大悅。以恩信為治，寇盜亦息，州郡表上其狀。光和❹元年，遷武陵❺太守，轉守桂陽❻、樂安❼二郡，所在稱之。

3 時靈帝欲鑄銅人，而國用不足，乃詔調民田，畝斂十錢。而比水旱傷稼，百姓貧苦。康上疏諫曰：「臣聞先王治世，貴在愛民。省傜輕賦，以寧天下，除煩就約，以崇簡易，故萬姓從化，靈物應德。末世衰主，窮奢極侈，造作無端，興制非一，勞割自下，以從❽苟欲，故黎民吁嗟，陰陽感動。陛下聖德承天，當隆盛化，而卒被詔書，畝斂田錢，鑄作銅人。伏讀惆悵，悼心失圖。夫十一而稅，周謂之徹❾。徹者通也，言其法度可通萬世而行也。故魯宣稅畝❿，而蝝⓫灾自生；哀公增賦，而孔子非之⓬。豈有聚奪民物，以營無用之銅人；捐捨聖戒，自蹈亡王之法哉！傳⓭曰：『君舉必書，書而不法，後世何述焉？』陛下宜留神省察，改敝從善，以塞兆民怨恨之望。」書奏，內侍因此譖康援引亡國，以譬聖明，大不敬，檻車⓮徵詣廷尉⓯。侍御史劉岱⓰典考其事，岱為表陳解釋，免歸田里。復徵拜議郎。

4 會廬江賊黃穰等與江夏蠻連結十餘萬人，攻沒四縣，拜康廬江太守。康申明賞罰，擊破穰等，餘黨悉降。帝嘉其功，拜康孫尚為郎中。獻帝⓱即位，天下大亂，康蒙險遣孝廉計吏奉貢朝廷，詔書策勞，加忠義將軍，秩中二千石。時袁術⑱屯兵壽春，部曲⑲飢餓，遣使求委輸兵甲。康以其叛逆，閉門不通，內修戰備，將以禦之。術大怒，遣其將孫策⑳攻康，圍城數重。康固守，吏士有先受休假者，皆遁伏還赴，暮夜緣城而入。受敵二年，城陷。月餘，發病卒，年七十。宗族百餘人，遭離飢戹，死者將半。朝廷愍其守節，拜子儁為郎中。

少子績㉑，仕吳㉒為鬱林㉓太守，博學善政，見稱當時。幼年曾謁袁術，懷橘墮地者也㉔，有名稱。

【章　旨】以上為〈陸康傳〉。先述其籍貫、家世，次述其「少仕郡，以義烈稱」；為高成令、武陵、桂陽、樂安太守，「所在稱之」；又述陸康諫靈帝鑄銅人，以「大不敬」免官；又述陸康為廬江太守，破廬江賊與江夏蠻；又述袁術攻陸康，城陷，陸康病故。本篇旨在寫陸康的治績、直言及對漢朝的忠貞不二。

【注　釋】❶吳郡吳　吳郡，楚漢之際分會稽郡置，漢武帝後廢。東漢永建四年復置。治今江蘇蘇州。吳，縣名。秦置。今江蘇蘇州。❷獨行傳　即本書卷七十一〈獨行列傳〉。❸高成　縣名。今河北鹽山縣東南。本書〈郡國志〉作「高城」。屬渤海郡。❹光和　東漢靈帝劉宏年號，西元一七八－一八四年。❺武陵　郡名。西漢高祖置。治今湖南漵浦南。東漢移治臨沅（今湖南常德西）。❻桂陽　郡名。西漢高祖置。治今湖南郴州。❼樂安　郡國名。東漢永元七年改千乘郡置國。轄境相當今山東博興、高青、桓臺、廣饒、壽光等地。❽從　同「縱」。放縱；滿足。❾徹　周朝的田稅制度，即國家取十分之一的租稅。徹，通也。謂為天下通行之法。《孟子．滕文公上》：「夏后氏五十而貢，殷人七十而助，周人百畝而徹，其實皆什一也。」

趙岐注：「家耕百畝者徹，取十畝以為賦。名雖異而多少同，故曰皆什一也。」❿魯宣稅畝　即魯宣公十五年（西元前五九四年）頒布之按田畝多少徵稅的法令。此為古代徵稅制度的大改革。自殷周以來，行井田之制，農民有在公田上無償勞動的義務，即所謂「藉法」。謂借民力而耕種公田。「稅畝」者，即魯國正式宣布廢除井田制，承認土地私有權，而一律按田地多少取稅。魯宣公之「初稅畝」，《左傳》以為「非禮也。穀出不過藉。」《公羊傳》：「稅畝者何？履畝而稅也。」何休注：「宣公無恩信於人，人不肯盡力於公田。故履踐案行，擇其善畝穀最好者稅取之。」《穀梁傳》：「古者什一，藉而不稅。初稅畝，非正也。」《春秋》三傳對魯宣公之「初稅畝」，都以儒家的保守思想加以非議。魯宣公，春秋時魯國國君，名倭，文公庶子。西元前六〇八—前五九一年在位。見《史記・魯周公世家》。⓫蝝　蝗的幼蟲，即蝻。⓬哀公增賦二句　即魯哀公欲增加賦稅，孔子以為非。哀公，春秋時魯國國君，名將，定公子。西元前四九四—前四六七年在位。《左傳・哀公十一年》：「季孫（魯國之執政大夫）欲以田賦，使冉有（孔子弟子）訪諸仲尼。仲尼私於冉有曰：『君子之行也，度於禮，施取其厚，事舉其中，斂從其薄。……若不度於禮，而貪冒無厭，則雖以田賦，又將不足。且子季孫欲行而法，則周公之典在；若欲苟而行，又何訪焉？』」楊伯峻以為：「據《論語・顏淵篇》哀公之言『二，吾猶不足。』可知此為稅田畝，為十分抽二，或者甚於此。其他則無由臆測矣。」（見楊伯峻《春秋左傳注》哀公十一年）⓭傳　指《左傳》。以下三句為曹劌諫魯莊公語，末一句稍異。見《左傳・莊公二十三年》。⓮檻車　用柵欄封閉的車，用以囚解犯人或裝載猛獸。⓯廷尉　官名。秦始置，漢沿置。為九卿之一。掌刑獄。秩中二千石。西漢景帝時改稱大理，漢武帝時復稱廷尉。⓰劉岱　字公山，東萊牟平（今屬山東）人。歷位侍中、兗州刺史。裴松之《三國志注》引《英雄記》：「岱孝悌仁恕，以虛己愛人。」見《三國志・劉繇傳》。⓱獻帝　東漢第十二帝，名協，靈帝中子。西元一八九—二二〇年在位。曹丕篡漢，廢為山陽公。⓲袁術　（？—西元一九九年），字公路，汝南汝陽（今河南商水縣）人。袁紹從弟。出身四世三公的大官僚家庭。初為虎賁中郎將，董卓專政，他逃至南陽，據有其地。後遭曹操和袁紹的攻擊，率餘眾割據揚州，建安二年，稱帝於壽春（今安徽壽縣），號仲家。搜刮民財，窮奢極侈，以致人民餓死，江淮地區殘破不堪。後為曹操所破，病死。⓳部曲　古代軍隊的編制單位，此指軍隊。本書〈百官志〉：「將軍……其領軍皆有部曲，大將軍營五部，部校尉一人；部下有曲，曲有軍候一人。」古代豪門大族的私人武裝、家奴亦稱部曲。⓴孫策　（西元一七五—二〇〇年），字伯符，吳郡富春（今浙江富陽）人。孫堅長子。少居壽春，與江淮間士族結交。孫堅死後，依附袁術，收領其父殘餘部曲千餘人。興平二年，率眾渡江，削平當地的割據勢力，據有吳、會稽等五郡；其後又奪取廬江。依靠南北士族，在江東建立了孫氏政權。曹操任其為討逆將軍，封吳侯。建安五年，遇刺死。後其弟孫權稱帝，追尊為長沙桓王。傳見《三國志・孫破虜討逆傳》。㉑績 即陸績(西元一八七—二一九年),字公紀,三國吳郡人。容貌雄壯,博學多識,星曆算數,無不該覽。仕吳官至鬱林太守。作《渾天圖》,注《易》,釋《太玄經》。傳見《三國志・虞陸張駱陸吾朱傳》。㉒吳 三國之一。西元二二二年,孫權在建業(今江蘇南京)稱吳王,西元二二九年稱帝。歷史上叫做「孫吳」、「東吳」。占有今長江中下游,南至福建、兩廣以及越南北部和中部的地區。西元二八〇年為晉所滅。共歷四帝五十九年。㉓鬱林 郡名。西漢武帝元鼎六年置。治今廣西桂平西故城。㉔幼年曾謁袁術二句 陸績年六歲,於九江見袁術,袁術出橘招待。陸績懷橘三枚。及歸,拜辭袁術,橘墮地。袁術曰:「陸郎作賓客而懷橘乎?」陸績跪答曰:「欲歸遺母。」袁術大奇之。陸績因此以孝出名。事見《三國志》卷五十七。

【語譯】 陸康,字季寧,吳郡吳縣人。其祖父陸續,事跡記載在〈獨行列傳〉。他的父親陸褒,有志向操守,官府連徵而不至。

2 陸康少時,仕於郡,以義行剛烈著稱。刺史臧旻舉其為茂才,任命為高成縣令。因縣在邊陲,舊制規定,令每戶出一人自備弓弩以備意外之事發生,並不許互相往來。每任長吏新到,都徵發民工修繕城郭。陸康到任,皆停止修繕,讓人還家,百姓大悅。陸康以恩信治縣,寇盜也因此而止息。州郡上表稱其功。光和元年,遷武陵太守,又轉桂陽、樂安二郡太守,所在民皆稱讚他。

3 此時,靈帝欲鑄銅人,國家用度不足,便下詔徵收民田之稅,每畝收十錢。而全國連年發生水旱之災,莊稼傷毀,百姓貧苦。陸康上疏進諫說:「臣聽說先王治理國家,貴在愛民。減省徭役和賦稅,使天下百姓安寧,除去煩瑣政令一切從簡,尊崇簡單易行之道,所以百姓從其教化,靈物應其盛德而生。末世衰主,窮奢極侈,隨意建造工程,興發制度沒有規則,役使盤剝百姓,以滿足其一時之欲。所以黎民嗟歎,陰陽反常。陛下承天之盛德,應當興隆教化,而臣突然接到詔書,每畝要收斂田錢,用來鑄作銅人。伏讀詔書,惆悵悼心,不知所措。十一而稅,周叫做徹。徹就是通,是說其法度可通萬世而行。所以魯宣公徵田畝之稅,而蝗災自生;魯哀公增賦稅,孔子以其為非。豈能聚奪民物,以作無用之銅人;捐棄聖誡,自蹈亡國之君之法呢!《左傳》說:『君主的行為一定要記錄下來,記錄下來又不能照著去做,後世之人遵循什麼呢?』陛下應留神省察，改敝從善，以平息兆民怨恨的情緒。」書奏上，內官倖臣藉此詆毀陸康援引亡國之君來比喻聖明，為大不敬，陸康被檻車押送廷尉。侍御史劉岱主持考問其事。劉岱為陸康表陳情狀，陸康獲釋，免歸田里。後又徵拜其為議郎。

4 正值廬江賊黃穰等人與江夏蠻連結十餘萬人，攻陷四縣。靈帝拜陸康為廬江太守。陸康到任，申明賞罰，擊破黃穰等，其餘黨皆降。靈帝嘉陸康功勞，拜其孫陸尚為郎中。獻帝即位，天下大亂，陸康冒著危險遣孝廉計吏奉貢朝廷，獻帝下詔書勉勵慰勞，加忠義將軍，官秩中二千石。當時袁術屯兵於壽春，部下飢餓，遣使求軍糧、兵甲。陸康認為他是朝廷的叛逆，閉門不與他交通，並內修戰備，準備抵禦。袁術大怒，派其將孫策攻陸康，將其城包圍數重。陸康固守，其吏士有先此休假的，都悄悄歸還赴戰，夜晚爬過城牆而入。抗敵二年，最後城陷。一個多月後，陸康發病而死，時年七十歲。其宗族百餘人，遭受餓困，死者將半。朝廷憐憫陸康守節而死，拜其子陸儁為郎中。

5 陸康的小兒子陸績，仕孫吳為鬱林太守，博學善政，為當世所稱。幼年曾拜謁袁術，是懷橘墮地的那個孩子，有孝義之名。

贊曰：伋牧朔藩❶，信立童昏❷。詩守南楚❸，民作謠言❹。奮馳單乘❺，堪駕毀轅❻。范得其朋❼，堂任良肱❽。二蘇勁烈❾，羊、賈廉能❿。季寧拒策，城隕衝輣⓫。

【章　旨】以上為作者的評論文字，概括傳中十一人的事跡。

【注　釋】❶朔藩　朔，北方。藩，籬笆。引申為邊沿、邊城、邊境。❷童昏　指年幼無知者。此指兒童。❸南楚　杜詩曾為南陽太守，南陽在河南西南部，戰國時分屬楚、韓，故曰「南楚」。❹謠言　指百姓讚杜詩之語：「前有召父，後有杜母。」❺奮馳單乘　指本傳言「隴蜀既平，河西守令咸被徵召，財貨連轂，弥竟川澤。唯奮無資，單車就路」。此言孔奮只駕一輛車，形容其輕車簡從，廉潔無資。❻堪駕毀轅　指蜀郡計吏樊顯言張堪「去職之日，乘折轅車，布被囊而已」。亦說張堪廉潔。❼范得其朋　指廉范為蜀郡太守，得到蜀郡人民的讚譽。朋，借指西南方之蜀地。《周易・坤卦》：「利西南，得朋。」故以「西南得朋」比喻得到蜀地人民的讚譽。另，清王先謙《後漢書集解》引何焯曰：「得朋，謂與慶鴻為刎頸交也。」亦可備一說。❽堂任良肱　指王堂為汝南太守，任用正直的陳蕃為功曹史，用任嗣為主簿。肱，手臂從肘到腕的部分。指得力的輔佐。❾二蘇勁烈　此指蘇章之剛正和蘇不韋復仇之決心。勁烈，剛直忠烈。❿羊賈廉能　指羊續、賈琮為官清廉，有治民之才能。⓫季寧拒策二句　指陸康守城抗孫策，據守二年城陷事。衝輣，衝車和樓車。亦泛指戰車。此指敵人攻陷其城。

【語　譯】史官評議說：郭伋牧守北邊，信義著於兒童。杜詩鎮守南楚，民以歌謠頌讚。孔奮駕著單車，張堪乘坐毀轅。廉范得朋西南，王堂股肱賢良。二蘇剛直忠烈，羊、賈為官廉能。陸康抗拒孫策，守城二年而陷。

【研　析】這篇列傳寫了自光武帝中興至獻帝時的地方官十人，附傳一人，這十一人都單獨成篇。從贊語中可以看出，作者對此十一人都是讚許的。傳中十位地方官都是治理有方，政績優異，使民得以富，郡得以安，得到百姓的愛戴與讚頌。其中郭伋、孔奮、張堪、廉范、王堂、賈琮等六人為邊境州郡之牧守。我們著重分析三人：

一、郭伋　郭伋突出的政績是在任漁陽太守及并州牧之時。漁陽罹王莽之亂，又遭彭寵之敗，再加上匈奴的數抄郡界，百姓不堪其苦。經郭伋的五年治理，「匈奴畏憚遠迹」，「民得安業」，「戶口增倍」。其為并州牧時，「聘求耆德雄俊」之人「與參政事」；不失信於兒童；對夙賊盧芳採取防禦與瓦解相結合的策略，迫使盧芳亡走匈奴，北方邊患基本解除。郭伋在西漢哀、平帝時為大司空府所徵辟，曾任王莽的上谷大尹、并州牧。更始拜其為左馮翊。都是二千石級的高級官吏。光武帝卻能對他大膽使用，無任何懷疑，使其成為鎮守邊州為朝廷所倚重的大臣。從中可看出光武帝的知人和用人的藝術，能使之充分發揮才能，使國泰民安。

二、廉范　廉范除治郡、禦敵功績突出之外，還具有豪俠之風。表現在：散財粟以賑宗族朋友，以智謀衛侍隴西太守鄧融，收薛漢之屍。特別是收薛漢之屍，觸怒了明帝。明帝召廉范責問，廉范敢於說出實情，使明帝改變了態度。由本來對廉范是要懲罰的，轉而變為對廉范寵愛。作者將此比作「高祖之召欒布」。這裡除說明廉范的為人之外，還能看出明帝的「聞義能徙」的為君之道。

三、陸康　陸康為樂安太守時，在諫靈帝鑄銅人的上疏中說了句「營無用之銅人；捐捨聖戒，自蹈亡王之法」，靈帝就受不了，聽信內倖之人，認為陸康是「大不敬」，將陸康收捕，檻車押送廷尉獄。由於侍御史劉岱陳表解釋，免歸田里。孟子曰：「君之視臣如土芥，則臣視君如寇讎。」（《孟子．離婁下》）陸康並沒有把君視為寇讎，當廬江賊黃穰與江夏蠻連結十餘萬攻陷四縣的危急時刻，皇帝不得已又用起了陸康，拜為廬江太守。陸康仍然是不遺餘力地擊破黃穰與江夏蠻，並把袁術當做國之叛逆，內修戰備，準備抗擊袁術。袁術派兵攻其城，陸康守城二年，城陷發病死。在東漢末期，天下大亂的年代，地方官都擴充自己的勢力，發展成軍閥，陸康卻仍然效忠朝廷，盡心盡力，實為難得。

其他如杜詩之善於計略，省愛民役。廣拓土田，使郡內比室殷足；孔奮之清廉仁賢，臨陣不顧妻子，為政明斷，甄善疾非；張堪之安邊富民，廉潔仁惠；王堂之守正不阿，知人善任，委誠求當；蘇章之不徇私情；羊續之廉潔清苦；賈琮之治政有方等等，均為東漢一代地方官的典範。

我們從這些人的傳記中，可以看出以下問題：其一，東漢初期，光武帝創業兢兢業業，勵精圖治，任人唯賢，及明帝「聞義能徙」的精神面貌；其二，東漢中期以後政治腐敗、社會動亂的根本原因；其三，當時的社會心理及人民的愛憎。（王明信注譯）

卷三十二

樊宏陰識列傳第二十二　宏子儵　族曾孫準　識弟興

【題解】本卷是一篇以類相從的合傳，寫了兩家外戚：一是光武帝的母舅樊宏，一是光武帝的妻舅陰識。這兩位傳主都有附傳，〈樊宏傳〉附其子樊儵、族曾孫樊準，〈陰識傳〉附其弟陰興。本卷還附有兩家族中的若干有關人員。〈樊宏傳〉共寫了十七人：有樊宏之父樊重，有封侯及嗣爵者十一人、未言官爵者二人、為郎者一人、官大鴻臚及光祿勳者各一人。〈陰識傳〉共寫了二十三人：有封侯者及嗣爵者十三人、皇后二人、黃門侍郎三人、郎二人、尚公主者一人、官執金吾者一人，並追述了陰識之曾祖父陰子方。本卷記述了樊、陰兩家之家世、官爵、嗣緒，如同兩家的家譜。樊氏可追溯至周宣王時期的仲山甫。仲山甫以降，世代不可考，自樊重至樊尚為七代。陰氏可追溯至春秋時期的管仲。管仲以降，世代亦不可考，自陰子方至陰桂為八代。本卷旨在讚頌樊、陰兩家的「世篤」、「戒侈」及其子孫的謙恭謹慎，作者以為這是他們所以「傳龜襲紫」的主要原因。這兩家外戚的「傳龜襲紫」固有其自身的條件，但皇帝對他們的庇護，仍然是重要因素。

1 樊宏，字靡卿，南陽湖陽❶人也，世祖❷之舅。其先周仲山甫❸，封于樊，因而氏焉，為鄉里著姓。父重，字君雲，世善農稼，好貨殖。重性溫厚，有法度，三世共財，子孫朝夕禮敬，常若公家。其營理產業，物無所棄，課役童隸，各得其宜，故能上下戮力❹，財利歲倍，至乃開廣田土三百餘頃。其所起廬舍，皆有重堂高閣，陂渠灌注。又池魚牧畜，有求必給。嘗欲作器物，先種梓漆，時人嗤之，然積以歲月，皆得其用，向之笑者咸求假焉。貲❺至巨萬，而賑贍宗族，恩加鄉閭。外孫何氏兄弟爭財，重恥之，以田二頃解其忿訟。縣中稱美，推為三老❻。年八十餘終。其素所假貸人間❼數百萬，遺令焚削文契。責❽家聞者皆慙❾，爭往償之，諸子從敕❿，竟不肯受。

2 宏少有志行。王莽末，義兵起，劉伯升⓫與族兄賜⓬俱將兵攻湖陽，城守不下。賜女弟為宏妻，湖陽由是收繫宏妻子，令出譬伯升，宏因留不反⓭。湖陽軍帥欲殺其妻子，長吏以下共相謂曰：「樊重子父，禮義恩德行於鄉里，雖有罪，且當在後。」會漢兵日盛，湖陽惶急，未敢殺之，遂得免脫。更始⓮立，欲以宏為將，宏叩頭辭曰：「書生不習兵事。」竟得免歸，與宗家親屬作營塹自守，老弱歸之者千餘家。時赤眉⓯賊掠唐子鄉，多所殘殺，欲前攻宏營，宏遣人持牛酒米穀，勞遺赤眉。赤眉長老先聞宏仁厚，皆稱曰：「樊君素善，且今見待如此，何心攻之？」引兵而去，遂免寇難。

3 世祖即位，拜光祿大夫⑯，位特進⑰，次三公。建武⑱五年，封長羅侯。十三年，封弟丹為射陽侯，兄子尋玄鄉侯，族兄忠更父侯。十五年，定封宏壽張侯。十八年，帝南祠章陵⑲，過湖陽，祠重墓，追爵謚為壽張敬侯，立廟於湖陽。車駕每南巡，常幸其墓，賞賜大會。

4 宏為人謙柔畏慎，不求苟進。常戒其子曰：「富貴盈溢，未有能終者。吾非不喜榮埶也，天道惡滿而好謙⑳，前世貴戚皆明戒也。保身全己，豈不樂哉？」每當朝會，輒迎期先到，俯伏待事，時至乃起。帝聞之，常勅騶騎㉑臨朝乃告，勿令豫到。宏所上便宜及言得失，輒手自書寫，毀削草本。公朝訪逮㉒，不敢眾對。宗族染其化，未嘗犯法。帝甚重之。及病困，車駕臨視，留宿，問其所欲言。宏頓首自陳：「無功享食大國，誠恐子孫不能保全厚恩，令臣魂神慙負黃泉，願還壽張㉓，食小鄉亭。」帝悲傷其言，而竟不許。

5 二十七年㉔，卒。遺勅薄葬，一無所用，以為棺柩一臧㉕，不宜復見，如有腐敗，傷孝子之心，使與夫人同墳異臧。帝善其令，以書示百官，因曰：「今不順壽張侯意，無以彰其德。且吾萬歲之後，欲以為式。」賻錢千萬，布萬匹，謚為恭侯，贈以印綬，車駕親送葬。子儵嗣。帝悼宏不已，復封少子茂為平望侯。

樊氏侯者凡五國。明年，賜倏弟鮪及從昆弟七人合錢五千萬。

【章旨】以上為〈樊宏傳〉，著重寫樊宏「少有志行」及其為人的「謙柔畏慎，不求苟進」。

【注釋】❶南陽湖陽　南陽，郡名。戰國秦置。治今河南南陽。湖陽（一作「胡陽」），縣名。治今河南唐河縣南的湖陽鎮。❷世祖　東漢光武帝的廟號。❸仲山甫　周宣王時大臣。甫，一作「父」。封於樊（今河南濟源）。《通志・氏族略第三》「樊氏」注：「姬姓，周太王之子虞仲支孫仲山甫，為周宣王卿士，食采於樊，曰樊侯，因邑命氏。其地一名陽樊，今河南濟源東南三十八里皮城是也。」《詩・烝民》歌頌仲山甫的美德、輔政之功及往東方修城的事跡。西元前七八九年姜氏之戎敗周宣王於千畝（今山西介休南），宣王乃「料民（調查民數，以便徵兵）」於太原（今山西西南部），仲山甫極力勸諫。事詳《國語・周語上》。❹勠力　合力。❺貲　同「資」。財貨。❻三老　古時掌教化的鄉官。戰國時魏有三老，秦置鄉三老，漢增置縣三老，東漢又有郡三老，並間置國三老。❼間　將近。可釋為「前後」。❽責　同「債」。❾慙　同「慚」。❿勑　同「敕」。自上命下之詞。此可釋為遺囑。⓫劉伯升　（?—西元二三年），名縯，字伯升，南陽蔡陽（今湖北棗陽）人。東漢光武帝劉秀長兄。為人「性剛毅，慷慨有大節。王莽篡漢，常憤憤，懷復社稷之慮。不事家人居業，傾身破產，交結雄俊。」王莽末，農民大起義，他自發春陵（今湖北棗陽南）子弟及賓客七八千人起兵，自稱「柱天都部」。更始立，以伯升為大司徒，封漢信侯。由於劉伯升兄弟屢勝，威名益甚，為更始所忌，遂殺劉伯升。傳見本書卷十四及卷一、卷十一。⓬賜　即光武帝族兄劉賜（?—西元五二年）。初隨劉伯升起兵，更始立，以劉賜為光祿勳，封廣漢侯。及劉伯升被殺，劉賜代為大司徒。勸更始命劉秀徇河北。更始以劉賜為丞相，封宛王。傳見本書卷十四。⓭反　同「返」。⓮更始　見本書卷三十一〈郭伋列傳〉注。⓯赤眉　王莽末年的農民軍。王莽篡漢後，進行所謂「改制」，使廣大農民遭到深重的苦難。天鳳五年（西元一八年），青（今山東東部）、徐（江蘇北部）一帶發生災荒，琅邪（今山東諸城）人樊崇在莒縣（今屬山東）暴動，逄安、謝祿等起兵響應，聚眾數萬人。約定「殺人者死，傷人者償創」。因用赤色染眉作標識，故稱「赤眉軍」。⓰光祿大夫　官名。戰國時置中大夫，西漢武帝時始改稱光祿大夫。掌顧問應對，秩比二千石，屬光祿勳。⓱特進　官名。西漢末始置。凡列侯功德優盛，為朝廷所敬異者，賜位特進。得自辟屬僚，位在三公之下。⓲建武　東漢光武帝劉秀年號，西元二五—五六年。⓳章陵　即春陵（今湖北棗陽南）。劉買（光武帝之高祖父）為春陵侯，傳至孫劉仁，「仁以春陵地勢下濕，山林毒氣，上書求減邑內徙。元帝初元四年（西元前四五年）徙封南陽之白水鄉，猶以春陵為國名。遂與從弟鉅鹿都尉回（光武帝之祖父）及宗族往家焉。」光武帝建武六年，改春陵鄉為章陵縣。⑳天道惡滿而好謙　天理憎惡盈滿而喜好謙恭。語出《周易・謙卦》彖辭：「天道虧盈而益謙，……人道惡盈而好謙」。㉑騶騎　古時帝王導從的騎士。㉒訪逮　問及。㉓壽張　縣名。西漢為壽良縣，東漢光武帝因避其叔父劉良諱，改為壽張。治今山東東平西南東平湖。㉔二十七年　即建武二十七年，西元五一年。㉕臧　同「葬」。埋葬。

【語譯】樊宏，字靡卿，南陽郡湖陽縣人，是光武帝的舅舅。其祖先是周朝的仲山甫，仲山甫受封於樊，於是便以樊為姓氏，成為鄉里一個有名的大家族。父親樊重，字君雲，繼承了祖上的傳統，善於經營農商之業。他性格溫厚，言行有法度，一家三代，同居共財，子孫早晚都向長輩請安問候，就像公府一樣。他經營產業，物無所棄，督促役使童僕，亦各得其宜，所以一門之內，上上下下都盡心盡力，所獲財利總是每年增加一倍，廣開田地，竟至三百餘頃。他所修建的房舍，皆堂屋寬廣，樓閣高聳，並修建陂渠，引水縈繞其間。他家又開挖魚池，牧養牲畜，家中用度，無不自給。他曾經想做家用器具，便預先種下梓樹和漆樹，時人都嗤笑他。但過了幾年，梓樹、漆樹都成材了，於是木材、油漆皆得其用，以前嗤笑他的人，都來向他借用。家產資財至巨萬，他從不吝嗇，總是賑濟和贍養窮困的族人，施恩於鄉閭鄰里。外孫何氏兄弟爭財產，樊重感到羞恥，便給他們兩頃地，平息了這場糾紛。他的德行受到縣裡的讚美，被推為三老。他年至八十餘歲去世。平素所借給人們的錢前後有幾百萬之多，臨終時，他囑咐家人將借貸文契統統銷毀。借貸之家聞知，都非常慚愧，爭往償債，他的兒子們遵從父親的遺囑，終究不肯接受。

2　樊宏年少時便有高尚的志向和優秀的品行。王莽末年，義兵起，劉伯升與族兄劉賜帶兵攻打湖陽，縣城堅守不下。劉賜的妹妹是樊宏的妻子，湖陽縣府因此便逮捕了樊宏的妻子兒女，命令樊宏出城勸導劉伯升退兵，樊宏於是留在了劉伯升軍中，不再返回。湖陽軍帥想殺害樊宏的妻子兒女，縣中長吏都表示反對，他們說：「樊重父子，禮義恩德遍行於鄉里，現在樊宏雖有罪，應當過些時候再說。」此時漢軍兵力日盛，湖陽人心惶惶，所以未敢殺害樊宏的妻子兒女，這樣，其妻子兒女才免於被害。後更始即帝位，想任命樊宏為將，樊宏叩頭辭謝說：「我一介書生，不熟悉軍事。」更始同意，樊宏終於回到家鄉，與宗族親屬修築營壘濠塹以自衛，附近老弱歸附者一千餘家。那時候，赤眉賊正在唐子鄉搶掠，多有殘殺，欲攻打樊宏的營壘，樊宏便遣人送去牛、酒和米穀，以示慰勞。赤眉軍中的長老以前也聞聽樊宏仁厚，都說：「樊公素來行善，而且現在如此對待我們，怎忍心再去攻打他呢？」於是引兵而去，樊家才免於一場寇難。

3 光武帝即位，任命樊宏為光祿大夫，位特進，僅次於三公。建武五年，封長羅侯。十三年，弟樊丹封為射陽侯，兄之子樊尋封為玄鄉侯，族兄樊忠封為更父侯。十五年，定封樊宏為壽張侯。十八年，光武帝南下祭祀章陵，路過湖陽，祭祀了樊重墓，追爵諡為壽張敬侯，並為其立廟於湖陽。以後每逢車駕南巡，光武帝都要參拜樊重墓，並在此舉行賞賜大會。

4 樊宏為人謙恭和順，謹慎戒懼，從不以不正當手段謀取功名祿利。他經常告誡其兒子說：「凡大富大貴財貨盈溢的人家，沒有幾個能保善終的。我不是不喜歡榮華權勢，但是天理憎惡滿盈而喜好謙恭，前世那些貴戚的下場，就是明顯的鑑戒啊。能保全身家性命，難道不是樂事嗎？」每逢朝會，他總是提前到達，俯伏待事，時候到了才敢起來。光武帝聞知後，便經常命令他的騎從，在即將朝會時才告訴他，不讓他提前到達。樊宏上書陳述應辦的事情及言政令得失，總是親手書寫，而將草稿銷毀。遇有朝會諮詢，他也不當眾表露意見。宗族受其感染，從沒有人犯法。光武帝非常尊重他。到後來樊宏病重，光武帝親臨問候，並且在樊宏家留宿，問他還有什麼話要說。樊宏頓首說：「無功而享大國，誠恐子孫不能保全陛下的大恩，令臣神魂抱慚於黃泉，願歸還壽張，改換小鄉亭作食邑。」光武帝聞而悲傷，終不允許。

5 建武二十七年，樊宏去世。臨終遺令薄葬，陪葬之物，一概不用，且認為棺柩一經埋葬，便不宜再讓其暴露出來，若有腐朽，則恐傷孝子之心，便吩咐與夫人同墳異穴。光武帝聞之稱善，並將遺令書寫以示百官，於是說：「現在若不遵從壽張侯的意願，則無以顯示他的仁德。而且我萬歲之後，也準備採取這種方法。」朝廷賜其家葬錢千萬，布萬匹，諡為恭侯，贈以印綬，光武帝親自送葬。其子樊儵嗣爵。光武帝悼傷樊宏不已，又封其少子樊茂為平望侯。樊家封侯者共五國。第二年，又賜樊儵弟樊鮪及其堂兄弟七人錢五千萬。

論曰：昔楚頃襄王❶問陽陵君❷曰：「君子之富何如？」對曰：「假人不德不責，食人不使不役，親戚愛之，眾人善之❸。」若乃樊重之折契止訟，其庶幾君子之富乎！分地以用天道，實廩以崇禮節，取諸理化，則亦可以施於政也。與夫愛而畏者，何殊間哉！

【章　旨】以上是作者的評論，其一，讚樊重之富庶幾為「君子之富」；其二，認為樊重的治家之道，亦可以施之於為政治國。

【注　釋】❶楚頃襄王　（？—西元前二六三年），名橫。戰國時楚國國君。楚懷王子，西元前二九八—前二六三年在位。❷陽陵君　即莊辛。楚國人。頃襄王時為大夫，預知楚國有危難，避居趙國。後頃襄王召莊辛，封為陽陵君。見《戰國策．楚策》。❸假人不德不責四句　借錢財給別人，而不以為自己有德，也不索求別人的回報；養活別人而不加役使。這樣，親屬就敬愛他，眾人就讚美他。責，索取；要求。見劉向《說苑．貴德》，莊辛回答楚頃襄王語。

【語　譯】史家評論說：從前楚頃襄王問陽陵君說：「怎樣才算君子對於財富呢？」陽陵君回答說：「君子之富，應是借錢財給別人，不以為是自己施與別人的恩德，也不索求別人的回報；贍養別人，而不隨便役使人家，這樣，親戚就會敬愛他，眾人就會讚美他。」像樊重的銷毀借契，平息爭訟，差不多可以稱之為君子之富啊！分別土地所宜以利用天道四時，充實倉廩以崇尚禮節，取之於天理變化，那麼也可以將這一道理用於為政治國。這與那種使人敬而畏之的人相比，又是多麼的不同啊！

1 鯈字長魚，謹約有父風。事後母至孝，及母卒，哀思過禮，毀病不自支，世祖常遣中黃門❶朝暮送饘粥。服闋，就侍中丁恭❷受公羊嚴氏春秋❸。建武中，禁網尚闊，諸王既長，各招引賓客，以儵外戚，爭遣致之，而儵清靜自保，無所交結。及沛王輔事發❹，貴戚子弟多見收捕，儵以不豫得免。帝崩，儵為復土校尉❺。

2 永平❻元年，拜長水校尉❼，與公卿雜❽定郊祠❾禮儀，以讖記❿正五經異說。北海周澤⓫、琅邪承宮⓬並海內大儒，儵皆以為師友而致之於朝。上言郡國舉孝廉，率取年少能報恩者，耆宿大賢多見廢棄，宜勑郡國簡用良俊。又議刑辟宜須秋月，以順時氣。顯宗⓭並從之。二年，以壽張國益東平王⓮，徙封儵燕侯。其後廣陵王荊有罪⓯，帝以至親悼傷之，詔儵與羽林監⓰南陽任隗⓱雜理其獄。事竟，奏請誅荊。引見宣明殿，帝怒曰：「諸卿以我弟故，欲誅之，即我子，卿等敢爾邪？」儵仰而對曰：「天下高帝天下，非陛下之天下也。春秋之義，『君親無將，將而誅焉⓲』。是以周公誅弟⓳，季友鴆兄⓴，經傳大之。臣等以荊屬託母弟，陛下留聖心，加惻隱，故敢請耳。如令陛下子，臣等專誅而已。」帝歎息良久。儵益以此知名。其後弟鮪為子賞求楚王英女敬鄉公主，儵聞而止之，曰：「建武時，吾家並受榮寵，一宗五侯㉑。時特進㉒一言，女可以配王，男可以尚主，但以貴寵過盛，即為禍患，故不為也。且爾一子，柰何棄之於楚乎？」鮪不從。

3 十年，儵卒，賵贈甚厚，謚曰哀侯。帝遣小黃門㉓張音問所遺言。先是河南縣㉔亡失官錢，典負者坐死及罪徙者甚眾，遂委責於人，以償其秏。鄉部吏司因此為姦，儵常疾之。又野王㉕歲獻甘醪、膏餳㉖，每輒擾人，吏以為利。儵並欲奏罷之，疾病未及得上。音歸，具以聞，帝覽之而悲歎，勑二郡㉗並令從之。

4 長子汜嗣，以次子郴、梵為郎㉘。其後楚事發覺，帝追念儵謹恪，又聞其止鮪婚事，故其諸子得不坐焉。

5 梵字文高，為郎二十餘年，三署㉙服其重慎。悉推財物二千餘萬與孤兄子，官至大鴻臚㉚。

6 汜卒，子時嗣。時卒，子建嗣。建卒，無子，國絕。永寧㉛元年，鄧太后㉜復封建弟盼。盼卒，子尚嗣。

7 初，儵刪定公羊嚴氏春秋章句，世號「樊侯學」，教授門徒前後三千餘人。弟子潁川㉝李脩、九江㉞夏勤，皆為三公。勤字伯宗，為京、宛㉟二縣令，零陵㊱太守，所在有理能稱。安帝㊲時，位至司徒。

【章旨】以上為樊宏長子〈樊儵傳〉。重在寫其為人：謹約有父風，事後母至孝，清靜自保，不攀高結貴。次寫其為官：為長水校尉，與公卿定郊祠禮儀，正《五經》異說，致大儒於朝，言舉孝廉之弊，敢於面折庭爭及寫其去世後之遺言。

【注　釋】❶中黃門　在宮廷中服役的宦官。❷侍中丁恭　侍中，官名。秦始置，兩漢沿置。為列侯以下至郎中的加官，無定員。侍從皇帝左右，出入宮廷。初僅伺應雜事，由於接近皇帝，地位也漸形貴重。丁恭，字子然，山陽東緡（今山東金鄉）人。習《公羊嚴氏春秋》。學義精明，教授常數百人。建武初為諫議大夫、博士，封關內侯。建武十一年遷少府。諸生自遠方至者著錄數千人，當世稱為大儒。太常樓望、侍中承宮、長水校尉樊儵等皆受業於丁恭。傳見本書卷七十九下。❸公羊嚴氏春秋　西漢嚴彭祖傳。嚴彭祖，字公子，東海下邳（今江蘇睢寧）人。西漢今文《春秋》學「嚴氏學」的開創者。與顏安樂俱事眭孟。孟弟子百餘人，唯彭祖、安樂為明，質問疑誼，各持所見。孟曰：「《春秋》之意在二子矣！」孟卒，彭祖、安樂各專門教授。由是《公羊春秋》有嚴、顏之學。彭祖宣帝時為博士，官至河南、東郡太守，左馮翊，遷太子太傅。為人廉直，不事權貴，以太傅官終。著作已佚。清馬國翰《玉函山房輯佚書》輯有《公羊嚴氏春秋》和《春秋公羊嚴氏記》。傳見《漢書・儒林傳・嚴彭祖》。❹沛王輔事發　沛王劉輔，光武帝子，郭皇后生。建武十五年（西元三九年）封右翊公。十七年徙為中山王，二十年徙封沛王。時禁網尚疏，諸王皆在京師。壽光侯劉鯉，更始子，得幸於劉輔，怨劉盆子害其父，通過劉輔結交賓客，報仇，殺劉盆子兄故式侯劉恭。劉輔坐繫詔獄，三日乃得出。自此後，諸王賓客多坐刑罰。所謂「沛王輔事發」，即指此事。沛王劉輔，矜嚴有法度，好經書，作《五經論》。時號之曰《沛王通論》。在國謹節，終始如一，稱為賢王。立四十六年薨。見本書卷四十二。❺復土校尉　李賢注：復土校尉主葬事，復土於壙也。❻永平　東漢明帝劉莊年號，西元五八—七五年。❼長水校尉　官名。為西漢武帝所置京師屯兵八校尉之一。詳參《漢書・百官公卿表》。校尉，略低於將軍的武官。❽雜　共同。❾郊祠　古代帝王在郊外祭祀天地神祇的禮儀。❿讖記　記載預言吉凶的文字、圖籙。亦曰「讖書」。⓫北海周澤　北海，郡國名。轄境相當今山東濰坊及安丘、昌樂、昌邑、壽光等市縣。周澤，字稺都，北海安丘（今山東安丘）人。少習《公羊嚴氏春秋》。教授門徒，常數百人。建武末，辟大司馬府，署議曹祭酒，數月徵試博士，遷黽池令。奉公克己，矜恤孤羸，吏人歸愛之。傳見本書卷七十九下。⓬琅邪承宮　琅邪，郡國名。秦置。治今山東臨沂北。承宮（？—西元七六年），字少子，琅邪姑幕（今山東諸城）人。少孤，年八歲為人牧豕。鄉里徐子盛以《春秋經》授諸生，承宮過息廬下，樂其業，因就聽經，遂請留門下。為諸生拾薪執苦數年，勤學不倦。經典既明，乃歸家教授。傳見本書卷二十七。⓭顯宗　明帝劉莊廟號。⓮東平王　（？—西元八三年），名蒼。光武帝子。建武十五年封東平公。蒼好經書，雅有智思。明帝甚愛重之。拜驃騎將軍，位在三公之上。章帝即位，尊重恩禮，踰於前世，諸王莫與為比。傳見本書卷四十二。⓯廣陵王荊有罪　廣陵王（？—西元六九年），名荊。光武帝子。建武十五年封山陽公。荊生性刻急，好暗害人，有才能而喜文法。光武帝去世後，西羌反叛，劉荊希望天下因羌叛而驚動有變。乃私迎通曉星象的人一起謀劃。明帝聞之，乃徙其為廣陵王，遣之國。其後荊復呼相者謂曰：「我貌類先帝，先帝三十得天下，我今已三十，可起兵未？」相者上告，荊惶恐自繫獄，帝復加恩，不考極其事。荊猶不改，其後使巫祭祀祝詛。有司舉奏，請誅之，荊自殺。傳見本書卷四十二。⓰羽林監　主管羽林騎之軍官。⓱任隗（？—西元九二年），字仲和，南陽宛人。任光子。少好黃老，清靜寡欲，所得奉秩，常賑恤宗族，收養孤寡。累官所歷皆有稱。任隗義行內修，不求名譽，而以沉正見重於世。⓲君親無將二句　君之親屬不要做篡弒之事，如果做了，就該誅殺他。將，逆亂。《公羊傳・莊公三十二年》：「君親無將，將而誅焉。」將，指「將為亂」，後因以指逆亂。⓳周公誅弟　周公，名旦，西周政治家。因食采於周（今陝西岐山縣北），故稱周公。周武王弟。輔佐周武王滅商，卓有功績，被封於曲阜，為魯公。武王去世，成王年幼，周公乃攝政當國。其弟管叔、蔡叔勾結商紂子武庚發動叛亂。周公率師東征，討平叛亂，殺武庚、管叔，流放蔡叔。周室復安。成王長大，周公還政於成王，乃致力於制禮作樂，建立典章制度。見《史記》之〈周本紀〉、〈魯周公世家〉。⓴季友鴆兄　季友，春秋時魯國執政大夫，魯桓公（西元前七一一—前六九四年在位）之少子，魯莊公之少弟。莊公有三弟，長曰慶父，次曰叔牙，三曰季友。莊公無嫡子，有庶子名斑（一作「般」），莊公病，問立嗣事於叔牙，叔牙欲立慶父。莊公患叔牙立慶父，乃退而問季友，季友表示願以死立斑為君，遂以毒酒毒殺叔牙，魯立叔牙後為叔孫氏。莊公死，季友立斑為君。鴆，傳說中的毒鳥。羽有劇毒，以其羽浸泡酒，飲之立死。此指毒酒。鴆，一作「酖」。㉑五侯　即樊宏為壽張侯，樊宏弟丹為射陽侯，樊宏兄子尋為玄鄉侯，樊宏族兄樊忠為更父侯，建武二十七年，又封樊宏少子樊茂為平望侯。㉒特進　指樊宏。㉓小黃門　宦官。秩六百名，掌侍皇帝左右，受尚書事上呈，在內宮關通中外及中官以下眾事。㉔河南縣　縣名。治今河南洛陽西郊澗水東岸。㉕野王　縣名。治今河南沁陽。㉖賫餳　飴糖。㉗二郡　即河南尹與河內郡。河南縣屬河南尹，野王縣屬河內郡。㉘郎　帝王侍從官的總稱。郎官的職責原為護駕陪從，隨時建議，備顧問及差遣。戰國始有，秦、漢沿置。有議郎、中郎、侍郎、郎中等，皆無定員。秦、漢初時屬郎中令（漢武帝改為光祿勳）。其出身，或由任子、貲選，或由文學、才藝，為出仕的重要途徑。㉙三署　即五官中郎將署及左、右中郎將署，皆郎中官署，屬光祿勳。㉚大鴻臚　官名。西漢武帝時改典客為大鴻臚。原掌關於接待少數民族等事務，後漸變為贊襄禮儀之官，為九卿之一。㉛永寧　東漢安帝劉祜年號，西元一二〇—一二一年。㉜鄧太后　（西元八一—一二一年），名綏，和帝劉肇皇后，太傅鄧禹之孫女。六歲能通史書，十二歲通《詩》、《論語》，志在典籍，不問居家之事。後晝修婦業，暮誦經典。永元七年選入宮，十四年立為皇后。殤帝時，尊為皇太后。臨朝。殤帝崩，定策立安帝，猶臨朝政。事見本書卷十。㉝潁川　郡名。治今河南禹州。㉞九江　郡名。治今安徽壽縣。㉟京宛　京，縣名。故址在今河南滎陽東南。宛，縣名。治今河南南陽。㊱零陵　郡名。治今廣西全州西南。東漢移治泉陵（今湖南永州）。㊲安帝　東漢第六帝，名祜，章帝孫，清河孝王劉慶之子。西元一〇六－一二五年在位。

【語　譯】樊鯈，字長魚，謹慎儉約，有其父親之遺風。樊鯈侍奉繼母很孝順，繼母去世，樊鯈哀痛思念超過了所規定的正常禮節，以致患病而身體不能支持。光武帝常常派遣中黃門早晚給樊鯈送稠粥。喪服期滿，樊鯈向侍中丁恭學習《公羊嚴氏春秋》。建武年間，朝廷的約束較為寬鬆，諸王已年長，各自招引賓客，由於樊鯈是外戚，諸王都爭相邀請他，但樊鯈清靜自保，無所結交。等到沛王劉輔的事情敗露後，許多貴戚子弟多受牽連而被拘捕，樊鯈因為不是諸王賓客，而免受牽連。光武帝去世，樊鯈為復土校尉。

2　明帝永平元年，樊鯈被任命為長水校尉，和公卿一起制定郊祀禮儀，用讖記糾正《五經》中的不同說法。北海人周澤、琅邪人承宮都是國內大儒，樊鯈都把他們當做自己的良師益友，並把他們招致到朝廷上來。樊鯈上言：郡國舉孝廉，大多只選取那些年輕、能向推薦者報答恩德的人，年高而且賢良的人都不被推薦，朝廷應該下令各郡國推舉選拔賢良優秀的人。又建議執行死刑應該在秋月，以順應四時之氣。明帝接受了他的建議。永平二年，朝廷把壽張侯國增封東平王，徙封樊鯈為燕侯。後來廣陵王劉荊有罪，明帝因為和廣陵王劉荊是至親，因而傷悼，下詔命樊鯈和羽林監南陽任隗一起審問劉荊的案件。審問完畢，樊鯈、任隗上奏請誅殺劉荊。明帝在宣明殿引見他們，大怒說：「你們以為廣陵王是我的弟弟，就想殺了他，假使是我的兒子，你們敢這樣嗎？」樊鯈昂首回答說：「天下是高祖的天下，不是陛下的天下。《春秋》之大義是『國君的親屬不要做逆亂的事，如果做了，就該誅殺他』。因此，周公殺其弟，季友鴆其兄，經傳都加以讚揚。臣等以為劉荊是陛下以胞弟相託付，陛下特別關心、憐憫他，所以才大膽奏請。如果是陛下的兒子，臣等用不著奏請就把他殺了。」明帝歎息很久。樊鯈因此而更加知名天下。後來，樊鯈的弟弟樊鮪為自己的兒子樊賞求楚王劉英之女敬鄉公主為妻，樊鯈聞知制止他說：「建武年間，我家並受榮寵，一門五侯。當時，我們的父親位特進，只要說一句話，就可使女兒嫁給皇帝的兒子，兒子匹配公主，但因為貴寵過盛，就是禍患，所以不這樣做。況且你只有一個兒子，怎麼能把他拋向楚國呢？」樊鮪不聽從他的話。

3 永平十年，樊儵去世，朝廷贈送他家辦喪事的財物甚多，謚樊儵為哀侯。明帝派遣小黃門張音詢問樊儵的遺言。當初，河南縣丟失官錢，主管與欠負官錢的人因此受牽連犯死罪及流放罪的很多，於是河南縣把責任推給老百姓，以補償他們的損失。因此很多鄉間官吏和縣裡的機構都常常藉此搜刮民財，樊儵痛恨這件事。另，野王縣每年都向朝廷貢獻甜酒和飴糖，常常煩擾百姓，官吏從中取利。樊儵想奏請皇帝將此二事取消，由於患病未來得及上奏。張音回來，將此二事詳細奏報明帝，明帝看了奏報而悲歎，命令二郡按樊儵的意見辦理。

4 樊儵的長子樊汜繼承了爵位，次子樊郴、三子樊梵為郎官。其後，楚王英之事被發覺，明帝追念樊儵謹慎恪己，又聽說他曾制止樊鮪向楚王英為其子求婚的事，因此其諸子都沒有受到牽連。

5 樊梵字文高，為郎官二十餘年，五官、左、右中郎將署都佩服他持重謹慎。樊梵把自己的財物二千餘萬全讓給其亡兄的孤兒，後樊梵官至大鴻臚。

6 樊汜去世，其子樊時嗣爵。樊時去世，其子樊建嗣爵。樊建去世，無子，封國斷絕。永寧元年，鄧太后復封樊建弟樊盼。樊盼去世，其子樊尚嗣爵。

7 當初，樊儵刪定《公羊嚴氏春秋》的章句，世稱「樊侯學」，教授門徒前後達三千餘人。弟子潁川李脩、九江夏勤，皆官至三公。夏勤字伯宗，曾為京、宛二縣縣令和零陵太守，他做官的地方，都有政績，人稱其為能。安帝時，官至司徒。

1 準字幼陵，宏之族曾孫也。父瑞，好黃老言❶，清靜少欲。準少勵志行，修儒術，以先父產業數百萬讓孤兄子。永元❷十五年，和帝❸幸南陽，準為郡功曹，

召見，帝器之，拜郎中❹，從車駕還宮，特補尚書郎❺。鄧太后臨朝，儒學陵替，

準乃上疏曰：

2 「臣聞賈誼❻有言，『人君不可以不學』。故雖大舜❼聖德，孳孳❽為善；成王賢主，崇明師傅❾。及光武皇帝受命中興，群雄崩擾，旌旗亂野，東西誅戰，不遑啟處，然猶投戈講藝❿，息馬論道。至孝明皇帝⓫，兼天地之姿，用日月之明，庶政萬機，無不簡心，而垂情古典，游意經藝，每饗射禮畢，正坐自講，諸儒並聽，四方欣欣。雖闕里⓬之化，矍相⓭之事，誠不足言。又多徵名儒，以充禮官，如沛國趙孝⓮、琅邪承宮等，或安車⓯結駟，告歸鄉里；或豐衣博帶，從見宗廟。其餘以經術見優者，布在廊廟。故朝多皤皤之良，華首之老。每讌⓰會，則論難衎衎⓱，共求政化。詳覽群言，響如振玉。朝者進而思政，罷者退而備問。小大隨化，雍雍⓲可嘉。期門⓳羽林介冑之士，悉通孝經⓴。博士㉑議郎㉒，一人開門㉓，徒眾百數。化自聖躬，流及蠻荒，匈奴遣伊秩訾王大車且渠㉔來入就學。八方肅清，上下無事。是以議者每稱盛時，咸言永平。

3 「今學者蓋少，遠方尤甚。博士倚席不講，儒者競論浮麗，忘謇謇之忠，習諓諓之辭。文吏則去法律而學詆欺，銳錐刀之鋒，斷刑辟之重㉕，德陋俗薄，以

致苛刻。昔孝文竇后㉖性好黃老，而清靜之化流景武之間㉗。臣愚以為宜下明詔，
博求幽隱，發揚巖穴，寵進儒雅，有如孝、宮者，徵詣公車㉘，以俟聖上講習之
期。公卿各舉明經及舊儒子孫，進其爵位，使纘其業。復召郡國書佐㉙，使讀律
令。如此，則延頸者日有所見，傾耳者月有所聞。伏㉚願陛下推述先帝進業之道。」
4 太后深納其言，是後屢舉方正、敦樸、仁賢之士。
5 準再遷御史中丞㉛。永初㉜之初，連年水旱災異，郡國多被飢困，準上疏曰：
「臣聞傳曰：『飢而不損茲曰太，厥災水。』㉝春秋穀梁傳㉞曰：『五穀不
6 登，謂之大侵。大侵之禮，百官備而不制，群神禱而不祠㉟。』由是言之，調和
陰陽㊱，寔是㊲在儉節。朝廷雖勞心元元，事從省約，而在職之吏，尚未奉承。夫
建化致理，由近及遠，故詩曰『京師翼翼，四方是則』㊳。今可先令太官、尚方、
考功、上林池籞諸官㊴，實減無事之物，五府㊵調省中都官吏京師作者。如此，
則化及四方，人勞省息。
7 「伏見被災之郡，百姓凋殘，恐非賑給所能勝贍，雖有其名，終無其實。可
依征和元年故事㊶，遣使持節慰安。尤困乏者，徙置荊、揚孰郡㊷，既省轉運之
費，且令百姓各安其所。今雖有西屯之役㊸，宜先東州之急㊹。如遣使者與二千

石隨事消息㊺，悉留富人守其舊土，轉尤貧者過所衣食，誠父母之計也。願以臣言下公卿平議。」

8 太后從之，悉以公田賦與貧人。即擢準與議郎呂倉並守㊻光祿大夫，準使冀州㊼，倉使兗州㊽。準到部，開倉廩㊾食，慰安生業，流人咸得蘇息。還，拜鉅鹿㊿太守。時飢荒之餘，人庶流迸，家戶且盡，準課督農桑，廣施方略，朞(51)年間，穀粟豐賤數十倍。而趙、魏(52)之郊數為羌所鈔暴(53)，準外禦寇虜，內撫百姓，郡境以安。

9 五年，轉河內(54)太守。時羌復屢入郡界，準輒將兵討逐，修理塢壁，威名大行。視事三年，以疾徵，三轉為尚書令(55)，明習故事，遂見任用。元初(56)三年，代周暢為光祿勳。五年，卒於官。

【章旨】以上為樊宏族曾孫〈樊準傳〉。先述其與樊宏的關係及其少勵志行，修儒術等情況。次述樊準的仕宦情況：為郡功曹、補尚書郎、為御史中丞，建議朝廷興儒學，事從節儉；出為鉅鹿、河內太守，禦羌人，撫百姓，郡境安寧。寫樊準的被任用，是由於他「明習故事」。

【注釋】❶黃老言　即黃老學說。黃老，戰國、漢初道家學派。主張「清靜無為」，以傳說中的黃帝和老子相配，同尊為道家的創始人，故名。西漢初期，統治者採取與民休息、恢復生產的政策，頗崇黃老的「清靜無為」之治術。❷永元　東漢和帝劉肇年號，西元八九—一〇五年。❸和帝　東漢第四帝，章帝第四子。西元八九—一〇五年在位。❹郎中　官名，始於戰國。漢代沿置，屬光祿勳。管理車騎、門戶，內充侍衛，外從作戰。秩比三百石。❺尚書郎　官名。東漢之制，取孝廉中有才能者入尚書臺，在皇帝左右處理政務。初入臺稱尚書郎中，滿一年稱尚書郎，三年稱侍郎。❻賈誼　（西元前二〇〇—前一六八年），洛陽（今河南洛陽）人。西漢政論家、文學家。十八歲時以能誦讀詩書，善寫文章，為人所稱譽。廷尉吳公薦之於漢文帝，任為博士。不久，遷太中大夫，為大臣周勃、灌嬰等人所排擠，出為長沙王太傅。後又為梁懷王太傅。數年，梁懷王墮馬而死，賈誼自傷「為傅無狀」，哭泣歲餘，亦死。時年三十三歲。他曾多次上疏，批評時政。建議削弱諸侯王的勢力，鞏固中央集權；主張重農抑商；力主抗擊匈奴等。傳見《史記・屈原賈生列傳》、《漢書・賈誼傳》。❼大舜　名重華，我國傳說禪讓時代的君主。姚姓，一說為嬀姓，號有虞氏，史稱虞舜。都蒲阪（今山西永濟南）。事見《史記・五帝本紀》。❽孳孳　同「孜孜」。努力不懈之貌。❾成王賢主二句　成王，名誦，即周成王，西周王朝第二王。周武王子。周武王崩，成王年少，周初定天下，周公恐諸侯叛周，乃攝政當國。七年後，成王長大，周公乃還政成王，此後周朝進入穩定發展的時期。成王親政後，遵武王遺策，營建洛邑，並大規模分封諸侯，廣建屏藩，以加強對全國的控制。成王以召公奭為保，周公旦為師，以相己。西周王朝聲威遠播，政治清明，諸侯臣服，百姓安寧，國勢強盛，頌聲四起。❿埶　同「藝」。古代統治者教育子弟的六種科目，即禮、樂、射、御、書、數。《論語・述而》：「依於仁，遊於藝。」何晏注：「藝，六藝也。」或指《六經》。即《易》、《書》、《詩》、《禮》、《樂》、《春秋》，皆儒家經典。⓫孝明皇帝　即東漢明帝劉莊。光武帝第四子，陰皇后所生。西元五七—七五年在位。⓬闕里　孔子的住地，今山東曲阜城內闕里街。因有兩石闕，故名。孔子曾在此講學，後建有孔廟，幾占全城之半。此借指孔子的教化。⓭矍相　古地名。今山東曲阜城內闕里西。《禮記・射義》：「孔子射於矍相之圃，蓋觀者如堵墻。」此亦指孔子的教化。⓮沛國趙孝　沛國，郡國名。治今安徽濉溪縣西北。趙孝，字長平，沛郡蘄（今安徽宿州）人。其父趙普，王莽時為田禾將軍。孝以父任為郎。王莽末，天下大亂，人相食。其弟趙禮，為餓賊所獲，將烹食之。趙孝聞知，乃自縛至賊處，願代弟趙禮就烹。賊異之，遂不害。鄉黨服其義，舉孝廉，不應。傳見本書卷三十九。⓯安車　古代一種小車，可以安坐，故名。《禮記・曲禮上》：「乘安車。」鄭玄注：「安車，坐乘。」孔穎達疏：「古者乘四馬之車，立乘。如臣既老，故乘一馬小車，坐乘也。」⓰讌　「宴」的異體字。⓱論難衎衎　論難，辯論詰難。此指辯論治國之道。衎衎，和樂貌。⓲雍雍　和諧；和洽。⓳期門　西漢武帝時選隴西、天水、安定、北地、上郡、西河六郡良家子組成。武帝微行，執兵器護衛。由於平時「期諸殿門」，故曰期門。屬光祿勳。平帝時，改稱虎賁郎。⓴孝經　儒家經典之一。十八章。其作者各說不一，以孔門後學所作一說，較為合理。論述孝道，宣傳宗法思想。漢代列為《七經》之一。今《十三經注疏》本

《孝經》為唐玄宗注，宋邢昺疏。清皮錫瑞另有《孝經鄭注疏》二卷。㉑博士　中國古代學官名。源於戰國。《漢書・百官公卿表》：「博士，秦官，掌通古今。」秦及漢初博士所掌為古今史事，待問及書籍典守。至漢武帝時，採公孫弘建議，為《五經》博士置弟子員。自後博士專掌經學傳授，與文、景時期的博士制度有異。㉒議郎　官名。西漢置。為郎官的一種。掌顧問、應對，隸屬光祿勳，不入直宿衛，官秩也比中郎、侍郎、郎中高，秩六百石。㉓開門　謂開一家之說。㉔匈奴遣伊秩訾王句　《漢書・宣帝紀》顏師古注：「伊秩訾、且渠，皆匈奴官號也。」㉕銳錐刀之鋒二句　奸吏舞文弄法，隨意改變法律條文，對微小的事情往往判成重罪。錐刀，小刀，此指刀筆。刀和筆皆古代書寫工具。古時書寫用竹簡，有誤則削去重寫。銳，用如動詞，即將削竹簡的小刀磨得非常鋒利，便於削竹簡，比喻隨意舞文弄法。刑辟，刑法；刑律。㉖孝文竇后　（？—西元前一三五年），趙之觀津（今河北武邑）人。即西漢文帝的皇后。呂太后時，以良家子選入宮。代王立為皇帝，立她為皇后。景帝即位，尊為皇太后。竇太后好黃老之言，景帝及太子、諸竇也不得不尊黃老，直到漢武帝初年。她是漢初黃老學說的一位重要支持者。事見《史記・外戚世家》、《漢書・外戚傳》。㉗景武之間　景，即漢景帝，名啟，漢文帝子。西元前一五七—前一四一年在位。武，即漢武帝，名徹，景帝子。西元前一四一—前八七年在位。㉘公車　官署名。掌殿司馬門，天下上事及徵召皆總領之。㉙書佐　官名。西漢郡縣各曹都有書佐，主管起草和繕寫文書。㉚伏　敬辭。以卑承尊之詞。㉛御史中丞　官名。漢代以御史中丞為御史大夫之佐，亦稱中執法。在殿中蘭臺，掌圖籍祕書；外督部刺史，監察郡國行政；內領侍御史，考察四方文書計簿，劾按公卿奏章。自東漢至南北朝，御史中丞的威權頗重。㉜永初　東漢安帝劉祜年號，西元一〇七—一一三年。㉝臣聞傳曰三句　傳，指《洪範五行傳》，西漢劉向撰，十一篇。以上古至春秋戰國秦漢之各種變異，分列條目，附會為朝政、人事禍福的徵兆，認為發生自然災害就是上天對人的一種警告和懲罰，宣揚「天人感應」說和讖緯神學。原書已佚，其基本內容保存於《漢書・五行志》中。參閱《漢書・楚元王傳》。太，甚。厥，乃。災，旱災。水，水災。㉞春秋穀梁傳　亦稱《穀梁傳》或《穀梁春秋》。儒家經典之一。專門闡釋《春秋》，共十一卷。起於魯隱公元年（西元前七二二年），止於魯哀公十四年（西元前四八一年）。舊題戰國時魯人穀梁赤撰。穀梁赤為孔子門人子夏的弟子。《穀梁傳》最初僅口耳傳授，一般認為至西漢時才寫定成書。體裁與《公羊傳》相近，從不同的角度闡釋《春秋》的微言大義。是研究秦漢之間和漢初儒家思想的重要資料。㉟五穀不登五句　語出《穀梁傳・襄公二十四年》。不登，沒收成。侵，傷，大饑之異名。備，完備，謂禮儀不可廢缺。製，製造；造作。即興辦各類勞民之事。禱，祈禱。祠，祭祀。㊱調和陰陽　指使各方面關係協調。㊲寔　同「實」。㊳故詩曰二句　李賢注：「《韓詩》之文。」意謂首都整齊繁盛，四方都效法它的規則辦理。㊴太官

尚方句　太官，官名。秦漢有太官令、丞，掌皇帝飲食、宴會，屬少府。尚方，官署名。秦置。漢末分中、左、右三尚方。掌皇室所用刀劍等兵器及玩好器物。主管有令、丞。東漢沿置，屬少府。考功，即「考工」，官署名。西漢少府屬官有考工室。西漢武帝太初元年（西元前一〇四年）更名「考工」。主作兵器、弓弩及織綬諸雜工。有令，左、右丞各一人。東漢屬太僕卿。上林池籞，上林，即上林苑。古宮苑名。秦都咸陽時置，秦始皇三十五年（西元前二一二年）營朝宮於苑中。漢初荒廢，漢高祖十二年（西元前一九五年），許民入苑開墾。漢武帝時又收為宮苑，周圍至二百多里，苑內放養禽獸，供皇帝射獵，並建離宮、觀、館數十處。故址在今陝西西安西及周至、戶縣界。東漢亦置上林苑，故址在今河南洛陽東，漢魏洛陽故城西。西漢上林苑由水衡都尉掌管，下設有五丞，屬官幾十人。東漢置上林苑令，秩六百石。主苑中禽獸。又有丞、尉各一人。池籞，帝王的園林。折竹用繩聯結，使人不得往來，謂之籞。上林池籞，即上林苑。㊵五府　謂太傅、太尉、司徒、司空、大將軍府。㊶征和元年故事　征和，西漢武帝年號，西元前九二－前八九年。故事，舊例。㊷荊揚孰郡　荊，即荊州，西漢武帝所置「十三刺史部」之一。轄境約相當今湖北、湖南兩省及河南、貴州、廣東、廣西的一部分。揚，即揚州，亦屬「十三刺史部」之一。轄境相當今安徽淮水和江蘇長江以南及江西、浙江、福建三省，湖北英山、黃梅、廣濟、河南固始、商城等縣地。孰，同「熟」。豐收。㊸西屯之役　李賢注：「時先零羌斷隴道，大為寇害，遣車騎將軍鄧騭、征西校尉任尚征討之，故曰『西屯役』也。」㊹東州之急　謂兗州、冀州之災荒。㊺消息　斟酌。㊻守　猶「攝」。暫時署理職務。多指官階低而署理較高的官職。㊼冀州　西漢武帝所置「十三刺史部」之一。轄境相當今河北中南部，山東西端及河南北端。㊽兗州　西漢武帝所置「十三刺史部」之一。轄境約相當今山東西南部，北至茌平、淄博，東至沂河流域，東南以莒縣、平邑並泗水東岸為界，及河南東部：南樂、濮陽、延津、開封、尉氏以東，扶溝、淮陽、鹿邑地區。㊾稟　賜穀。㊿鉅鹿　郡名。秦置。秦西漢治今河北雞澤東，東漢移至癭陶，今河北柏鄉東、寧晉西南。(51)朞　同「期」。一週年。(52)趙魏　指趙國、魏郡。今河北南部、河南北部及山東西南部一帶。(53)羌所鈔暴　羌，古族名。主要分布在今甘肅、青海、四川一帶。羌，最早見於甲骨卜辭。殷周時，部分曾雜居中原。秦漢時，部落眾多，有先零、燒當、婼、廣漢、武都、越嶲等部。鈔暴，鈔掠騷擾。鈔，亦作「抄」。(54)河內　郡名。治今河南武陟西南。(55)尚書令　官名。始於秦，兩漢沿置。本為少府屬官，掌章奏文書。西漢武帝以後職權漸重。東漢以後，政務皆歸尚書，尚書令成為直接對皇帝負責總攬一切政務的首腦。(56)元初　東漢安帝劉祜年號，西元一一四－一二〇年。

【語　譯】樊準，字幼陵，是樊宏本族曾孫。其父樊瑞，好黃老之言，清靜少欲。樊準年少時，就砥礪志節品行，學習儒術，把其父幾百萬的產業讓與其亡兄的兒子。永元十五年，和帝臨幸南陽，樊準為郡功曹，和帝召見樊準，很器重他，拜樊準為郎中，跟隨和帝回到宮中，特補為尚書郎。鄧太后臨朝時，儒學衰微，樊準於是上疏說：

2 「臣聽說賈誼說過一句話，『人君不可以不學習』。所以即使具有聖明德行的大舜，也孜孜不倦地學習為善；周成王是賢明的君主，也尊崇賢明的師傅。光武帝接受天命，中興漢朝，群雄紛擾，旌旗插遍原野，光武帝東征西討，顧不上安居休息，但還是放下刀槍就講習學問，停下馬來就討論道術。孝明皇帝，兼有天地的英姿，秉持日月之聖明，雖然政務紛繁，事事關心，但他總是專心於古典，遊神於經藝，每次宴饗賓客，射禮完畢，都正襟危坐講說經書，諸儒聆聽，四方歡欣。即使闕里之教化，矍相之圃的射禮，和孝明皇帝之事比起來，也是不值一提的。孝明皇帝又多徵召著名的儒學之士，以充當禮官，如沛國之趙孝、琅邪之承宮等。他們有的人享受朝廷的安車駟馬，告歸鄉里；有的人豐衣博帶，隨孝明皇帝行禮於宗廟。其餘以經術受優待的，往往安排在朝廷重要的職位上。所以朝廷上多白首之儒，華髮之老。每次宴會，則和樂地討論治道，共同探求政令教化。詳細地觀覽群儒的言論，真如金聲玉振。在位者，思考國家之大政，罷退者，以備皇帝之顧問。人人受到教化，和諧可嘉。連期門、羽林的甲冑之士，也都通曉《孝經》。博士、議郎，只要開一家之說，就有徒眾數百人。教化自皇帝開始，傳播到遠方的民族，匈奴派遣伊秩訾王大車且渠來洛陽就讀。八方肅靜，上下無事。因此，議論者每稱盛時，皆言永平之世。

3 「現在求學的人，越來越少，邊遠地區尤甚。博士倚席不講，儒士競論浮華，忘記對皇帝的忠貞之心，講起諂媚的話語來。文吏不依據法律辦事而學習欺騙，舞文弄法，對微小的事情，往往判處重刑，道德鄙陋，風俗淺薄，以致苛刻。從前孝文皇帝的竇皇后喜好黃老之學，所以清靜少欲、無為而治的政治，流布於景帝、武帝之間。臣愚蠢，以為陛下宜下明詔，廣泛地徵召偏遠地區的優秀人才，起用巖穴間的隱居之士，尊寵進用雅正的儒者，有像趙孝、承宮那樣的人士，都應用公車徵召他們來，以等待陛下的講習之期。公卿都要推舉明曉經書之人及舊儒的子孫，授予他們以爵位，使他們繼承其祖先之業。再詔命郡國的書吏，讓他們讀法律條令。這樣，就會使儒學大興，延頸盼望者日有所見，傾耳等待者月有所聞。臣誠懇地願陛下能推崇先帝進德修業的治法。」

4 鄧太后採納了樊準的建議，自此以後，屢有推舉方正、敦樸、仁賢的士人。

5 樊準經過二次升遷，為御史中丞。永初初年，連年發生水旱災異，各郡國多遭受飢困，樊準上疏說：

6 「臣聞《傳》上說：『天下百姓飢餓而君主不減損自己的用度，叫做太，就會發生旱水災情。』《春秋穀梁傳》上說：『五穀不收，叫做大侵。大侵之年的禮，官職備列而不興工造作，禱請群神而不祭祀。』因此說，調和陰陽的方法，在於節儉。朝廷雖然用心於百姓，辦事注意節省，但在職官吏，尚未奉承朝廷的教誨。治理天下達到大治，應該從近至遠，所以《詩》上說『首都整齊繁盛，四方都效法它的規則辦理』。現在可以命令太官、尚方、考功、上林苑各個官署，核實他們應作器物的數量，減少製作無用之物，五府減省徵調數額，首都官府緊縮營作工程。這樣，好的風氣就會傳布到天下郡國，人民減少勞倦，得到休息。

7 「臣見受災的郡國，百姓凋殘，恐怕不是賑濟所能滿足的，雖有其名，但終究有名無實。朝廷可依照漢武帝征和元年的舊例，派遣使者持符節安撫百姓。對於特別貧困缺乏的，可將其移徙至荊州、揚州的豐收之郡謀生，既節省了轉運糧食的費用，且令百姓各安其所。現在雖然有征討西方羌人的戰役，更應該重視東州之災荒。如果派遣使者和郡太守隨事斟酌，把富裕的人家全部留下保守其舊土，把特別貧困的人家轉移到新的地方生活，這確實是做父母官養活百姓的策略。願陛下將臣的建議交公卿們去評議。」

8 鄧太后聽從了樊準的建議，把公田全部分配給窮困的人家耕種。當即提拔樊準和議郎呂倉一起暫時署理光祿大夫，派樊準出使冀州，呂倉出使兗州。樊準到冀州後，即打開國家糧倉分糧食給窮困的人，安定了人民的生活，流浪之人皆得以蘇息。樊準回京後，朝廷任命他為鉅鹿太守。當時為大饑荒之後，人民流散，戶口將盡，樊準督促人民的農桑生產，推廣好的生產經驗，一年之間，糧食豐收，糧價下跌數十倍。但趙、魏郡之郊縣多次為羌人所抄掠侵暴，樊準對外抵抗羌人，對內安撫百姓，郡境得以安定。

9 永初五年，樊準轉河內太守。當時羌人屢次進入河內郡的邊界，樊準即帶兵討伐追逐入侵的羌人，修築堡壘障礙，其威武之名為天下人所共知。樊準任河內太守三年，因為有病，徵召回朝廷，三遷為尚書令，由於他通曉歷史典故，於是被任用。安帝元初三年，代周暢為光祿勳。元初五年，樊準在官任上去世。

1 陰識，字次伯，南陽新野❶人也，光烈皇后❷之前母兄也。其先出自管仲。管仲七世孫修，自齊適楚，為陰❸大夫，因而氏焉。秦漢之際，始家新野。

2 及劉伯升起義兵，識時游學長安，聞之，委業而歸，率子弟、宗族、賓客千餘人往詣伯升。伯升乃以識為校尉❹。更始元年，遷偏將軍❺，從攻宛，別降新野、淯陽、杜衍、冠軍❻、湖陽。二年，更始封識陰德侯，行大將軍事❼。

3 建武元年，光武遣使迎陰貴人於新野，并徵識。識隨貴人至，以為騎都尉❽，更封陰鄉侯。二年，以征伐軍功增封，識叩頭讓曰：「天下初定，將帥有功者眾，臣託屬掖廷❾，仍加爵邑，不可以示天下。」帝甚美之，以為關都尉，鎮函谷。遷侍中，以母憂辭歸。十五年，定封原鹿侯。及顯宗立為皇太子，以識守執金吾，輔導東宮❿。帝每巡郡國，識常留鎮守京師，委以禁兵。入雖極言正議，及與賓客語，未嘗及國事。帝敬重之，常指識以勑戒貴戚，激厲左右焉。識所用掾史皆簡賢者，如虞廷、傅寬、薛愔等，多至公卿校尉。

4 顯宗即位，拜為執金吾，位特進。永平二年，卒，贈以本官印綬，謚曰貞侯。

5 子躬嗣。躬卒，子璜嗣。永初七年，為奴所殺，無子，國絕。永寧元年，鄧太后以璜弟淑紹封。淑卒，子鮪嗣。

6 躬弟子綱女為和帝皇后⑪，封綱吳房侯，位特進，三子軼、輔、敞，皆黃門侍郎⑫。后坐巫蠱⑬事廢，綱自殺，輔下獄死，軼、敞徙日南⑭。識弟興。

【章旨】以上為〈陰識傳〉，旨在寫陰識的謙讓，為光武帝所敬重。

【注釋】❶新野　縣名。治今河南新野。❷光烈皇后　（西元五一—六四年），姓陰，名麗華，南陽新野人。光武帝初適新野，聞其美，心悅之。更始元年六月，納陰麗華於宛（今河南南陽），時年十九。光武即位，以其為貴人，生明帝劉莊。事見本書卷十。❸陰　縣名。今湖北老河口西。❹校尉　官名。其位略低於將軍。❺偏將軍　官名。偏師（全師的一部分，以區別於主力）之將軍。❻淯陽杜衍冠軍　皆縣名。淯陽，亦作「育陽」。漢置。屬南陽郡。故城在今河南南陽。杜衍，漢置。屬南陽郡。故城在今河南南陽西南。冠軍，漢置。屬南陽郡。故城在今河南鄧州西北。❼行大將軍事　代理大將軍職務。行，謂兼攝官職。唐宋以官階高兼代小官的事為行某官；小官兼代大官的事為守某官。大將軍，官名。始於戰國，漢代沿置，為將軍之最高稱號。執掌統兵征戰，多由貴戚擔任。掌握政權，職位甚高。亦有在大將軍之上冠以稱號者，如驃騎大將軍之類。西漢武帝時以大司馬為大將軍所兼官號。其後霍光、王鳳均以大司馬大將軍預聞政事，為中朝官領袖。❽騎都尉　官名。次於將軍的武官。西漢武帝元鼎二年置，以李陵為之。宣帝時，以騎都尉監羽林騎，屬光祿勳。後掌駐屯騎兵，也領兵征伐。秩比二千石，無定員。❾掖廷　皇宮中的旁舍，嬪妃居住的地方。廷，亦作「庭」。❿東宮　太子所居之宮，因以指太子。⓫綱女為和帝皇后　綱女為陰識之曾孫女，史失其名。后少聰慧，善書藝，永元四年（西元九二年）選入掖庭，為貴人，有殊寵。八年，立為皇后。永元十四年夏，有言后與其外祖母鄧朱共挾巫蠱道。事發覺，和帝命中常侍張慎與尚書陳褒於掖庭獄審理此事。鄧朱及二子奉、毅與后弟軼、輔、敞辭語相連及。以為「祠祭祝詛，大逆無道」。奉、毅、輔下獄死。遷后於桐宮，以憂死。父特進陰綱自殺，弟軼、敞及鄧朱家屬徙日南郡比景縣，宗親內外昆弟皆免官歸田里。事見本書卷十上。⑫黃門侍郎　官名。秦及西漢郎官給事黃門（宮門）之內者稱黃門侍郎。東漢始設為專官，或稱給事黃門侍郎。其職為侍從皇帝左右，傳達詔命。關通中外，及諸王朝見，於殿中引王就坐。秩六百石。⑬巫蠱　古代稱巫師以邪術加害於人為巫蠱。⑭日南　郡名。西漢元鼎六年置。治今越南廣治省廣治河與甘露河合流處。

【語譯】陰識，字次伯，南陽郡新野縣人，是光烈皇后的前母兄。其祖先出於管仲。管仲的七世孫管修，當年從齊國遷到楚國，做了陰縣大夫，因此，便以陰為姓氏。秦漢之際，才開始安家於新野。

2 當劉伯升起義兵時，陰識正在長安求學，聽到這個消息，便放棄學業回到家鄉，率領子弟、宗族、賓客千餘人往歸劉伯升。劉伯升於是任命陰識為校尉。更始元年，升為偏將軍，隨從更始攻宛縣，此外又接連攻下新野、淯陽、杜衍、冠軍、湖陽。二年，更始帝封陰識為陰德侯，代行大將軍職權。

3 建武元年，光武帝派遣使者至新野迎接陰貴人，同時徵召陰識。陰識隨貴人一起來到洛陽，光武帝任命他為騎都尉，改封他為陰鄉侯。建武二年，光武帝因為陰識征伐有軍功，又欲增封他官爵，陰識叩頭辭讓說：「天下初定，將帥中有軍功的人很多，臣依託外戚關係，現在又要增加爵邑，這就不能夠示範天下。」光武帝非常讚美陰識，便任命他為關都尉，鎮守函谷關。後遷侍中，因母親去世，辭官歸家。建武十五年，定封原鹿侯。及明帝立為皇太子，任命陰識署理執金吾，輔導太子。光武帝每次巡視郡國，陰識總是留鎮京城，委任他統率禁衛軍。陰識平時在朝廷，雖然極言正議，但與賓客談話時，卻從不涉及國事。光武帝很敬重他，經常以陰識為榜樣，以敕戒貴戚，激勵左右之人。陰識所用的掾史屬吏，皆選拔賢良之士，如虞廷、傅寬、薛愔等人，大多官至公卿、校尉。

4 明帝即位，任命陰識為執金吾，加官特進。永平二年去世，朝廷贈以本官印綬，諡為貞侯。

5 陰識之子陰躬繼承了爵位。陰躬去世，子陰璜嗣爵。永初七年，陰璜為奴僕所殺，無子，封國斷絕。永寧元年，鄧太后讓陰璜之弟陰淑繼承封爵。陰淑去世，子陰鮪嗣爵。

6 陰躬弟之子陰綱之女為和帝皇后，陰綱被封為吳房侯，加官特進。他的三個兒子陰軼、陰輔、陰敞皆為黃門侍郎。陰皇后因巫蠱事被廢，陰綱自殺，陰輔下獄死，陰軼、陰敞流放日南郡。陰識之弟陰興。

1 興字君陵，光烈皇后母弟也，為人有膂力。建武二年❶，為黃門侍郎，守期門僕射❷，典將武騎，從征伐，平定郡國。興每從出入，常操持小蓋，障翳風雨，躬履塗泥，率先期門。光武所幸之處，輒先入清宮，甚見親信。雖好施接賓，然門無俠客。與同郡張宗❸、上谷鮮于裒❹不相好，知其有用，猶稱所長而達之；友人張汜、杜禽與興厚善，以為華而少實，但私之以財，終不為言。是以世稱其忠平。第宅苟完，裁蔽風雨。

2 九年，遷侍中，賜爵關內侯❺。帝後召興，欲封之，置印綬於前，興固讓曰：「臣未有先登陷陣之功，而一家數人並蒙爵土，令天下觖望❻，誠為盈溢。臣蒙陛下、貴人❼恩澤至厚，富貴已極，不可復加，至誠不願。」帝嘉興之讓，不奪其志。貴人問其故，興曰：「貴人不讀書記邪？『亢龍有悔❽。』夫外戚家苦不知謙退，嫁女欲配侯王，取婦眄睨公主，愚心實不安也。富貴有極，人當知足，夸奢益為觀聽所譏。」貴人感其言，深自降挹，卒不為宗親求位。十九年，拜衛尉❾，亦輔導皇太子。明年夏，帝風眩疾甚，後以興領侍中，受顧命❿於雲臺廣室⓫。會疾瘳，召見興，欲以代吳漢⓬為大司馬。興叩頭流涕，固讓曰：「臣不敢惜身，誠虧損聖德，不可苟冒。」至誠發中，感動左右，帝遂聽之。

3 二十三年，卒，時年三十九。興素與從兄嵩不相能，然敬其威重。興疾病，帝親臨，問以政事及群臣能不。興頓首曰：「臣愚不足以知之。然伏見議郎席廣、謁者陰嵩，並經行明深，踰於公卿。」興沒後，帝思其言，遂擢廣為光祿勳，嵩為中郎將⓭，監羽林十餘年，以謹敕見幸。顯宗即位，拜長樂衛尉⓮，遷執金吾。

4 永平元年詔曰：「故侍中衛尉關內侯興，典領禁兵，從平天下，當以軍功顯受封爵，又諸舅比例，應蒙恩澤，興皆固讓，安乎里巷。輔導朕躬，有周昌⓯之直；在家仁孝，有曾、閔⓰之行。不幸早卒，朕甚傷之。賢者子孫，宜加優異。其以汝南⓱之鮦陽⓲封興子慶為鮦陽侯，慶弟博為㶏強侯。」博弟員、丹並為郎，慶推田宅財物悉與員、丹。帝以慶義讓，擢為黃門侍郎。慶卒，子琴嗣。建初⓳五年，興夫人卒，肅宗⓴使五官中郎將持節即墓賜策，追謚興曰翼侯。琴卒，子萬全嗣。萬全卒，子桂嗣。

5 興弟就，嗣父封宣恩侯，後改封為新陽侯。就善談論，朝臣莫及，然性剛傲，不得眾譽。顯宗即位，以就為少府㉑，位特進。就子豐尚酈邑公主㉒。公主嬌妒，豐亦狷急。永平二年，遂殺主，被誅，父母當坐，皆自殺，國除。帝以舅氏故，不極其刑。

【章旨】以上為陰識之弟〈陰興傳〉，著重寫陰興為人，處事忠平，自奉儉約，謙讓知足。

【注釋】❶建武二年　西元二六年。❷期門僕射　即期門郎（平帝時改稱虎賁郎）的教習官。在虎賁中郎將以下，設左右僕射，主管虎賁郎習射，秩比六百石。❸張宗　（？—西元五九年），字諸君，南陽郡魯陽縣（今河南魯山縣）人。王莽時為縣陽泉鄉佐。莽敗，義兵起，張宗率陽泉民三四百人起兵略地，西至長安。更始以其為偏將軍。張宗見更始政亂，乃將家屬安置在安邑（今山西夏縣西北），率兵歸大司徒鄧禹。傳見本書卷三十八。❹上谷鮮于裒　上谷，郡名。治今河北懷來東南。鮮于裒，官至京兆尹。見本書卷四十一。裒，〈倫傳〉作「褒」。❺關內侯　見本書卷三十一〈孔奮列傳〉注。❻觖望　不滿意；抱怨。❼貴人　此指光烈皇后陰麗華，時為貴人。❽亢龍有悔　語出《周易・乾卦》：「上九，亢龍有悔。」亢，極、高、滿之意。悔，指造成悔恨，值得擔心的困厄後果或境地。皆由於只知進而不知退的結果。即物忌太盛，盛極必衰。❾衛尉　官名。始於戰國。漢為九卿之一。掌管宮門警衛。西漢景帝時，改為中大夫令。不久，又復舊名。❿顧命　《尚書・顧命序》：「成王將崩，命召公、畢公率諸侯相康王，作〈顧命〉。」傳曰：「臨終之命曰顧命。」後因稱天子之遺詔為顧命。⓫雲臺廣室　雲臺，漢宮中高臺名，在洛陽南宮。東漢明帝繪中興功臣二十八將於其上。廣室，即廣德殿。李賢注：「洛陽南宮有雲臺廣德殿。」⓬吳漢　見本書卷三十一〈張堪列傳〉注。⓭中郎將　官名。秦置中郎。至西漢分五官、左、右三署，各置中郎將，以統率皇帝的侍衛。東漢以後統兵將領多用此名，其上再加號，如使匈奴中郎將等。⓮長樂衛尉　長樂，漢宮名。故址在今陝西長安西北。本秦興樂宮，漢加增飾，因更名。周圍二十里，內有長信、長秋諸殿，漢初為朝會之所，後為太后所居，謂之東宮，又稱東朝。衛尉，官名。掌宮門屯兵。長樂、建章、甘泉衛尉，皆掌其宮，職略同。⓯周昌　（？—西元前一九二年），沛縣（今屬江蘇）人。西漢大臣。秦時為泗水卒史。秦末歸劉邦，從入關破秦。劉邦為漢王，他任中尉，後為御史大夫，封汾陰侯。「昌為人強力，敢直言」。劉邦欲廢太子，他直言諫止。後為劉邦子趙王劉如意相。如意為呂后所殺，他託病不朝，三年而死。傳見《史記・張丞相列傳》。⓰曾閔　曾，即曾參（西元前五〇五—前四三六年），字子輿，春秋時魯國南武城（今山東費縣）人。孔子弟子。以孝著稱。閔，即閔子騫（西元前五三六－前四八七年），名損，字子騫，春秋時魯國人。孔子弟子。在孔門中以德行和顏淵並稱。孔子讚揚他說：「孝哉閔子騫！人不間於其父母昆弟之言。」即別人對於他父母兄弟稱讚他的話並無異議。見《論語・先進》。⑰汝南　郡名。治今河南上蔡西南。⑱鮦陽　縣名。治今安徽臨泉西之鮦城。⑲建初　東漢章帝劉炟年號，西元七六－八四年。⑳肅宗　章帝廟號。㉑少府　官名。掌山海池澤收入和皇室手工業製造，是皇帝的私府。為九卿之一。㉒酈邑公主　光武帝女。

【語　譯】陰興，字君陵，是光烈皇后的同母弟，為人有很好的體力。光武帝建武二年，陰興為黃門侍郎，署理期門僕射，主管率領武騎，跟隨光武帝征伐，平定各郡國。陰興每次隨光武帝出入，常常手持小傘，為光武帝遮蔽塵土風雨，他自己卻站在泥濘的地方，事事都為期門郎做出表率。光武帝所到之處，陰興即先進入，打掃房舍，甚為光武帝所親近信任。陰興雖然樂善好施，交結賓客，但他門下並沒有俠客。他與同郡張宗、上谷鮮于裒關係不怎麼好，但陰興知道他二人是國家有用的人才，還是稱讚他們的長處，而推薦他們；朋友張汜、杜禽與陰興交情深厚，陰興以為他們華而不實，私下送財物給他們，終究不肯推薦他們。因此世人都認為陰興忠於國家，辦事公平。他住的房舍，大致完整，只能遮蔽風雨。

2 建武九年，陰興升遷為侍中，賜爵關內侯。光武帝後來召見陰興，想加封其官爵，把印綬放在案前，陰興堅決辭讓說：「臣沒有衝鋒陷陣攻城先登的功勞，但一家數人都蒙受爵號、封地，會使天下人抱怨，這確實是太過了。臣受陛下、貴人的恩澤甚為豐厚，富貴已達極點，不能再增加了，臣確實不願再接受爵號和封地。」光武帝嘉讚陰興的禮讓，不強迫改變他的意志。陰貴人問陰興不接受封爵的原因，陰興說：「貴人您不是讀過書嗎？『亢龍有悔。』外戚家苦於不知謙讓，嫁女兒就想嫁給王侯，娶媳婦則盼望得到公主，我的心實在不安。富貴有極限，人應當知足，誇耀奢侈越發為旁觀者所譏笑。」陰貴人聽了陰興的話，有所感悟，深自壓抑，處事謙讓，終究不為自己的宗親求官位。建武十九年，光武帝任命陰興為衛尉，兼輔導皇太子。第二年夏天，光武帝患風眩疾很嚴重，後來命陰興兼領侍中，在雲臺廣室接受顧命。等到光武帝疾病痊癒，乃召見陰興，想讓陰興代吳漢為大司馬。陰興叩頭流淚，堅決辭讓，說：「臣不敢愛惜自己的身體，確實怕有損陛下之盛德，不可苟且冒任大司馬。」陰興的真誠發自內心，感動了左右之人，光武帝於是聽從了陰興的意見。

3 建武二十三年，陰興去世，時年三十九歲。陰興平時與其堂兄陰嵩不和睦，但敬重他的威嚴持重。陰興患病，光武帝親臨問候，向他詢問政事和群臣之能否。陰興叩頭說：「臣愚蠢，不足以知道這些事。但臣知議郎席廣、謁者陰嵩，都通曉經書，品行高尚，超過公卿。」陰興去世後，光武帝思念陰興之言，於是提升席廣為光祿勳，提升陰嵩為中郎將。陰嵩監督羽林軍十餘年，因謹慎勤勞為光武帝所親近。明帝即位，任命陰嵩為長樂衛尉，遷升為執金吾。

4 明帝永平元年下詔說：「前侍中衛尉關內侯陰興，統領禁兵，跟隨光武帝平定天下，應當因軍功顯著受封爵，又按照朕諸舅的事例比照，陰興本應當受到皇家恩澤，封以顯爵，陰興皆堅決辭讓，安心於過里巷之平民生活。他輔導朕本身，有周昌之直；在家仁孝，有曾參、閔子騫的操行。不幸早亡，朕甚悲痛。賢人之子孫，應該加以優異地對待。今以汝南郡之鮦陽縣封陰興子陰慶為鮦陽侯，陰慶弟陰博為濦強侯。」陰博弟陰員、陰丹都為郎官，陰慶將自己的田宅財物完全給與陰員、陰丹。明帝因陰慶禮義謙讓，擢升他為黃門侍郎。陰慶去世，兒子陰琴繼承爵位。章帝建初五年，陰興的夫人去世，章帝派五官中郎將持符節至墓地賜策文，追謚陰興為翼侯。陰琴去世，兒子陰萬全繼承爵位。陰萬全去世，兒子陰桂繼承爵位。

5 陰興的弟弟陰就，繼承他父親的爵位為宣恩侯，後改封為新陽侯。陰就善於談論，朝臣都比不上，但性格剛烈高傲，得不到眾人的讚譽。明帝即位，任命陰就為少府，加官特進。陰就的兒子陰豐娶光武帝女酈邑公主為妻。公主驕妒，陰豐也性情狷急。永平二年，陰豐殺死公主，被誅殺，其父母應當連坐，都自殺，封國被廢除。明帝因為陰就是自己舅父的緣故，不判他們極刑。

陰氏侯者凡四人。初，陰氏世奉管仲之祀，謂為「相君」。宣帝❶時，陰子方❷者，至孝有仁恩，臘日❸晨炊而竈神❹形見，子方再拜受慶。家有黃羊，因以祀之。自是已後，暴至巨富，田有七百餘頃，輿馬僕隸，比於邦君。子方常言「我子孫必將彊大」，至識三世而遂繁昌，故後常以臘日祀竈，而薦黃羊焉。

【章　旨】以上追述一段傳說。陰氏所以「暴至巨富」、「彊大」、「繁昌」，似乎都是竈神的保佑。

【注　釋】❶宣帝　西漢第八帝，名詢，漢武帝曾孫，戾太子劉據之孫。西元前七三—前四九年在位。❷陰子方　子方為陰識曾祖父。見《東觀漢記》。❸臘日　古時陰曆十二月的祭名。漢代以冬至後第三個戌日為「臘日」。《說文．肉部》：「臘，冬至後三戌，祭祀百神。」後改為陰曆十二月初八。❹竈神　又稱「灶君」、「灶王」、「灶王爺」，為民間灶頭供奉之神。關於這位「灶神」的傳說很多，本書李賢注引《雜五行書》：「竈神名禪，字子郭。衣黃衣，夜被髮從竈中出，知其名呼之，可除凶惡。」

【語　譯】陰家受封侯的共有四人。當初，陰家世代供奉祭祀管仲，稱為「相君」。西漢宣帝時的陰子方，為人至孝，有仁恩於人，臘日早晨做飯，見灶神現形，陰子方拜了又拜，接受了灶神的祝福。陰家有黃羊，於是以黃羊祭祀灶神。從此以後，陰家突然成為巨富，有田地七百餘頃，車馬僕隸，可和國君相比。陰子方常說「我的子孫必將強大」，到了陰識三代，於是繁榮昌盛，所以以後常常在臘日祀灶，而獻黃羊於灶神。

贊曰：權族好傾❶，后門多毀❷。樊氏世篤，陰亦戒侈。恂恂❸苗胤❹，傳龜龔紫❺。

【章　旨】作者讚揚外戚樊氏、陰氏戒驕戒侈，謙恭謹慎，故能世世厚富，「傳龜龔紫」。

【注　釋】❶傾　傾覆。❷毀　毀滅。❸恂恂　謙恭謹慎。❹苗胤　後代子孫。❺傳龜襲紫　傳、襲，皆繼承之意。龜，指官印為龜鈕。鈕，即印章上的雕飾，古代用以區分官位的品級。有各種不同的形式，如瓦鈕、環鈕、龜鈕、虎鈕、獅鈕等。紫，繫印的紫色綬帶。

【語　譯】史官評議說：權貴的家族往往容易傾覆，王后的家門亦多被毀滅。樊氏家世世代代厚篤，陰氏家亦戒驕戒侈。他們的後代子孫謙恭謹慎，故能繼承祖先的爵位和封土。

【研　析】本卷的主旨在於讚頌外戚樊氏、陰氏的世厚篤，戒奢侈，謙恭謹慎。這兩家外戚有許多共同特點：其一，他們都是名臣之後。其二，他們在未為外戚之前都已是富豪之家。其三，他們為人都厚篤，「賑贍宗族」，「至孝有仁恩」。其四，他們的官爵不都是單純憑外戚關係得來，有的傾心義軍，有的參與了光武帝建立東漢的東蕩西剿。其五，他們都做到謙恭謹慎，知止、知足。其六，他們都「傳龜襲紫」若干代。現將本卷傳主及樊儵、陰興作一簡要分析。

一、樊宏　光武帝之母舅，他為人「謙柔畏慎，不求苟進」。常戒其子曰：「富貴盈溢，未有能終者。……天道惡滿而好謙，前世貴戚皆明戒也。」這是他總結了歷史教訓，分析了現實人生，所說出的經驗之談。《尚書．大禹謨》曰：「滿招損，謙受益，時乃天道。」樊宏深明其中道理。故其病困時，向光武帝提出：「無功享食大國，誠恐子孫不能保全厚恩，令臣魂神慙負黃泉，願還壽張，食小鄉亭。」觀其朝會先到，俯伏待事，時至乃起，所上便宜及言得失，皆自繕寫，銷毀底稿，公朝訪逮，亦不敢眾對。確有些過於謹小慎微和矯揉造作，其實，他這是做用心良苦，果然影響了他的宗族，使其宗族無犯法者。

二、樊儵　樊宏之子，襲父爵，謹約有父風，治《公羊嚴氏春秋》。其為人處事，一是有遠見，不攀高結貴，清靜自保，故其不為沛王劉輔、楚王劉英之事所牽連。二是秉公理事，不以皇帝的至親而有所迴護。審理廣陵王劉荊一案，敢於面折庭爭，引經據典，堅持己見，明帝無法，唯歎息而已。

三、陰識　光烈皇后之前母兄。他參與義軍，屢有戰功，更始帝封其為陰德侯，行大將軍事。建武二年，光武帝以其征戰有功，欲增封其官爵，陰識叩頭辭讓說：「天下初定，將帥有功者眾，臣託屬掖廷，仍加爵邑，不可以示天下。」他這番話，不僅表現了自己的謙遜辭讓，而且也使光武帝避免了偏私外戚之嫌。故光武帝敬重之。作者如此落筆，無疑是對陰識的肯定。

四、陰興 光烈皇后之弟。作者先說他「為人有膂力」，從征伐，平定郡國之戰功。次說他事光武帝謹慎周到，事事為期門郎做出表率。三說他推薦人才以賢不以親。四說他自奉儉約，「第宅苟完，裁蔽風雨」。五說他謙恭禮讓，不貪得無厭地追求官爵。六說他的行為影響了光烈皇后，使她「深自降挹，卒不為宗親求位」。陰興為外戚中知止知足、謙遜禮讓的典型。「亢龍有悔」，即盛極而衰，亦即物極則反。陰興深明此道理，故以此為其處世之哲學。

作者讚揚了外戚樊氏、陰氏的謙恭謹慎，自奉儉約，知止知足，實為對那些官爵唯恐不高，財富唯恐不多，驕橫跋扈，奢侈無度的外戚的批判。樊宏說：「天道惡滿而好謙。」陰興說：「亢龍有悔。」今天讀來，亦頗能使人從中得到教益和受到啟發。（王明信注譯）

卷三十三

朱馮虞鄭周列傳第二十三

【題解】本卷是朱浮、馮魴、虞延、鄭弘、周章等五人的合傳，另有附傳八人。朱浮等五人都是位至三公的高官，他們的活動時間，都在東漢前半期。朱浮隨光武帝南征北戰；馮魴「聚賓客，招豪桀」以歸順光武；虞延見識卓越，為光武帝所賞識；鄭弘義氣深重，感動了明帝；周章初為郡吏，以孝廉出仕。他們或隨光武帝征戰，或為地方官、京官，都兢兢業業，志在安國利民；陳治政得失，多有裨益，故皆位列三公，有的還封土受爵。這五人雖然官高爵顯，但他們的結局，除馮魴外，都是悲慘的：朱浮被明帝賜死；虞延為外戚陰氏中傷，自殺；鄭弘奏阿附外戚竇憲的貪殘官吏，反為竇憲奏其洩漏密事，章帝即罷了他的官，病死後，褐巾布衣素棺殯殮還鄉里；周章由於不考慮自己的德行、威望和民眾的意向，錯誤地估計形勢，密謀誅殺廢立，事洩，自殺。從本卷中可以看出皇帝「課覈三公」之嚴苛少恩，對外戚還是信任的。

1 朱浮，字叔元，沛國蕭❶人也。初從光武為大司馬主簿❷，遷偏將軍❸，從破邯鄲❹。光武遣吳漢誅更始幽州牧苗曾❺，乃拜浮為大將軍❻幽州牧，守薊城❼，遂討定北邊。建武❽二年，封舞陽侯，食三縣。

2 浮年少有才能，頗欲厲風迹，收士心。辟召州中名宿涿郡王岑❾之屬，以為從事❿，及王莽時故吏二千石⓫，皆引置幕府⓬，乃多發諸郡倉穀，稟贍⓭其妻子。漁陽⓮太守彭寵⓯以為天下未定，師旅方起，不宜多置官屬，以損軍實，不從其令。浮性矜急自多，頗有不平，因以峻文詆之；寵亦佷強⓰，兼負其功，嫌怨轉積。浮密奏寵遣吏迎妻而不迎其母，又受貨賄，殺害友人，多聚兵穀，意計難量。寵既積怨，聞之，遂大怒，而舉兵攻浮。浮以書質責之曰：

3 「蓋⓱聞知者順時而謀，愚者逆理而動，常竊悲京城太叔⓲以不知足而無賢輔，卒自棄於鄭⓳也。

4 「伯通以名字典郡，有佐命之功，臨人親職，愛惜倉庫，而浮秉征伐之任，欲權時救急，二者皆為國耳。即疑浮相譖，何不詣闕自陳，而為族滅之計乎？朝廷之於伯通，恩亦厚矣，委以大郡，任以威武⓴，事有柱石之寄，情同子孫之親。匹夫媵母㉑尚能致命一餐，豈有身帶三綬㉒，職典大邦，而不顧恩義，生心外畔者乎？伯通與吏人語，何以為顏？行步拜起，何以為容？坐臥念之，何以為心？引鏡窺影，何施眉目？舉措建功，何以為人？惜乎棄休令之嘉名，造梟鴟㉓之逆謀，捐傳世之慶祚，招破敗之重灾，高論堯舜㉔之道，不忍桀紂㉕之性，生為世笑，死為愚鬼，不亦哀乎！

5 「伯通與耿俠遊㉖俱起佐命，同被國恩。俠遊謙讓，屢有降挹之言；而伯通自伐，以為功高天下。往時遼東㉗有豕，生子白頭，異而獻之，行至河東㉘，見群豕皆白，懷慙而還。若以子之功論於朝廷，則為遼東豕也。今乃愚妄，自比六國㉙。六國之時，其埶各盛，廓土數千里，勝兵將百萬，故能據國相持，多歷年世。今天下幾㉚里，列郡幾城，柰何以區區漁陽而結怨天子？此猶河濱之人捧土以塞孟津㉛，多見其不知量也！

6 「方今天下適定，海內願安，士無賢不肖，皆樂立名於世。而伯通獨中風狂走，自捐盛時，內聽驕婦之失計，外信讒邪之諛言，長為群后㉜惡法，永為功臣鑒戒，豈不誤哉？定海內者無私讎，勿以前事自誤，願留意顧老母幼弟。凡舉事無為親厚者所痛，而為見讎者所快。」

7 寵得書愈怒，攻浮轉急。明年，涿郡太守張豐亦舉兵反。

8 時二郡㉝畔戾，北州憂恐，浮以為天子必自將兵討之，而但遣游擊將軍㉞鄧隆陰助浮。浮懷懼，以為帝怠於敵，不能救之，乃上疏曰：「昔楚宋㉟列國，俱為諸侯，莊王以宋執其使，遂有投袂之師㊱。魏公子顧朋友之要，觸冒強秦之鋒㊲。夫楚魏非有分職匡正之大義也，莊王但為爭強而發忿，公子以一言而立信耳。今彭寵反畔，張豐逆節，以為陛下必棄捐它事，以時滅之，既歷時月，寂寞無音。從㊳圍城而不救，放逆虜而不討，臣誠惑之。昔高祖聖武，天下既定，猶身自征伐，未嘗寧居。陛下雖興大業，海內未集，而獨逸豫，不顧北垂，百姓遑遑，無所繫心，三河㊴、冀州㊵，曷足以傳後哉？今秋稼已孰，復為漁陽所掠。張豐狂悖，姦黨日增，連年拒守，吏士疲勞，甲胄生蟣蝨，弓弩不得弛㊶，上下燋心，相望救護，仰希陛下生活之恩。」詔報曰：「往年赤眉㊷跋扈長安，吾策其無穀必東，果來歸降。今度此反虜，埶無久全，其中必有內相斬者。今軍資未充，故須後麥耳。」浮城中糧盡，人相食。會上谷太守耿況遣騎來救浮，浮乃得遁走。南至良鄉㊸，其兵長反遮之，浮恐不得脫，乃下馬刺殺其妻，僅以身免，城降於寵。尚書令侯霸㊹奏浮敗亂幽州，構成寵罪，徒勞軍師，不能死節，罪當伏誅。帝不忍，以浮代賈復㊺為執金吾㊻，徙封父城侯。後豐、寵並自敗。

9 帝以二千石長吏多不勝任，時有纖微之過者，必見斥罷，交易紛擾，百姓不寧。六年，有日食之異，浮因上疏曰：「臣聞日者眾陽之所宗，君上之位也。凡居官治民，據郡典縣，皆為陽為上，為尊為長。若陽上不明，尊長不足，則干動三光，垂示王者。五典[47]紀國家之政，鴻範[48]別災異之文，皆宣明天道，以徵來事者也。陛下哀愍海內新離禍毒，保宥生人，使得蘇息。而今牧人之吏，多未稱職，小違理實，輒見斥罷，豈不粲然黑白分明哉！然以堯舜之盛，猶加三考[49]，大漢之興，亦累功效，吏皆積久，養老於官，至名子孫，因為氏姓[50]。當時吏職，何能悉理？論議之徒，豈不諠譁？蓋以為天地之功不可倉卒，艱難之業當累日也。而間者守宰數見換易，迎新相代，疲勞道路。尋其視事日淺，未足昭見其職，既加嚴切，人不自保，各相顧望，無自安之心。有司或因睚眦以騁私怨，苟求長短，求媚上意。二千石及長吏迫於舉劾，懼於刺譏，故爭飾詐偽，以希虛譽。斯皆群陽騷動，日月失行之應。夫物暴長者必夭折，功卒成者必亟壞，如摧長久之業，而造速成之功，非陛下之福也。天下非一時之用也，海內非一旦之功也。願陛下遊意於經年[51]之外，望化於一世[52]之後。天下幸甚。」帝下其議，群臣多同於浮，自是牧守易代頗簡。

舊制，州牧奏二千石長吏不任位者，事皆先下三公[53]，三公遣掾史案驗，然後黜退。帝時用明察，不復委任三府，而權歸刺舉之吏。浮復上疏曰：「陛下清明履約，率禮無違，自宗室諸王、外家后親，皆奉遵繩墨，無黨執之名。至或乘牛車，齊於編人。斯固法令整齊，下無作威者也。求之於事，宜以和平，而災異猶見者，而豈徒然？天道信誠，不可不察。竊見陛下疾往者上威不行，下專國命，即位以來，不用舊典，信刺舉之官，黜鼎輔之任，至於有所劾奏，便加免退，覆案不關三府，罪譴不蒙澄察。陛下以使者[54]為腹心，而使者以從事為耳目，是為尚書[55]之平，決於百石之吏[56]，故群下苛刻，各自為能。兼以私情容長，憎愛在職，皆競張空虛，以要時利，故有罪者心不厭服[57]，無咎者坐被空文，不可經盛衰，貽後王也。夫事積久則吏自重，吏安則人自靜。傳曰：『五年再閏，天道乃備。』[58]夫以天地之靈，猶五載以成其化，況人道哉！臣浮愚戇[59]，不勝惓惓[60]，願陛下留心千里之任[61]，省察偏言之奏。」

11 七年，轉太僕[62]。浮又以國學既興，宜廣博士[63]之選，乃上書曰：「夫太學[64]者，禮義之宮，教化所由興也。陛下尊敬先聖，垂意古典，宮室未飾，干戈未休，而先建太學，進立橫舍[65]，比日車駕親臨觀饗，將以弘時雍[66]之化，顯勉進之功也。尋博士之官，為天下宗師，使孔聖之言傳而不絕。舊事，策試博士，必廣求詳選，爰自畿夏[67]，延及四方，是以博舉明經，唯賢是登，學者精勵，遠近同慕。

伏聞詔書更試五人，唯取見在洛陽城者。臣恐自今以往，將有所失。求之密邇[68]，容或[69]未盡，而四方之學，無所勸樂[70]。凡策試之本，貴得其真，非有期會，不及遠方也。又諸所徵試，皆私自發遣，非有傷費煩擾於事也。語曰：『中國失禮，求之於野[71]。』臣浮幸得與講圖讖[72]，故敢越職。」帝然之。

12 二十年，代竇融[73]為大司空[74]。二十二年，坐賣弄國恩免。二十五年，徙封新息侯。

13 帝以浮陵轢[75]同列，每銜[76]之，惜其功能，不忍加罪。永平[77]中，有人單辭[78]告浮事者，顯宗[79]大怒，賜浮死。長水校尉樊鯈[80]言於帝曰：「唐堯大聖，兆人獲所，尚優遊[81]四凶[82]之獄，厭服海內之心，使天下咸知，然後殛罰。浮事雖昭明，而未達人聽，宜下廷尉，章著其事。」帝亦悔之。

【章　旨】以上為〈朱浮傳〉。旨在寫朱浮居功自傲，光武帝姑息遷就及明帝賜朱浮死的原因。

【注　釋】❶沛國蕭　沛，郡國名。西漢高祖改泗水郡置郡。治今安徽濉溪縣西北。東漢改為國。蕭，縣名。秦置。今安徽北端。❷大司馬主簿　大司馬，官名。西漢武帝罷太尉置大司馬。西漢一朝，常以此官授掌權的外戚，多與大將軍、驃騎將軍、車騎將軍等聯稱。東漢初為三公之一，旋改太尉。末年又別置大司馬。主簿，官名。漢代中央及郡縣官署均置此官。以典領文書，辦理事務。更始元年（西元二三年）九月，更始至洛陽，乃遣光武以破虜將軍行大司馬事，十月，持節北渡河，鎮慰州郡，時朱浮為主簿。❸偏將軍　偏師之將軍。偏師，全軍的一部分，以別於主力。❹破邯鄲　邯鄲，古都邑。西元前三八六年趙敬侯自晉陽徙都於此。秦始皇十九年置郡。治今河北邯鄲。新莽末，邯鄲人王郎自稱為漢成帝之子劉子輿，被西漢宗室劉林和大豪李育等立為漢帝，都邯鄲。不久，劉秀攻破邯鄲，王郎被殺。❺吳漢誅更始幽州牧苗曾　吳漢（？—西元四四年），字子顏，南陽宛（今河南南陽）人。王莽末年，亡命漁陽，以販馬為業。後歸劉秀，為偏將軍。徵發漁陽等郡的騎兵，助劉秀滅王郎，並鎮壓銅馬、重連等農民軍。劉秀即位，任大司馬，封廣平侯。轉戰各地，率軍攻滅割據益州的公孫述。為雲臺二十八將之一。傳見本書卷十八。更始，王莽末年綠林、平林軍所立皇帝劉玄的年號，西元二三—二五年。劉玄（？—西元二五年），字聖公，南陽蔡陽（今湖北棗陽）人。西漢遠支皇族。初參加平林兵，被推為更始將軍。後合於綠林兵，西元二三年稱帝，年號更始。王莽政權消滅後，遷都長安，內部爭逐激烈。更始三年，赤眉軍入長安，他投降，不久被絞死。傳見本書卷十一。幽州，西漢武帝所置「十三刺史部」之一。東漢治所在薊縣。轄境相當今河北北部、遼寧大部及朝鮮大同江流域地。牧，古時治民之官。《尚書・立政》：「宅乃牧。」孔穎達疏：「殷之州牧曰伯，虞、夏及周曰牧。」西漢武帝初置刺史十三人，各州一人，秩六百石。成帝改為牧，秩二千石。東漢光武帝建武元年（西元二五年）復置州牧，十八年罷州牧，復置刺史。東漢末設大行政區，乃升刺史為州牧，位居郡守之上，成為一州的軍政長官，稱「州牧」。苗曾，更始帝任命的幽州牧。吳漢誅更始幽州牧苗曾，「北州震駭，城邑莫不望風弭從。遂悉發其兵，引而南，與光武會清陽」。見本書卷一、卷十八。❻大將軍　官名。始於戰國，漢代沿置，為將軍之最高稱號。執掌統兵征戰，多由貴戚擔任。掌握政權，職位甚高。亦有在大將軍之上冠以稱號者，如驃騎大將軍之類。西漢武帝時以大司馬為大將軍所兼官號。其後霍光、王鳳均以大司馬大將軍預聞政事。❼薊城　幽州牧治所，今北京市區西南。❽建武　東漢光武帝年號，西元二五—五六年。❾涿郡王岑　涿郡，西漢高祖置。治今河北涿州。王岑，唐李賢注：「岑後為梁州牧。」❿從事　官名。漢以後三公及州郡長官自辟僚屬，多以從事為稱。如從事史、從事中郎、別駕從事、治中從事之類。⓫二千石　漢代內自九卿郎將，外至郡守的俸祿等級都是二千石。二千石分三等：中二千石、二千石、比二千石。中二千石，月得一百八十斛；中者，滿也。二千石，月得一百二十斛。比二千石，月得一百斛。東漢二千石稱真二千石。後因稱郎將、郡守和知府為二千石。⓬幕府　本指將帥的營帳，後來泛指軍政大吏的府署。⓭稟贍　賜予穀物，贍養他們。⓮漁陽　郡名。戰國燕置。秦漢治今北京密雲西南。⓯彭寵　（？—西元二九年），字伯通，南陽宛人。父為漁陽太守，以不附王莽遇害。彭寵少為郡吏，王莽地皇年間為大司空士。後逃至漁陽，更始拜彭寵為偏將軍，行漁陽太守。東漢光武帝鎮撫河北，封彭寵為建忠侯，賜號大將軍。傳見本書卷十二。⓰佷強　兇狠強橫。佷，同「很」。狠戾。⓱蓋　語氣詞，多用於句首。⓲京城太叔　春秋時鄭武公子，鄭莊公弟，即共叔段。《左傳・隱公元年》：鄭武公夫人武姜生莊公及共叔段，武姜愛共叔段，數請武公立共叔段為太子，武公不許。及莊公即位，武姜為共叔段請京（今河南滎陽東南）使居之，謂之京城太叔。由於段出奔共，後遂稱其為共叔段。⑲鄭　西周宣王所封之諸侯國。姬姓。開國之君為周宣王弟鄭桓公。周宣王二二年（西元前八〇六年）封於鄭（今陝西華縣東）。周幽王時，鄭桓公見西周將亡，乃將財產、部族、家屬遷徙於東虢和鄶之間。東虢與鄶獻十邑與鄭桓公。鄭桓公為周幽王司徒，犬戎攻幽王，殺幽王於驪山之下，並殺鄭桓公。桓公子武公即位，先後攻滅鄶和東虢，建都於新鄭（今河南新鄭）。武公、莊公相繼為周平王卿士，春秋初年為強國。後漸衰弱，西元前三七五年為韓所滅。⑳任以威武　李賢注：「光武賜寵號大將軍，故云『任以威武』。」㉑縢母　普通的婦女。㉒身帶三綬　李賢注：「寵為漁陽太守、建忠侯、大將軍，故帶三綬。」綬，即綬帶。古代用以繫官印等物的絲帶。㉓梟鴟　即貓頭鷹。舊時以為是不孝之物，先食母而後飛。以喻不孝之子與逆臣。㉔堯舜　唐堯和虞舜的並稱。事見《史記・五帝本紀》。㉕桀紂　夏桀與商紂的並稱，都是古代荒淫殘虐的暴君。夏桀，夏朝最後的一個君主，名履癸。「桀不務德而武傷百姓」，百姓弗堪，諸侯背叛。商湯修德，諸侯皆歸湯。湯伐夏桀，桀敗，商湯放之於南巢（今安徽巢湖西南），後桀死於南巢，夏亡。紂，商朝最後的一個君主，名受，又稱帝辛，史稱紂王。商紂荒淫無道，「以酒為池，縣肉為林」，「為長夜之飲」；重刑辟，殺無辜，眾叛親離。周武王伐紂，戰於牧野（今河南淇縣西南），商紂大敗，倉惶逃入朝歌（今河南淇縣），登上鹿臺，自焚而死，商亡。㉖耿俠遊　名況，字俠遊，為上谷太守，當初與彭寵結謀共歸光武。事見本書卷十二。㉗遼東　郡名。戰國燕置。治今遼寧遼陽。㉘河東　郡名。秦置。治今山西夏縣西北。㉙六國　即戰國時齊、楚、燕、趙、魏、韓六國。時彭寵自立為燕王、公孫述稱王於蜀、李憲自立為淮南王、秦豐自號楚黎王、張步起琅邪、董憲起東海等等。故彭寵自比六國之時。㉚幾　表示數量不少。㉛孟津　古黃河津渡名。今河南孟津東北、孟州西南。㉜群后　四方諸侯及九州牧伯。亦泛指公卿。《文選・張衡・東京賦》：「於是孟春元日，群后旁戾。」李善注：「群后，公卿之徒也。」㉝二郡　指漁陽郡、涿郡。㉞游擊將軍　官名。西漢武帝置。初以蘇建、韓說為之。為雜號將軍。後歷代沿置為武散官。㉟楚宋　楚，西周成王所封之諸侯國。芈姓，始祖為鬻熊。《史記・楚世家》：「楚之先出自帝顓頊。」其後代鬻熊事周文王。鬻熊之曾孫熊繹，周成王封之於楚蠻，「封以子男之田，居丹陽」。至熊渠為國君時，疆土擴大至長江中游。後建都於郢（今湖北荊州北）。戰國時，屢次為秦所敗，西元前二二三年為秦所滅。宋，西周初封之諸侯國，子姓，開國之君是商紂的庶兄微子啟。周公平定商紂子武庚叛亂之後，把商舊都周圍的地區封給微子啟，國號宋，建都於商丘。有今河南東部和今山東、江蘇、安徽間地。㊱莊王以宋執其使二句　莊王，即楚莊王（？—西元前五九一年），名侶。春秋時楚國國君，穆王子。西元前六一三—前五九一年在位。曾整頓內政，興修水利。陸續使魯、鄭、陳等國歸附，成為霸主。宋執其使事：楚莊王十九年（西元前五九五年），派申舟使於齊，莊王告申舟曰：「無假道於宋。」（楚使齊，要經過宋國，不請求向宋國借道，直接從宋國通過至齊）宋以楚輕己，殺楚使申舟。楚莊王聞知，投袂（即甩衣袖，形容發怒）而起，遂發兵圍宋。㊲魏公子顧朋友之要二句　魏公子，名無忌，魏昭王少子，安釐王異母弟。安釐王即位，封無忌為信陵君。為戰國四公子之一。信陵君為人「仁而下士，士無賢不肖皆謙而禮交之，不敢以其富貴驕士」。門下有食客三千，以賢有聞於諸侯。信陵君矯魏王命奪晉鄙軍，擊秦，解邯鄲之圍。事見《史記・魏公子列傳》。顧，顧念。朋友，指平原君趙勝。要，請求。㊳從　同「縱」。任：聽憑。㊴三河　漢人稱河東、河內、河南三郡為「三河」。河內，郡名。楚漢之際置。治今河南武陟西南。河南，郡名。西漢高祖二年（西元前二〇五年）改秦三川郡置。治今河南洛陽東北。㊵冀州　州名。西漢武帝時置「十三刺史部」之一。治今河北柏鄉北。㊶㢮　同「弛」。放下。㊷赤眉　王莽末年的農民軍。王莽篡漢後，進行所謂「改制」，使廣大農民遭到深重的苦難。天鳳五年（西元一八年），青、徐（今山東東部和江蘇北部）一帶發生災荒，琅邪（今山東諸城）人樊崇在莒縣（今屬山東）暴動，逢安、謝祿等起兵響應，聚眾數萬人。約定「殺人者死，傷人者償創」。因用赤色染眉作標識，故稱「赤眉軍」。㊸良鄉　本春秋燕中都地，漢為良鄉縣。屬涿郡。治今北京房山區東南。㊹尚書令侯霸　尚書令，官名。始於秦，西漢沿置。本為少府屬官，掌章奏文書。漢武帝以後，職權漸重，成為直接對皇帝負責總攬一切政令的首腦。侯霸（？—西元三七年），字君房，河南密縣（今河南新密）人。曾師事九江太守房元，治《穀梁春秋》。新莽時，任淮平大尹。東漢初，為尚書令。他熟知舊制，收錄遺文，條奏前代法令制度，多被採行。傳見本書卷二十六。㊺賈復　（？—西元五五年），字君文，南陽冠軍（今河南鄧州）人。少好學，習《尚書》，事舞陽李生。為人剛毅，方直多大節。為雲臺二十八將之一。傳見本書卷十七。㊻執金吾　官名。金吾為兩端塗金的銅棒，此官執之以示權威。一說「吾」為「禦」，謂執金以禦非常。另一說金吾為鳥名，主辟不祥。西漢武帝時改中尉為執金吾，為督巡三輔治安的長官。東漢沿置。㊼五典　《詩》、《書》、《易》、《禮》、《春秋》五種儒家經典。㊽鴻範　李賢注：「〈鴻範〉，《尚書》篇名，箕子為武王陳政道陰陽之法。災異即咎徵之類也。」按：由上下文看，此《鴻範》應為西漢劉向的《洪範五行傳》。該書共十一篇，以上古至春秋戰國秦漢之各種變異，分列條目，附會為朝政、人事禍福的徵兆，認為發生自然災害就是上天對人的一種警告和懲罰。宣揚「天人感應」說和讖緯神學。書已佚，其基本內容保存於《漢書・五行志》中。㊾三考　意謂三年一次考察官吏政績，經過三次考察，根據考察的成績，分別黜退幽（劣）者，提升明（優）者。李賢注：「考，謂考其功最也。《尚書・舜典》：『三載考績，三考黜陟幽明』也。」㊿吏皆積久四句　意謂：官吏由於長期任職，久不調動，眼看著自己的子孫長大；又由於居官長久，子孫們便以其官職作為自己的姓氏和名號。《史記・平準書》：「為吏者長子孫，居官者以為姓號。」(51)經年　較長的時間。(52)一世　三十年。(53)三公　周代三公有兩說。一說，司馬、司徒、司空為三公。一說，太師、太傅、太保為三公。西漢時以丞相（大司徒）、太尉（大司馬）、御史大夫（大司空）合稱三公。東漢時以太尉、司徒、司空合稱三公。又稱「三司」、「三府」。(54)使者　指刺史。(55)尚書　官名。始置於戰國時，或稱掌書。秦為少府屬官。西漢武帝提高皇權，因尚書在皇帝周圍辦事，掌管文書奏章，地位逐漸重要。成帝時設尚書五人，開始分曹辦事。東漢正式成為協助皇帝處理政務的官員，從此三公權力大為削弱。(56)百石之吏　李賢注引《續漢志》：「每州有從事，秩百石。」(57)厭服　信服；心服。(58)傳曰三句　傳，指《周易・繫辭上》。《繫辭上》：「五歲再閏。」即五年要置兩個閏月。這樣才能調整過來陰曆（實際上是陰陽曆）一年所剩餘的時間。閏，餘也。陰曆以朔望月的長度為二九・五三〇六日為一個月的平均值，全年十二個月為三五四或三五五日，同回歸年三六五・二四二二日相差約十日二十一時，故須置閏，即三年閏一個月，五年閏二個月，十九年閏七個月。每逢閏年所加的一個月稱「閏月」，閏月加在某月之後稱「閏某月」。商朝是把閏月加在年末，故甲骨卜辭中常見有十三月。(59)愚戇　愚笨戇直。用作自謙之辭。(60)惓惓　懇切。(61)千里之任　指郡守。(62)太僕　官名。始置於春秋時。秦漢沿置，掌皇帝的車馬和馬政，漢為九卿之一，秩中二千石。(63)博士　中國古代學官名，源於戰國。掌古今史事，備顧問及書籍典守。《漢書・百官公卿表》：「博士，秦官，掌通古今。」西漢武帝時，用公孫弘議，設《五經》博士，置弟子員，自後博士專掌經學傳授，有別於漢初之博士。(64)太學　中國古代的大學。西周已有太學之名。西漢武帝元朔五年設《五經》博士，弟子五十人，為西漢太學建立之始。東漢太學大為發展，質帝時，太學生達三萬人。(65)橫舍　學校的校舍。橫，同「黌」。(66)時雍　時世太平。(67)畿夏　古時以京畿為中心的我國中原地區。(68)密邇　貼近；靠近。(69)容或　或許；也許。(70)懽樂　歡樂。(71)中國失禮二句　京城中做事失禮，可去民間看看，必有收穫。中國，京城。野，鄉下；民間。《詩・烝民》：「惠此中國，以綏四方。」《毛傳》曰：「中國，京師也。」《漢書・藝文志》引孔子語：「禮失而求諸野。」顏師古注：「言都邑失禮，則於外野求之，亦將有獲。」(72)圖讖　即「讖書」。是巫師或方士製作的一種隱語或預言，作為吉凶的符驗或徵兆。(73)竇融　（西元前一六－西元六二年），字周公，扶風平陵（今陝西咸陽）人。累世為河西官吏。新莽末，為波水將軍，繼降劉玄（更始帝），任張掖屬國都尉。後歸劉秀，協助攻破隗囂，封安豐侯，任大司空。傳見本書卷二十三。(74)大司空　官名。為三公之一。詳見本書〈百官志〉。(75)陵轢　欺壓；欺蔑。陵，一作「淩」。(76)銜　有所恨怒，蓄而不發曰「銜」。(77)永平　東漢明帝年號，西元五八－七五年。(78)單辭　沒有對證的單方面言詞。(79)顯宗　明帝廟號。(80)長水校尉樊

儵　長水校尉，官名。為西漢武帝所置京師屯兵八校尉之一。詳見《漢書・百官公卿表》。樊儵（？—西元六七年），字長魚，南陽湖陽人。光武帝母舅樊宏之子。襲父爵為壽張侯（後改封燕侯）。樊儵習《公羊嚴氏春秋》。為人不攀高結貴，清靜自保，處事正直，敢於面折庭爭。卒謚哀侯。傳見本書卷三十二。(81)優遊　猶豫不決。引申為慎重處理事情。(82)四凶　謂驩兜、共工、三苗、鯀。據《史記・五帝本紀》：驩兜為堯時大臣，「掩義隱賊，好行凶慝」。共工，堯時的工師，「貌似恭敬而罪惡漫天」。三苗，古代部族，常在江淮荊一帶作亂。鯀，堯時大臣，黃帝之孫，顓頊之子，禹之父，封為崇（今河南嵩山一帶）伯。堯命鯀治水，「鯀好違抗命令，毀敗善類」，治水九年無功。舜攝政時，將四凶的情況向堯作了彙報，建議懲治四凶，堯同意。舜乃「流共工於幽陵」，「放驩兜於崇山」，「遷三苗於三危」，「殛鯀於羽山」。舜懲治四凶，天下稱快。

【語譯】 朱浮，字叔元，沛國蕭縣人。當初，他跟隨光武帝，為大司馬主簿，升為偏將軍，隨光武帝攻破邯鄲。光武帝派遣吳漢誅殺更始的幽州牧苗曾後，便任命朱浮為大將軍幽州牧，駐守薊城。朱浮於是在北方邊境征戰討伐，安定了北邊。建武二年，封朱浮為舞陽侯，享受三縣的租稅。

2 朱浮年少有才能，頗想振奮社會風氣，收士人之心。因此他徵召州中有名氣、聲望高的涿郡人王岑等為州從事，又把王莽時的故吏二千石延請過來，安置在他的幕府之內，並打開諸郡糧倉，把糧食發放給他們的妻子兒女。漁陽太守彭寵認為天下尚未安定，戰事方興未艾，不宜多置屬官，以損耗軍需物資，因此，不聽從朱浮的命令。朱浮性格高傲急躁而又自滿，內心頗有不平，因此用嚴厲的文詞詆毀彭寵；而彭寵也是乖戾強橫，並且自負有功，因此二人積怨頗深。朱浮暗中上書朝廷，劾奏彭寵派遣人員迎接其妻而不迎接其母，又接受賄賂財物，殺害朋友，多聚兵馬糧草，居心叵測。彭寵本來就對朱浮有積怨，聽說朱浮對自己暗進讒言，大怒，舉兵攻打朱浮。朱浮寫信質問責備彭寵，信中說：

3 「我聽說聰明的人順應時代的發展而謀劃，愚蠢的人違背常理而行動，因此我常常暗自悲歎京城太叔因不知足而又沒有賢能的人輔佐，終於自絕於鄭國。

4 「伯通您以德高望重之名典守一郡，有輔佐皇帝之功，治理百姓，忠於職守，愛惜糧餉，而朱浮我肩負征伐大任，想權衡天下形勢，以救國家之危急，雙方都是為了國家的利益。您既懷疑我讒害於您，為何不親自上朝廷向皇帝陳述您的忠直行為，反而去做招致滅族之禍的事呢？朝廷對於您，恩德可謂厚重，把大郡交給您治理，委任您為大將軍，把您當做了國家的柱石，和您的感情，如同子孫一樣親厚。匹夫匹婦為了一飯之恩尚且能拼命保護恩主，哪裡有身披三項職務的印綬，執掌大郡，反而不顧念國家對自己的恩惠和自己對國家應盡的忠義，而心生背叛的道理呢？您這樣做，和屬吏人員言談有什麼臉面？行步拜起，難道不覺得厚顏？坐臥考慮這些問題的時候，怎能心安理得？對鏡照影，怎麼不覺得羞恥？人生於世之一舉一動，皆為建立功業，像這樣，如何做人？真是可惜，您拋棄了善美的嘉名，做出如同梟鴟一樣的事情，捐棄傳世之福祚，招致破敗之重災，口頭上高談堯舜之道，實際上不能抑制桀紂之性，活著為世人所嘲笑，死後也是一個愚鬼，不是很可悲的嗎！

5 「您與耿俠遊同起輔佐朝廷，俱受國恩。耿俠遊謙遜禮讓，常有自貶之言詞；而您卻自我誇耀，以為功高天下。從前，遼東有人養了一口豬，生下一隻白頭小豬，他覺得很奇異，想把牠獻給皇帝。當他走到河東時，見眾多的豬都是白的，於是心懷慚愧，返回遼東。如果把您的功勞拿到朝廷論列一番，只不過和遼東豬一樣罷了。現在您居然愚妄地把自己比做六國。六國之時，各國都很強盛，國土數千里，強兵將近百萬，所以各國都能依靠自己國家的堅強勢力相持，經歷多年。現在天下甚大，郡城眾多，怎麼能夠以小小的漁陽與天子結怨呢？這好比河濱之人，捧土以堵塞孟津，足以見他不自量力！

6 「現在天下剛剛安定，海內之人都希望從此天下太平，士人無論賢與不賢，皆樂於立功名於世。只有您伯通中風狂走，自己捐棄盛世，內聽驕婦錯誤的計策，外信讒邪小人的誤言，長期為百官的壞典型，永遠是功臣的鑑戒，您之所為，難道不是錯誤的嗎？安定天下的人是沒有私仇的，我希望您不要因以前的事一誤再誤，希望您多關心顧念您的老母和幼弟。凡做事不要為親者痛而為仇者快。」

7 彭寵得到朱浮的信，更加憤怒，加緊進攻朱浮。次年，涿郡太守張豐也舉兵反叛。

8 當時由於漁陽、涿郡反叛，北方憂懼，朱浮認為光武帝一定會親自帶兵征討二叛郡，不料光武帝只派遣游擊將軍鄧隆暗中幫助朱浮。朱浮心中恐懼，認為光武帝對敵人不重視，不能解救北方的危急，於是上疏朝廷說：「從前，楚、宋二國，都是列國諸侯，楚莊王因為宋國拘執了他的使者，於是憤然甩袖，出兵攻打宋國。魏國公子顧念朋友的請求，敢於觸冒強秦的鋒芒。楚國、魏國沒有責任去匡正天下之大義，楚莊王只是為爭強而發怒，魏公子只是因一言而立信罷了。現在彭寵反叛，張豐背國，有失臣節，臣以為陛下一定會放下其他事情，及時發兵消滅他們，但經過了這麼長的時日，還是寂寞無消息。聽任他們圍城卻不急救，放任反賊而不去征討，臣確實迷惑不解。從前高祖聖明神武，天下平定以後，還親自征伐，未曾安居。陛下雖興造大業，但海內尚未安定，而獨逸樂，不顧及北方邊陲，百姓恐惶不安，心無所依，三河、冀州如何能夠留給後人呢？現在秋糧已熟，又被漁陽所搶掠。張豐狂妄悖亂，奸黨日增，連年據守，吏士疲勞，甲冑皆生蟣蝨，弓弩不能放下，上下焦心，盼望救護，希望陛下降全活之恩。」詔書回覆說：「往年赤眉跋扈於長安，我思量他們沒有糧食時必然東來，果然他們來向我投降。現在我估計這些反賊，就目前形勢看，他們不能長久安全，其中一定會有自相殘殺者。現在軍隊糧草不足，所以必須等待麥收之後再考慮發兵的問題。」朱浮城中糧草已盡，人相食。恰巧上谷太守耿況派騎兵來救朱浮，朱浮才得逃走。南至良鄉，他的兵士首領反而攔截他，朱浮恐怕不得逃脫，於是下馬刺殺自己的妻子，僅自身得免於死，薊城歸降於彭寵。尚書令侯霸奏稱朱浮敗亂幽州，造成彭寵的反叛之罪，徒勞軍師，又不能保全臣節而死，罪當受誅。光武帝不忍心加罪於朱浮，於是乃以朱浮代賈復為執金吾。徙封父城侯。後張豐、彭寵都自敗滅亡。

9 光武帝因為二千石長吏多不勝任其職，偶有細小的過失，一定被斥退罷免，任命罷免交替紛擾，百姓不安。建武六年，有日蝕的異常現象，朱浮於是上疏說：「臣聽說日為眾陽所宗，是君上之位的象徵。凡是居官治民，典守郡縣，都是以陽為上，為尊為長。如果陽上不明，尊長不足，則冒犯了日月星三光，三光就要顯示徵兆以警告王者。《詩》、《書》、《易》、《禮》、《春秋》五部經典記載國家的大政方針，《鴻範》又是分類記述災異之文，這些都是宣明天道，以驗證將來的事情。陛下憐憫天下百姓新遭禍毒，保護寬待百姓，使百姓得以休養生息。而現在治理百姓的官員，多不稱職，稍有違背事理，動不動就要斥退罷免，這難道不是有目共睹清楚明白的事嗎！然而以堯舜的聖明，對官員還是三載考績，漢朝初興時，也是積德累功，為官者皆時間長久，養老於官，以至於子孫皆以其先輩官職的名稱以為姓氏和名號。當時吏職，如何能治理所有的事情？好議論之人，難道能閉口不言嗎？因為天地之功不可於倉猝之間成就，艱難之業當積累時日才能完成。而近來守宰多被易換，迎新送舊，疲勞於道路之上。原因是他們治事時間短少，不能夠明顯看到他們的治績，又加上嚴切督察，吏人不能自保，互相觀望，沒有自安之心。有關官員或因為微小的仇怨而藉機報私恨，隨便責其長短，以迎合皇上之意。二千石及長吏迫於檢舉彈劾，懼人譏刺，因此爭相矯飾詐偽，希望得到浮虛的名譽。這些都是眾陽騷動不安，日月不能正常運行的兆應。任何事物生長得太快，一定會夭折，功業倉猝而成，一定會很快敗壞，如果摧毀長久之業，而造就速成之功，此非陛下之福。天下不是一時就能治理好，國家也不是一旦之功所能安定的。臣希望陛下留意於較長時間的效用，希望教化的效果見之於一世之後，天下就幸運得很。」光武帝把朱浮的奏章讓群臣討論，群臣大多同意朱浮的意見，從此以後，州郡牧守易換就很少了。

10 過去規定，州牧奏報二千石長吏不稱職的，事先交三公處理，三公派遣辦事人員查驗屬實，然後黜退。當時光武帝自恃明察，不再委任三公，而將此權歸之於州牧。朱浮又上疏說：「陛下清明，履行法制，遵循禮法無所違背，宗室諸王及外親后家，都遵守國家法令，沒有倚仗權勢結黨營私的人。甚至有人還乘牛車，和普通百姓相同。這固然是陛下法律嚴明，使下面沒有作威作福的事情發生。按照事理，國家應該太平，但是現在災異仍不斷出現，這難道是沒有原因的嗎？天道誠信，不可以不考察一下為什麼會有災異發生。臣暗自觀察到陛下痛恨以前皇帝的威嚴不能施行，宦官黨朋專擅國家大政，因此陛下自即位以來，不採用舊的制度，信用州牧，不信任三公，只要州牧彈劾二千石長吏不稱職，就馬上把這些所謂不稱職的二千石長吏罷免黜退，不通過三公來複查州牧所彈劾的事情是否屬實，被彈劾者的罪名也得不到澄清。陛下以州牧為心腹，而州牧也只以自己的從事為耳目，這樣做，實際上是把本來由尚書考察評決百官的權力，取決於州從事。所以群臣百官以苛刻為能事，加上個人私情的存在和增長，憎愛出自在位的官職，致使百官都競相誇張實際上並不存在的問題，來追求自己一時的利益，因此，有罪的人內心並不服氣，使沒有過錯的官員無端受到空文的連累。現在這種作法，臣以為是經不起歷史考驗的，也是不可以遺法後王的。臣認為二千石長吏，在一地任職長久，他就會愛惜自己的名聲，官吏安定，百姓亦相安無事。《易傳》說：『五年再閏，天道乃備。』以天地這樣的神靈，它的變化還要五年才能完成，何況人間的事情呢！臣朱浮愚笨戇直，但臣誠懇地願陛下注意一下二千石長吏的任職情況，對州牧的偏言之奏應嚴加省察。」

11 建武七年，朱浮轉為太僕。朱浮又認為既然國學已經建立起來，就應該擴大博士的名額，於是上書說：「太學是禮義之宮，是國家教化所憑以興起的地方。陛下尊敬前代聖人，留意古代的典籍，在沒有裝飾宮室，戰爭還沒有停止的情況下，先建立太學，增建學舍，連日駕臨太學觀看祭饗，目的是以此來弘揚國家太平之教化，發揚學校造就人才之作用。臣以為博士之官，是天下宗師，使孔子的教化傳之不絕。以前的制度，策試博士，一定要廣泛徵求詳細察選，從中央所在地，直到天下四方，這樣才能博舉明經之人，唯賢是取，使天下學者精勤奮勉，遠近慕風向化。臣聽說陛下下詔要再選試博士五人，只取現時住在洛陽城的人。臣恐怕從今以後選拔人才會有所失。從近處訪求明經博學的人，恐怕不能把全部有學問的人包括進來，更擔心四方的士子得不到鼓勵。大凡對士人考試的根本，貴在得到真正明經博學的人，不應該規定期限，不應該不把遠方的人才包括進來。另外，凡應徵參加考試的人，都是自費來到京城，沒有傷耗國家費用和煩擾公事的事情。古語說：『京城做事失禮，可去民間看看，定有收穫。』臣有幸能夠與陛下共講圖讖，所以才敢越職來談論這件事。」光武帝認為朱浮的上奏是正確的。

12 建武二十年，朱浮代竇融為大司空。二十二年，朱浮因為賣弄國恩被免職。二十五年，改封朱浮為新息侯。

13 光武帝因為朱浮欺蔑同事，時常痛恨朱浮，但憐惜他有功勞和才能，不忍心對他加罪。明帝永平年間，有人憑空告發朱浮，明帝大怒，賜朱浮死。長水校尉樊鯈對明帝說：「唐堯是大聖大德的帝王，天下百姓都各得其所，其對驩兜、共工、三苗、鯀四凶的案子，還是慎重處置，使天下人心大服，共知四凶的罪惡，然後唐堯才對他們施行誅罰。朱浮的事情雖然很清楚明白，但未使人們知曉，臣以為應該把他的案情交廷尉查對清楚，公布其事。」明帝聽了，也後悔對朱浮事的處置。

論曰：吳起與田文論功，文不及者三❶，朱買臣難公孫弘十策❷，弘不得其一，終之田文相魏，公孫宰漢，誠知宰相自有體也。故曾子曰：「君子所貴乎道者三，籩豆之事則有司存❸。」而光武、明帝躬好吏事，亦以課覈❹三公，其人或失而其禮稍薄，至有誅斥詰辱之累。任職責過，一至於此，追感賈生之論❺，不亦篤乎？朱浮譏諷苛察欲速之弊，然矣，焉得長者之言哉❻！

【章旨】作者以「宰相自有體」及曾子之言，譏光武帝、明帝對三公的課核嚴苛少恩。後歎朱浮以無長者進言，以致釀成賜死的悲劇。

【注釋】❶吳起與田文二句　吳起（？—西元前三八一年），衛國（周朝諸侯國名。始封之君為周武王弟康叔。衛國地有今河北南部和河南北部一帶，建都朝歌，在今河南淇縣東北。當時為大國，後逐漸弱小，成為秦的附庸。西元前二〇九年，秦二世廢衛君，國滅。見《史記・衛康叔世家》）人。戰國初年政治家、軍事家，他曾是曾參的學生。善用兵，為魯將，大破齊軍。後遭讒去魯至魏，魏文侯以為將，擊秦，拔五城。被任命為魏西河郡守，甚有名聲。魏武侯以田文為相，吳起不悅，謂田文曰：「請與子論功，可乎？」文曰：「可。」起曰：「將三軍，使士卒樂死，敵國不敢謀，子孰與起？」文曰：「不如子。」起曰：「治百官，親萬民，實府庫，子孰與起？」文曰：「不如子。」起曰：「守西河而秦不敢東鄉，韓趙賓從，子孰與起？」文曰：「不如子。」起曰：「此三者，子皆出吾下，而位加吾上，何也？」文曰：「主少國疑，大臣未附，百姓不信，方是之時，屬之於子乎？屬之於我乎？」吳起默然良久，曰：「屬之子矣。」文曰：「此乃吾所以居之子上也。」吳起乃自知弗如田文。事見《史記・孫子吳起列傳》。❷朱買臣難公孫弘十策　朱買臣（？—西元前一一五年），字翁子，吳

（今江蘇蘇州）人。家貧，好讀書。武帝時，為上計吏卒，將重車至長安。邑人嚴助為中大夫，薦朱買臣於武帝，召見，說《春秋》、《楚辭》，武帝甚悅，拜朱買臣為中大夫，與嚴助俱為侍中。是時，通西南夷，築朔方郡，公孫弘數諫，於是武帝乃使朱買臣等就置朔方郡有利一事，駁難公孫弘，提了十個問題，公孫弘一個也回答不出。後朱買臣為會稽太守，將兵與橫海將軍韓說等擊破東越，有功。徵入為主爵都尉。坐事免，復為丞相長史。後因告御史大夫張湯陰事，張湯自殺，武帝亦誅朱買臣。事見《漢書・朱買臣傳》。公孫弘（西元前二〇〇―前一二一年），字季，淄川國薛縣（今山東滕州南）人。西漢大臣。少為縣吏，免職歸家，牧豕海上。年四十餘，始治《春秋》雜說，以公羊學為長。公孫弘為人「意忌，外寬內深」，「恢奇多聞，每朝會議，不肯面折庭爭，習文法吏事，又緣飾以儒術」，因此為漢武帝所賞識。傳見《史記・平津侯主父列傳》、《漢書・公孫弘傳》。❸曾子曰三句　曾子，即曾參。君子所貴乎道者三，意謂：君子待人接物所應該注重的行為有三個方面，即：「動容貌，斯遠暴慢矣；正顏色，斯近信矣；出辭氣，斯遠鄙倍矣。」意謂：嚴肅自己的容貌，就可以避免別人對自己粗暴和懈怠；端正自己的臉色，就容易使別人相信自己；說話考慮言詞和聲調，就可以避免鄙陋粗野和錯誤。籩豆之事，即禮儀中的細節。籩，古代的一種竹器，高腳，上面圓口，祭祀時用以盛果實等食品。豆，古代一種像籩一樣的器皿。木料製作，有蓋，祭祀時用以盛有湯汁的食物。有司，主管其事的有關官吏。存，主管。見《論語・泰伯》。❹課覈　考核。覈，同「核」。❺賈生之論　賈生，即賈誼（西元前二〇〇―前一六八年），洛陽（今河南洛陽）人，西漢政論家、文學家。十八歲時以能誦讀詩書，善寫文章，為人所稱譽。廷尉吳公薦之於漢文帝，任為博士。不久，遷太中大夫，為大臣周勃、灌嬰等人所排擠，出為長沙王太傅。後又為梁懷王太傅。數年，梁懷王墮馬而死，賈誼自傷「為傅無狀」，哭泣歲餘，亦死。時年三十三歲。他曾多次上疏，批評時政。建議削弱諸侯王的勢力，鞏固中央集權；主張重農抑商；力主抗擊匈奴等。傳見《史記・屈原賈生列傳》、《漢書・賈誼傳》。賈生之論，李賢注引「賈誼曰：『廉恥禮節以繩君子，故有賜死而無戮辱，是以黥劓之罪不及大夫，以其離主上不遠也。』」❻焉得長者之言哉　《後漢書集解校補》引周壽昌：「此惜浮之明於料事，而不能保身也。」即無長者為之進言，使朱浮保持謙遜揖讓的態度。而朱浮卻居功自傲，凌轢同列，以致釀成賜死的悲劇。王先謙謂：「焉得者，謂不能得。」長者，德高望重的人。

【語　譯】史家評論說：吳起與田文論功，田文比不上吳起的地方有三，朱買臣發十策向公孫弘問難，公孫弘一條也答不上來，然而最終田文為魏國相，公孫弘為漢武帝丞相，從這兩件事中，的確看到宰相自有宰相的體度。所以曾子說：「君子所重視的事理有三，即：動容貌，正顏色，出辭氣。至於禮儀中的細節則有專門官吏去主管。」而光武帝、明帝自己喜歡做那些本來應屬於吏員職分的事，也以此考核三公的優劣得失，三公中有的人稍微有點小過失，而皇帝對他們的禮遇也漸漸輕淡，以至於有被責斥受屈辱的憂患。任用他們來為國家做事，又責難他們的細小過失，竟然到了這種地步。追思賈誼不辱大臣的議論，不是很有道理的嗎？朱浮譏諷皇帝苛察欲速的弊端，是很對的，從哪裡能得到長者之言呢！

1 馮魴，字孝孫，南陽湖陽❶人也。其先魏之支別，食菜馮城❷，因以氏焉。秦滅魏❸，遷于湖陽，為郡族姓。

2 王莽末，四方潰畔，魴乃聚賓客，招豪桀，作營壍，以待所歸。是時湖陽大姓虞都尉反城稱兵，先與同縣申屠季有仇，而殺其兄，謀滅季族。季亡歸魴，魴將季欲還其營，道逢都尉從弟❹長卿來，欲執季。魴叱長卿曰：「我與季雖無素故，士窮相歸，要當以死任之，卿為何言？」遂與俱歸。季謝曰：「蒙恩得全，死無以為報，有牛馬財物，願悉獻之。」魴作色曰：「吾老親弱弟皆在賊城中，今日相與，尚無所顧，何云財物乎？」季慚不敢復言。魴自是為縣邑所敬信，故能據營自固。

3 時天下未定，而四方之士擁兵矯稱者甚眾，唯魴自守，兼有方略。光武聞而嘉之，建武三年，徵詣行在所❺，見於雲臺❻，拜虞令❼。為政敢殺伐，以威信稱。遷郟❽令。後車駕西征隗囂❾，潁川❿盜賊群起，郟賊延褒等眾三千餘人，攻圍縣舍，魴率吏士七十許人，力戰連日，弩矢盡，城陷，魴乃遁去。帝聞郡國反，即馳赴潁川，魴詣行在所。帝案行鬭處，知魴力戰，乃嘉之曰：「此健令也，所當討擊，勿拘州郡。」褒等聞帝至，皆自髡⓫剔，負鈇鑕⓬，將其眾請罪。帝且赦之，使魴轉降諸聚落，縣中平定，詔乃悉以褒等還魴誅之。魴責讓以行軍法，皆叩頭曰：「今日受誅，死無所恨！」魴曰：「汝知悔過伏罪，今一切相赦，聽各反農桑，為令作耳目。」皆稱萬歲。是時每有盜賊，並為褒等所發，無敢動者，縣界清靜。

4 十三年，遷魏郡⓭太守。二十七年，以高第入代趙憙⓮為太僕。中元元年⓯，從東封岱宗⓰，行衛尉⓱事。還，代張純⓲為司空，賜爵關內侯⓳。二年，帝崩，使魴持節起原陵⓴，更封楊邑鄉侯，食三百五十戶。永平四年，坐考隴西㉑太守鄧融㉒，聽任姦吏，策免，削爵土。六年，顯宗幸魯，復行衛尉事。七年，代陰嵩㉓為執金吾。

5 魴性矜嚴公正，在位數進忠言，多見納用。十四年，詔復爵土。明年，東巡郡國，留魴宿衛南宮。建初㉔三年，以老病乞身，肅宗㉕許之。其冬為五更㉖，詔魴朝賀，就列侯位。元和㉗二年，卒，時年八十六。

6 子柱嗣。尚顯宗女獲嘉長公主，少為侍中㉘，以恭肅謙約稱，位至將作大匠㉙。柱卒，子定嗣，官至羽林中郎將㉚。定卒，無子，國除。

7 定弟石，襲母公主封獲嘉侯，亦為侍中，稍遷衛尉。能取悅當世，為安帝㉛所寵。帝嘗幸其府，留飲十許日，賜駁犀具劍㉜、佩刀、紫艾㉝綬、玉玦㉞各一，拜子世為黃門侍郎㉟，世弟二人皆郎中㊱。自永初兵荒㊲，王侯租秩多不充，於是特詔以它縣租稅足石，令如舊限，歲入穀三萬斛，錢四萬。遷光祿勳㊳，遂代楊震㊴為太尉㊵。及北鄉侯㊶立，遷太傅㊷，與太尉東萊㊸劉喜參錄尚書事㊹。順帝㊺既立，石與喜皆以阿黨閻顯、江京等策免，復為衛尉。卒，子代㊻嗣。代卒，弟承嗣，為步兵校尉㊼。

8 石弟珖，和帝㊽時詔封楊邑侯，亦以石寵，官至城門校尉㊾。卒，子肅嗣，為黃門侍郎。

【章旨】以上為〈馮魴傳〉。旨在寫馮魴有遠見，有謀略，為人矜嚴公正，忠於朝廷。

【注　釋】❶南陽湖陽　南陽，郡名。戰國秦置。治今河南南陽。湖陽，一作「胡陽」。縣名。秦置。治今河南唐河縣南的湖陽鎮。❷食菜馮城　菜，同「采」。古代卿大夫的封邑。馮城，古地名。《左傳・定公六年》：「鄭於是乎伐馮。」楊伯峻注：「《後漢書・馮魴傳》注引《東觀漢記》謂魏之別封曰華侯，華侯孫長卿食采於馮城，即此馮，當在洛陽市不遠之處。」❸秦滅魏　在西元前二二五年。❹從弟　伯父或叔父之子。同一宗族次於至親者為「從」。❺行在所　古代帝王所居住的地方。後指皇帝行幸所至的地方。❻雲臺　漢代臺名。在洛陽南宮。❼虞令　虞縣的縣令。虞，縣名。今河南虞城。令，一縣的行政長官。❽郟　縣名。在河南中部，北汝河上游。春秋鄭邑，秦置縣。今河南郟縣。❾隗囂　（？—西元三三年），字季孟，東漢初天水成紀（今甘肅秦安）人。新莽末，被當地豪強擁立，據有天水、武都、金城等郡。一度依附劉玄。不久，自稱西部上將軍。建武九年，以屢為漢軍所敗，憂憤而死。傳見本書卷十三。❿潁川　郡名。秦王政十七年置。治今河南禹州。⓫髡　古代一種剃去頭髮的刑罰。⓬鈇鑕　古代腰斬人的用具。鈇，同「斧」。鑕，墊在下面的砧板。⓭魏郡　郡名。漢置。治今河北臨漳西南。⓮趙憙　（西元前四—西元八〇年），字伯明，南陽宛人。少有節操。更始即位，徵憙，除為郎中，行偏將軍事。東漢章帝即位，進太傅，錄尚書事。擢諸子為郎吏者七人。傳見本書卷二十六。⓯中元元年　西元五六年。⓰岱宗　即泰山。岱，泰山的別名。古以為泰山為諸山所宗，故曰「岱宗」。⓱行衛尉　行，兼代官職。衛尉，官名。始於戰國，漢時為九卿之一。掌宮門警衛。⓲張純　（？—西元五六年），字伯仁，京兆杜陵人。其高祖父張安世（西漢武帝時酷吏張湯之子），宣帝時為大司馬衛將軍，封富平侯。張純少襲爵土，在哀帝、平帝時為侍中。王莽時至列卿。建武初年，先詣闕，故得復國。張純在朝歷世，明習故事。建武初，舊章多闕，每有疑議，輒以訪純。自郊廟婚冠喪紀禮儀，多所正定，帝甚重之，以純兼虎賁中郎將。建武二十年，代朱浮為太僕，二十三年，代杜林為大司空。在位慕曹參之跡，務於無為。中元元年三月去世，謚節侯。傳見本書卷三十五。⓳關內侯　爵位名。秦漢時置。二十級爵位的第十九級，位在徹（通）侯之次。秦都咸陽，以關內為王畿，故稱。⓴原陵　光武帝的陵墓。㉑隴西　郡名。戰國秦置。治今甘肅臨洮南。㉒鄧融　永平初年為隴西太守，為州所劾舉，下廷尉獄，死。事見本書卷三十一。㉓陰嵩　光武帝陰皇后從兄，歷任中郎將、長樂衛尉，執金吾等官職。㉔建初　東漢章帝劉炟年號，西元七六—八四年。㉕肅宗　章帝廟號。㉖五更　年老致仕而經驗豐富的人。相傳古代設三老五更，以尊老人。本書〈明帝紀〉：「尊事三老，兄事五更。」㉗元和　東漢章帝年號，西元八四—八七年。㉘侍中　官名。秦始置，兩漢沿置，為自列侯以下至郎中的加官，無定員。侍從皇帝左右，出入宮廷。初僅伺應雜事，由於接近皇帝，地位漸形貴重。㉙將作大匠　秦官，初名將作少府。西漢景帝中元六年改。東漢秩二千石。掌修作宗廟、路寢、宮室及陵園木土之功，並樹桐梓之類列於道側。㉚羽林中郎將　官名。本書〈百官志〉：「羽林中郎將，比二千石。主羽林郎。」羽林郎，比三百石，無定員，掌宿衛侍從。選漢陽、隴西、安定、北地、上郡、西河六郡良家子為之。西漢武帝太初元年初置。取「為國羽翼，如林之盛」之意。屬光祿勳。㉛安帝　（西元九四—一二五年），名祜。東漢第六帝，章帝孫。西元一〇六—一二五年在位。㉜駁犀具劍　以斑駁的犀牛角裝飾的寶劍。斑駁的犀牛角，為雌犀牛角，其角斑白分明。具，配備；裝飾。㉝艾　綠色。㉞玉玦　佩玉的一種，其形如環而有缺口。㉟黃門侍郎　官名。秦及西漢郎官給事於黃闥（宮門）之內者，稱黃門郎或黃門侍郎。東漢始設為專官，或稱給事黃門侍郎，其職為侍從皇帝、傳達詔命。㊱郎中　官名。為郎官的一種，比三百石。始於戰國，漢代沿置，屬郎中令（後改光祿勳），管車騎、門戶，內充侍衛，外從作戰。㊲永初兵荒　永初，安帝年號，西元一〇七—一一三年。兵荒，指羌人寇亂和內地連年水旱災荒。㊳光祿勳　官名。秦置郎中令，西漢武帝時改為光祿勳。東漢末復改為郎中令。掌領宿衛侍從之官，為九卿之一。㊴楊震　（？—西元一二四年），字伯起，弘農郡華陰縣（今陝西華縣）人。少好學，博覽群經，當時稱為「關西孔子」。歷任荊州刺史、涿郡太守、司徒、太尉等職。安帝乳母王聖及中常侍樊豐等貪侈驕橫，他多次上疏切諫。被樊豐所誣，罷官，自殺。其子孫世代為大官僚。「弘農楊氏」成為東漢有名的世家大族。傳見本書卷五十四。㊵太尉　官名。秦官，兩漢沿置，為全國軍事首腦。與丞相、御史大夫並稱三公。詳見本書〈百官志〉。㊶北鄉侯　名懿，章帝孫濟北惠王劉壽之子。安帝死後，所立之小皇帝。延光四年（西元一二五年）三月，安帝崩。閻皇后被尊為皇太后，臨朝。以其兄閻顯為車騎將軍，定策禁中，立章帝孫濟北惠王劉壽之子北鄉侯劉懿為皇帝，是為少帝。十月辛亥，少帝崩。事見本書卷五、卷十下。㊷太傅　官名。春秋時晉國始置，為輔弼國君的大臣。戰國後廢。漢設置，次於太師。本書〈百官志〉：「太傅上公一人。掌以善導，無常職。世祖以卓茂為太傅，薨因省。後每帝初即位，輒置太傅，錄尚書事，薨輒省。」歷代沿置，多為大官的加官，並無實權。㊸東萊　郡名。西漢高祖置。治今山東萊州。轄境相當今山東膠萊河以東，岠嵎山以北和乳山河以東地。㊹參錄尚書事　參，齊；等同。錄尚書事，初稱領尚書事，西漢後期始置。昭帝即位，大將軍霍光秉政，領尚書事。東漢自和帝起，每帝即位，則置太傅錄尚書事。錄，總領的意思，錄尚書事，即總攬大權，無所不總。㊺順帝　（西元一一五—一四四年），名保。東漢第七帝，安帝子，西元一二五—一四四年在位。初安帝幸宮人李氏，生皇子劉保。閻皇后妒忌，鴆殺李氏。永寧元年立為太子。延光三年，安帝乳母王聖、大長秋江京、中常侍樊豐等構陷太子，太子坐廢為濟陰王。延光四年三月，安帝崩，北鄉侯劉懿立為帝。及北鄉侯死，車騎將軍閻顯及江京等白太后祕不發喪，閉宮門，屯兵把守。十一月丁巳，中黃門孫程等十九人，共斬江京、劉安、陳達等，立濟陰王劉保為帝，是為順帝。事見本書卷六、卷七十八。㊻代　即馮石子馮世。清王先謙《集解》引劉攽：「子世為郎，子代嗣，疑代避太宗諱改，今前後不同，遂似兩人，當定從一。所以知世即代者，拜家一人為郎，必是長子，自然嗣立者非他人也。」㊼步兵校尉　官名。西漢武帝時置。為京師屯兵八校尉之一。掌上林苑門屯兵。東漢掌宿衛兵，秩比二千石。㊽和帝　（西元七九—一〇五年），名肇。東漢第四帝。西元八九—一〇五年在位。㊾城門校尉　官名。西漢武帝時置。掌京師城門屯兵。東漢掌洛陽城門十二所。秩比二千石。

【語　譯】馮魴，字孝孫，南陽郡湖陽縣人。他的遠祖是魏國王室的支屬，食采邑於馮城，於是就以馮為姓氏。秦滅魏，馮氏遷到湖陽，為郡中大姓。

2　王莽末年，四方潰叛，馮魴乃聚集賓客，招募豪傑，修築營壘濠塹，以等待真命天子。這時湖陽的另一大姓虞都尉在馮城反叛，舉兵起事，原來與同縣人申屠季有仇，殺害了申屠季的哥哥，謀劃著要把申屠季一族全消滅。申屠季逃歸馮魴，馮魴帶著申屠季將回到自己的營壘，路上恰好遇上虞都尉的堂弟虞長卿，虞長卿想捉住申屠季。馮魴呵斥虞長卿說：「我與申屠季雖無親無故，但他窮途末路而歸向我，我應當以死來擔負起保護他的責任，您有什麼話可說？」於是就與申屠季一起回到自己的營壘。申屠季拜謝馮魴說：「承蒙您的恩德，我才能夠活下來，就是死也不能夠報答您的恩惠，我家中有些牛馬財物，我願意全部獻給您。」馮魴嚴肅地說：「我年老的雙親及幼弟都在賊人把守的城中，今日我全力保護您，根本沒有考慮我親人的安危，還說什麼財物呢？」申屠季慚愧得不敢再說什麼。馮魴因此為同縣的人所敬仰信任，所以他能依靠著他的營壘而自固守。

3　這時，天下尚未安定，而四方之士擁兵稱王稱帝者甚眾，只有馮魴固守自己的營壘，並且具有攻守方略。光武帝聽說後，很賞識馮魴，建武三年，徵召馮魴到光武帝居住的地方，在南宮雲臺召見了他，任命馮魴為虞縣縣令。馮魴為政嚴猛，敢於殺伐，以威武信誠為人所稱讚。又遷郟縣縣令。後來光武帝向西征伐隗囂，潁川盜賊群起，郟縣的反叛者延褒等擁眾三千餘人，圍攻郟縣縣城，馮魴親自率領縣中吏士七十餘人，力戰數日，弓箭用完，城陷，馮魴才逃去。光武帝聽說郡國反叛，於是馳赴潁川，馮魴馬上到光武帝駐紮的地方拜見。光武帝察看馮魴所戰鬥過的地方，知道馮魴確實拚死作戰，於是稱讚他說：「這是健勇的縣令，應當討擊的盜賊，可以越境討伐，不拘所在的州郡。」延褒等聽說光武帝來了，都自己剃光頭髮背著行刑用的斧子和鐵砧，帶著徒眾前來請罪。光武帝暫時赦免了延褒等人，派馮魴再去招降各個聚眾反叛的堡寨，郟縣的叛亂平定了，光武帝於是下詔把延褒等人全部送交馮魴，讓馮魴誅殺他們。馮魴責備他們不應該反叛，要以軍法處置，延褒等人都叩頭說：「今日伏法，死無所恨！」馮魴說：「你們知道悔過伏罪，我現在全部赦免你們，允許你們各自回家，從事農桑，做我的耳目。」這些人都高呼萬歲。這時候縣內一有盜賊出現，全都被延褒等人揭發舉報，因此，無人敢妄動，郟縣平安無事。

4 建武十三年，馮魴遷魏郡太守。二十七年馮魴因考績優等，入京代趙憙為太僕。中元元年，馮魴跟隨光武帝至泰山舉行封禪大典，代理衛尉的職務。返回京城，馮魴代張純為司空，賜爵關內侯。中元二年，光武帝去世，朝廷派馮魴持節建造原陵，再受封為楊邑鄉侯，享受三百五十戶的租稅。明帝永平四年，馮魴因拷問隴西太守鄧融的罪狀時，聽任奸吏所為，皇帝下詔免去他的職務，並削去他的爵土。永平六年，明帝到魯地巡視，又用馮魴代理衛尉的職務。永平七年，馮魴又代替陰嵩為執金吾。

5 馮魴為人謹嚴公正，為官時多次向皇帝進忠言，往往被採納施行。永平十四年，明帝下詔恢復了馮魴的爵號和封土。明年，明帝往東方巡視各郡國，留馮魴守衛南宮。章帝建初三年，馮魴因自己年老多病，請求退職。章帝允許了他的請求。這年冬天，朝廷又以馮魴為五更，下詔要馮魴朝賀，就列侯之位。章帝元和二年，馮魴去世，時年八十六歲。

6 馮魴的兒子馮柱繼承了馮魴的爵位。馮柱娶明帝的女兒獲嘉長公主為妻。馮柱年少時為侍中，以恭肅謙約著稱，官至將作大匠。馮柱死後，他的兒子馮定繼承了爵位，官至羽林中郎將。馮定死後，無子，封國被撤銷。

7 馮定的弟弟馮石，繼承他母親獲嘉長公主的封爵為獲嘉侯，也為侍中，漸升為衛尉。馮石能取悅於當時之人，很為安帝所寵愛。安帝曾到馮石府上，留飲十多天。安帝賜馮石犀牛角裝飾的寶劍、佩刀、紫綠色的綬帶、玉玦各一，又拜馮石的兒子馮世為黃門侍郎，馮世的兩個弟弟都為郎中。自永初年間，兵亂年荒，諸侯王所享受的租稅祿秩數量往往都達不到原先所規定的標準，安帝特意下詔規定以其他縣的租稅補足馮石所應享受的租稅數量，使之達到原來規定的標準，這樣馮石一年就能收入穀物三萬斛，錢四萬。馮石又遷光祿勳，遂代楊震為太尉。到北鄉侯劉懿立為皇帝時，馮石遷太傅，與太尉東萊人劉熹同錄尚書事。順帝即位後，馮石與劉熹都因曾黨附閻顯、江京等人，策命免官，復為衛尉。馮石死後，他的兒子馮代繼承他的爵位。馮代死後，他的弟弟馮承繼承他的爵位，為步兵校尉。

8 馮石的弟弟馮珧，和帝時，朝廷下詔封其為楊邑侯，也因為馮石的關係受到皇帝的寵愛，官至城門校尉。馮珧死後，兒子馮肅繼承其爵位，為黃門侍郎。

1 虞延，字子大，陳留東昏❶人也。延初生，其上有物若一匹練，遂上升天，占者以為吉。及長，長八尺六寸，要帶十圍❷，力能扛鼎❸。少為戶牖亭長❹。時王莽貴人❺魏氏賓客放從，延率吏卒突入其家捕之，以此見怨，故位不升。性敦朴，不拘小節，又無鄉曲❻之譽。王莽末，天下大亂，延常嬰❼甲胄，擁衛親族，扞❽禦鈔盜，賴其全者甚眾。延從女弟年在孩乳，其母不能活之，棄於溝中，延聞其號聲，哀而收之，養至成人。建武初，仕執金吾府，除細陽❾令。每至歲時伏臘❿，輒休遣徒繫，各使歸家，並感其恩德，應期而還。有因於家被病，自載詣獄，既至而死，延率掾史，殯於門外，百姓感悅之。

2 後去官還鄉里，太守富宗聞延名，召署功曹⓫。宗性奢靡，車服器物，多不中節⑫。延諫曰：「昔晏嬰輔齊，鹿裘不完⑬，季文子⑭相魯，妾不衣帛，以約失之者鮮矣。」宗不悅，延即辭退。居有頃，宗果以侈從被誅，臨當伏刑，攣涕⑮而歎曰：「恨不用功曹虞延之諫！」光武聞而奇之。二十年東巡，路過小黃⑯，高帝母昭靈后園陵在焉，時延為部督郵⑰，詔呼引見，問園陵之事。延進止從容，占拜⑱可觀，其陵樹株蘗⑲，皆諳其數，俎豆犧牲⑳，頗曉其禮。帝善之，敕延從駕到魯㉑。還經封丘㉒城門，門下小，不容羽蓋㉓，帝怒，使撻侍御史㉔，延因下見引咎，以為罪在督郵。言辭激揚，有感帝意，乃制詔曰：「以陳留督郵虞延故，貰御史罪。」延從送車駕西盡郡界，賜錢及劍帶佩刀還郡，於是聲名遂振。

3 二十三年，司徒玉況㉕辟焉。時元正朝賀，帝望而識延，遣小黃門㉖馳問之，即日召拜公車令㉗。明年，遷洛陽令。是時陰氏㉘有客馬成者，常為姦盜，延收考之。陰氏屢請，獲一書輒加篣㉙二百。信陽侯陰就㉚乃訴帝，譖延多所冤枉。帝乃臨御道之館，親錄囚徒。延陳其獄狀可論者在東，無理者居西。成乃回欲趨東，延前執之，謂曰：「爾人之巨蠹，久依城社㉛，不畏熏燒。今考實未竟，宜當盡法！」成大呼稱枉，陛戟郎以戟刺延，叱使置之。帝知延不私，謂成曰：「汝犯王法，身自取之！」呵使速去。後數日伏誅。於是外戚斂手，莫敢干法。在縣三年，遷南陽太守。

4 永平初，有新野㉜功曹鄧衍，以外戚小侯每豫朝會，而容姿趨步，有出於眾，顯宗目之，顧左右曰：「朕之儀貌，豈若此人！」特賜輿馬衣服。延以衍雖有容儀而無實行，未嘗加禮。帝既異之，乃詔衍令自稱南陽功曹詣闕。既到，拜郎中，遷玄武司馬㉝。衍在職不服父喪，帝聞之，乃歎曰：『知人則哲，惟帝難之㉞。』信哉斯言！」衍慙而退。由是以延為明。

5 三年，徵代趙憙為太尉；八年，代范遷㉟為司徒。歷位二府，十餘年無異政績。會楚王英謀反㊱，陰氏欲中傷之，使人私以楚謀告延，延以英藩戚至親，不然其言，又欲辟幽州從事公孫弘，以弘交通楚王而止，並不奏聞。及英事發覺，詔書切讓，延遂自殺。家至清貧，子孫不免寒餒。

6 延從曾孫放，字子仲。少為太尉楊震門徒，及震被讒自殺，順帝初，放詣闕追訟震罪，由是知名。桓帝㊲時為尚書，以議誅大將軍梁冀㊳功封都亭侯，後為司空，坐水災免。性疾惡宦官，遂為所陷。靈帝㊴初，與長樂少府李膺㊵等俱以黨事誅。

【章　旨】以上為〈虞延傳〉。旨在寫虞延為人的勇、仁、智和不畏權貴，善知人。

【注　釋】❶陳留東昏　陳留，郡國名。西漢武帝元狩元年置郡。治今河南開封東南。東昏，縣名。古戶牖鄉，漢置東昏縣，屬陳留郡。故城在今河南蘭考北。❷圍　計算周長的約略單位，兩隻胳膊合圍起來的長度，也指兩手拇指和食指合圍的長度。此指後者。❸扛鼎　用雙手把鼎舉起來。❹戶牖亭長　戶牖，聚邑名。故址在今河南蘭考東北。亭長，鄉官名。戰國時在國與國之間的鄰接地方設亭，置亭長，以防禦敵人。西漢時在鄉村每十里設一亭，掌治安警衛，兼管停留旅客，治理民事。設在城內和城廂的亭，稱「都亭」，設於城門的稱「門亭」，亦設亭長，其職務與鄉村的亭長同。❺貴人　皇帝嬪妃的稱號，位僅次於皇后。❻鄉曲　鄉里。亦稱窮鄉僻壤，因偏處一隅，故稱「鄉曲」。❼嬰　披戴。《墨子・兼愛下》：「被甲嬰冑。」❽扞　「捍」的異體字。抵禦。❾細陽　縣名。屬汝南郡。治所在今安徽太和西南。❿伏臘　伏，夏天的伏日。臘，冬天的臘日。亦泛指節日。⓫功曹　官名。漢代郡守下有功曹史，簡稱功曹。相當於郡守的總務長，除掌人事外，並與聞一郡的政務。縣之功曹同。⓬中節　合乎法度；適度。⓭晏嬰輔齊二句　晏嬰（？—西元前五〇〇年），字平仲，夷維（今山東高密）人。春秋時齊國大夫。齊靈公二十六年其父晏弱死後，繼任齊卿。歷仕靈公、莊公、景公三朝。曾奉景公命使晉國聯姻，與晉大夫叔向議論齊政，預言齊國政權終將為田氏取代。世傳《晏子春秋》為戰國時人搜集他的言論編輯而成。鹿裘，鹿皮製作的大衣，常用為喪服及隱士之服。此指粗陋的皮裘。⓮季文子　（？—西元前五六八年），字行父。春秋時魯國的執政貴族，季武子之子。歷相宣公、成公、襄公三朝。《史記・魯周公世家》記載：魯襄公五年，季文子卒，「家無衣帛之妾，廄無食粟之馬，府無金玉，以相三君。君子曰：『季文子廉忠矣。』」⓯擘涕　揮淚。擘，同「擥」。⓰小黃　縣名，或稱下黃。治今河南開封東北。⓱督郵　官名。漢代郡守的重要屬吏。代表郡守督察縣鄉，宣達教令，兼司獄訟捕亡等事。有的郡分兩部、四部和五部的，每部各有一督郵。⓲占拜　對答行禮。⓳株蘖　李賢注：「株，根也。蘖，伐木更生也。」此指陵園內的樹木。⓴俎豆犧牲　俎和豆都是古代祭祀、宴饗時盛食物用的兩種禮器。此為祭祀之禮。犧牲，供祭祀用的純色全體牲畜。此指犧牲禮儀制度。㉑魯　春秋時魯國故地，兩漢仍稱這一地區為魯。㉒封丘　縣名。今河南封丘。㉓羽蓋　古時用鳥羽裝飾的車蓋。㉔侍御史　官名。漢沿秦置。在御史大夫下，或給事殿中，或舉劾非法，或督察郡縣，或奉使出外執行指定的任務。東漢別置治書侍御史。㉕司徒玉況　司徒，官名。西周始置。金文多作「司土」。春秋時沿置。掌國家的土地和人民。西漢哀帝時，改丞相為大司徒。詳見本書〈百官志〉。玉況（？—西元五一年），字文伯，京兆杜陵（今陝西西安）人。詳見本書卷

一、卷二十六。㉖小黃門　宦者，無定員，秩六百石。掌侍左右，受尚書事，上在內宮，關通中外及中宮以下眾事。諸公主及王太妃等有疾苦，則使問之。屬少府。㉗公車令　官名。李賢注引《漢官儀》：「公車掌殿司馬門，天下上事及徵召皆總領之。」㉘陰氏　外戚。指光武帝陰皇后母家。㉙箠　也作「搒」、「榜」。用鞭子、杖、竹板等打擊。㉚信陽侯陰就　光武帝陰皇后之弟。參見本書卷三十二。㉛城社　城池和祭地神的土壇。喻靠山（含貶義）。㉜新野　縣名。今河南新野。㉝玄武司馬　李賢注：「玄武，宮之北門也。每宮城門皆有司馬一人，秩千石。」㉞知人則哲二句　見《尚書・皋陶謨》：「皋陶曰：『都！在知人，在安民。』禹曰：『吁！咸若時，惟帝其難之，知人則哲。』」意思是：皋陶說：「啊！治理天下，在於能了解人，能安定民眾。」禹說：「唉！就是這樣，即使帝堯亦以知人、安民為難。能了解人的人，可算得上是聖哲之人。」㉟范遷　字子閭，沛人。事詳本書卷二十六。㊱楚王英謀反　楚王英（？—西元七一年），光武帝子。建武十五年封楚公，二十八年就國。英少好游俠，交通賓客，晚節更喜黃老，為浮屠齋戒祭祀。後英交通方士，作金龜、玉鶴，刻文字以為符瑞。永平十三年為人告發。有司上奏：「英招聚姦猾，造作圖讖，擅相官秩，置諸侯王公將軍二千石，大逆不道，請誅之。」帝不忍，廢楚王英，徙丹陽，明年，英至丹陽，自殺。傳見本書卷四十二。㊲桓帝　（西元一三二—一六七年），名志。東漢第十帝，章帝曾孫，蠡吾侯劉翼之子，西元一四六—一六七年在位。㊳梁冀　（？—西元一五九年），字伯卓，安定烏氏（今甘肅平涼）人。兩妹為順帝、桓帝皇后。其父梁商死後，繼為大將軍。順帝死，他與妹梁太后立沖、質帝，質帝稱其為「跋扈將軍」，後他毒殺質帝，迎立桓帝，專斷朝政二十餘年。延熹二年，桓帝與宦官單超等五人定議，誅滅梁氏，他因而自殺。傳見本書卷三十四。㊴靈帝　（西元一五六—一八九年），名宏。東漢第十一帝，章帝玄孫，解瀆亭侯劉萇之子。㊵長樂少府李膺　長樂少府，官名。皇太后居長樂宮，設少府一人，掌皇太后宮，秩二千石。李膺（西元一一〇—一六九年），字元禮，潁川郡襄城人。性簡亢，無所交接。與太學生郭泰等結交，反對宦官專權。太學生稱之為「天下楷模李元禮」。延熹九年，宦官誣為他們結黨誹訕朝廷，被捕入獄。釋放後，禁錮終身。靈帝即位，外戚竇武執政，起用李膺為長樂少府。竇武、陳蕃等誅宦官失敗，黨錮再起，李膺被捕，死獄中。

【語　譯】虞延，字子大，陳留郡東昏縣人。虞延剛生下來時，他的上面有一樣東西就像一匹白絹，冉冉地上升到天空，占卜的人認為這是吉兆。虞延長大，身長八尺六寸，腰帶十圍，力能舉鼎。少年時為戶牖亭長。當時王莽貴人魏氏的賓客放縱不拘，虞延率領吏卒突入這個賓客的家，拘捕了他，因此虞延被魏氏所怨恨，所以遲遲不得升遷。虞延性格敦厚樸實，不拘小節，鄉里也沒有什麼聲譽。王莽末年，天下大亂，虞延常常身披甲冑，保護他的親族，抵抗那些掠奪財物的盜賊，很多人靠著虞延的保護得以安全。虞延的堂妹還是個吃奶的孩子，她的母親不能養活她，把她扔到溝中，虞延聽見她的哭聲，哀憐而收養了她，一直到她長大成人。建武初年，虞延仕於執金吾府，升遷為細陽縣令。每到四時八節，他往往把那些獄囚放出監獄，讓他們回家過節，與親人團聚。那些囚犯都感激他的恩德，按照規定的日期返回監獄。有一個獄囚在家中得了病，自己用車載回監獄，等他到了監獄，人也死了。虞延帶著他的屬吏，葬其於縣城門之外，老百姓都受感動，喜愛虞延的為人。

2 後來虞延離任回鄉里，陳留太守富宗聞虞延之名，召虞延代理郡功曹。富宗性格很喜歡鋪張奢侈，他用的車子、服飾、器物往往都超過了太守的身分。虞延乃勸諫富宗說：「從前晏嬰相齊，穿的是不完整的鹿裘，季文子相魯，其妾不穿帛製作的衣服，從來很少有因為節儉而失敗的人。」富宗聽了不高興，虞延乃辭職退歸鄉里。過了不久，富宗果然因為奢侈放縱被誅殺。將行刑時，富宗揮淚而歎，說：「我後悔當初沒有聽從功曹虞延的勸諫！」光武帝聽說這件事，很驚奇。建武二十年，光武帝東巡，路過小黃縣，漢高祖的母親昭靈后的陵園在小黃縣，當時虞延為陳留郡督郵，光武帝下詔召見虞延，問他昭靈后陵園的事。虞延進退舉止從容不迫，對答合乎禮儀，對陵園中的樹木皆熟知其數，頗通曉俎豆犧牲之禮儀。光武帝很喜歡他，命令虞延跟隨自己到魯地視察。從魯地回來，經過封丘縣城門，城門矮小，光武帝的用羽毛裝飾的車蓋不能通過，光武帝很生氣，派人鞭笞侍御史，虞延於是下車引咎自責，認為罪在他這個督郵身上。他言詞激揚，感動了光武帝，於是下詔說：「因為陳留督郵虞延的緣故，免了侍御史的罪。」虞延護送光武帝至陳留郡的西部邊界，光武帝賜虞延錢及劍、帶、佩刀等物，虞延回到陳留郡，因此名聲大振。

3 建武二十三年，司徒玉況徵辟虞延。當時正是元旦，百官上朝慶賀，光武帝遠遠就認出虞延，派小黃門飛跑過去慰問他，當天就任命虞延為公車令。明年遷為洛陽縣令。當時外戚陰家，有賓客名叫馬成，常為奸盜之事，虞延拘捕了他，並且親自加以審問。陰家屢次請求虞延從輕處置馬成，虞延每次收到陰家為馬成求情的書信，就加笞馬成二百鞭子。信陽侯陰就於是把事情上訴光武帝，誣蔑虞延判案往往冤枉好人。光武帝於是經過御道來到洛陽令官署，親自審察囚犯的罪狀。虞延就把那些案情可以再考慮的囚犯安排在東邊，沒有什麼道理的囚犯安排在西邊。馬成就被安排在西邊，但他卻快步走向東邊，虞延於是向前一把抓住馬成，說：「你是人間的大蠹蟲，長久以來，倚仗靠山，不怕熏燒，現在還沒有考察完你的案情，應當按法律程序辦！」馬成大呼冤枉，階下持戟保衛光武帝的郎官持戟欲刺虞延，呵斥虞延將馬成放開。光武帝知道虞延不徇私情，就對馬成說：「你違犯了國家的法令，這是你自作自受！」於是呵斥速把馬成拿下。過了幾天，馬成伏法受誅。於是外戚的作為有所收斂，沒有人敢違犯國家法令。虞延在洛陽任縣令三年，升遷為南陽太守。

4 明帝永平初年，有新野縣功曹鄧衍，時常以外戚小侯的身分參與國家朝會，其容姿趨步，在眾人中很突出，明帝看著他，回過頭來對身邊的人說：「朕的儀容風姿，哪裡比得上這個人！」因此特賜給鄧衍車馬衣服。虞延認為鄧衍雖然容貌儀禮很出色，但他本人沒有什麼優秀的品行，因此對鄧衍未曾禮遇過。明帝既覺得鄧衍很出眾，於是下詔讓鄧衍自稱是南陽郡功曹到朝廷來。鄧衍到了朝廷，被任命為郎中，又升遷為玄武司馬。鄧衍在職任上不為父親服喪，明帝聞知，歎道：「《尚書》說：『能了解人的人，就是聖哲之人，即使帝堯也以知人為難。』這話說得確實很有道理啊！」鄧衍很慚愧，就自動退職了。因此，大家都覺得虞延有知人之明。

5 永平三年，朝廷徵召虞延，讓他代替趙憙為太尉；永平八年又代范遷為司徒。虞延歷任太尉、司徒二府，十多年間沒有什麼突出的政績。恰逢楚王英謀反，外戚陰氏想中傷虞延，私下派人把楚王英的陰謀計劃告訴虞延，虞延認為楚王英是皇帝的至親，不相信這些話，又想徵召幽州從事公孫弘，後來因為公孫弘和楚王英有聯絡而止，這些事，虞延都沒有上奏朝廷。到楚王英的事情敗露，明帝下詔書嚴厲地責備虞延，虞延於是自殺。虞延家極為清貧，他的子孫免不了受飢寒之苦。

6 虞延的堂曾孫虞放，字子仲。少年時是太尉楊震的門徒，楊震被誣蔑自殺，順帝初年，虞放到朝廷追論楊震無罪，因此而知名。桓帝時，虞放為尚書，因為參與謀劃誅殺大將軍梁冀有功，封都亭侯，後又為司空，因發生水災而免職。虞放疾惡宦官，因此被宦官誣陷。靈帝初年，虞放與長樂少府李膺等人都因黨錮事件而被殺。

1 鄭弘，字巨君，會稽山陰❶人也。從祖吉，宣帝❷時為西域都護❸。弘少為鄉嗇夫❹，太守第五倫❺行春❻，見而深奇之，召署督郵，舉孝廉❼。

2 弘師同郡河東太守焦貺。楚王英謀反發覺，以疏引貺，貺被收捕，疾病於道亡沒，妻子閉繫詔獄❽，掠考連年。諸生故人懼相連及，皆改變名姓，以逃其禍，弘獨髡頭負鈇鑕，詣闕上章，為貺訟罪。顯宗覺悟，即赦其家屬，弘躬送貺喪及妻子還鄉里，由是顯名。

3 拜為騶令❾，政有仁惠，民稱蘇息。遷淮陽❿太守。四遷，建初初，為尚書令。舊制，尚書郎⓫限滿補縣長令史丞尉⓬。弘奏以為臺⓭職雖尊，而酬賞甚薄，至於開選，多無樂者，請使郎補千石令，令史為長。帝從其議。弘前後所陳有補益王政者，皆著之南宮，以為故事。

4 出為平原相⓮，徵拜侍中。建初八年，代鄭眾⓯為大司農⓰。舊交阯⓱七郡貢獻轉運，皆從東冶⓲汎海而至，風波艱阻，沉溺相係。弘奏開零陵⓳、桂陽⓴嶠道，於是夷通，至今遂為常路。在職二年，所息省三億萬計。時歲天下遭旱，邊方有警，人食不足，而帑藏㉑殷積。弘又奏宜省貢獻，減徭費，以利飢人。帝順其議。

元和元年，代鄧彪㉒為太尉。時舉將第五倫為司空，班次在下，每正朔朝見，弘曲躬而自卑。帝問知其故，遂聽置雲母㉓屏風，分隔其間，由此以為故事。在位四年，奏尚書張林阿附侍中竇憲㉔，而素行臧穢㉕，又上洛陽令楊光，憲之賓客，在官貪殘，並不宜處位。書奏，吏與光故舊，因以告之。光報憲，憲奏弘大臣漏泄密事。帝詰讓弘，收上印綬。弘自詣廷尉，詔勑㉖出之，因乞骸骨歸，未許。病篤，上書陳謝，并言竇憲之短。帝省章，遣醫占弘病，比至已卒。臨歿悉還賜物，勑妻子褐巾布衣素棺殯殮，以還鄉里。

【章　旨】以上為〈鄭弘傳〉。旨在寫鄭弘的為人、政績、謙遜、愛民。

【注　釋】❶會稽山陰　會稽，郡名。治今江蘇蘇州。東漢順帝時，移治今浙江紹興。山陰，古縣名。秦置。因在會稽山之陰得名。治今浙江紹興。❷宣帝　名詢，西漢第八帝，漢武帝曾孫。西元前七三—前四九年在位。❸西域都護　官名。掌護西域。西漢武帝始開通西域，置使者、校尉以領護之。宣帝神爵二年設西域都護府，置都護，秩二千石。平帝時，省都護，令戊己校尉領之。西域都護府，為管轄西域的行政機構。治今新疆輪臺東野雲溝附近。王莽天鳳三年後，西域不通。西域都護府亦廢。東漢曾兩度置西域都護，並移治今新疆和縣西南大望庫木舊城。❹鄉嗇夫　古代的鄉官。掌管訴訟和賦稅。參見本書〈百官志五〉。❺第五倫　字伯魚，京兆長陵（今陝西咸陽）人。其先齊諸田，諸田徙園陵者多，故以次第為氏。初為淮陽國醫工長，受到光武帝的賞識。歷任會稽、蜀郡太守。倫奉公盡節，性質慤，少文采，在位以貞白稱。傳見本書卷四十一。

❻行春　太守在春季視察各縣，勸民農桑，振救乏絕。❼孝廉　漢代選拔官吏的科目之一。始於董仲舒的奏請。與賢良同由郡國在所屬吏民中薦舉。二十萬人出孝廉一人。名義上以封建倫理為標準，實際上多為世家大族所操縱，互相吹捧，弄虛作假。當時有「舉孝廉，父別居」的諷刺。被舉為孝廉者往往任命為「郎」。在東漢尤為求仕進者的必由之路。❽詔獄　奉皇帝詔令禁拘犯人的監獄。❾騶令　騶縣的縣令。騶，縣名。一作「鄹」、「鄒」。在今山東鄒城。❿淮陽　郡國名。都於陳（今河南淮陽）。⓫尚書郎　官名。東漢之制，取孝廉中有才能者入尚書臺，在皇帝左右處理政務，初入臺，稱守尚書郎中，滿一年，稱尚書郎，三年稱侍郎。⓬令史丞尉　令史，官名。漢代設有蘭臺令史、尚書令史，掌文書。丞尉，指縣丞，為縣令輔佐，典文書及倉獄。⓭臺　指尚書臺。⓮平原相　平原，郡國名。治今山東平原縣南。相，諸侯王國的行政長官，其職務相當於郡守。⓯鄭眾　（?—西元八三年），字仲師，河南開封（今河南開封）人。東漢經學家。十二歲從父受《春秋》。永平初，辟司空府，以明經為給事中，再遷越騎司馬。永平八年（西元六五年），持節使北匈奴，不拜單于，單于怒，「閉之，不與水火」。後還京。在位以清正稱。後受詔作《春秋刪》十九篇。傳見本書卷三十六。⓰大司農　官名。秦置治粟內史，西漢景帝改稱大農令，武帝改稱大司農。掌租稅、錢穀、鹽鐵和國家的財政收支。為九卿之一。⓱交阯　西漢武帝所置「十三刺史部」之一。轄境相當今廣東、廣西大部及越南承天以北中部地區。東漢改為交州。⓲東治　縣名。治今福建福州。⓳零陵　郡名。西漢武帝元鼎六年（西元前一一一年）分桂陽郡置。治今廣西全州西南。⓴桂陽　郡名。西漢高祖置。治今湖南郴州。㉑帑藏　國庫。㉒鄧彪　（?—西元九三年），字智伯，南陽新野人。太傅鄧禹之同族。父鄧邯，中興初以功封鄳侯。鄧彪少勵志，修孝行。父卒，讓國與異母弟。在位清白，為百僚式。傳見本書卷四十四。㉓雲母　礦石名。古人以為此石為雲之根，故名「雲母」。可析為片，商業上稱「千層紙」，為鉀、鎂、鋰、鋁等的鋁矽酸鹽礦物。薄者透光，可為鏡屏。亦可入藥。具有優良的耐熱性、電氣絕緣性及耐酸鹼腐蝕性，是高溫、高壓、耐潮的電氣絕緣製品中的主要材料。㉔竇憲　（?—西元九二年），字伯度，扶風平陵（今陝西咸陽）人。妹為章帝皇后。章帝死，和帝即位，太后臨朝，他為侍中，操縱朝政。永元四年，和帝與宦官鄭眾定計誅滅竇氏，他自殺。傳見本書卷二十三。㉕臧穢　指貪汙等穢行。臧，「贓」之古字。㉖勑　同「敕」。自上命下之詞。

【語　譯】鄭弘，字巨君，會稽郡山陰縣人。他的從祖父鄭吉，西漢宣帝時為西域都護。鄭弘少時為鄉嗇夫，會稽太守第五倫春天視察各縣，看見鄭弘，以為鄭弘不是尋常的人物，因此徵召他署理督郵，又舉為孝廉。

2 鄭弘的老師是同郡人河東太守焦貺。楚王英謀反的事情被發覺後，在書信中涉及到焦貺，於是焦貺被逮捕，在路上得病而死，他的妻子兒女都關押在詔獄，拷打審問了好幾年。焦貺從前的學生和舊交怕受連累，全部改名換姓，以避災禍，只有鄭弘剃去自己的頭髮，背著斧子和鐵砧，到朝廷上書，公開為焦貺辯冤。明帝有所感悟，於是赦免了焦貺的家屬，鄭弘親自送焦貺的遺體和其妻子歸還鄉里，因此而顯名。

3 鄭弘拜為騶縣縣令，實行仁政，老百姓得以休養生息。遷淮陽太守。又經過四次升遷，在章帝建初年間，鄭弘為尚書令。以前的制度規定，尚書郎職任期滿，可補縣長、令史、丞尉等職。鄭弘上奏以為：尚書臺職位雖尊，但酬勞賞賜很少，以致在進行選拔時，往往都不願意去，他請求使尚書郎補千石縣令，令史可補縣長。皇帝聽從了鄭弘的建議。鄭弘前前後後所陳述的有益於國家政事的上書，全部記錄在冊，放於南宮，成為國家制度的先例。

4 鄭弘離京外任為平原國相，又徵召拜為侍中。章帝建初八年，代鄭眾為大司農。以前交阯七郡，向朝廷進獻貢品，都是經過東冶，泛海運輸，由於風浪險惡，沉船相繼。鄭弘上書請求開零陵、桂陽的山道。於是山路平通，直到今天仍為重要通道。鄭弘任大司農二年，為國家節省的錢財計有三億萬。當時天下大旱，邊境上也不平靜，人民食糧不足，而國庫儲藏很多錢物。鄭弘又奏應減少各地的貢獻，減輕傜役費用，以利飢民。章帝聽從了鄭弘的建議。

5 元和元年，鄭弘代替鄧彪為太尉。當時鄭弘最初的推薦人第五倫為司空，按官職的等級排列，第五倫的班次反在鄭弘之下。每次正朔朝會，鄭弘總是彎著腰，表現得很自卑。章帝問明其中緣故，於是允許在朝堂上放置一幅鑲嵌雲母的屏風，把太尉和司空分隔開來，這就成為國家的常制。鄭弘任太尉四年，奏尚書張林阿附侍中竇憲，而素有貪贓等穢行，又上奏洛陽令楊光，為竇憲的賓客，為官多貪汙殘暴，這兩個人都不應繼續為官。鄭弘的上書呈送給皇帝，朝廷上的書吏和楊光是老朋友，於是把鄭弘彈劾他們的事情告訴了楊光。楊光又把這事告訴了竇憲，竇憲於是向朝廷上奏說鄭弘身為國家大臣，洩露國家機密。章帝詰責鄭弘，收回鄭弘的印綬。鄭弘自己到廷尉那裡去領罪，章帝下詔命鄭弘出獄，於是鄭弘上書請求告老還鄉，沒有得到章帝的允許。時鄭弘病重，又上書陳謝，並言竇憲的短處。章帝看了鄭弘的奏章，於是遣太醫去看望鄭弘的病情，及太醫到了鄭弘家，鄭弘已經死去。鄭弘臨死時，吩咐家人把皇帝所賜給自己的東西全部送還給皇帝。又囑咐妻子兒女以粗布衣巾、無飾之棺殯殮，還歸鄉里。

周章，字次叔，南陽隨❶人也。初仕郡為功曹。時大將軍竇憲免，封冠軍侯就國。章從太守行春到冠軍❷，太守猶欲謁之。章進諫曰：「今日公行春，豈可越儀私交？且憲椒房之親❸，埶傾王室，而退就藩國，禍福難量。明府❹剖符大臣❺，千里重任，舉止進退，其可輕乎？」太守不聽，遂便升車。章前拔佩刀絕馬鞅，於是乃止。及憲被誅，公卿以下多以交關得罪，太守幸免，以此重章。舉孝廉，六遷為五官中郎將❻。延平❼元年，為光祿勳。

永初❽元年，代魏霸❾為太常❿。其冬，代尹勤為司空。是時中常侍鄭眾⓫、蔡倫⓬等皆秉執豫政，章數進直言。初，和帝崩，鄧太后⓭以皇子勝⓮有痼疾，不可奉承宗廟，貪殤帝⓯孩抱，養為己子，故立之，以勝為平原王。及殤帝崩，群臣以勝疾非痼，意咸歸之，太后以前既不立，恐後為怨，乃立和帝兄清河孝王子祜⓰，是為安帝。章以眾心不附，遂密謀閉宮門，誅車騎將軍鄧騭⓱兄弟及鄭眾、蔡倫，劫尚書，廢太后於南宮，封帝為遠國王，而立平原王勝。事覺，策免，章自殺。家無餘財，諸子易衣而出，并日而食。

【章　旨】以上為〈周章傳〉。旨在寫周章的「小智大謀」。

【注　釋】❶隨　縣名。今湖北隨州。❷冠軍　縣名。治今河南鄧州西北。❸椒房之親　指外戚。椒房，漢代后妃居住的宮室用椒和泥塗壁，取其溫暖有香氣，兼有多子之意。❹明府　漢代對郡守的尊稱。即「明府君」的省稱。❺剖符大臣　即受國家信任的大臣。剖符，古代帝王分封諸侯、功臣，把符節剖分為二，雙方各執其半，作為信守的約證。❻五官中郎將　官名。本書〈百官志二〉：五官中郎將一人，比二千石。屬光祿勳。本注：「主五官郎。」五官郎，即五官中郎、五官侍郎、五官郎中。皆宮廷侍衛官，無定員，執戟宿衛諸殿門，出充車騎。❼延平　東漢殤帝劉隆年號，西元一〇六年。❽永初　東漢安帝劉祜年號，西元一〇七—一一三年。❾魏霸　字喬卿，濟陰句陽（今山東菏澤）人。建初年間舉孝廉，八遷，和帝時為鉅鹿太守。永元十六年徵拜將作大匠。延平元年為太常。明年，以病致仕，為光祿大夫。傳見本書卷二十五。❿太常　官名。秦置奉常，西漢景帝改為太常，為九卿之一。掌宗廟禮儀，兼掌選試博士。歷代沿置。⓫中常侍鄭眾　中常侍，官名。秦始置，西漢沿置。出入宮廷，侍從皇帝，常為列侯至郎中的加官。東漢時期專用宦官為中常侍，以傳達詔令和掌理文書，權力極大。鄭眾（?—西元一一四年），字季產，南陽犨縣（今河南魯山縣）人。東漢宦官。明帝永平初年，給事太子。和帝初，大將軍竇憲專權，朝臣莫不附之。獨鄭眾一心王室，不事豪黨，帝親信之。及竇憲兄弟圖作不軌，他首謀誅滅竇憲。和帝常與他議論政事。東漢宦官參與政事，自鄭眾始。傳見本書卷七十八。⓬蔡倫　（?—西元一二一年），字敬仲，桂陽（今湖南郴州）人。東漢宦官。明帝永平末始給事掖庭。倫有才學，盡心敬慎，數犯嚴顏，匡弼得失。後為尚方令，主造御用器物。蔡倫曾受竇后意旨，誣陷安帝祖母宋貴人「挾邪媚道」。及安帝親政，使倫自致廷尉，蔡倫飲藥自殺。傳見本書卷七十八。⓭鄧太后　（西元八一—一二一年），名綏。和帝劉肇皇后，太傅鄧禹之孫女。六歲能誦史書，十二歲通《詩》、《論語》，志在典籍，不問居家之事。後晝修婦業，暮誦經典。永元七年選入宮，永元十四年立為皇后。殤帝崩，定策立安帝劉祜，猶臨朝政。事見本書卷十。⓮皇子勝　和帝長子。延平元年（西元一〇六年）封平原王，立八年死。⓯殤帝　名隆。東漢第五帝，和帝少子。元興元年十二月辛未，和帝崩，立隆為太子，是夜即皇帝位。時僅出生百餘日。事見本書卷四。⓰祐　清王先謙《後漢書集解》引劉攽：「案：安帝名祜，此作祐，字之誤也。」《資治通鑑》亦作「祜」。⓱鄧騭　（?—西元一二一年），字昭伯，南陽新野人。鄧禹之孫。妹為和帝皇后。安帝即位，太后臨朝，鄧騭為大將軍，專斷朝政。太后死，安帝與宦官李閏合謀誅滅鄧氏，他自殺。傳見本書卷十六。

【語譯】周章，字次叔，南陽郡隨縣人。當初，仕為南陽郡功曹。當時大將軍竇憲免職，封冠軍侯，以就封國。周章跟隨南陽太守春季巡察，來到冠軍侯國，太守想去拜見竇憲。周章進諫說：「現在您是為公事春巡到冠軍，怎麼可以超越國家法度，私自和竇憲交往呢？況且竇憲身為外戚，勢力強大，足以傾壓王室，現在他從朝廷退出，居住在他的冠軍侯國，是禍是福，很難預料。明府君您是國家任命的大臣，國家把治理千里地面的重任交給您，舉止進退，豈可不慎重？」太守不聽周章的話，於是登車，準備去拜訪竇憲。周章上前一步，拔出佩刀，斬斷套在馬頸上的皮鞅，太守才沒有去拜訪竇憲。後竇憲被誅，公卿以下的高官大多因為曾與竇憲交往獲罪，而南陽太守幸免，因此太守很看重周章。周章被舉為孝廉，經過六次升遷，官為五官中郎將。殤帝延平元年，為光祿勳。

安帝永初元年，周章代魏霸為太常。這年冬天，周章又代尹勤為司空。這時，中常侍鄭眾、蔡倫等都仗勢參與政務，周章多次向皇帝進直言，不要他們干預朝政。當初，和帝去世，鄧太后因為皇子劉勝有經久難癒的疾病，認為他不可以繼承皇位，又貪戀殤帝劉隆是個小孩子，收養了當做自己的兒子，所以就立劉隆為皇帝，而把皇子劉勝封為平原王。到殤帝去世，群臣都認為皇子劉勝的疾病不是不可治癒的，都歸向劉勝，願立劉勝為皇帝。鄧太后認為開始時未立劉勝為帝，現在立其為帝，恐以後劉勝怨恨自己，於是就立和帝兄清河孝王的兒子劉祜為皇帝，是為安帝。周章認為人心不歸附安帝，於是就密謀關閉宮門，殺車騎將軍鄧騭兄弟及鄭眾、蔡倫等人，劫持尚書，在南宮廢鄧太后，把安帝封為偏遠地區的某個諸侯國王，立平原王劉勝為皇帝。周章的謀劃被人發覺，詔策免去周章的一切職務。於是周章自殺。周章家無餘財，他的兒子們過著貧困的生活，由於只有一件衣服，兒子們出門時，輪換著穿，兩天用一天的食糧。

論曰：孔子稱「可與立，未可與權❶」。權也者，反常者也❷。將從反常之事，必資非常之會，使夫舉無違妄，志行名全。周章身非負圖之託❸，德乏萬夫之望，主無絕天之釁❹，地有既安之埶，而創慮於難圖，希功於理絕❺，不已悖乎？如令君器易以下議，即斗筲❻必能叨天業，狂夫豎臣❼亦自奮❽矣。孟軻有言曰：「有伊尹之心則可，無伊尹之心則篡矣❾。」於戲❿，方來之人戒之哉！

贊曰：朱定北州，激成寵尤。魴用降帑⓫，延感歸囚。鄭、竇怨偶⓬，代相為仇。周章反道，小智大謀⓭。

【章旨】作者以為周章「身非負圖之託，德乏萬夫之望」，安帝無自絕於天的過失，人民已適應了安定的局面，周章的謀劃，違背天理人情，永遠為將來之人的鑑戒。作者又以「贊曰」的形式，概括傳中五人的行事。

【注釋】❶可與立二句　有可以堅守崗位的人，未必可以權衡事理的輕重。語出《論語·子罕》。可與，可以。立，立身於正道，或守道以自立的意思，就是堅守做人的崗位。❷權也者二句　權變是和正常規律相違背的。語出《春秋公羊傳·桓公十一年》：「權者何？權者反於經。」❸負圖之託　即命大臣輔佐幼主。事詳《漢書·霍光傳》。❹釁　同「舋」。嫌隙；過錯。❺創慮於難圖二句　謂謀劃於難以取得之時，希望成功於沒有任何成功之可能的形勢下，成就非常事業。❻斗筲　斗，容十升。筲，竹器，僅容一斗二升。斗和筲都是很小的容器，以喻人的才智短淺，氣量狹窄。❼狂夫豎臣　狂夫，無知愚妄之人。豎臣，猶「小臣」。❽自奮　自我奮發，欲有所為。❾有伊尹之心則可二句　有伊尹那樣的愛君之心，是可以的；無伊尹那樣的心，則是篡奪。語見《孟子·盡心上》，孟子回答其學生公孫丑的提問。❿於戲　同「嗚呼」。⓫帑　俘虜。⓬怨偶亦作「怨耦」。結為怨仇的雙方。⓭小智大謀　以微小的智慧而謀圖大的事變。語出《周易・繫辭下》。

【語　譯】史家評論說：孔子說「有可以堅守崗位的人，未必可以權衡事理的輕重」。因為權變是與正常的規律相違反的。要從事那些反常的事情必須憑藉非常的機會，使自己的舉動不違背正常的規律，這才能達到自己的目的和保全自己的名聲。周章沒有受先帝輔佐幼主的重託，又沒有讓眾人敬仰的德行，安帝沒有自絕於天的過失，老百姓已經適應了安定的局面，周章謀劃於難以謀取之時，希望成功於沒有任何成功之可能的形勢下，成就非常事業，不是很荒謬的嗎？如果使君主的廢立由普通人來參與的話，那麼即使斗筲之人也將貪求帝王之業，狂夫豎臣也能自我奮發，有所作為。孟軻有言：「有伊尹之心志是可以的，沒有伊尹的心志，那就是篡奪。」唉，將來之人可以以此為鑑戒啊！

史官評議說：朱浮安定了北方邊境，但卻激起了彭寵的反叛。馮魴能利用投降的俘虜，虞延感化了歸家的囚犯。鄭弘、竇憲雙方結怨，世代為仇。周章違反天地之常道，以小的智慧，圖謀大事變。

【研　析】本卷敘述五人：朱浮、馮魴、虞延、鄭弘、周章，皆為官至三公的高級官吏。

朱浮　初從光武帝為大司馬主簿，以功封大將軍幽州牧、舞陽侯，鎮守薊城。朱浮以功臣自居，擺出一副好客禮士的架勢，以為天下已經太平。乃廣招名流及王莽之二千石故吏，置之幕府。漁陽太守彭寵以為「天下未定，師旅方起，不宜多置官屬，以損軍實」，其意見是正確的。朱浮矜傲自滿，頗有不平，上疏暗詆彭寵。又遺彭寵書，極盡責備、譏諷、挖苦之能事，激起了彭寵的反叛。朱浮慘敗，僅以身免。光武帝不但不對朱浮加罪，反以其為執金吾，徙封父城侯。建武二十年，又以其為大司空。朱浮「賣弄國恩」，雖被免職，又徙封新息侯。朱浮之「陵轢同列」，實為居功自傲之表現，光武帝雖「每銜之」，卻一再遷就姑息。朱浮之作為，看來，明帝早就看不慣，故一有人「單辭」告發，不問青紅皂白，便賜其死。可謂「冰凍三尺，非一日之寒」。

馮魴　「聚賓客，招豪桀」歸順光武，是其識天下大勢；救申屠季而不受其財物，是其義氣之所在；為郟令，不殺降賊，放之歸農桑，是其仁德之表現；升遷太守、太僕、司空，是由於其政績突出。拷問隴西太守鄧融，聽任奸吏，是其一失，故免官削爵。十年後，復爵土，仍為明帝所信任。其子馮柱尚明帝女獲嘉長公主。本傳所述五人，唯馮魴傳國四代。

虞延　少為亭長，敢於捕捉王莽貴人之賓客，為洛陽令，敢於捕殺外戚陰氏之賓客，是其執法不避權貴；身嬰甲冑，護衛親族，是其勇；收養從女弟、伏臘放囚犯與家人團聚，是其仁；勸諫太守之奢靡，是其智；知新野縣功曹鄧衍「有容儀而無實行」，是其善知人。為太尉、司徒十餘年，雖無異政績，卻忠信厚道，不提防別人害己，故為外戚陰氏所中傷，自殺。智者千慮，必有一失！

鄭弘　其突出事跡有六：其一，為其師訟罪而感悟明帝，表現其品德高尚；其二，為大司農奏開零陵、桂陽山路，以為常道，便國利民，是其有發展經濟之眼光；其三，為大司農二年，為國家節省錢三億萬，國庫殷實，是其理財有方；其四，上奏省貢獻、減傜費，以利飢民，是其關心民眾之疾苦；其五，為太尉，班次在第五倫上，常曲身自卑，是其謙恭禮讓，不忘引薦之人；其六，上奏阿附外戚竇憲之人及奏竇憲之短，是其疾惡竊權跋扈之人。章帝聽從竇憲之奏，即罷了他的官。病篤，「臨歿悉還賜物，勑妻子褐巾布衣素棺殯殮，以還鄉里」，想鄭弘已寒心矣！

周章　為郡功曹時，以佩刀斬斷馬鞅，阻止太守拜謁外戚竇憲，竇憲被誅，公卿多以交關得罪，太守幸免，表現了周章的見識。因此，太守重周章，舉為孝廉。自竇憲被誅（西元九二年）至永初元年（西元一〇七年），十五年間，官至司空，真可謂官運亨通。但當他做了司空後，卻錯誤地估計了形勢，密謀誅殺廢立之事，事洩，自殺。作者說他謀事違背天理，「小智大謀」。

作者在本卷中感慨良深者有三：其一，朱浮之死。作者在〈朱浮列傳論〉中最後說：「焉得長者之言哉！」是說朱浮未得長者之言，若有長者時為之敲警鐘，使其始終保持謙遜揖讓的態度，不至於釀成被賜死的悲劇。其二，周章之死。作者說周章是「小智大謀」，其謀事違背天理人情。他引用孔子的話說：「可與立，未可與權。」因為權變是違反常道的。要使權變成功，必須要具備使權變成功的主觀、客觀條件。周章雖為司空，但從其自身的德行、威望講，都是欠缺的；在客觀上，現在位之皇帝無自絕於天的過失，人民已經適應了當前安定的局面，周章可謂「創慮於難圖，希功於理絕」。為將來之人的鑑戒啊！其三，感慨光武帝、明帝自以明察，「躬好吏事」，於二千石欲其速見成效，「課覈三公」，嚴苛少恩，致使三公「有誅斥詰辱之累」。作者說：「任職責過，一至於此」故作者篤賈誼之論，然朱浮「苛察欲速」之識，是有道理的。（王明信注譯）

◎新譯孫子讀本

吳仁傑／注譯

《孫子》又名《孫子兵法》，為春秋末期大軍事學家孫武所著。此書約寫成於二千五百年前，是中外現存最早的軍事理論著作。全書體大思精，內涵豐富，它所表達的思想理論，既有輝煌的軍事學術價值，也具有哲學、文學、管理學等多方面的豐富內涵，不僅在中國思想文化史上占有重要而特殊的地位，它也跨越時空和國度，成為全世界所共同擁有的文化財富。本書依據多種善本詳為校勘、注譯，並附有相關插圖和最新出土的漢簡本《孫子兵法》，允稱最適合今人閱讀之《孫子》讀本。

◎新譯司馬法

王雲路／注譯

司馬穰苴是春秋晚期的齊國名將，以治軍嚴明、精通兵法著稱，成書於戰國中期的《司馬法》所傳即其兵法。因其內容廣博、思想深邃，從問世以來，即受到歷代統治者及兵家、學者所重視，被列為「武經七書」之一，影響極為深遠。從漢唐以至於宋代，此書的重要程度絲毫不因時間而改變，甚至還流傳到海外如日、法等國，可見其價值與地位。本書根據善本重為校勘、標點、注譯，為現代人提供一詳實、易讀之文本。

◎新譯吳子讀本

王雲路／注譯

《吳子》是戰國初期著名的法家與軍事家吳起傳世的兵法著作，早在戰國時期就和《孫子兵法》齊名，在先秦諸兵書特別是《孫子兵法》的基礎上有不少新的發展，其中提出的戰略、戰術、治軍思想，對後世影響很大，宋朝時更為武舉試者必讀之書。本書原文依據《百子全書》本，詳為校勘注譯，各篇均重新標點分段，有助讀者閱讀理解。本書書後並蒐集有與吳起及《吳子》相關的資料輯要，讀者可以藉此對今本《吳子》的思想與作者問題有進一步的認識。

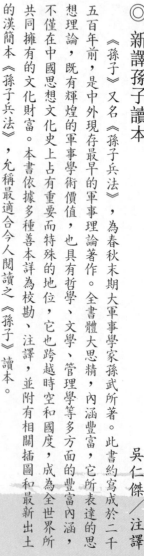

◎新譯尉繚子

張金泉／注譯

《尉繚子》是春秋戰國時期兵書的總結性論著，既對孫子、吳起所代表的先進軍事思想有所繼承和發展，又批判了當時流行的兵陰陽說。書中提出軍事條令共十二篇，為中國最早提出有系統的軍令者。本書導讀為《尉繚子》做了詳盡而系統的介紹，幫助讀者理解其中主要觀點，書後並附有《尉繚子》歷代題評選要，可供讀者深入研究參考之用。

◎新譯三略讀本

傅傑／注譯

《三略》又稱《黃石公三略》，是中國古代一部重要的兵書，宋神宗將之納入「武經七書」之後，更受到世人的重視與研究。它還曾傳播到日本和朝鮮等國，產生了廣泛的影響。《三略》的內容汲取了先秦以來儒、法、黃老諸家思想中若干切合於世用的成分，簡明扼要地提出了一些治國治軍所應遵循的原則和方法，這些觀念至今仍具有參考與實用價值。本書原文根據南宋浙刻「武經七書」白文本，校以其他善本，注譯說解詳明。

◎新譯六韜讀本

鄔錫非／注譯

相傳是姜太公呂望所傳的《六韜》，是中國古代一部著名的兵書。漢初名臣張良、三國孫權、劉備及諸葛亮等人對它都十分推崇，宋神宗時更列為「武經七書」之一。《六韜》在古代被視為是指導戰爭、哺育良將的教材，在軍事理論上有一定的價值。其中論及的戰略和戰術觀點，對現代企管等其他領域，也富有啟迪意義。本書原文根據南宋浙刻「武經七書」白文本，校以其他善本，注譯詳明，書後並收錄清孫同元所輯《六韜》佚文，以供讀者參考。

◎新譯李衛公問對

鄔錫非／注譯

李靖一生輔佐李淵、李世民父子建立唐朝，在長期的戎馬生涯中，積累了豐富的實戰經驗，加上對前代兵法的刻苦鑽研，使其具有很高的軍事理論素養。《李衛公問對》即是唐太宗李世民與李靖討論軍事問題和用兵之道的談話紀錄，是古代的一部著名兵書，價值匪淺。本書正文根據南宋淅刻「五經七書」白文本，校以他本，書後並選譯可以補充及印證《李衛公問對》內容的部分相關資料作為附錄，幫助讀者進一步認識古代軍事的實際情況。